Gonglu Liangong Suidao Jishu Xinjinzhan

公路连拱隧道技术新进展

姚振凯　李世清
朱　琪　陈信标　编著

人民交通出版社

内 容 提 要

本书对在 2006 年初人民交通出版社出版的《公路连拱隧道工程技术》一书的内容进行了新的补充。因该书出版五年来我国公路连拱隧道在设计、施工和研究方面取得了长足进展，本书正是反映该领域的新成就、新进展。本书适用于公路连拱隧道现场设计、施工和研究人员及高校高年级学生和研究生参考。

图书在版编目(CIP)数据

公路连拱隧道技术新进展/姚振凯等编著. —北京：人民交通出版社,2011.3

ISBN 978-7-114-08856-8

I. ①公… II. ①姚… III. ①公路隧道：拱形隧道—研究 IV. ①U459.2

中国版本图书馆 CIP 数据核字(2011)第 004531 号

书　　名：公路连拱隧道技术新进展
著 作 者：姚振凯　李世清　朱　琪　陈信标
责任编辑：赵瑞琴
出版发行：人民交通出版社
地　　址：(100011)北京市朝阳区安定门外外馆斜街 3 号
网　　址：http://www.ccpress.com.cn
销售电话：(010)59757969,59757973
总 经 销：人民交通出版社发行部
经　　销：各地新华书店
印　　刷：北京鑫正大印刷有限公司
开　　本：787×1092　1/16
印　　张：20
字　　数：474 千
版　　次：2011 年 3 月　第 1 版
印　　次：2011 年 3 月　第 1 次印刷
书　　号：ISBN 978-7-114-08856-8
定　　价：48.00 元

前　言

自2006年初人民交通出版社出版《公路连拱隧道工程技术》和《公路双连拱隧道》两本专著后至今，五年来我国国民经济和交通事业的快速发展，公路连拱隧道技术又有了长足的进展。我国公路连拱隧道众多的设计新理念、新成果、新突破以及大量设计、施工和研究的成功实例，使公路连拱隧道设计与施工进入成熟和创新阶段。

部分作者在2005年上半年与他人合作完成《公路连拱隧道工程技术》一书的写作后，参与了2005年、2006年中国水利水电第五工程局组织的以武汉马鞍山双向六车道连拱隧道为依托的《公路双向六车道连拱隧道关键技术》课题研究，并专程考察了南京九华山和玄武湖连拱隧道、上海小洋山岛上连拱隧道、河南宛西高速16座连拱隧道和湖南岳阳市金鹗山等双向六车道连拱隧道，参与了武昌郑店下穿京珠高速的连拱隧道设计审查，还借2007～2010年在北京工作机会，利用节假日在国家图书馆查阅国内外公路连拱隧道专家、学者的大量论文和专著文献，为本书写作创造了极为有利的条件。2009年国庆节长假期间专程赴杭州市余杭区，考察邱山单洞隧道改扩建双向四车道连拱隧道的施工，为本书添加了新内容。另一些作者分别参加了安徽沿江高速千军岭连拱隧道，阿深高速河南新县段焦战岭1号和2号连拱隧道，西汉高速纸房连拱隧道，赣定高速迳古潭1号连拱隧道和武汉马鞍山连拱隧道的施工技术工作。作者们从中看到我国公路连拱隧道技术日新月异，感到很有必要对已出版的《公路连拱隧道工程技术》内容进行新的补充。

这5年多来，我国不仅双向四车道和双向六车道连拱隧道数量剧增，在福建还建成了两座双向八车道公路连拱隧道，连拱隧道已不限用于山岭隧道，已突破入湖、上岛、过江、开进黄土禁区和穿越大中城市地下等新领域。我国成为全球连拱隧道座数最多（超出600座）、总里程最长（超过130km）的国家。在日本还修建了海底沉管公路连拱隧道。

公路连拱隧道开始写入我国高校21世纪教材，有的省还编写了连拱隧道规范。据不完全统计，我国2005年下半年至2010年上半年，在各种学术刊物和专著中发表有关公路连拱隧道的论文达500余篇部。为及时综合反映国内外公路连拱隧道技术新进展，促进我国交通科技事业发展，特编撰《公路连拱隧道技术新进展》一书，供有关领导和同行们参考。

本书撰写过程中，西南交通大学何川教授、中南大学彭立敏教授及施成华副教授，湖北省地矿局薛迪康总工程师等提供了宝贵资料。中水五局吴高见局长、武汉马鞍山隧道项目部梁明生总经理、杨敦才总工程师，湖北俊博市政建设工程公司姚阳生董事长，黄运平总经理，中铁隧道局杭州邱山隧道项目部张杰总经理和乐兴松总工程师，中铁十五局南京九华山隧道项目部，河南宛西高速建设指挥部的领导和同行们等，引领作者赴现场考察并提供资料。书中引述了众多作者大量有关公路连拱隧道的成果。另外，湖南省人民医院肛肠科主任黄忠诚教授、刘祺副主任医师、邓颖红护师等对本书第一作者进行直肠癌的精心治疗，并给予极大的鼓励，使本书能最终完成定稿。对以上单位的领导和同志们所提供的支持和帮助，表示真诚谢意。书中介绍的内容，只是公路连拱隧道大量成果中的一部分，肯定有遗漏之处，对书中存在的不足和错误，敬请批评指正。

作　者

2010 年 12 月

目　录

第一章

总　述

第一节　本书任务和内容

一、公路连拱隧道技术进入新阶段

任何事物都有正反两面，公路连拱隧道也不例外，有其长处和不足。由于公路隧道界对连拱隧道采取扬长避短，获得利大于弊的效果。现今对公路连拱隧道的选用，在我国已不是好坏和用否问题，而是如何完善、提高、推广和创新问题。连拱隧道现在已发展到过江、入湖、下海、上岛、进城和进入黄土禁区。我国公路连拱隧道数量大增，连拱隧道总数已超出600座，其中双向四车道连拱隧道超过560座，双向六车道连拱隧道超出50座，还创新建成两座双向八车道连拱隧道。连拱隧道总里程数已超出133km，成为连拱隧道座数最多，总里程数最长的国家。在日本已建成海底沉管连拱隧道，高速公路连拱隧道穿越城市底部而过。

我国公路连拱隧道技术经历了初期、发展和提高阶段[1]。从1992年开始设计，1993年建成的我国第一座广州白云山公路连拱隧道，至2000年韩常领提出双连拱整体式隧道结构设计的新思路[2]，及2001年全国公路隧道学术会议为标志是我国公路连拱隧道建设初期阶段。在此期间我国建成了首批10余座公路连拱隧道，如1995年的南京市鼓楼隧道，1998年的陕西紫云山隧道和福建相思岭隧道，1999年的福州市象山隧道和云南练江隧道，2000年的广东猫山隧道和五龙岭隧道等等。

2001～2004年是我国公路连拱隧道大发展阶段。各省市交通部门和设计院，看到建成的首批连拱隧道的优越性，开始大批设计和兴建连拱隧道。尤其是在一些山区高速公路出现成群成组的连拱隧道，如云南元磨高速公路建了15座，贵州遵义—崇溪高速建了19座，浙江金丽温高速建了20座等等。这种成群成组兴建连拱隧道势头，至今仍然方兴未艾地发展。

2004～2008年是我国连拱隧道提高阶段。从2004年新修订的《公路隧道设计规范》中有专门章节论述连拱隧道的设计和施工，开始进入有章可循为标志，到我国建成数百座连拱隧道，且成批的连拱隧道入湖、进城、上岛、开进黄土禁区，及人民交通出版社组织出版了《公路连拱隧道工程技术》和《公路双连拱隧道》[3]两本专著等。

以2008年设计和施工的福州市机场高速路二期工程的金鸡山和罗汉山双向八车道连拱隧道，厦门梧村山无中墙连拱隧道及南宁市南湖水底连拱隧道拱顶透明创新设计等为标志，至今后若干年内是我国连拱隧道步入新的创新阶段。金鸡山和罗汉山双向八车道连拱隧道的设计和建成，成为国内外公路连拱隧道史中的首创范例。2009年全国公路隧道学术会议上，胡学兵、蒋树屏介绍了"梧村山无中墙连拱隧道段的设计与施工技术研究",简化了连拱隧道的施工步序,加快了隧道施工速度,总体降低了工程造价[4];唐宝珠、蒋中贵介绍了"南宁市南湖水底隧道创新设计",创新地利用水底连拱隧道拱顶透明开拓城市交通空间,使水底连拱隧道成为更宜人的景观环境[5]。

连拱隧道适用于我国和日本等国人多地少,或以山川居多,或百万人口以上的大中城市多,城市不断扩大、交通出现堵塞的国情。连拱隧道的建设与围岩监控量测、施工技术等,已列入我国交通部"十一五"科技发展规划重大专项攻关范畴[6]。有些国家不提倡修建公路连拱隧道,我国也有专家学者对连拱隧道曾有不同看法。部分国内外专家、学者从岩土力学基本原理出发,认为隧道宜近不宜连,不主张修建双连拱隧道及多连拱隧道,担心连拱隧道左右洞跨度大,易引起不均匀沉降,导致连拱隧道结构性破坏,是有理论根据的。但通过我国近20年公路连拱隧道的修建和运营实践,及在日本等一些经济发达国家近40年的连拱隧道兴建,并获得大应用、大发展表明,公路连拱隧道形式具有较多不可替代的优越性,特别是当山川沟壑广布,大量与桥相连的隧道,及湖底、江底和海底连拱隧道的兴建更显优越性,其一些不足之处是可以通过技术措施加以防止和克服的。

实践证明,修建公路连拱隧道符合我国人多地少、车流量大的国情,使近年连拱隧道技术有显赫的新进展,突出体现在设计理念创新,连拱隧道座数和里程总长剧增;连拱隧道已不限用于山岭隧道,出现连拱隧道过江、入湖、下海、上岛、进城、开进黄土禁区的趋势。连拱隧道新形式不断涌现,有不对称连拱隧道,分岔式连拱隧道,大拱断面连拱隧道,三连拱、四连拱和五连拱隧道,多洞群连拱隧道,无中墙连拱隧道,单洞隧道改扩建成连拱隧道;不断新增连拱隧道工艺类型,施工技术日益优化,工艺步序和步距不断完善,工程造价日趋降低等等。种种事实表明,公路连拱隧道技术发展在我国已进入创新阶段。

二、本书任务和内容

本书的任务,是设想把最近五年来国内外公路连拱隧道的一些新成就、新进展归集成册,供连拱隧道建设同仁参考,尤其是为我国连拱隧道现场设计和施工人员提供参考借鉴,并以此与隧道界共同探索公路连拱隧道今后发展和研究方向。以此为出发点,在内容介绍过程中采用实际应用为主,适当介绍某些理念动向的原则。

本书内容侧重于:

(1)以新理念、新技术、新工艺、新成就、新进展为主。

(2)以介绍2005年下半年以来新建连拱隧道和新发表的论著为主。全国公路隧道学术会议上,2005年有关连拱隧道论文12篇,2006年3篇,2007年7篇,2008年5篇,2009年11篇。在2007年人民交通出版社出版河南公路学会编撰的《高速公路研究与实践》文集中有5篇连拱隧道论文。另外,据2005~2010年的不完全统计,在《公路》、《现代隧道技术》、《中国公路学报》、《岩土工程与力学学报》、《公路工程》、《地下工程与隧道》、《公路交通科技》、《公路交通技术》、《公路隧道》、《西部探矿工程》、《隧道建设》等学术刊物,以及各交通规划设计研究院和各高等学府学报等数10余种有关公路隧道的主要刊物上发表的公路连拱隧道论文超过500篇,在网上发表的论文数量则更多。

(3)以双向六车道和双向八车道公路连拱隧道为主(此前的连拱隧道论著多以双向四车

道为主）。

（4）书中用较大篇幅介绍湖底、江底、海底、城底和岛上连拱隧道，以及黄土区连拱隧道、无中墙连拱隧道、单洞隧道改扩成连拱隧道等新工艺及新应用领域。

（5）探讨公路连拱隧道今后发展和研究方向。

本书资料来源有：

（1）首先是近5年有关刊物发表的论文和出版的专著、文集。

（2）日常性网上调查公路连拱隧道进展动态。

（3）作者自己近年对多座连拱隧道工程施工实践，参与中国水利水电集团第五工程局科研项目《公路三车道连拱隧道关键技术研究》的成果，和参与武昌出城高速连接线的郑店连拱隧道设计审查与施工等。

（4）专门性现场考察。2006年专门赴上海小洋山隧道、南京九华山和玄武湖隧道、河南宛平高速吴家庄等16座隧道、湖南金鄂山隧道等双向六车道连拱隧道进行了现场考察。2009年考察杭州市余杭区邱山单洞隧道改扩建的双向四车道连拱隧道。

全书共分8章。第一章是总述，介绍公路连拱隧道新的进展；第二至第四章介绍连拱隧道部分工序设计和施工、连拱隧道新工艺类型，包括湖底隧道、江底隧道、海底隧道、黄土隧道、城底隧道、岛上隧道、三连拱隧道、四连拱隧道、五连拱沉管隧道、分岔式连拱隧道、双向六车道及双向八车道连拱隧道等新形式隧道设计和施工；第五至第七章介绍公路连拱隧道病害防治、监控量测和数值模拟及模型试验研究的新进展；第八章探索公路连拱隧道发展和研究方向。

第二节　连拱隧道理论总结和理念创新进展

一、连拱隧道理论总结

2006年初人民交通出版社组织出版了《公路连拱隧道工程技术》、《公路双连拱隧道》专著，首次较全面系统地对公路连拱隧道进行了总结。付鹤林、郭磊、欧阳刚杰、闻生[7]在2009年科学出版社出版的《大跨隧道施工力学行为及衬砌裂缝产生机理》专著中，以整章篇幅论述大跨连拱隧道施工力学动态数值模拟与施工方法比选。2009年重庆大学出版社出版了蒋树屏主编的《中国公路隧道建设成就画册》中第三部分为连拱隧道[8]。2009年中国水利水电出版社出版了荷兰水利交通和公共工程部编，汪易森等译的《荷兰隧道——一个崭新的时代》[9]，用47个版面详细介绍了荷兰公路沉管连拱隧道。陈卫忠、伍国军、贾善坡在2010年中国水利水电出版社出版的《ABAQUSD在隧道及地下工程中的应用》[10]专著中，用专门章节论述公路分岔式连拱隧道。近年在有关隧道的专业会议文集和学术刊物中，发表了许多作者从不同角度或对不同地区的连拱隧道进行的系统总结。

1）部分专家学者对全国公路连拱隧道总结

（1）王梦恕院士对隧道设计和施工的意见

2006年4月在第三届公路科技创新高层论坛上，王梦恕院士[11]作了《隧道设计的基本原则和理念》的报告，系统总结了我国多年的隧道设计和施工经验，提出公路隧道洞前不设路堑，不破坏山体环境，有利于环境保护；必须重视岩溶地区的综合超前地质预报，预报长度应大于30m，宽度为隧道周边一倍洞径；隧道初期支护要强，二次衬砌只作为安全储备；采用网构钢拱架，取消型钢拱架，因网构钢拱架在喷混凝土后，能承受10倍荷载，型钢拱架承受4倍荷载，而且其背后喷不到混凝土，易造成渗漏水；钢拱架接头处设锁脚锚杆。取消系统锚杆，按需要设置；软弱地层必须采用潮喷混凝土，不提倡湿喷混凝土；初期支护从上到下施工，二次衬砌从下到上施工；必须坚持动态设计、动态施工、动态管理等等。上述内容也完全适用于公路连拱隧道。

(2)钱文斐和王亚琼等对我国山区连拱隧道的总结

2007年钱文斐、王勇、刘洪洲、王廷伯[12]对我国山区连拱隧道结构设计、施工方法、监控量测和超前地质预报等施工研究现状，以及尚待解决问题等几个方面进行了总结。2008年王亚琼、谢永利[13]对连拱隧道在我国的发展现状、连拱隧道的作用、研究现状及存在的技术问题作了总结。

2)云南省公路连拱隧道总结

云南省是我国设计较早和修建连拱隧道较多的省份之一。李志厚、雷华、陈树汪、谢永利[14,15]在《云南高速公路隧道设计》,《云南省公路连拱隧道的技术进步》中，用较大篇幅总结了云南连拱隧道设计与施工，指出云南绝大多数高速公路的中短隧道采用连拱隧道(表1-1)。由于连拱隧道具有轴线间距最小、占地最少、有利环保、便于洞外接线等优点，非常适用于云南复杂的地形地貌和以V级围岩为主的地质条件，现已成为云南高速公路中短隧道的主要结构形式。据不完全统计，云南在2008年初已建连拱隧道42座，总长20 020m和在建的连拱隧道42座，总长达22 508m，共计84座，总共长达42 528m。

云南高速公路连拱隧道表

表1-1

公路名称	玉元高速	元唐高速	思小高速	小景高速	安题高速	大保高速	保龙高速	昆石高速	鸡石高速	平锁高速	蒙新高速	富广高速	元武高速	江召高速	昭待高速	水麻高速	合计
连拱隧道数	1	15	13	3	3	4	9	2	2	1	7	5	4	2	2	11	84
总隧道数	5	23	15	4	6	12	14	4	2	4	18	18	8	2	4	18	157
连拱占比例(%)	20	65	87	75	50	33	64	50	100	25	39	28	50	100	50	61	54
备注	通车	通车	通车	在建	通车	通车	在建	通车	通车	在建	在建	在建	在建	通车	在建	在建	

另外，还总结了一套成熟而有效、且适用于连拱隧道软弱围岩段及岩堆段的施工工艺原则。软弱围岩段的工艺原则是“管超前，弱爆破，短进尺，少扰动，早喷锚，勤量测，早成环，二衬紧跟”及“重地质，短进尺，弱爆破，少扰动，早锚喷，勤量测，早封闭，强支撑，早成环”；岩堆段的工艺原则是“先治水，管超前，严注浆，短开挖，弱爆破，强支护，早封闭，勤量测，抢做门”。并指出隧道防排水原则，过去是“以排为主”进行设计，但在大量排水会对隧区水文地质条件、地表枯水、农业生产和生态环境等造成重大影响情况下，必须按“以堵为主”进行设计；以及对连拱隧道的结构形式、支护参数、防排水、工艺工序和研究成果及施工经验五方面，进行了简要总结。

(1)结构形式方面

云南连拱隧道设计经历了三个阶段，即初期主要采用整体式直中墙连拱隧道，中期主要采用整体式曲中墙连拱隧道，近期几乎全部采用复合式曲中墙连拱隧道。虽然采用复合式曲中墙或采用复合式衬砌，是连拱隧道结构形式的发展方向，在2004年新的隧道设计规范中也建议首先采用这一结构形式，但在施工过程中发现，曲中墙偏压作用较大和造价较高，有待进一步加强复合式曲中墙这一结构形式的设计和施工技术研究。

(2)支护参数方面

由于连拱隧道的大跨度和连拱结构特点，设计时应根据不同地质、水文地质条件、结构跨度、施工工艺等，结合工程模拟，初拟支护参数，再利用有限元、荷载结构等理论，分别对不同级别围岩进行结构分析。除洞口段埋深小，难以形成平衡拱，采用刚性支护结构外，洞身段均按新奥法设计，采用柔性支护体系结构的复合式衬砌。按不同地质和水文地质条件，需要加强支护时可增加长管棚或短管棚、超前锚杆等超前支护措施。

云南省双向四车道和双向六车道连拱隧道典型支护设计参数如表1-2、表1-3所列。

云南省双向四车道连拱隧道典型支护设计参数 表1-2

围岩级别	喷混凝土	锚　　杆	钢筋网	超前支护	钢支撑	二次衬砌	
						拱部	仰拱
V浅埋	27cm	ϕ25 L=4.0m @0.75m×0.75m	ϕ8 @15cm×15cm	ϕ42×4	I20a @60cm	钢筋混凝土 60cm	钢筋混凝土 60cm
V深埋	27cm	ϕ25 L=3.5m @0.75m×0.75m	ϕ8 @15cm×15cm	ϕ42×4	I20a @80cm	钢筋混凝土 60cm	钢筋混凝土 60cm
IV	23cm	ϕ25 L=3.0m @1.0m×1.0m	ϕ8 @20cm×20cm	ϕ28 锚杆	I16a @100cm	混凝土 50cm	混凝土 50cm
III	15cm	ϕ25 L=2.5m @1.2m×1.2m	不设	不设	不设	混凝土 40cm	不设

云南省双向六车道连拱隧道典型支护设计参数 表1-3

围岩级别	喷混凝土	锚　　杆	钢筋网	超前支护	钢支撑	二次衬砌	
						拱部	仰拱
V浅埋	30cm	ϕ25 L=5.0m @0.75m×0.75m	ϕ8 @15cm×15cm	ϕ42×4	I25a @60cm	钢筋混凝土 80cm	钢筋混凝土 80cm
V深埋	28cm	ϕ25 L=4.5m @0.75m×0.75m	ϕ8 @20cm×20cm	ϕ42×4	I22a @75cm	钢筋混凝土 70cm	钢筋混凝土 70cm
IV	22cm	ϕ25 L=4.0m @0.9m×0.9m	ϕ8 @25cm×25cm	ϕ28 锚杆	I18a @80cm	钢筋混凝土 60cm	钢筋混凝土 60cm
III	15cm	ϕ25 L=3.0m @1.2m×1.2m	局部设置	不设	不设	混凝土 50cm	混凝土 50cm

(3)防排水方面

目前主要采用整体式中墙和复合式中墙连拱隧道防排水形式。从发展方向看，采用加宽中墙厚度，将中墙中部掏空，用作直接的排水通道，彻底消除中墙渗漏水，或采用自防水二次衬砌混凝土技术是发展趋势。

(4)工艺工序方面

隧道工艺工序的科学合理与否,直接影响着隧道施工安全、工程造价和工程进度。“三导洞”工艺主要用于地质条件差,围岩级别低,或存在较大偏压的连拱隧道。中导洞工艺主要用于地质条件相对较好,围岩级别中等的连拱隧道。无导洞工艺主要用于地质条件好,围岩级别高的连拱隧道。

(5)主要成果和经验

①弹塑性数值计算和施工实践表明,左右洞进洞先后次序的选择,以岩性较差的一侧隧洞先开挖,而岩性较好的另一侧隧洞后开挖为宜。对于偏压隧道先开挖靠边坡外侧的隧道,对边坡的稳定更有利。

②中墙厚度较小时(如 $<2.3\text{m}$),塑性区近于贯通。中墙厚度超过某值后(如 4.0m)塑性区很小。

③岩体抗拉强度是影响隧道稳定的极重要参数,当其值偏小时拉裂区会扩至地表连通。当隧道埋深 $<10\text{m}$ 时拉裂区会扩至地表,同时岩墙塑性区也随着增大。故施工前或施工中采用加固措施,加大拱顶岩体及中墙部位岩体的抗拉强度,是很必要和且行之有效的。

④用双层超前小导管进洞,比超前锚杆安全可靠。

⑤设仰拱比不设仰拱更有利结构受力。设置仰拱要适时,过早或太晚都不利于围岩支护结构的受力平衡,从而影响隧道的长期稳定。

⑥对地处软弱围岩的连拱隧道,宜先贯通中导洞,因中导洞既能起地质超前预报作用,又有利于左右洞施工时的通风排尘。

⑦施工中监控量测是确保安全的必要手段,建立了成套的动态回馈设计与信息化施工方法。

⑧中墙顶部防水层布设宜在上下行洞拱部开挖支护完成后施作。

⑨隧道开挖应尽早进洞,尽量不扰动自然原型边仰坡,保护环境,做到绿色环保进洞。

⑩中导洞开挖过程中的地质调查和正洞上半断面地质调查,可直接为后期修正正洞支护参数提供可靠的数据。

⑪连拱隧道施工,关键在于中墙部位施工控制,必须根据地形地质条件、施工技术及管理水平,确定合理的施工工艺方案和工艺步序。

⑫连拱隧道施工过程中,必须根据开挖情况,进行并行操作时,即上下行洞掌子面交错开挖不得小于 10m,但不宜大于 30m。上下行二次衬砌浇筑长度相错不得大于一次二次衬砌浇筑长度。

⑬建立了不同结构形式的连拱隧道结构设计、施工及防排水成套技术,形成了连拱隧道设计细则、设计图集与施工规程。建立了完整的连拱隧道荷载模式及确定方法,建立了成套的连拱隧道设计计算分析软件。

3)贵州省公路连拱隧道总结

高世军[16]在《连拱隧道结构选型与设计》中,根据2005 年8 月前贵州省已建8 座、在建12 座连拱隧道,对其设计进行了总结,指出连拱隧道建设中的一些关键问题已基本得到解决,但隧道施工工艺仍没有较大的突破。因此,在高速公路一些中、短隧道采用连拱隧道结构形式是可行的,但要处理好洞口的接线问题。连拱隧道结构形式,首选三墙复合式曲中墙或三墙复合式直中墙;当洞外路基宽度和接线不受连拱隧道影响时,宜采用三墙复合式曲中墙;当隧道与洞外路基宽度和接线影响较大时,应采用三墙复合式直中墙。还对三墙复合式中墙连拱隧道衬砌断面形式、中导洞及中墙、施工工序设计进行了论述。

(1)连拱隧道衬砌断面形式

连拱隧道衬砌断面形式,按不同地质情况进行确定,分为Ⅴ、Ⅵ级围岩的土质、软岩或断层破碎带,Ⅳ、Ⅴ级围岩的较软岩、硬岩,以及Ⅱ、Ⅲ、Ⅳ级围岩的硬岩等三种衬砌断面结构形式。三种衬砌断面结构形式的围岩特点及围岩级别,受力情况分析,开挖、支护和二次衬砌等施工中的注意事项见表1-4。

连拱隧道衬砌断面结构型式及施工注意事项 表1-4

结构	岩 类	围岩级别	隧道受力分析	隧道施工注意事项
Ⅰ	土质软岩 断层破碎带	Ⅴ、Ⅵ	竖向和水平压力大,基底承载力及围岩弹性抗力较小,要求结构有足够承载力,支护体系有足够稳定性	围岩遇水易软化,开挖轮廓尽量圆顺,避免直线开挖,底部和初期支护应及时封闭
Ⅱ	软岩 硬岩	Ⅳ、Ⅴ	竖向和水平压力较小,基底承载力和围岩弹性抗力较大	底部初期支护可不封闭,但仰拱应及时跟进,以达到支护和及时封闭要求,提高仰拱的作用
Ⅲ	硬岩	Ⅱ、Ⅲ、Ⅳ	竖向和水平压力小,特别是水平压力显著减小,基底承载力和围岩弹性抗力大,可采用不带仰拱的衬砌类型	应注意后期开挖对已作的初期支护和二次衬砌的振动影响

(2)中导洞和中墙设计与施工

中导洞设置应偏向先开挖的正洞一侧,即中导洞靠先行洞一侧宽些,使中墙在中导洞内呈不对称分布,在一侧有较大的施工空间,便于施工人员走动,方便中墙施工的泵送混凝土操作,及保证中墙顶回填的密实性;同时可减少在较窄一侧设置防中墙偏压的支撑或回填的工作量,降低造价,缩短工期;还有利于提高中墙对先行洞开挖、初期支护和二次衬砌的水平抗力和中墙的稳定。

(3)复合式中墙与整体式中墙

三墙复合式中墙的连拱隧道与整体式中墙连拱隧道,所受的外力大小差异不大,由于三墙复合式中墙的初始中墙,在左右洞二次衬砌后其功能作用已不大,故其设计安全系数可减小。初始中墙厚度应根据围岩级别而定,但最小不应小于70cm,并注意初始中墙基底宽度,以增强其稳定性。最好在初始中墙顶部增设一些锚杆,锚杆伸入墙体的长度不小于50cm,墙体混凝土浇筑直达洞顶,既能加固中导洞顶的围岩,又能增强中墙抗倾覆能力。

(4)复合式中墙隧道工艺要点

三墙复合式中墙连拱隧道的工艺步序,在隧道不同地段或不同围岩级别处是不相同的。隧道围岩为软岩时的工艺要点是:首选“三导洞”工艺,在地质条件略好时也可用中导洞工艺,后行正洞开挖需在先行正洞二次衬砌施工后进行。隧道围岩为硬岩时的工艺要点是:由于硬岩使基底承载力高,侧压力小,可用中导洞—台阶开挖工艺,或中导洞—全断面开挖工艺,甚至用无导洞开挖工艺施工,但后行正洞开挖最好在先行正洞二次衬砌施工后进行。洞口浅埋偏压段的工艺要点是:先开挖外侧正洞,在外侧正洞二次衬砌完工后,再开挖内侧正洞。

4）浙江省公路连拱隧道总结

高翔、王文星、郑国平[17]指出，浙江省的第一座连拱隧道，是1998年设计施工的同三国道宁波段高速公路岵岫岭连拱隧道。随着浙江公路建设进入高速发展的时期，山区高等级公路中连拱隧道的数量也呈明显上升趋势。浙江已建和在建的连拱隧道达40余座，累计总里程10km以上，其中仅金丽温高速公路二期就有20余座，被誉为“连拱隧道走廊”。这里只总结近年浙江连拱隧道修建过程中的施工方法、防排水设计等方面的一些经验教训，并结合结构设计和施工两方面，对连拱隧道设计的发展优化作进一步分析。

（1）直中墙连拱隧道设计

传统连拱隧道的断面形式，一般为直中墙连拱隧道（图1-1），前些年设计的连拱隧道也多采用这种形式，所采用的结构设计参数见表1-5。

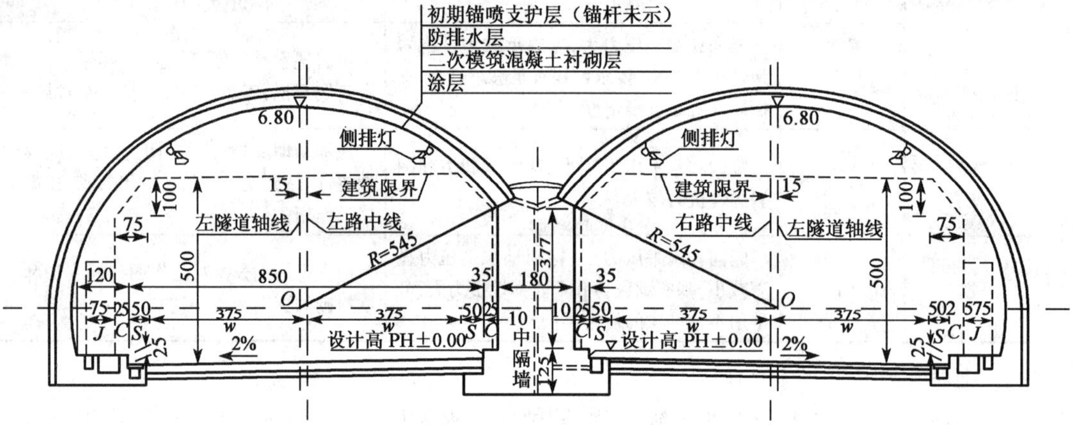

图1-1　直中墙连拱隧道标准横断面（尺寸单位：cm）

直中墙连拱隧道衬砌支护参数表　　表1-5

围岩级别	支护类型	超前支护	初期支护			二次衬砌			
			锚杆	焊接钢筋网	喷混凝土	钢拱架	拱圈厚度（cm）	仰拱厚度（cm）	中隔墙厚度（cm）
II	II	ϕ108 管棚注浆	ϕ25－1m×（0.5～1）m，长3.5m	$\phi^{z}6$ 间距 15cm×15cm	25cm 仰拱10cm	14#工字钢 @50cm	50（钢筋混凝土）	50	180（钢筋混凝土）
III	III	超前锚杆	ϕ25－1.2m×1.0m，长3.0m	$\phi^{z}6$ 间距 15cm×15cm	20cm	14#工字钢 @100cm	40（钢筋混凝土）	40	180（钢筋混凝土）
IV	IV		ϕ25－1.2m×1.5m，长2.5m	$\phi^{z}6$ 间距 15cm×15cm	15cm		35		180

施工方法通常是“三导洞”——正洞先墙后拱法。在施工中遵循“弱爆破、短进尺、多循环、勤量测、强支护、快衬彻”的原则。施工步骤为：①中导洞开挖，中导洞锚喷支护；②中墙施工，中墙右侧回填；③左右侧导洞开挖；④左右侧墙锚喷支护，铺设防排水层，二次衬砌施工；⑤在拱部环形超前支护（II类围岩“管棚＋注浆”，III类围岩“超前锚杆”）完成后，一侧正洞分步开挖，初期支护；⑥施作二次衬砌及仰拱；⑦开挖另一侧正洞，并施作二次衬砌（左右洞错开

开挖,纵向间距为 30m 左右)。

防排水设计的原则是"排为主,防为辅,防排结合"综合治理。衬砌柔性防水工程设置在二次衬砌面和喷混凝土面之间,一般采用隧道专用防水卷材。二次衬砌做成抗渗 S6 以上的自防水混凝土结构,主要为低碱性膨胀混凝土。地下水通过土工布的毛细渗流,引至边墙及中墙顶的纵向排水管,再通过横向或竖向引水管排入隧道正洞边沟引出洞外。

(2)直中墙连拱隧道的不足

直中墙连拱隧道由于施工工序较多,容易造成对围岩和已建结构的多次扰动,围岩应力多次分布,其自承载能力受到严重破坏。特别是中墙顶部 V 形围岩区,极易产生塑性松弛变形而垮塌,造成连拱失败。拱圈与中墙浇筑时间相隔较长,存在明显的纵向施工缝。中墙上的纵向排水管及竖向排水管的布设,与其它工序有较大冲突,极易破坏和引起堵塞,造成衬背的水"聚不拢、排不畅",严重影响排水效果,已经成为连拱隧道普遍存在的一大质量通病。另外,由于结构复杂,造成施工难度大,施工质量难以保证,且工期长,影响工程进度。实际使用中发现多座连拱隧道拱圈与直墙连接处纵向施工缝渗漏水,未达到原设计的防排水目的。

(3)复合式曲中墙连拱隧道

鉴于直中墙结构形式连拱隧道的不足,在台缙高速公路石仓、镇头等连拱隧道设计中,提出了一种新的复合式曲中墙式连拱隧道如图 1-2 所示。

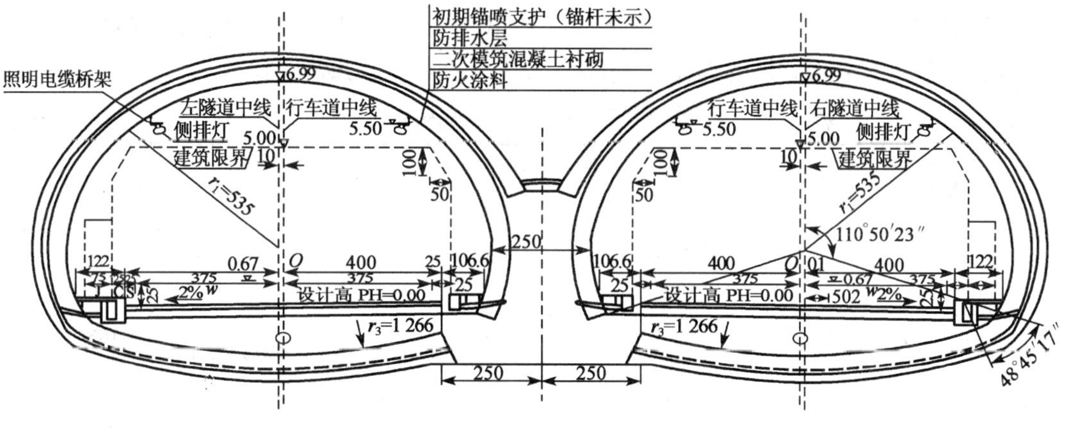

图 1-2 复合式曲中墙连拱隧道横断面(尺寸单位:cm)

复合式曲中墙连拱隧道,高度重视中墙顶 V 形围岩的塑性变形,尽可能保护好此处围岩,除及时施作初期支护外,还可改进中墙顶的回填。原设计的模筑泵直接与中导洞顶部连接,在浇筑混凝土时由于中导洞施工条件较差,往往不能与拱顶紧密接合,致使中墙不能形成连续的支撑结构,未能起到减跨作用。新设计墙顶预留 40cm 高空隙,通过 C20 喷射混凝土 + ϕ8 钢筋网填实,较易实现。另外,通过把中导洞顶垂直锚杆尾部埋入中墙的方式,将中墙与围岩连接,增加了结构整体性(图 1-3)。在较差的围岩内由于中墙与软弱围岩的

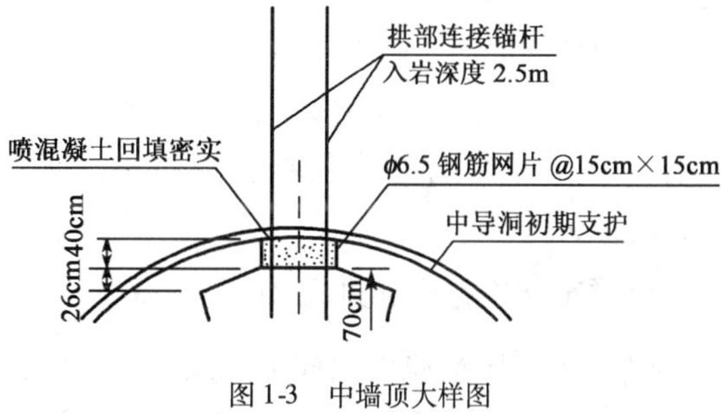

图 1-3 中墙顶大样图

刚度差较大，极易在二次衬砌位置与中墙肩处产生较大剪应力，故采用变截面的喷射混凝土初期支护层，对衬背刚度形成良好的过渡，消除了结构受力的不良隐患。通过同济曙光等有限元软件，对结构进行二维黏弹塑性数值分析，结果显示，复合式曲中墙连拱隧道的受力情况较合理，中墙顶V形围岩区屈服接近度下降，塑性区明显缩小。

复合式曲中墙连拱隧道，采用沿隧道纵向每隔1.5～3m设置70mm×40mm环向塑料排水盲沟，改善了地下水渗透条件。复合式曲中墙结构将防排水在不削弱结构的条件下，在两侧正洞二次衬砌各自独立成环落底。中墙顶部与初期支护相连紧实，从根本上消除了中墙与拱部二衬的纵向施工缝，能达到类似普通单洞隧道的防水效果。

采用“中导洞先行，两侧洞平行开挖”的方式成洞，主要步骤为：①中导洞开挖（含中导洞锚喷支护及中墙连接锚杆）；②中墙衬砌施工，墙顶挂网，喷混凝土回填，中墙侧边回填（C15片石混凝土、土石）；③在拱部环形超前支护（II类围岩“管棚＋注浆”，III类围岩“超前锚杆”）完成后，一侧正洞分步开挖，初期支护；④施作仰拱；⑤拱部及侧墙二次衬砌施工；⑥开挖另一侧正洞，并施作二次衬砌（左右洞错开施工，纵向间距30m左右）。通过调整，简化了施工工序，便于机械化施工，从而极大地缩短了工期。

（4）直中墙与复合式曲中墙连拱隧道经济比较

通过每延米造价的经济比较（表1-6）看出，复合式曲中墙连拱隧道，每延米造价比直中墙式连拱隧道稍贵，差价在10%以内。但由于复合式曲中墙衬砌的防排水系统比较完善，考虑到高速公路隧道在防水方面的重要性，采用了复合式曲中墙连拱隧道结构形式。

连拱隧道每延米造价比较表　　表1-6

衬砌类型	每延米造价（元）		差值（元）
	直中墙式	曲中墙式	
明洞衬砌	56 082	58 397	−2 315
II类衬砌	149 935	162 738	−12 803
III类衬砌	95 089	103 251	−8 162
IV类衬砌	54 946	59 734	−4 788

5）福建省连拱隧道总结

林志良[18]在《福建省连拱隧道的发展》中，对福建省连拱隧道的发展进行了全面回顾，指出福建省于1997年12月设计出省内第一座连拱隧道——相思岭隧道之后，连拱隧道得到了飞速发展，至2006年5月全省已建和在建的连拱隧道已达60座，总里程约18km。在连拱隧道数量增加的同时，连拱隧道技术也得到不断的改革创新，表现在：①中墙形式从最初的整体式直中墙，发展到栅格直中墙，再发展到现今的复合式曲中墙；②从对称连拱隧道到不对称连拱隧道；③从全暗或全明连拱隧道到明暗组合的连拱隧道；④从正交进洞到斜交进洞，再到虚拟洞门正交进洞。

6）颁布施工标准和进入21世纪高校教材

2007年人民交通出版社出版的《公路工程施工工艺标准》[19]中，有8个版面的专门章节，阐明连拱隧道开挖施工工艺标准。连拱隧道开挖施工标准的颁布，加速了连拱隧道开挖施工走向正规化和标准化。

陈秋南[20]主编的21世纪高校教材《隧道》中，首次在高校教材中有专门章节论述连拱隧道，从而使高校学生在校学习期间，接受连拱隧道的基本技术教育，待他们走向工作岗位后，不至于看到连拱隧道显得好奇和无从下手。

7）撰写公路连拱隧道工法和作业指导书

中铁十七局三公司周志伟、陈素丽[21]，在参与山西晋城至河南焦作省界连拱隧道、襄樊—十堰高速秦家沟连拱隧道施工后，撰写了《高等级公路双连拱隧道施工工法》，将"五导洞"—先墙后拱法作为软弱围岩大跨度连拱隧道施工的首选工法，获2006年度建设部颁发国家级工法证书。有的单位专业人员，根据施工需要，还专门总结和编写了《双连拱隧道施工作业指导书》、《连拱隧道施工检测技术》等，以利指导施工。这些充分说明，施工单位对连拱隧道的施工极其重视，并把施工作业提高到理论高度。

二、连拱隧道理念创新

我国改革开放以来，经济建设快速发展及科学技术的进步，高速公路从平原延伸进入山区和大中城市周边，使公路连拱隧道设计理念有显著提升，设计思路有所创新。设计新理念是：运用科学发展观新理念兴建连拱隧道；以隧道代替深路堑；以串珠式连拱隧道群和分岔式连拱隧道代替长大隧道和特长隧道；以连拱隧道代替高架桥理念；从尽可能少占土地和方便桥隧相接出发，以连拱隧道代替分离式隧道和小净距隧道。另外，还引进了绿色环保、零开挖进洞和虚拟洞门的新理念。

1）实践科学发展观新理念

王梦恕院士指出，要重视隧道方案设计比选理念，以及环境效益第一、社会效益第二、工程本身效益第三的理念，要树立少拆迁、少占地、少扰民新理念。要求隧道设计人员必须提高业务素质，要超越规范，创新设计，不要使规范限制思路，要有新理念，新创新。这些新理念完全符合2007年中央提出在全国建立"生态文明"新理念的要求。

黄小军[22]、蔡国辉[23]用生态环保、可持续发展、和谐建路等新理念，指导建设渝湛高速公路，其主要内容适用于连拱隧道建设。用生态环保的新理念，就是采用"工程设计与环保规划同步，工程施工与生态环保同步，工程交工与生态恢复同步"，对周围环境实现"最小限度破坏，最大程度恢复"，使隧道景观完全融入周边大自然环境。尽可能少占农田和土地，少拆民房。在隧道进出口尽量减少土石方开挖和砌石工程，对边坡、碎落台和中央分隔带等部位的绿化，选择适当的乔木、草、灌木品种，形成多层次的生态复合系统。采用生物防护技术和生态型水沟，克服过去较严重的破坏资源和污染环境现象。

以可持续发展的新理念建连拱隧道，就是在设计阶段对土地、森林、水利和旅游资源进行调查和规划，最大限度地保护自然和人文景观资源。采用零开挖进洞或虚拟洞门，优化隧道工艺方案，节约成本，降低工程造价。引进"生态公路"成套技术，尽可能地取消进出口截水沟、排水沟和边坡防护的砌石工程，用更为经济的三维网植草生态防护。在施工阶段做到尽可能减少环境污染，少损害生态和环境，以及对已损害的生态和环境及时修复。在工程交工时严格进行生态和环境的验收，在运营阶段确保隧道生态和环境保护措施的长效性。

2)以连拱隧道代替深路堑理念

以连拱隧道代替深路堑,虽然增加一些投资,但对保护自然环境,减少居民房屋拆迁极为有利,尤其在大中城市周边更显其优越性。如武汉马鞍山隧道、安徽芜湖龙山隧道、上海小洋山隧道,这三座隧道均为典型的浅埋隧道,通过小山梁,设计院在设计之初曾考虑以深路堑形式,而不用连拱隧道,达到节省投资目的。但在芜湖龙山遭到当地居民强烈反对,他们认为山梁是龙脉,不应破坏。在武汉却因马鞍山南麓有著名隐贤钟子期坟墓古迹及姜伯牙与钟子期著名史话的旅游景点,应保护名胜古迹和旅游景点。小洋山隧道原打算"逢山开路,过海架桥",要炸断小洋山脊梁。当地渔民说:这条山脊就像一条小龙,卧在小洋山山巅,是一面挡风墙,挡住回旋台风有多好,非常自然,也非常美丽。多花6 000万元投资,最终都选择了连拱隧道方案。

应当指出,有的业主单位为了节省一时的投资,把原设计代替深路堑的连拱隧道恢复为深路堑,破坏了自然环境,是不符合当今环保新理念的。

3)以连拱隧道代替小净距隧道理念

福建省漳龙高速的木丝垄和马山隧道,以及斗米1、2、3、4号隧道,原设计为小净距隧道,由于地质条件差,隧道围岩以Ⅴ、Ⅵ级为主,左右洞间的中夹岩加固难度大,后优化设计更改为连拱隧道,确保了隧道施工安全,大量压缩了公路线路的土地征用量,最大限度地保护了自然景观环境。

4)以串珠式和分岔式连拱隧道代替长大隧道理念

内蒙古阿荣旗至深圳高速河南周口至信阳段穿越大别山北麓,不足8km设置由7座连拱隧道组成的串珠式隧道群,连拱隧道累计里程1 747m,代替长大隧道。

月湖泉、八字岭等用分岔式连拱隧道代替长大隧道。月湖泉分岔式连拱隧道长349m,与小净距隧道和分离式隧道组合,构成左洞长4 744m,右洞长4 721m的长大隧道。八字岭分岔式连拱隧道长121m,与小净距和分离式隧道组合,构成左洞长3 525m,右洞长3 548m的长大隧道。

5)以连拱隧道代替高架桥理念

在武昌出城高速连接线需跨越京珠高速,原设计用长高架桥,因长桥投资巨大,后改用长仅为154m郑店连拱隧道下穿京珠高速代替长高架桥,并在2007年通车,节约了大量投资。在广州、南京、武昌等大城市的繁华市区十字路口下修建连拱隧道,代替高架桥,达到减少红灯、解决交通堵塞难题,保护地面景观环境,也获得良好效果。

第三节　连拱隧道数量剧增和分布更加广泛

一、隧道座数和总里程数剧增及进入更多省市区

"九五"期间我国仅有10余座双向四车道连拱隧道和2座双向六车道连拱隧道,总里程数约4 000m。"十五"期间建成的连拱隧道有200余座,"十一五"期间已建和在建的超出600座,其中2007年陕西西汉高速已建15座,全国公路连拱隧道总里程数已超过133km。福建省

在2006年5月前连拱隧道共60座，总长约18km。云南省截至2007年共建连拱隧道84座，总里程约44km。浙江省截至2005年共兴建连拱隧道约40座，总里程约10km。

据不完全统计，在2005年初我国连拱隧道大发展阶段，修建连拱隧道的省市区有华东的鲁、皖、苏、沪、浙、闽、赣，中南的豫、鄂、湘、粤、桂、琼，西南的云、贵、川、渝，西北的陕、青等19个省市区，2009年末增加到包括河北、山西、辽宁、宁夏在内的23个省市区。

1）双向六车道山岭连拱隧道数量剧增

由于双向六车道高速公路和城市道路车流量的快速增长，我国双向六车道连拱隧道数量，从“九五”期间的2座，“十五”期间增至15座，“十一五”期间已建和在建的已超出42座，其中上海至武威高速河南宛坪段16座隧道全为双向六车道连拱隧道。双向六车道连拱隧道由于开挖跨度达34～36m，单拱矢跨比约为0.45，施工技术难度比双向四车道连拱隧道大得多。

2）首创双向八车道山岭连拱隧道

福建省交通规划设计院首创设计了福州市机场高速二期两座双向八车道山岭连拱隧道，其中金鸡山隧道长300m，罗汉山隧道长248m。

3）分岔式连拱隧道剧增

“九五”期间我国有1座分岔式连拱隧道，十五期间2座，“十一五”期间增至8座，见表1-7。

我国分岔式连拱隧道表 表1-7

序号	名称	地址	长度(m)	完工时间	设计单位	施工单位
1	龙家湾	重庆市菜袁路	762			
2	月湖泉	山西晋城—济源高速	连拱段349，左洞4 744，右洞4 721	2006	重庆交通科研院	
3	拍盘岩	山西晋城—济源高速	连拱段222，左洞447，右洞3 479	2008	重庆交通科研院	
4	八仙岩	贵州玉—凯里高速	连拱段101，左洞670，右洞719	2005	贵州交通规划院	
5	八字岭	沪蓉西高速湖北段	连拱段121，左洞3 525，右洞3 548	2008	中交二院	中铁工程建设公司
6	漆树槽	沪蓉西高速湖北段	连拱段386，左洞1 264，右洞1 255	2008	中交二院	
7	庙垭	沪蓉西高速湖北段	连拱段87，左洞2 529，右洞2 510	2008	中交二院	中铁十三局
8	梧村山	厦门市机场路一期	连拱段615，全长3 700	2010	重庆交通科设院	

4）四连拱隧道和多洞群连拱隧道增多

我国过去只有福州象山四连拱隧道一座，现增添福建厦门、龙山隧道，共3座，长426m。在日本有第二京阪高速路寝屋川市隧道长220m。另外，多洞群连拱隧道也增多，如上海小洋山岛小洋山隧道、福州市金鸡山、罗汉山多洞群连拱隧道。

二、连拱隧道进入新领域

连拱隧道过去以山岭隧道为多，只有少量城市连拱隧道，如福州市的象山隧道和广州市的白云山隧道、黄埔大道隧道。近年来出现越来越多的入湖的湖底连拱隧道，及下穿大、中城市主要街道的连拱隧道,还出现上岛的连拱隧道。如南京九华山隧道不仅仅穿越九华山,还穿越玄武湖及繁华的中山路、珠江路主要街道。湖底隧道还有南京玄武湖隧道、杭州西湖滨湖隧道、武汉东湖隧道、苏州独墅湖隧道、无锡蠡湖隧道,南昌青山湖隧道和南宁南湖隧道等。上海小洋山深水港的小洋山隧道登上我国东海小洋山岛。城市连拱隧道更日益增多,如武汉市马鞍山隧道、贵阳市小关隧道,湖南岳阳市金鄂山隧道、广西柳州市银仔山一号和二号隧道,杭州邱山隧道等。这些新领域连拱隧道大大地改变了城市某些地段的交通堵塞状况,以满足大中城市交通发展的需要。

1)下穿公路连拱隧道

近几年我国高速公路建设迅猛发展,各大中城市高速公路和国道纵横交错成网,沿海各省基本实现市市通高速,现有向县县通高速发展的趋向,这就势在必然地导致公路网的大量立体交叉,下穿连拱隧道也随之日益增多。如苏浙交界处的梯子山双向六车道连拱隧道下穿104国道;南京九华山连拱隧道不仅仅穿山入湖,还穿越繁华的中山路和珠江路;武昌郑店连拱隧道下穿京珠高速等。

下穿连拱隧道的特点,是隧道拱顶与隧道上覆地表面高差小。如梯子山隧道拱顶距104国道路面不足3m。武昌出城高速郑店连拱隧道拱顶距京珠高速路基高差也只有3m。因此,隧道开挖前必须先进行拱部注浆加固,施工中更应严格遵循"管超前,严注浆;弱爆破,短进尺;强支护,勤量测;早封闭,二衬紧跟"的原则。南京九华山隧道二期工程龙蟠中路隧道,下穿东西向的珠江路和中山东路,长度超出1 000m,隧道拱顶与上覆路面高差也很小。

2)湖底连拱隧道增多

据网上数据和现场考察,湖底连拱隧道是一种新工艺类型,首先用于南京玄武湖隧道,接着用于杭州市西湖滨湖隧道、南京九华山穿山入湖隧道、武汉市东湖隧道、苏州市独墅湖隧道、南昌市青山湖隧道、南宁南湖隧道等,总里程超出11 068m(表1-8)。

我国湖底连拱隧道表 表1-8

序号	名称	地址	长度(m)	完工时间
1	玄武湖(双向六车道)	南京市玄武湖	2 666	2002
2	西湖滨湖(双向四车道)	杭州市西湖	1 300	2002
3	九华山—玄武湖(双向六车道)	南京市九华山—玄武湖	2 832	2004
4	独墅湖(双向六车道)	苏州市独墅湖	3 460	2007
5	蠡湖(双向六车道)	无锡蠡湖	1 180	2008
6	东湖(双向四车道)	武昌身东湖	1 585	2010
7	青山湖(双向六车道)	南昌市青山湖	1 965	2010
8	南湖(近期双向四车道)	南宁市南湖	710	2010

3）首创连拱隧道开进黄土禁区

“十一五”期间首创连拱隧道开进黄土禁区，兴建了两座黄土连拱隧道，其中离石隧道长180m，王家会隧道长212.5m。

第四节 隧道规模升级及跨度扩至双向八车道

一、连拱隧道规模升级

过去我国连拱隧道规模多属短小型，而且以长度小于500m居多。连拱隧道总里程数也小。近几年来连拱隧道规模不断扩大，表现在下列两个方面：

现已出现较多的中、长规模的山岭连拱隧道，如陕西羊泉沟连拱隧道长602m，湖南火麻冲隧道长604m，墩山隧道615m，广东大源山隧道630m，富溪隧道639m，广西下南坪隧道长640m，浙江温州尖牛山隧道700m，辽宁省丹海高速乔家连拱隧道长达760m，重庆市江溉路连拱隧道长780m，杭徽高速岳山隧道长达1 057m。还有长大湖底连拱隧道，如武昌东湖隧道长1 585m，杭州西湖滨湖底隧道长度达1 300m，南京玄武湖隧道长2 666m，南京九华山—玄武湖隧道长度2 832m，苏州独墅湖隧道长3 460m。

二、连拱隧道跨度扩至双向八车道

我国公路连拱隧道跨度近年大有拓宽趋势。前些年兴建的白云山、五龙岭和梯子山等双向六车道连拱隧道，其净宽约为30m。近年兴建的连拱隧道拓宽，是市政隧道拓宽人行道，或高速公路隧道增加车行道数所致。如武汉马鞍山隧道、南京九华山隧道、湖南岳阳金鄂西路隧道和江西申嘉湖高速的青山坞隧道拓宽至32m左右，而杭州—千岛湖高速的南峰和善岭隧道宽度拓到34m，厦门梧村山分岔隧道连拱段扩至34m，上海小洋山隧道开挖宽度达35.7m，有三条车行道和一条停车道，已接近四车道连拱隧道宽度；2010年建成的福州市金鸡山和罗汉山双向八车道连拱隧道，开挖跨度已达41.6m（表1-9）。

部分连拱隧道开挖跨度表 表1-9

名称	位置	车道数	跨度(m)	设计单位	施工单位
马鞍山	武汉蔡甸区知音大道	双向六车道	32	湖北交通规划院	中水五局
南峰	杭州—千岛湖高速	双向六车道	34		
善岭	杭州—千岛湖高速	双向六车道	34		
小洋山	上海小洋山岛	双向六车道	35.7	中铁四院	中铁十八局
西营子	河北承秦高速	双向六车道	34	中交二院	
梧村山	厦门机场高速	双向六车道	34	重庆交科设计院	
罗汉山	福州市机场路高速	双向八车道	41.6	福建交通规划院	中铁十四局
金鸡山	福州市机场路高速	双向八车道	41.6	福建交通规划院	中铁十四局
寝屋川市	日本第二京阪高速	四连拱隧道	58.9		

第五节　公路连拱隧道分类新进展

由于公路连拱隧道技术快速发展，连拱隧道类型日益增多。但公路连拱隧道分类，仍难研究出一个统一分类方案。目前只能依旧按所处位置、连拱数量、车道数量及隧道结构等[1]，分析连拱隧道分类的某些进展。

一、按所处位置划分

由于公路连拱隧道快速发展，已不限于山岭隧道，而更广泛分布于各种地理条件，出现隧道入湖、下海、过江、上岛，开进黄土地区。按连拱隧道所处位置不同，分成下列几种：

(1)山岭隧道。如京昆线西安—汉中高速白果坝等15座隧道。

(2)市政隧道。如武汉市马鞍山隧道，岳阳市金鹗山隧道等，隧道两端与街道相接。

(3)湖底隧道。如武汉东湖隧道，南昌青山湖隧道，苏州独墅湖隧道等，穿越上述湖底。

(4)城底隧道。如厦门梧村山隧道，日本寝屋川市四连拱隧道。

(5)海底隧道。如日本东京湾临海海底沉埋四连拱隧道。

(6)江底隧道。如我国上海江底五连拱沉管隧道。

(7)岛上隧道。如我国东海小洋山岛的小洋山隧道，隧道进出口均与海上大桥相连接等。

(8)黄土隧道。如我国山西离石、王家会隧道等。

二、按隧道连拱数量划分

公路连拱隧道按连拱数量，目前新增加到四种：

(1)双连拱隧道。绝大多数连拱隧道属此类型。

(2)三连拱隧道。如南京九华山隧道。

(3)四连拱隧道。如厦门市龙山隧道，日本第二京阪高速寝屋川市隧道等。

(4)五连拱隧道。如上海江底五连拱沉管隧道。

三、按车道数量划分

公路连拱隧道，按车道数量新增加到三种：

(1)双向四车道隧道。目前绝大多数连拱隧道属此类。

(2)双向六车道隧道。由于我国和日本人口多，新增许多双向六车道连拱隧道，如上海至武威高速河南宛平段，原设计为双向四车道，后考虑到车流量日益增多，后改设计变为双向六车道，以满足交通发展的需要。

(3)双向八车道隧道。如福建省首创建成福州市金鸡山、罗汉山双向八车道隧道；上海江底双向八车道沉管隧道。

四、按隧道结构划分

公路连拱隧道按结构的不同层次分类，首先是按线路特点分成普通式、不对称式和分岔式三大类。其次是依中墙结构特征分层次划分为整体式、复合式两种亚类。按中墙外部形态分直中墙、曲中墙两种小类，再按中墙内部结构分实体式和空心式中墙两种形式(表1-10)。

公路连拱隧道结构类型 表1-10

<table>
<tr><th>按线路分大类</th><th>按中墙组合分亚类</th><th>按中墙外形分小类</th><th>按中墙空实分形式</th><th>隧道结构全称</th><th>连拱隧道实例</th></tr>
<tr><td rowspan="6">普通式</td><td rowspan="3">整体式</td><td rowspan="2">直中墙</td><td>实体</td><td>整体实直中墙隧道</td><td>武汉马鞍山</td></tr>
<tr><td>空心</td><td>整体空心直中墙隧道</td><td>南京九华山</td></tr>
<tr><td>曲中墙</td><td>实体</td><td>整体实曲中墙隧道</td><td>云南高速连拱隧道</td></tr>
<tr><td rowspan="3">复合式</td><td>二墙直中墙</td><td>实体</td><td>复合实直中墙隧道</td><td>上海小洋山</td></tr>
<tr><td>三墙直中墙</td><td>实体</td><td>复合实直中墙隧道</td><td>河南宛平高速吴家庄等</td></tr>
<tr><td>曲中墙</td><td>实体</td><td>复合实曲中墙隧道</td><td>岳阳金鄂山，湖北白果坝</td></tr>
<tr><td>不对称式</td><td>整体式</td><td>直中墙</td><td>实体</td><td>不对称整体实中墙隧道</td><td>福建省马宅顶</td></tr>
<tr><td rowspan="2">平顶箱涵</td><td>整体式</td><td>直中墙</td><td>实体</td><td>整体实直中墙隧道</td><td>广州黄埔大道隧道</td></tr>
<tr><td>空心式</td><td>直中墙</td><td>空心</td><td>整体空心直中墙隧道</td><td>苏州蠡湖隧道</td></tr>
<tr><td>微拱箱涵</td><td>空心式</td><td>直中墙</td><td>空心</td><td>整体空心直中墙隧道</td><td>南京九华山隧道湖底段</td></tr>
<tr><td>沉管式</td><td>整体式</td><td>直中墙</td><td>实体</td><td>整体实直中墙隧道</td><td>上海江底沉管隧道</td></tr>
<tr><td rowspan="3">分岔式</td><td>整体式</td><td>直中墙</td><td>实体</td><td>整体分岔实直中墙隧道</td><td>湖北八字岭，山西拍盘</td></tr>
<tr><td>复合式</td><td>曲中墙</td><td>实体</td><td>复合式分岔曲中墙隧道</td><td>湖北八字岭</td></tr>
<tr><td colspan="4">无中墙连拱隧道</td><td>厦门梧村山隧道</td></tr>
</table>

第二章

连拱隧道部分工序设计施工新进展

第一节　中导洞开挖超前地质预报

为确保安全施工，在江西径古潭和武汉马鞍山两座连拱隧道中导洞开挖中，进行了超前地质预报，获得了良好的效果[24]。据网上资料，同济大学研究了中导洞超前地质预报流程与方法，即通过中导洞施工中的详细地质描述，以及对地层、岩性、构造、地下水、围岩破坏等进行地质预报，在云南取得了理想效果。苏生瑞总结了①中导洞地质编录的超前地质预报技术流程；②连拱隧道围岩模糊信息分类方法系统；③关键块体理论的围岩稳定性评价“探索切割面法”，并在云南思小高速获得验证。

一、中导洞开挖的任务

中导洞开挖的主要任务是，第一，为中墙施工提供必要空间；第二，核实施工图设计中的地质数据，提出隧道正洞施工的实施方案；第三，为正洞施工进行超前地质预报。但是，多年来连拱隧道施工中，由于施工、监理和业主单位缺乏专业地质人员，对中导洞开挖的任务，一般只注重为浇筑钢筋混凝土中墙提供必要空间，很少注意核实和补充隧道施工图设计中的工程地质和水文地质资料，更少根据新的地质资料提出新的隧道施工方案，甚至没有发挥中导洞开挖对正洞施工的超前地质预报作用。

中导洞施工前的工程地质勘察报告，因种种原因和揭露工程数量所限，对隧区地质构造及工程地质特征难以详细了解。尤其在隧道地质构造和水文地质条件复杂，岩性多变或强烈风化的Ⅵ、Ⅴ级软弱围岩下，隧道施工人员更应重视中导洞开挖后对施工图设计数据的核实及发挥其超前地质预报的作用。因此，在中导洞开挖过程中，应及时对中导洞的工程地质和水文地质特征进行详细观察和编录，并在工程地质勘察报告基础上，最终核实和修正工程地质勘察报告内容，提供设计部门在修编设计时参考，并指导连拱隧道正洞的施工。

中导洞开挖前，往往先进行洞口边仰坡开挖。因此，边仰坡地质调查也是中导洞地质调查内容的一部分。洞口仰坡地质调查，属于隧道横断面勘测的一部分，对超前地质预报具有一定的先导作用，可大致了解或推测隧道洞口段的地质特征。

二、中导洞开挖超前地质预报的意义

中导洞开挖和完成地质调查后，具有下列超前地质预报意义：

(1)通过隧区地质构造形态的详查，如查明背斜或向斜构造形态、规模、产状，断层构造性

质、规模、产状，以及它们的延伸等特征，指出这些构造在正洞可能出现的里程位置，及其对开挖和初期支护的影响等提出超前地质预报和正洞施工中的注意事项。

(2)详细查明隧区水文地质特征，如围岩和褶皱、断裂构造的透水性能，测定地下水流速、流量及其物理和化学性质，提出正洞防排水的超前地质预报，提前做好隧道防排水的有关设施准备，做好隧道水灾的应急预案。

(3)判定隧道围岩级别，测定围岩有关的物理力学参数。根据各级别围岩分布情况，提出隧道从进出口相向开挖对接的安全里程位置，根据中导洞围岩级别的垂向变化，提出仰拱施工方案的建议。

(4)在综合地质调查成果基础上，对可能采用的多种施工方案进行比选，最终提出优化的工艺方案，确保隧道施工安全和工程质量。

(5)从中导洞地质剖面图，并参阅区域地质数据，看出隧区的地壳演化史，了解隧区地壳陆海变迁，为旅游区景点进行科普宣传提供趣味史话。

三、马鞍山隧道超前地质预报实例

马鞍山隧道是一座双向六车道城市市政公路连拱隧道，长385m，穿越东西向延伸的山体。山体海拔高度80m，隧洞最大埋深约44m，属典型浅埋连拱隧道。隧道围岩为早古生代地台阶段形成的中志留世汶头期深灰色叶岩、泥质粉砂岩及其互层和晚古生代晚泥盆世五通期紫红色石英砂岩及其与灰白色薄层叶岩、泥质粉砂岩互层。在中新生代隧区地壳经受构造活化作用，区域地层掀斜抬升，形成剥蚀低山区地貌单元，隧道进出口为垄岗剥蚀残丘。此外，山体南麓是楚隐贤钟子期坟墓所在地，距隧道仅100m，有“高山流水遇知音，空竹文琴传钟伯”著名诗句流传，为旅游人员参观欣赏的景点。隧道工程地质勘察报告和施工图设计的地质纵断面中，都标明隧区内有一背斜和一向斜构造，指出泥盆系与志留系之间为地层不整合接触，接触带附近岩性破碎严重，破碎带产状为37°∠40°(图2-1)。通过中导洞开挖和地质编录，在工程地质勘察报告基础上，获得一些新认识，为正洞施工起了一定的超前地质预报作用。具体内容分述如下：

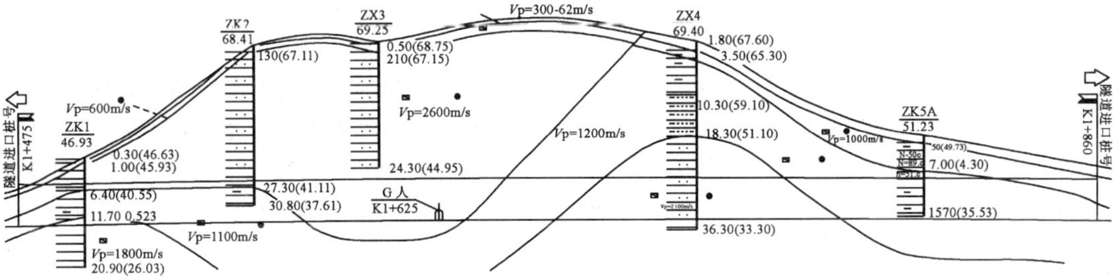

图2-1　马鞍山隧道施工图设计地质纵断面图

(1)预防左洞出口开挖塌方的预报。在隧道出口仰坡刷坡时，因地质人员未及时到位，中导洞出口开挖时曾产生两次塌方，只在改用大管棚超前支护后才安全进洞。地质人员到位后，在出口仰坡发现两条断层构造带，其中F1号断层紧靠中导洞西侧分布，断层产状91°∠76°，断层破碎岩带宽2~3m，是中导洞从出口进洞开挖时产生塌方的原因所在，提出中墙地基围岩需要换填加固的设计变更申请。F2号断层在左洞分布，断层产状275°∠45°，断层破碎岩带宽1～3m(图2-2)。两条断层夹持区的岩性破碎,地下水渗流至仰坡表面,尤其是在大雨过后渗漏水量急剧加大,甚至出现涌水现象,于是提出左洞出口段加强超前支护、初期支护和防排水等措施,预防开挖时洞顶塌方的预报。

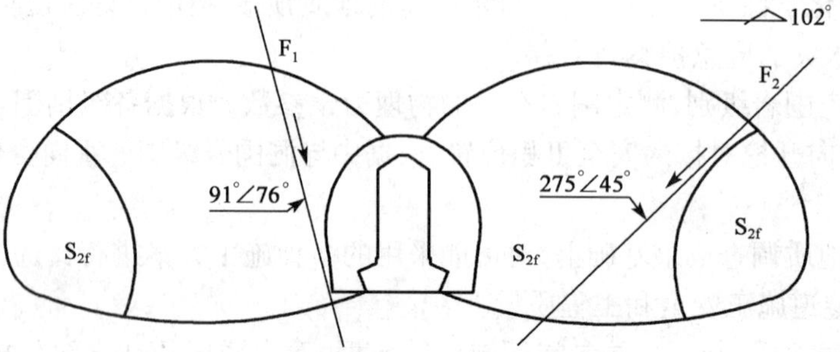

图2-2　马鞍山隧道出口仰坡地质剖面略图

(2)对古风化壳不必按断层破碎带对待的预报。根据志留纪和泥盆纪岩层产状相近,总体岩层倾向为15°～40°,倾角25°～45°,两者之间为平行不整合,不整合面产状为37°∠40°。未发现明显的断层接触或角度不整合,也未见有地下水明显增加的现象。只见志留系汶头组顶部岩层由深灰色变成浅黄色,并有较多褐铁矿染充填岩层空洞,岩层无明显破碎,更未见构造角砾岩,这就表明为古风化壳所在(图2-3)。原地质勘察剖面图示明的断层构造接触,是在没有工程揭露条件下根据物探资料推测,经中导洞施工验证不存在此断层构造带,主要是褐铁矿引发物探异常。对此,预报只需适当加强超前支护即可,不必按断层破碎带对待。

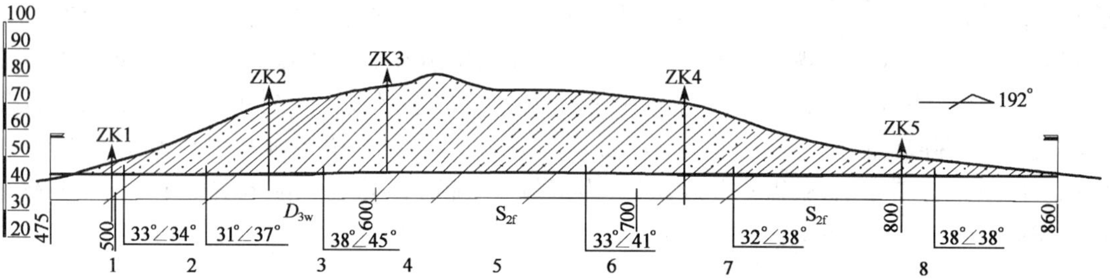

图2-3　武汉马鞍山隧道中导洞地质纵断面图

D_{3w}-上泥盆统五通组;1-紫红色、浅灰色薄层石英砂岩与灰白色叶岩互层;2-紫红色、浅灰色中厚层石英砂岩和块状石英岩状砂岩夹薄层灰白色叶岩;3-紫红色、浅灰色厚层石英砂岩和块状石英岩状砂岩夹薄层灰白色叶岩;4-灰绿色中厚层叶岩,底部含紫红色石英砂岩团砾,及紫红色薄层石英砂岩夹薄层赤铁矿层;S_{2f}-中志留统汶头组:5-黄灰色中厚层粉砂质叶岩,褐铁矿充填洞穴,为古风化壳层;6-深灰色厚层粉砂质叶岩;7-深灰色薄层叶岩;8-灰色粉砂质叶岩夹细砂岩或紫红色泥质粉砂岩

(3)不存在褶皱构造,不会产生开挖滑顶的预报。根据中导洞地质编录,岩层产状总体北东倾,未发现岩层倾向相反的现象,也未见不同时代地层重复出现,表明隧区不存在向斜和背斜构造。原地质勘察报告地质剖面只是根据数量不多的钻孔岩芯进行岩性层位连接,得出的向斜和背斜构造有不确切之处。因此,预报正洞开挖时不会出现因褶皱构造产生的冒顶、滑顶现象。

(4)对新发现软弱围岩段加强支护和二次衬砌的预报。从中导洞地质编录,获知在K1 +

725 ~ K1 + 750 里程段围岩为薄层叶岩，层面裂隙发育，岩性强烈风化且松软，达不到施工设计图中定为 IV 级围岩的标准。因此，提出该里程段围岩级别变更为 V 级的建议，并加强初期支护和二次衬砌的预报。

(5)提出用中导洞—核心土工艺施工建议。根据中导洞拱顶围岩强烈风化破碎，基底变为弱风化或微风化围岩的垂直风化分带(图2-4)，提出该连拱隧道用中导洞—核心土工艺施工代替施工图设计中“三导洞”先墙后拱方案。经过左右洞的成功探索，缩短了工期，降低了工程造价，也为双向六车道连拱隧道在软弱围岩条件下采用中导洞—核心土工艺施工取得了经验，获得明显的经济效益。

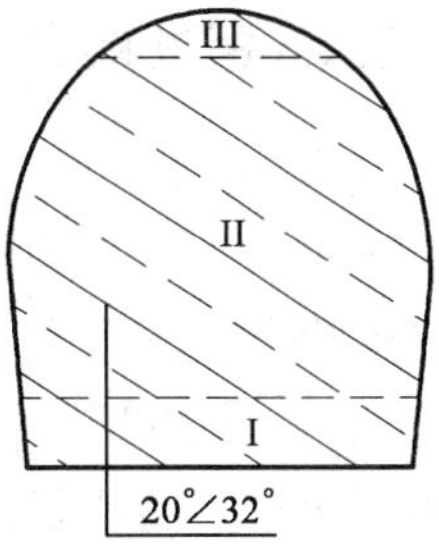

图 2-4　中导洞 K1 + 735 围岩垂直风化分带略图

I-微风化岩带；II-弱风化岩带；III-强风化岩带

(6)为旅游区景点科普宣传提供趣味史话。从中导洞地质剖面，有中志留世蚊头期中厚层深灰色粉砂质叶岩、中厚层和薄层深灰色叶岩及其互层产出，说明距今 4 亿 2 千万年前本区是滨海和浅海交替温暖气候的古地台环境。此后，全区缓慢抬升，成为江南古陆，并开始受到风化剥蚀，有蚊头期岩层顶部发育着区域性褐铁矿化的古风化壳为证。直至 3 亿 6 千万年前的晚泥盆世五通期形成的紫红色、黄白色石英砂岩和泥质粉砂岩及其白色、浅灰色薄层叶岩夹层，紫红色砂岩内局部有小型交错层理，说明当时本区曾处于陆表浅海和陆湖的热带气候为主的古地理和古气候环境。至 2 亿年前的中生代，区域地壳产生活化构造运动，使岩层产生掀斜作用，古地台解体，形成现今的马鞍山单斜构造和地貌，并一直延至今日。这些为该隧道和楚隐贤钟子期坟墓连成旅游景点，也为科普宣传提供了趣味史话。

第二节　连拱隧道环保进洞方式

隧道设计和施工人员，都应具有隧道环保进洞的设计理念，但又不能强求和片面追求零开挖的进洞方式。韩常领在“论公路隧道进洞方式”时指出[25]，要采用安全、舒适、美观、协调、耐久的设计新理念。交通部典型示范路要求中提出：“不应将精力集中在耗费大量人力、物力、财力的人造景观上，不破坏就是最大的保护，充分与环境协调，与周围山川、沟谷等自然景观成比例。应淡化洞口处理，而不应开挖后强调人工化的洞门结构形式。”

隧道环保进洞的方式是多种多样的，下面介绍易震宇、钟放平[26]在湖南省常吉高速公路隧道进洞中的设计实践，并列举几种环保进洞的具体方案和使用条件，提出应用观点和思路的成功经验。希望今后隧道环保进洞设计施工中，出现更多的进洞方式。

一、环保进洞含义

隧道环保进洞理念，是根据各隧道洞口具体情况，通过一种连贯的设计和施工思路，寻找到合适的工程措施，达到环保的要求。主要表现在施工污水、噪声等得到有效控制，施工人员和构造物的安全得到足够保证，隧道出渣得到合理堆置，隧道洞口边仰坡高度在可接受的区域内，在隧道开挖轮廓以外无多余的开挖(近于零开挖)，自然环境的破坏减少到最低程度等。国外发达国家环保理念深入人心，而我国是发展中国家，具有独特国情，建设项目一般准备时间短、上马快、工期紧，其环保理念的贯彻主要体现在施工过程和施工方案上采取环保措施，如设置明洞或套拱;在环境保护前堤下,不多砍一棵树、不多挖一锹土,实现直接开挖暗洞的施工。

二、环保进洞技术因素

就大多数隧道而言,只要在隧道进洞期间减少土石方开挖,在施工完成后隧道洞门背后基本看不见较大的边仰坡面,就认为达到了环保进洞的目的。但作为隧道设计人员如何贯彻隧道环保进洞设计理念,则需要从更多方面考虑。

首先,考虑隧道平纵线形与地形的协调性。常吉高速公路地处山区,地形复杂多变,确定隧道平纵位置与相邻区端的土石方平衡、避开不良地质条件、隧道洞内外的线形一致、自然排水方向、洞内最大纵坡限制及弯道半径限制等多因素有关。隧道平纵线形与地形协调性主要考虑的是,选择确定隧道洞口位置时,最好与地形等高线正交或基本正交。在可能的条件下实现从山坡的坡面进洞,避开从山谷进洞。隧道与地形等高线正交,则左右侧进洞前路基边坡开挖高度基本相近,进洞后隧道结构受力均衡,方便开挖。隧道山坡高出山脚,可以避免水的危害,还可保持自然水系的完整。在这前提下实施隧道环保进洞施工比较容易达到目标。

其次,是洞口区域的地形纵面坡度。隧道洞口区域的地形纵面坡度对隧道施工是一个重要的考虑因素。隧道地形纵面坡度大,则确定的隧道暗洞进洞位置明确,在进洞前路基边坡少开挖,甚至零开挖的情况下就有可能考虑隧道进洞。此种地形一般地质条件较好,边坡稳定性强,但需要防止突然性崩塌等自然灾害。若地形坡度缓,则隧道需要经过一个较长的路堑区域,洞顶才能具有一定厚度的覆盖层,一般情况下其地质条件和围岩不会很好,隧道暗挖成洞困难,需要地表加固处理。为环保计,路堑段可以设置较长的明洞,再用洞顶回填来恢复自然景观,但是工程造价较高。

第三,是洞口区域的地质条件因素。如果洞口区域地质条件好,施工单位要贯彻环保进洞,不需要增加太多的工程成本就可达到目的。如果地质差,要做到环保施工开挖就存在困难。在此情况下隧道本身结构的安全是首要考虑的问题,设计中需要采取多种措施,如山坡卸载、注浆加固、反压回填等措施来确保隧道结构的安全。此时的环保进洞是要综合考虑各种因素,选择对自然破坏小且经济的方案。

第四,是施工队伍机具设备与施工经验因素。中、短隧道的施工单位,一般会由非隧道专业的施工队施工,其大部分施工队对土石方工程量比较敏感,认为开挖越多,效益越好,喜欢隧道大开挖进洞,对环保进洞方式不感兴趣,环保理念也就无法实施。对于部分实力较强的隧道施工专业队伍,通过分析总结会发现采用少开挖土石方的环保施工方案,隧道工程造价可能相对还会高一些,公司的总体效益相对也好一些,对环保进洞持赞同态度,甚至不计条件要求采用环保进洞的施工方案。

三、环保进洞施工技术

环保进洞施工方法,主要有贴壁套拱法、拱部套拱法和偏压套拱法。

贴壁套拱法(图2-5、图2-6)是采用最多的方式,适用于隧道与山体基本正交,且坡面较陡,通常山体为石质,表层覆盖层较薄的隧道。隧道进洞前先开挖路堑,临近隧道前4~5m预留核心土体,两边切槽,施作以型钢或钢筋为骨架的长2m许的套拱。套拱施作一次到位,与成洞面紧贴。如果需考虑暗洞，施工前要进行超前预支护，可在套拱相应位置预埋管道，套拱混凝土达到强度后，施工超前支护，然后进行暗洞开挖和支护。在洞门或明洞施工完成后，隧区基本看不出开挖痕迹。

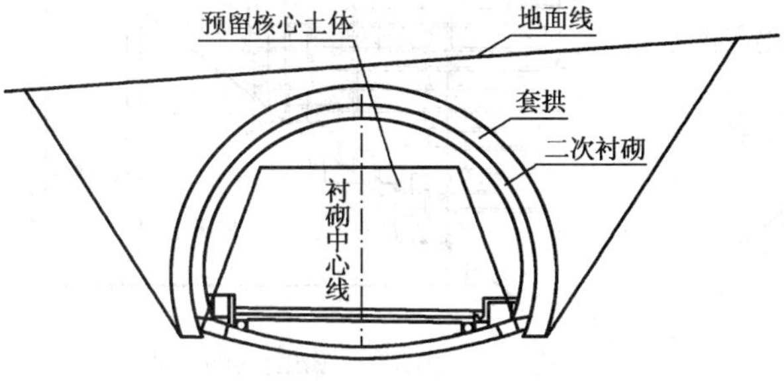

图 2-5 贴壁套拱法立面

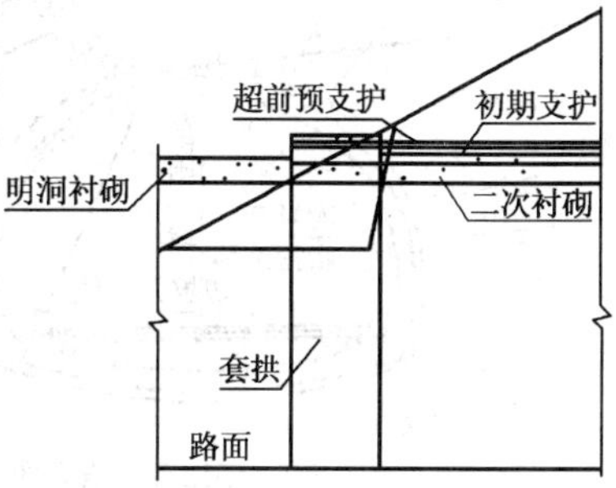

图 2-6 贴壁套拱法剖面

拱部套拱法(图 2-7、图 2-8)适用于下列两种情况：一种是在平缓的山坡上进洞。地面线虽然高于隧道顶，但由于其坡度缓，在较长的一段范围内厚度变化不大，若采用贴壁法进洞，则隧道暗洞顶部仍然无法稳定，故可考虑在洞顶覆盖厚度在 2 ~ 5m 范围段采用暗洞明做法，设置拱部套拱。另一种是隧道通过山间凹地进洞。当洞顶覆盖层较薄时，采用暗挖法无法保证安全，若变为明洞则又出现较高的边仰坡和稳定性问题，且无法与两段洞身施工协调，此时拱部套拱就是环保进、出洞的有效方式。拱部套拱法的施工步骤是：先开挖套拱部位土体，再施工套拱，套拱达到强度后进行顶部回填。若套拱所接暗洞需设置超前预支护，套拱可分节浇筑。先浇筑靠近成洞面一段套拱，后施工超前预支护和浇筑其它节段。套拱下暗洞施工时则先跳槽开挖，施作好初期支护，确保套拱不出现较大的沉降。在地质条件较差时，可以增设初期支护仰拱以保安全。当隧道二次衬砌施工完成后，套拱拱部回填到原地面线，恢复自然状态。

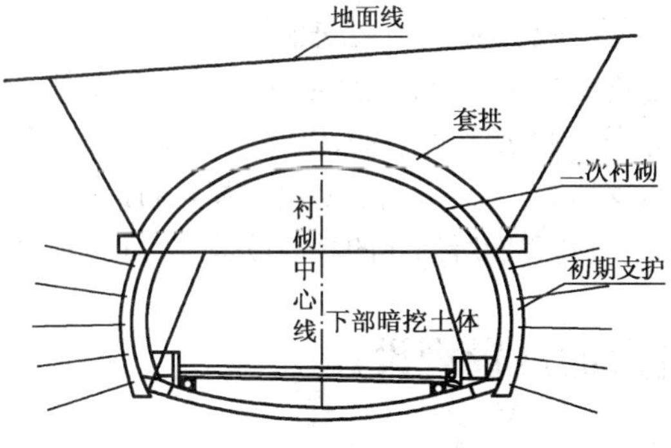

图 2-7 拱部套拱法立面

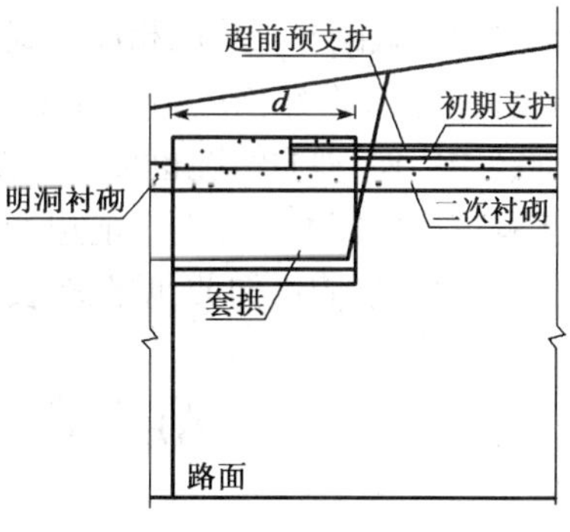

图 2-8 拱部套拱法剖面

偏压套拱法(图 2-9、图 2-10)是避免偏压高削土石方的一种有效方式，适用于隧道斜交偏压的陡峻地形。在一些特殊地形区，地表边坡甚至陡于路基边坡，此时削坡会出现一削到顶的情况。许多隧道洞口出现一侧刚好落入路基，而另一侧削方边坡有四五十米高的情况。此时考虑偏压套拱法不失为一种环保方案。偏压套拱法的套拱呈阶梯状，以与山体协调，外侧为抗偏压边侧墙，内侧山体内根据地质情况设置了纵横预支护。施工步骤是：先开挖和浇筑边侧墙，再以阶梯状开挖山坡，施工纵横预支护定位梁和预支护，再浇筑套拱，套拱外部分回填。在暗洞施工时先是初期支护与套拱、边侧墙闭合，形成一个受力环，最后施工二次衬砌，回填到位。

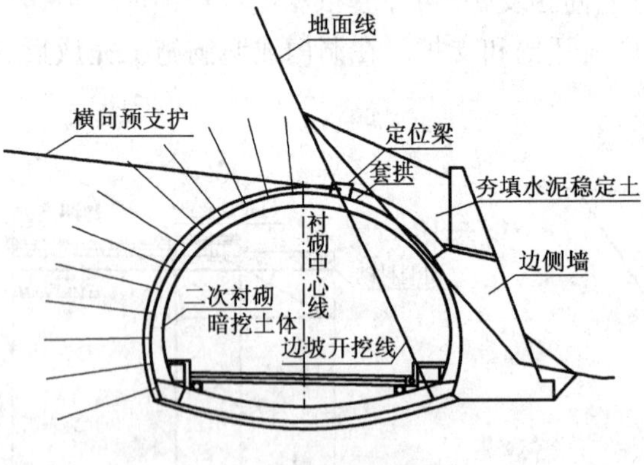

图 2-9 偏压套拱法立面

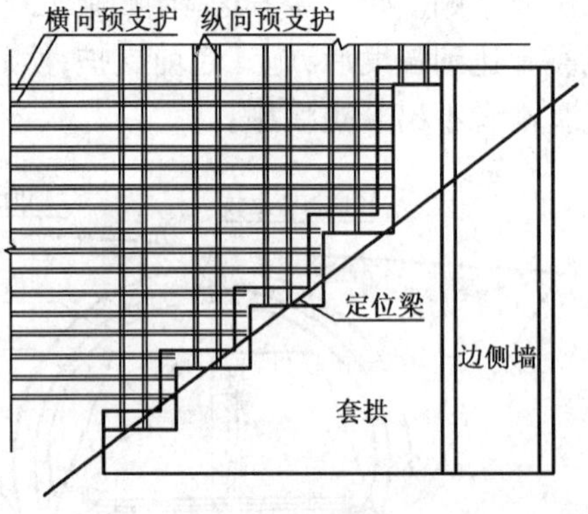

图 2-10 偏压套拱法平面

上述三种方法,在常吉路上都有较成功的应用,但综合分析下来,发现其工程造价一般增加较多。特别是拱部套拱法和偏压套拱法,可能会大幅度增加隧道的长度,由路基变隧道,导致投资大幅提升。隧道施工工艺相对复杂,技术要求高,施工组织难度大,也是推广应用环保进洞的难点。环保进洞施工,在地质条件好的情况下容易操作。若地质条件差,在施工前需要采取地表注浆、预应力锚束、锚杆、抗滑桩等多种工程措施来加固山体。此时已对自然环境造成了一定的改变,若再强调少开挖、少动土的环保进洞的意义就不大了。如果采用环保进洞,比传统的大开挖进洞工程投资增加较多时,就要作详细分析比较。只要在避免大开挖,不过分破坏自然环境,能够保持山体稳定的前提下,这种环保进洞比较就有价值。毕竟我们还处在发展中国家阶段,量力而行也是行事的一个准则。但是在自然保护区、风景区修筑隧道,如何环保进洞,应放在重要的位置。

应当指出,韩常领、赵永固[27]赴法国考察后对中法隧道设计新理念作了对比分析,并指出法国隧道进洞方式刚好与我国相反。我国常用“早进洞,晚出洞,零开挖进洞”的原则。法国专家认为,这是他们在100年前应用的方法,并认为隧道进洞挖深一点,一般为10~25m深有利于部分垂直荷载的传递,地质情况也会常会变好一些,造价上也要节省一些,以降低浅埋进洞风险。他们把工程措施的精力花在洞口前边仰坡开挖所需支挡结构上,一般是采用带锚索的钢管桩挡墙,或长锚杆、锚索加固边仰坡,明洞较长,最终恢复起来同我们所倡导的零边坡是一致的。

第三节 连拱隧道洞口景观设计

叶飞、何川、王士民、王国波[28]在对公路隧道洞口景观的构造进行总结的基础上,结合大量典型实际公路隧道工程的洞口景观案例,分别从乡土人情、人文精神、周边景色与洞门的交融、洞口边仰坡的稳定、洞口亮度调整、景区主题强调,以及个性彰显等角度,阐述公路隧道洞口景观构造,从不同视角、不同侧面,分析洞口景观效果。

一、洞口景观概述

隧道洞口从功能上讲具有三大作用:①安全功能:承受背后土压力、稳定围岩、保护洞口附近道路免于落石、雪崩等危害的基本力学功能;②调光功能:缓和隧道洞口内外明暗差异,降低眩晕感，确保眼睛的舒适和视觉安全的功能；③景观功能：即与洞口周边的景观协调，缓和高速进入暗洞时心理紧张感的景观作用。

隧道洞门主要有两大功能，即安全功能和景观功能。然而，在很长一个时期内，在设计理念上洞门仅被当作是一个承受背后山体土压力、稳定边坡、保护道路免于落石与雪崩等危害的防护结构，即安全功能被当成其唯一功能，而且常以路堑方式设置洞门和开挖洞口。因此，端墙式和翼墙式洞门被大量采用，而这种设计理念及对应的洞门形式，在很大程度上不仅改变了洞口周边的自然环境，破坏了既有坡体的自然平衡状态，同时修筑的洞口和坡面挡墙及附属构筑物，对地区局部景观产生了不良影响。近年来，随着公路隧道建设速度的飞速增长，人们逐渐认识到这种观念的局限性和不合理性，认识到隧道洞门对周边总体环境有一种符号和象征意义，因而景观设计成为隧道洞口设计的重要内容。众多工程实践表明，通过适当景观设计，在确保隧道洞口安全的同时，仍然可以实现营造一种和谐、柔美的洞口景观。因此，把隧道洞门的安全作用和景观作用结合起来，实现洞门结构“稳”与“美”的统一。

二、洞门景观设计

隧道洞门景观设计，一般包含造型设计与版面构图设计。造型设计即外观线形设计，通常有直线型和曲线型。一般来说，由于连拱隧道总跨度大，多采用直线型洞门，显得雄伟、刚劲、稳重、朴实(图 2-11)。较少采用曲线型洞门，后者则显轻柔、秀美、动感、多情。

隧道洞门的造型，通常要结合洞口的地形地貌特征，选用不同的结构形式。不同的设计单位和个人对洞口景观的理解也不尽相同，派生出不同的设计理念。另外，还与社会经济发展及时代背景有关，一个时期有一个时期的主题，所以在现有公路隧道洞口形式可谓千差万别。下面介绍原作者从不同视角对目前已有的公路连拱隧道洞口景观进行的分析和归纳。

1)锦上添花，展乡土人情

云南省思小高速公路是我国目前唯一穿越热带雨林区的高速公路。这条以生态公路著称的高速路上的诸多隧道的洞口设计都匠心独具，吸取地方民族文化符号，结合洞门形式，通过艺术手法适当装点洞门，营造“虽为人工，宛自天开”的隧道洞口植被景观。 洞一景，包容、融汇、和谐共生，充分体现着地域特色，与热带雨林风光、乡土风情、人文景观融为一体。如百花山连拱隧道的入口，设置了傣式建筑的平面雕刻，让人一见这些建筑就明白，梦寐以求的西双版纳就在眼前了(图 2-12)。

图 2-11　直线型连拱隧道洞门造型

图 2-12　云南百花山隧道洞口景观

2）景门交融，浑然一体

连拱隧道洞口景观将洞门结构与周围景观巧妙结合（图2-13），互为映衬，浑然一体。虽然稍许有一些人为痕迹，但和谐、完美的结合让人们感受到更多的是清新、自然之美。

3）稳定当先，显构造功能

在很多情况下洞门的防护功能依然是现代隧道洞口设计的一种基本选择，并以防护功能为出发点而设计施作的洞口（图2-14）。

图2-13　隧道洞口与周围景观完美结合

图2-14　以防护功能为主的连拱隧道洞口景观

4）亮度调整，显调光功能

这类洞门的出发点是通过设置光过渡段，缓和洞内外光线的差异。洞口形态可千姿百态，但都殊途同归，均在起到洞口调光作用的同时，也常会构成一道亮丽的风景（图2-15）。

5）强调主题，展别样风景

一些位于特殊景区的隧道，在洞口做一些具有景区特色的装饰，也会让人耳目一新，在一定程度上拓展了景区覆盖范围，也是一种无形的宣传。如昆石高速路清水沟一号隧道，其洞顶有酷似石林景观的装饰，让过往游客有一种未到石林，先观石林的感觉。将枯燥的隧道洞口与壮观的石林景观紧密结合，在强调景区风景的同时，其本身也构成了一道风景，而且为该段高速公路起到了很好的地标作用（图2-16）。

图2-15　基于调光功能的连拱隧道洞口景观

图2-16　云南清水沟一号隧道洞口景观

6）别出心裁，彰显个性

随着整个社会对环境景观的日益重视，环境景观设计必将百花齐放，将公路变成国土上的绿色环保长廊，使其成为一道亮丽风景线的观念越来越被人们所推崇。下面是较有“个性”的连拱隧道洞口景观,有明显的人为烙印,依然不显累赘,营造出另一种别样风情(图 2-17)。

7)地下车库式洞门

这种洞门类似于城市地下车库,如苏州独墅湖隧道(图 2-18),结构简单,出入方便,洞口光线逐渐过渡,被我国许多城市隧道和湖底连拱隧道所采用。

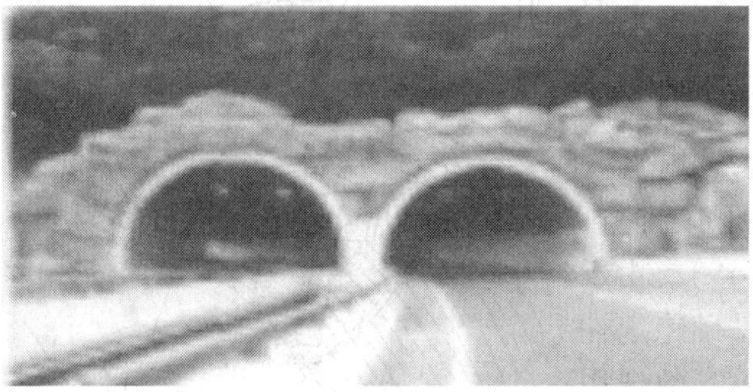

图 2-17　较为“个性”的连拱隧道洞口设计

图 2-18　苏州独墅湖连拱隧道洞口图

三、洞口景观设计研究方向

随着越来越多的连拱隧道建设者对构筑物与自然环境之间相互依存和协调关系的关注,隧道独立构筑物在自然景观背景下的形态,必将成为建筑研究的重要内容之一,公路连拱隧道隧道洞口景观艺术必将被更多的人所关注。

(1)隧道洞门的安全功能和景观功能本身并不矛盾,把隧道洞门的安全作用和景观作用结合起来,实现洞门结构“稳”与“美”的统一,是未来公路隧道规划设计的重要内容之一。

(2)隧道洞口景观艺术是一项综合性很强的系统工程,涉及到工程学、建筑学、生态学、景观学、美学、图像学、心理学、植物学,以及人文历史学科等众多学科的交叉与综合,还涉及到诸多新工艺、新材料、新技术的综合和合理运用。开展这方面的更深入、更广泛的专题研究,需要多学科人员的共同参与,跨学科、跨领域的合作研究将是未来隧道洞口景观艺术研究的必然趋势。

(3)隧道洞口景观艺术的构造形式多样,乡土人情、人文精神、周边景观、环境因素、稳定因素、景观主题等,乃至设计者本身对美的理解和发挥,都可成为隧道洞口景观设计和表现的立足点。

第四节　连拱隧道错开式洞门

易震宇,熊建军[29]在湖南常吉高速公路殿会坪连拱隧道错开式洞门设计过程中,分析了各个设计关键点,总结了错开式洞门设计应用范围及注意事项。该隧道是一座双向四车道高速公路连拱隧道,处于低山丘陵区,地形起伏较大,冲沟切割较深,沿线地表植被发育。出口位于半山腰,自然边坡坡度 30°～40°,洞口段中线与地形等高线斜交。隧道右侧偏压,为与斜交地形相适应,降低开挖边坡高度,隧道出口端设计为错开式洞门。

一、错开式洞门比选

考虑地形限制及隧道前后区域构造物设置限制,隧道横断面积大,吉首端与地形等高线斜交,地层岩性为碎石、强风化岩,易碎落,如果吉首端隧道左右洞同一桩号进洞,则左洞左侧边仰坡高达50m以上,对山体破坏较大。如果采用左、右洞不同桩号错开进洞方式,则可大幅度降低边、仰坡高度。在此基础考虑洞门结构形式,可有两种方案:①隧道左右洞洞门设置在同一桩号,做成平面端墙式洞门,其后接一段半明半暗衬砌,且不利于隧道通风排尘。②隧道左右洞洞门桩号前后错开设置(图2-19)。由于方案一的右侧明洞需设置在填土路基上,基础稳定性差,而且错开式洞门有利于连拱隧道通风排尘,故选用第二方案的前后错开式洞门。

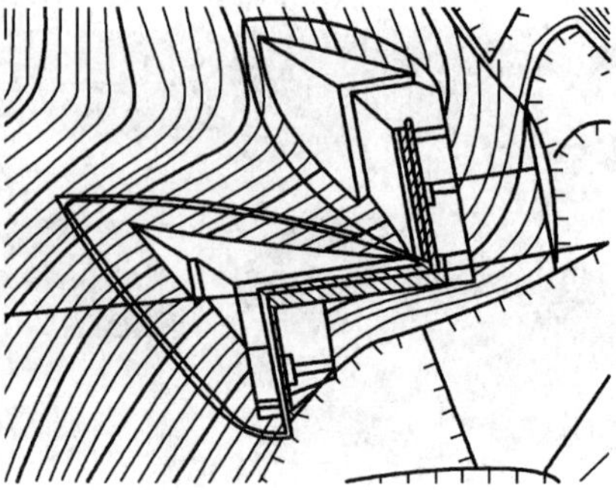

图2-19　隧道错开洞门平面图

二、错开式洞门总体设计

隧道左洞门桩号K102+573暗挖直接进洞,右洞门桩号K102+548,但暗挖进洞桩号K102+543,设置5m明洞(图2-20、图2-21),左右洞门墙均采用钢筋混凝土结构。

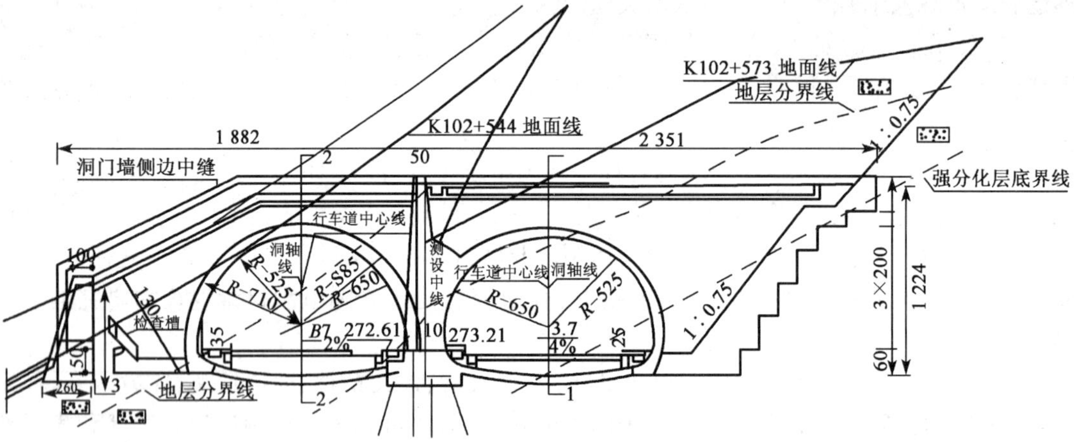

图2-20　隧道错开洞门立面图(尺寸单位:cm)

1)成洞面加固

除隧道成洞面右洞右侧边坡采用4m长ϕ22砂浆锚杆外,其余边仰坡均采用6m长砂浆锚杆锚固,锚杆间距为100m×100cm。砂浆锚杆施工时可适当调整锚杆方向,使其在不侵入二次衬砌前提下尽量垂直开挖面(图2-22)。喷射混凝土厚10cm,施工完后洞顶植草,仰坡采用土工格式植草护坡。

2)进洞辅助施工措施

鉴于隧道洞口岩性差,左、右洞皆设置超前长管棚进行预支护,管棚护拱宽1m高60cm,

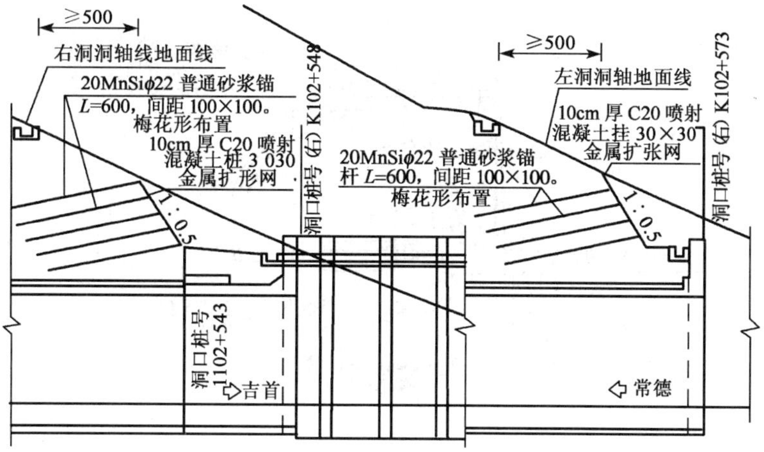

图 2-21　隧道错开洞门纵剖面图(尺寸单位:cm)

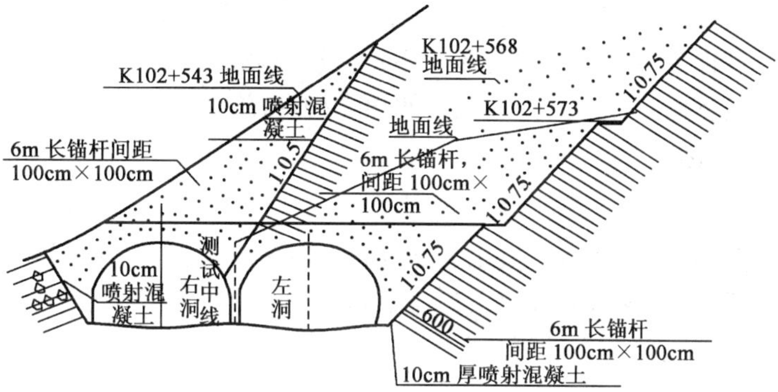

图 2-22　隧道错开洞门成洞面开挖支护图

左洞不设置明洞,护拱预留钢筋与洞门墙衬砌连接。套拱采用 C25 钢筋混凝土作长管棚导向墙,套拱在明洞外轮廓线以外施作(图 2-23)。

3)洞口侧墙

隧道洞口前后错开,中间采用侧墙连接,侧墙按挡土墙结构计算。由于地形偏压力较大,正常尺寸不能通过抗倾覆性验算,但加大尺寸,会侵入公路限界。综合比较后,在侧墙顶部增设两排横向管棚,既起拉杆作用,确保侧墙抗倾覆稳定性,又加固了左洞暗挖段,与纵向管棚交错,提高了左洞暗挖安全性。侧墙底面现有地质承载力不能满足计算要求,必须采用锚杆加固(图 2-24)。

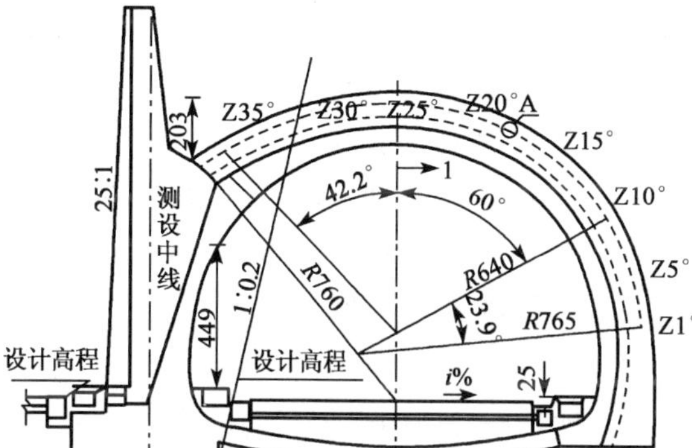

图 2-23　隧道左洞套拱图(尺寸单位:cm)

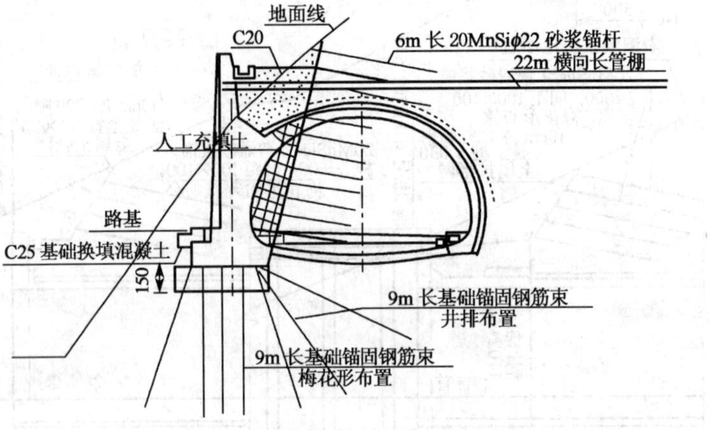

图 2-24 隧道错开洞门侧墙图(尺寸单位:cm)

4)横向管棚

横向长管棚间距 1m,上下错开布置,长度采用 22m,套拱支架采用 18 工字钢临时组装,要求能保证钻机钻进过程中不发生大的变形。临时套拱在侧墙开挖后施工,管棚打入后与侧墙浇筑在一起。横向长管棚除作为开挖过程中的预支护外,施工完毕后,对中墙有抵抗偏压的作用,每根管均必须注浆饱满。

5)侧墙基础加固

侧墙基础底先采用地质钻机施工 ϕ125mm 钻孔,钻孔应避免对孔体周围围岩扰动,成孔后应及时布置 ϕ22 钢筋束,并注入水泥浆。基础部位共设置 137 根锚固钢筋束。基础锚固钢筋束,应伸入 C25 侧墙,并与侧墙主筋焊接。

6)洞口衬砌段工序

开挖施工顺序是:

①边挖边锚,开挖侧墙位置边坡至横向长管棚底面高程,在边坡平台上采用型钢施作临时横向长管棚套拱,定位和施工横向长管棚;

②跳槽分段边挖边锚,开挖侧墙位置边坡,施工基础锚固钢筋束及基础换填,施工基础、绑扎钢筋、立模,长管棚钢板与主筋焊接,施工侧墙;

③施工左洞纵向长管棚侧墙附近部分,回填侧墙内侧回填土,接长侧墙部位纵向长管棚,施工耳墙部位 C15 片石混凝土;

④施工左线洞口纵向长管棚套拱和其余部分长管棚;

⑤采用上下台阶法开挖左洞主洞;

⑥右洞套拱施工、管棚施工及主洞开挖。

7)注意事项

①边坡开挖过程中必须严格边挖边锚固,确保边坡稳定。

②开挖横向长管棚下的边坡必须跳槽开挖,注意预埋侧墙内引水管和中墙顶预埋件,侧墙基础承载力要求达到 500kPa。当达不到 500kPa 时,加深换填基础,并采用钢筋束地锚锚固基础。加深换填基础底面承载力要求达到 350kPa,当达不到 350kPa 时,应进一步进行加强。

③施工侧墙前,右线路基填筑应高于基础底面高程。

④横向长管棚尾端钢板,应与中墙内主筋焊接。

⑤耳墙内 C15 片石混凝土,应确保不侵入初期支护轮廓线。侧墙回填至拱顶高程时,应拔除可能阻碍纵向长管棚施工的边坡锚杆。

三、半隧半路衬砌结构设计

由于错开式洞门连拱隧道必然产生半隧半路结构,因而熊建军、易震宇、胡海波[30]对湖南常吉高速公路殿会坪连拱隧道吉首端洞口半隧半路段衬砌结构的设计方案、支护参数进行了研究,并对结构受力进行了分析,为连拱隧道在隧道轴线与地形等高线斜交情况出洞提供一种新思路。

殿会坪隧区山体表面覆盖 3 ~5m 厚碎石土,下伏基岩为晚元古界板溪群马底驿组的紫红色板岩,薄 ~ 中厚层状,节理裂隙发育。隧道吉首段右侧地面高程比设计高程低 7m,如果做成隧道只能在回填土上做明洞,且回填土存在半填半挖。左侧山体自然坡度达 45°,如果按 1:0.5 的边坡坡率明挖,将达到 70m 刷方高度,故设计采用左右洞错开出洞的半隧半路段方案。

隧道出口 K102 +543 ~ K102 +573 段,按尽量少破坏山体的思路设计为半路半隧结构。设计总体思路为采用 1:0.3 坡率开挖中墙部位,待中墙施工完毕后回填反压再开挖暗洞。由于边坡为松散体,为确保开挖过程中边坡稳定及减少山体对隧道结构的偏压力,对边仰坡采用 2m ×2m 钢筋混凝土方格骨架 ϕ32 预应力锚杆护坡进行预加固,并对 K102 +548 ~ K102 +570 段左洞洞顶及左侧范围采用 ϕ89mm ×5mm 钢管进行注浆加固,确保边坡稳定和施工安全。边仰坡加固完毕,适当回填土植草。具体加固设计参数见图 2-25、图 2-26。

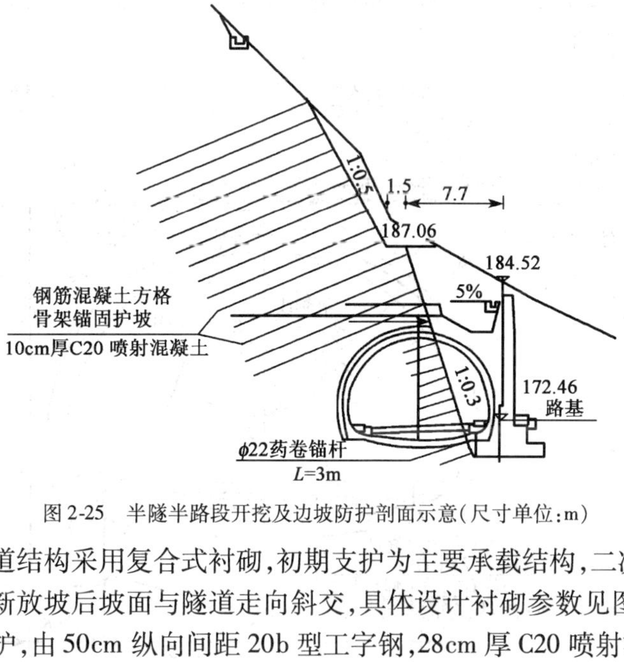

图 2-25 半隧半路段开挖及边坡防护剖面示意(尺寸单位:m)

半隧半路段隧道结构采用复合式衬砌,初期支护为主要承载结构,二次衬砌与之共同承担荷载。由于边坡重新放坡后坡面与隧道走向斜交,具体设计衬砌参数见图 2-27。隧道主体初期支护采用喷锚支护,由 50cm 纵向间距 20b 型工字钢,28cm 厚 C20 喷射混凝土,20cm ×20cm 间距 ϕ8 钢筋网,3.5m 长,间距 100cm ×50cm(环 ×纵)D25 型中空注浆锚杆组成。仰拱为 50cm 厚 C20 钢筋混凝土。二次衬砌及仰拱采用 50cm 厚 C25 钢筋混凝土。在初期支护与二

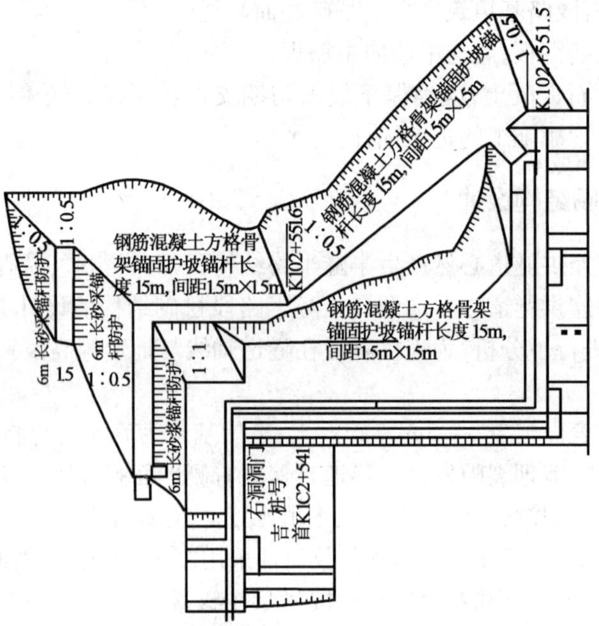

图2-26　半隧半路段开挖及边坡防护平面图

次衬砌之间,采用无纺土工布加1.2mm厚防水卷材作为复合防水层。耳墙墙体采用C25钢筋混凝土结构,主筋采用$\phi22$钢筋,纵向间距20cm,箍筋采用$\phi8$钢筋。为确保初期支护工字钢受力有效传递,且与耳墙接触部位不会因为受集中荷载而破坏,在耳墙内预埋20b型工字钢,并采用钢筋混凝土耳墙结构。为减小暗洞开挖时暗洞所受偏压力和减少超挖,并避免发生

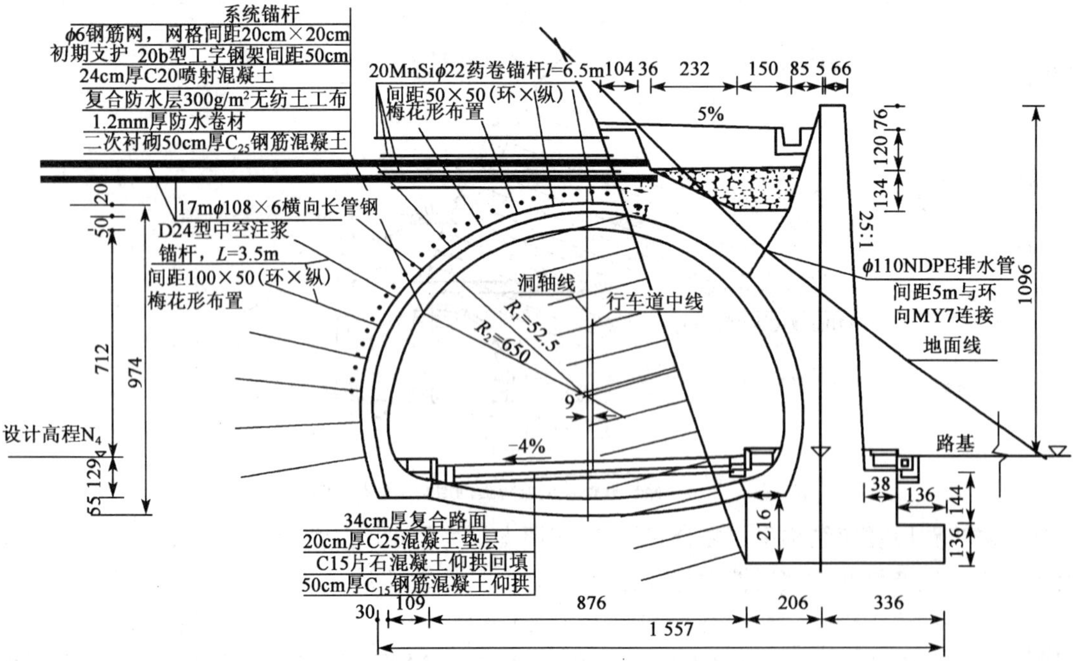

图2-27　半隧半路衬砌结构图(尺寸单位:cm)

大坍塌,在暗洞侧采用 40m 长、ϕ108mm × 6mm 长管棚作为超前支护措施,管棚环向间距为 40cm。为确保耳墙稳定并与围岩整体受力,在拱顶施作 22m 长,间距为 80cm × 40cm 的 ϕ108mm × 8mm 横向长管棚,将耳墙锚锁在边坡上。同时为确保耳墙在施工过程中的稳定,耳墙施工完毕后,在耳墙右侧采用洞渣反压回填(图 2-28)。

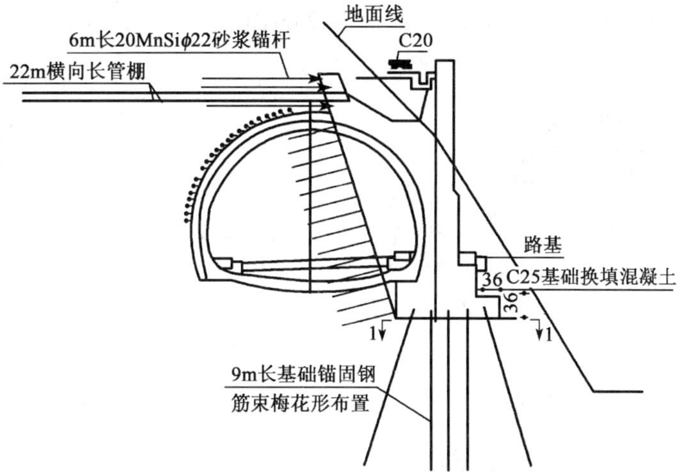

图 2-28　纵横向长管棚及基础加固(尺寸单位:cm)

四、半隧半路结构稳定和变形数值分析

1)计算模型的建立

半隧半路段结构受力复杂,为验证设计方案的可行性,采用 ABAQUS 有限元软件对半隧半路衬砌段进行结构稳定和变形数值模拟。以隧道中心为始,左右各延伸 80m 为计算区域的两侧边界,往下延伸 55m 为底部边界,往上则取至地表。模型边界采用位移约束条件:底部水平和垂直方向的位移均约束,侧面仅水平方向位移约束,顶部不加约束。在模拟中假定围岩为各向同性弹塑性材料,采用穆尔—库仑屈服准则进行计算分析。围岩和耳墙采用实体单元模拟,锚杆、管棚和二衬则采用梁单元模拟,对围岩的注浆加固采用提高注浆范围内围岩参数的方法实现。因隧道边坡垮塌后进行了加固处理,为了计算的可行性,在模拟时进行了简化,用提高围岩参数的方法来模拟边坡的加固。各材料计算参数见表 2-1。

材料参数表　　表 2-1

材料类型	E(GPa)	γ(kN·m^{-3})	μ	ϕ(°)	c(MPa)
围岩	0.1	18.5	0.3	24	0.3
二衬耳墙	27	23	0.2		

注:E 为弹性模量;γ 为重度;μ 为泊松比;ϕ 为内摩擦角;c 为内聚力

2)模拟施工工序

模拟施工工序为:① 打设边坡锚杆;②开挖临时边坡并打设锚杆;③施作耳墙基础钢筋束和耳墙;④施作横向管棚并回填墙顶;⑤开挖上台阶并施作初期支护;⑥ 开挖下台阶并施作初期支护;⑦施作二次衬砌和仰拱。

3)计算结果分析

数值计算可以获得围岩与结构的应力与变形,从而分析半隧半路结构的稳定性。可从围岩应力、衬砌与中墙的受力方面进行分析。

(1)围岩应力。围岩应力均呈不对称分布,临时边坡和上下台阶的开挖,对围岩应力的影响明显,其中下台阶开挖后应力增加最大,由 0.29MPa 增大到 0.82MPa。总体上看围岩塑性区均很小,且都分布在上下台阶结合处和靠山侧边墙下部(图 2-29)。

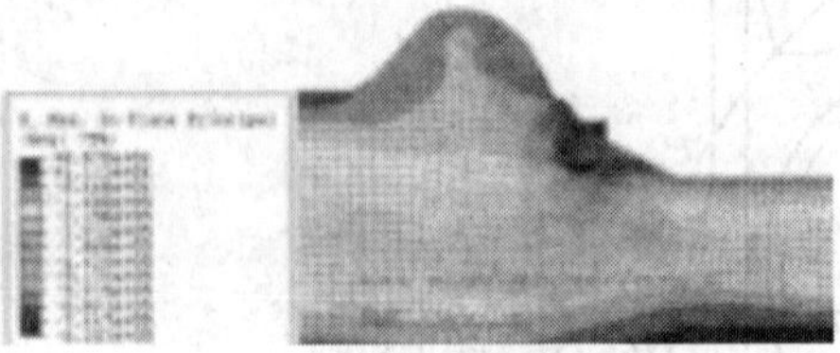

a) 监时边墙开挖后围岩最大主应力

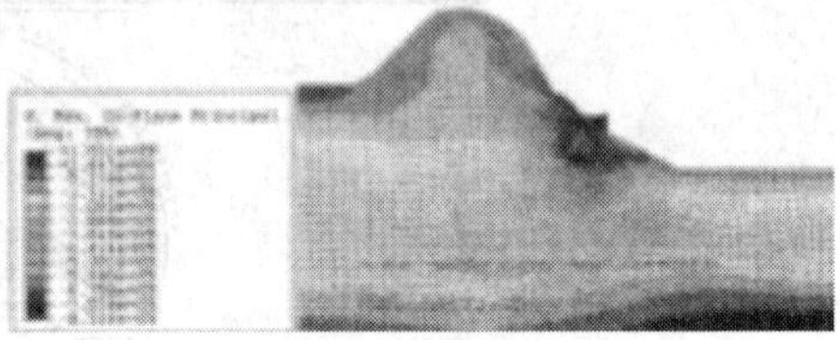

b) 耳墙施作后围岩最大主应力

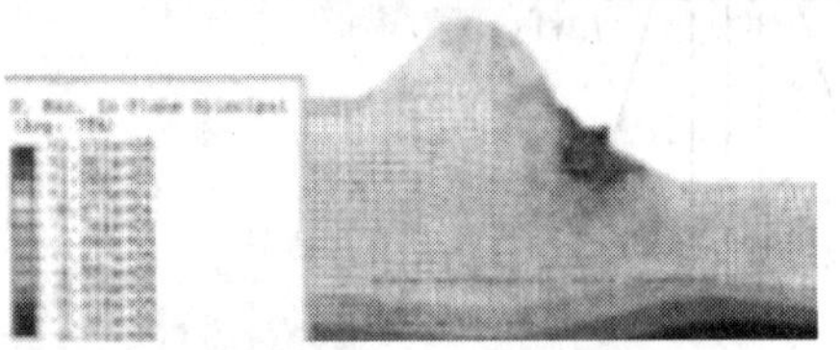

c) 上台阶开挖后围岩最大主应力

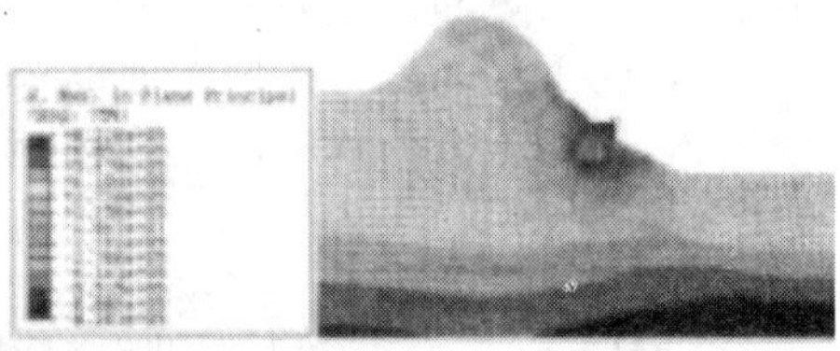

d) 下台阶开挖后围岩最大主应力

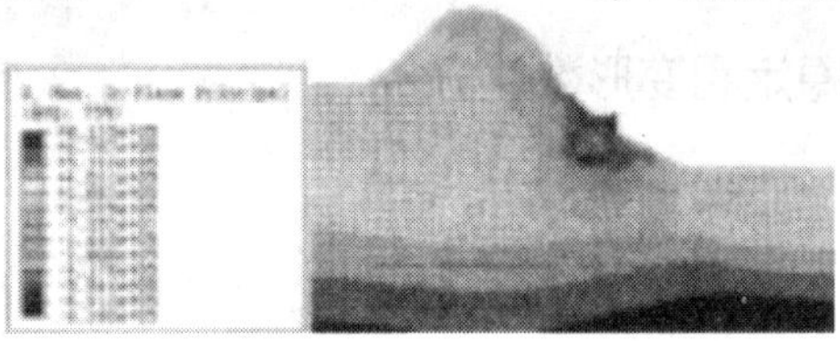

e) 二次衬砌施作后围岩最大主应力

图 2-29　不同施工阶段围岩最大主应力云图

(2)耳墙受力(图 2-30 ~ 图 2-33)。耳墙施作后主要承受山体偏压的水平荷载,从耳墙位移云图可以看到耳墙顶部在偏压荷载下产生较大水平位移,最大 4.3mm,耳墙底部位移则很小。此时耳墙的最大应力出现在外侧靠近基础的位置,为 2.45MPa。横向管棚施作好以后,耳墙所受竖向荷载增大,竖向位移有明显的增加,水平位移则变化不大。由于耳墙顶部所受竖向荷载增大,抵消了耳墙一部分向外侧偏转的趋势,因此,在横向管棚施作后,耳墙外侧应力有所减小,而内侧应力有所增加,最大应力还是出现在耳墙外侧靠近基础的部位。上台阶开挖后,由于卸荷作用,耳墙顶部荷载迅速增大,最大应力位置由外侧靠近基础部分转变为耳墙内侧中、上部,最大应力为 1.87MPa。耳墙竖向位移也有增大,最大增加了 2.33mm,耳墙水平位移增加了 4.28mm。下台阶开挖后,耳墙应力继续增大,最大应力达到 5.752MPa。

(3)衬砌内力。从计算结构可以看出(图 2-34),二次衬砌均为压力,轴力最大值为隧道拱顶耳墙与初期支护相接位置,最大轴力 1095kN。最大正弯矩在隧道拱顶左侧 15°附近,最大值为 18.9kN · m,最大负弯矩位于靠山体内侧上下台阶相接位置,最大值为 2018.9kN · m。数值计算结果表明,半隧半路段结构在整个施工过程中能够保持稳定,且具有较大安全系数,设计方案是合理的。

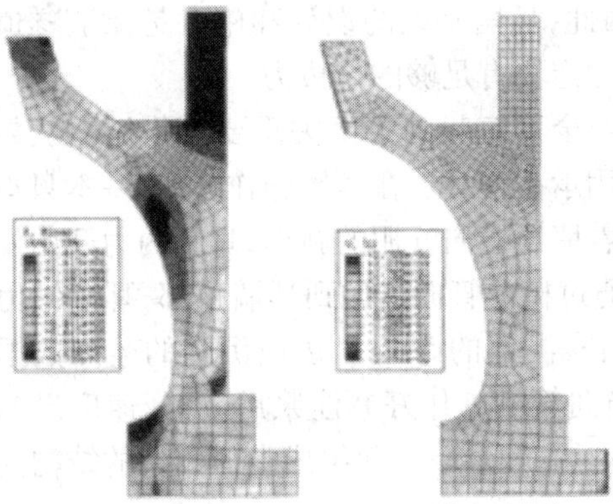

a) 耳墙应力云图　　b) 耳墙水平位移

图 2-30　耳墙做完后应力和位移

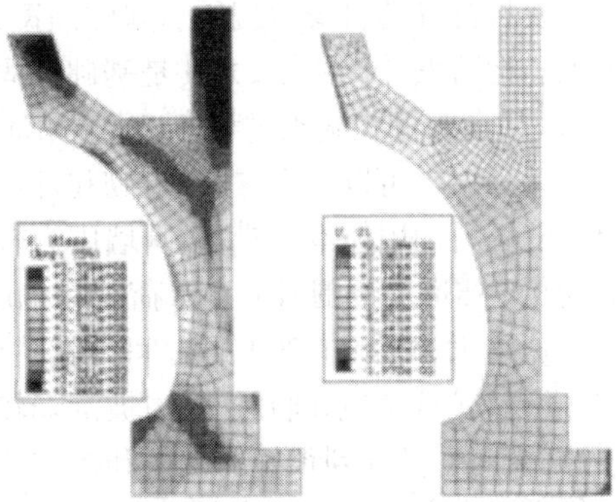

a) 耳墙应力云图　　b) 耳墙水平位移

图 2-31　横向管棚施工后耳墙应力和位移

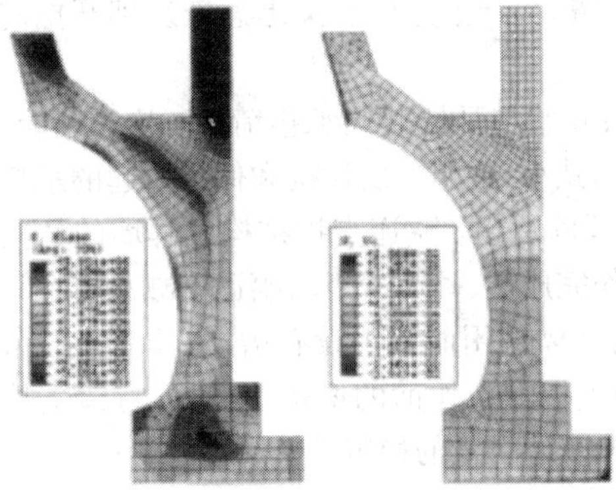

a) 耳墙应力云图　　b) 耳墙水平位移

图 2-32　上台阶初期支护施工后耳墙应力和位移

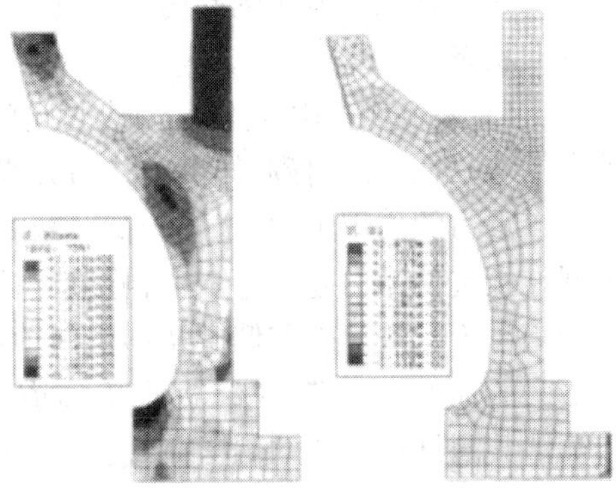

a) 耳墙应力云图　　b) 耳墙水平位移

图 2-33　二次衬砌施作后耳墙应力和水平位移

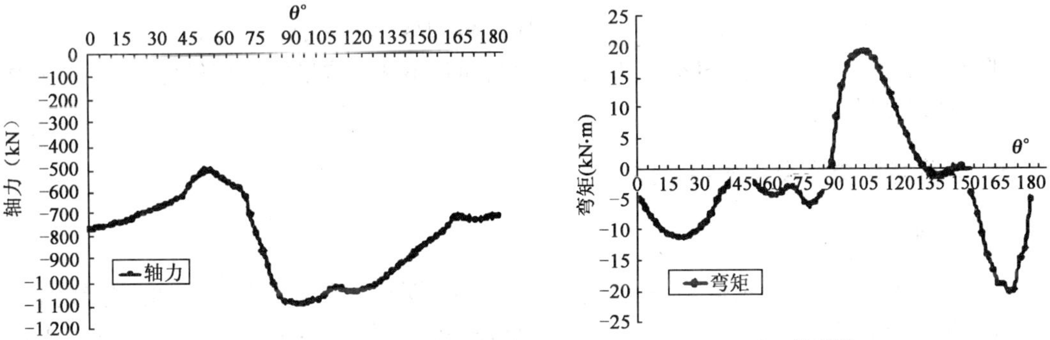

a)二衬轴力　　b)二衬弯矩

图 2-34　二次衬砌施作后内力和位移

设计中应注意以下几个关键点：

(1) 耳墙基础是关系到整个隧道稳定性的关键，耳墙结构和横向管棚在施作后就立即共同承担荷载，尤其在开挖过程中要承担极大的偏压荷载和洞顶围岩自重力。在整个施工和运营过程中，偏压荷载将通过各种支护结构传递至耳墙基础，耳墙不仅要抵抗隧道结构的侧移，同时还要抵抗耳墙自身由偏压引起的倾覆趋势。因此,耳墙基础的设计和施工是保证隧道结构施工和运营安全的关键,尤其是基础锚固钢筋束一定要有足够的抗拔力。

(2)横向管棚在施工过程中,对于保证结构的安全稳定起到了至关重要的作用。从数值模拟的计算结果可以看出,二次衬砌和耳墙共同作用承担荷载。在耳墙施作之后,基本只承受回填土的压力和墙体本身自重,耳墙内力较小。随着墙顶横向管棚的施作,耳墙内力开始发生明显变化。隧道上部围岩的自重荷载和偏压荷载,通过横向管棚传递到耳墙顶部,耳墙轴力和弯矩迅速增大,弯矩在 20d 的时间内就达到了最后实测值的 50%。边坡沉降的监测数据显示,在进行洞门翼墙基础开挖时边坡沉降较大,当横向管棚施作好并注浆后,沉降速度迅速减小,可见横向管棚起到很好的支护和控制地表沉降作用,和耳墙一起组成类似棚架的结构共同保持隧道围岩在施工和运营中的稳定。

(3)由于对隧道顶部围岩的注浆加固和管棚的作用,大部分的荷载由耳墙承担,正洞的开挖对耳墙内力的影响相对较小。从数值模拟结果看,正洞开挖对上、下台阶分界处的耳墙弯矩影响大一些。施工转换时的卸荷引起此处弯矩突然增大,开挖完成后又迅速恢复到开挖前的弯矩分布状态。

(4)二次衬砌和仰拱施作后形成封闭的支护圈,开始与耳墙共同承担荷载。从数据看,耳墙轴力的增幅在二次衬砌、仰拱施作后并没有明显的减小,说明二次衬砌和仰拱所起的承担顶部围岩自重力的作用不大,这部分荷载仍然主要由耳墙承担。隧道支护结构和耳墙的共同作用体现在抵抗偏压引起的弯矩上,隧道支护结构施作完成后,耳墙弯矩增幅迅速减小。在耳墙底部弯矩由于二次衬砌和仰拱及仰拱回填混凝土的整体作用而几乎没有增加,耳墙上部弯矩增幅最大的地方也只有 40%,远小于隧道二次衬砌支护圈施作前的增幅。可见,隧道支护结构和耳墙共同抵抗山体的偏压荷载,并要保证边坡和耳墙自身的稳定性。

第五节　中墙设计与施工

中墙是公路连拱隧道受力最集中,受力转换次数和变化最多,施工难度最大、最复杂和最关键部位,一直受到设计、施工和研究人员的重视,而且不断采取措施进行优化[31~52]。在中墙技术上有许多新进展。

一、中墙结构类型及其适用条件

1)中墙类型

中墙类型划分,已在第一章公路连拱隧道结构的分类中涉及(表 1-14),即先按线路分为普通式(非分岔式)和分岔式两大类,再按中墙组合分整体式、左右复合式和上下叠加式三亚类,按中墙外形分直中墙和曲中墙两小类,按中墙内部实空分实中墙和空心中墙两种形式。

李玉文、田尚志、陈贵红[31]在中墙设计中采用的基本形式有 6 种,即整体式直实中墙、整体式曲实中墙、整体式直空中墙、整体式曲空中墙、复合式直实中墙、复合式曲实中墙(图 2-35)。复合式直中墙又分成二墙复合式和三墙复合式两种。以第 a)、e)、f)三种使用较较普遍,尤其是近年广泛使用三墙复合式直中墙和复合式曲中墙两类。

另外,有的专家、学者,曾按中墙在中导洞的位置,分成对称形和不对称形两种。夏永旭、

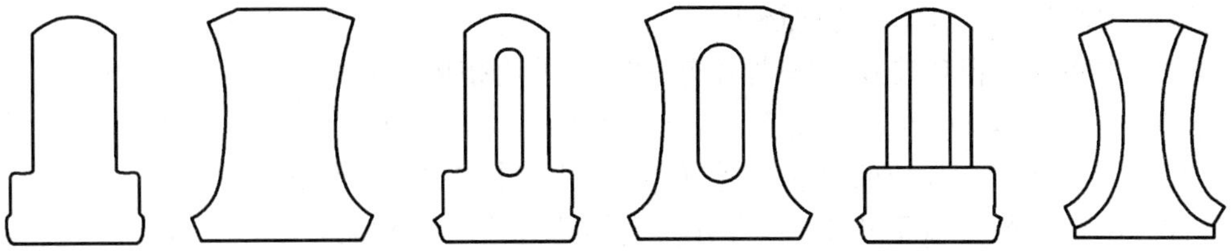

图 2-35　我国连拱隧道中墙基本类型

鲁彪[32]按中墙受力支撑部位不同，把中墙分为直中墙顶部支撑、直中墙脚部支撑和曲中墙顶部支撑三种。

2)各类中墙的优缺点和适用条件

各种类型的中墙，有各自优势和应用条件，见表 2-2。

各类型中墙适用条件和优缺点对比　　表 2-2

中墙类型	优点和适用条件	缺点	隧道实例
整体直实中墙	左右线路相距小，有利桥隧相连，洞口开挖少，工序简单，造价低	中墙顶回填不实，防排水效果不佳，围岩稳定性差	武汉马鞍山
整体直空中墙	用于南京九华山隧道利用中墙内空间	防排水效果差，衬砌台车利用率低，视觉效果差	南京九华山
整体曲空中墙	造价低，衬砌台车利用率高，视觉效果较好较美观	中墙顶回填不实，工序较复杂，围岩稳定性差	贵州初期建的连拱隧道
双墙复合式直实中墙	中墙厚度较大，工序较简单，洞口路线较窄，有利桥隧相接和二次衬砌防排水	衬砌台车利用率低，视觉效果差	上海小洋山
三墙复合直实中墙	中墙厚度较大，工序较简单，洞口路线较窄，有利桥隧相接和二次衬砌防排水	造价较高，衬砌台车利用率低，视觉效果差	河南宛西高速吴家庄等
三墙复合曲实中墙	结构同分离式隧道有利防排水，衬砌台车利用率高，围岩稳定性好，视觉效果好，美观	中墙厚度大，工序复杂，易引起偏压，造价高	岳阳金鄂山
上下三层叠层直实中墙	用于明挖法施工，自下而上叠层，工艺简单，操作方便，造价低	中墙上层形态复杂，与左右洞拱顶连接工艺复杂	日本寝屋川市四连拱
分岔整体直实中墙	中墙厚度小，适用于分岔连拱隧道起始段，有利桥隧相连，施工较简单，防排水效果差	中墙厚不断变化，衬砌台车利用率低，视觉效果差	湖北八字岭
分岔复合曲实中墙	衬砌台车利用率高，防排水效果最好，视觉效果好，美观	中墙厚度不断变化，工序复杂，引起偏压，造价高	湖北八字岭
无中墙	简化工序，有利桥隧相连，控制拱顶沉降，防排水效果好，降低造价，衬砌台车利用率高	中夹岩稳定性差左右偏压，风险大	厦门梧村山

分岔式中墙只用于分岔式连拱隧道。

整体式中墙厚度相对较薄,当其厚度较大时可采用整体空心中墙,施工工艺简单,可有效缩短工期。但是整体式中墙连拱隧道拱脚与中墙顶不可避免地会产生施工缝,易造成渗漏水病害。2005 年前国内已建成的双连拱隧道,多采用整体式中墙断面形式。

整体式中墙根据外观形式不同,可分为整体式直中墙、整体式曲实中墙、整体式直空中墙、整体式曲空中墙,如图 2-35a)、b)、c)、d)。但整体曲实中墙和整体式曲空中墙现较少应用。

左右复合式中墙简称为复合式中墙,由于此类中墙的隧道净空轮廓与单洞隧道的相同,可提高衬砌台车的利用率,节约施工成本,而且中墙顶部与中导洞顶部围岩紧密相接,克服了中墙所在中导洞上部之间存有空洞的不足,使中导洞毛洞跨高比和正洞开挖时的毛洞跨度相对减小,有利于中墙周边围岩的稳定,也有利于二次衬砌防水板的全断面铺设,使隧道防排水效果更为理想。

复合式中墙按外形分为复合式直中墙和复合式曲中墙如图 2-35e)、f)。由于复合式曲中墙分次施作,两侧外轮廓曲线与左、右洞初期支护轮廓曲线衔接良好,有利于防水板的全断面铺设,从而可以较大程度上解决其渗漏水病害。复合式曲中墙比复合式直中墙具有更好的视觉效果,基底加宽后还可控制中墙沉降,因而获得广泛应用。但不足之处是复合式中墙厚度增大、隧道内中间隔离带增宽,且整体开挖宽度加大,隧道的左右线相距较宽,洞口路基联机所占土地相对较多。鉴于上述复合式中墙特点,建议有条件增大中墙厚度的地域,采用复合式曲中墙形式,如岳阳市金鄂山隧道和杭州市单洞改扩建的邱山连拱隧道等,采用复合式曲中墙。在桥隧相接地段尽可能采用复合式直中墙形式,如上海小洋山岛上的小洋山隧道进出口均与桥相接,河南宛平高速 16 座隧道桥隧相连多均采用复合式直中墙。

上下叠层式直中墙用于日本第二京京阪高速寝屋川市四连拱隧道明挖法施工,中墙自下而上以三层叠直中墙形式施工,工艺简单,操作方便,造价低。但上层中墙形态复杂,与左右拱连接困难。

无中墙连拱隧道,实质上是最小净距隧道原理,要求围岩稳定性好,或加大初期支护强度。施工时后行洞要短进尺,二次衬砌要紧跟。其优点是简化了工序,较好控制拱顶沉降,总体造价更省,但后行洞偏压大,施工中有风险[4]。

3)中墙结构优化

夏永旭、鲁彪[32]针对连拱隧道设计与施工的中墙受力问题,采用有限元数值模拟方法,对中墙不同结构优化作了研究。

(1)计算模型及相关参数

根据直中墙顶部支撑、直中墙脚部支撑和曲中墙顶部支撑三种结构形式的中墙受力状态差异较大,为了评估这三种中墙的结构特性,采用有限元数值模拟方法,结合双连拱隧道的实际施工工序,研究三种中墙在整个施工过程中的力学特性。三种中墙形状及开挖步骤(图 2-36),统一按中导洞—正洞台阶法施工,施工工序为:①开挖中导洞;②中导洞初期支护;③中墙砌筑及铺设中墙顶防水板;④中墙右侧回填(或设置工字钢临时支撑)及中墙顶部回填;⑤左洞上台阶开挖;⑥左洞拱部初期支护;⑦左洞下台阶开挖;⑧左洞边墙初期支护;⑨左洞仰拱浇筑；⑩左洞铺设防水层及二衬混凝土浇筑；⑪右洞上台阶开挖；⑫右洞拱部初期支护；⑬右洞下台阶开挖；⑭右洞边墙初期支护；⑮右洞仰拱浇筑；⑯右洞铺设防水层及二次衬砌混凝土浇筑。

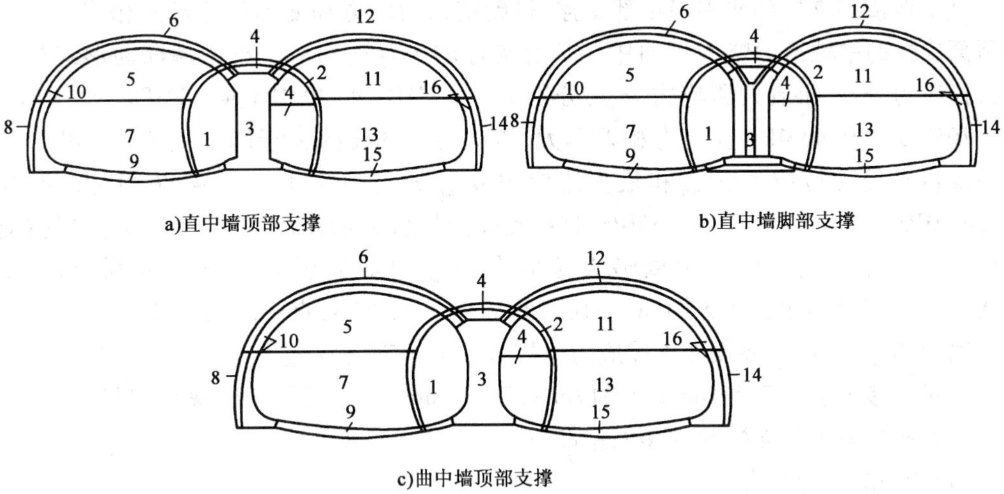

图 2-36　三种中墙支护形式

计算模型为线弹性平面应变模型，岩体的初始应力场仅考虑自重应力，只考虑一次衬砌和二次衬砌，锚杆和钢拱架认为是安全储备。并且不计中墙配筋。地应力开挖释放 30%，初期支护完成后释放 40%，二次衬砌完成后释放其余 30%。围岩和混凝土的物理力学参数根据《公路隧道设计规范》中相应参数确定（表 2-3）。

有限元计算模型物理力学参数　　表 2-3

材料类型	弹性模量 E(GPa)	泊松比 μ	重度 γ(kN·m^{-3})	备注
初次衬砌	26.0	0.2	22	体荷载 G 取 10
二次衬砌	28.5	0.2	23	
II 类围岩	1 900	0.4	1.2	

（2）中墙数值模拟分析过程及结果

中墙数值模拟过程表明，相同的支护措施和开挖方法，由于中墙形状和支撑形式不同，导致衬砌结构的应力和位移也不相同。三种中墙断面形状和支撑形式，按台阶法开挖时结构的最大应力和中墙的最大位移见表 2-4。

三种中墙支护结构应力与中墙位移计算结果　　表 2-4

形式	初期支护		二次衬砌		中墙衬砌		
	σ_{1max} (MPa)	σ_{3max} (MPa)	σ_{1max} (MPa)	σ_{3max} (MPa)	σ_{1max} (MPa)	σ_{3max} (MPa)	U_{max} (mm)
直中墙顶部支撑	4.17	9.71	3.32	4.40	5.01	9.57	7.576
直中墙脚部支撑	4.20	6.76	4.26	7.73	11.8	16.7	9.317
曲中墙顶部支撑	4.12	9.43	3.84	4.76	3.99	8.65	7.575

由于直中墙脚部支撑的中墙较薄，初期支护荷载都作用在中墙上，故脚部支撑的中墙应力远大于其它两种断面形式的中墙应力。直中墙脚部支撑中墙的位移，远大于其它两种断面形式中墙位移，而且，直中墙脚部支撑的中墙位移分布不均匀，中墙很可能发生倾覆破坏。直中墙顶部支撑和曲中墙顶部支撑，衬砌结构的应力和变形规律基本相同，只是，直中墙顶部支撑的中墙应力略大于曲中墙顶部支撑的中墙应力。三种中墙断面形式初期支护最大拉应力 σ_{1max} 和最大压应力 σ_{3max} 分别为 4.17MPa、4.20MPa、4.12MPa 和 -9.71MPa、-6.76MPa、-9.43MPa，拉应力相差不大，压应力顶部支撑大于脚部支撑。三种中墙断面的二次衬砌最大拉应力 σ_{1max} 和最大压应力 σ_{3max} 分别为 3.32MPa、4.26MPa、3.84MPa 和 -4.40MPa、-7.43MPa、-4.76MPa，脚部支撑的拉应力和压应力，大于顶部支撑拉应力和压应力。三种中墙断面的中墙最大拉应力 σ_{1max} 和最大压应力 σ_{3max} 分别为 5.01MPa、11.8MPa、3.99MPa 和 -9.57MPa、-16.7MPa、-8.65MPa，直中墙脚部支撑应力远远大于直中墙顶部支撑，曲中墙顶部支撑应力也较直中墙顶部支撑应力小得多。三种断面的中墙最大相对位移分别为 7.576mm、9.317mm、7.575mm，直中墙脚部支撑位移最大，直中墙顶部支撑和曲中墙顶部支撑的位移相差很小。

(3)中墙的合理形式

通过以上中墙数值模拟分析看出：①直中墙脚部支撑的中墙拉应力、压应力和位移，远大于直中墙顶部支撑和曲中墙顶部支撑，而且其中墙位移分布极不均匀，中墙稳定性较差；②直中墙顶部支撑和曲中墙顶部支撑，支护结构的应力和变形规律基本相同，只是直中墙顶部支撑的应力略大于曲中墙顶部支撑的应力；③曲中墙顶部支撑的应力值和应力集中范围，均小于其它两种中墙，并且位移也比较小。所以，曲中墙顶部支撑是比较合理的中墙形状和支撑形式。

本书作者认为，中墙的结构形式选择，除了受力因素外还要考虑到隧道防排水等问题。大量工程实践证明，复合式直中墙和复合式曲中墙具有较大优势，前者更适宜于桥隧相接。

二、中墙几何尺寸和中墙荷载分析

连拱隧道中墙设计中另一个重要问题是中墙的几何尺寸。夏永旭、鲁彪[32]提出中墙宽度的优化，指出有的中墙厚达3m多，有的却只有1m多。另外，中墙的不同高度对防排水的效果也不同，到底中墙的高度多少，既满足强度的要求又有利于防排水，设计人员正不断地进行优化研究，对此采用了有限元数值模拟方法进行研究。众所周知，中墙是连拱隧道的主要承载结构体，不仅要承受中墙上部岩体传来的压力，还要承受两侧耳墙传来的压力，受力比较复杂，也是应力最为集中的部位。中墙的力学行为和它的位移及沉降指标，直接影响到连拱隧道的稳定性[31~37]。林刚、何川对浅埋连拱隧道实体中墙设计荷载进行了研究[39]。

1)中墙厚(宽)度

中墙的厚度，对隧道的稳定和施工安全会产生直接的影响。连拱隧道中墙厚度，对于整体式中墙只有一个厚度，对于复合式中墙则有两个厚度，即初始中墙厚度及最终中墙厚度。对中墙厚度的确定，过去多是用模拟法和凭借经验得出，少有模拟实验计算求出。以II类围岩浅埋为例，设计中墙高度为4.25m，厚度分别取1.5m、1.8m和2.1m，施工步骤同前，计算结果见表2-5[32]。

不同宽度中墙结构应力位移计算结果　　表 2-5

结果		宽度		
		1.5m	1.8m	2.1m
初次衬砌	σ_{max}(MPa)	4.26	4.17	4.07
	σ_{max}(MPa)	10.5	9.71	9.46
二次衬砌	σ_{max}(MPa)	3.56	3.32	3.34
	σ_{max}(MPa)	4.81	4.40	4.18
中隔墙	σ_{max}(MPa)	5.01	5.01	4.96
	σ_{max}(MPa)	9.92	9.57	9.46
	位移 U(mm)	7.689	7.576	7.489

通过分析可看出，随着中墙宽度增大，初次衬砌的应力减小，且当宽度在 1.5～1.8m 之间时拉应力变化显著，1.8～2.1m 之间时变化平缓。中墙宽度变化对初次衬砌拉应力影响不明显。二次衬砌应力变化规律同初次衬砌，中墙宽 1.5～1.8m 时影响显著，宽 1.8～2.1m 时影响较小。在中墙宽 1.5～1.8m 时，二次衬砌拉应力减小，数据变化也较大。在中墙宽 1.8～2.1m 时，二次衬砌拉应力最大值反而增大，但增大的值很小，数据变化不明显。中墙 σ_{3max} 变化规律与衬砌相同，在中墙宽 1.5～1.8m 时，数据变化显著，在中墙宽 1.8～2.1m 时影响较小。中墙拉应力出现在中墙底部，且对宽度变化敏感度很低。中墙相对位移最大值，随着中墙宽度增大而减小。综上所述，连拱隧道的中墙宽度宜取 1.5～1.8m。

高攀科、徐林生[40]结合近年来国内公路连拱隧道建设的实例，指出中墙厚度主要是依据经验模拟法来确定。《公路隧道设计规范》(2004)中分别给出双向四车道和双向六车道连拱隧道中墙厚度的下限值。据此并参考国内已建、在建连拱隧道中墙各参数取值的经验和文献，总结出一般连拱隧道各种中墙厚度、高度的取值范围见表 2-6。

各种中墙厚度 D 及高度 H 的统计　　表 2-6

项目	整体直中墙	中空直中墙	分层直中墙	整体曲中墙	中空曲中墙	分层曲中墙
D(m)	2 车道:1.5～1.8 3 车道:1.8～2.0	2.5～4.5	2 车道:2.0～2.5 3 车道:2.2～3.5	2 车道:1.5～1.8 3 车道:1.8～2.0	2.5～4.5	2 车道:2.0～2.5 3 车道:2.2～3.5
H(m)	4.0～5.0	4.0～5.0	4.0～5.0	3.5～4.5	3.5～4.5	3.5～4.5

注：曲中墙厚度指中墙最薄处的厚度，中墙高度指路面以上中墙的高度。

刘元雪、蒋树屏[41]对浅埋偏压的山西离石黄土隧道初始中墙厚度，进行了不同厚度模型研究。采用应用有限元计算软件 ANSYS 程序中的 Drucker-Prager 理想弹性模型的屈服准则为摩尔—库仑外接圆 D-P 屈服准则，并指出直接采用该准则是危险的。在研究中采用二维平面应变弹塑性数值模拟，围岩和混凝土衬砌采用平面应变条件下与摩尔—库化等效的 D-P 准则。锚杆采用线弹性模型，各种材料的力学参数见表 2-7。围岩黄土采用 6 节点三角形单元 PLANE 2 模拟，初期支护喷射混凝土 25 cm 厚采用梁单元模拟，中墙和拱墙二次衬砌结构采用三角形平面单元 PLANE 2 模拟，锚杆单元采用梁单元 beam 3 模拟。

离石黄土隧道材料力学参数 表 2-7

材　　料	弹性模量(MPa)	泊松比	密度(kg/m^3)	内聚力(kPa)	内摩擦角(°)
喷射混凝土	23 000	0.167	2 400	1 500	52
钢筋混凝土	29 000	0.167	2 400	2 000	55
锚杆	210 000	0.3	7 850		
黄土	136	0.3	1 710	76	23

通过分别采用0.9m、1.5m、1.8m、2.1m、2.4m、2.7m的不同初始中墙厚度进行数值模拟，结果表明，中墙受力最不利阶段的塑性区，主要表现在中墙宽度最小处。采用厚度为0.9m时最不利工况的计算模型(图2-37)，其数值模拟结果的中墙塑性区分布(图2-38)，显示塑性区已经贯通，可以认为此时中墙处于不稳定状态，不能满足工程安全要求。当采用厚度为1.5m时，中墙塑性区也贯通，同样不能满足工程需要。当厚度为1.8m时，中墙塑性区几乎贯通，受力不合理，不能为设计所采用。当厚度为2.1m时，中墙塑性区没有贯通(图2-39)，但塑性区面积占中墙中部宽度的70%，通过对煤矿煤柱的合理厚度计算对比，此值仍然是最不利受力的状态。随着中墙厚度的增加，塑性区范围逐渐减小。当厚度为2.4m时，中墙中部塑性区没有贯通，塑性区约占中墙中部宽度的60%。当厚度为2.7m时，中墙中部塑性区(图2-40)约占

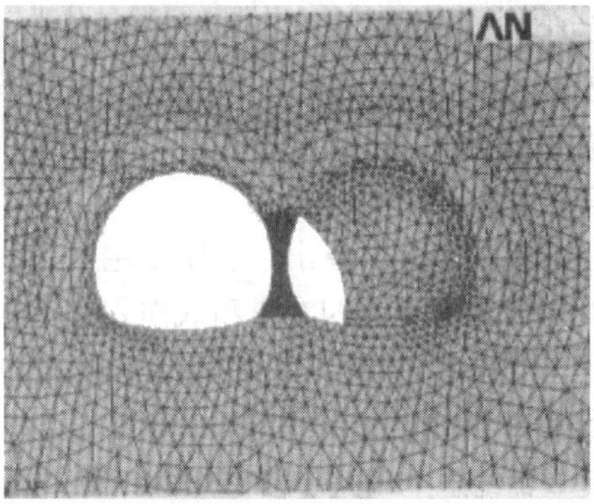

图2-37　中墙厚度为0.9m时受力最不利工况计算模型

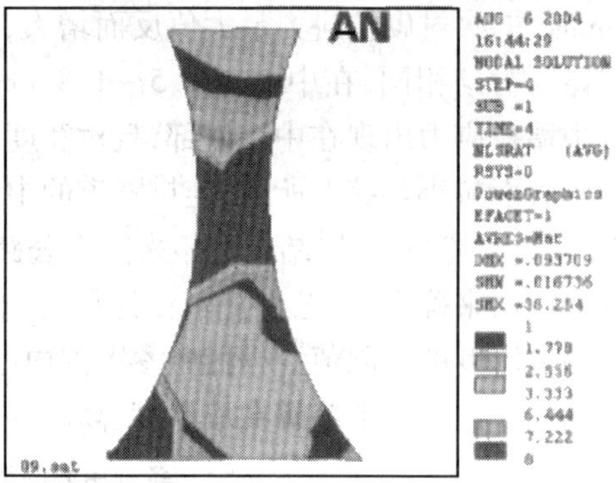

图2-38　中墙厚度为0.9m时塑性区分布

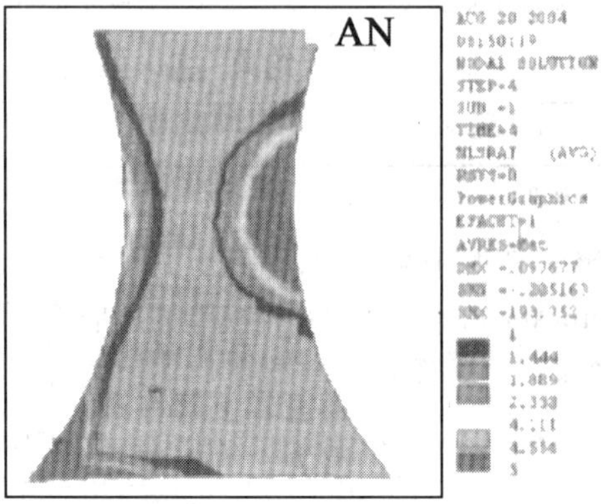

图2-39　中墙厚度为2.1m时塑性区分布

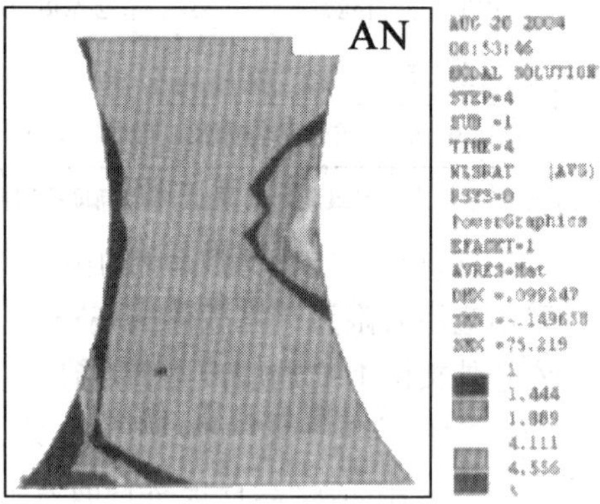

图2-40　中墙厚度为2.7m时塑性区分布

中墙中部宽度的45%。为保证施工阶段的临时稳定,塑性区范围应控制在70%以内,故离石黄土隧道初始中墙最小厚度控制在2.1m较为合适,加上左右侧墙二次衬砌厚度,最终中墙厚度为3.0m。

2)中墙高度

中墙高度是指中墙路面以上的高度。中墙的高度值主要取决于隧道建筑限界,同时也受到电缆沟、排水沟的构造尺寸等因素的限制。路面以上直中墙高度一般取大于4m,曲中墙的高度主要受中导洞大小的制约,其高度还应考虑主洞拱部开挖方式等因素。夏永旭、鲁彪[32]提出中墙高度的优化,取中墙的宽度为1.8m,而高度分别为3.75m、4.25m和4.75m,进行有限元计算分析(表2-8)。

不同高度的中墙结构应力、位移计算结果　　表2-8

结果		高度		
		3.75m	4.25m	4.75m
初次衬砌	σ_{1max}(MPa)	4.08	4.17	4.48
	σ_{3max}(MPa)	9.27	9.71	9.43
二次衬砌	σ_{1max}(MPa)	3.36	3.32	3.30
	σ_{3max}(MPa)	4.32	4.40	5.76
中墙	σ_{1max}(MPa)	4.56	5.01	4.56
	σ_{3max}(MPa)	11.9	9.57	9.95
	位移U(mm)	7.528	7.576	7.536

初次衬砌拉应力随着高度增大而增大。压应力在中墙高4.25m时最大,在3.75m和4.75m时较小。中墙高度变化对二次衬砌压应力影响显著,特别是高度从4.25m到4.75m时,压应力增大很快。中墙高度对二次衬砌的拉应力影响度很低。在高为4.25m时中墙压应力最小,高3.75m时压应力最大,高4.75m时压应力次之。而中墙拉应力在高4.25m时最大,在3.75m和4.75m时较小,并且拉应力仅出现在中墙底部。中墙相对位移对高度变化敏感度较低。因此,建议中墙的高度取4.25m为宜。

李玉文、田尚志、陈贵红[31]建议的中墙厚度和高度与中墙结构形式有关,见表2-9。

各种中墙厚度与高度建议取值(单位:m)　　表2-9

中墙类型	整体直中墙	中空直中墙	复合直中墙	整体曲中墙	中空曲中墙	复合曲中墙
中墙厚度	1.5~2.0	2.5~4.5	2.0~2.5	1.5~2.5	2.5~4.5	2.0~2.5
中墙高度	4.0~5.0	4.0~5.0	4.0~5.0	3.5~4.5	3.5~4.5	3.5~4.5

注:曲中墙厚度是中墙最薄处厚度,中墙高度是指路面以上的中墙高度。

3)中墙荷载分析

(1)不同施工方法对中墙荷载的影响

从国内已建成连拱隧道的情况看,常用的连拱隧道施工方案有三导洞法、中导洞+半断面法和中导洞+全断面法。考虑不同的地质条件和埋深情况应采用不同的施工方法:双向四车道连拱隧道Ⅴ、Ⅵ级围岩和双向六车道连拱隧道Ⅳ、Ⅴ、Ⅵ级围岩,多采用配合超前支护的三导洞法，双向四车道连拱隧道Ⅰ、Ⅱ、Ⅲ、Ⅳ级围岩和双向六车道连拱隧道Ⅰ、Ⅱ、Ⅲ级围岩常采用中导洞+半断面法或中导洞+全断面法。

(2)中墙在隧道施工过程中荷载的数值模拟

林刚、何川[39]以金丽温高速20座双向四车道连拱隧道工程为背景，对浅埋连拱隧道整体式直中墙设计荷载，采用数值模拟方法对施工全过程中的力学行为进行了研究。建模用有限元软件ANSYS，并严格按照施工图进行数值模拟。采用4节点等参平面实体单元(plane42)模拟围岩、二次衬砌和中墙。用2节点等参平面梁(beam3)单元，模拟初期支护中的喷射混凝土和工字钢支撑。用2节点等参平面杆(link1)单元，模拟初期支护中的锚杆。采用提高围岩加固区 c、ϕ 值的方法，来模拟地层超前支护。围岩参数根据偏于安全的原则，从相关规范的偏低范围取值。数值模拟边界为水平120m、垂直从隧道仰拱向下90m，向上从拱顶到地表，分别选取0.5D、1.0D、1.5D和1.8D(D为隧道总跨度)。由于隧道埋深不大、受构造应力的影响较小，地应力场按自重应力场考虑。边界条件为是左右边界水平约束，下边界垂直方向约束，地表为自由面，数值模拟分析为弹塑性分析。围岩及支护结构物理力学参数见表2-10。

围岩及支护结构物理力学参数 表2-10

项　目	E(GPa)	μ	γ(kN·m^{-3})	c(MPa)	ϕ(°)
Ⅱ类围岩	1.0	0.35	19.0	0.1	29
Ⅲ类围岩	4.0	0.30	21.0	0.5	32
Ⅳ类围岩	10.0	0.26	23.0	1.0	35
围岩加固区	4.0	0.30	22.0	0.6	32
喷射混凝土	28.5	0.22	23.0	—	—
锚杆	160.0	0.30	79.0	—	—
钢支撑	200.0	0.30	79.0	—	—
二次衬砌钢筋混凝土	30.0	0.20	25.0	—	—

注：根据现场和数值模拟分析中锚杆与围岩连接方式的具体差异，数值模拟锚杆弹模取钢筋弹模的80%。

数值模拟系列是根据我国连拱隧道设计施工现状，针对不同的围岩类别分别进行了三导洞半断面、中导洞半断面和中导洞全断面三种施工方案的施工全过程数值模拟。模拟系列见表2-11。

连拱隧道施工全过程数值模拟系列 表2-11

围　岩	施工方法	埋　深				备　注
		0.5D	1.0D	1.5D	1.8D	
Ⅱ类	三导洞半断面	✓	✓	✓	✓	管棚+注浆超前支护
	中导洞半断面	—	✓	—	—	
Ⅱ类	三导洞半断面	—	✓	—	—	—
	中导洞半断面	✓	✓	✓	✓	
	中导洞全断面	—	✓	—	—	
Ⅳ类	中导洞半断面	—	✓	—	—	—
	中导洞全断面	✓	✓	✓	✓	

注：✓表示进行了数值模拟；—表示未进行数值模拟。

从施工全过程中墙所受荷载(图 2-41)看出,施工过程中作用于中墙上的荷载,主要由中墙上方覆土荷载和左、右两侧正洞施工后经初期支护传至中墙顶部的载荷三部分组成。由于这三部分荷载在整个施工过程中是动态变化的,而且作用于中墙上的时机也有先后之别,所以施工过程中中墙的内力也是动态变化的。通过对这三部分荷载的先后作用时机进行分析,可以看出作用于中墙上的荷载,随着施工进程而不断增大,施工结束时作用于中墙上的荷载将达到最大。同时由于中墙先进侧初期支护荷载,总是比中墙后进侧初期支护荷载的时间早,故施工过程中中墙处于明显的“偏压” 状态,且最大“偏压”出现在先行正洞施工结束而后行正洞还未施工之时。Ⅳ类围岩采用中导洞—全断面施工方法在分别完成左右两侧正洞施工阶段时中墙的竖向应力分布状况(图 2-42)证实了以上结论,同时还可以看到施工结束后中墙左右两侧荷载基本处于对称状态,但在局部位置处(如与中墙交界的雁形部)先行的左洞中墙的压应力仍然要大于后行的右洞中墙的压应力,故在施工结束后,中墙仍处于很小的“偏压”状态。

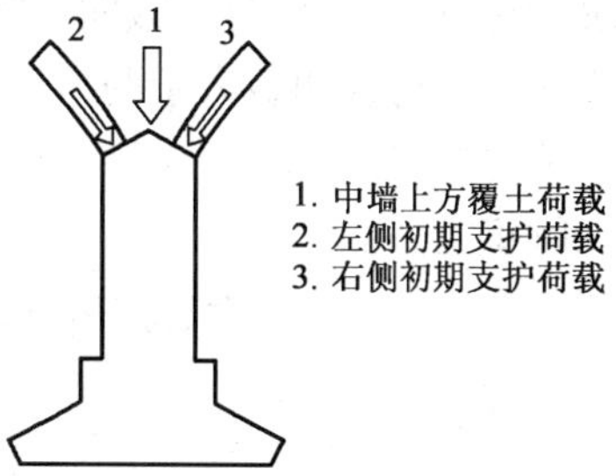

图 2-41　中墙荷载示意

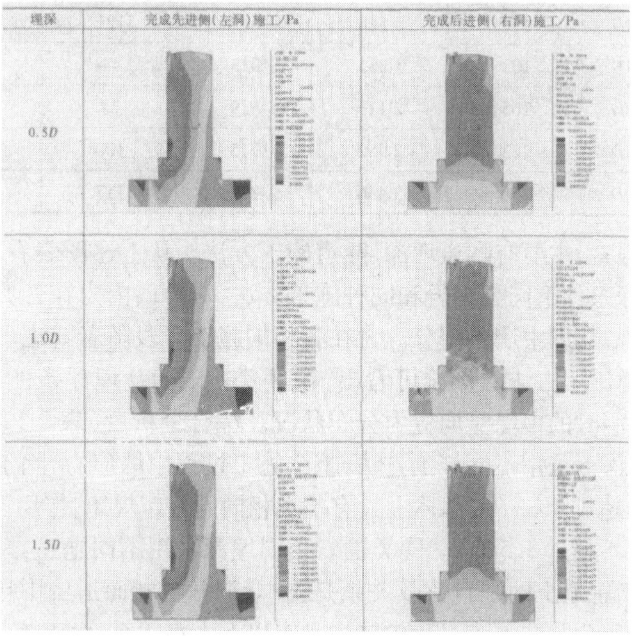

图 2-42　Ⅳ类围岩中导洞全断面方案典型施工阶段中墙竖向应力分布

施工过程中作用于中墙任一截面上的总荷载(图 2-43),可以通过计算式(2-1)得到。

$$\left.\begin{aligned}\sum F_X &= \sum(\sigma_{xi} \times A_i)\\ \sum F_Y &= \sum(\sigma_{yi} \times A_i)\\ \sum M &= \sum(\sigma_{yi} \times A_i \times x_i)\end{aligned}\right\}$$

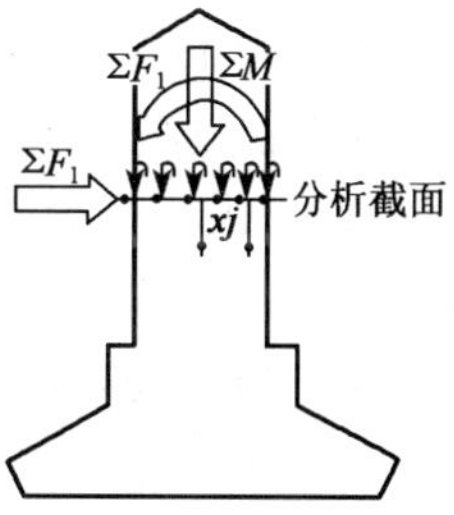

图 2-43　中墙总荷载计算示意

从几种埋深的Ⅱ~Ⅳ类围岩,采用不同施工方法的各典型施工阶段，作用于中墙分析截面上的总荷载(表 2-12)可得结论：即完成后行正洞施工时，作用于中墙的竖向荷载明显大于两倍先行正洞施工时作用于中墙的竖向荷载，而在施工结束后作用于中墙的“偏压”荷载(包括水平合力$\sum F$和力矩$\sum M$)将减小到最小，但最终“偏压”方向仍向着先行正洞一侧。

三种围岩不同施工方案几种埋深各典型施工阶段中墙分析截面总荷载 表 2-12

围岩	施工方法	埋深	完成左洞施工			完成右洞施工		
			$\sum F_N$(kN)	$\sum F_r$(kN)	$\sum M$(kN·m)	$\sum F_N$(kN)	$\sum F_r$(kN)	$\sum F_M$(kN·m)
II 类	三导洞半断面	0.5D	210	1 310	776	59	2 872	26
		1.0D	311	2 191	1 175	98	4 817	37
		1.5D	406	2 922	1 549	166	5 573	67
		1.8D	505	3 631	1 920	161	7 894	60
III 类	中导洞半断面	0.5D	176	1 312	446	44	2 968	13
		1.0D	289	2 164	718	75	4 804	19
		1.5D	397	3 018	985	103	6 684	26
		1.8D	457	3 528	1 136	121	7 789	24
IV 类	中导洞全断面	0.5D	102	1 285	323	44	3 084	22
		1.0D	165	2 113	519	74	4 970	35
		1.5D	223	2 952	715	100	6 875	55
		1.8D	256	3 436	829	117	7 970	50

中墙内力影响因素，主要有隧道埋深、隧道施工方法。从上述图表看出隧道埋深的影响，可以得出在不同埋深条件下同类围岩和同种施工方法，对中墙内力在各典型施工阶段具有基本相同的应力分布规律，即中墙各部分内力在各相同施工阶段随着隧道埋深的增加而基本成比例地增加。从隧道施工方法的影响可看出，在 II 类围岩、1D 埋深条件下，采用不同施工方法，分别完成左右正洞时的中墙竖向应力分布状况。综合分析后(表 2-12，图 2-44)可得出结论：同类围岩相同埋深下采用不同施工方法，整个施工过程中墙应力，除了在局部特殊位置有一定的差异(最大不超过 8%)外，总体上具有基本相同的分布规律，作用于中墙各截面的总荷载也基本相同(最大不超过 3.5%)。同类围岩相同埋深采用不同施工方法的施工全过程，以及施工结束后作用于中墙上的竖直荷载关系是：中导洞—半断面法≌中导洞—全断面法 > 三导洞—半断面法；偏压荷载在施工过程中同样具有以上大小关系，由于施工结束后偏压荷载都很小，可近似认为相等。

关于中墙厚度，可从上述得出：

①当隧道埋深较浅时，连拱隧道中墙将承受其上方“全部”的覆土荷载，但当埋深达到一定深度时，由于隧道上覆土体“拱效应”和结构周边土体的摩擦“挟持”等多种综合作用，将导致中墙承受的实际荷载低于其上覆土重荷载。所以，确定施工全过程中墙承受的实际荷载就成为中墙厚度设计的前提和重点。

②由于同类围岩、相同埋深、相同施工阶段，采用不同施工方法作用于中墙各截面的总荷载最大差值不超过 3.5%，故可对每类围岩典型施工方法进行研究。同时虽然中墙在整个施

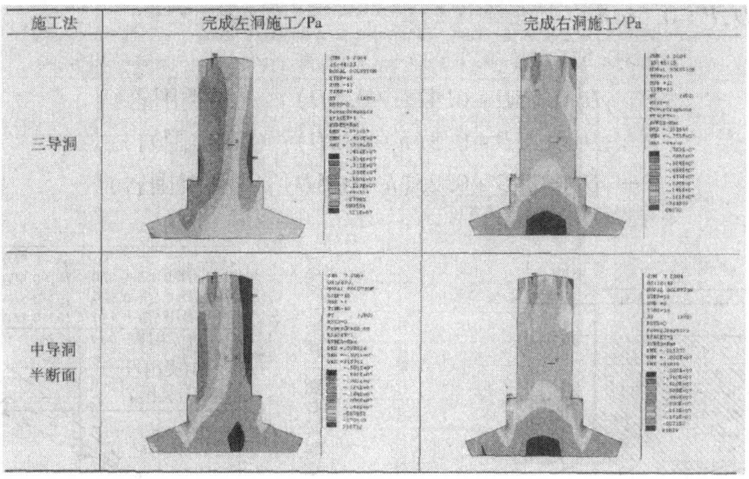

图 2-44 Ⅱ类围岩 $1D$ 埋深不同施工方案典型施工阶段中墙竖向应力分布

工过程中的受力比较复杂，但却以承受竖向荷载为主，所以中墙厚度的设计依据，应为中墙承受的竖向荷载。

③D 为连拱隧道总跨度，B 为左右正洞中心线距离，此处 B 近似为 $D/2$，h 为隧道埋深，P 为中墙的竖向荷载（图 2-45），可换算宽度为 B 和高度为 H 的土柱，将 H/D 定义为相对覆土高。Ⅱ～Ⅳ类三种不同围岩采用典型施工方法，在不同埋深的左右两侧主洞施工结束后，作用于中墙分析截面上的竖向荷载及竖向荷载相对覆土高（表 2-13），将各类围岩各种埋深的后进侧正洞施工结束后作用于中墙的竖向荷载相对覆土高列于图 2-46，通过线性方程可近似得出，埋深约在 $2D$ 范围的隧道施工结束后，中墙竖向荷载相对覆土高及作用于中墙的竖向荷载（此时为施工全过程中墙所承受的最大竖向荷载），如式（2-2）所示。

三种围岩不同埋深典型施工阶段中墙竖向荷载及相对覆土高 表 2-13

围岩	施工方法	埋深（$\times D$）	完成左洞施工		完成右洞施工	
			$\sum F_r$（kN）	相对覆土高（$\times D$）	$\sum F_r$（kN）	相对覆土高（$\times D$）
Ⅱ类	三导洞半断面	0.5	1 309.55	0.232	2 872.10	0.508
		1.0	2 191.01	0.388	4 816.81	0.852
		1.5	3 113.77	0.550	6 788.73	1.200
		1.8	3 430.75	0.650	7 693.76	1.458
Ⅲ类	中导洞半断面	0.5	1 312.12	0.210	2 968.42	0.475
		1.0	2 163.24	0.346	4 834.38	0.773
		1.5	3 018.04	0.483	6 683.82	1.070
		1.8	3 527.77	0.564	7 789.46	1.246
Ⅳ类	中导洞全断面	0.5	1 285.42	0.188	3 084.07	0.450
		1.0	2 112.77	0.309	4 970.48	0.726
		1.5	2 952.08	0.431	6 857.27	1.002
		1.8	3 435.95	0.502	7 840.32	1.145

当 $h \leqslant 0.5D, P = 0.5\gamma Dh$；

$$\left.\begin{array}{ll} h > 0.5D & \\ P = \gamma D[0.25D + 0.4(h - 0.5D)] & (\text{II 类围岩}) \\ P = \gamma D[0.25D + 0.3(h - 0.5D)] & (\text{III 类围岩}) \\ P = \gamma D[0.25D + 0.25(h - 0.5D)] & (\text{IV 类围岩}) \end{array}\right\} \tag{2-2}$$

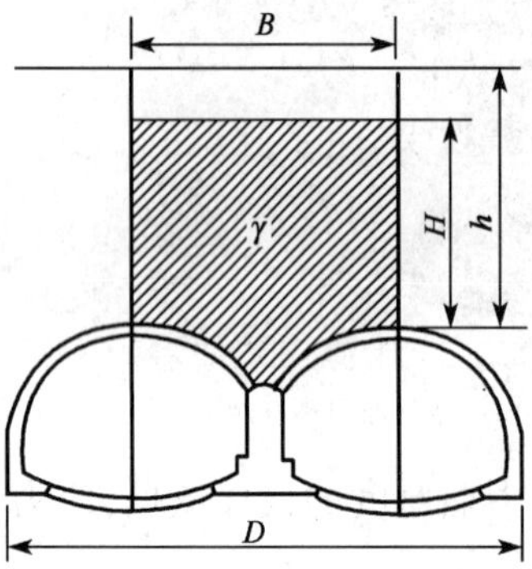

图 2-45　竖向荷载与隧道埋深关系

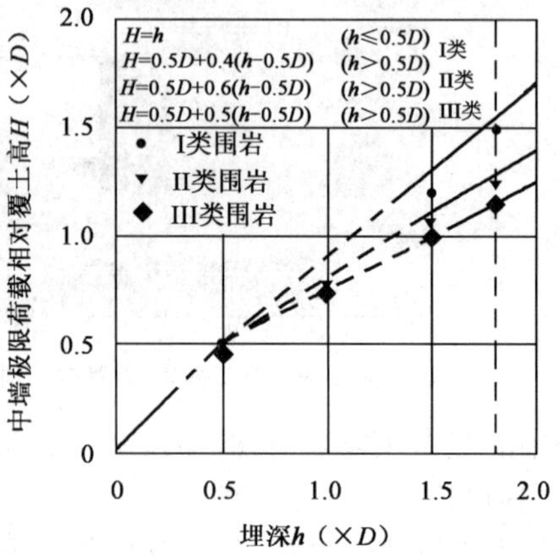

图 2-46　中墙荷载拟合

在连拱隧道设计时，可将式(2-2)作为确定中墙厚度的依据。

综上所述得出结论：

①作用于中墙上的荷载随着施工进程而不断增大，施工结束时作用于中墙上的荷载将达到最大。

②施工全过程的中墙均处于"偏压"状态，最大"偏压"出现在先行正洞施工结束，而后行正洞还未施工之时。当隧道施工结束后，中墙仍处于很小的"偏压"状态，设计施工中应考虑中墙的抗倾覆要求。

③施工过程中中墙内力的影响因素主要有围岩类别、埋深和施工方法。在其它因素不变的情况下，中墙内力随着埋深的增大而增大，施工结束时由于不同施工方法导致的中墙内力差值最大，通常施工步序越多中墙内力越大。

④在中浅埋条件下，施工过程中连拱隧道中墙承受的最大荷载可由式(2-2)进行估算，设计时中墙厚度可以此作为依据。

三、中墙侧边回填和不回填

董文德、高波、申玉生[43]为了确保连拱隧道整体施工安全，中墙侧边回填通常是必需且为不可缺少的一个工序，但是，也要根据隧道围岩实际情况而定。在软弱围岩双连拱隧道设计施工中，为了防止左右洞室开挖造成中墙受力不均，阻止中墙顶部发生大变形，很多设计都要求隧道左右洞室开挖时，左右洞室施工前中墙一侧必须进行回填或者设置工字钢临时支撑。中墙一侧进行回填，对双连拱隧道整体稳定性能起到积极的作用，但隧道的回填工序耗费大量的人力、物力、财力，且延误施工工期。结合小金口隧道和鞋底坡隧道现场监控量测数据及有限元数值模拟计算结果，对隧道中墙的力学特性进行分析研究，判断双连拱隧道中墙一侧是否需进行回填。

1)中墙侧边回填实例

广州—惠州高速公路小金口连拱隧道，隧道轴向近东西向，长200m，隧道建筑限界净宽22.0m，净高5.0m，内轮廓采用承载能力较好的单心圆形式，边墙为曲墙，中墙为直墙，厚度为1.6m，隧道最大埋深45m。隧道进出口地层为残坡积硬塑性亚黏土及强风化粉砂岩、角砾岩，掘进较容易，但易出现滑动和坍塌。洞身穿过的岩体主要为弱风化粉砂岩、构造角砾岩，岩性破碎，以Ⅳ、Ⅴ级围岩为主。残破积亚黏土中含少量孔隙水，强～弱风化的基岩含裂隙水，受大气降水补给，径流排泄条件良好。隧道采用三导洞施工方案，正洞施工采用短台阶法掘进，上台阶超前下台阶3～5m，上下台阶均采用微振控制爆破开挖，开挖循环进尺为1.5m，初期支护紧跟掌子面(图2-47)。

小金口双连拱隧道施工采用中墙左侧进行回填。在小金口双连拱隧道监测中，中墙分两个试验段埋设仪器测点，将每个试验段内相邻区每间隔4m上下设三个监测断面(图2-48)，取平均值作为分析对象。小金口双连拱隧道中墙弯矩时态曲线，弯矩为负值时表示中墙顺时针偏转(右洞先施工)。从弯矩时态曲线可知，连拱隧道由单洞施工(右洞第108天施工)过渡到双洞同时施工(左洞第148天施工)时，中墙承受较大的偏心荷载，且中墙的弯矩变化较大，中墙底部截面最大弯矩值为800kN·m。中墙左侧回填工序对中墙内力影响较小。

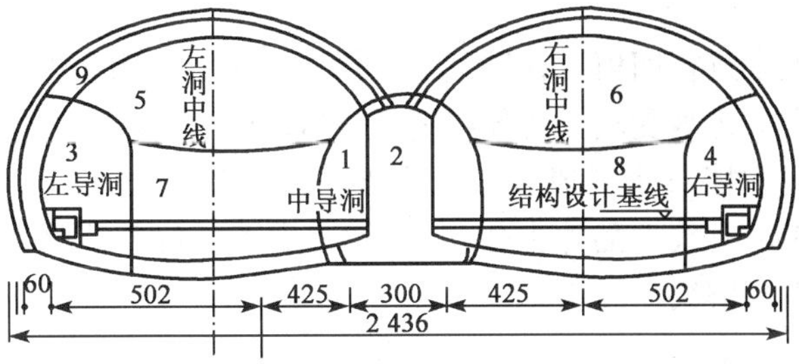

图2-47 小金口隧道断面与开挖顺序(尺寸单位:cm)

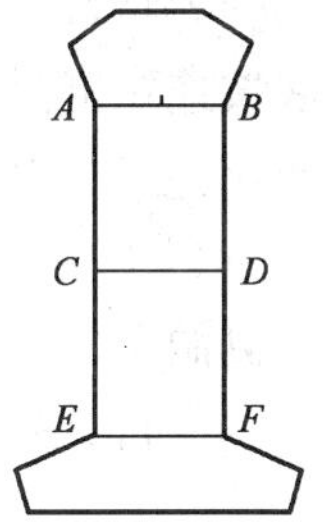

图2-48 中墙监测断面和测点布设示意

2)中墙侧边不回填实例

鞋底坡隧道位于四川省宜宾市凉水井乡，隧道轴向近南北方向，隧道长445m，隧道建筑限界净宽22m，净高5m，隧道最大埋深63m。围岩是第四纪坡残积棕红色亚砂土、亚黏土和中侏罗世棕红色粉砂质泥岩、泥质粉砂岩和细砂岩的不等厚互层，隧道围岩以Ⅳ、Ⅴ级为主。隧道采用中导洞—半断面法施工，支护形式采用柔性支护体系结构的复合式衬砌，以锚杆、喷射混凝土、单层钢筋网和格栅钢架为初期支护，模筑钢筋混凝土为二次衬砌。

鞋底坡隧道原设计是采用三导洞法施工，正洞施工时对中导洞进行回填，后来经专家讨论采用中导洞—半断面法施工。在隧道左洞出口端施工时，对出口段20m范围内中墙水平方向位移进行监测，共设两个量测断面。实际上在左洞出口段前50m范围内为中导洞—全断面法施工。从隧道施工安全方面考虑，改用中导洞—半断面法施工，隧道右洞出口端尚未施工。从中墙水平位移时态曲线图(图2-49、图2-50)分析，两个量测断面的中墙最大水平位移均小于0.8mm，对隧道中墙的影响较小。截止量测任务结束时，隧道左洞掌子面距离量测断面20m。

现场施工根据监控量测结果及时调整工序,未进行中墙一侧回填,使隧道施工工期缩短,节省了投资。

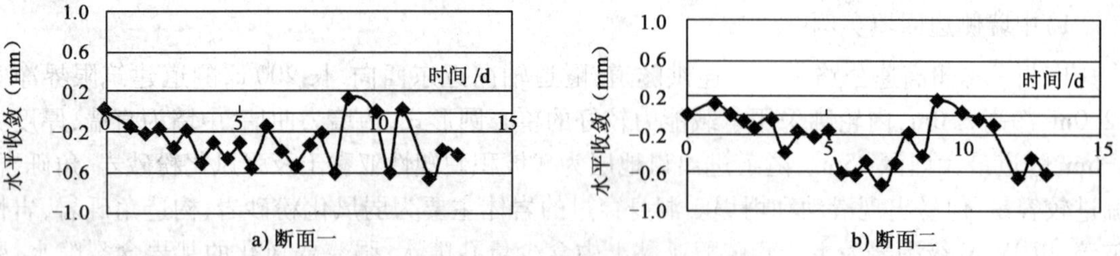

图 2-49　中墙水平位移时态曲线

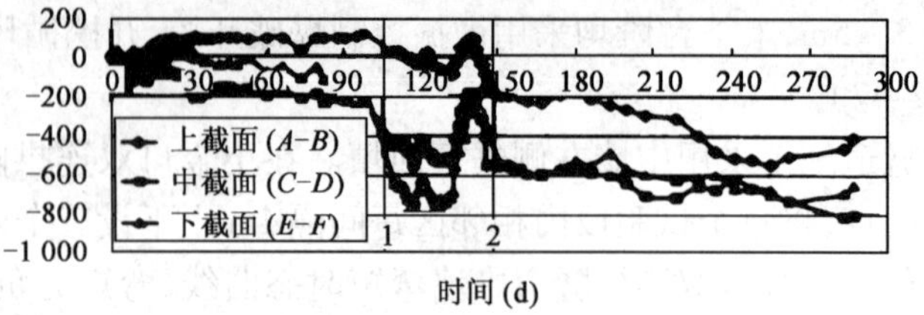

图 2-50　中墙弯曲时态曲线

1-右洞施工;2-左洞施工

连拱隧道中墙一侧是否进行回填,不仅要对中墙的变形进行分析研究,而且更为重要的是对中墙的受力特性分析。

鞋底坡连拱隧道施工中,中墙一侧未进行回填。在鞋底坡连拱隧道现场监测分析中,连拱隧道由单侧施工过渡到双侧施工时,中墙也承受较大的偏心荷载,中墙底部截面最大弯矩值为 1 050kN · m(图 2-51)。先施工正洞对中墙弯矩形成较大的影响,产生偏向先施工洞室的弯矩。另一侧洞室施工后,虽然对隧道中墙有较大的冲击作用,缓解了中墙的偏心荷载,但随着隧道施工的进行,中墙的偏压问题并没有解决。

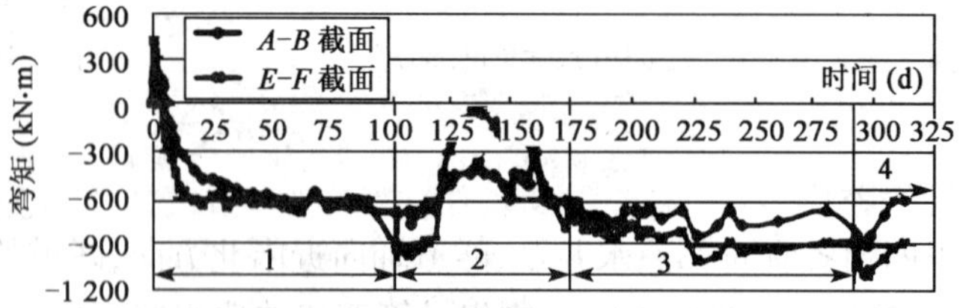

图 2-51　鞋底坡双连拱隧道中墙弯矩时态曲线

1-左正洞施工;2-右正洞施工;3-左右洞下台阶施工;4-二次衬砌施工

从两座双连拱隧道现场测试分析可知,中墙一侧是否进行回填对中墙弯矩影响不大,虽然中墙一侧进行回填对保证隧道的整体结构稳定性起到一定的积极作用,但是如果中墙一侧回填在不影响隧道结构稳定的前提下,可以考虑不进行回填,以减少资金投入及缩短工期。因此,无论从连拱隧道中墙变形,还是从中墙内力特性分析看,在 IV 级围岩条件较好的情况下,双连拱隧道中墙一侧可以不进行回填。

3)有限元数值分析

为了与双连拱隧道现场测试数据进行对比分析,对中墙一侧是否回填的两种情况进行了有限元数值分析。

(1)隧道建模数值分析,沿纵向取出一个单位长的平面来研究,并近似地将它视为无限平面。有限单元法是在有限的区域内进行,且隧道开挖仅对一定的有限范围内才有明显的影响,在距开挖部位稍远的地方,其应力变化是微不足道的。如在3倍跨度处,应力变化一般在5%以下。在5倍跨度处,应力变化一般在1%以下。有限元法的分析区域可限制于这个范围内,在这个范围的边界上可认为开挖引起的位移为0。因此,在隧道模型的水平方向边界长为120m,垂直方向从隧道仰拱开始向下50m,向上从拱顶到地表取实际隧道埋深25m。在连拱隧道平面数值模拟中,围岩、初期支护、二次衬砌和中墙采用8节点平面单元(plane82)来模拟。锚杆在Ⅳ级围岩中采用2节点的杆单元(link1)。连拱隧道埋深不大,受构造应力的影响较小,地应力按自重应力场考虑,边界条件为左右边界水平方向约束、下边界垂直方向约束、地表为自由面。连拱隧道围岩及支护结构模拟的力学参数见表2-14。

Ⅳ级围岩连拱隧道围岩及其结构的物理力学参数　　表2-14

项　目	E(GPa)	γ(kN/m^3)	μ	ϕ(°)	c(kPa)
围岩	1.0	21	0.32	30	270
初期支护	23	23	0.25	—	—
锚杆	21	23	0.30	—	—
二次衬砌与中墙	30	25	0.20	—	—

(2)中墙竖向应力分析,是据双连拱隧道工程施工特点,对中墙一侧是否回填分别进行有限元数值模拟分析,各个工序说明见表2-15。在中墙上中下三个部位分别选取6个关键点,分别对其水平位移及竖向应力进行分析研究。从中墙关键点竖向应力图分析中墙一侧回填与否两种情况下,最大竖向应力均位于中墙左侧下部,分别为4.21MPa(图2-52a)和4.62MPa(图2-52b),但在其它部位的围岩竖向应力值相差较小,说明中墙一侧回填工序对隧道中墙稳定起到一定的积极作用,但对隧道整体结构稳定影响不大。为了便于与现场监控量测数据进行对比分析,分别按照选取隧道中墙6个关键点进行应力分析(图2-53)。从中墙竖向应力随隧道施工过程的变化曲线图可以看出,在隧道施工过程中,中墙一侧回填与否对中墙竖向应力影响较小。中墙应力曲线中变化最大的是位于中墙顶部的B点,在右洞施工后图2-52a)显示B点竖向应力从1.2MPa减小至0.33MPa,图2-52b)中从1.28MPa减小至0.54MPa,随后B点竖向应力逐渐增大,最后收敛于3.43MPa。由图2-53显示其余各关键点的竖向应力均逐渐增大,最后趋于收敛。中墙最大的竖向应力主要在中墙底部E、F点,与现场监控量测资料吻合,而中墙中部C、D点应力变化较稳定。由图2-53a)、b)中墙各点应力曲线对比分析可以看出,连拱隧道中墙一侧采用干砌片石回填,对隧道整体稳定性影响不大,因为干砌片石的刚度与隧道围岩的刚度相比是微不足道的。

双连拱隧道数值计算工序说明表　　表2-15

荷载步	1~4	5	6,7	8,9	10,11	12,13	14,15
中洞回填	中导洞施工	回填	左洞上台阶	右洞上台阶	左洞下台阶	右洞下台阶	二次衬砌
荷载步	1~4	5,6	7,8	9,10	11,12	13,14	
中洞未回填	中导洞施工	左洞上台阶	右洞上台阶	左洞下台阶	右洞下台阶	二次衬砌	

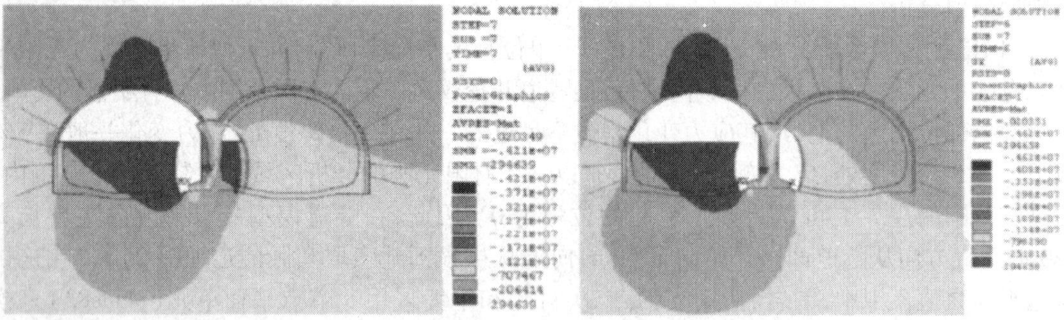

a) 中墙一侧回填　　　b) 中墙一侧未回填

图 2-52　隧道竖向应力等值云图(左洞上台阶施工结束)

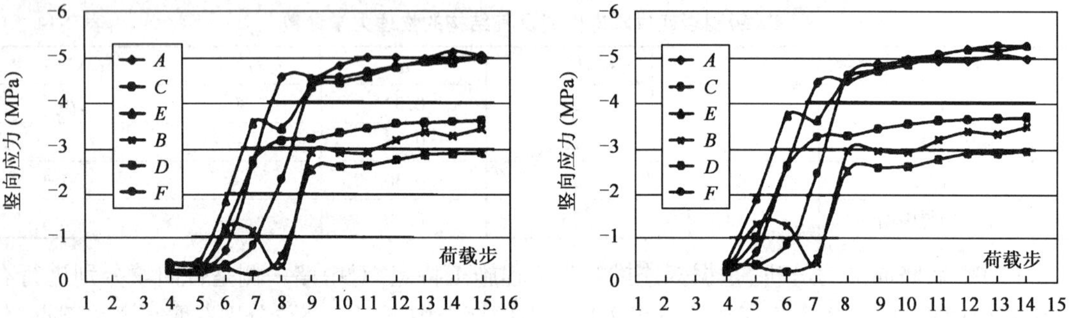

a) 中墙一侧回填　　　b) 中墙一侧未回填

图 2-53　中墙关键点竖向应力曲线

通过对 IV 级围岩双连拱隧道中墙一侧进行回填与否两种情况进行数值分析,从计算结果可以看出,两种情况中墙各点的应力随施工工序的变化而变化,中墙一侧回填的中墙应力略小于中墙一侧未进行回填的中墙应力。但从中墙应力值分析,两种情况下均满足双连拱隧道整体结构的稳定性。因此,可以考虑在 IV 级围岩双连拱隧道施工时,中墙一侧可以不进行回填工序。如果围岩条件较差,双连拱隧道中墙一侧可以采用钢支撑作临时支护,就能满足双连拱隧道整体结构的稳定性要求。

通过对小金口连拱隧道中墙一侧回填与鞋底坡连拱隧道中墙一侧未回填的中墙内力,及水平位移的现场监控量测结果进行对比分析,并对双连拱隧道中墙应力进行数值计算,得出在 IV 级围岩中,如果围岩条件较好的情况下,连拱隧道中墙一侧可不进行回填。如果围岩条件较差,连拱隧道中墙一侧可采用横向钢支撑作临时支护,就能满足双连拱隧道整体结构的稳定性要求。

四、中墙凿薄安全性分析

伍毅敏、吕康成[44]对连拱隧道整体式中墙凿薄安全性进行了分析,指出某高速公路设计 10 余座连拱隧道,均为整体式直中墙,围岩为 II 类、III 类、IV 类,采用中导洞法施工,浇筑中墙后对墙顶进行注浆回填。施工结束后发现中墙的防排水缺陷十分突出:①原设计中墙纵向和竖向排水系统破损、堵塞严重,排水坡度不满足要求;②中墙顶部无法回填密实,易形成汇水区,采取注浆将加剧排水系统堵塞;③中墙顶部预留防水板接茬在正洞开挖时几乎完全损毁,无法与正洞防水层连接。

由于中墙防排水体系完全失效,为保证建成后隧道不发生渗漏,有关方面考虑将中墙部分凿除,然后按复合式中墙进行二次衬砌。由于原中墙厚度仅160cm,凿薄后的中墙是否安全,值得深入分析论证。

1)数值模拟方法

中墙凿除混凝土的厚度,主要考虑两方面因素:①施工过程中中墙的安全性;②中墙建成后二次衬砌的安全性。两者互相矛盾,在中墙安全性有保证的前提下,尽量选取较大值。为此,考虑凿除25cm和凿除30cm两个方案(图2-54),用有限元分析确定最佳方案。

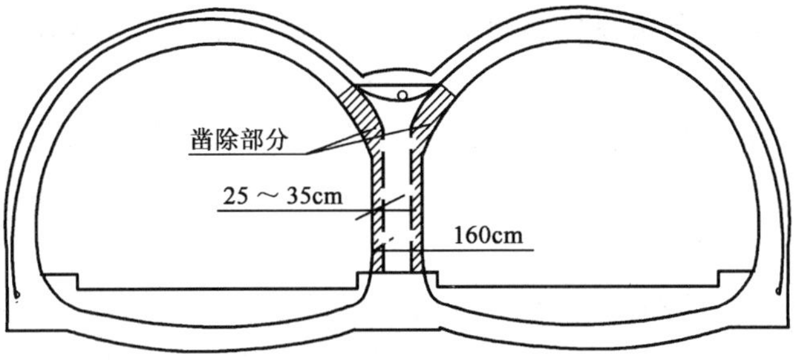

图2-54　中墙凿薄方案示意

根据有关资料,将本问题视为平面应变问题,采用ANSYS二维平面应变弹塑性非线性方法对最不利的II类围岩段施工过程进行仿真模拟。模型建立设以下基本假定:

(1)不考虑空间效应,按平面应变问题处理,采用PLANE42单元。

(2)材料设定(表2-16)有:①隧道围岩采用弹塑性本构关系,采用Drucker-Prager屈服准则。II类围岩基本物理力学参数根据《公路隧道设计规范》取值。考虑隧道开挖和人工加固对周边围岩的综合影响,普氏拱范围内围岩弹性模量按正常值的0.8倍取值,摩擦角损失不大,按正常值的0.9倍取值。②钢筋混凝土为线弹性材料,中墙现浇混凝土与正洞二次衬砌取同一材料。③喷射混凝土为线弹性材料。喷射混凝土主要用于中墙顶部回填和中导洞、正洞初期支护。考虑中墙顶部喷射混凝土回填不佳,且强度较低,按正常值的0.8倍折算。初期支护包括喷射混凝土和工字钢,将工字钢按强度和面积等效折算。

数值计算材料类型　　表2-16

材料名称	E(GPa)	μ	ρ(kg/m^3)	c(MPa)	ϕ(°)
围岩	1.5	0.35	1 900	0.12	30
松动圈围岩	1.2	0.35	1 900	0.12	27
标准C25喷射混凝土	23	0.20	2 245	4	32.5
回填C25喷射混凝土	18.4	0.25	2 245	3.2	26
钢拱架	200	0.30	8 010		
初期支护材料	28.1	0.22	2 245		
C25模筑混凝土	28.5	0.20	2 347	0.8	55

(3)初始应力场只考虑自重应力,围岩应力随着施工进行逐步释放。考虑施工进度较慢,中导洞和正洞开挖支护后,围岩有充足时间变形释放应力,故取围岩应力释放率为85%。

(4)忽略防水层,认为喷射混凝土和二次衬砌直接接触。

2)数值计算

计算范围是根据连拱隧道开挖的影响范围,拱顶以上取2.5倍洞高、左右各取2倍双洞宽、仰拱以下取1.5倍洞高作为计算范围,计算范围以外不受隧道施工影响。

计算工况是中墙凿除25cm和30cm两种厚度方案,但考虑施工误差,增加凿除35cm工况,分别记为工况一、工况二、工况三。

施工时假定先开挖左洞。由于本次数值模拟主要考察中墙部分凿除的力学效应,计算过程不严格按照施工步骤,对分析目标影响不大的工序将进行归并。模拟步骤为:Step 1,计算初始地应力→Step 2,中导洞开挖支护→Step 3,中墙浇筑和先行洞开挖支护→Step 4,后行洞开挖支护→Step 5,凿除中墙一侧→Step 6,施作该侧二次衬砌→Step 7,凿除中隔墙另一侧→Step 8,施作另一侧二次衬砌。

3)计算结果分析

通过对计算结果进行整理,分析每个荷载步隧道支护结构的第一、第三主应力和水平方向、竖直方向位移,以及隧道地表下沉量。在此只给出关键的Step 5 ~ Step 8的计算结果,以及工况一中Step 5和Step 7的应力和位移云图。

(1)结构主应力分析。工况一的结构主应力分布如图2-55 ~ 图2-58。

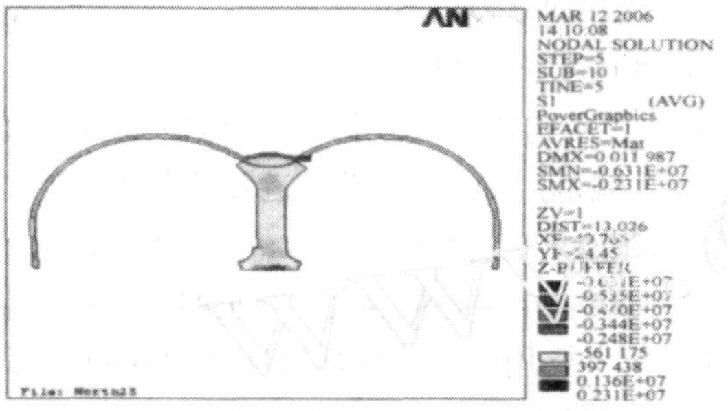

图2-55 工况一 Step 5 第一主应力

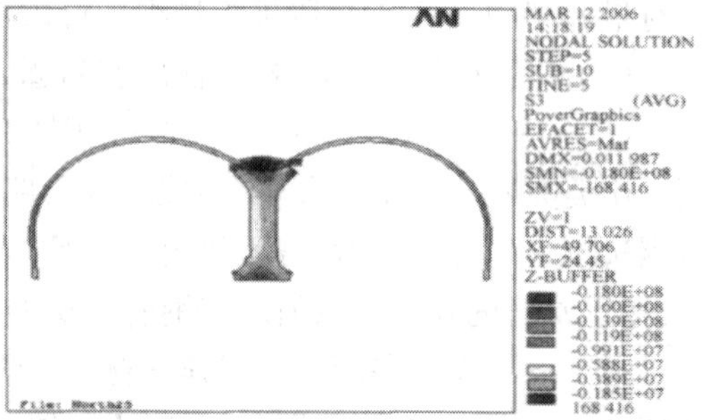

图2-56 工况一 Step 5 第三主应力

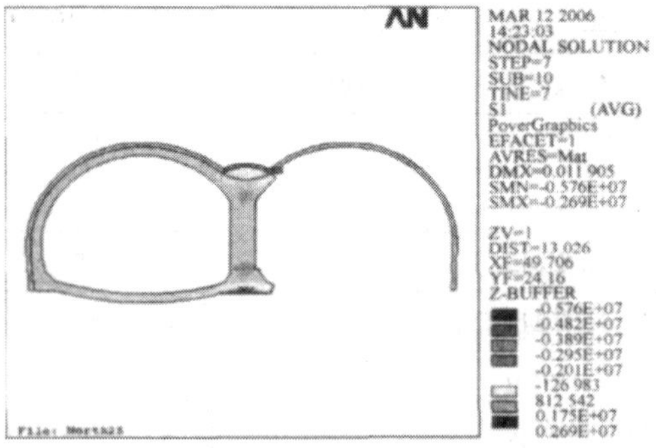

图2-57 工况一 Step 7 第一主应力

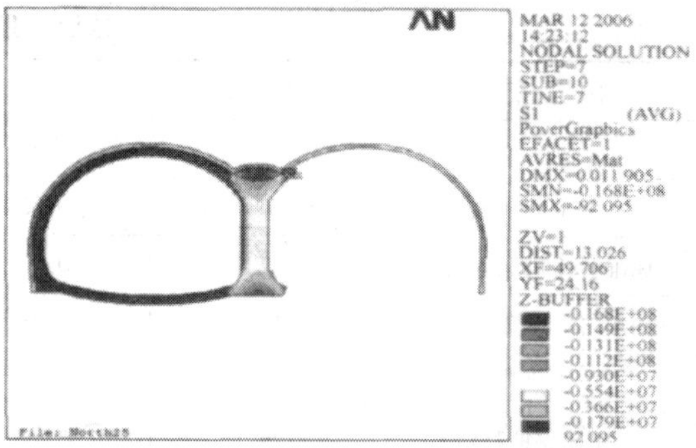

图2-58 工况一 Step 7 第三主应力

从应力发展过程看，自两侧正洞开挖和进行初期支护以后，最大第一主应力均出现在中墙底部，在 Step7 时达到极值，3 种工况依次为 2.69MPa、2.55M Pa、2.52M Pa。最小第三主应力均出现在右洞与初期支护连接处，在 Step5 时达到极值，3 种工况依次为 －18.6MPa、－17.9MPa、－17.3MPa。从 3 种工况对比来看，3 种工况的应力发展过程相同，实际的应力极值出现部位也相同，应力极值相差很小。凿除厚度增大，中墙表现出更大的柔性。

(2)结构位移分析。工况一结构位移(图 2-59 ~ 图 2-62)。从位移发展过程看，自两侧正洞开挖和进行初期支护后，最大水平位移均出现在两侧拱脚，最大竖直位移出现在左洞拱顶。随着施工推进，位移有所发展，但凿除前后位移量值很小。3 种工况累计位移量是，最大水平位移依次为 1.20mm、1.29mm、1.31mm，最大竖向位移依次为 11.9mm、12.29mm、12.2mm。

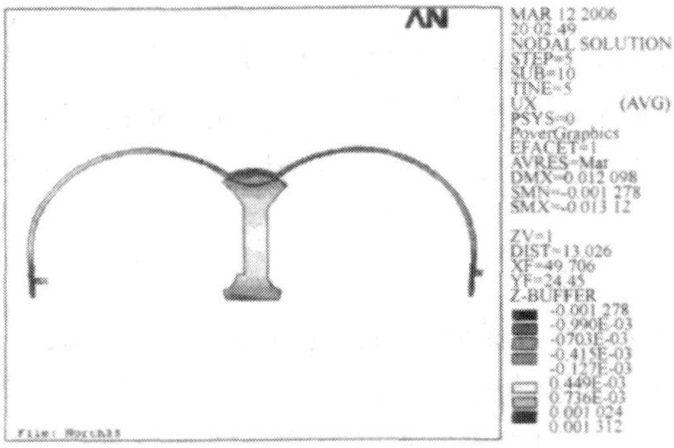

图 2-59　工况一 Step7 第三水平位移

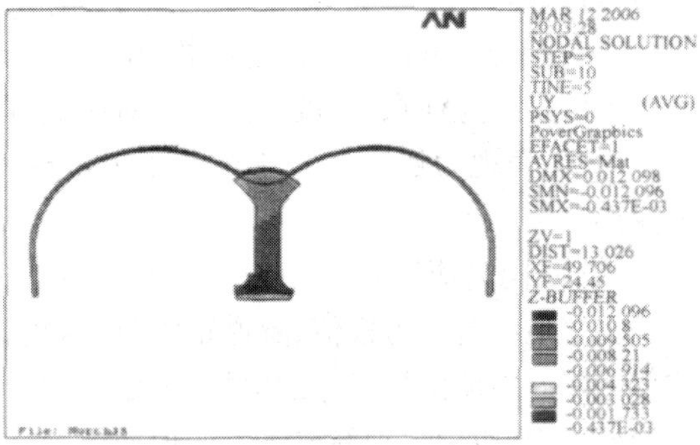

图 2-60　工况一 Step7 第三水平位移

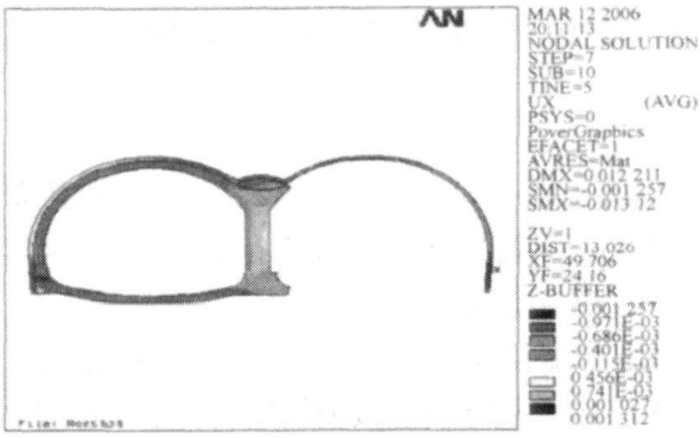

图 2-61　工况一 Step7 第三水平位移

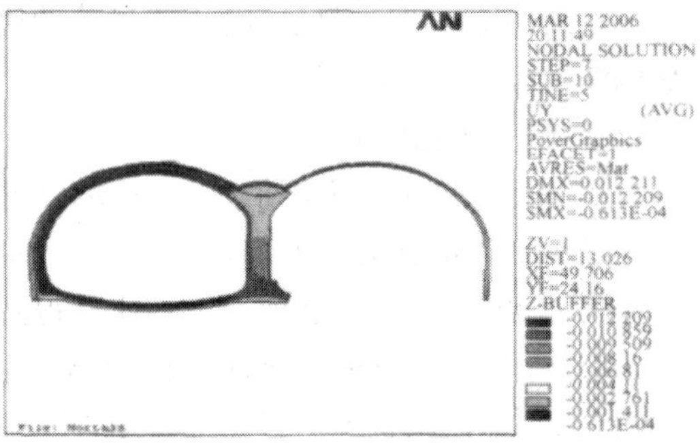

图 2-62　工况一 Step7 第三水平位移

从 3 种工况对比来看，3 种工况的位移发展过程相同，实际的应力位移出现部位相同，应力极值相差较小。凿除厚度增大，位移量增大。

(3)地表下沉分析。各荷载步累计地表下沉量如表 2-17 所列。扣除初始地应力作用的下沉量，在两侧正洞开挖并支护完成后地表下沉增量很小。

地表下沉极值及分布(单位：mm)　　表 2-17

工　况	荷　载　步					
	1	4	5	6	7	8
工况一	12.03	13.80	13.82	13.76	13.77	13.70
工况二	12.03	13.85	13.88	13.97	13.98	14.15
工况三	12.03	13.86	13.89	13.99	14.00	14.18

4)结论

通过上述计算分析,并参考其它连拱隧道现场施工监测数据,得出:

(1)中墙凿薄的可行性

①由于隧道中导洞、正洞开挖后很长时间没有进行二次衬砌,围岩应力得到充分释放,隧道初期支护承受了大部分荷载,以正洞与中导洞交接处压应力最大(18.6MPa)。该应力略高于C25素混凝土抗压强度,考虑初期支护中的工字钢,其整体强度满足要求,但安全系数较小。

②在中导洞顶部回填的喷射混凝土密实度、强度普遍不足的情况下,中隔墙受力较小,承载力有富余。

③中墙的部分凿除对隧道结构、围岩的位移影响不大。从结构受力方面看,凿薄中墙方案是可行的。但应注意,中墙凿薄虽然对中墙本身的应力影响不大,但对隧道初期支护的应力有一定影响,表现为隧道正洞与中导洞初期支护交接处应力增大,施工时应密切监测该部位的受力变形。

(2)不同凿薄尺寸的影响

①隧道结构应力极值、隧道正洞与中导洞初期支护应力极值随着凿除尺寸的增大而减小,这说明随着中墙凿除尺寸的增加,中墙柔性增大,隧道正洞与中导洞连接处初期支护发生一定量的变形,高应力得到释放。该变形如得到严格控制,可以在一定程度上改善隧道初期支护和中墙的受力。

②中墙底部的应力极值随凿薄尺寸的增加而增加,但应力值不大,说明中墙的强度是满足要求的。

(3)施工注意事项

①在保证正洞初期支护、中墙、中墙顶部回填的施工质量满足设计要求的前提下,凿薄25 cm、30 cm、35 cm在力学上都是可以接受的。从改善正洞初期支护、二次衬砌结构受力角度看,可以取较大值,但应在前期工程质量得到确认的前提下谨慎施工。

②由于岩体力学的复杂性,数值模拟的结果可能与工程实际有一定差异,在实际施工时,应对中墙顶部回填状态进行详细检测,并测试中墙、正洞与中导洞连接处初期支护的实际受力状态,进一步评价凿薄中墙的安全性。

③施工时应密切监测正洞与中导洞初期支护连接处的变形和应力,必要时可以分段间隔施工。

④这次计算没有考虑冲击荷载作用,在实际施工时,应采用人工凿除,严格控制对中墙的冲击,防止扰动初期支护和围岩。

五、中墙防排水

高攀科、徐林生[40]指出,我国已建成连拱隧道表明,隧道裂缝、渗水80%以上都出现在中墙部位。中墙顶部回填,由于其施工质量较难控制,施工缝、变形缝不容易处理,常出现裂缝、渗水等病害。中墙渗漏水,影响墙面美观和结构的耐久性,漏渗的水滴流至隧道路面上,造成路面湿滑,影响行车的安全性和舒适性。中墙渗漏水问题,已经成为连拱隧道的最主要危害。

按中墙顶部排水方案的不同,隧道防排水系统可分为纵向单管防排水系统和纵向双管防排水系统两种形式。

1)纵向单管防排水系统

纵向单管防排水系统设计方案的特点,是中墙顶平铺一层防水板,并与上下行隧道拱墙防水板相连形成一封闭的呈上凹形防水系统,以堵截围岩渗水,使其流入设置在防水层中间最低处(中墙最高点)的一条纵向透水管。每隔 10m 左右纵向透水管与一根竖向排水管通过三通连接将水排至隧道两侧水沟内。

基于纵向单管防排水系统,有的学者提出连拱隧道中墙凸顶式防排水系统(图 2-63)。该防排水系统一方面在中墙两侧边缘每隔 10m 设一竖向 ϕ50mm 钢管,将中墙渗水引至水沟内。另一方面在中墙顶设置土工布碎石盲沟,盲沟顶用浆砌片石回填,保证围岩渗水能顺利流入纵向透水管,最终排至水沟内。经此改进后的中墙防排水系统,在云南省元磨高速公路老苍坡 3 号、4 号隧道应用,效果良好。

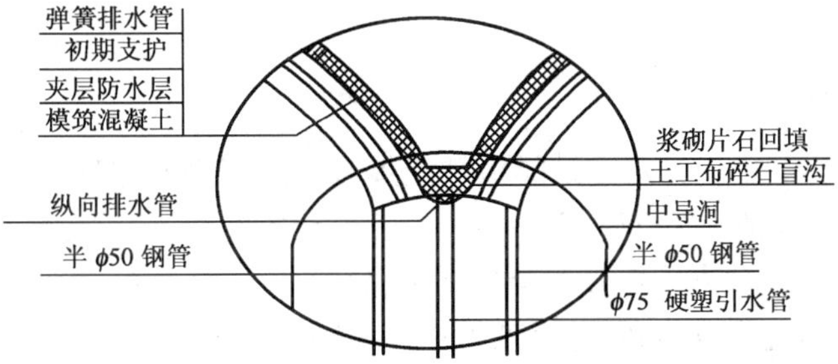

图 2-63　凸顶式中隔墙排水结构示意

2)纵向双管防排水系统

纵向双管防排水系统,是为解决中墙纵向单管防排水系统中施工缝处容易漏水的缺点而设计的,其特点是加强中墙顶部与左右两洞衬砌连接处的两条施工缝处的排水措施来预防渗漏水的发生。具体实施方法有两种:①将两纵向透水管设置于上述施工缝之上,并用铺设于中导洞顶部呈上凸形的防水层将其包裹(图 2-64)。上凸形防水层在中墙顶部两侧应留有余长,以便于和左右洞防水层搭接,从而阻止围岩渗水下渗。②为改善凸顶式防排水系统,相对应有凹顶式防排水系统(图 2-65)。其实质是将中墙与正洞二次衬砌混凝土之间的施工缝高度相对于两纵向透水管所在平面提高 40cm,使得施工缝顶点与纵向排水管联机呈凹槽形,可有效防治渗漏水进入隧道内。

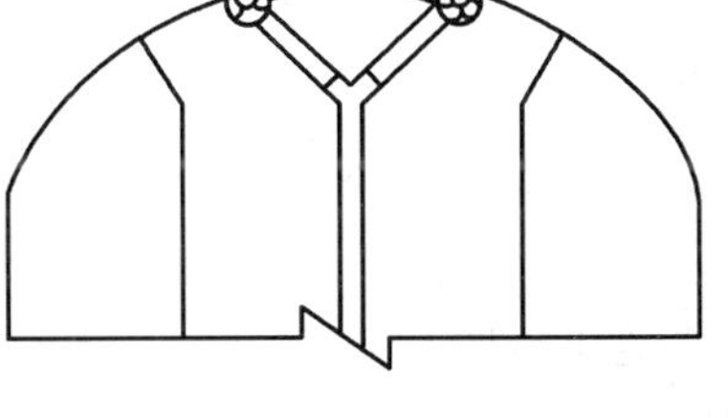

图 2-64　纵向双管排水

图 2-65　凹顶式防排结构

3)复合式中墙防排水

复合式中墙按复合组成数量,分为二墙复合式和三墙复合式两种。前已论及的复合式中墙分成三种:即两墙复合式直中墙(上海小洋山连拱隧道)、三墙复合式直中墙(河南宛坪高速吴家庄等16座隧道)和三墙复合式曲中墙(岳阳金鄂山隧道)。

复合式中墙的突出优点,在于使中墙渗漏水难题获得根本解决,左右洞拱墙二次衬砌各自成环和防水层单独一次性完成,左右洞防排水与分离式隧道相同,各自成独立体系,中墙不会产生渗漏水现象。原始中墙不担负二次衬砌作用,没有纵向施工缝,增加美感。中墙顶部易于密实,不存在空洞,中墙顶部与围岩紧密接触,正洞开挖时中墙受力稳定,有利于隧道围岩稳定,结构受力较好,防止中墙位移或开裂。复合式的不足是:中墙各组成部分的厚度较薄,承载力不如整体式直中墙,结构和工艺复杂,造价较高,洞外接线加长,间隔距离增大。

第六节　连拱隧道正洞开挖

一、安全控制爆破

吴从师、丁祖德、叶勇[53]针对连拱隧道开挖爆破施工安全及爆破振动对围岩和支护结构稳定性影响问题,以温州陈家桥双向六车道连拱隧道开挖爆破施工为例,作了安全控制爆破研究。从钻爆预设计着手,建立了爆破安全控制流程和数值计算模型,并结合振动实测分析和回馈,对隧道开挖爆破进行了安全控制,有效地指导了隧道开挖,减少了爆破对围岩及已有支护结构的扰动,确保了隧道工程的施工安全和质量。

设计的可控性爆破流程为:①钻爆预设计,有条件可进行现场试验;②爆破作用数值模拟;③爆破振动实测,有条件可结合围岩弹性波测试;④指导后续爆破施工。具体流程见图2-66。

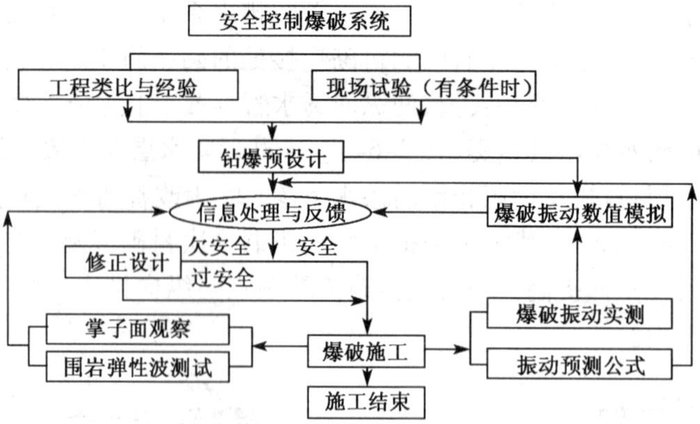

图2-66　安全控制爆破流程图

陈家桥隧道连拱隧道,长282m,最大开挖高度为11.8m,最大开挖跨度为35.3m,高跨比为0.33,属于大跨度低扁平隧道。隧道所处地形起伏较大,为丘陵地带。进、出口端各约30m为V级和IV级围岩段,其余均为III级围岩。进、出口岩段地质条件差,埋深浅。III级围岩段围岩整体性较好,主要为熔结凝灰岩,其单轴饱和抗压强度为100.4MPa,属硬质岩。隧区内地下水为基岩裂隙水，水量较贫乏。隧道施工依不同的地质条件采用相应的施工方法。对洞口Ⅴ级和Ⅳ级围岩施工中，使用大管棚注浆超前预支护，以稳定洞口围岩。然后，按三导洞方案施工。对于Ⅲ级围岩施工时，将原设计的中导洞—台阶法，改为中导洞—全断面法。该法工序简单，干扰少，可加快施工进度，降低施工成本。每次开挖进尺4.5m，一次开挖爆破量大，特别是后行洞开挖爆破对先行洞的围岩、初次支护及中墙影响均较大。因而，很有必要在爆破实施前，进行爆破振动影响的数值模拟，并根据模拟结果对钻爆设计进行调整，再对其爆破振动进行实测，对实测资料进行分析处理，得出相关方程来指导后续爆破施工。下面介绍在Ⅲ级围岩段，后行洞光面爆破开挖时爆破安全控制研究成果。

1）钻爆预设计

钻爆设计目的，是在节省费用前提下达到预期效果。在实践中希望对炸药和雷管、炮眼、爆破后岩渣装载和运输等费用进行优化，并控制爆破效果。设计内容包括炮眼布置、数目、深度和角度，装药量和装药结构，起爆方法及起爆顺序等。隧道围岩为硬岩时宜采用光面爆破。光面爆破应满足的技术要求，以及爆破参数的取值，参考有关工程经验进行钻爆设计。

（1）炮眼数量确定及炸药选择

炮眼数量的确定与开挖断面面积、岩石强度、炮眼直径、掘进深度、炮眼装填系数和炸药品种等因素有关。该隧道采用手持风钻钻眼，钻头直径为40mm，炸药用2号岩石乳化炸药，密度为0.95～1.3 g/cm^3；爆速为3000m/s，爆力为260mL，猛度为12mm。考虑到减振作用，引爆雷管选用1～19段塑料导爆管非电毫秒雷管。所选药卷直径为32mm，长度为20mm，每卷装药量为150g。根据有关参数及前人经验，初步确定炮眼数117孔。由于中导洞已开挖，中墙已浇筑，利用中墙混凝土强度高和刚度大的特点，在隧道全断面开挖爆破时，利用中导洞作为临空面，不布设掏槽眼。

（2）周边炮眼布置

周边炮眼布置比普通爆眼密集，采用少装药结构，且在主爆体爆破后最后同时起爆，使岩体沿开挖轮廓线爆除，使围岩最大限度少受损伤。根据经验，取周边眼间距 $E=60$cm，取最小抵抗线 $W=1.25$m，$E=75$cm。周边眼爆破参数（表2-18），周边眼装药采用间隔装药结构（图2-67），其它眼均采用连续装药结构。

周边眼光面爆破参数　　表2-18

间距 E(cm)	最小抵抗线 W(cm)	相对间距(E/W)	装药集中度($kg\cdot m^{-1}$)
60	75	0.8	0.18

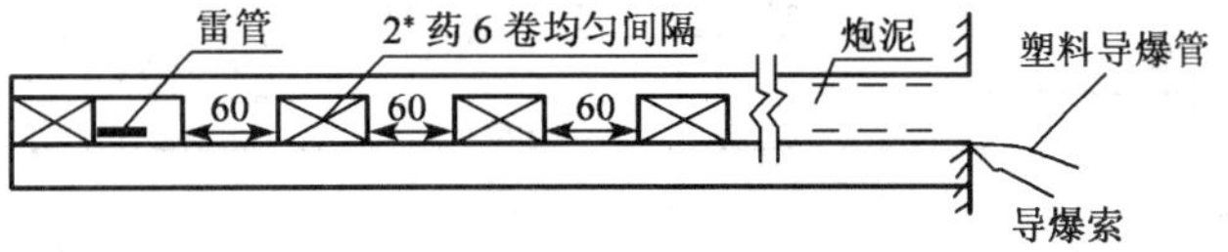

图2-67　周边眼装药结构（尺寸单位：cm）

（3）二圈炮眼及辅助炮眼布置

二圈炮眼布置比周边炮眼稀，比辅助炮眼相对适当加密。二圈炮眼间距为90～100cm，垂直钻孔。底板炮眼严格按开挖轮廓布孔，炮眼间距为1.2～1.3m，孔深为5m。辅助炮眼（掘进炮眼),主要作用是在掏槽炮眼爆破后,增大临空面情况下扩大掏槽的体积,也为周边炮眼爆破创造条件。根据施工经验和装渣出渣能力,考虑均匀布置即可。为扩大临空面和减少钻孔数,在第3、5、7、9和11段号中间炮眼打成对斜炮眼,即上部眼向下倾斜,下部眼向上倾斜,倾斜角度与水平面成15°左右。并确定其横向间距为100~130cm,竖向间距90~100cm,孔深5m。第1、3、5段起爆炮眼,每孔装药为23~25支,即3.45~3.75kg/孔。第7段起爆炮眼每孔装药22~24支,即3.3~3.6kg/孔。第9段起爆炮眼装药22支左右,即3.3kg/孔。第11、13、15段起爆炮眼,每孔装药20支左右,即3kg/孔。第17段起爆炮眼装药18支左右,第19段周边眼每孔装药6支。装药量如表2-19所列,炮眼布置如图2-68所示。

每4.5m循环钻孔装药量 表2-19

段 号	孔数(个)	孔深(m)	单孔装药量(kg)	合装药量(kg)	备 注
1	9	5	3.75	33.75	
3	7	5	3.75	26.25	
5	9	5	3.75	28.05	含2孔周边眼
7	4	5	3.60	14.4	
9	6	5	3.30	19.8	
11	13	5	3.15	40.5	含4孔二圈眼
13	10	5	3.30	33.0	
15	17	5	3.00	38.4	含6孔周边眼
17	15	5	2.70	40.5	
19	35	5	0.90	24.3	
合计117		298.95			

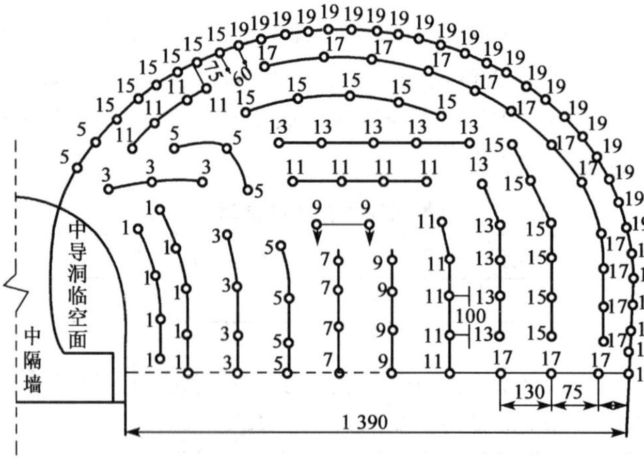

图2-68 炮眼布置(尺寸单位:mm)

2)爆破数值模拟

根据钻爆预设计情况,对其进行初步评估,采用ANSYS大型有限元软件,建立陈家桥隧道二维动力有限元模型,对隧道爆破振动效应进行了模拟计算。

（1）爆破荷载模型

爆破荷载模型采用：

$$P(t) = P_m f(t) \tag{2-3}$$

式中：P_m——脉冲峰值；

$f(t)$——通常取为指数型的时间滞后函数，表示式为：

$$f(t) = P_0(e^{-nwt/\sqrt{2}} - e^{-mwt/\sqrt{2}}) \tag{2-4}$$

式中：n、m——均为无量纲与距离有关的阻尼参数，它们的值决定爆炸脉冲的起始位置和脉冲波形；

w——是介质的纵波波速 c_P和炮孔直径 a 的函数，即：

$$w = \frac{2\sqrt{2c_p}}{3a} \tag{2-5}$$

P_0——是当 $t = t_R$时，使$f(t_R)$成为列量纲的最大值 1.0 的常数，t_R 通常称作爆炸脉冲的起始时间，它是 n、m 和 w 的函数：

$$t_R = \frac{\sqrt{2}\ln(n/m)}{(n-m)w} \tag{2-6}$$

对于每个具体工程，一般先给出 n 和 m 一个初值，计算出一个初始脉冲波形，应用现场量测结果与计算结果对比，逐步修正参数 n 和 m，使由模型计算得到的脉冲波形和实测结果足够接近。

（2）爆破计算有限元模型及计算参数

隧道钻爆设计（图 2-68），计算时分别计算第 1、3、5、7、9、11、13、15、17 和 19 段的爆破荷载情况。限于篇幅，只计算单段药量最大的第 17 段爆破荷载。其计算模型如图 2-69、图 2-70 所示。模型共划分为 7 333 个单元，7 532 个节点。根据两阶段施工图设计地质勘测报告和文献，有限元分析计算的物理力学参数（表 2-20）。

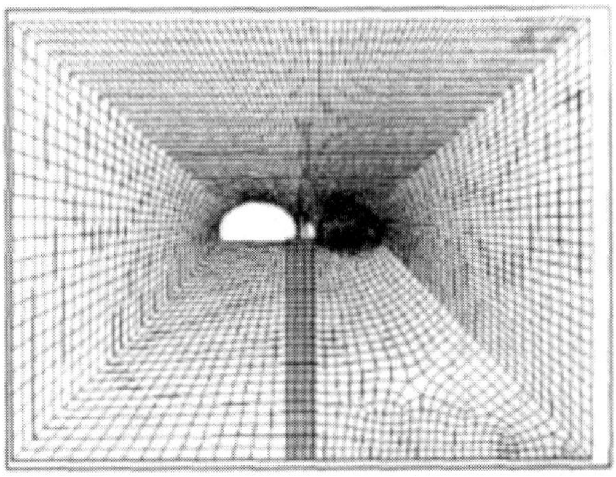

图 2-69　有限元计算模型

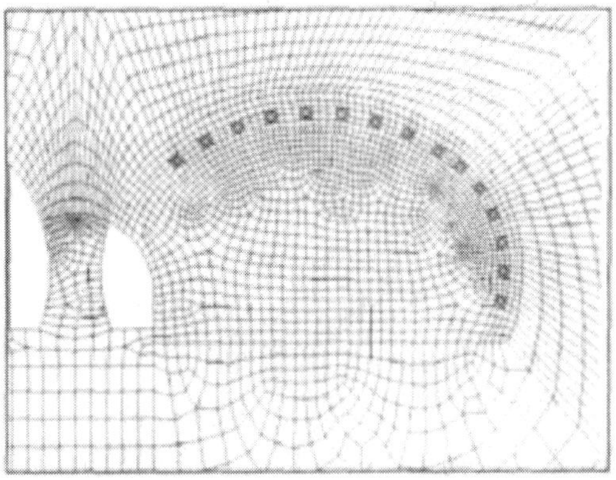

图 2-70　计算网络局部

计算所用物理力学参数　　表 2-20

材　料	重度（$kN \cdot m^{-3}$）	抗压强度（MPa）	抗拉强度（MPa）	弹性模量（GPa）	泊　松　比
凝灰岩	24	100.4	12.5	20.0	0.25
C25 混凝土	25	17.5	1.9	29.5	0.20

(3)计算结果分析

提取中墙左右的中部、上部,以及先行洞的拱腰和拱顶部位节点,考察这些节点的速度时间历程。为了分析爆破对中墙的影响,对中墙的动态响应结果进行分析,各节点的峰值振速(表2-21)。

节点 V_x 和 V_y 方向振速　　表2-21

序　号	节　点　号	到爆源的距离(m)	峰值振速($cm \cdot s^{-1}$)	
			V_x	V_y
1	7 391	16.4	8.14	5.42
2	7 398	15.3	8.67	6.18
3	1 929	15.2	10.78	6.24
4	7 376	14.0	9.07	7.29
5	7 383	13.5	8.73	6.95
6	469	12.7	12.40	7.76
7	2 150	18.0	7.60	4.20
8	2 164	23.5	5.10	3.49

由表2-21可知,节点径向振速 V_x 明显大于切向振速 V_y,而且两方向振动速度均随距离的增大而明显减小,当离炮源距离大于25m时,$V_x < 5cm/s$,$V_y < 3cm/s$。由于中墙距离爆源很近,因而在主洞开挖时,爆破所产生的地震波对中墙有着较大的影响。从爆破冲击荷载作用下的中墙振动速度和应力应变可看出,V_x 方向的振动峰值出现在中墙中部,V_y 方向峰值出现在墙顶和墙角处。在爆破荷载作用下,中墙产生了较大的振动速度。应力云图显示,在中墙变截面处出现了很大的应力集中,应力峰值出现在中墙顶部靠炮源一方的转角处,约为7.6MPa,其峰值相对于混凝土的抗压强度而言还是较小的。如果仅从应力角度考虑,爆破对中墙的影响不大,但从安全振速角度分析,如果一次药量过大则有可能使中墙产生超过其安全振速值而导致破坏。根据《公路隧道设计规范》和《爆破安全规程》建议,一般对围岩无支护时隧道最大临界振速为 $V \leqslant 15cm/s$。对衬砌结构,其临界振速 $\leqslant 25cm/s$,可选取两者之间的一个值来作为控制中墙安全的爆破振速。可以看出,振速对中墙的影响较大。分析结果表明,爆破产生的爆破振速均未超过安全振速。

(4)钻爆设计调整

根据计算及分析结果,此钻爆设计基本合理,认为可达到光面爆破效果。为了更好地减振,可适当降低第11、17段每孔装药量,具体调至第11段每孔装药18卷,第17段每孔装药16卷。亦可将段作适当调整,具体可将二圈炮眼的第11段4个孔改为第13段,周边炮眼第15段6个孔改为第19段,即将周边炮眼全部设为第19段。钻爆设计孔数及炮眼布置合理,无需调整。

3)爆破振动实测

据修正结果,结合施工实际情况,主要针对后行洞爆破对中墙的振动反应进行测试,共进行了3次爆破振动测试试验。由于每次爆破药量稍有不同,在计算中已考虑每次测试的药量,其测点布置如图2-71。3次测试中每次测试掌子面炮眼点到测点的距离有所不同,其中1次实测测点布置。在后行洞进行开挖爆破时的测点，测试其径向和切向的振动速度，除去数据不全部分，然后针对实测数据基于最小二乘法对实际应用比较多的萨道夫斯基特征方程进行回归分析，得出 K、α 值，其振动实测数据如表 2-22，拟合公式和相应曲线如图 2-72 所示。

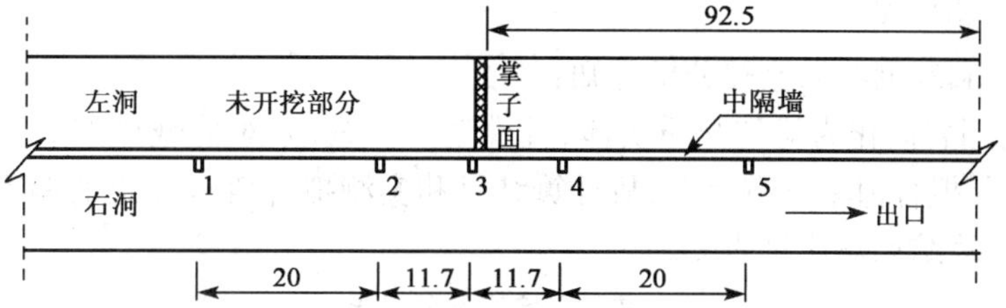

图 2-71　测点布置（尺寸单位：m）

爆破振动实测资料　　表 2-22

点　　数	测试日期	爆心距(m)	最大一段药量(kg)	$Q^{\frac{1}{3}}/R$	质点振速 V(cm·s^{-1})	
					径　　向	切　　向
1	2007.01.13	14.60	38.4	0.231	6.2	7.2
2	2007.01.13	31.84	38.4	0.106	1.1	1.5
3	2007.01.13	31.84	38.4	0.106	1.1	1.6
4	2007.01.16	13.10	40.5	0.262	6.8	6.5
5	2007.01.16	17.56	40.5	0.196	7.1	7.1
6	2007.01.16	34.30	40.5	0.100	0.8	0.6
7	2007.01.20	17.15	38.4	0.197	7.1	7.0
8	2007.01.20	32.47	38.4	0.104	2.0	1.9
9	2007.01.20	43.24	38.4	0.078	1.0	1.3

由表 2-22 资料按萨道夫斯基公式整理的质点振速 V 与比例药量 $Q^{\frac{1}{3}}/R$ 的关系式为：

$$\text{径向：}V = 140.97(Q^{\frac{1}{3}}/R)^{2.051}\quad(\text{相关系数 } r = 0.938\,2)\tag{2-7}$$

$$\text{切向：}V = 12\,121(Q^{\frac{1}{3}}/R)^{1.933\,6}\quad(\text{相关系数 } r = 0.908\,9)\tag{2-8}$$

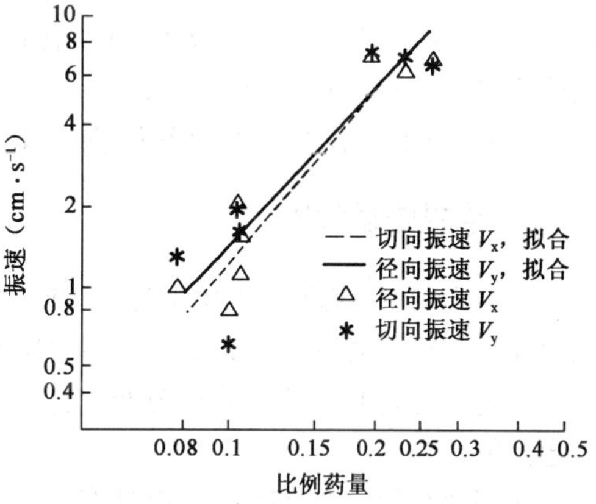

图 2-72　拟合曲线

从现场观测及振动监测结果得出：

（1）爆破后现场观察看出，靠近中墙一侧有一定欠挖，其它部位超欠挖量控制在 3cm 以内，且爆破轮廓规整，达到了预期效果。弹性波测试表明，围岩松动圈范围在 0.7～1.5m 之间，也验证了在隧道中采用的光爆参数是合理的。后续爆破可采用此设计，并继续实测跟踪，按图 2-66 流程进行控制，直至爆破施工完成。

（2）由振动实测资料可知，在后行洞爆破中，距离爆源横断面两侧 13～14m 位置（第 1、4 测点）和 17～18m（第 5、7 测点）的振动速度较接近，衰减规律不明显。在 20m 以后，振速衰减明显,如第2、3、6、8和9测点,其平均振速仅为距离较近测点平均振速的18.7%。

(3)在距离爆源较近时,比例药量较大时,其径向和切向振速相差较小,故二者均为控制爆破的主要因素。

4)模拟与实测对比

由数值模拟和实测结果比较分析可知:

(1)由于将围岩简化为均匀介质实体,且模型为二维,并对荷载模型进行了简化,加之实测数据量有限,其拟合值本身有偏差,故计算结果和实测拟合值有一定的偏差,其拟合公式计算结果与模拟计算结果对比见表2-23。

模拟与实测结果对比 表2-23

序号	径向速度 V_x(cm·s^{-1})			切向速度 V_y(cm·s^{-1})		
	实测拟合值	计算值	误差	实测拟合值	计算值	误差
1	5.99	8.14	0.26	6.17	5.42	-0.14
2	6.91	8.67	0.20	7.06	6.18	-0.14
3	7.20	10.78	0.33	7.34	6.24	-0.18
4	8.29	9.07	0.09	8.38	7.29	-0.15
5	8.93	8.73	-0.02	8.99	6.95	-0.29
6	10.13	12.40	0.18	10.12	7.76	-0.30
7	4.95	7.60	0.35	5.16	4.20	-0.23
8	3.99	5.10	0.22	4.21	3.49	-0.21

从表2-23可看出,数值模拟结果具有一定的可信度,均可作为对钻爆设计的辅助参考,在缺乏实测条件时考虑采用。而实测结果是爆破振动影响的直接依据,由其数据拟合的萨道夫基方程可作为钻爆设计的依据,也可对与条件类似的工程提供参考。

(2)控制爆破振动对围岩及支护结构的影响,取决于振动速度的大小,经过现场测试和模拟分析,隧道掘进中围岩最大爆破振动速度,控制在10cm/s以下为宜。

(3)随着数值模拟技术的不断进步,其必将成为验证钻爆设计合理与否的可靠手段。

二、连拱隧道超挖

许人平等[54]在连拱隧道开挖中超挖现场调查基础上,应用统计学和模型学的原理,对超挖块体的几何形态和大小,包括超挖块体投影面的边、面积和块体体积等进行统计特征评价,揭示了连拱隧道超挖块体几何分布和体积分布规律,显示了连拱隧道与单拱隧道相比具独有的超挖特征。

某高速公路全长22km,共设计有5座连拱隧道。其中一隧区地质构造主要为节理裂隙,勘察中未发现断层及破碎带露头。隧区岩石节理裂隙普遍发育,据野外统计测量主要发育3组裂隙,产状为155°∠85°、60°∠85°及60°~83°∠8°~15°,节理面以平直为主,多闭合,节理间距4~6条/m,局部密集处可达10条/m。隧区岩性主要为第四纪覆盖层和晚侏罗世凝灰岩。后者岩性致密坚硬,块状构造,抗风化能力较强。该隧道采用先开挖中导洞,并浇筑中墙,然后采用光面爆破法分别开挖左右正洞。

1)现场调查

选取了隧道左洞的 K214 +878.5 ~883.5 纵向共5m 的洞段。以中墙侧为零点,沿开挖壁面横向向左洞壁侧布置测线,以方便获取关键点坐标。在开挖壁面上标记出工作区域中的超挖块体并进行编号。对每个标记体进行量测,内容包括标记超挖块体在设计开挖面上的投影及其几何形状和法向深度等。在实际工作中采取边编号边量测的方式进行,将投影面绘制在方格纸上并记录具体数据,最后获得投影面的展示图(图 2-73)。从该图看出,超挖块体出现在中墙侧及左洞壁,其中左洞壁侧投影面几何形状较为规则。这说明超挖块体是地质体结构、施工和开挖断面的空间形态,三者展示图的大小为 5m × 17m。工作区内共有超挖块体 134 个,属共同影响的结果。中墙侧进行二次开挖爆破,而左洞壁三组结构面中有两组结构面为陡倾角,这种结构面组合控制着超挖块体的形成。

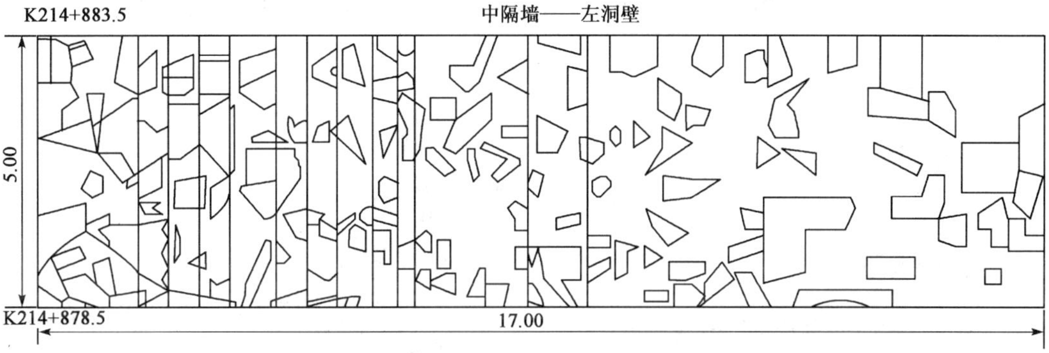

图 2-73　隧道左洞 K214 +878.5 ~883.5 洞段超挖块体投影面展示(尺寸单位:m)

2)投影面边统计特征

投影面的展示图反映超挖块体均为闭合多边形。超挖块体投影面边分析,是从边方位分析、边数分析和周长分析三个方面进行。

①边方位分析。在现场测绘中发现有 115 个投影面的边与洞轴线一致,洞轴线又与施工开挖炮孔线平行。其中有一条边与炮孔线平行或重合的占 34 个,两条边的有 68 个,三条边的有 5 个,而且部分超挖块体的投影面两条边与炮孔线完全一致。这说明块体的投影面的几何特征受施工控制,实质上施工炮孔线构成了部分超挖块体的临空面或切割面。

②边数分析。134 个超挖块体的边数,最大的为 11 条边,最小的 3 条边。将其绘制成柱状图(图 2-74)。由该图知,134 个投影面中以四、五、六边形为主,共有 112 个,占 83.6%。

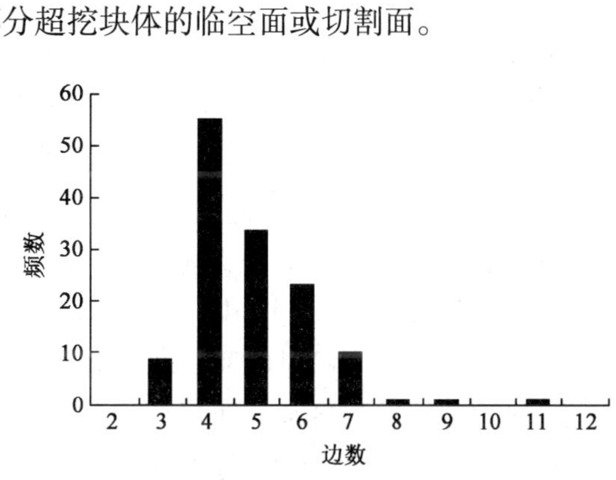

图 2-74　超挖块体投影面边数频数统计

③周长分析。利用 CAD 中对周长的计算功能,计算 134 个投影面的周长。对周长进行统计分析得到平均值为 1.97m,最小值为 0.77m,最大值为 6.00m(左洞壁的最大超挖块体)。列出每个周长区段(每个区段的

间距为0.31m)内多边形的个数,并绘出柱状图(图2-75)。从该图得知周长在1.37~2.30m的居多,共有103个,占76.9%。从周长的分布特征,可发现它们与对数正态分布有良好的一致性,经χ^2检验,χ^2的计算值为3.78,远小于其相应的临界值(12.59,自由度为6,$\alpha=0.05$)。对数正态分布模型显示的平均值同样为1.9694m。

3)超挖块体投影面面积分布特征

利用CAD中对面域面积的计算功能,计算出134个投影面的面积。对面积进行统计分析,列出每个面积区段(每个区段的面积为$0.07m^2$)内多边形的个数,并绘出柱状图如图2-76所示(圆点线为威布尔分布模型)。统计表明,面积的平均值为$0.22m^2$,最小值为$0.03m^2$,最大值为$1.54m^2$。面积分布在$0.04\sim0.36m^2$的居多,共有115个,占85.8%。从面积的分布特征,可以发现它们与威布尔分布有较好的一致性,经χ^2检验,χ^2的计算值为12.01,接近其相应的临界值(13.28,自由度为4,$\alpha=0.01$),威布尔分布模型显示的投影面的面积平均值为$0.2197m^2$。

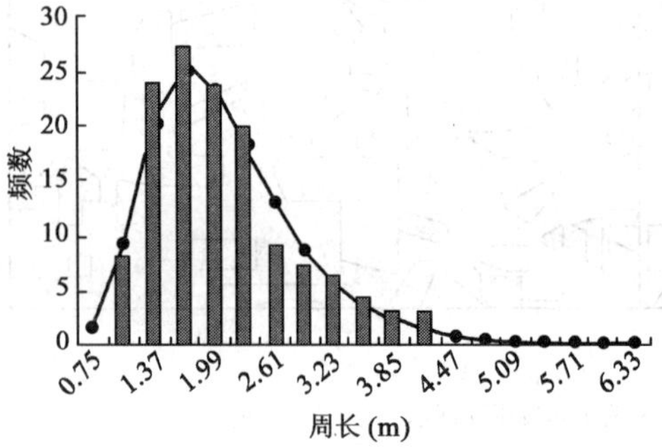

图2-75　超挖块体投影面周长分布及模型

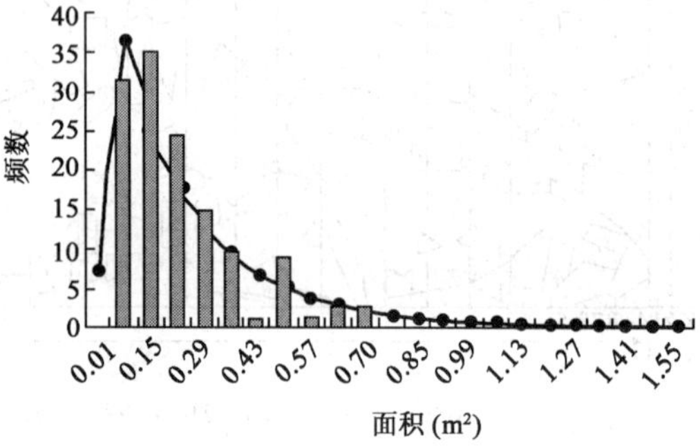

图2-76　超挖块体投影面面积分布及模型

4)超挖块体体积分布特征

超挖块体的体积评价,是依据超挖块体的投影面面积及其对应的平均深度来计算的。实际工作中首先将块体视为较为规则的形状,再分别量测块体的几何尺寸,最后计算出每个块体的体积在横向上的分布(图2-77)。统计表明,整个开挖断面上最大单个块体体积为$0.285m^3$,最小块体体积$0.002m^3$,平均值为$0.030m^3$。区内总超挖体积为$4.071m^3$,单宽超挖体积$0.814m^3$。该图显示,1~12m区段内体积逐渐减小,到13m区由于断面线变陡直,超挖块体受到特有结构面的控制,体积大小又呈现上升趋势。最大超挖体积段(按单宽计算)出现在0~1m范围内,大小为$0.62m^3$。最小体积段出现在15~16m段,大小为$0.036m^3$。依据连拱隧道的施工特点,中导洞的开挖引起一定范围的围岩松动,然后两侧正洞开挖必然导致靠中墙侧的超挖比其它部位严重。现场调查表明,中导洞的开挖影响围岩松动的范围在1~4m区段,右洞侧的对应高程洞段为9.5~12.5m区段,1~4m区段的超挖总体积为$1.923m^3$,而9.5~12.5m区段的超挖总体积为$0.365m^3$,两者相差$1.558m^3$。以单宽计算,差值为$0.312m^3$,约占单宽总超挖体积的38.33%。可以认为,该差值是中导洞的开挖影响围岩松动而引起的超挖。从体积的分布特征,可发现它们与威布尔分布有较好的一致性。经χ^2检验,χ^2的计算值为15.50,略小于其相应的临界值(16.81,自由度为6,$\alpha=0.01$)。威布尔分布模型(图2-78中圆圈联机表示)显示的超挖块体体积的平均值为0.027 3m³。

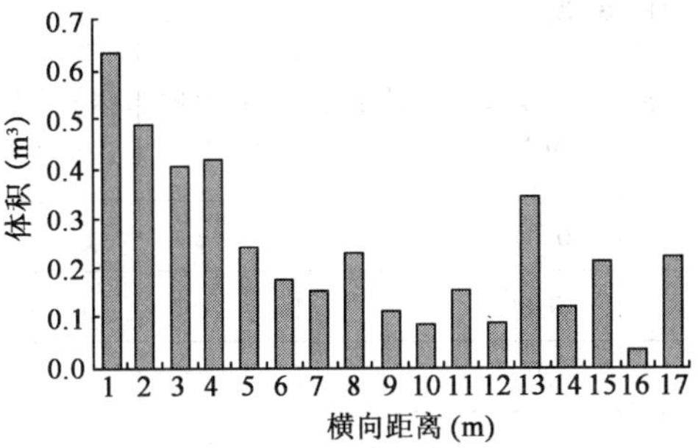

图2-77　超挖块体横向体积分布

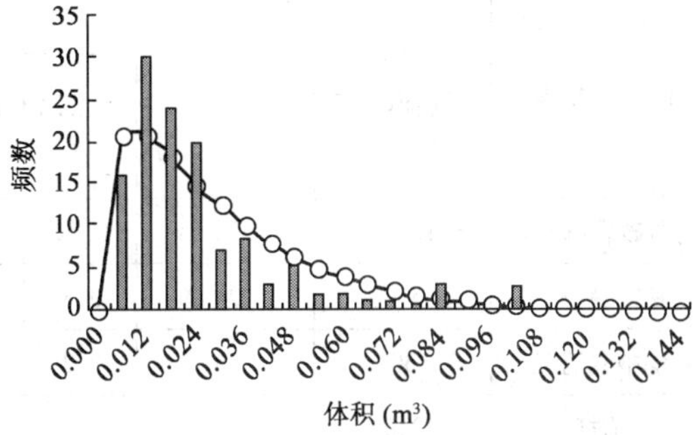

图2-78　超挖块体体积分布及模型

三、水平产状岩层的隧道开挖

杨峰等[55]针对湖南省火麻冲连拱隧道的水平层状岩体,由不同强度岩层组成的软硬互层,利用数值模拟手段进行隧道施工全过程分析,结合现场实测,探讨了火麻冲隧道水平层状围岩条件下连拱隧道围岩与支护结构变形受力特点,指出了连拱隧道结构设计与施工过程的薄弱环节。

火麻冲隧道为双向四车道隧道,长604m。隧区地表覆盖层薄,下伏基岩为晚白垩世钙质砂岩与钙泥质砂岩互层,呈薄至中厚层状,层间结合较差,单层厚一般3~5m,局部为1~2m。钙泥质砂岩,紫红色,遇水易软化;钙质砂岩,灰色、紫灰色,岩质致密坚硬。其中强风化层岩性破碎,多呈碎石状或碎块状,局部呈短柱状,层厚0.30~3.50m;弱风化层岩性较完整,多呈柱状或长柱状。

1)数值模型

针对隧道施工情况,考虑隧道为深埋,建立数值分析模型如图2-79。模型水平方向长度为120m,竖直方向从隧道拱顶以上取30m,仰拱底以下取30m。模型左右边界分别受水平位移约束,下部边界受竖直和水平方向约束,顶部施加埋深为70m地层应力(1.785MPa)。计算仅考虑围岩自重应力。分析时采用平面应变模型,各岩层服从Mohr2 Coulomb屈服准则。层面设置接触面单元,隧道初期支护包括锚杆、钢筋网、纵向连接筋等,喷射混凝土强度的增强作为安全储备。围岩采用四边形等参单元,锚杆采用杆单元,初期支护及二次衬砌采用梁单元,初期支护和二次衬砌之间的防水层强度低,采用接触面单元模拟。

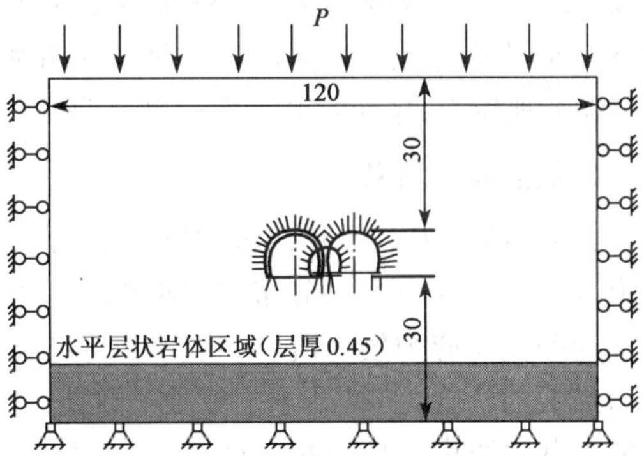

图2-79　数值模型的尺寸及边界条件(尺寸单位:m)

2)计算参数

仿真用钙质砂岩与泥岩组成的软硬互层,层厚据现场地质情况取0.45m。锚杆与衬砌具体几何参数,按照实际设计数据取值。围岩及衬砌力学参数,依据规范中相关参数的确定方法确定(表2-24)。

主要岩土力学参数 表 2-24

材料类型	特性参数							
	弹性模量 E (GPa)	重度 γ ($kN \cdot m^{-3}$)	泊松比 ν	内摩擦角 ϕ (°)	黏聚力 c (MPa)	拉伸刚度 (MPa)	黏结刚度 (MPa)	锚杆直径 ϕ (mm)
钙质砂岩(硬岩)	16.79	26	0.24	33	6.46			
泥岩(软岩)	5.0	24	0.3	27	0.8			
中隔墙	30	25	0.2	50	20			
锚杆	210					1.5×10^4	0.8	25
混凝土初支	28		0.2					
混凝土二衬	30		0.2					

3)数值模拟方案

根据隧道实际施工过程,模拟考虑围岩应力释放与支护的施加。具体计算步骤为:计算初始平衡应力场→中导洞开挖应力释放60%→中导洞支护(喷混凝土+锚杆)应力释放40%→施作中墙→右洞上台阶开挖应力释放30%→右洞拱部施作初期支护应力释放40%→右洞下台阶开挖应力释放30%→右洞边墙施作初期支护应力释放40%→释放其余30%初始地应力,施作右洞二次衬砌及仰拱→左洞上台阶开挖应力释放30%→左洞拱部施作初支应力释放40%→左洞下台阶开挖应力释放30%→左洞边墙施作初期支护应力释放40%→释放其余30%初始地应力,施作左洞二次衬砌及仰拱。

4)数值模拟结果

(1)竖向应力。各开挖阶段围岩竖向应力分布云图如图2-80,从中看出水平层状岩层隧道开挖后竖向应力的分布,与均匀岩体隧道并无明显差异,只在隧道拱顶上方一定范围内层面间竖向应力发生跳跃,这与层面强度较弱有关。在连拱隧道整个开挖过程中,竖向应力最大的位置,始终处于中墙处。这是因为中墙相对较窄,隧道开挖跨度较大,其上部传递的荷载主要由中墙承担。此外,由于左、右洞开挖顺序有先后之分,中墙上的竖向应力分布也呈现不对称,先开挖右洞一侧的应力明显高于后开挖左洞一侧应力。中墙受施工影响,存在偏载。可见中墙的施工是整个连拱隧道施工的关键。为了围岩稳定及施工安全,中墙在施作时其刚度与强度应满足要求,中墙基础应稳固,地基应有足够的强度,防止受偏载发生倾覆失稳。

(2)竖向位移。隧道不同开挖步骤的围岩竖向位移分布如图2-81,从中看出隧道拱顶下沉值较大,而且两洞顶部位移较大的区域向中墙处偏移。这与中导洞首先开挖,并较早引起中墙上方围岩下沉有关。当中墙施作完成后,由于其刚度较大,能有效抵抗变形,因此竖向位移的最大位置并不在中墙上方,而在隧道拱顶偏向中墙处。将不同开挖阶段左、右洞拱顶下沉值连成曲线(图2-82),可看出随着开挖的进行,隧道拱顶的位移也逐渐增加。其中右洞先开挖和二衬施作后,拱顶下沉量已达13.88mm,占最终位移值17.22mm的80.6%。说明后续左洞的开挖,对右洞的位移影响不是很大。最终左洞和右洞拱顶下沉量相差不大。

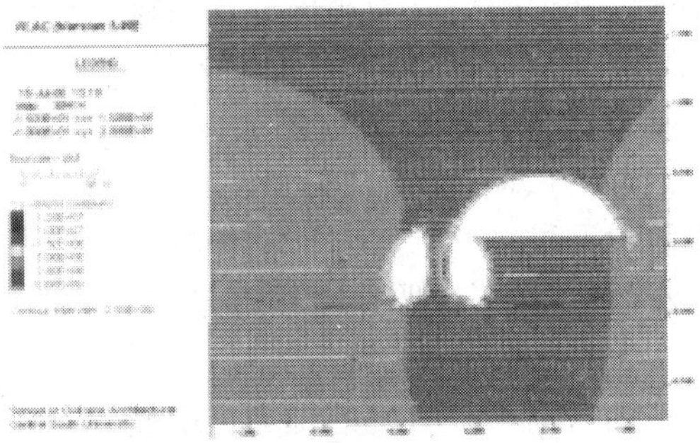

a) 右洞上台阶开挖并初支后

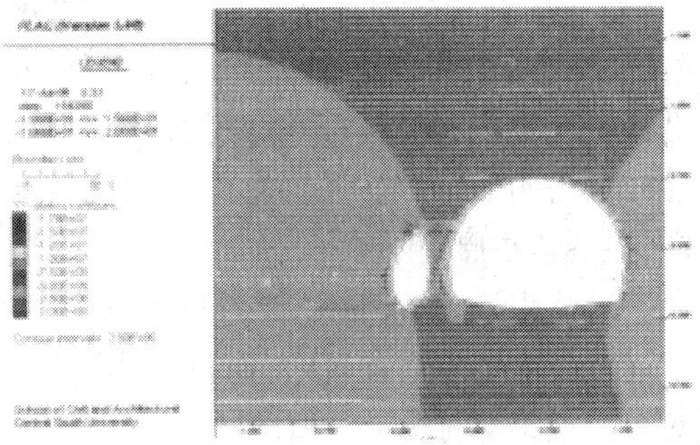

b) 右洞施作二次衬砌后

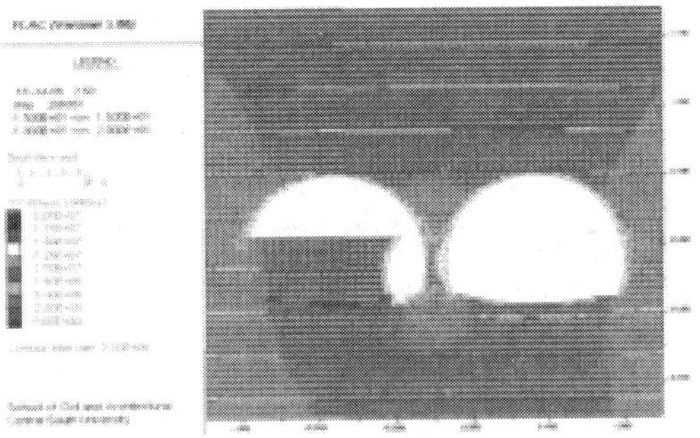

c) 左洞上台阶开挖并初支后

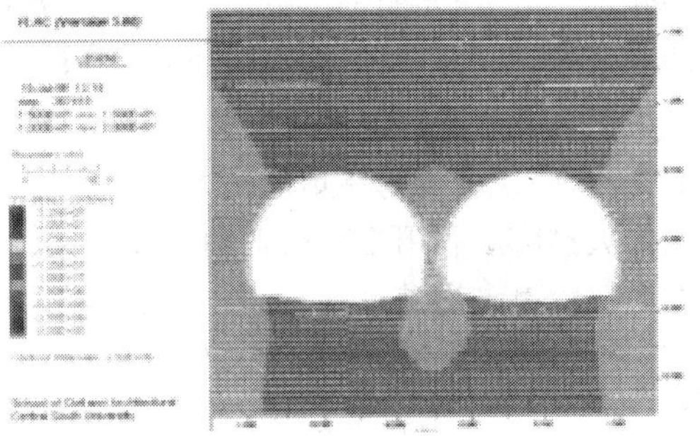

d) 左洞施作二次衬砌后

图 2-80　各开挖阶段围岩竖向应力分布云图

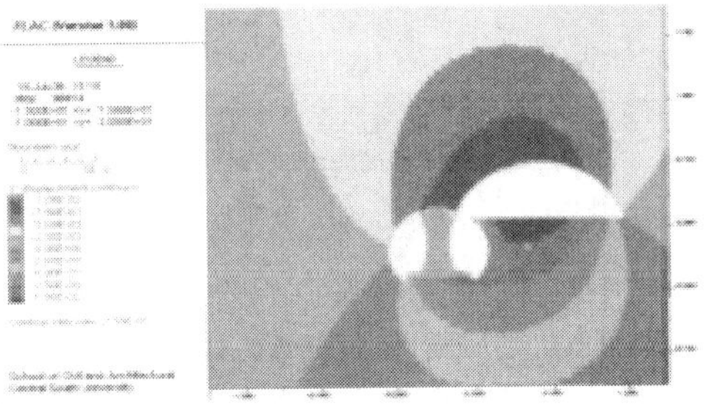

a) 右洞上台阶开挖并初支后

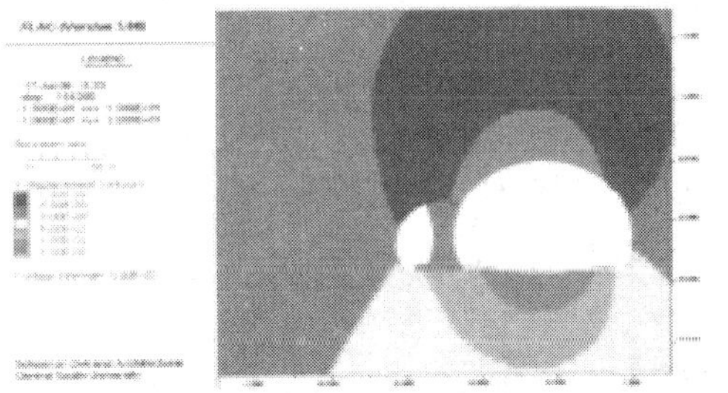

b) 右洞施作二次衬砌后

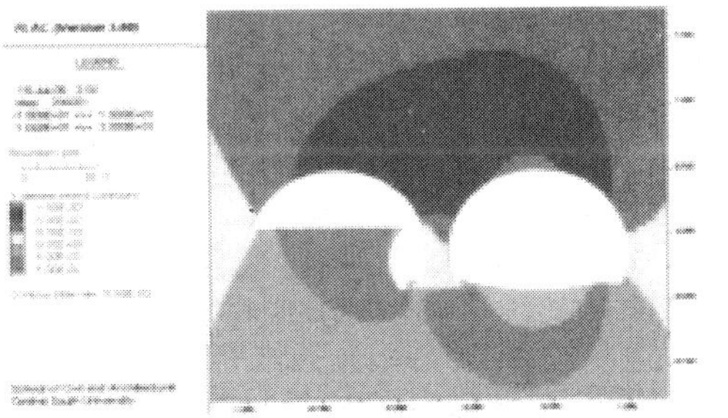

c) 左洞上台阶开挖并初支后

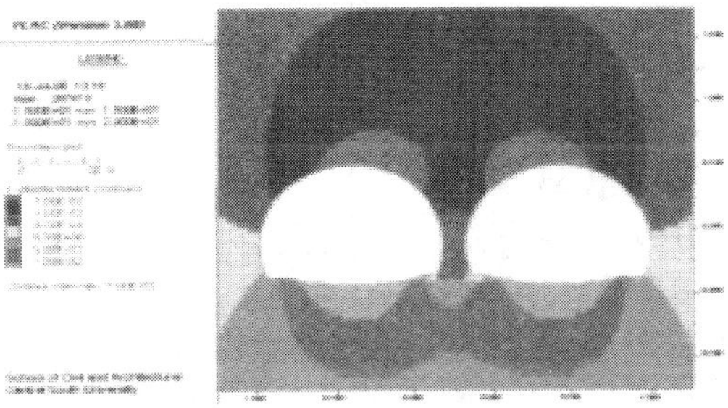

d) 左洞施作二次衬砌后

图 2-81　各开挖阶段围岩竖向位移分布云图

(3)支护结构内力。在连拱隧道不同开挖阶段,支护结构受力不同。这里仅分析最终受力情况,即施工结束后锚杆最终的轴力分布图(图2-83)。其中锚杆轴力均为拉力,且轴力大小沿杆长发生变化。锚杆在穿过各岩层层面处,轴力值产生突变,处于隧道拱腰和拱顶范围内的锚杆更为明显。因各岩层内部的强度较高,而之间的层面抗拉、抗剪强度较小,系统设置的锚杆,在隧道拱腰、拱顶位置穿越了多个岩层,当隧道开挖后在层面之间的锚杆承受较大的拉应力。总体来说,拱部锚杆轴力较大,边墙处锚杆轴力较小,说明边墙锚杆未充分发挥作用。整个过程施工结束后,二次衬砌的内力分布如图2-84。由图可知,两洞先后开挖,使得支护结构受力呈现不对称分布。由图2-81a,可知,先开挖的右洞二次衬砌的轴力值明显大于后开挖的左洞,而最大值产生在右洞靠中墙顶部位置。右洞靠近中墙一侧的轴力也明显大于远离中墙一侧轴力值,而左洞轴力较大处在左侧边墙处。说明二次衬砌较早受力的右洞受到后施工左洞的影响。同时,右洞二次衬砌也分担了中墙承受的偏载。由图2-81b)看出,二次衬砌弯矩最大值均发生在隧道仰拱与边墙交界处。这是因为该处为两段不同圆弧连接不平顺,易产生应力集中,使结构的弯矩值变大。因此,在施工时可考虑边墙衬砌和仰拱采用光滑连接,并适当加大拱脚。利用二次衬砌轴力和弯矩,按规范规定的安全系数法,对二次衬砌进行检算,左右洞二次衬砌均满足要求,其中右洞在左洞开挖后全断面安全系数均降低,左侧墙角处由22.7变为5.6,降低幅度最大。左洞安全系数均大于右洞,最小值为6.9,位于左侧墙角处。

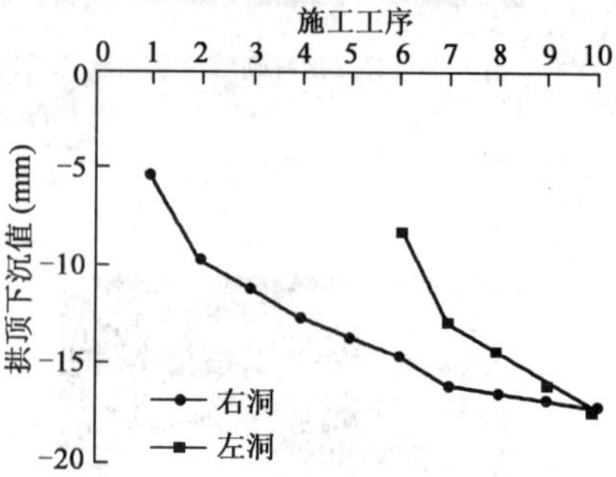

图2-82 左右洞拱顶下沉变化曲线图

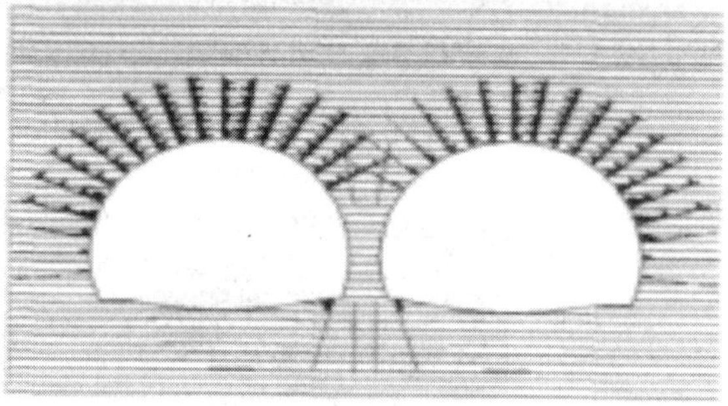

图2-83 锚杆轴力分布图

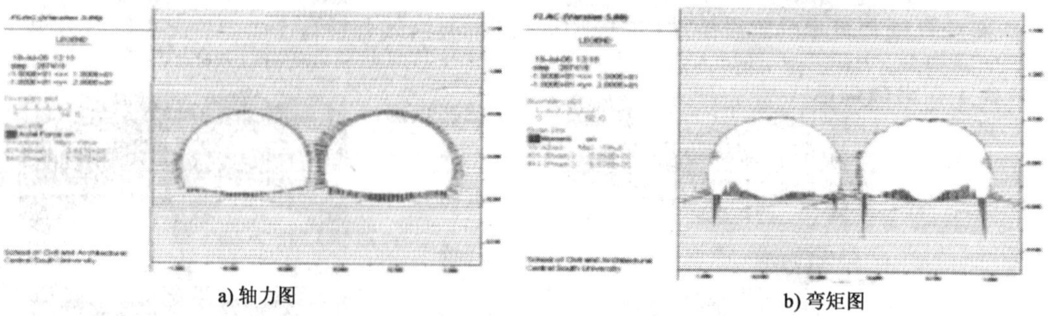

a) 轴力图

b) 弯矩图

图2-84 二次衬砌最终的内力分布图

5)初期支护与二次衬砌接触压力量测

为了解水平产状岩层隧道初期支护与二次衬砌之间接触压力大小和分布情况,选取隧道

K191 +063 为典型断面。隧道周边的拱顶、拱腰和边墙埋设 16 个 JMZX-2050A 型智能弦式数码压力盒，经现场量测及资料整理，得到接触压力分布如图 2-85。从该图看出，初期支护与二次衬砌之间接触压力，在二次衬砌施作后不断变化，其值有增有减，最后逐步趋于稳定。从整体上看，初期支护与二次衬砌之间压力较小，表明二次衬砌具有足够的安全储备。隧道拱部压力较小，边墙及中墙部位层间压力较大。对于复合式曲中墙连拱隧道，中墙顶部的二次衬砌压力较大，故施工二次衬砌时必须保证该部位的厚度。

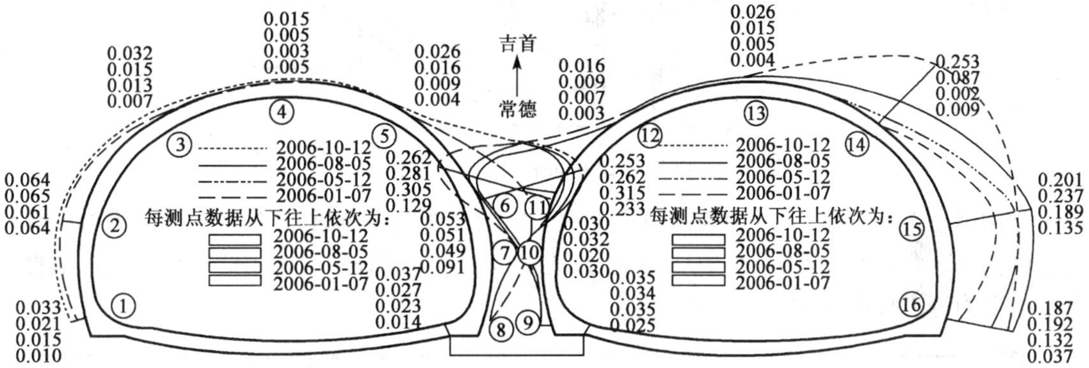

图 2-85　K191 +063 断面初支与二次衬砌接触压力图（单位：MPa）

四、左右洞开挖面时空步距

连拱隧道左右洞开挖的合理时空步距，直接关系到隧道结构的稳定性和施工的安全。因为在隧道施工过程中，从开始单洞施工过渡到双洞同时施工，围岩应力释放不均衡，不仅存在空间效应，而且还存在时间效应。从而可能导致中墙承受较大的偏心荷载，甚至导致中墙开裂或失稳。过去在一些连拱隧道施工过程中，由于左右洞开挖面之间不合理的时空步距，导致隧道初期支护及二次衬砌或中墙开裂现象时有发生，如元磨高速的桥头隧道等。但左右洞开挖面间合理的时空步距具体多少，一直是采用定性的经验数值，或半定量数值。

申玉生、赵玉光[56]认为，过去大部分连拱隧道是进行二维或三维有限元数值分析，这种有限元数值计算存在较多的假设条件（如模型取各向同性，线弹性体，未考虑构造力，未考虑衬砌施作时间差等）及较多的不合理因素（一个开挖荷载步为 6m），导致计算结果有一定的局限性。因此采用中墙埋设量测组件和运用量测数据分析广东小金口隧道左右正洞开挖对中墙内力的影响范围，得出左右洞开挖面合理的时空步距。

在第五节之三中提及的小金口隧道，围岩主要是弱风化粉砂岩、构造角砾岩，属级 IV 级围岩，采用“三导洞”—全断面二次衬砌工艺施工。量测断面布设在隧道各种围岩段内，每种围岩段各取 3 个断面。在中墙内埋设的传感器，采用 $\phi22$ 的钢弦式钢筋应力计，利用相同直径的钢筋对接钢筋应力计后，顶替中墙原位置的一根纵筋（图 2-47、图 2-86）。在隧道 V 级围岩段的中墙一个断面内不同位置的组件，以 A、B、C、D、E、F 分别编号，在隧道纵向可组成 AB、CD、EF 三个截面来计算中墙在不同位置处的轴力与弯矩。

中墙的内力以受压的轴力为主，受压轴力大部分时间处于比较平稳的变化之中，在进行左正洞开挖出后，中墙轴力受到较大的变化（图 2-87），各个截面的轴力均约增大了 2 000kN/m，

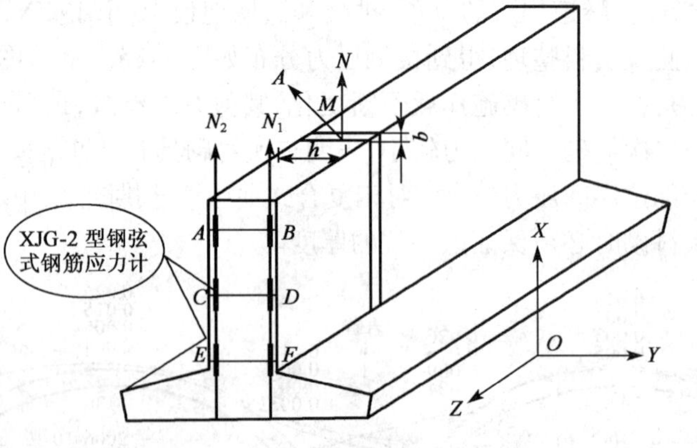

图 2-86　中墙量测断面和测点布设位置

说明连拱隧道左洞开挖后,对中墙内力产生重大影响。在同一断面处,各截面的轴力沿中墙向上方向依次减小,但两者不仅是中墙自重力,还需考虑到中墙在隧道轴向的扭矩及隧道垂直方向上的剪力等方面的因素。

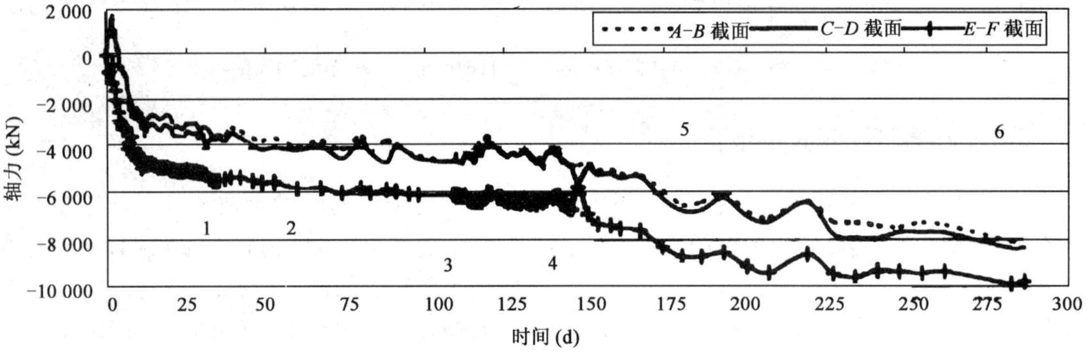

图 2-87　I—I 断面中墙轴力时态曲线

1-右导洞施工;2-左导洞施工;3-右正洞施工;4-左正洞施工;5-右洞二次衬砌;6-左洞二次衬砌

中墙的弯矩在隧道左右洞施工过程中的变化(图 2-88),远比中墙轴力变化明显。在隧道左右洞施工期间,中墙各截面的弯矩时态曲线有着剧烈变化,各截面的弯矩均出现了从左洞到右洞方向的负弯矩值,变化最大是位于中墙底部 *EF* 截面,达到 800kN · m。中墙上部围岩经过中导洞开挖、左右正洞开挖的先后三次大扰动后,围岩应力释放率较大,从而影响到中墙的整体稳定性,使中墙出现一定程度的偏压。当隧道从单洞施工转向双洞施工时,中墙将受较大的偏心荷载。隧道左洞施工使围岩应力释放方向发生变化,产生了反方向回推力,是中墙弯矩值迅速减小的原因。但中墙受力是在连拱隧道整体结构中进行调整,在经过 10d 后中墙弯矩值再次出现增大趋势,*EF* 截面的弯矩值达到 600kN · m,随后逐渐趋于收敛。

由于连拱隧道在施工过程中围岩应力释放不均衡,可能对中墙产生较大的偏压现象,导致隧道中墙和支护结构受到破损,进而影响到隧道整体的稳定性。因此,必须研究隧道左右洞施工对中墙内力的空间效应和时间效应。从隧道右洞施工引起中墙弯矩变化曲线(图 2-89)看出,隧道右洞施工对中墙弯矩的影响较大,右洞在开挖面到达量测断面 6m 时,中墙的弯矩已经开始发生变化,*EF* 截面弯矩值由 −199kN · m 变化到 −400kN · m。开挖面经过量测断面后

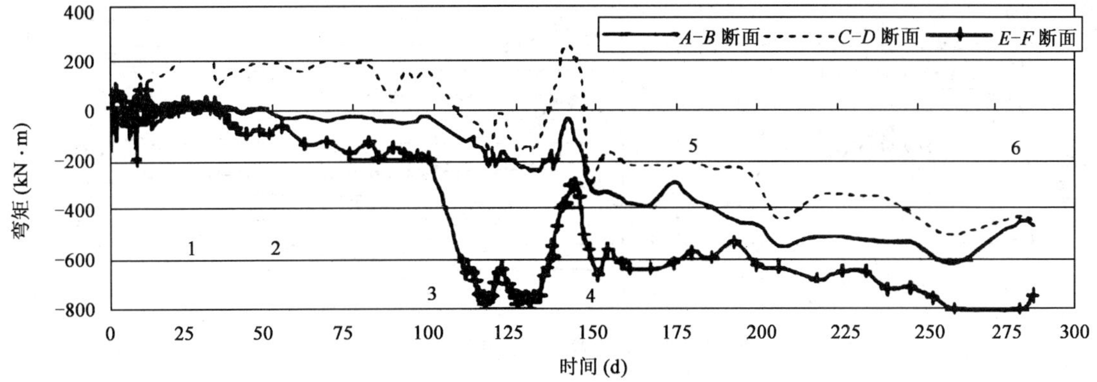

图 2-88 I—I 断面中墙弯矩时态曲线

1-右导洞施工;2-左导洞施工;3-右正洞施工;4-左正洞施工;5-右洞二次衬砌;6-左洞二次衬砌

10m,中墙 *EF* 截面弯矩开始趋向稳定,即 -649kN·m(表 2-25)。从图 2-89 看出,隧道右洞开挖 *MO* 段经历时间为 5d,开挖 *ON* 段所用时间为 7d。

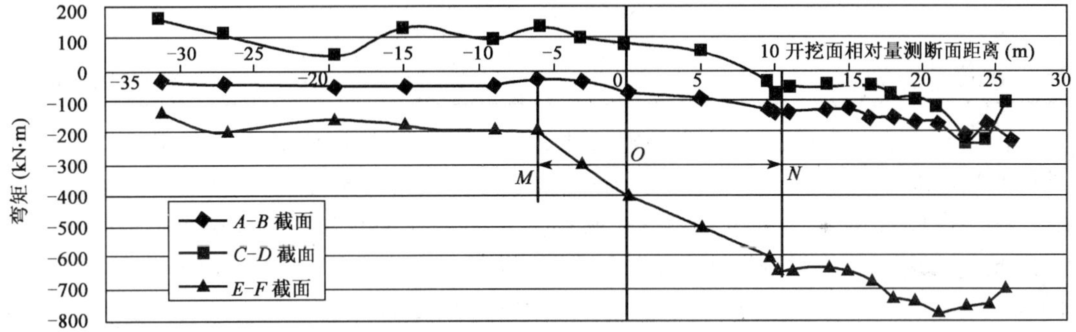

图 2-89 隧道右洞施工引起中墙弯矩变化曲线

隧道右洞施工对中墙弯矩变化 表 2-25

位置	弯矩(kN·m)			备注
	AB 截面	*CD* 截面	*EF* 截面	
M 点	-30.9	142.7	-199.0	距 *O* 点 6m
O 点	-70.5	80.3	-400.2	量测断面处
N 点	-132.6	-85.4	-649.2	距 *O* 点 10m

隧道左洞施工对中墙弯矩的空间效应(图 2-90)和时间效应(图 2-89)比右洞大,并出现了强烈的波动现象。隧道左洞开挖面在量测断面 *PO* 段前 8m 开始影响中墙弯矩,中墙 *EF* 截面弯矩值由 -744.9kN·m 变化至 -466.9kN·m(表 2-26)。隧道左洞施工对中墙内力的空间效应和时间效应,分别滞后 5m 左右和滞后 3d 左右,围岩应力释放达到最大值,说明此时对中墙的回推力是最大,对中墙的抗倾覆能力是一个最大的考验。开挖面在经过量测断面 *OQ* 段 16.5m 后,中墙弯矩趋于稳定。从图 2-85 可查出隧道左洞开挖 *PO* 段经历时间为 5d,开挖 *OQ* 段时间为 12d。

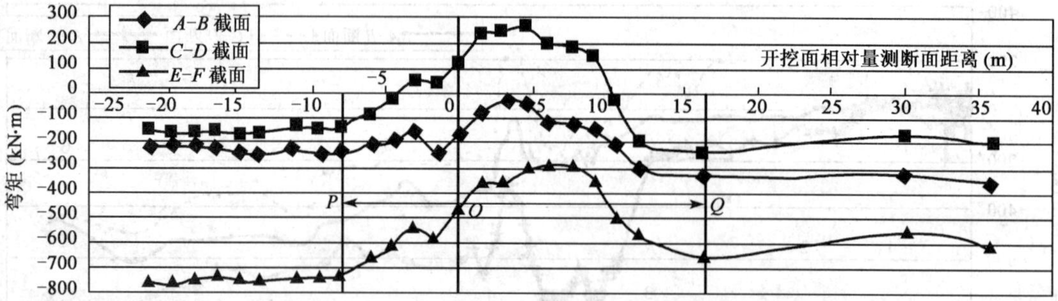

图 2-90　隧道左洞施工引起中墙弯矩变化曲线

隧道左洞施工对中墙弯矩的变化　　表 2-26

位　置	弯矩(kN · m)			备　注
	AB 截面	CD 截面	EF 截面	
P 点	—	—	—	距 O 点 6m
O 点	—		—	量测断面处
Q 点	—	—	—	距 O 点 16.5m

从图 2-88、图 2-89 看出，隧道右洞施工对中墙内力影响范围 *MN* 段为 16m，而左洞施工对中墙的影响范围 *PQ* 段为 24.5m。两洞开挖面前后至少在 40.5m 范围内，中墙一直处在动态变化之中。由此可知，后开挖的左洞安全顺利施工，对隧道整体结构的安全稳定是极其重要的。因此，连拱隧道左右洞开挖面之间的最小空间距离，是右洞施工后对中墙内力影响的后期范围与左洞施工对中墙内力影响的前期范围之和（图 2-91），即 *NL* 段与 *RP* 段距离之和为 18m。

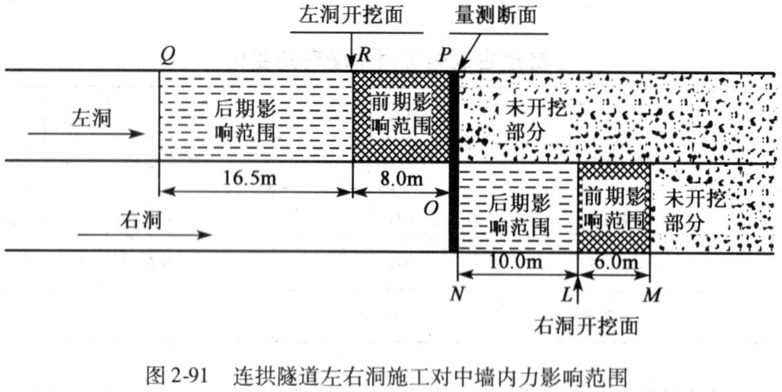

图 2-91　连拱隧道左右洞施工对中墙内力影响范围

隧道左右洞施工对中墙内力影响前期和后期范围，除了存在空间效应外，还存在时间效应，因为围岩释放的时间效应也同样重要。在同一里程处左右洞施工的时间间隔，必须大于围岩应力稳定释放的时间。因此，左右洞开挖面的最少间隔时间，应该是开挖 *ON* 段和 *PO* 段距离所需时间之和，为 12d。而且后行洞施工对中墙内力影响的空间效应和时间效应，应分别滞后 5m 左右及约滞后 3d 时间出现。

为了保证连拱隧道施工安全和整体结构稳定，提出软弱围岩段左右洞开挖面合理间距为

2 倍单洞开挖跨度，同时还需满足 2 倍单洞开挖跨度施工所需工期不少于 15d，以保证隧道围岩应力均衡释放。

第七节　连拱隧道荷载确定

公路隧道设计规范（2004），没有明确规定连拱隧道的支护荷载，现行连拱隧道设计多利用分离式隧道设计荷载与设计经验相结合的方法进行设计。在隧道施工的理论研究初期，一般沿用地面结构的概念，其计算方法是将岩体和衬砌的应力分开来计算。其中最具代表性的方法，是地层结构法和荷载结构法。因此，对于隧道的设计与施工的研究，便转为对荷载取值的研究。荷载结构法和地层结构法的应用，局限在只对隧道施工完成后的状态作一个或多个工况的结构横截面的变形或受力分析。朱汉华、潘明军针对《公路隧道设计规范》中有关围岩压力计算和支护设计参数取值，与其围岩分类结合不紧、应用不方便的情况，根据规范中围岩分类的优点，提出了山岭隧道围岩压力计算和支护设计参数取值办法。

我国学者对连拱隧道的受力分析，一般采用荷载结构法与有限元法。荷载结构法的关键是对围岩压力的计算。围岩压力按松弛荷载考虑，采用规范计算。该方法运用存在一些问题，如隧道宽度取整个连拱隧道宽度，还是取 1/2 连拱隧道宽度，中墙顶部荷载如何考虑等。应用有限元法最大的问题，是在于应力释放系数的确定。有限元法一般只作定性分析，无法通过定量计算来确定支护参数。目前，在我国设计连拱隧道时，中墙的设计则具有很大的主观随意性，可靠的客观的根据很少，没有合适的理论依据来确定连拱隧道的荷载模式。因此，常出现衬砌开裂与隧道渗漏水等现象。

丁文其、王晓形、朱合华等[57]为给连拱隧道设计计算提供理论依据，提高我国的连拱隧道设计水平，尽可能地减少连拱隧道中墙设计的随意性，并基于双塌落拱的假定，认为隧道松动压力的计算值，应在半结构宽度与整个开挖宽度相应的松动压力之间取值，结合现场监测数据提出一种新的确定连拱隧道荷载方法，并建立了深、浅埋连拱隧道荷载模式。

一、荷载确定方法

1）深埋连拱隧道围岩压力

按塌落拱假定，在毛洞顶部形成跨度为 $2a_1$ 和高度为 h_1 的拱形破裂面（图 2-92）。根据《公路隧道设计规范》，垂直均布压力等效高度为：

$$h_1 = 0.45 \times 2^{S-1}\omega \tag{2-9}$$

式中：S——围岩级别；

ω——跨度修正系数。

连拱隧道中导洞开挖后，就对围岩进行了支护并施作中墙。对连拱隧道中部，显然是按整个开挖跨度计算垂直压力，应该小于实际的连拱隧道垂直压力。理论上在中墙顶部围岩未发生变形前就对中墙进行支护，且和围岩密贴，那么隧道计算松动压力的宽度，应选择整个连拱隧道宽度的 1/ 2。但实际施工时，中墙顶部围岩在中墙施作前已经发生一定的变形，其次中墙的施工水平也影响围岩与中墙顶部的密贴程度，所以隧道松动压力计算值，应在半结构宽度与整个开挖宽度相应的松动压力之间取值。各种情形的塌落拱曲线如图 2-93 所示。

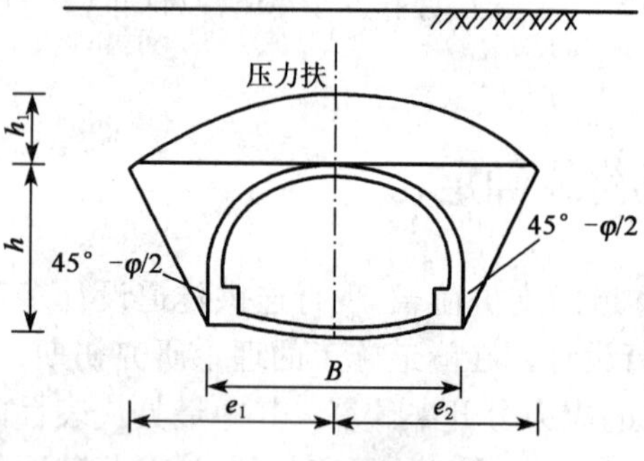

图 2-92　塌落拱高度计算

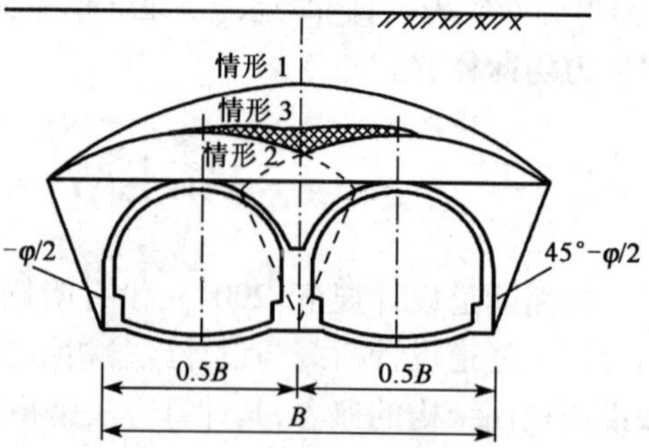

图 2-93　连拱隧道塌落拱曲线

情形 1：不考虑中墙支护作用，以整个连拱隧道开挖宽度作为毛洞跨度的塌落拱曲线。此为最不利情形，其垂直均布压力等效高度为：

$$h_{w1} = 0.45 \times 2^{S-1}[1 + (B - 5)i_w]$$

情形 2：连拱隧道半结构计算的塌落拱曲线。此为最有利的理想情形，其垂直均布压力等效高度为：

$$h_{h1} = 0.45 \times 2^{S-1}[1 + (0.5B - 5)i_h]$$

式中：h_{h1}、h_{w1}——分别为以 0.5B、B 作为计算宽度时的垂直均布压力等效高度；

i_h、i_w——分别为以 0.5B、B 作为计算宽度时的围岩压力增减率；

B——连拱隧道总宽度。

情形 3：取连拱隧道假定压力拱曲线。此情形与中墙顶部围岩变形控制及中墙与围岩密贴程度等有关。从 2-93 图可以看出连拱隧道左、右洞中线之间顶部塌落面积有较大提高（图 2-93 阴影部分），两侧拱部塌落面积增加不多，认为中墙顶部荷载有较大增加，其分布范围为左、右洞中线之间。因此可将深埋连拱隧道荷载分布进行简化（图 2-94）。

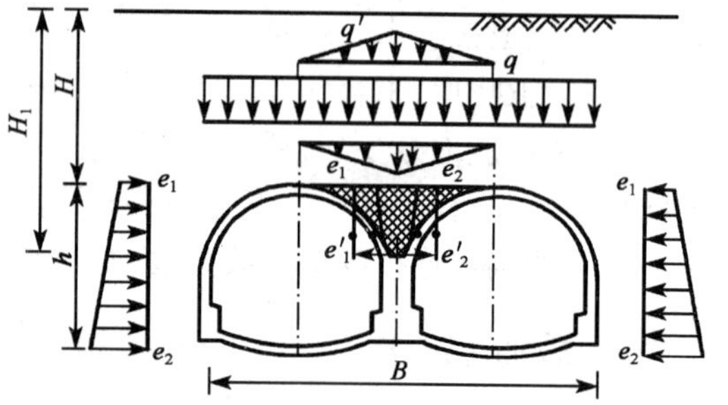

图 2-94　深埋连拱隧道荷载分布

连拱隧道顶部垂直压力及中墙顶部压力为：

$$\left.\begin{aligned} q &= \gamma h_{h1} = 0.45 \times 2^{S-1}\gamma[1 + (0.5B - 5)i_h] \\ q' &= \xi\gamma(h_{w1} - h_{h1}) = 0.45 \times 2^{S-1}B(i_w - 0.5i_h)\xi\gamma \\ q_z &= \gamma(H_1 - H) \end{aligned}\right\} \qquad (2\text{-}10)$$

式中：q——隧道垂直均布压力；

q'——隧道中墙顶部附加压力；

q_z——中墙与两侧拱肩所夹三角形块体自重荷载（图 2-94）阴影部分所示；

γ——围岩重度；

ξ——附加荷载修正系数，当中墙顶部围岩下沉少，且中墙与其顶部围岩密贴时取 ξ = 0.2 ~ 0.4，反之取 ξ = 1；通常取 ξ = 0.5 ~ 0.8；

H——隧道埋深，即隧道顶部至地面的距离；

H_1——隧道中墙顶至地面的距离。

作用在衬砌上的隧道两侧水平围岩压力为：

$$\left.\begin{aligned} e_1 &= q\tan^2\left(45^\circ - \frac{\phi}{2}\right) \\ e_2 &= (q + \gamma h)\tan^2\left(45^\circ - \frac{\phi}{2}\right) \end{aligned}\right\} \tag{2-11}$$

式中：e_1、e_2——分别为隧道拱顶与底部的水平围岩压力；

h——隧道开挖高度；

ϕ——围岩计算摩擦角。

作用在衬砌上的中墙两侧水平围岩压力为：

$$\left.\begin{aligned} e_1' &= (q + q')\tan^2\left(45^\circ - \frac{\phi}{2}\right) \\ e_2' &= (q + q' + q_z)\tan^2\left(45^\circ - \frac{\phi}{2}\right) \end{aligned}\right\} \tag{2-12}$$

2）连拱隧道深、浅埋分界值

对连拱隧道浅埋和深埋的分界，主要参照规范，按荷载等效高度值并结合地质条件、施工方法等因素综合确定。按荷载等效高度的判定公式为：

$$H_p = (2 \sim 2.5)h_q \tag{2-13}$$

式中：H_p——深、浅埋隧道分界深度；

h_q——荷载等效高度，按下式(2-14)计算：

$$h_q = q_0/\gamma \tag{2-14}$$

式中：q_0——连拱隧道等效垂直均布压力，$q_0 = q + q'$，按式(2-10)进行计算。

对 IV ~ VI 级围岩，分界值取

$$H_p = 2.5h_q \tag{2-15}$$

对 I ~ III 级围岩，分界值取

$$H_p = 2h_q \tag{2-16}$$

3）浅埋连拱隧道围岩压力

第一种情况：$H \leqslant h_q$（图 2-95），浅埋连拱隧道顶部垂直压力为：

$$q_z = \gamma H \tag{2-17}$$

作用在衬砌上的隧道两侧水平围岩压力为：

$$\left.\begin{aligned} e_1 &= \gamma H\tan^2\left(45^\circ - \frac{\phi}{2}\right) \\ e_2 &= \gamma(H + h)\tan^2\left(45^\circ - \frac{\phi}{2}\right) \end{aligned}\right\} \tag{2-18}$$

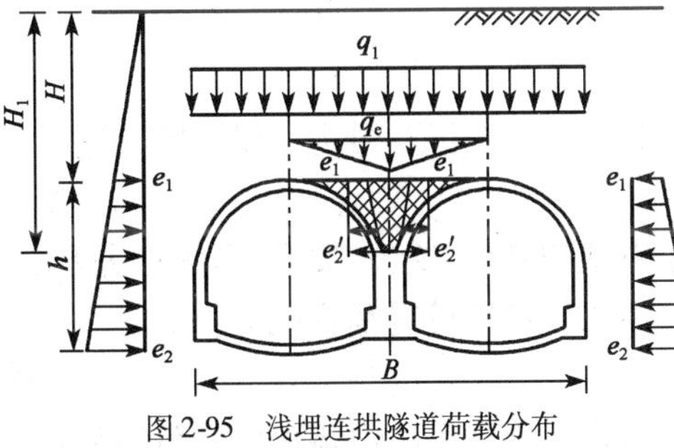

图 2-95　浅埋连拱隧道荷载分布

作用在衬砌上的中墙顶两侧水平围岩压力为：

$$\left.\begin{aligned} e_1' &= q\tan^2\left(45^\circ - \frac{\phi}{2}\right) \\ e_2' &= (q + q_s)\tan^2\left(45^\circ - \frac{\phi}{2}\right) \end{aligned}\right\} \tag{2-19}$$

第二种情况：$h_q < H \leqslant H_p$，根据文献按单洞隧道的荷载确定方法可以求得：

$$q_s = \gamma H\left(1 - \frac{H}{B}\lambda\tan\theta\right) \tag{2-20}$$

$$\lambda = \frac{\tan\beta - \tan\phi}{\tan\beta\cdot[1 + \tan\beta\cdot(\tan\phi - \tan\theta) + \tan\phi\tan\theta]} \tag{2-21}$$

$$\tan\beta = \tan\phi + \sqrt{\frac{(\tan^2\phi + 1)\tan\phi}{\tan\phi - \tan\theta}} \tag{2-22}$$

式中：λ——侧压力系数；

θ——滑面的摩擦角，按表 2-27 来确定。

各级围岩的 θ 值 表 2-27

围岩级别	I～III	IV	V	VI
θ	0.9ϕ	$(0.7\sim0.9)\phi$	$(0.5\sim0.7)\phi$	$(0.3\sim0.5)\phi$

此时，中墙顶部三角形块体自重荷载为：

$$q_s = \gamma(H_1 - H) \tag{2-23}$$

作用在衬砌上的隧道两侧水平围岩压力为：

$$\left.\begin{aligned} e_1 &= q_x\tan^2\left(45^\circ - \frac{\phi}{2}\right) \\ e_2 &= (q_s + \gamma h)\tan^2\left(45^\circ - \frac{\phi}{2}\right) \end{aligned}\right\} \tag{2-24}$$

作用在衬砌上的中隔墙顶两侧水平围岩压力为：

$$\left.\begin{aligned} e_1' &= q_x\tan^2\left(45^\circ - \frac{\phi}{2}\right) \\ e_2' &= (q_s + q_x)\tan^2\left(45^\circ - \frac{\phi}{2}\right) \end{aligned}\right\} \tag{2-25}$$

二、工程实例分析

云南思小高速公路麻地河 4 号隧道，长 220m，最大埋深 46.25m，为复合式曲中墙连拱隧道，单跨净宽 10.8m，总宽 23.4m，中墙净高 6.9m，边墙为曲墙单心圆结构，围岩为 V 级。

1）荷载确定

选取计算断面桩号为 K52 + 100，埋深 29.7m，计算得到在 $\theta = 0.6\phi$（$\phi = 30^\circ$）时：

$$h_q < H < H_p$$

由式（2-21）、式（2-22）可得侧压力系数 $\lambda = 0.418$，$\tan\beta = 2.876$。

由式（2-20）可得垂直压力：

$$q_x = 0.4985\text{MN/m}^2$$

由式（2-23）可得中墙顶部三角块体自重荷载：

$$q_x = 0.075\text{MN/m}^2$$

由式(2-24)、式(2-25)可得作用在衬砌上的隧道两侧水平围岩压力为：

$$e_1 = 0.166\,2\text{MN/m}^2, e_2 = 0.272\,5\text{MN/m}^2$$

作用在衬砌上的中墙两侧水平围岩压力为：

$$e_1 = 0.166\,2\text{MN/m}^2, e_2 = 0.191\,2\text{MN/m}^2$$

2)分析比较

在围岩与喷射混凝土之间、初期支护与二次衬砌之间环向埋设土压力盒以量测支护、衬砌和围岩之间的接触应力。监测数据普遍表明，中墙顶部附近接触压力在拱部较其它部位接触压力大。通过对云南思小、元磨高速公路上近20座连拱隧道接触压力资料的总结，也表明中墙顶部接触压力较大。典型接触压力实测值如图2-96所示，云南思小高速公路部分连拱隧道接触压力实测值如表2-28所列，这些资料与根据上述提出的基于双塌落拱假定的连拱隧道荷载模式计算得到的结果是一致的。

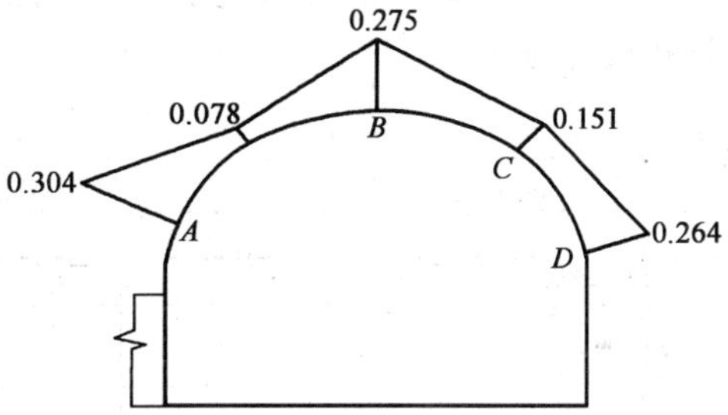

图2-96　典型测点处接触压力实测值(单位：MPa)

初期支护与二次衬砌之间接触压力实测值　　表2-28

隧道名称	桩　号	各部位接触压力(MPa)			
		A	B	C	D
曼歇4号	K4+207	0.08	0.02	0.01	0.01
南岛河	K22+155	0.17	0.10	0.00	0.08
麻地河4号	K52+157	0.22	0.17	0.00	0.13

第八节　隧道通风排尘

连拱隧道通风排尘问题，过去因其断面较大，隧道又短，多数未采取专门通风措施。但由于过去连拱隧道洞门多采用平面式，即左右洞长度相等，进出口洞门位于同一里程，造成上行车道由车辆带至洞口的污浊空气和烟尘又被下行道车辆从洞口带入隧洞内，导致隧道通风排尘效果不理想。另外，近年中长连拱隧道日益增多，尤其是有些湖底连拱隧道长度超出3 000m，因此，隧道通风排尘一直受到隧道界的关注。2003年夏王梦恕院士等应江西赣定高速公路总指挥部邀请，在隧道施工座谈会上明确指出，连拱隧道要解决污染空气倒灌问题。

一、洞门前后错落通风排尘

何川等在浙江金丽温高速公路双港口一、二号隧道设计时采用左右洞错开，不仅适应当地地形，减少开挖，保护景观，同时还解决决了左右洞污染空气倒灌问题。一号隧道采用左洞长120m，右洞长130m；二号隧道左洞长273m，右洞长265m，使洞口洞门不落在同一里程平面上，有效改善了污浊空气回流进入隧道的技术难题。

熊建军、易震宇、胡海波[30]对湖南常吉高速公路殿会坪连拱隧道吉首端洞口半隧半路段错开式洞门连拱隧道，也很好地解决了污浊空气倒灌进入另一隧道正洞的难题。

二、分岔式连拱隧道通风排尘

陈卫忠等[58]根据沪蓉高速宜昌—恩施段八字岭、庙垭和漆树槽分岔式隧道（图 2-97）的通风排尘问题，进行了公路分岔隧道循环风相互影响及其对策研究。通过数值计算和回归分析，提出隧道循环风相互影响与隧道进、排风速度及隧道间距的定量关系式，并提出错开隧道出口间距（图 2-98）和洞外修筑中墙等方法（图 2-99），减少循环风相互影响的技术措施，都可供连拱隧道参考。

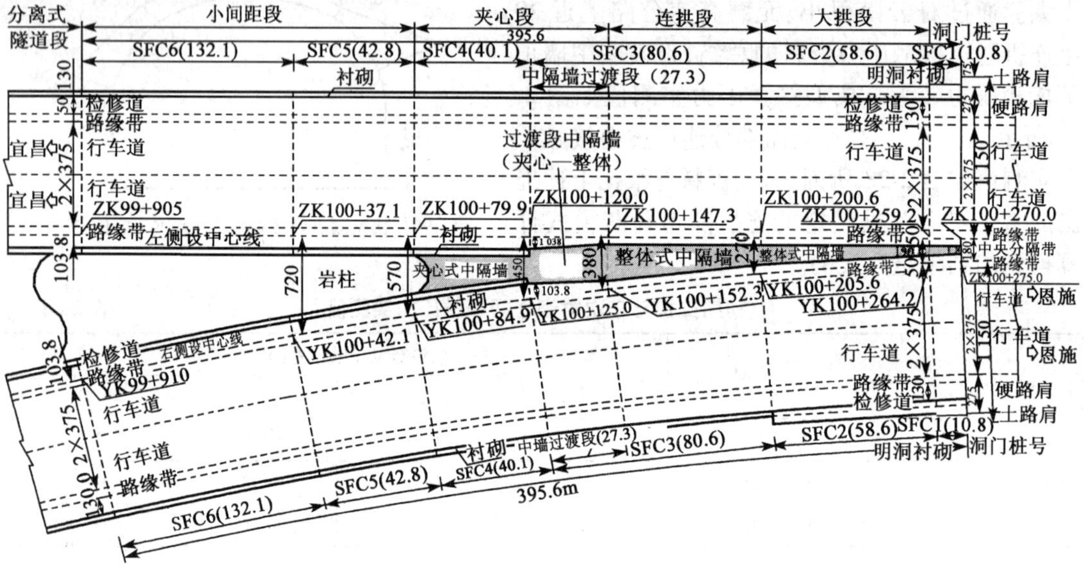

图 2-97　分岔式连拱隧道结构平面图（横断尺寸单位：cm）

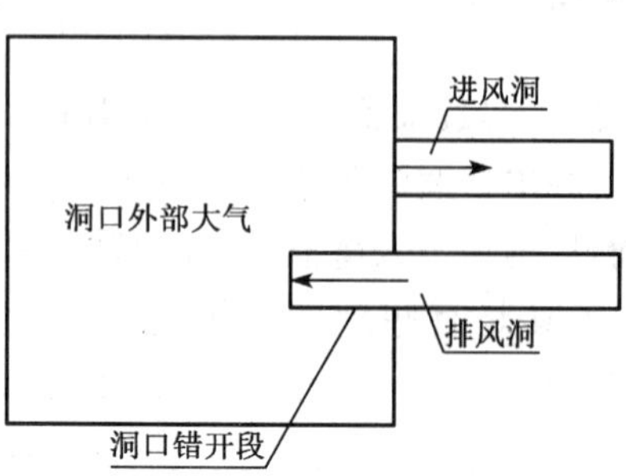

图 2-98　隧道洞口位置错开示意

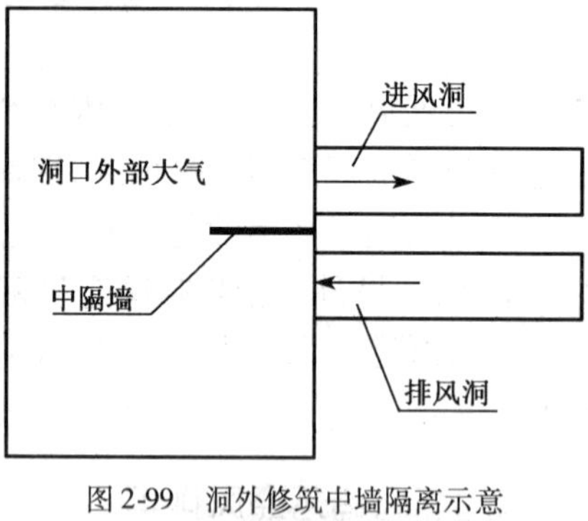

图 2-99　洞外修筑中墙隔离示意

1）隧道通风相互影响的三维数值仿真分析

取相邻隧道间距为 0.6m，在洞外修筑长 10.0m、高 5.0m、宽 0.6m 的中墙，建立三维数值计算模型（图 2-100）。隧道的进口风速分别取为 1.0、3.0、5.0、7.0、9.0、11.0m/s；对每一隧道进口风速，隧道排风口的风速分别为 1.0、3.0、5.0、7.0、9.0、11.0m/s 的工况进行计算。当进风速度与排风速度相同，分别为 1.0、3.0、5.0、7.0、9.0、11.0m/s 时，与未修筑中墙时计算结果比较可看出：修筑中墙后在进排风速度相同的条件下，循环风混风量由未修筑隔墙时的 16% 左右下降为修筑隔墙后的 6% 左右（图 2-101），循环风混风比例有所降低。

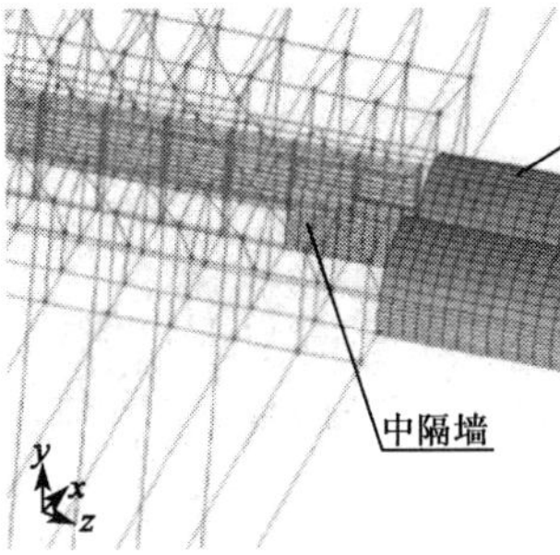

图 2-100　加筑中墙后的三维数值计算模型

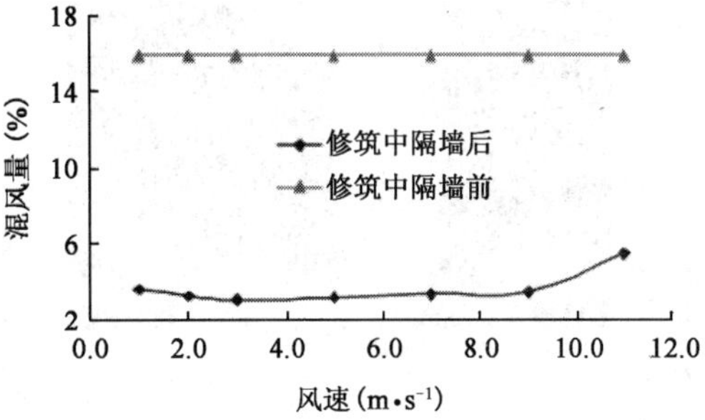

图 2-101　进排风速度相同时修筑中墙前后循环风混风量比较

当进风速度和排风速度不相同时，修筑中墙后排风洞循环风混风量与未修筑中墙时相比仍然有所降低。排风速度为 3.0m/s，改变进风速度的情况下，修筑中墙前、后排风洞循环风混风量比较见图 2-102。从该图中看出，修筑中墙后，同等条件下循环风混风量均低于未修筑隔墙时的情况，但效果不是很理想。当进、排风速度差超过 2.0m/s 时，污染风混入比例依然超过了 10%，且随进、排风速差值的加大，循环风混入比例快速提高。同时还发现，修筑中墙后流场中中墙两侧污染物浓度分布界限分明，在一定高度内中墙限制了排风洞循环风向进风洞的扩散（图 2-103），因而修筑中墙能在一定程度上降低排风洞循环风混风量。

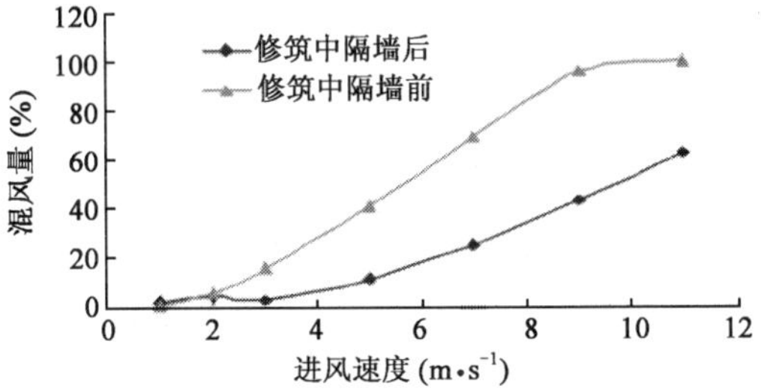

图 2-102　进排风速度不同时修筑中墙前后循环风混风量比较

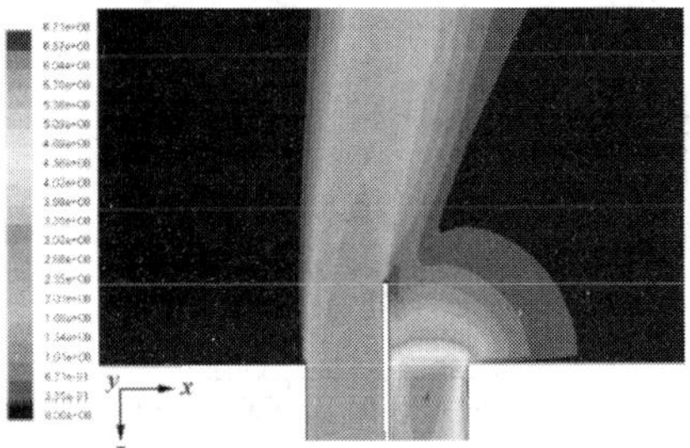

图 2-103　有中墙时流场速度云图（单位：m/s）

但研究发现，一部分污染风流沿中墙上升后依然可以在高于中墙的高度内向进风洞方向扩散（图 2-104），这是因为进风洞的低压区高出了墙体，在墙体的上方排风气流和进风气流发生了相互作用，使部分排风洞排出的污染空气流向了进风洞。因而修筑中墙的排污作用是有限性的，但因其技术相对简单，造价低廉，在实践中当因条件限制不宜采用其它措施时仍然可以考虑这种措施。

设相邻隧道间距为 0.6m，把左右洞口错开10.0m，建立三维数值计算模型（图 2-105）。隧道的进风速度分别取为 1.0、3.0、5.0、7.0、9.0、11.0m/s；对每一隧道进风速度，隧道排风口速度分别按照 1.0、3.0、5.0、7.0、9.0、11.0m/s 进行计算。

当进风速度与排风速度相同，分别为 1.0、3.0、5.0、7.0、9.0、11.0m/s 时，隧道出口错开前、后排风洞循环风混风量的比较见图 2-106。与隧道出口未错开时的计算结果比较可以看出:隧道出口错开后,在进、排风速度相同的条件下,循环风混风量由出口未错开时的16%左右下降为1%左右,大为降低。相同的情况下,与修筑中墙的措施相比,错开隧道出口段的效果更为明显。

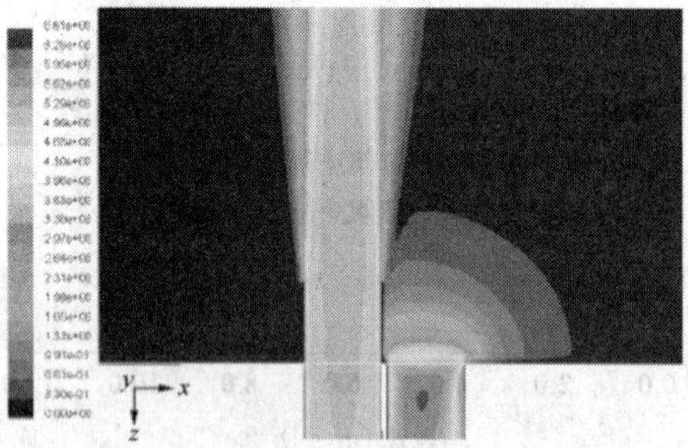

图2-104　无中墙流场速度云图(单位:m/s)

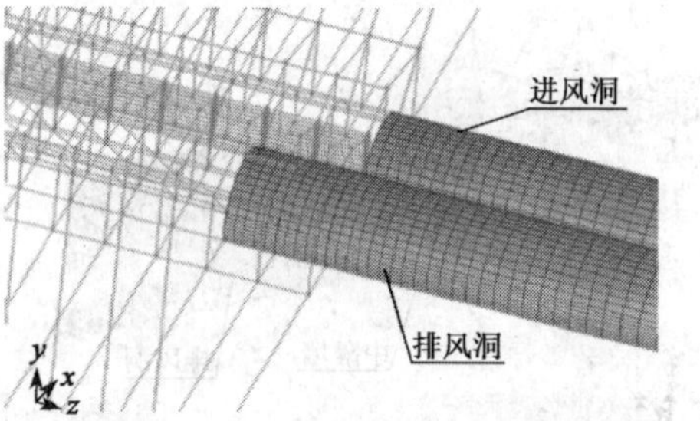

图2-105　错开隧道出口的三维数值计算模型

当进风速度和排风速度不相同时,错开隧道出口后排风洞循环风混风量与未错开时相比仍然有极为明显的降低。当排风速度为5.0m/s时,在改变进风速度的情况下,错开隧道出口前、后排风洞循环风混风量的比较见图2-107。从该图看出,错开隧道出口后同等条件下循环风混风量最大不超过3%,洞口循环风现象几乎消失。因此,错开隧道出口是减少连拱隧道洞口循环风影响的有效措施之一。在错开隧道出口后,排风洞洞口的循环风射流束趋于规则对称(图2-108),这说明由于人工延长了排风洞循环风的射程,循环风的扩散不容易受到进风洞风流的影响,因而其向进风洞的扩散也就相应减少了。

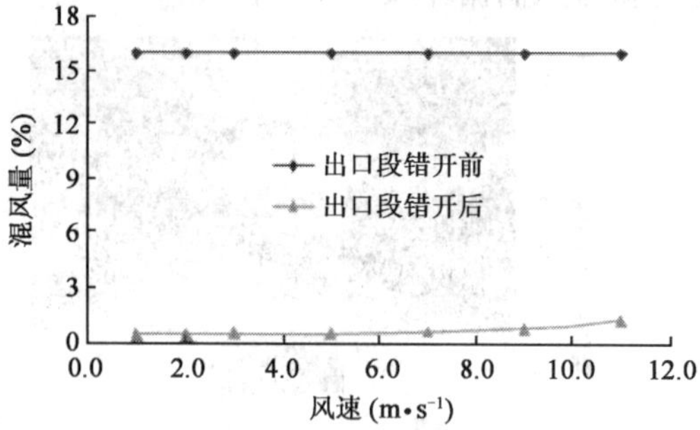

图2-106　进排风速度相同时隧道出口错开前后循环风混风量的比较

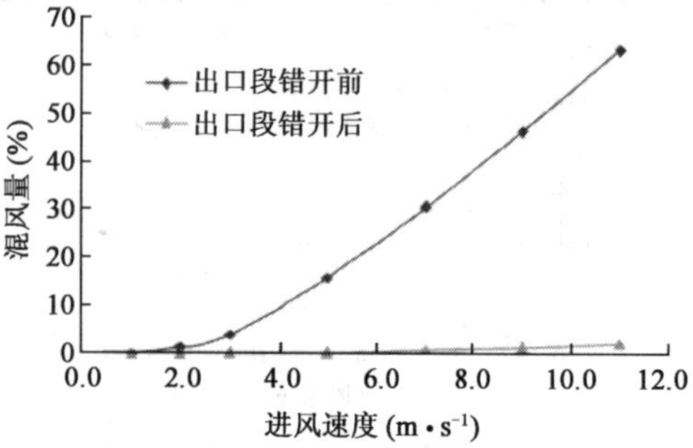

图2-107　进排风速度不同时错开出口前后循环风混风量的比较

当排风速度为5.0m/s,进风速度为7.0m/s时,分别计算洞口错开5.0、10.0m时的影响,可得排风洞循环风混风量与隧道洞口错开长度的关系如图2-109。当错开长度为5.0m时,排风洞循环风混入量约为5%。

对循环风混风量与隧道洞口段错开长度的关系进行函数拟合得到如下关系:

$$Q = 11.87 - 4.124ln(\Delta l)$$

式中:Δl——隧道错开段长度。

文中提出2种减少连拱隧道通风相互影响的措施:错开隧道出口和修筑中隔墙,并对2种措施对改善近距离隧道通风相互影响开展三维数值分析,研究结果表明:2种措施中错开隧道出口段对减少隧道通风相互影响十分有效,在错开长度大于5.0m时,排风洞循环风混风量低于5%。修筑中墙的措施虽然有一定的局限性,但在因条件限制其它措施无法实现时,亦可以采用。

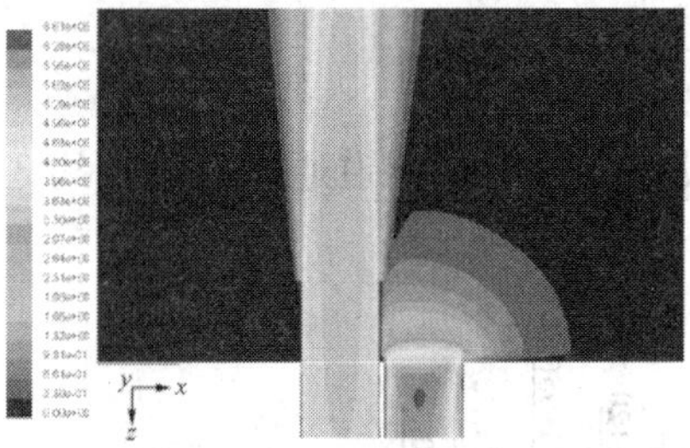

图2-108　洞口段错开后流场速度云图(单位:m/s)

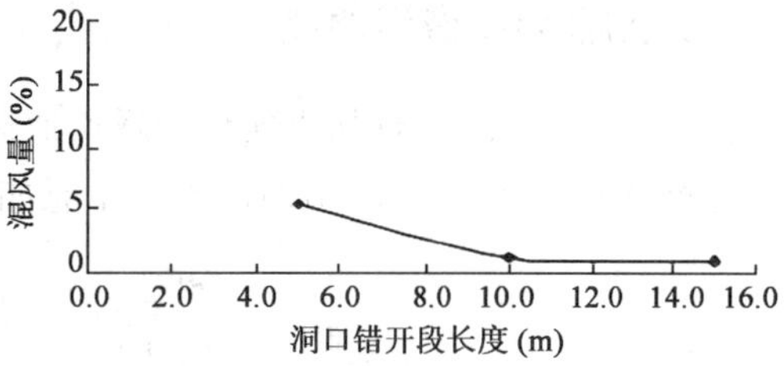

图2-109　循环风吸入量与隧道洞口错开长度的关系

2)隧道通风相互影响的实验室物理模型试验

(1)室内模型试验工况

室内隧道通风模型试验时,采用透明的有机玻璃,确定几何相似比为1∶12,模拟的隧道长度为60m,试验过程中选择CO作为示踪气体。分别应用风速仪、流量计和CO浓度检测仪测试试验过程中的进、排风速度和气体浓度。隧道通风试验模型如图2-110、图2-111。

图2-110　修筑中墙试验模型

图2-111　错开隧道口试验模型

根据数值仿真计算成果,通风物理模型试验时,模拟的隧道间距分别为1.0、2.0、4.0、6.0、10.0、15.0m时的情况,隧道的进、排风速度分别为1、3、5m/s,共有54种工况。隧道通风相互影响措施研究的试验工况如下:①隧道分别错开5、10、15m,隧道的进、排风速度分别为1、3、5m/s,共有162种工况;②修筑中墙方案,中墙长度分别为5、10、15m,隧道的进、排风速度分别为1、3、5m/s,共有162种工况。

(2)修筑中墙试验结果

试验结果表明:隧道口修筑中墙后,循环风混风量明显降低,随中墙长度增加而减小;当中墙长度一定时,混风量随进、排风速度比的增加呈幂函数(指数函数)形式递增。在中墙长度为15m,进、排风速度比小于2.8时,循环风将不再进入进风隧道。隧道间距为1.0m时混风量与进、排风速度比的关系如图2-112。

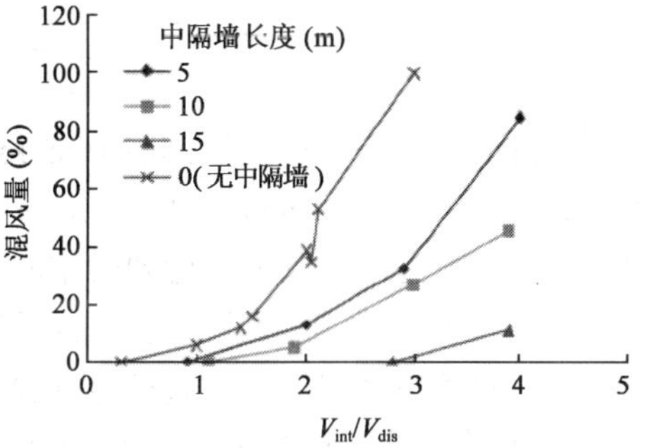

图2-112　隧道间距为1.0m时循环风混风量与V_{int}/V_{dis}关系

(3)错开隧道口试验结果

试验结果表明,隧道口错开后循环风混风量比修筑中墙要好得多,随着隧道口错开距离的增加而减小。只有在进、排风速度比较大的情况下,排风隧道的污风才能进入新鲜风流的隧道。因此在工程实践中,只要将隧道左、右洞的风速控制在合理的范围内,错开隧道口后可以显著地减少循环风的影响。

三、湖底连拱隧道通风

奚峰、蒋卫艇[59]对苏州独墅湖隧道通风进行了设计。独墅湖隧道通风区段长约3.1km。两洞间设置通风管廊，隧道通风平面示意如图2-113。

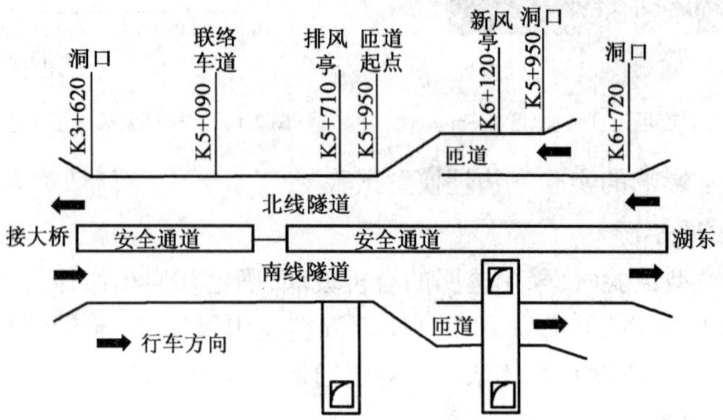

图2-113 独墅湖隧道通风平面示意图

(1)隧道通风方式

考虑到隧道内单向行车的特点，通风系统采用近年来渐成主流的纵向通风方式，具体是隧道南线采用射流风机诱导+集中排风，排风亭置于东岸湖中，湖东岸上建新风亭补充新风。隧道北线采用射流风机诱导型纵向通风，废气从湖中半岛上的隧道出口直接排放。

(2)通风系统设计

进行隧道通风系统设计时，需计算CO和烟雾的排放量，根据通风卫生标准的容许浓度计算出各自的需风量。因此，其CO和烟雾的通风卫生标准是通风系统的决定因素之一。独墅湖隧道污染物通风卫生标准如表2-29所列。

独墅湖通风卫生标准 表2-29

污染物	CO浓度(ppm)	烟雾浓度(m^{-1})	污染物	CO浓度(ppm)	烟雾浓度(m^{-1})
正常交通	125	0.0075	阻滞交通	250	0.009

该隧道CO卫生标准高于现行《公路隧道通风照明设计规范》(JTJ 026.1—1999)的规定，正常交通时不高于250ppm，阻滞交通时不高于300ppm。这是基于该隧道以下的特点：①隧道通行以汽油车为主。汽油车行驶时排放的废气中主要是CO，烟雾很少。②交通量增长迅速，阻滞工况发生频繁，且阻滞长度长，这是很多城市隧道的特点。隧道地处交通繁忙路段，通车后高峰时段较快达到适应交通量，交通高峰时难以控制隧道内阻滞长度(车速≤10km/h)不超过1km，全线阻滞的情况难以避免，并且可能在每日高峰时段固定地出现。

(3)需风量计算

污染物通风卫生标准确定后，就计算污染物的排放量和需风量。此计算涉及众多因素，它们大致可以分成两类：主导因素包括隧道长度、设计车速、交通量、车种比例、基准排放量等；修正因素包括设计年份、坡度、海拔高度等。它们的主要作用是对基准排污量进行修正，使之更接近实际情况。如上坡时发动机负载增大，污染物排放量增多，下坡则反之。尤其是重型柴油车上坡时,局部路段烟雾排放量急剧增加,严重影响隧道内局部能见度。海拔高度越高,空气中的氧气越稀薄,发动机燃烧越不充分,污染物排放量相应增加。《规范》给出的 CO 基准排放量为 0.01m^3/(辆·km),烟雾基准排放量为 2.5m^3/(辆·km),并按年递减率(1% ~2%)从 1995 年折减至计算年份。值得注意的是,近几年先进的造车技术提升了汽车的质量。随着国内汽车排放标准与国际标准接轨,汽车排放量要求下降很快。例如,2007 年 7 月 1 日开始实施的轻型汽车 III 号排放标准(相当于欧 III 标准)规定:CO 排放量不超过 2.3g/km·辆,换算成体积排放量为 0.001 84m^3/(辆·km),相当于 1995 年基准排放量的 18.4%,按 1% ~2% 的递减率计算,需递减数 10 年。可见,《规范》给出的基准排放量及其折减速率趋于保守。但直接按照国 I ~国 IV 标准计算基准排放量将会偏冒险,这是由于国 I ~国 IV 标准约束的是新生产或新上牌的车辆。对于已投入运行车辆,随着车辆老化、车况下降,车辆基准排放量逐渐增加,这些车辆需达到报废年限或受环保措施限行才会退出。故设计时仍采用《规范》给出的计算方法,并按 2% 的年递减率计算 CO、烟雾排放量及需风量(表 2-30)。

需风量计算表 表 2-30

车速($km \cdot h^{-1}$)		60	10
需风量	稀释 CO($m^3 \cdot s^{-1}$)	180	440
	稀释烟雾($m^3 \cdot s^{-1}$)	100	300
活塞风量($m^3 \cdot s^{-1}$)		420	50

由计算可知:①该隧道稀释 CO 的需风量大于稀释烟雾的需风量。②正常工况时汽车行驶形成的活塞风能满足需风量要求,不必开启机械通风系统辅助通风。③阻滞工况时由于汽车行驶速度很低,活塞作用很弱,车辆有时成为通风阻力,而此时的需风量很大,因此,活塞风量远不能满足需风量要求,需要开启机械通风系统辅助通风。

(4)通风系统配置

射流风机的数量应同时满足交通阻滞通风和火灾通风排烟所需的推力,并留有一定的余量。根据计算南、北线主隧道各需设置 21 台 ϕ710 双向射流风机,3 台 1 组悬挂在隧道顶板下,并增设 1 组作为备用。在湖东进、出口匝道各设置 1 台相同型号的射流风机,以平衡匝道通风阻力,两隧洞共设置 50 台射流风机。南线隧道的东岸湖中排风机房内设置 2 台风量为 90m^3/s 的耐高温轴流排风机,湖东岸上新风机房内设置 1 台风量为 60m^3/s 的轴流送风机。通风设备布置见图 2-114。

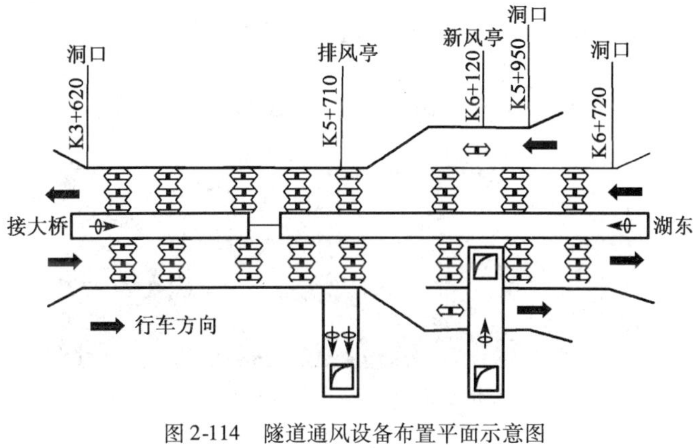

图 2-114 隧道通风设备布置平面示意图

选择双向射流风机后,通风系统能灵活组织排烟方向。对于任何一隧洞,如果火灾点距离进口100m以内,那么隧道内主射流风机送风方向与行车方向相反,将烟雾就近排出隧道,此100m内的乘用人员可以迅速撤出隧道,隧道深处的人员则处于安全区。如果火灾点距离进口超过100m,那么射流风机送风方向与行车方向相同,通风系统将烟雾沿行车方向从出口排出,火灾点前方的车辆以高于烟流的速度从出口或车行联络通道撤离,乘用人员可以从安全门撤离,火灾点后方的人员始终处于安全区域。消防人员可以从烟流的反方向进入隧道进行施救。

(5)通风监控仪器设置

南线隧道主线出口、匝道出口、集中排风口处及北线隧道出口处各设置一套CO烟雾监测仪,全线共4套,为隧道监控系统提供信息,控制隧道通风系统各种工况的运行。

(6)安全信道和电缆信道通风

受地面条件限制,安全信道和电缆信道无法在地面设置新风亭,设计时考虑利用隧道进口作为新风来源,出口作为排风道。安全通道两端各设一台轴流风机,在安全门打开时开启风机进行正压送风,阻止烟雾进入安全通道。风机进风口均开在隧道进口一侧,保持送风清洁。电缆通道采用推挽式通风来满足工艺和检修要求,在电缆通道两端各设置一台混流风机,湖东送风、湖西排风。新风口开在隧道入口侧,保持送风清洁。排风口开在隧道出口侧,排风随隧道活塞风排出。

(7)风亭设置

出于环保要求,城市隧道通常在靠近隧道出口处设置排风塔,高空排放废气,以减少隧道出口污染物排放总量,降低出口废气对周边环境的影响。但风塔的设置存在着环保与规划的矛盾,一方面排风塔越高,其排出的污染物扩散范围越广,稀释越充分,对周边环境的污染程度越小。因此,从环保角度考虑,应尽量提高风塔高度。但形如烟囱的高风塔难以融入周围的景观,而且风塔周边百姓难以接受这一直观的污染源。从城市景观规划角度考虑,风塔体量越小越好,位置越偏僻越好。考虑隧道北线出口位于半岛突缘部分,除高尔夫球场外,周围200m内无环保敏感点,但考虑到高尔夫球场对景观规划要求严格,因此不设排风塔,废气从出口直接排放。根据隧道环评结论,沿球场的湖岸线种植多行乔木及灌木林,形成一道绿色屏障,以隔离和吸收废气,降低废气对球场的影响。南线出口附近有居民区等敏感点,需设排风塔,但受各种条件限制,岸上不能设置高排风塔,只能在东岸湖中设置贴水面的低风塔,风塔距离水面约10m(图2-115),距离湖岸线约200m,废气经扩散和稀释后,对敏感点的污染改善明显。因集中排风口距隧道出口尚有1km,在湖东岸上设置一座新风亭,向隧道内补充新风,降低隧道内和出口处污染物浓度,减少出口废气对周边环境的影响。

图2-115　苏州独墅湖隧道湖中段水上新风亭及剖面图

第三章

连拱隧道工艺类型新进展

考虑到隧道应满足交通量需要和地质条件、环保等多种要求，本着安全、质量、工期和效益相结合原则，对连拱隧道工艺选择是否正确，关系到连拱隧道施工的成败。因此，连拱隧道工艺研究，已引起隧道界的高度重视。近几年众多隧道设计、施工、高校等单位的专家学者，为了隧道工艺更符合当地实际条件，达到工程质量优、安全好、工期短、造价廉之目的，对公路连拱隧道工艺进行了大量研究[60~80]，从而使连拱隧道工艺类型不断增加。还创新出一些新工艺，如双向六车道和双向八车道连拱隧道工艺，半明半暗连拱隧道工艺，黄土连拱隧道工艺，单洞改双洞连拱隧道工艺等等。另外，分岔连拱隧道工艺，四车道大拱连拱隧道工艺，无中墙连拱隧道工艺，湖底连拱隧道拱顶透明工艺，沉管连拱隧道工艺等新工艺类型，已成为新连拱隧道形式，将在随后章节中分别介绍。

第一节　连拱隧道工艺类型

一、连拱隧道工艺类型

为连拱隧道设计和施工工艺方案的优化选择，本书作者近年对连拱隧道工艺进行了分类研究[60,64]。连拱隧道工艺分类的原则，是尽可能简单明了和包含全部或绝大部分已知工艺类型，采用五级划分方案，即按连拱隧道与其它隧道的关系分成大类，普通连拱隧道再按对称性分成小类，按有无导洞分成型，按导洞数量和位置不同分成种，最后按正洞开挖、初期支护和二次衬砌工序和设备不同分成属（表3-1）。

公路连拱隧道工艺类型　　表3-1

大类	小类	型	种	属	连拱隧道实例
普通连拱	对称工艺	导洞	中导洞（单导洞）	中导洞—侧壁导洞先墙后拱工艺	金竹林，猫山，五龙岭
				中导洞—侧壁导洞全断面二衬工艺	黄梅山，吴家庄
				中导洞—台阶工艺	迳古潭一号
				中导洞—核心土工艺	殷家岩，马鞍山
				中导洞—内上导洞盾构工艺	日本国
				中导洞—外上导洞盾构工艺	日本国
				中导洞—下导洞工艺	据李俊、李泳伸、王志杰等

续上表

大类	小类	型	种	属	连拱隧道实例
普通连拱	对称工艺	导洞	中导洞(单导洞)	中导洞—全断面工艺	贵州
				中导洞—单臂掘进机工艺	河南黄塘
				中导洞—中隔壁(CD)工艺	文下山,梯子山
				中导洞—十字隔壁(CRD)工艺	日本国
				中导洞—跳槽开挖中墙工艺	广西龙里二号
			“双导洞”	“双导洞”—台阶工艺	
				“双导洞”—半明半暗工艺	湖南金鄂山
			“三导洞”	“三导洞”三连拱—先墙后拱工艺	南京九华山—玄武湖
		无导洞	大洞带中墙	无导洞—全断面工艺	贵州玉屏—凯里高速
				无导洞—中壁工艺	上海小洋山
				无导洞—十字壁工艺	上海小洋山
			双洞平行工艺(中墙跳槽开挖)		据李健清、卢启成2005
			明洞(箱涵)工艺		广州黄浦大道,苏州独墅湖
			箱形框架沉埋工艺		日本东京湾临海隧道
	不对称工艺	导洞	中导洞	“三导洞”—核心土工艺	福建马宅顶
	混合工艺			中导洞和无导洞—台阶工艺	福州象山四连拱
				三导洞中导洞+侧洞带中墙	象山四连拱
分岔连拱	单端分岔中墙连拱工艺				湖北八字岭,山西月湖泉
	无中墙分岔连拱工艺				福建梧村山
单洞隧道改成双连拱隧道工艺					杭州市余杭区邱山隧道

二、连拱隧道工艺类型述评

每种连拱隧道工艺类型,都有一定范围的适用条件,并具有不同的优点和不足(表3-2)。选用隧道工艺类型时应先考虑其适用条件,如车流数量、隧道所处位置和地质条件等,以适应其长处,避免其短处。

我国连拱隧道工艺述评 表3-2

工艺名称	适用条件	优点	不足
中导洞—侧壁导洞先墙后拱	VVI级围岩,浅埋隧道断层构造破碎带地段	有利中墙稳定,二衬封闭快,防止拱顶坍塌	工作面狭小,拱墙二衬分开进行工序多,多一条纵缝
中导洞—侧壁导洞全断面二衬	同上,但围岩条件略好	全断面钢模板二衬,省工序,减一条施工缝,获美观效果	开挖和支护工作面小,不便使用大型设备,工效低
中导洞—核心土	同上但基底围岩较好	可用大型机械设备,工效高	工序偏多
中导洞—台阶	中硬岩条件	质量易于保证,优点更多	围岩条件要求较高,工序偏多
中导洞—下导洞	正洞开挖前先挖下导洞	有效防止围岩松弛变形	无用工序多,造价高,很少采用
中导洞—全断面	Ⅲ级围岩以上	大型钻孔台车施工,工效高	围岩条件要求高

续上表

工艺名称	适用条件	优　点	不　足
中导洞—中墙跳槽	围岩条件较好	提高生产效率,加快进度,减少中导洞临时支护	要求围岩为Ⅱ、Ⅲ级硬岩
中导洞—单臂掘进机	中软围岩或土质岩层	避免爆破振动导致围岩破坏	成本高,不适用于中硬岩
单洞法(正洞—中导洞—正洞)工艺	可用于中软围岩	比三导洞工艺节省,工序简单,工期缩短	总的工序较多
无导洞—全断面工艺	围岩达到Ⅲ级	工序少,工效高,成本低	早施作中墙
明洞(平顶,微拱)	围岩条件不限,适用超浅埋回填,湖底隧道	地下空间利用高,快速低价	地下管道影响,下雨行车不便
左右双洞平行开挖	围岩为Ⅲ级硬岩以上,中墙跳槽开挖4~5m内	工序简单,进度快,衬砌完整性好	只适用于完整性好的硬岩,长锚杆加固中墙顶部围岩
不对称	左右洞车流量差异大	能满足各洞不同通车流量	隧道结构不对称,施工难度大
混合	机动车与非机动车道隔开	机动车、非机动车分流,安全好	四连拱隧道跨度大,施工难度大
分岔	与小净距、分离式隧道组合,可修建长大隧道	发挥各种隧道优势,避免各种隧道之不足	各种隧道过渡段施工难度较大
无中墙分岔	围岩条件较好	工序较少,造价较低	安全性差,风险大
单洞改双连拱	需增大车流人流量	车流人流量大增,省空间	工序多,造价高

第二节　连拱隧道新工艺

一、单洞工艺新进展

刘仁阳[67]等认为,单洞工艺修建连拱隧道,如同施工分离式隧道一样,是按独立隧道施工方式进行(图3-1)。按此工艺在衡昆干线富宁—广南高速施工了富宁、菠萝山1号和2号三座连拱隧道获得成功。

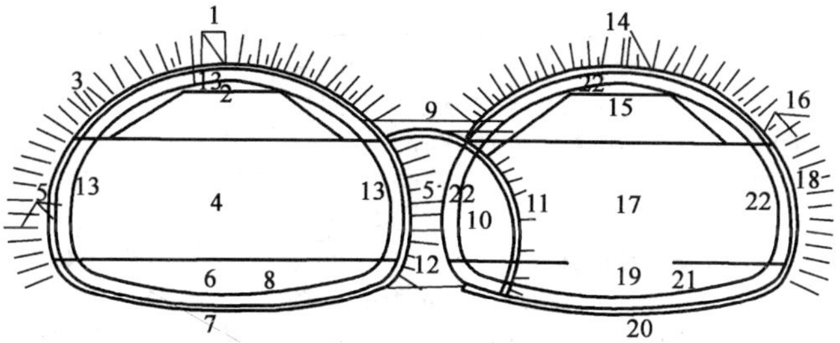

图3-1　单洞工艺施工步序

1-左洞拱部超前支护;2-左洞拱部环形留核心土开挖;3-左洞拱部初支护;4-左洞上部核心土和下部开挖;5-左洞边墙初支护和中导洞侧初支护;6-左洞仰拱开挖;7-左洞仰拱初支护;8-左洞仰拱衬砌;9-中导洞拱部超前支护;10-中导洞开挖;11-中导洞初支护;12-中导洞中墙衬砌;13-左洞拱墙二次衬砌;14-右洞拱部超前支护;15-右洞拱部留环形核心土开挖;16-右洞拱部初支护;17-右洞拱部核心土和下部开挖;18-右洞边墙初支护;19-右洞仰拱开挖;20-右洞仰拱初期支护;21-右洞仰拱衬砌;22-右洞拱墙二次衬砌

应当指出的是，单洞工艺施工的中导洞是在正洞开挖一定距离之后，再用挖“马口”方式施工中导洞。施工前先将左洞下半断面初期支护按拱部形式使其闭合成环，然后在中导洞拱部进行超前小导管支护。超前小导管根据围岩条件按双排或单排设置，纵向间距为25～50cm，$L=500$cm，注浆范围是拱部以上2m以内，并跳挖马口。洞口段从洞内向洞外施工，确保洞口安全。根据洞口围岩条件在洞口段10～20m的拱部钢架底部增设Ⅰ16工字钢托梁，以确保开挖马口施工的安全。中导洞马口开挖后，立即对正面、侧面和顶面进行喷锚混凝土封闭。在中导洞模筑钢筋混凝土衬砌50m左右长后，可进行另一正洞开挖。

单洞工艺改变了原设计“三导洞”工艺，但正洞的工艺参数基本不变。通过两种工法有关参数对比（表3-3、表3-4、表3-5），认为单洞工艺施工在参数、造价、工期和安全上是可行的。

单洞工艺与“三导洞”工艺的参数对比 表3-3

围岩类别		项目	中导洞	侧导洞
Ⅱ类浅埋	原设计	超前支护	ϕ50注浆导管，$L=4$m，环向间距40cm，注C.S浆	ϕ22注浆导管，$L=4$m，环向间距40cm，注C.S浆
		初期支护	ϕ22早强砂浆锚杆，$L=2.5$m，间距80cm×100cm，I16工字钢，纵向间距60cm，喷早强混凝土，厚18cm	ϕ22早强砂浆锚杆，$L=2.5$m，间距80cm×100cm，I16工字钢，纵向间距60cm，喷早强混凝土，厚18cm
	实际施工	超前支护	拱脚1m范围内设双排ϕ50注浆导管，$L=5$m，纵向间距25cm，注C.S浆，注浆范围为拱顶以上2m	无
		初期支护	ϕ22早强砂浆锚杆$L=2.5$m，间距80cm×100cm，正洞侧I20工字钢纵向间距60cm，喷C25早强混凝土厚18cm	侧导洞侧拱脚每榀增设2根锁脚锚杆，$L=3.5$m
Ⅱ类深埋	原设计	超前支护	ϕ50注浆导管$L=4$m，环向间距40cm，注C.S浆	
		初期支护	ϕ22早强砂浆锚杆，$L=2.5$m，间距80cm×100cm，I16工字钢，纵向间距80cm，喷C25以早强混凝土，厚18cm	ϕ22早强砂浆锚杆，$L=2.5$m，间距80cm×100cm，I16工字钢，纵向间距80cm，喷C25以早强混凝土，厚18cm
	实际施工	超前支护	拱脚1m范围内设双排ϕ50注浆导管，$L=5$m，纵向梅花形，间距25cm×25cm，注C.S浆，注浆范围为拱顶以上2m	无
		初期支护	ϕ22早强砂浆锚杆，$L=2.5$m，间距100cm×100cm，正洞侧I20工字钢，纵向间距60cm，喷C25早强混凝土，厚18cm	侧导洞侧拱脚每榀增设2根锁脚锚杆，$L=3.5$m
Ⅲ类	原设计	超前支护	无	
		初期支护	ϕ22早强砂浆锚杆，$L=2.5$m，间距120cm×120cm，I14工字钢，纵向间距100cm，喷C25以早强混凝土，厚15cm	ϕ22早强砂浆锚杆，$L=2.5$m，间距120cm×120cm，I14工字钢，纵向间距100cm，喷C25早强混凝土，厚15cm
	实际施工	超前支护	拱脚1m范围内设双排ϕ50注浆导管，$L=5$m，纵向梅花形，间距50cm×50cm，注C.S浆，注浆范围为拱顶以上2m	无
		初期支护	ϕ22早强砂浆锚杆，$L=2.5$m，间距120cm×120cm，正洞侧I20工字钢，纵向间距100cm，喷C25早强混凝土，厚18cm	侧导洞侧拱脚每榀增设2根锁脚锚杆，$L=3.0$m

续上表

围岩类别		项　目	中　导　洞	侧　导　洞
Ⅳ类	原设计	超前支护	无	
		初期支护	$\phi 22$ 早强砂浆锚杆，$L=2.5$m，间距 150cm×150cm，喷 C25 早强混凝土，厚 8cm	$\phi 22$ 早强砂浆锚杆，$L=2.5$m，间距 150cm×150cm，喷 C25 早强混凝土，厚 8cm
	实际施工	超前支护	拱脚 1m 范围设单排 $\phi 50$ 注浆导管 $L=5$m，纵向间距 50cm，注 C. S 浆，范围为拱顶以上 2m	无
		初期支护	$\phi 22$ 早强砂浆锚杆，$L=2.5$m，间距 150cm×150cm，喷 C25 早强混凝土，厚 8cm	侧导洞侧拱脚每米增设 1 根锁脚锚杆，$L=3.0$m

单洞工艺与“三导洞”工艺造价对比（不含明洞）　　表 3-4

隧道名称		围岩类型				总长度(m)	每延米造价降低平均值(元)
		Ⅱ类浅埋	Ⅱ类深埋	Ⅲ类	Ⅳ类		
每延米降低造价(元)		11 669	10 486	6 221	−458		
富宁隧道	长(m)	97	0	45	82	224	6 135
波罗山 1 号	长(m)	35	34	97	0	166	8 243
波罗山 2 号	长(m)	33	39	62	0	134	8 804

单洞工艺与中导洞、三导洞工艺优缺点对比　　表 3-5

序号	项　目	三导洞工艺	中导洞工艺	单洞法工艺
1	围岩适应条件	Ⅱ、Ⅲ类及松软土层	Ⅲ、Ⅳ类及以上	Ⅱ、Ⅲ、Ⅳ类及以上
2	导洞数量	3	1	0
3	拆除临时支护次数	4（中导洞、侧导洞）	2（中导洞）	1（中导洞正洞侧）
4	围岩扰动次数	9	7	7
5	安全性	好	较好	较好
6	可使用施工机械	小型	小或中型	大型
7	施工工序及工期	工艺复杂，工期长	工序较多，工期较长	工序少，工期短
8	工程造价及工效	造价高，工效低	造价较高，工效较低	造价低，工效高
9	围岩变化的工艺适应性	向低类易，向高类难	向低类易，向高类一般	向低类一般，向高类易
10	施工管线布置	不便	一般	方便

二、中导洞—核心土工艺新进展

五年前对连拱隧道设计和施工论述，以“三导洞”工艺多，中导洞工艺少；以先墙后拱二次衬砌多，全断面一次性二次衬砌少；以双向四车道连拱隧道多，双向六车道连拱隧道少。尤其在Ⅳ、Ⅴ、Ⅵ级软弱围岩条件下，几乎全用“三导洞”—先墙后拱工艺施工。

本书作者曾在双向四车道连拱隧道施工中，把设计的“三导洞”先墙后拱工艺，申请变更为中导洞—核心土工艺施工。但对双向六车道连拱隧道用中导洞—核心土工艺施工，当时未见文献报导。对此，我们在马鞍山双向六车道连拱隧道施工中进行了成功探索[24]。

1)中导洞工艺代替“三导洞”工艺依据

主要是通过两种工艺的详细对比和探索试验。上已提及,“三导洞”工艺的全称是中导洞—双侧壁导洞工艺,它包括“三导洞”先墙后拱工艺和“三导洞”—全断面二次衬砌工艺两种形式,适用于地质条件较差的软弱围岩内施工。该工艺的原理是把大洞分解为若干小洞,利用小洞开挖围岩扰动范围小的有利条件,构成稳定的初期支护,即大洞小作,以小代大的原理。由于一次性开挖面积小,扰动围岩范围小,初期支护和二次衬砌封闭及时,可先进行地基加固,结构刚度较大,基脚和拱顶沉降较小,侧导洞开挖还有进一步的地质预报作用,故施工比较安全,在我国连拱隧道兴建的初期阶段及发展阶段之初曾广泛采用。但“三导洞”工艺存在诸多不足,最主要是工序繁多,需要拆除的临时初期支护多,工作面狭小,不能使用大型机械施工,不能用大型液压式钢模板台车进行全断面二次衬砌,导致拱墙多一条纵向施工缝,影响美观和施工质量。总之,“三导洞”工艺施工工期长,工效低,造价高,经济效益极差。因此,在我国连拱隧道的发展阶段后期,特别是近年施工单位已积累了一些连拱隧道的施工经验后,只要围岩条件稍好,大都不使用“三导洞”工艺,而改用中导洞工艺施工。

中导洞工艺,是中导洞先行无侧导洞的工艺。正洞开挖和初期支护多是以先拱后墙的顺序,二次衬砌是采用大型液压式钢模板台车全断面一次性浇筑。该工艺包括中导洞—核心土工艺、中导洞—台阶工艺、中导洞—全断面工艺等多种工艺。中导洞工艺的优势在于工序较少且简单,施工干扰少,省去了侧导洞开挖和部分临时初期支护及其拆除工序,施工空间较大,便于使用大型机械设备,施工质量易于保证。与“三导洞”先墙后拱工艺比较,二次衬砌减少了一条纵向施工缝,提高了美观程度和施工质量。在确保施工安全的同时,可加快进度,缩短工期,提高工效,降低造价,因而获得广泛地应用。当然,中导洞工艺也存在不足之处,集中表现在中墙易下沉,正洞拱部和侧墙沉降较大,且中墙和拱顶、侧墙并非同步下沉等。这些不足只要事先采取有力措施,如加强地质预报和监控量测,对中墙和侧墙地基在开挖后先进行加固,加强拱部锁脚锚杆等等,完全可以克服,因此近年有中导洞工艺在一定条件下取代“三导洞”工艺的趋势。

2)中导洞工艺代替“三导洞”工艺的理论基础

主要是模拟实验和岩体风化垂直分带。中导洞—正洞台阶开挖法与中导洞—双侧壁三导洞开挖法相比,减少了左右侧导洞开挖。根据围岩单元屈服接近度的比较(表3-6),有侧导洞的施工方法,虽然围岩屈服接近度总体稍好,但与无侧导洞时差别不大。理论研究证实,在Ⅱ级围岩中,取消左右侧导洞的施工方法是可行的[63]。虽然文中未明确说明是否包括双向六车道连拱隧道,但其研究结论仍可借鉴。

围岩单元屈服接近度比较(最大值)　　表3-6

项　目	中墙顶	拱　顶	拱　脚	边墙脚	1/4仰拱	1/2仰拱
有侧导洞	0.83	-0.22	0.29	-0.73	0.55	2.30
无侧导洞	0.02	-0.60	0.89	1.06	1.01	1.39

在地质理论上,自然界的地质岩体普遍存在垂直风化分带,在分离式隧道洞口段普遍存在垂直方向岩层界面的垂直风化分带现象。双向六车道连拱隧道由于多属浅埋,开挖垂幅较大,一般达11m,围岩垂直风化分带现象更普遍且明显。在隧道开挖中常见拱部为全风化～强风

化岩带，中部为中风化～弱风化岩带，底部为微风化～未风化的新鲜围岩带。而隧道围岩定级主要是按顶部较差的围岩为准，拱顶围岩与底部围岩级别，相差可达一个级别（图3-2）。从我们施工过的一些公路连拱隧道看，除靠近洞口段外，其余部位仰拱的围岩接近Ⅳ级，这就为中导洞—核心土工艺施工代替“三导洞”工艺提供了地质理论依据。

3）隧道实例

马鞍山隧道是一座双向六车道市政连拱隧道，长385m，隧道围岩为中志留统坟头组（S_{2f}）的页岩、泥质粉砂岩及其互层（出口段）和上泥盆统五通组（D_{3W}）的紫红色、浅黄色石英砂岩及其与白色、浅灰色薄层页岩互层（进口段）。围岩级别设计定为Ⅴ级和Ⅳ级。志留纪和泥盆纪岩层产状相近似，两者之间为平行不整合，未发现明显的断层接触或角度不整合。在构造形态上，马鞍山隧道横穿近东西向延伸的马鞍山背斜北翼，断裂构造不甚发育，仅在隧道出口仰坡见两条断层构造带，破碎岩带宽度2～3m（图3-3）。隧道地下水总体不发育，主要在隧道进出口处有地表孔隙潜水和基岩风化裂隙水分布。但在出口段两条断层带及其夹持区内，围岩渗漏水明显，尤其是下雨后渗漏水量急剧加大。

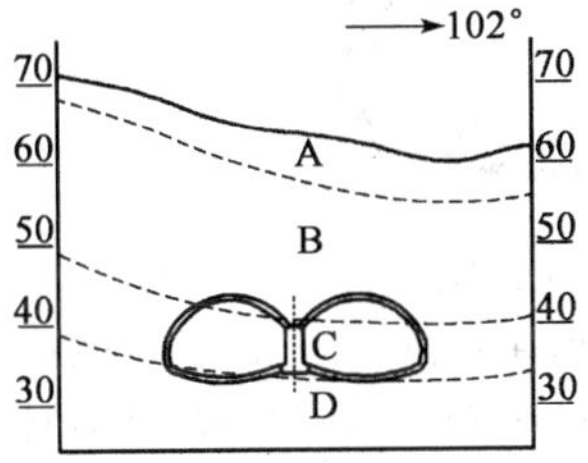

图3-2　武汉马鞍山隧道K1＋740m围岩垂直风化分带图
A-全风化土状岩；B-强褐铁矿染的强风化薄层泥质页岩，属Ⅵ级围岩；C-弱褐铁矿染的弱风化薄层泥质页岩，属Ⅴ级围岩；D-无褐铁矿染的微风化薄层泥质页岩，整体性好，属Ⅳ级围岩

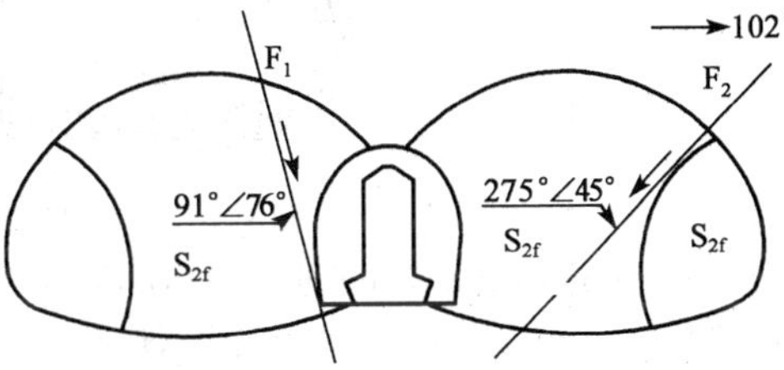

图3-3　马鞍山隧道出口仰坡地质剖面略图

中导洞　核心土工艺方案的产生，是在用中导洞—核心土工艺施工双向四车道连拱隧道获得成功的基础上，展开双向六车道连拱隧道工艺探索的。但毕竟后者跨度更大，心里没底，把握不大。更何况施工设计图中明文指出的指导性施工方案，是“三导洞”—先墙后拱工艺，即便是变动工艺方案也需先经设计部门和建设单位认可。

因此，只能先按“三导洞”—先墙后拱工艺施工。当中导洞开挖支护和中墙施工完成后，着手开挖东正洞出口侧导洞时，F_2断层构造破碎带恰好在东侧导洞顶部和内侧临时支护线通过（图3-3），东正洞拱部正处于F_1、F_2断层所夹持的松软破碎岩段内，导致侧导洞临时支护一侧的松软破碎岩体和超前支护的注浆小导管一并坍塌。拱部围岩实际变为Ⅵ级，而侧边墙的围岩却明显比正洞拱部好，拱脚围岩为完整性较好的接近Ⅳ级的围岩。于是，根据变化了的实际地质条件，向设计部门和业主申报临时变更施工方案，东正洞暂时停止侧导洞开挖，而改用核心土工艺。即先开挖正洞拱部，其初期支护的工字钢一头搭在中墙上，另一头搭在较牢固的侧墙围岩上，I20b工字钢的间距由原先的80cm，加密到50cm。这一举措顺利通过长达15m断层破碎岩段，为我们正式申报施工方案变更提供了实践依据，增强了采用中导洞—核心土工艺方案的信心。

更有意义的是，我们在东正洞采用中导洞—核心土工艺获得成功之后，同样用此工艺治理西正洞拱部长达25m的通天塌方段，也获得成功。条件是初期支护的I20b工字钢每榀间距由V级围岩的60cm变为VI级围岩的50cm。此外，还采用了一系列技术措施，诸如从地表对塌方体进行注浆加固后，严禁爆破开挖，而采用液压破碎锤代替风镐开挖，确保施工人员的安全，提高工效，加快掘进速度，每循环进尺50cm；加大拱脚锁脚锚杆力度，控制拱部下沉，在极度软弱围岩中还采用过4根9m长的ϕ108mm长管棚钢管并注浆进行锁脚加固；加强地质观察和预报，每循环开挖围岩之后，进行地质观测和预报；加大监控量测力度，坚持每天二次监控量测等等。

经过10个月按中导洞—核心土工艺施工，顺利地完成了隧道正洞施工和塌方治理。监控量测结果表明，各项支护和衬砌参数能满足地质条件和设计要求。施工实践证明，采用中导洞—核心土工艺施工软弱围岩的双向六车道连拱隧道，取代"三导洞"开挖方案是可行的。中导洞—核心土工艺施工双向六车道连拱隧道的工艺步序见图3-4。

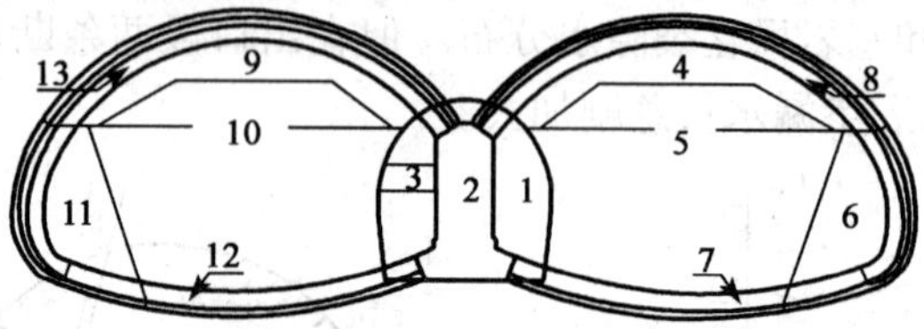

图3-4 武汉马鞍山隧道中导洞—核心土工艺步序

1-中导洞开挖和初期支护；2-中墙施工及顶部回填；3-中墙偏压侧加撑或回填；4-右洞拱部开挖和初期支护；5-右洞上部和下部核心土开挖并拆除中导洞一侧临时支护；6-右洞侧墙开挖和初期支护；7-右洞仰拱施工，分半幅错开进行；8-右洞全断面二次衬砌；9-左洞拱部开挖和初期支护；10-左洞上部和下部核心土开挖，并拆除中导洞一侧临时支护；11-左洞侧墙开挖和初期支护；12-左洞仰拱施工，分半幅错开进行；13-左洞全断面二次衬砌

4）两种工艺对比

在设计和施工中，常见中导洞工艺与"三导洞"工艺的优选和对比见表3-7。

中导洞—核心土工艺与"三导洞"—先墙后拱工艺对比 表3-7

对比内容	中导洞—核心土工艺	"三导洞"—先墙后拱工艺
1. 围岩条件	较好，侧墙底围岩为V级以上	较差，侧墙地基需加固
2. 导洞数量	1（中导洞）	3（中导洞和左右侧壁导洞）
3. 拆除临时初期支护次数	2（中导洞左右侧）	4（中导洞两侧，侧壁导洞左或右侧）
4. 工序数量，拱墙初期支护和二次衬砌连接	少8个（两侧壁导洞开挖、初期支护、防水层和二次衬砌），方便	多8个（两侧壁导洞开挖、初期支护、防水层和二次衬砌），不便
5. 围岩扰动次数，开挖面积	较少，较小（二种方案相近）	较多，较小（二种方案相近）
6. 二次衬砌及施工缝	断面二衬，每洞少一条纵缝	拱墙分开二衬，每洞多一条纵缝
7. 初期支护和二衬封闭	拱墙封闭较慢	拱墙封闭较快
8. 大型机械设备应用	方便	不便
9. 工期	较短	较长
10. 工效和造价	工效高，工程造价低	工效低，工程造价高

第三节　双向六车道连拱隧道工艺

近5年来我国兴建了40余座双向六车道山岭连拱隧道，关于此类隧道工艺有一大批成果[75~83]，将主要的介绍于后。

一、双向六车道连拱隧道设计

陆先明、黄伦海[77]依广(州)—贺(州)高速公路四会至怀集段双向六车道连拱隧道设计，介绍了大跨度连拱公路隧道结构、施工设计。

1)隧道结构设计

双向六车道连拱公路隧道，开挖跨度大，多在34m左右，含仰拱最大高度为12m左右，单拱矢跨比最小在0.45，因此，需特别加大施工安全和结构稳定性的措施力度。现今一般连拱隧道多采用复合式中墙结构(图3-5)。复合式中墙连拱隧道施工方法与传统直中墙法不同，主要表现在隧道二次衬砌结构，采用模板台车一次浇筑完成，使隧道中墙部防排水层可靠度加大，增大高速公路运营安全。

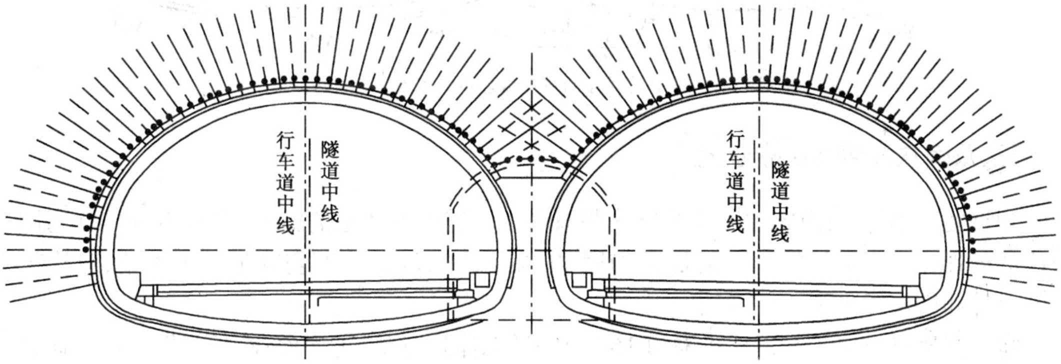

图3-5　双向六车道复合式中墙连拱隧道一般断面(尺寸单位:cm)

隧道洞口明洞按荷载结构法原理进行设计，将明洞上部回填土作为荷载。采用C25钢筋混凝土结构，明洞设置钢筋混凝土仰拱。隧道洞身复合式衬砌初期支护以喷射混凝土、锚杆和钢筋网为主要支护手段，局部辅以型钢钢架、格栅钢架加强。隧道二次衬砌采用C25整体式现浇混凝土，在初期支护与二次衬砌之间设置防水层。在衬砌设计过程中，V级及IV级围岩地段的衬砌，一般应以结构内力计算与强度分析为主，IV级围岩及III级围岩地段的衬砌，一般应以围岩稳定分析为主。应特别注意洞口浅埋地段、偏压地段、V级及IV级围岩地段的结构强度的计算分析。

2)隧道防排水设计

隧道防排水设计遵循“防、排、截、堵结合，综合治理”的原则，隧道内按地下清水和营运清洗污水、消防污水分离排放，设置纵横向排水系统，应保证排水畅通，避免洞内积水。排水沟、水管的断面尺寸，应根据洞内污水量、地下清水流量决定。在喷射混凝土和二次衬砌之间，设防水板和无纺布作为隧道衬砌防水层。隧道沉降缝采用止水带防水，施工缝采用止水带或膨胀止水条防水。结合南方雨季长，雨量大，地下水较为发育，隧道内的排水系统，采用路面清洗和消防污水由两边路缘边沟排出洞外。隧道衬砌背后渗水，由纵、环向排水盲沟集中引入隧道路面下侧埋水沟中。路面下渗水通过横向排水盲沟和级配碎石排水层，引入隧道路面下侧埋水沟中，最后集中纵向排出洞外，与洞外路基排水沟或涵洞相接。隧道内路面下纵向排水沟的尺寸，应根据地质勘察预测的地下涌水量大小而定，且应留有一定的富余度。隧道内侧排水沟不应位于路面下方，可位于侧向宽度内边沟下部，当隧道排水不畅时便于进行检修。

3）隧道施工方案

对于Ⅴ、Ⅳ级围岩段的施工，一般采用“三导洞”方案（图3-6），对于Ⅱ、Ⅲ级围岩段，建议采用中导洞—正洞上下台阶法施工。

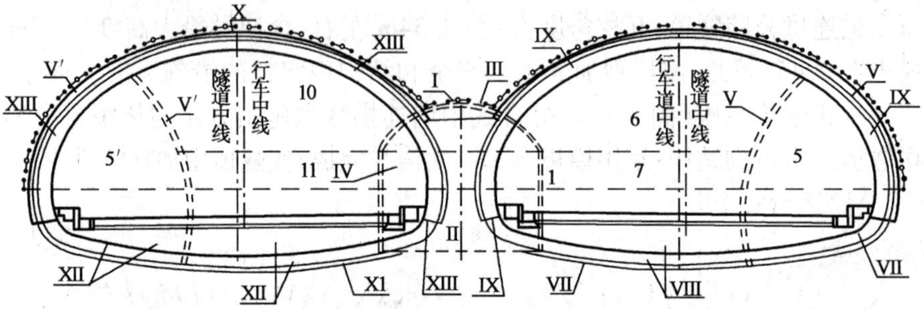

图3-6　双向六车道复合式中墙连拱隧道施工方案断面

二、双向六连道连拱隧道施工

刘汉红[80]结合河南宛坪高速公路3座双向六车道连拱隧道的施工，对隧道洞口软弱围岩地段的处理、“三导洞”工艺、中墙底部加固、中墙复合式衬砌等工艺等进行了论述，对连拱隧道的设计和施工提出了一些看法。

宛坪高速有双向六车道连拱隧道16座，隧道总体特点是：①埋深浅、长度短。隧道通过的地段山势较低，其最大埋深为68m，最小埋深为1m，全线最长的隧道也只有340m。②跨度大。最大开挖跨度达32.37m，结构复杂，施工困难。③地质条件复杂。由于埋深浅，围岩软弱破碎，节理发育，地表水对隧道内涌水量影响大，雨季施工困难，给安全施工增加了难度。④偏压。隧道通过的地段地势较陡，左右两主洞埋深不同，整座隧道不同程度地存在偏压，特别是洞口段偏压严重。⑤施工工序多而复杂、工序间相互影响大。

1）施工方案

三座隧道均属于浅埋大跨软弱围岩连拱隧道，洞口段为非常薄的坡积物覆盖层，对暗挖进洞十分不利，必须采取地表注浆和长管棚预加固措施。在充分考虑到隧道浅埋、围岩破碎、自稳能力差和偏压等因素后，为了控制围岩变形，充分发挥围岩的自稳能力，施工采用“三导洞”工艺，正洞采用环形开挖预留核心土开挖法。

为确保隧道施工安全和工程质量，采取了以下措施：①进洞前完善洞口排水系统，及时修筑洞顶截水沟；②遵循“早进洞，晚出洞”原则，尽量提前进洞，及时锚喷支护边仰坡，洞口避免大刷大挖；③对软弱围岩段，严格落实“短进尺、弱爆破、早封闭、勤量测”方针，具体是严格控制开挖进尺和台阶长度；采用人工开挖或弱爆破、光面爆破，减少围岩扰动；围岩裸露时间尽量缩短，开挖后立即初喷混凝土和进行初期支护，必要时及时施工仰拱封闭成环，减小下沉变形；合理控制各开挖面之间的距离，防止产生“群洞效应”扰动围岩；建立完善的监控量测系统，及时进行地表下沉、拱顶下沉、周边位移等监控量测工作；加强超前地质预报，掌握围岩的变化情况，根据需要采取相应的施工方法和合理的施工工序，做好施工中荷载的合理转换。

2）施工方法

（1）洞口软弱围岩地段施工。先在洞顶反压回填及地表注浆，由于隧道洞口段埋深浅，且为坡积物，围岩松散、自承能力差，存在冒顶隐患，采用洞顶反压回填及地表注浆固结围岩，使原为主动荷载的上覆层变成承载拱，提高其自承能力，确保安全进洞。

（2）大管棚超前支护。隧道洞口段位于软弱、破碎、自稳时间短的围岩中，为防止冒顶塌方或地表有害下沉，采用大管棚超前支护。

（3）“三导洞”工艺施工。因隧道的地质条件复杂、围岩破碎、节理发育、涌水量大，以及洞口浅埋偏压、围岩软弱，故采用此工艺施工。该工艺是除在中墙处开挖中导洞外，在左右主洞分别开挖侧导洞。在中墙与边墙钢筋混凝土施工后，再开挖左右正洞。侧导洞的施工方法与中导洞相似，采用上下微台阶法开挖。“三导洞”施工后正洞开挖分上下台阶进行，但初期支护的施工顺序与中导洞法不同，属先墙后拱而不是先拱后墙。正洞上下台阶开挖爆破时，均要考虑尽量减少爆破对中墙及侧墙的影响，特别是下部开挖时不能认为初期支护已全部施工而随意增加药量、加大进尺，造成对已施作的初期支护的破坏。

该工艺应注意以下问题：

（1）合理选择导洞断面大小。导洞是为安全开挖正洞而先开挖的辅助导洞，导洞断面的大小通常没有严格的要求，但会影响施工安全和施工进度。中导洞为满足中墙需要和装载机配合自卸汽车出渣，故3座连拱隧道均选择中导洞宽度为6.5m，高度为7.0m。侧导洞只满足装载机出渣，其宽度采用4m。

（2）确定施工工序和步距。由于连拱隧道的特殊性和施工难度，采用双侧导洞施工，并分步开挖，势必造成围岩的多次扰动，应力不断重新分布，受力十分复杂，稍有不慎将造成塌方。根据现场实际施工情况，各施工工序做如下控制：中导洞先行，并与侧导洞纵向错开20m；正洞开挖在中墙施工结束后进行，并要最大限度地减少偏压的影响。先施工靠山一侧正洞，左右正洞掌子面错开10m；仰拱铺底要紧跟，与开挖面的距离为30m；二次衬砌要紧跟，与开挖面的距离为50m比较适宜。

（3）控制开挖进尺。连拱隧道的施工工序复杂，各工序间相互影响大，为尽量减少各工序之间的相互影响及对围岩的扰动，严格按“短进尺、早封闭”的原则进行控制。每循环开挖进尺一般控制在1m以内，围岩较好的情况下最多也不宜超过1.5m，支护要紧跟开挖面，不允许围岩暴露时间太长，以防坍方。开挖下部接拱脚时，严禁两侧同时对应开挖，且开挖进尺也不宜大于2m。

3）中墙施工

中墙施工是连拱隧道的重点和难点，中导洞贯通后，采用整体模板台车由隧道一端向另一端模筑中墙钢筋混凝土。但在工期较紧的情况下，也可以创造施工条件，采取从隧道中间向两端同时施工的顺序。中墙施工应注意中墙底部加固。因隧道本身的围岩破碎，中导洞施工后，不应有基底围岩破坏和洞内积水引起基底围岩浸泡软化现象。

中导洞施工中应注意：①底板爆眼要比中墙基础底部设计高程高出1m左右，并且要严格控制好底板爆眼的装药量；②中墙底部开挖后，立即喷混凝土封闭底面；③加强现场施工管理，施钻时及时修筑洞内临时排水沟，将洞内积水引出洞外；④严格按设计及规范施作中墙底部锚杆，保证锚杆的施工质量。

4）中墙顶部脱空问题

因双连拱隧道施工顺序为先开挖中导洞，再施工中墙钢筋混凝土，然后再开挖左右正洞，并施作初期支护，中导洞顶部会自然形成一个空区（图3-7）。一旦中墙顶部脱空，将导致正洞初期支护沉降、变形、失稳，产生很大安全质量隐患。处理措施有：①在模板台车顶部设置3个混凝土灌注口，模筑过程中及时更换灌注口；②封顶时合理安排灌注顺序，先下坡端，后上坡端；③封顶时保证混凝土的和易性；④在模板台车顶部预埋焊管，作为注浆管和排气管，以便对脱空区进行压浆回填。

5）中墙水平推力平衡

在中导洞及中墙施工后，开始左右正洞开挖，必须错开一定的距离，使先开挖正洞的初期支护已支撑在中墙上，而后一正洞还未开挖，这样中墙必然要受到一个向未开挖一侧的水平推力（图3-8）。该水平推力的位置位于中墙顶部，对中墙的危害很大，有可能造成中墙开裂，甚至导致重大事故。为平衡这种水平推力，在后开挖的一侧用工字钢提前给中墙上部打上临时支撑，纵向间距2m设置一排，必须支撑牢固。当后开挖的正洞下部开挖后再行拆除工字钢临时支撑，中墙下部用土回填至临时支撑高程处。

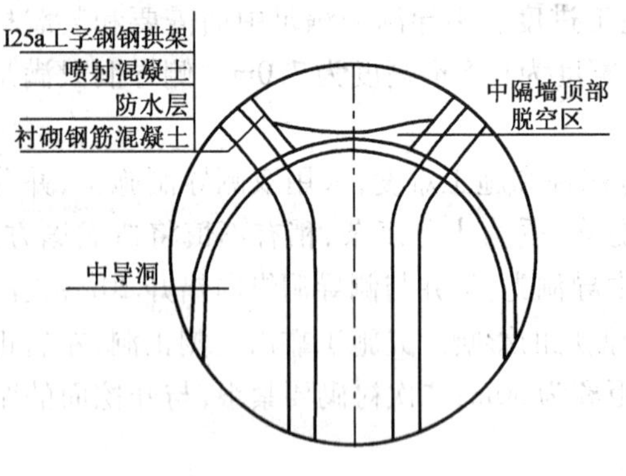

图3-7　中墙顶部脱空区

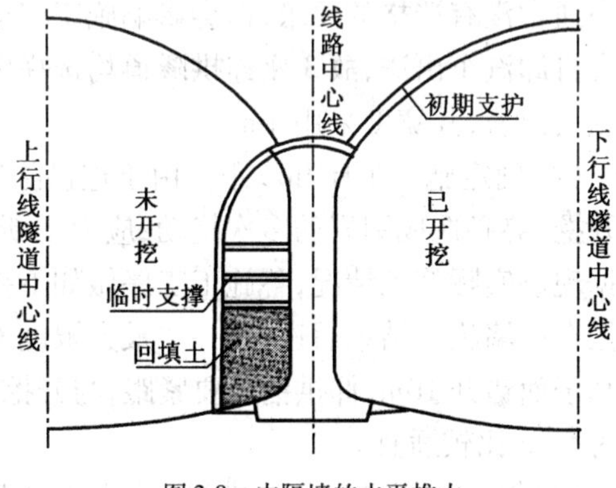

图3-8　中隔墙的水平推力

6）中墙防排水

为解决中墙的防排水问题，采用复合式直中墙衬砌，工艺工序是：中墙顶部铺设防水板→绑扎基础钢筋→基础模板安装→浇筑基础混凝土→绑扎中墙夹心层墙身钢筋→模板台车定位→浇筑夹心层混凝土→铺设中墙外层及正洞防水板→绑扎中墙外层及正洞钢筋→模板台车定位→浇筑中墙外层及正洞衬砌混凝土。

因为复合式中墙分成两次浇筑，先浇筑原始中墙混凝土，再在原始中墙外铺设防水板与正洞防水层连接成为一个整体。在墙脚处沿隧道纵向安设纵向弹簧管及横向排水管，将中墙顶部的渗漏水引入中央排水沟流出，外层混凝土与正洞二次衬砌一起浇筑，这样有效地防止中墙顶部的渗漏水，解决中墙的防水难题。

第四节　双向八车道连拱隧道工艺

福州机场高速公路二期工程的金鸡山和罗汉山隧道，为我国第一批双向八车道连拱隧道[85,86,87]。金鸡山隧道长295m，罗汉山隧道长248m。这两座隧道大而扁平，单洞净跨18.20m，开挖跨度为41.50m，是当前国内跨度和单洞净跨最大的连拱隧道。隧道车道数增加和隧道跨度加大，给设计和施工增加了技术难度，提出了新的要求。在连拱隧道两侧10m远处，还有市三环路的小净距隧道，形成小净距＋连拱＋小净距的隧道群。下面以金鸡山隧道为例说明。

一、金鸡山隧道概况

唐颖[85]对金鸡山特大跨度连拱隧道进行了设计，该隧道位于福州市东北部，隧道长为295m。隧区属低山丘陵地貌，地形起伏较大，洞身围岩有弱风化花岗岩、花岗斑岩及闪长玢岩脉体，围岩强度较高，但整体完整性差。围岩以Ⅳ、Ⅴ级为主。洞口段为残坡积层及强风化花岗岩，呈松散碎裂状，围岩级别为Ⅴ级。其中Ⅳ级围岩最大埋深为46.7m，Ⅴ级围岩最大埋深为36.0m。单洞净跨度为18.15m，单洞标准断面含仰拱的内轮廓面积为171.06m^2，双洞面积为342m^2。隧道中墙采用3层复合式曲中墙，整体开挖跨度达41.90m，高度14.20m，最大覆盖层厚度约46.7m。隧道左右两侧各设有辅助隧道，与金鸡山连拱隧道形成了小间距＋连拱＋小间距的群体隧道。隧道断面布置图（图3-9）及四车道隧道限界图（图3-10）展示了金鸡山隧道群的复杂性为全国连拱隧道之最。

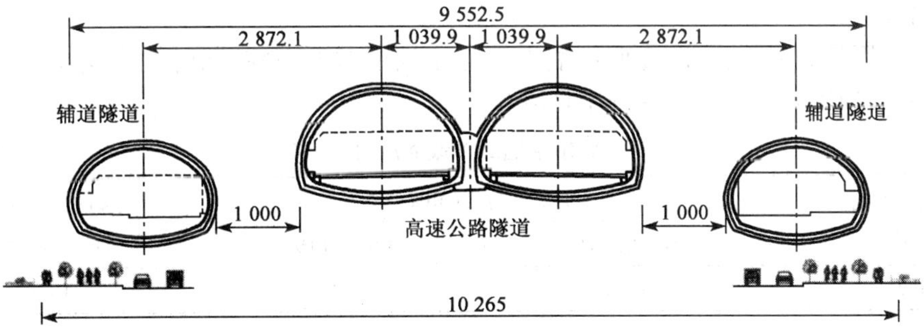

图3-9　金鸡山隧道群横断面（尺寸单位：cm）

二、隧道内轮廓设计

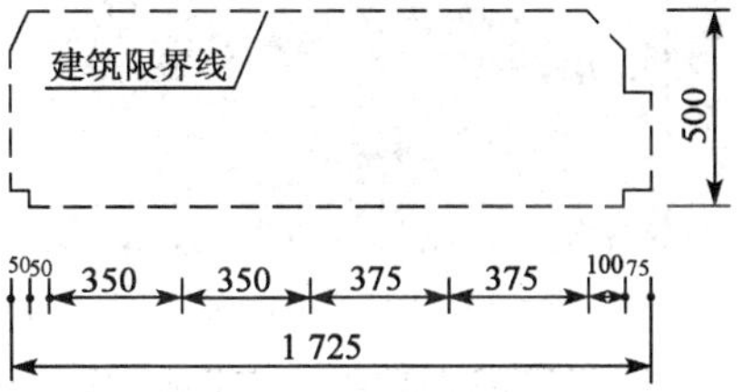

图3-10　四车道隧道限界（尺寸单位：cm）

通过多方比选，主要考虑到合理的几何形态及隧道开挖、初期支护、二次衬砌等价格因素（图3-11），最后选择了扁平率为0.55，单洞面积（含仰拱）为171.065m^2，R_1＝640cm，R_2＝950cm的内轮廓断面（图3-12）几何尺寸。

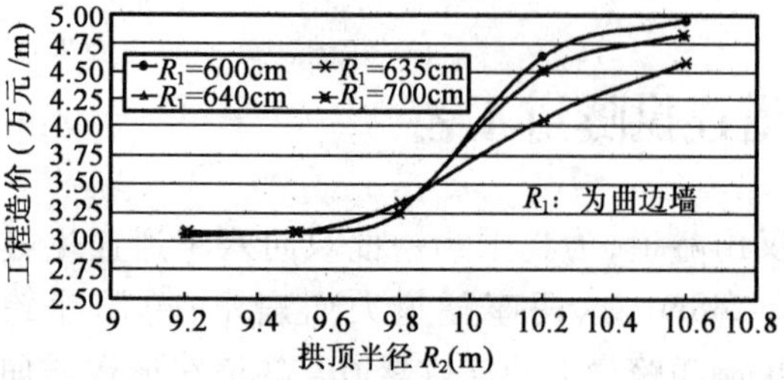

图 3-11　不同内轮廓组合下经济造价比较

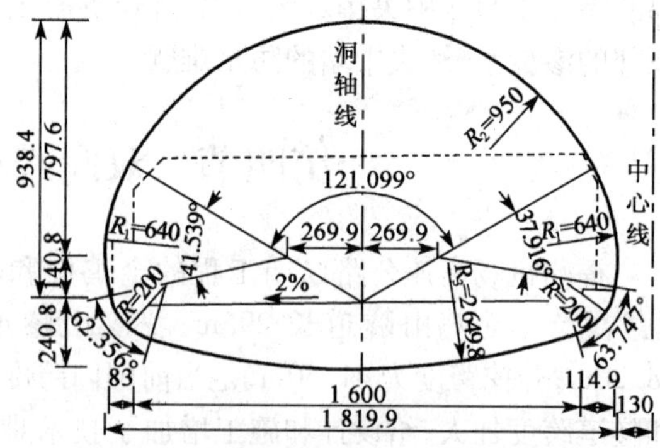

图 3-12　内轮廓断面几何尺寸(尺寸单位:cm)

三、中墙设计

鉴于复合式中墙有较好的防水效能,且能减小开挖的有效跨度,金鸡山隧道选择了复合式曲中墙。中墙材料采用 C30 钢筋混凝土,最薄处总厚度为 260cm,V 级围岩处中墙两侧二次衬砌厚度为 65cm,原始中墙最薄处厚度为 130cm。

对原始中墙计算受力时,选取了 V 级围岩覆盖层厚度为 33.5m,分别采用"地层—结构"和"结构荷载法"模式计算(图 3-13),并相互验证。计算结果得出:①原始中墙最薄厚度处的截面应力,能满足设计要求(表 3-8);②原始中墙顶部左右角隅处,由于初期支护在该处形成局部承压,存在较高的局部应力,最大压应力达 20.3MPa,超出了 C30 混凝土的设计弯曲抗压强度 15.0MPa,故设计时对该部配设 4 层钢筋网,以提高混凝土的局部抗压能力;③在初期支护有足够强度的情况下,中墙顶与围岩的空隙基本不会影响围岩的整体稳定,但对中墙顶部围岩有一定影响,中墙顶与围岩的空隙将导致初期支护各部分的轴力,以及靠近中墙位置的初期支护弯矩增大(图 3-14)。

设计中采用膨胀混凝土,以克服中墙混凝土干缩引起的空隙,同时在中墙顶部埋设注浆管,对中墙和墙顶围岩间的缝隙进行注浆填充。

原始中墙最薄截面应力　　表 3-8

原始中墙厚度(m)	最大压应力(MPa)		C30 混凝土设计弯曲抗压强度(MPa)
	地层结构法	荷载结构法	
1.3	13.41	9.95	16.5

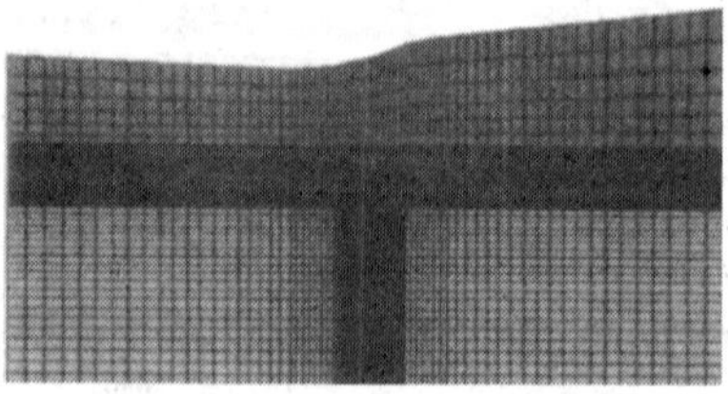

图 3-13　代表计算断面

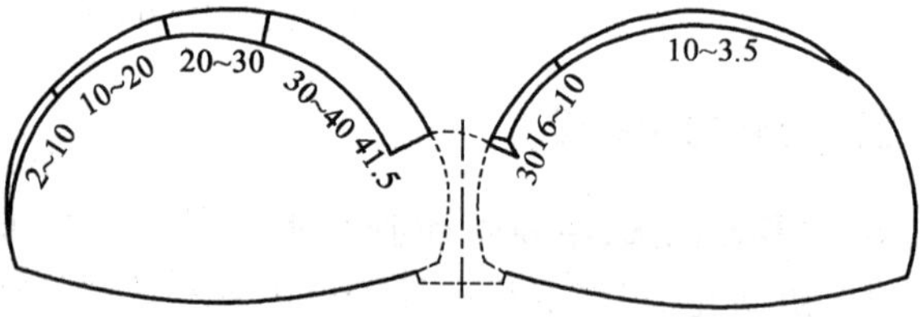

图 3-14　初期支护轴力增大情况(单位:%)

设计的计算分析结果表明,核心中墙最薄处 1.3m 厚度采用 C30 混凝土是可行的,但考虑到隧道跨度大,最终采用厚度为 2m 的 C30 混凝土。

四、支护结构设计

该隧道不同支护类型采用的支护参数如表 3-9，对于 V 级围岩是浅埋段采用 2 层喷射混凝土初期支护，第 1 层厚度为 25cm，第 2 层厚度为 20cm。主要工艺步序为：①第 1 层初期支护及侧壁临时支撑完成，并开挖工作面距离≥40m；②拆除 1m 长度的侧壁临时支撑；③喷射第 2 层混凝土；④进入下一循环。这种双层初期支护能很好地利用洞室空间效应，及时形成强有力的支护，使侧壁临时支护拆除时的变形得以有效控制。

隧道主要支护参数　　表 3-9

支护类型	初期支护								二次衬衫砌 C30 钢筋混凝土	
	C25 喷射混凝土			ϕ22 组合锚杆			钢支撑			
	厚度(cm)		位置	长度(m)	间距(m)	位置	型号	间距(m)	拱墙(cm)	仰拱(cm)
LZ0									70	70
LZ5-1	第 1 层初支护	25	拱墙仰拱	5.0	0.7	拱墙	I25 工字钢	0.8	55	55
	第 2 层初支护	20	拱墙仰拱				钢格栅	0.6		
LZ4	25		拱墙	4.0	1.0	拱墙	I 工字钢	1.0	50	50

在支护结构设计中，除了考虑对正洞本身开挖施工影响外，还要考虑正洞两旁的近距离辅助隧道的施工对支护结构的影响。因此考虑了两种工况的可能，工况一是辅助隧道先施工，或是同时施工；工况二是正洞隧道先于辅助隧道或是同时施工。

2 种工况与无辅助隧道存在时，V 级围岩浅埋段断面正洞支护结构受力的比较(图 3-15)看出，无论辅助隧道是先于正洞修建，还是后于正洞修建，都对正洞隧道的支护结构存在不利的影响，只是影响幅度因点而异，影响幅值约为 5.7% ~43.4%。因此，要充分考虑到辅助隧道对正洞支护的影响。

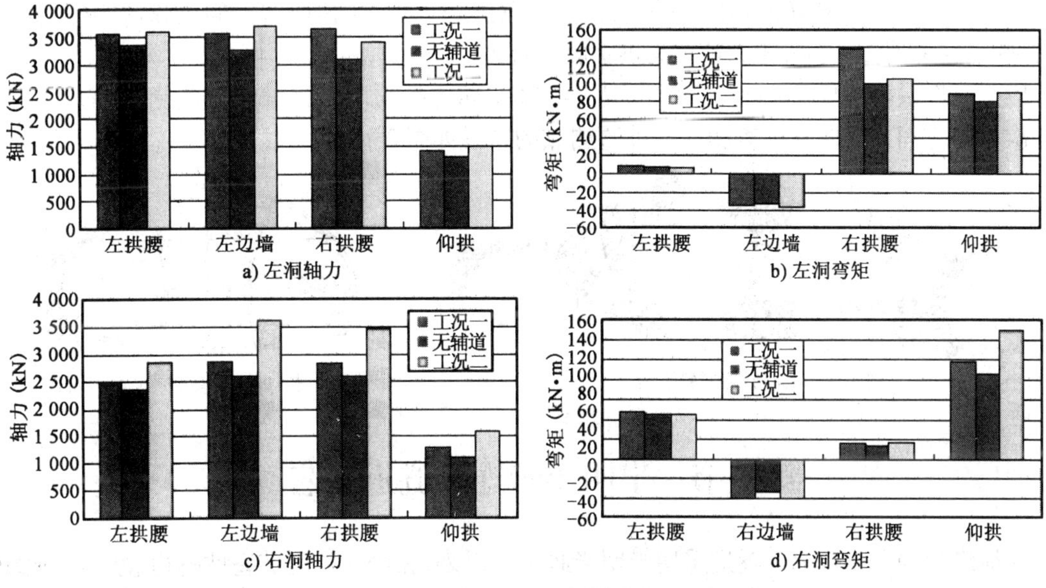

图 3-15　2 种工况正洞隧道结构内力比较

五、施工工序设计

为了避免施工中出现工序转换带来的不便,采用中导洞贯通 + 双侧导洞的五导洞法施工(图 3-16)。由于四个侧导洞断面高度大,开挖时用上下台阶法,台阶长度不大于 5m,中间核心土分 3 次短台开挖,以保证工作面稳定。洞内侧导洞工作面超前核心土开挖出面约 20m。为了克服两正洞间施工干扰,先行正洞工作面超前后行正洞 40m。侧壁临时支护的刚度要适中,一般控制在临时支护拆除后,洞身初期支护的轴力增量 20% ~30% 为宜。

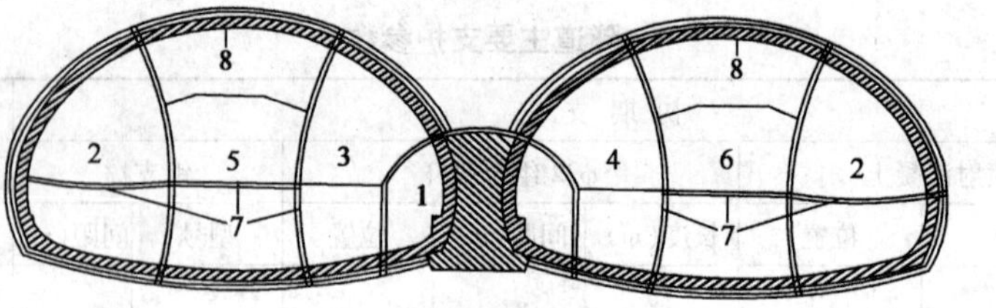

图 3-16　隧道主要开挖工序

1-中导洞的开挖、支护贯通,中墙施工;2-左右正洞的外侧导洞开挖出及支护;3-左正洞内侧导洞开挖及支护;4-右正洞内侧导洞开挖及支护;5-左洞核心土开挖出及支护;6-右洞核心土开挖及支护;7-临时支护拆除;8-二次衬砌的浇筑

隧道成洞后的围岩屈服区(图 3-17)表明,先行洞由于受后行洞施工干扰的影响,无论是围岩还是支护,均处于不利的受力状态,因此,辅助隧道在正洞隧道成洞后再行采用 CRD 法施工。

六、监控量测设计

由于在现行有关规范内未涉及双向八车道连拱隧道内容,又无前人经验借鉴,故此隧道的监控量测工作尤为重要。其主要目的有两个:①旨在修正预设计,使支护参数和施工方法更加合理;②验证设计中采用的荷载模式,了解支护的受力特性,为类似工程积累经验。因此,在位移方面的量测监控主要有:①初期支护拱顶部三点沉降观测;②初期支护仰拱隆起观测;③拱脚、拱腰、1/4 拱收敛观测;④侧壁导洞拱腰收敛观测。

应力监控量测主要有:①中墙顶压力监测;②初期支护与围岩接触应力监测;③初期支护与二次衬砌之间的接触应力监测。各种监测点的布设如图 3-18。

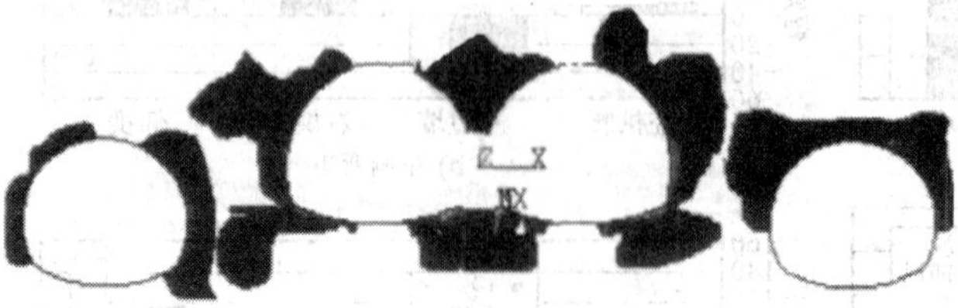

图 3-17　成洞后围岩屈服区

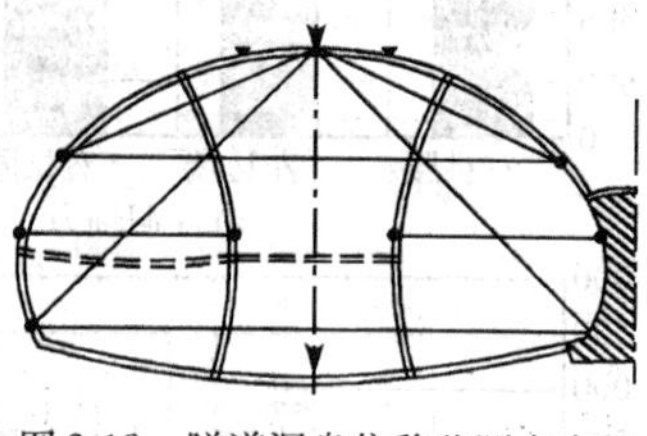

图 3-18　隧道洞身位移监测点布置

第五节　半明半暗连拱隧道工艺

在福建三福高速坑面兰隧道采用半明半暗工艺以来,相继在云南老苍坡隧道、湖南土地坳隧道及金鄂山隧道、福建罗汉山隧道等获得广泛应用。半明半暗隧道工艺,是山体外侧隧洞采

用明洞形式,山体内侧洞采用暗洞形式,克服过去连拱隧道左右洞口地形陡峭,边坡高且有时显偏压条件下进出洞带来不利边仰坡稳定、隧道结构受力安全和环境保护等问题。因此,半明半暗隧道工艺,不仅有利保证边仰坡稳定,还可加快施工进度,降低工程造价和有效保护环境,确保施工安全[88~90]。下面介绍赖锦兴[88] 对罗汉山双向八车道半明半暗连拱隧道的设计。

根据福州市总体规划及隧道两端接线的限制,隧道进口位于罗汉山南侧壁处,右洞轴线与山体地形等高线近于平行,左洞位于山侧地形大斜坡处。左右洞地形处于严重偏压地段,为贯彻"零"开挖理念,确保施工安全,避免洞口大挖大刷,导致形成高边坡、高仰坡,在隧道进口段设计了半明半暗连拱隧道(图 3-19)。该隧道为特大跨扁平隧道,总长 248m,单洞净跨为 18.2m,双洞开挖宽度为 41.6m,开挖面积达 $481m^3$。

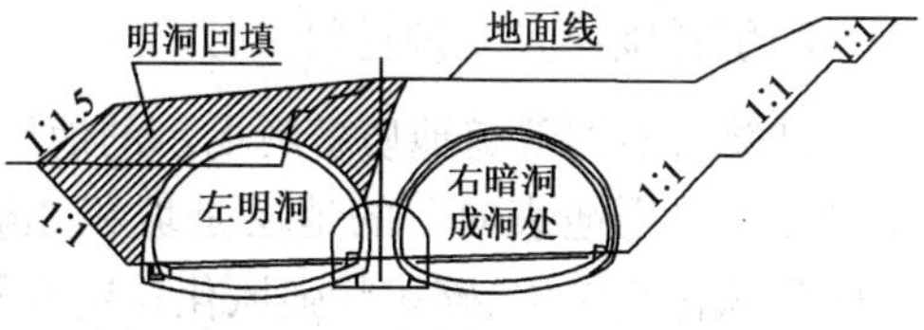

图 3-19 罗汉山隧道半明半暗进口横断面

一、隧道进洞方案

右暗洞进洞用双层注浆小导管初支护,边坡用注浆小导管加固。采用先明洞后暗洞方案施工,并及时对明洞进行回填,尽早解除中墙偏压状态。半明半暗隧道施工步序如图 3-20。

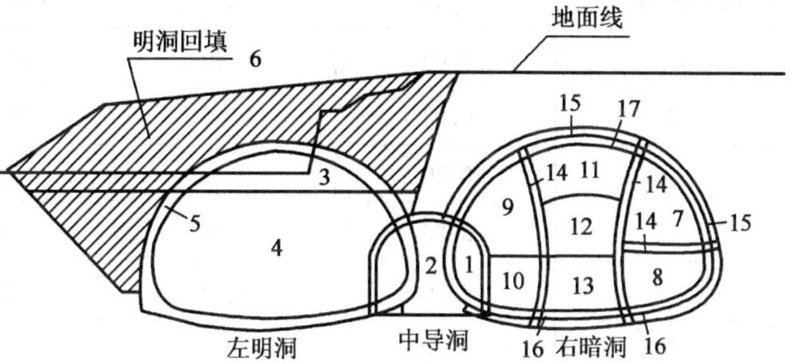

图 3-20 半明半暗隧道施工步序

1-中导洞开挖和初支护;2-原始中墙浇筑;3-左明洞上半断面开挖及边坡加固;4-左明洞下半断面开挖及边坡加固;5-左明衬砌整体浇筑及防水层施工;6-分层对仰坡拱顶回填及夯实;7-右暗洞右侧导洞上台阶开挖及第 1 层初支护和临时支护;8-右暗洞右侧导洞下台阶开挖及第 1 层初支护和临时支护;9-右暗洞左侧导洞上台阶开挖及第 1 层初支护和临时支护;10-右暗洞左侧导洞下台阶开挖及第 1 层初支护和临时支护;11-右暗洞中部上台阶开挖及第 1 层初支护;12-右暗洞中部中台阶开挖;13-右洞中部下台阶开挖及第 1 层初支护;14-逐层拆除第 1 层初支护中的临时支撑部分;15-及时逐米进行第 2 层初支护,每拆除 1m 临时支撑,及时施工 1m 第 2 层初期支护;16-右暗洞仰拱施工;17-右洞防水层及二次衬砌整体浇筑

二、方案数值模拟分析

半明半暗隧道施工方案是经过数值模拟分析,采用同济大学同济曙光岩土及地下工程设计及施工分析软件,用二维弹塑性理论进行数值模拟计算。为确保工程安全,进行数值分析时未考虑二次衬砌参与受力,而只作为安全储备。隧道开挖后围岩释放荷载 50%,初期支护承担 50% 的围岩释放荷载。

1)计算范围及有限网络

水平方向计算宽度为 160m,左右边界距开挖轮廓外边缘约 3 倍的单洞开挖宽度,上边界按横断面图取地表自由面，下边界距主洞开挖轮廓边缘60m，大于3倍的开挖高度。因此计算范围的选取，可以消除边界效应对结果的影响。围岩采用4结点四边形单元，初期支护及明洞结构采用2结点梁单元进行模拟，共分成7 124个单元，5 765个结点（图3-21）。

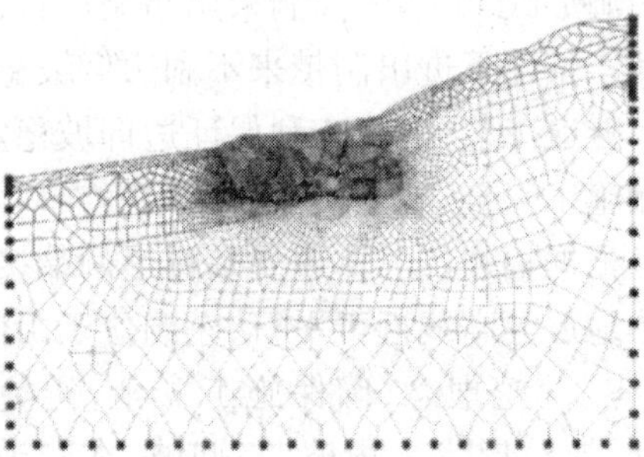

图3-21　二维有限元网络

2）隧道围岩及支护材料参数

计算时根据隧道地质资料揭示的地层进行网络划分。采用地表向下的地层是坡积亚黏土、砂土状强风化花岗岩、碎块状强风化花岗岩及弱风化花岗岩。围岩材料采用理想弹塑性本构关系，满足Drucker—Prager屈服原则。支护结构采用线弹性本构关系，采用材料的参数见表3-10。右暗洞第1层初期支护为C25喷射混凝土厚度25cm加I20b钢支撑，第2层为C25喷混凝土厚度20m加钢筋格栅支撑。左明洞为C30钢筋混凝土，厚度80m。

围岩材料参数　　表3-10

项　目	重度 γ（kN/m³）	E（GPa）	μ	c（kPa）	ϕ（°）
坡积亚黏土	19.4	0.05	0.40	20.0	16
砂土状强风化花岗岩	21	0.08	0.40	18.0	24
碎块状强风化花岗岩	23	0.10	0.38	100	30
弱风化花岗岩	25	3.00	0.25	1 000	40
回填土	18	0.50	0.40	12.5	12.5
C30 钢筋混凝土	25	31.0	0.20		
C15 钢筋混凝土	24	26.0	0.20		

3）边界条件和施工步骤

位移边界条件为上表面自由，下表面固定竖向位移，左右边界固定水平向位移。荷载只有重力的作用。

4）主要计算结果

左明洞各施工步序典型位置的安全系数，随右暗洞开挖，总体上呈增大趋势（图3-22）。由此得出随着右暗洞开挖，左明洞是趋于安全的。

三、中墙

从中墙最后的施工步序的正应力等色图（图3-23）中看出，中墙是处于明显的偏心受压状态，左侧受压，右侧受拉。选图中1-1断面，取 $e' = (\sigma_{右} - \sigma_{左}) - (\sigma_{右} + \sigma_{左})$ 作为衡量中墙偏心受压情况的标准，对中墙偏心受压情况进行分析（图3-24）。计算分析表明，1-1断面左侧压应力最大值发生在最后施工步序、回填之前的施工步序5。在暗洞开挖出后，尤其是在左侧上导洞开挖第9施工步序后，偏压情况有明显缓解（图3-25）。

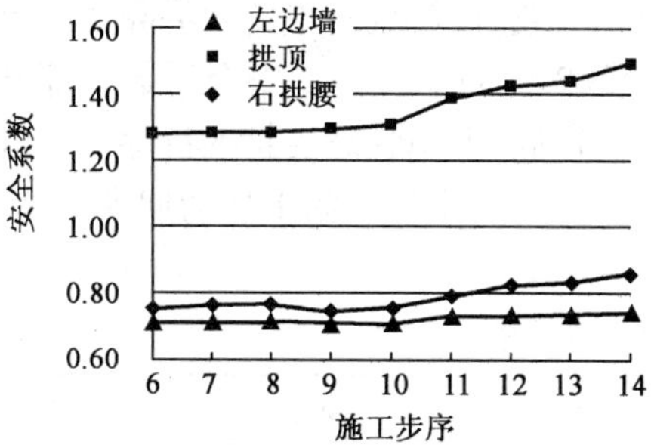

图 3-22　左明洞各工序典型位置安全系数对比

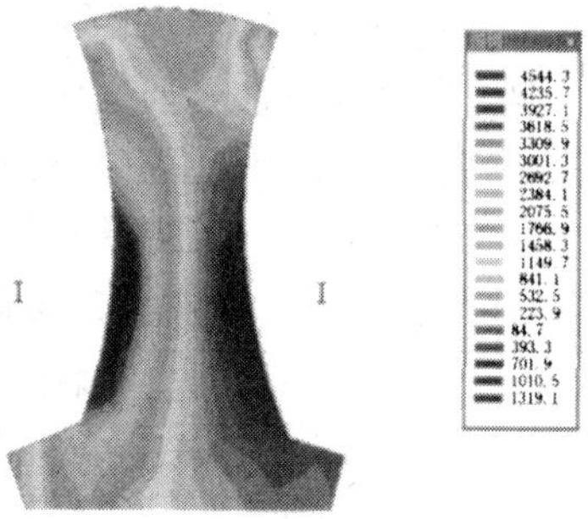

图 3-23　中墙正应力等色图

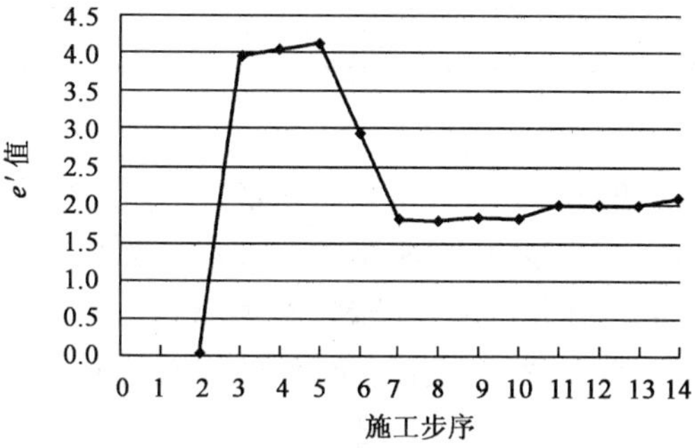

图 3-24　中墙 e′随施工步序的变化曲线

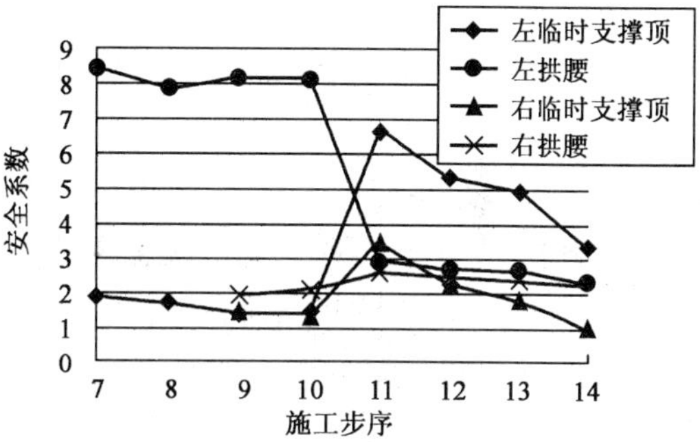

图 3-25　右暗洞安全系数随施工步序的变化曲线

四、初期支护

1）右暗洞

右暗洞第 1 层初期支护计算结果分析时得到的轴力和弯矩，采用型钢混凝土组合结构的计算方法对初期支护进行验算，得到几个典型位置的安全系数随施工步序而变化的曲线（图 3-25）。各典型位置的计算结果列入表 3-11 中。从图和表看出，各位置的安全系数均大于 1，右侧临时支撑顶附近主洞初期支护的安全系数最小。

右暗洞典型位置安全系数　　表 3-11

项　目	左　拱　腰	左 支 撑 顶	右 支 撑 顶	右　拱　腰
轴力（kN）	1 368.6	1 095.80	880.41	1 338.8
弯矩（kN. m）	33.137	28.888	95.503	-34.617
安全系数数	2.31	3.31	1.02	2.25

从图 3-25 看出，在中部上导洞开挖及支护的第 11 施工步序后，由于暗洞整体开挖跨度的形成，初期支护各位置的受力均发生了较大变化，在施工中要特别关注和加强监控量测。

右暗洞临时支护采用梁单元，且与主洞初期支护为刚性连接。计算分析得出：①右侧临时支护轴力约为主洞初期支护轴力的 30%；②由于偏压的影响，右侧临时支护的轴力及弯矩均大于左侧，右侧轴力约为左侧的 2 倍，弯矩极值约为左侧的 2.5 倍；③上导洞临时支护的轴力小于下导洞，而弯矩值大于下导洞。反映在安全系数上，临时支护较危险位置基本上位于上导洞及与主洞接头处。

右暗洞第2层初期支护，在拆除临时支护时承担着荷载，按规范给出的素混凝土矩形截面偏心受压构件安全系数计算公式计算(表3-12)，看出第2层初期支护的安全系数大部分大于1。但在右侧临时支撑位置附近的弯矩较大和安全系数较低，说明临时支护的拆除对对隧道主洞初期支护的影响较大。特别是对特大跨度的扁平隧道而言，为加强第1层初期支护的强度，在临时支护拆除时，及时施作第2层初期支护是可行的。

右暗洞第2层初期支护计算结果　　表3-12

项　目	左 拱 腰	左临时支撑顶	拱　顶	右临时支撑顶	右 拱 腰
轴力(kN)	154.8	150.3	133.8	120.7	168.2
弯矩(kN.m)	-5.1	14.3	-6.8	56.2	-10.3
安全系数数	14.54	1.64	6.46	0.29	3.2

2)左明洞

左明洞荷载结构验算，从上述地层结构法计算结果看，左明洞结构总体是安全的。随着右暗洞的开挖，左明洞结构安全系数总体呈增大趋势。由此得出，左明洞应在右暗洞尚未开挖时处于最不利状况，为此采用荷载结构法对左明洞的最不利状况进行验算(图3-26)。

计算按平面弹性有限元原理，把明洞结构离散为由梁单元组成的平面杆系，回填土对结构的作用通过只受压不受拉的法向杆单元来模拟。取明洞最后一个断面的衬砌厚度为80cm，洞口顶回填土厚：左侧1.5m，右侧5m，轴线处3.5m。荷载按现行隧道设计规范确定，并考虑混凝土的收缩徐变，计算各单元力。再用各单元内力组合进行二次衬砌配筋验算，得出配筋控制断面为拱顶右侧，其所需配筋量为10.2cm^2，而采用5根$\phi20$钢筋面积为12.5cm^2。

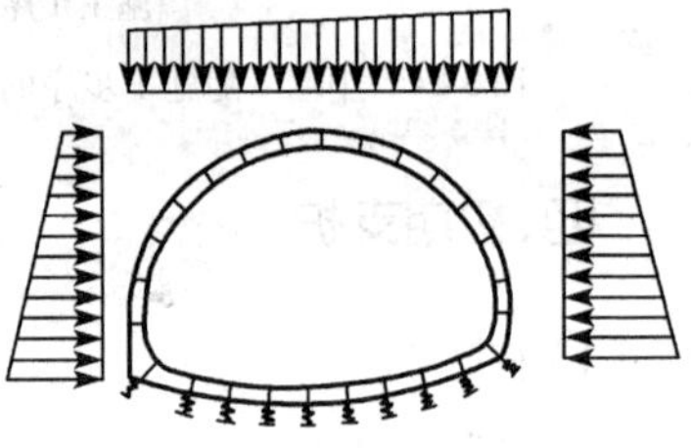

图3-26　左明洞结构荷载法计算图式

五、计算分析结论

从以上对隧道围岩、左明洞、右暗洞等的数值模拟计算分析可得出下列结论：①围岩稳定。大部分屈服区在明洞临时边坡开挖后已形成，后续右洞开挖施工将引起右拱腰及地表屈服区的扩张，但规模较小。因此，施工时保证临时边坡开挖后、明洞回填前的边坡稳定是特大跨度半明半暗连拱隧道的关键。②明洞。经地层结构法及荷载结构法的相互验证计算得知，明洞具有一定的安全性。③中墙。经计算，中墙结构为严重偏心受压构件，其偏心受压在明洞回填之前最为严重，在暗洞开挖后有所缓解，因此，采用先明洞后暗洞方案是合适的。同时在明洞回填之前，应特别加强对中墙的监控量测。④暗洞第一层初期支护。右侧临时支撑顶附近的初期支护结构安全系数较小；在中部上导洞开挖及支护时，支护的各位置受力变化较大，应予以特别关注。⑤暗洞临时支护的轴力较小，而弯矩较大，较危险的位置基本上位于上导洞及接头处。计算结果显示，临时仰拱的设置对临时支护受力有明显改善。⑥暗洞第二层初支护。相对受力较小，仅右侧临时支撑位置附近的安全系数较低。对特大跨度的扁平隧道而言，为加强第一层初期支护的强度，改善拆除临时支护对主洞初期支护的影响，在临时支护拆除时及时施作第二层初期支护是可行的。

第六节　黄土连拱隧道工艺

由于黄土是一种特殊的第四纪风成岩土体，在无地下水时壁立性能良好，遇水则膨胀跨塌，岩质差。因此，过去在黄土地区只建有分离式隧道。我国现有离石和王家会两座黄土连拱隧道。山西交通规划院首次设计我国第一座大跨度的离石黄土连拱隧道，众多学者总结了黄土连拱隧道设计与施工技术，为黄土地区设计和施工提供了创新的关键技术。

一、离石黄土连拱隧道[41,92~95]

曹学强[92]对离石隧道进行了设计，该隧道为双向四车道连拱隧道（图3-27），长180m，最大埋深为39m。隧区地层为第四系中更新统离石组和上新统马兰组。离石组岩性为褐黄色坚硬黄土（低液限黏土），呈巨块状整体结构，较均一密实，质地坚硬，抗侵蚀力强，夹含零星姜石，或姜石薄层，状节理发育，为Ⅳ级围岩。马兰组出露于黄土梁顶部，岩性为灰黄色坚硬黄土，结构疏松，柱状节理发育。隧区无地下水赋存，地表大气降水通过黄土梁、黄土陡坡及黄土冲沟汇入江河。隧道进口有偏压现象，边坡稳定性较差，出口边坡稳定性较好。

图3-27　离石黄土连拱隧道

隧道采用单心圆断面，$R=5.35$m，边墙侧为曲线，中墙为三墙式复合曲中墙。为了减小行车道的偏移，把检修道放在隧道右侧。因隧道内行车道中心线与洞外整体式路基断面上的行车道中心线不重合，在隧道进出口分别设置了过渡段，在施工中注意了两者间的圆顺过渡。隧道开挖宽度为22.4m，开挖高度（含仰拱）约10m，总开挖面积为224.4m²（图3-28）。

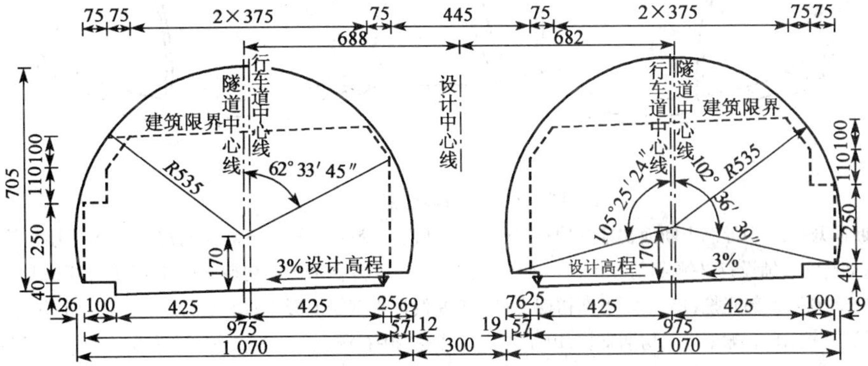

图3-28　离石黄土隧道净空断面（尺寸单位：cm）

1)隧道支护衬砌

隧道初期支护采用喷、锚、网、钢拱架支护,并视围岩条件采用超前小导管加固,进出口采用大管棚加固。支护和衬砌参数见表 3-13。

离石隧道支护衬砌参数　　表 3-13

项目		参数值	项目		参数值
喷混凝土	C25 混凝土(cm)	25	初始曲中墙最小厚度	C25 钢筋混凝土(cm)	210
早强砂浆锚杆	直径(mm)	22			
	长度(cm)	350	拱墙二次衬砌	C25 钢筋混凝土(cm)	45
	间距(cm)	100×100	仰拱	C25 钢筋混凝土(cm)	45
钢筋网	直径(mm)	8	超前小导管	直径(mm)	50
	网格(cm)	20×20		壁厚(mm)	4
钢架	工字钢型号	I20a		间距(cm)	40
	间距(cm)	80(50)		长度(m)	4.5

隧道中墙为 3 墙复合式曲中墙,即由原始钢筋混凝土曲中墙和左右洞内侧钢筋混凝土二衬边墙组成,3 墙之间有 2 层复合防水板相隔,使左右洞防排水各自成体系,从而克服了中墙渗漏水的通病。原始钢筋混凝土曲中墙最小厚度为 210cm,二衬钢筋混凝土边墙厚度为 45cm,最终曲中墙最小厚度为 300cm。中墙高 564cm。由于中墙基底为土质围岩,承载力小,基底需采用 $\phi22$ 注浆锚杆加固。锚杆长 4.0m,间距为 80cm,每排 5 根,对称中墙轴线呈放射状布设,锚杆锚固 3.5m,尾部 50cm 与中墙钢筋相焊接,浇筑在中墙钢筋混凝土内,以增加中墙的抗倾覆能力和提高中墙基础承载力。

2)施工方案

张家新、孙辉[93]对离石隧道施工进行了研究,采用“三导洞”—全断面二衬工艺,即中导洞先开挖贯通,浇筑中墙,后开挖两侧壁导洞,左右正洞开挖拉开一定距离(图 3-29)。

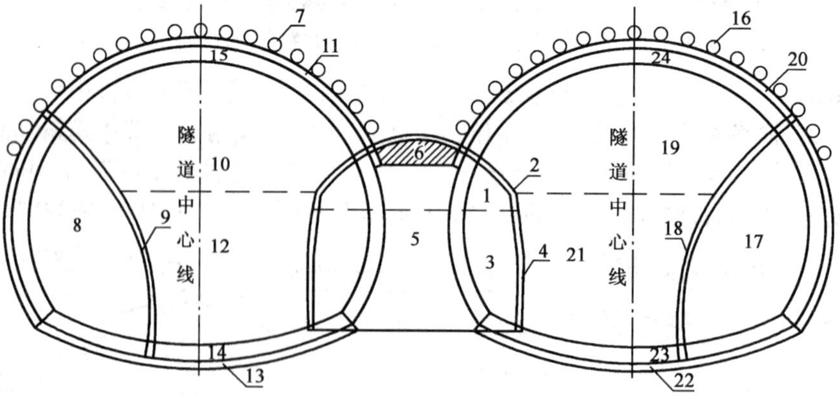

图 3-29 离石隧道施工工艺

1-中导洞上断面开挖;2-中导洞上断面初期支护;3-中导洞下断面开挖;4-中导洞下断面初期支护;5-中墙钢筋混凝土施工;6-中墙顶面防水板铺设;7-左洞超前支护;8-左侧壁导部洞开挖;9-左侧壁导洞初期支护;10-左洞上部开挖;11-左洞上部初期支护;12-左洞下部开挖;13-左洞下部初期支护;14-左洞仰拱钢筋混凝土;15-左洞拱墙二衬;16-右洞超前支护;17-右侧壁导洞开挖;18-右侧壁导洞初期支护;19-右洞上部开挖;20-右洞上部初期支护;21-右洞下部开挖;22-右洞下部初期支护;23-右洞仰拱钢筋混凝土;24-右洞拱墙二衬

3)左右洞开挖间距

刘元雪、蒋树屏等[95]用三维弹性塑性数值模拟,研究了离石黄土连拱隧道两正洞开挖面的时空步距。为了研究结果的一般性,假定围岩上部为规则的水平面,建立规则的三维立方体模型(图3-30),以排除地形、地貌的影响,使前后洞距离的影响更为单纯。

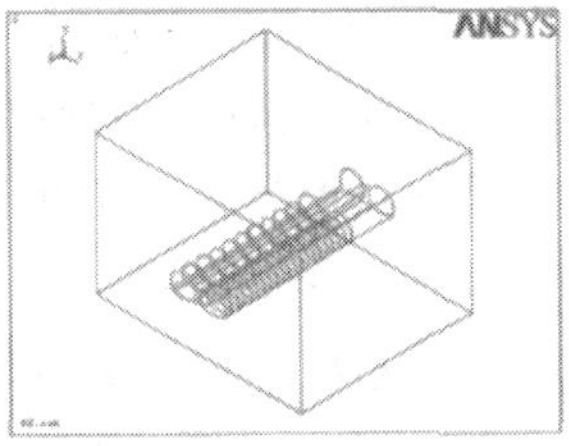

图3-30 隧道三维几何模型

(1)本构模型

土体与混凝土材料采用弹塑性分析。ANSYS程序中提供的岩土本构模型有Drucker-Prager理想弹塑性模型。程序中采用的屈服准则为摩尔—库仑外接圆D-P屈服准则。

锚杆采用线弹性模型。根据该工程黄土实验结果与相关文献资料,确定各种材料的力学参数(表3-14)。

材料力学参数 表3-14

材料	弹性模量(MPa)	泊松比	密度(kg/m^2)	内聚力(kPa)	内摩擦力(°)
喷混凝土	23 000	0.167	2 400	1 500	52
钢筋混凝土	29 000	0.167	2 400	2 000	55
锚杆	210 000	0.3	7 850		
黄土	136	0.3	1 710	76	23

(2)有限元模型的建立与计算方法

隧道埋深35m,隧道断面采用四车道设计断面,单洞净宽10.7m,初期支护0.25m,二次衬砌0.45m,中墙总厚3.3m。为了研究结果的一般性,假定围岩上部为规则的水平面,建立规则的三维立方体模型,这样可以排除地形、地貌的影响,使前、后洞距离的影响更为单纯。计算采用的软件为大型有限元计算软件ANSYS,采用三维弹塑性数值模拟(图3-31)。围岩黄土采用SOLID45单元模拟(图3-32),初次支护以及二次支护混凝土均采用SHELL单元模拟。壳单元是一种面单元,其混凝土衬砌厚度在该单元的实常数中输入。计算范围:隧道左右两侧自隧道边起取35m,下部自隧道底部取25m,上部取至地表,纵向隧道长90m。边界条件:四周水平方向约束,下部固定,上部边界为自由边界。

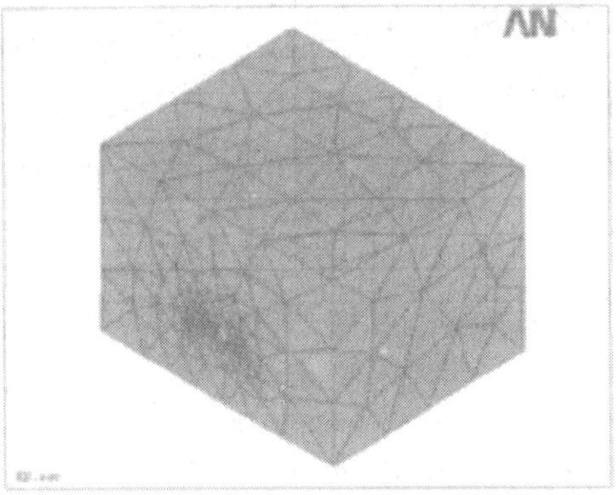

图3-31 隧道三维有限元模型

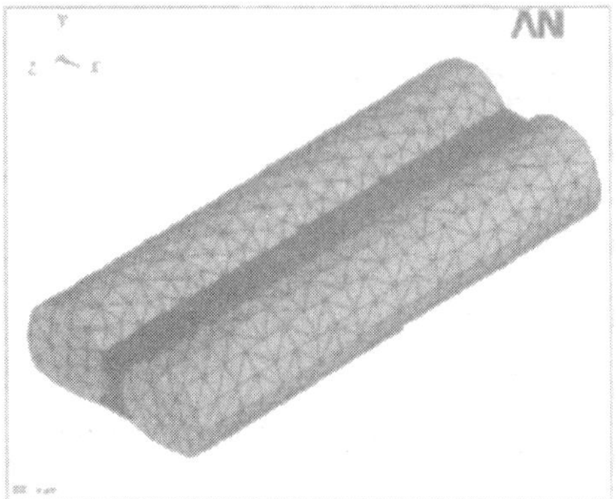

图3-32 隧道单元局部放大

(3)有限元计算步骤

本次计算目的主要是分析两主洞开挖面的合理距离,因此,本计算的过程为:先进行60m的中导洞开挖与施作初期支护、中隔墙;再进行这60m的左洞开挖、初期支护和二次衬砌;然后进行右洞开挖、初期支护和二次衬砌。每次进尺3m,20步后与左洞齐平,分析不同右洞开挖距离对左洞拱顶下沉量的影响。计算时首先要计算隧道未开挖时的原始地应力状态。隧道开挖采用"杀死"单元来模拟,衬砌结构施工采用"激活"单元的方法来模拟。

(4)有限元计算结果分析

有限元计算后,利用ANSYS后处理中的路径分析功能,从左洞洞口拱顶到隧洞撑子面拱顶设置一路径,相当于一剖面线,然后观测这个剖面线上位移变化情况。从这些图可以得出如下变化规律:只有左洞开挖时,拱顶沉降在洞口部分很大,向洞内开挖面方向沉降值衰减很快;随着右洞开挖,左洞拱顶沉降逐渐增大,离右洞开挖面越近,增加量越大;左洞口离右洞开挖面较远部分,沉降逐渐稳定。采用同样的方法从右洞洞口拱顶到洞底拱顶设置路径,得到该路径上的竖向位移分布和右洞开挖引起的拱顶下沉分布。有趣的是右洞拱顶沉降随距离变化,除靠近工作面处变化显著外,其它地方比较平缓。

左洞不同位置拱顶节点竖向位移,随着右洞的逐步开挖变化情况(图3-33),拱顶沉降扣除了黄土自重固结沉降(图3-33~图3-35)。从上到下,节点离洞口越来越近,1406点为左洞开挖面的拱顶,647点为左洞洞口的拱顶(图3-34)。1406、341为距离左洞掘进工作面最近两个节点,其竖向位移随着右洞逐渐开挖而逐渐增大,位移曲线呈抛物线(图3-36)。该抛物线存在一个加速度拐点,从第12步开始有加速增大的趋势,可以认为从第12步开始,右洞的开挖对左洞的影响加剧。因此,认为右洞距离左洞的开挖距离为3×(22-12)=30m时比较合适。174、647为距离左洞洞口最近的两个节点,其竖向位移随着右洞的逐渐开挖而逐渐增大(图3-36),但这两个节点分别从第12步开始,其竖向位移增大的趋势变缓,随着右洞的不断往前推进,对174、647两个节点的影响越来越小,影响减小的距离也为30m。因此,认为本黄土连拱隧道两洞开挖控制的距离应为30m。推而广之,黄土连拱隧道两洞开挖控制的距离应为单洞跨度的3倍。

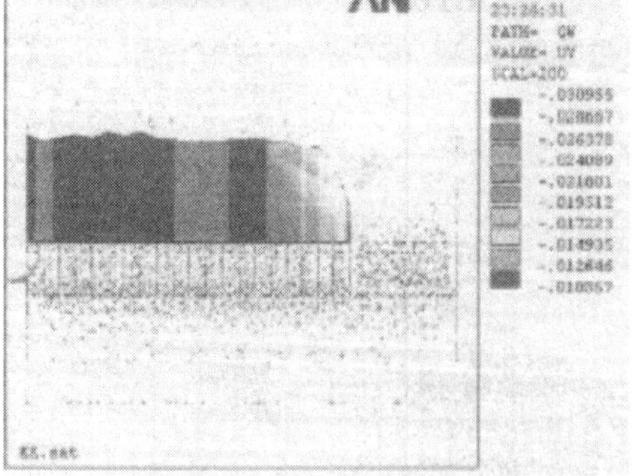

图3-33　右洞施工引起右洞拱顶的竖向位移分布

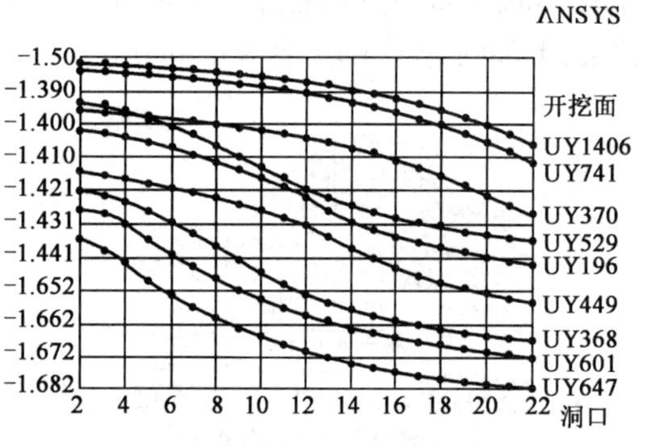

图3-34　左洞拱顶节点竖向位移随右洞施工推进变化曲线
(图中横坐标表示右洞施工步骤,每步3m;纵坐标表示标出数值需乘以0.1,单位为m,下同)

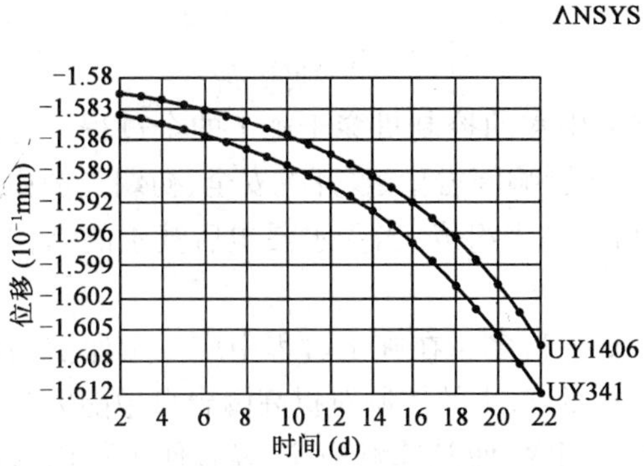

图 3-35　1406、341 节点的竖向位移的变化曲线

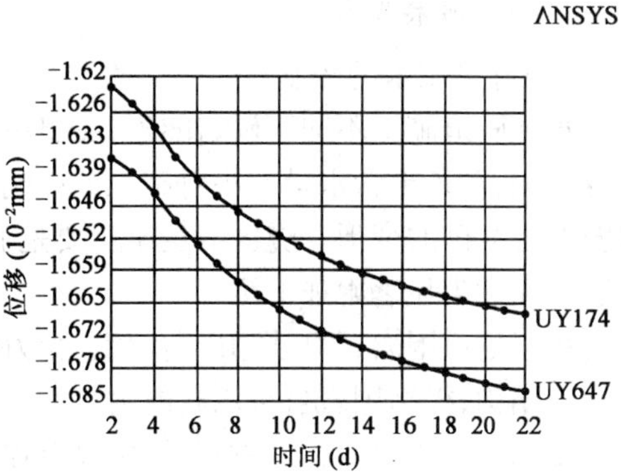

图 3-36　174、647 节点竖向位移随右洞施工推进的变化曲线

二、王家会黄土连拱隧道[96]

王家会连拱隧道位于山西省柳林县境内，全长 212.5m。隧区地质况是晋陕黄土高原吕梁山脉中低山区，基岩全被黄土覆盖。隧区地层主要为第四系上更新统马兰组的浅灰黄色黄土（亚砂土）、中更新统离石组的浅棕红色黄土（亚黏土、亚砂土）组成。岩性为硬塑～坚硬状，柱状节理发育，夹古土壤层及钙质结核层。微地貌为黄土梁、陡坎、冲沟，冲沟多呈“V”字形。地表水主要为大气降水，地下水埋藏较深。

1）隧道支护和衬砌

隧道初期支护采用喷、锚、网、钢拱架支撑、格栅钢架支撑，并增加超前小导管或超前锚杆预加固措施。隧道洞口浅埋段采用 ϕ108mm 长管棚超前支护。隧道为复合式曲中墙，厚 2.6m。隧道衬砌为曲墙式复合衬砌。

2）施工方案和工序

隧道采用“三导洞”法施工方案，即中导洞先行，进行超前开挖，双侧导洞随后跟进的方案。主要施工工序见图 3-37。

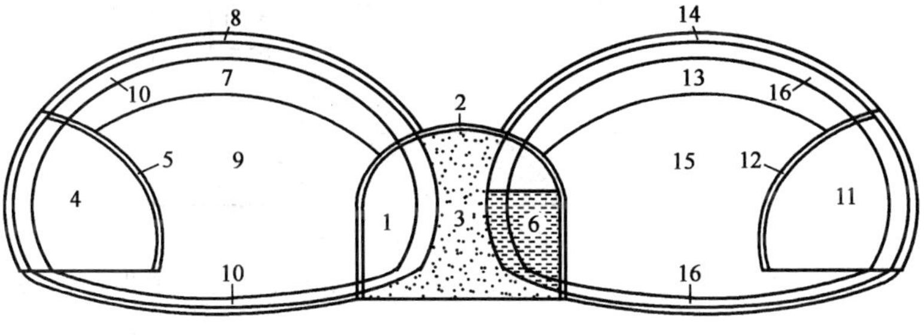

图 3-37　隧道施工工序图

1-中导洞开挖；2-中导洞初期支护；3-中墙浇筑；4-左侧导洞开挖；5-左侧导洞初期支护；6-中墙右侧回填；7-左正洞上半断面开挖；8-左正洞顶部初期支护；9-左正洞下半断面开挖；10-左正洞仰拱浇筑及二次衬砌；11-右侧导洞开挖；12-右侧导洞初期支护；13-右正洞上半断面开挖；14-右正洞顶部初期支护；15-右正洞下半断面开挖；16-右正洞仰拱浇筑及二次衬砌

3)施工技术要点

(1)施工用水的控制

黄土隧道施工不同于硬岩隧道,突出一点是施工用水的控制贯穿于施工的全过程。对黄土隧道而言,黄土含水量大小对施工的影响很大,直接影响围岩稳定、开挖安全、初期支护稳定以及二次衬砌的变形。隧区的黄土主要是亚砂土和亚黏土组成,当受水浸湿后黄土的结构迅速破坏而发生显著附加下沉。

由于隧道围岩属II类、III类黄土,受力特点要复杂得多。在施工过程中应尽量保护围岩的原有结构,提高围岩自身承载能力。对于黄土围岩而言,水的控制对提高围岩自稳能力是至关重要的。经验表明,如果在开挖中没有控制好施工用水,使其肆意横流,轻者使工作面地面黄土浸水成淤,不利于施工作业,或是围岩因浸湿而湿陷失稳,导致局部坍塌。甚至围岩因水浸泡自稳能力不断丧失,导致大坍方直至冒顶。即便是隧道开挖后已施作初期支护,如果没有控制好施工用水,使水浸入边墙或隧底,初期支护两侧拱脚基础就会因水湿陷,承载能力不断下降直到完全丧失,最终会导致初期支护拱墙膨胀、拱顶下沉、周边开裂等危害。

施工中对水的控制应该在每道工序中加以注意,开挖施工中要少用水甚至不用水,这只要改变开挖机具即可做到;开挖后在初喷混凝土施工时,要避免用水来清洗岩面;在施作注浆锚杆、砂浆锚杆、中空锚杆或超前小导管时需对孔眼注浆(或砂浆),应该尽量降低浆液(或砂浆)的水灰比。在浇筑仰拱混凝土时也应该严格控制混凝土的坍落度,加强对混凝土的捣固,避免隧底围岩因水湿陷而沉降。另外,洞室开挖前务必做好洞口的防排水设施,以防雨季的雨水流入洞内,造成不可挽回的损失。

(2)开挖方式及开挖设备

中导洞、侧导洞的开挖均选用全断面开挖,严格控制每次开挖的进尺量:II类围岩控制在1m之内,III类围岩控制在1.5m之内,每道开挖工序必须尽快完成,及时进行初期支护。施工中先行开挖中导洞,滞后一定距离后再开挖左、右侧导洞,从整体施工上实现交叉施工、平行作业。

正洞的开挖必须在中墙浇筑好之后进行,分上、下断面依次开挖,上断面弧形开挖法,保留核心土(图3-38),滞后一定距离开挖下断面。由于上断面空间狭小,不利于机械作业,为了方便施工,下断面的开挖必须紧跟上断面。上下断面的开挖距离为2~5m,保证安全又利于机械作业。

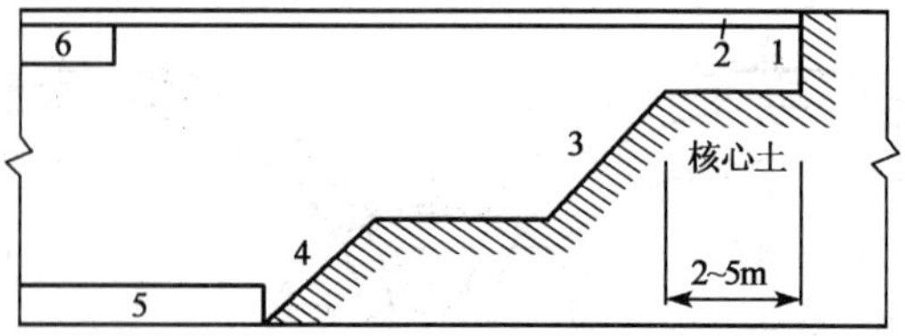

图3-38 王家会黄土隧道正洞施工工序

1-上半断面开挖;2-上半断面初期支护;3-下半断面开挖;4-下半断面初期支护;5-仰拱施工;6-洞身二次衬砌

左、右正洞的开挖错开一定距离,当左(或右)正洞开挖并完成初期支护、围岩压力趋于稳定后方可开挖右(或左)正洞。洞口浅埋段或偏压段正洞的开挖更值得注意,只有在左(或右)主洞二次衬砌好之后才能进行右(或左)主洞的开挖。在左(或右)正洞开挖之前,在中墙右(或左)侧施作一个反向支撑。反向支撑由下层夯填土和上层浆砌片石构成,或由桁架结构(可用直径25cm以上的圆木)横向支撑在中墙和中导洞侧墙上作为反向支撑物。

开挖选用挖掘机开挖作业，较小断面采用 PC220，较大断面采用 CAT320B，而放弃采用爆破作业。不宜使用风动凿岩机等需要用水的机具，避免黄土围岩因水湿陷失稳。机械开挖作业对围岩扰动极小，开挖后由人工用风镐或十字镐对开挖面稍作处理，使开挖面圆顺，提高围岩的自稳能力。注浆（砂浆）锚杆、超前小导管等孔眼的钻孔机具，我们采用 ZM-15T 岩石电钻，避免施工用水。

临时支护拆除必须以正洞监控量测结果为指导，在受力状态趋于稳定之后方可拆除。

（3）中墙施工

中墙对称居中于中导洞，在施工中采用弯制的弧形工字钢作为模板支架、钢制小模板立模，输送泵泵送混凝土入模。由于中墙顶部呈弧形，作业空间又狭小，浇筑混凝土时通常无法使中隔墙顶部密实，往往在弧形顶部留有空洞。因此，在中墙顶部预先埋设注浆管，当混凝土浇筑后及时注浆回填空腔，使中墙顶部顶紧岩面。在处理较大的顶部空腔时，先采用易于操作的喷混凝土回填，然后再注浆，既提高了中墙顶部混凝土密实度又提高了混凝土强度。

中墙顶部回填务必严格要求、高度重视，因为中墙是主要受力结构，如果中墙顶部回填不密实，无法承受围岩压力和初期支护施工后带来的不对称作用力，极易引起中墙顶部围岩失稳、坍塌，甚至会出现中墙倾斜、开裂等严重后果，从而引起主洞坍塌。

（4）监控量测

黄土隧道变形具有“蠕变特性”，它有一个发展过程，在施工过程中应密切注意。通过对中导洞拱顶下沉和净空收敛量测，判断和预报了围岩的稳定性、修正了支护结构形式、指导着中导洞每循环开挖的进度。通过对主洞拱顶下沉和净空收敛量测，判断主洞支护结构和中隔墙的稳定性，指导开挖、初期支护、临时支护的拆除等工序的施工。

第七节　单洞隧道改成连拱隧道

由于我国经济的快速发展和人民生活水平的不断提高，公路的车流量急剧上升，一些原先的单洞隧道已满足不了现代要求。因此，有部分单洞隧道需要改建和扩建成连拱隧道，杭州余杭区邱山单洞隧道改成连拱隧道就是我国第一例。本书作者 2009 年 10 月在该隧道的改扩建过程中，现场考察了中铁隧道局在该工程的施工现场。

据杭州市余杭新闻网[3-38]隧道施工图设计[3-39]及项目总工乐兴松介绍，隧道改扩建原因是原邱山隧道位于临平山，南接景星观路，北连星光街，是临平城区南北向交通的重要通道，全长 395m，双向四车道，可通非机动车和行人。隧道断面为城门洞形，单洞宽约 9m，净高约 5m，建筑限界高度约 3m，原单洞隧道目前的净空限界和宽度已无法满足现时交通需求。隧道已运营 20 多年，拱顶衬砌开裂、路面、设备等较陈旧，部分洞段存在着渗漏水和析钙现象。邱山隧道作为主城区南北向交通要道，通行需求量大，而单洞隧道内机非混行，存在着一定的安全隐患，且其通行能力与两端道路无法匹配，因此需对其进行改扩建。

一、隧道改扩建原则

隧道改扩建原则是：

（1）由于隧道南北洞口建筑密布，考虑拆迁工程难度大、代价高，应尽量少拆迁或不拆迁现有建筑。

(2)隧道改造着重于近期实施的可行性,充分利用既有隧道,将邱山隧道改扩建成双向四车道的连拱隧道,隧道单洞限宽为11m,即0.5m(检修道)+0.5m(左侧宽)+3.25m×2(车行道)+0.5m(右侧宽)+3m(慢行道),隧道建筑限界高度5m(图3-39)。

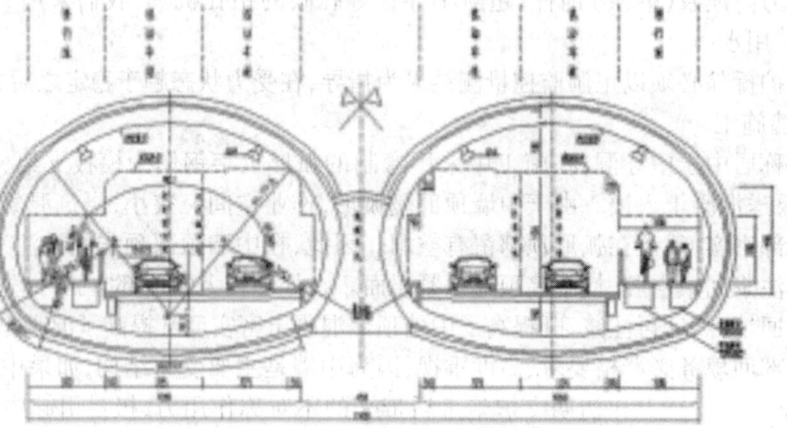

图3-39　邱山连拱隧道断面图(尺寸单位:cm)

(3)隧道布设要确保非机动车辆、人行交通顺畅,体现城市连拱隧道的特点。

(4)隧道位于城区,应尽最大可能不破坏或少破坏两端洞口的自然景观,应尽量利用既有的隧道空间。⑤隧道埋深较浅,基本为40~60m,围岩为地台阶段沉积的泥盆纪紫红色中薄层硬砂岩,产状平缓,褶皱和断裂构造不发育,工程地质条件较好,无富水现象,但隧道拱顶部位的围岩在开挖后相对破碎。隧道锚喷支护、钢支撑和钢筋混凝土衬砌结构如图3-40。

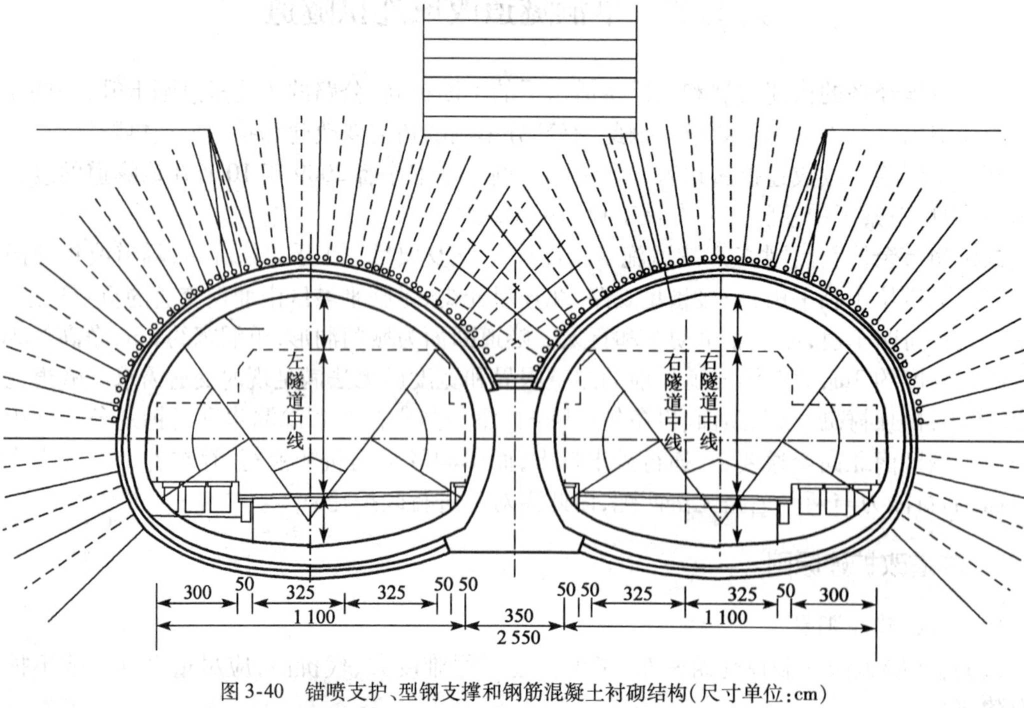

图3-40　锚喷支护、型钢支撑和钢筋混凝土衬砌结构(尺寸单位:cm)

二、施工方案和步骤

隧道施工方案和步骤是采用"中导洞＋既有隧道＋右侧壁"3导洞的 施工方案。在施工过程中严格按照"管超前、严注浆、弱爆破、短开挖、强支护、早喷锚、勤量测、早封闭"的原则组织施工。为加快隧道施工进度,采用南北两洞口同时施工。隧道施工步骤分成6大步和21个工序(图3-41)。

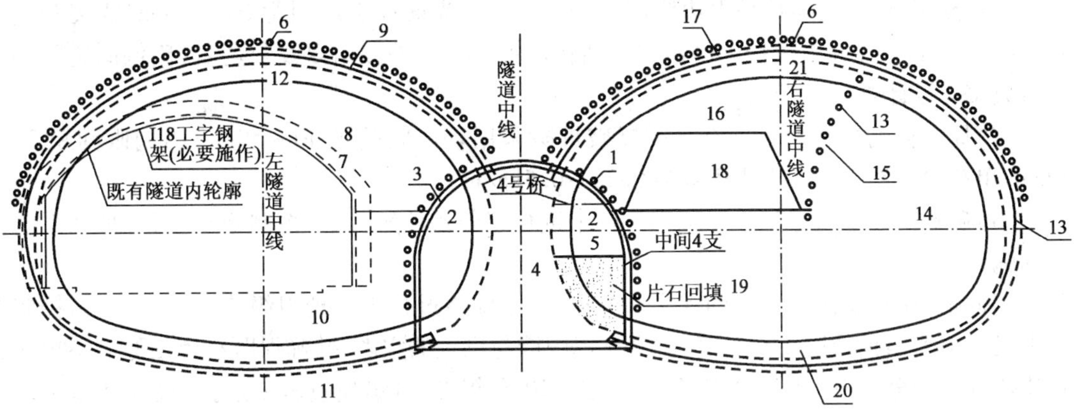

图3-41　隧道施工工序及时空步距

1-中导洞超前支护;2-中导洞开挖;3-中导洞初期支护;4-中墙钢筋混凝土;5-中墙回填和钢支撑;6-左右正洞超前支护;7-左洞既有隧道拆除;8-左洞上半断面开挖;9-左洞上半断面初期支护;10-左洞下半断面开挖,滞后上半断面2*D*洞径;11-左洞仰拱施工;12-左洞二次衬砌,比工序10滞后1*D*洞径;13-右侧导洞超前支护;14-右侧导洞开挖,比工序7滞后4*D*洞径;15-左侧导洞初期支护;16-右洞拱部开挖,比工序14滞后2*D*洞径;17-右洞拱部初期支护;18-右洞上部核心土开挖,比工序16滞后1*D*洞径;19-右洞下部开挖,比工序18滞后1*D*洞径;20-右洞仰拱施工;21-右洞二次衬砌,比工序19滞后1*D*洞径

(1)贯通中导洞、施作中墙。原有的邱山隧道二衬全断面为素混凝土,厚约50cm,目前结构处于理想的稳定状态。新建连拱隧道平面布置基本与原邱山隧道平行,且两者中心间距控制在7.8~8.95m。在原隧道边部一侧先施作宽为6m的中导洞,中导洞与原隧道侧墙之间的岩柱厚度约2m(含原二次衬砌)。

中导洞的安全贯通是该工程成败的关键,为了确保安全,施工时对中间岩体进行必要的注浆加固,同时在中导洞的拱顶部位进行必要小导管注浆做超前支护。开挖一个步距后,立即安设工字钢架,挂网喷射混凝土封闭,确保中导洞与既有隧道之间没有受力突变点。土体爆破时需采用预裂爆破措施。

为了尽快进行左右洞的开挖,中墙混凝土采用泵送混凝土施工,待中墙达到强度后,对中墙墙顶进行注浆回填,以填满中隔墙顶可能的空隙,确保连拱隧道受力分配合理、均衡。

(2)既有隧道二次衬砌拆除、左正洞开挖支护后及时封闭。针对拱顶部岩体开挖后相对破碎的特点,在原隧道二次衬砌拆除前进行必要的拱顶小导管注浆预加固处理。继而对原有二次衬砌素混凝土采用预裂爆破拆除,正洞采用上下台阶法施工,尽早封闭单洞。

(3)新建隧洞侧导洞施工。为了加快施工进度,在既有隧道初期支护进洞约为单洞4倍洞径后,立即实施新建隧道侧导洞开挖。

(4)新建隧道正洞施工。待侧导洞掘进2倍洞径后,即可采用上下台阶法实施正洞的土体开挖,其中上台阶采用留核心土法施作,及时封闭成环。

(5)及时施作二次衬砌。

(6)机电安装和隧道装修。

三、施工技术要点

施工技术要点有:

(1)中导洞控制爆破。由于隧道的中导洞侧壁与既有邱山隧道的中夹岩柱宽度小,故中导洞采用预裂爆破,其参数是周边眼间距 40 ~ 50cm;光面爆破层间距 60 ~ 75cm;线装药量为 0.2 ~ 0.4kg/m。在施工过程中严格控制钻孔位置、深度、外插角以及装药量,确保周边眼的爆破参数符合设计要求。

(2)原二衬的爆破拆除。原二衬爆破拆除采用环向眼间距 40 ~ 50cm;纵向眼间距 30 ~ 40cm;单孔深度约 35cm;线装药量为 0.25 ~ 0.5kg/m。

(3)确保拱顶围岩稳定。在施工过程中进行超前预注浆措施,控制施工步距,加强系统锚杆的施作质量控制。

(4)确保中墙稳定。为了确保中墙的稳定,在施工过程中合理组织施工工序,严格控制施工进尺。中墙墙顶采用注浆回填,密实充填中墙与拱顶的空隙,并确保既有邱山隧洞不坍塌和新建隧洞的安全。由于原邱山隧道运营已有 20 余年,当时锚喷技术未过关,设计和施工还不很正规,更没有监理体制,施工质量上存在较多问题,故在中导洞施工进程中和在原二次衬砌拆除工序中,必须确保既有邱山隧洞不坍塌,防止出现安全事故。

(5)保护洞口景观。洞口景观考虑建筑美观及环保要求,使防护功能、安全功能和景观功能有机结合,将洞口的景观和山景融为一体。隧道北口采取无洞门的处理手法,主要考虑对西侧采石场进行回填复绿后坡地平缓,且周边的绿化现状较好,采用削竹式洞门在洞口形成整体式绿化,淡化洞门概念,使得洞口"自由、飘逸",减少人工穿凿的痕迹,并与周边的边坡和谐统一。隧道南口边坡较高,山体厚实,周边绿化较好,采用端墙式洞门,造型上更加突出安全感,且与山岭坡地相互呼应,洞门掩映在绿树青山之中,对比明显,形象突出。余杭乃良渚文化的发源地,历来为文人墨客之乡。在洞门结构上充分采用良渚文化中的玉琮、玉璜等造型,墙面则采用大型浮雕,绘有凌统、陆羽、沈括等历史名人,充分突出余杭的文化特色。

第八节　连拱隧道组合形式

公路连拱隧道与其它隧道的组合形式多种多样,目前为止主要有下列 4 种组合形式。

(1)洞内分岔式。如贵州八仙岩隧道,沪蓉西高速八字岭、漆树槽、庙垭隧道,山西晋济高速月湖泉、拍盘隧道,充分发挥大拱、连拱、小间距和分离式隧道各自优势,共建长大隧道,可充分发挥各种形式隧道(连拱隧道、小净距隧道和分离式隧道)的优越性,满足工程和交通需求。分岔连拱隧道由分岔式整体直中墙隧道和分岔式复合式(夹心式)中墙隧道组成(图 3-42)。

(2)洞外串珠式。由于一些地区山川地形发育,形成指状山脊沟谷相间,或城市多处繁华十字路口,多座连拱隧道横穿而过,形成一串珠式连拱隧道的平面布局,如云南老苍坡一号至六号隧道群,广西柳州市南二环由桐油山隧道、银仔山隧道 1 号和 2 号组成隧道群,南京九华山连拱隧道群等。河南周口—信阳高速新县段不足 8km,设置 7 座连拱隧道,形成共长 1 747m

的短连拱隧道群。

(3)横向多洞式。在一些特殊地形和要道,车流和人流量大,单一形式隧道难以满足交通需求,于是在一狭窄横断面内,设计出多洞式隧道组合。如上海小洋山、福州市罗汉山、金鸡山隧道等的连拱隧道、小间距隧道和单洞管线隧道,多个隧洞出现在同一横断面上。尤其是近年一些主干线路拓宽,在同一横断面上增加隧洞,因而隧道群数量剧增。

(4)垂向立交式。随着交通事业的进一步发展,今后很可能出现垂向立交多洞式组合。如在海南省有一处靠近山顶的单洞隧道,其下又修建一连拱隧道,以满足交通发展之需求。

以上各种形式的连拱隧道组合,将分别在下面各有关章节中详细论述。

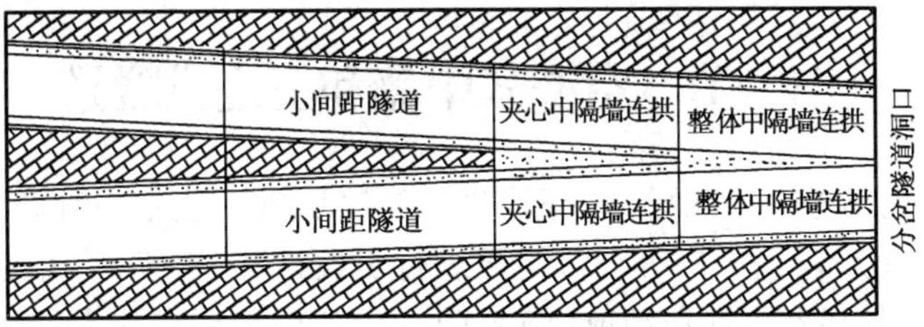

图 3-42　洞内分岔式隧道组合

第四章

连拱隧道新进展

第一节　空心式中墙和三连拱隧道

据网上资料和现场考察，“三导洞”三连拱—先墙后拱工艺是一种新工艺类型，首先用于南京九华山穿山隧道。李学军[99]等对该隧道进行了设计，王霆等[100]对隧道进行了监测。隧道总长 2 796m，由山体段和湖底段组成（图 4-1）。山体段地形变化大，穿越两条断层带，隧道岩性多变，岩石强度和地下水活动变化较大。隧道暗挖段为断裂带及黄马青组地层，围岩稳定性差。象山群石英砂岩、石英岩受断裂作用影响，岩体裂隙极发育，且隧道洞身位于地下水位以下，施工中易产生涌水。围岩类别为 V 级和 IV 级，隧道最大埋深 50m（图 4-2）。

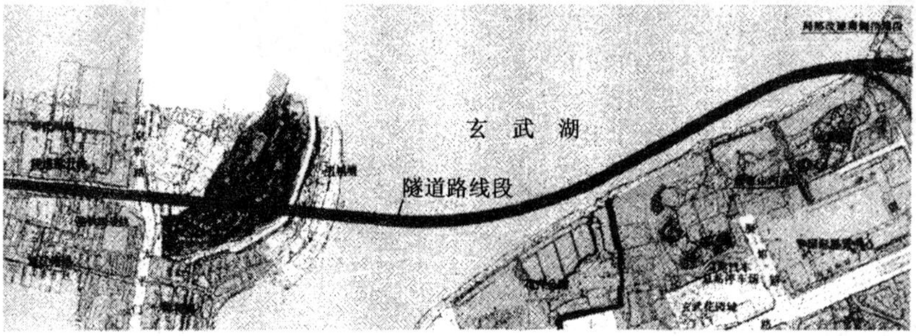

图 4-1　南京九华山隧道路线图

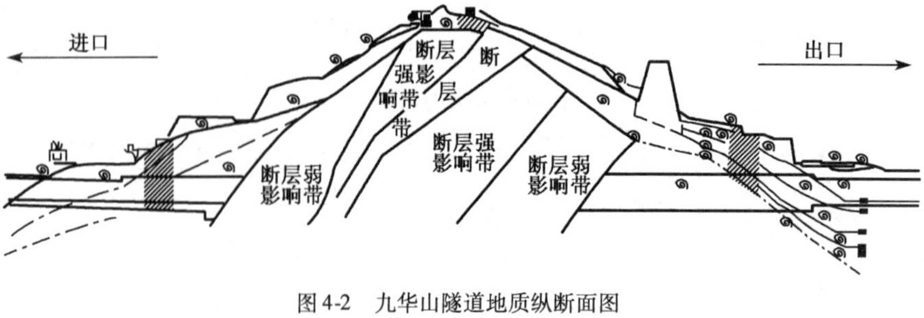

图 4-2　九华山隧道地质纵断面图

三连拱隧道的原理是采用空心中墙，形成“三导洞”三连拱—先墙后拱工艺。九华山隧道在结构上比较特殊，采用三连拱工艺的最大优点是充分利用隧道断面空间，中洞相当于空心中墙（图 4-3），用一横隔板把中洞分成上下两层，下层有横洞与左右正洞相通，可作人行逃生通道，上层作各种管道空间。三连拱结构比平顶式（箱涵式）结构有利于结构受力和防排水，不足之处是中墙顶部的左右施工缝低于两侧正洞拱顶，易于产生中墙渗漏水。

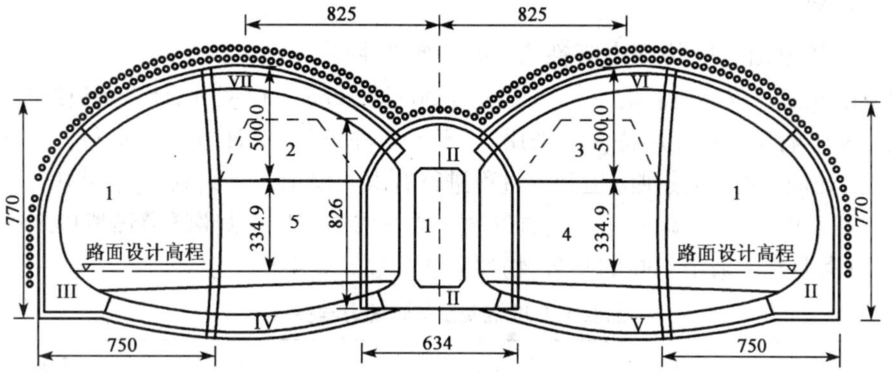

图 4-3 隧道“三导洞”法施工程序图(尺寸单位:cm)

1-中导洞和左右侧导洞开挖及支护;2-左洞上台阶开挖及初期支护;II-浇筑中墙;III-外侧仰拱及部分边墙浇筑;3-右正洞上台阶开挖及初期支护;4-右洞下台阶和左洞上台阶开挖及初期支护;5-左洞下台阶开挖及初期支护;IV、V 两正洞内侧仰拱浇筑;VI、VII-两侧拱顶浇筑

朱艳峰、李文英、甄宝山[101]在九华山连拱隧道穿过两个断层破碎带时,为确保安全,针对连拱隧道设计和施工中存在的问题,进行了隧道穿越破碎山体施工方法数值模拟研究。通过对中导洞台阶开挖工艺和“三导洞”工艺的有限元模拟,采用隧道与地层共同作用的受力模式,分析各种施工顺序对地层和隧道结构的受力与变形的影响,计算关键点的位移和主应力。结果表明,两种工艺相差不大,但“三导洞”工艺的受力和位移情况要略好于中导洞台阶开挖法,因此采用“三导洞”工艺。

隧道全长 445m,施工开挖宽度 31.5m,开挖高度 9.18m,采用中空直中墙,二次衬砌采用 C30、S8 钢筋混凝土。由于隧道开挖跨度大,施工工序多,开挖和支护相互交错,围岩应力变化和衬砌荷载转换十分复杂。施工过程中围岩应力分布,以及衬砌受力变形状况不明确,左右洞施工对中墙的影响,增加了隧道施工变形和稳定控制的难度。为确保安全,通过对连拱隧道开挖的多方案仿真分析及对比,研究了隧道暗挖段施工方案,并对施工中出现的问题和量测结果的解释提供了理论帮助。

隧道施工时,依照初步设计中所提供的隧道暗挖段地质资围岩类别定为 V 级和 IV 级,排除了中导洞全断面开挖法。通过对中导洞台阶法和“三导洞”法两种方式的有限元模拟,并计算关键点的位移和主应力,以此确定合理的施工方案。

1)计算模型

依据初步设计中连拱隧道断面的相关尺寸,建立隧道二维有限元计算模型。为尽量减少边界约束条件对计算结果产生的不利影响,边界所取地层的范围是:水平方向上隧道两边的长度均取洞跨的 3 倍为限,即计算模型的水平宽度为开挖隧道跨度的 7 倍;垂直方向上,隧道下的距离为洞高的 3 倍,而隧道上方按实际地形尺寸,计算模型如图 4-4。

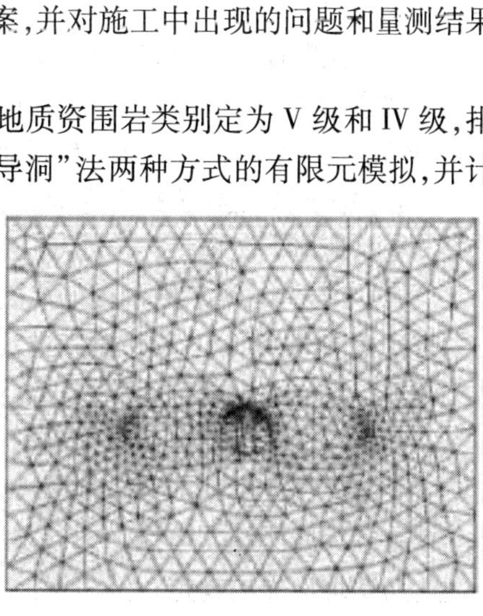

图 4-4 隧道暗挖段二维有限元计算模型

2)计算参数

计算根据隧道围岩的物理力学性质,采用弹塑性
的非线性有限元法。围岩材料的本构模型采用 Drucker-Prager 模型,以计算隧道结构与地层在开挖过程中发生的非线性变形特性。采用 ANSYS 软件,利用对计算单元进行“生(alive)”与“死(kill)”的处理功能,对连拱隧道开挖过程进行有限元模拟。总共划分为 1401 个 PLANE42 岩体单元,87 个 BEAM3 衬砌单元。围岩的物理力学参数,依据铁路隧道锚喷构筑法中 III 类围岩确定,衬砌混凝土采用 C30 的参数,物理力学参数见表 4-1。

围岩与 C30 混凝土的物理力学参数 表 4-1

弹性模量(GPa)	泊 松 比	内聚力(kPa)	内摩擦角(°)	重度(kN/m^3)
10	0.30	700	39	24.5
30	0.26			24.0

3)加固措施的简化

对隧道结构的有限元计算,采用隧道与地层共同作用的受力模式,模拟分析各种施工顺序对地层和隧道结构的受力与变形的影响。在隧道开挖过程当中,为防止开挖引起围岩坍塌,通常根据围岩类别采用锚杆、超前小导管注浆和管棚等支护措施进行加固处理,以提高围岩的稳定性。在模拟施工过程中,对加固措施采取简化处理,即在开挖的同时,激活衬砌单元。

4)边界条件

计算时所施加的边界约束条件如下:

①地表为自由边界,未受任何约束;

②计算模型的左右边界,分别受到 X 轴方向的位移约束,模型的地层下部边界,受到 Y 轴方向的位移约束。

5)施工过程仿真

隧道开挖断面大,围岩自稳性差,因此,采用左右洞分块开挖,锚喷及钢架支护成洞方法。由于工期紧,加之中导洞及侧导洞开挖断面小,为了按期完成施工任务,在保证施工安全和工程质量的前提下,开挖支护与二次衬砌同时作业,混凝土仰拱浇筑与土石方开挖出渣同时进行。三导洞法开挖主要模拟工序有:

①初始地应力场模拟;

②开挖中导洞,浇筑中墙钢筋混凝土;

③开挖左洞上半部分,并对其进行初期支护;

④开挖右洞上半部分,并对其进行初期支护;

⑤开挖左洞下半部分,并对其进行初期支护;

⑥开挖右洞下半部分,并对其进行初期支护(图 4-5)。

中导洞台阶法开挖模拟。中导洞法开挖主要模拟工序有:

①初始地应力场模拟;

②开挖中导洞,并用混凝土浇筑中墙;

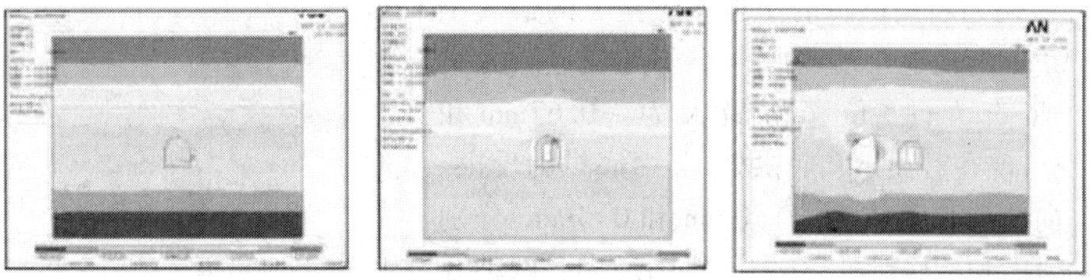

a) 第一步　b) 第二步　c) 第三步

d) 第四步　e) 第五步　f) 第六步

图 4-5　三导洞法开挖模拟步骤

③左洞上台阶开挖,并进行初期支护;

④右洞上台阶开挖,并进行初期支护;

⑤左洞下上台阶开挖,并进行初期支护;

⑥右洞下上台阶开挖,并进行初期支护(图 4-6)。

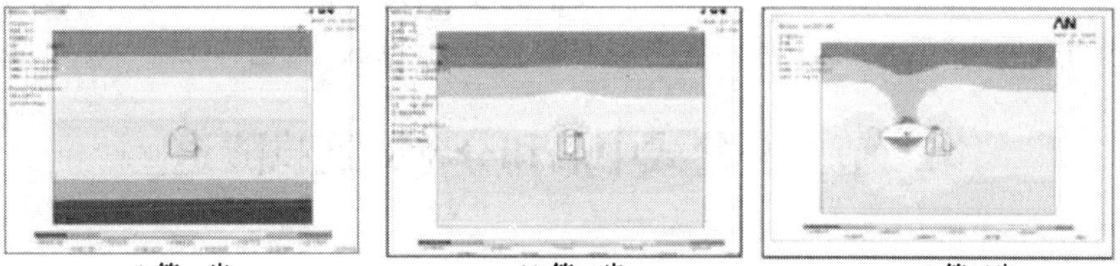

a) 第一步　b) 第二步　c) 第三步

d) 第四步　e) 第五步　f) 第六步

图 4-6　中导洞台阶法开挖模拟步骤

6)开挖方案比较

为了便于分析两种开挖方案的优劣,根据连拱隧道最大变形和受力情况,选取的关键点共10个(图 4-7)。水平收敛为 1、7、2 和 8 点,中墙最大受压点为 3 点和 4 点,拱顶下沉点为 5 点和 6 点,拱底隆起点为 9 点和 10 点。开挖后相应的应力、位移情况比较如下:

方案一的 X 向(水平方向)最大应力值为 -0.70MPa和 0.05MPa,分别出现在中墙与左洞拱脚的交点和左洞仰拱处。方案二的 X 向最大应力值为 -1.3MPa 和 0.1MPa,出现位置同方案一。两种方案均出现局部拉应力,出现在右洞仰拱处为 0.2MPa。方案一的最大压应力为2.7

MPa,出现在中墙与右洞拱脚的交点。方案二的最大压应力为2.5MPa,出现在中墙与左洞拱脚的交点。方案一的 Y 向(竖直方向)位移值最大为 -0.67mm 和 0.2mm,分别出现在右顶拱和底拱处,其中底拱为反拱。方案二的 Y 向位移值最大为 -1.0mm 和 0.5mm,分别出现在左右顶拱和右底拱处,其中底拱为反拱。两种开挖 X 向位移均表现为内敛,但数值都不大,因此,不作为开挖方案比选的依据。三导洞开挖法水平方向 X 和竖直方向 Y 释放位移见图 4-8。

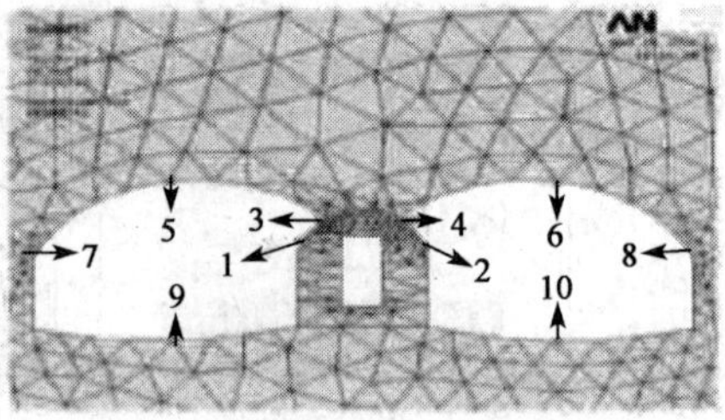

图 4-7 关键点位置图

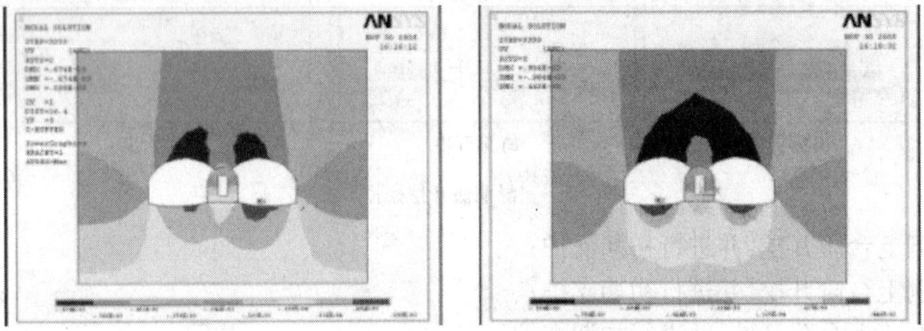

图 4-8 “三导洞”法水平(左)、竖直(右)方向释放位移

从以上开挖步序的应力和位移等色图及表格比较看,两种开挖方案相差不大,但方案一的受力和位移情况要略好于方案二,因此,采用方案一“三导洞法”工艺施工。

第二节 分岔式中墙和分岔式连拱隧道

一、我国分岔式连拱隧道

连拱隧道因跨度大、受力复杂、造价高等不足,在我国当前机械设备和技术条件下,难以用单一连拱隧道形式修建长大公路隧道。因此,隧道界创造了分岔式连拱隧道,充分利用分岔式连拱隧道、小净距隧道和分离式隧道优势组合,统称其为分岔式隧道,以此解决修建长大公路隧道,降低隧道与特大桥相连接的桥梁造价难题。如沪蓉西高速主干线上有八字岭、漆树槽、庙垭 3 座分岔式公路隧道(表 4-2),都取得了良好的技术经济效果。

我国分岔式公路隧道表 表 4-2

序号	隧道名称	地点	总长(m)	连拱段(m)	小净距段(m)	分离式段(m)	大拱段(m)	完工年份
1	易家湾	重庆市菜袁路	762					
2	月湖泉	山西晋城—济源高速	左 4 744.5 右 4 721.3	左 348.5 右 348.3	左 265 右 267	左 4 131 右 4 106	无	2005
3	拍盘	山西晋城—济源高速	左 3 447.5 右 3 479.0	197.47	529.85	2 726.68	无	2008
4	八仙岩	贵州玉屏—三穗高速	左 670 右 719	100	223	左 347 右 396	无	2007

续上表

序号	隧道名称	地点	总长(m)	连拱段(m)	小净距段(m)	分离式段(m)	大拱段(m)	完工年份
5	八字岭	沪蓉西高速	左 3 525 右 3 548	80.6	174.9	左 3 160 右 3 183	69.4	2007
6	漆树槽	沪蓉西高速	左 1 263.5 右 1 255	386				2007
7	庙垭	沪蓉西高速	左 2 529 右 2 510	87.2			57	2007
8	梧村山	厦门市机场路一期	全长 3 700	615				2010

分岔式隧道实质是连拱隧道分岔，从普通连拱隧道左右洞平行转为左右洞分开，中墙厚度逐渐加大，如八仙岩隧道中墙由 249cm 增至 387cm[102]；或由整体式直中墙逐渐转变为复合式曲中墙(图 4-9)。分岔式连拱隧道中导洞开挖和中墙浇筑，是分岔式连拱隧道的关键工序，也是分岔式隧道的关键工序。因为中导洞横断面宽度和中墙横断面尺寸和结构的不断变化，并要完成与小净距隧道的过渡和连接，因此，分岔式连拱隧道在分岔式隧道中具有决定性意义。分岔式连拱隧道，近年在长大隧道中获得较为广泛的应用，是因桥隧连接时可大量降低桥梁造价，路隧相接时可大量减少洞口土地占用[102~110]。

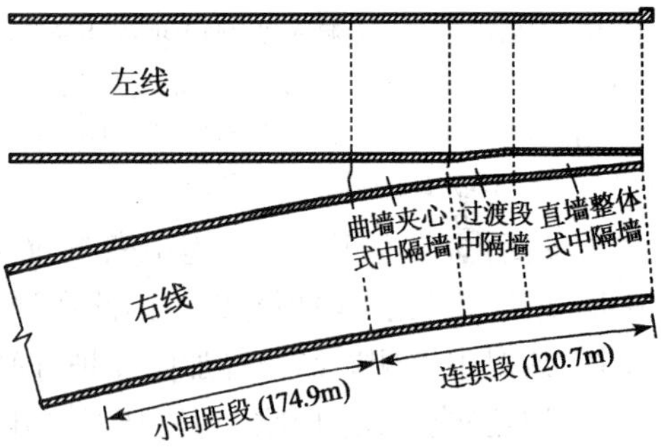

图 4-9　分岔隧道衬砌平面

对八字岭双向四车道分岔式隧道的大拱断面段，最初设计是以单洞双向四车道大拱断面开挖，即是采用大拱断面开挖和支护，最终还是建筑中墙，使左右正洞分隔，以连拱隧道形式与路桥相连接。后来优化设计为单洞双向四车道大拱断面隧道。因此，要特别说明的是，严格言之，分岔式连拱隧道由两部分组成：其一是整体分叉式直中墙连拱隧道，包括大拱断面连拱隧道；其二是分岔复合式曲中墙连拱隧道。由于部分大拱断面连拱隧道未取消中墙，仍保留大拱连拱隧道术语。为避免篇幅过大，在此介绍分岔式连拱隧道，省去了分岔隧道中的小净距隧道和分离式隧道有关内容。

二、分岔式连拱隧道工艺

崔建新[104]介绍了八字岭分岔连拱隧道工艺。该隧道属沪蓉西路高速八字岭分岔式隧道中的一个中间组成部分，因而隧道一端与大拱断面隧道相衔接，另一端与小净距隧道相衔接。大拱断面隧道段长 69.40m，其中 10.80m 为明洞，58.60m 为四车道大拱断面结构。分岔式连拱隧道段长 120.70m，其 III 级围岩段 45m 采用“三导洞法”施工，II 级围岩段 75.70m 采用中导洞法施工。中墙为三墙复合式曲中墙。“三导洞”法施工的工序按图 4-10 所示进行。

上述各施工工序中的有关工序，还有一定的时空步距要求：即①左导洞比右导洞超前20 ~ 30m 开挖；②左右导洞边墙二次衬砌达到设计强度后，才能进行相应正洞的开挖；③上下行正洞掌子面开挖，相互错开 20m 以上，时间错开 20 天以上。此外，在正洞开挖进程中，应注意中

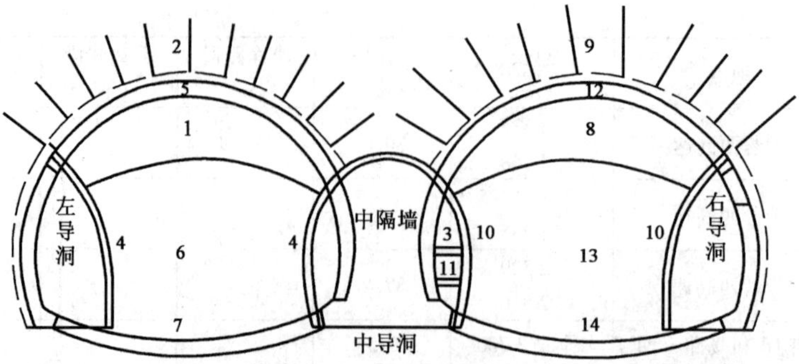

图 4-10　分岔式连拱隧道"三导洞"法施工工序

1-左洞上半断面开挖;2-左洞拱部初期支护;3-中导洞右侧临时支撑设置及侧边回填;4-左导洞右侧支护及中导洞左侧支护拆除;5-左洞拱墙二次衬砌;6-左洞核心土开挖;7-左洞仰拱混凝土浇筑;8-右洞上半断面开挖;9-右洞拱部初期支护;10-中导洞右侧支护及右导洞左侧支护拆除;11-中导洞右侧临时支撑和中墙侧边回填拆除;12-右洞拱墙二次衬砌;13-右洞核心土开挖;14-右洞仰拱混凝土浇筑

墙受力的变化,当左正洞仰拱施工完毕,而右正洞尚未开挖时,中墙整体易向右正洞方向移动,且中墙基础位移比中墙顶部大。因此在浇筑中墙后,在右侧正洞方向采用增加工字钢横向临时支撑,或对中墙侧边回填等加强支护,确保中墙整体结构的稳定性。

中导洞法施工,由于围岩为较坚硬的 II 级,其工序相对"三导洞"法少些,施工工序间的时空步距也不完全相同于"三导洞"法。如中导洞施工至设计里程后修筑中墙,中墙完工并养护至设计强度后,就可进行正洞开挖。上下行正洞掌子面开挖的时空步距与"三导法"相同,也是前后错开 20m 以上,时间相距 20 天以上。二次衬砌工作面,与正洞开挖掌子面相距小于 35m。中导洞法正洞开挖,采用上台阶超前下台阶拉槽留核心土法,其施工工序按图 4-11 进行。

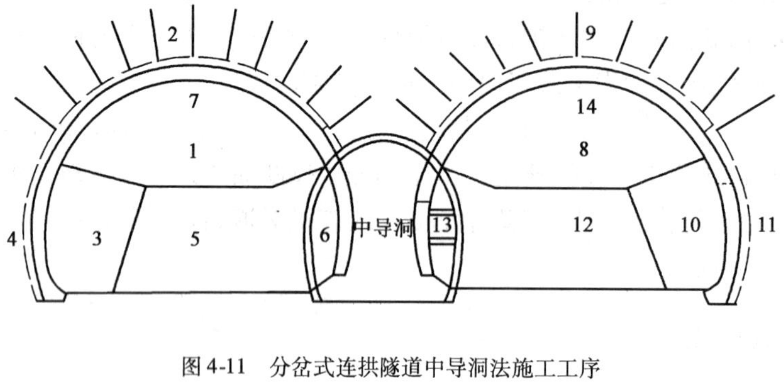

图 4-11　分岔式连拱隧道中导洞法施工工序

1-左洞上半断面开挖;2-左洞拱部初期支护;3-左洞下半断面拉槽开挖;4-左洞下半断面左边墙初期支护;5-中导洞左侧支护拆除,左洞口核心土开挖;6-左洞下半断面右边墙初期支护;7-左洞全断面二次衬砌;8-右洞上半断面开挖;9-右洞拱部初期支护;10-右洞下半断面拉槽开挖;11-右洞下半断面右边墙初期支护;12-中导洞右侧支护,临时支撑和中墙侧边回填拆除,右洞核心土开挖;13-右洞下半断面左边墙初期支护;14-右洞全断面二次衬砌

三、分岔式连拱隧道设计和施工优化

周有江[105]对八字岭分岔式隧道的设计和施工进行了优化,并把形似燕尾的分岔式隧道称为燕尾式隧道。

1)工程变更

由于工程按照变更后的设计施工的，故有必要把变更设计的情况加以阐述。变更的原因主要有两方面，一是对原设计的优化变更，二是由于地质条件与原设计不同引起的变更。

(1)大拱连拱段二次衬砌形式优化变更。该段二次衬砌原设计分外衬和内衬两种形式，后根据初期支护监控量测变形较小的实际情况，以及为了烘托大拱的宏伟气势、简化二次衬砌形式、保证防水质量，故申请变更设计将内衬取消。大拱连拱段二次衬砌结构形式变更前后的对比如图4-12、图4-13。本书作者认为，这种变更的不足，又可能会带来不利于隧道通风排尘问题。

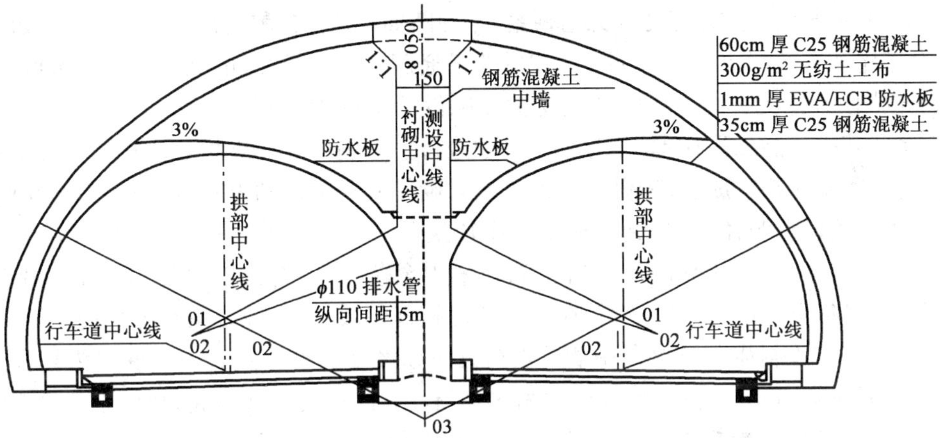

图4-12　大拱连拱段原设计二次衬砌结构图(尺寸单位:cm)

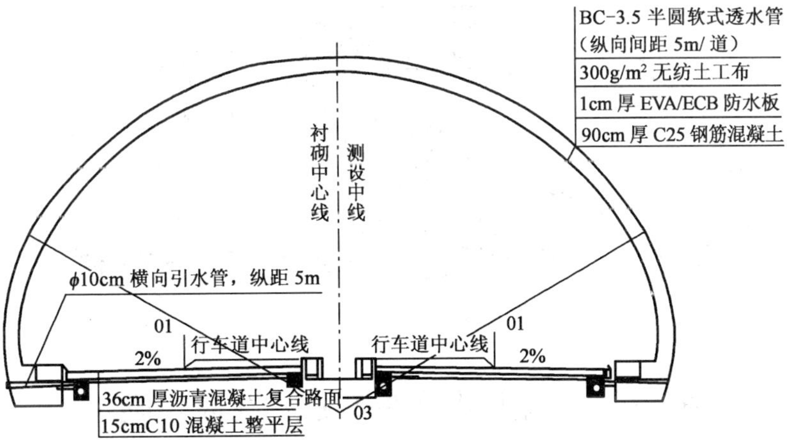

图4-13　大拱连拱段变更后二次衬砌结构图

(2)分岔连拱段二次衬砌形式优化变更。该段二次衬砌原设计为整体式直中墙与左右洞二次衬砌分开的柱拱式衬砌结构。为增加左右洞二次衬砌的整体性及防水的可靠性，将整体式直中墙改为复合式直中墙，中墙外层待左右洞二次衬砌时一起施工(图4-14)。

由于该段围岩实际工程地质比设计差，为了保证中墙的安全，分岔连拱段左右洞初期支护由原设计的锚网喷支护变更为格栅锚网喷支护。

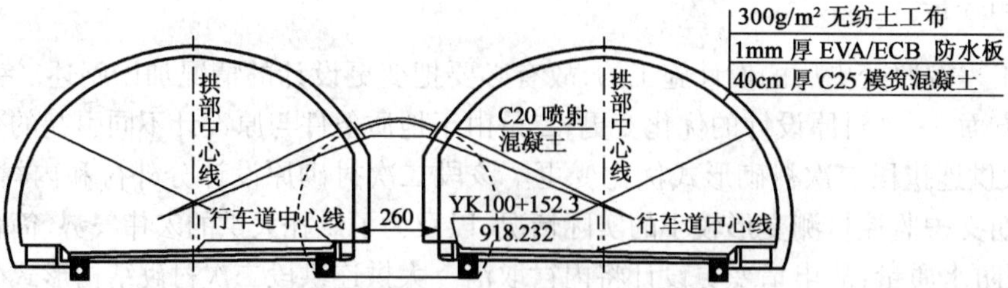

图 4-14　分岔连拱段变更设计后二次衬砌结构图(尺寸单位:cm)

2)在变更设计前提下优化施工

(1)连拱段施工。连拱段截面变化频繁(5 种断面),左、右洞之间施工干扰大,如何合理衔接各个工序及有效解决中墙顶部渗漏水的质量通病,是必须解决的又一个技术难点。

(2)连拱段开挖支护。连拱段开挖支护在原设计基础上进行了优化,原设计是中导洞先行,在中墙及其中一洞二次衬砌施工完成后,才进行另一洞的开挖支护。优化施工方案是采用中导洞先行,中墙衬砌完成后,未做一洞的二次衬砌便采取错进的方式进行左、右洞开挖支护,错进间距为 2 倍以上洞径,这样更有利于工序转换和对先行洞的二次衬砌保护(避免因爆破对二次衬砌造成影响)。中导洞及左右正洞均采用全断面开挖方式,利用多功能台架钻孔钻进,锚网潮喷混凝土支护。事实证明,在围岩条件较好的情况下,该方案是可行的。

(3)连拱段二次衬砌。连拱段中墙二次衬砌由原设计的整体式直中墙变更为复合式直中墙。内层中墙衬砌同原设计中墙,外层中墙衬砌与左右洞衬砌合在一起,类似于分离式隧道的单洞衬砌,采用 12m 长模板支模,泵送 C25、P8 防水混凝土(图 4-15)。

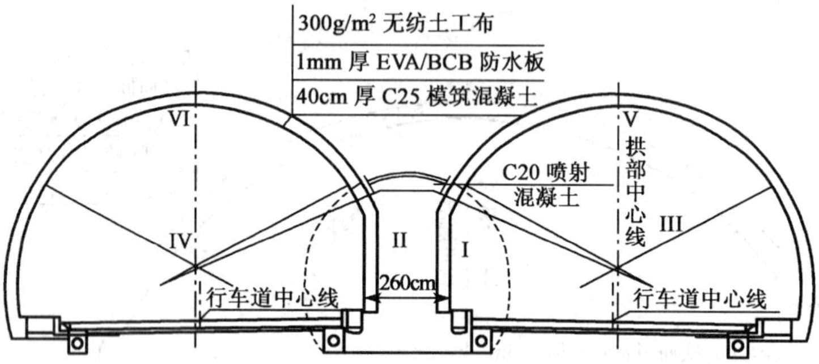

图 4-15　连拱段优化设计施工工序图

第三节　大拱断面连拱隧道设计与施工

鉴于已建的普通连拱隧道工序多、工期长,中墙顶部围岩经受多次爆破扰动,自稳性差;较大的竖向荷载直接作用在中墙顶部,造成中墙顶部围岩压力大,易产生中墙沉降;中墙顶部承受先一侧开挖正洞初支护的不平衡力,易产生中墙偏压、开裂、甚至倾覆,导致隧道整体结构破坏等不足,于是产生了大拱断面连拱隧道的构想[111~113]。此外,在更早的 2004 年,八字岭分岔式隧道大拱段也采用了类似大拱断面连拱隧道的设计和施工[104]。尽管大拱断面连拱隧道还存在开挖跨度大、断面利用率低、工程造价较高、施工难度大等不足,总观之,仍有一定优势,故特此介绍。

一、断面结构设计

王兵等[111]提出大拱断面连拱隧道结构设计，其内轮廓设计如图 4-16，设计参数如表 4-3，有仰拱和无仰拱的衬砌断面设计如图 4-17，图 4-18），复合式衬砌支护参数见表 4-4。

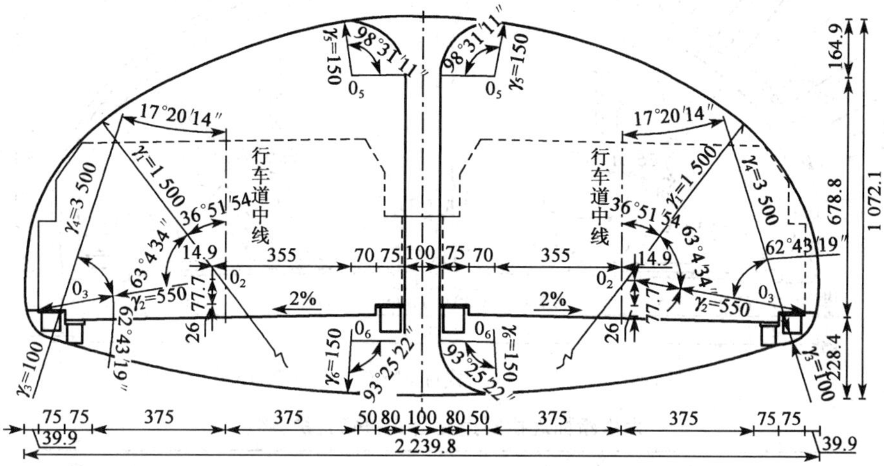

图 4-16 大拱断面连拱隧道建筑限界与内轮廓设计（尺寸单位：cm）

大拱断面连拱隧道与普通连拱隧道内轮廓设计参数对比 表 4-3

项 目	面积（m^2）	净空面积（m^2）	净空周长（m）	高度（m）	宽度（m）
人拱断面连拱隧道	184.72	133.66	65.00	9.62	23.00
普通连拱隧道	154.73	128.40	64.55	8.52	24.60

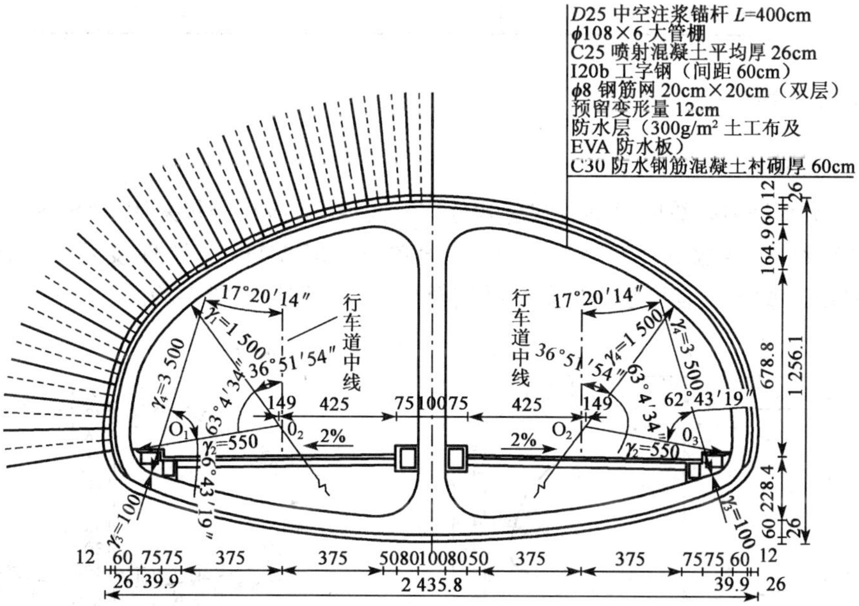

图 4-17 有仰拱的复合式衬砌断面（尺寸单位：cm）

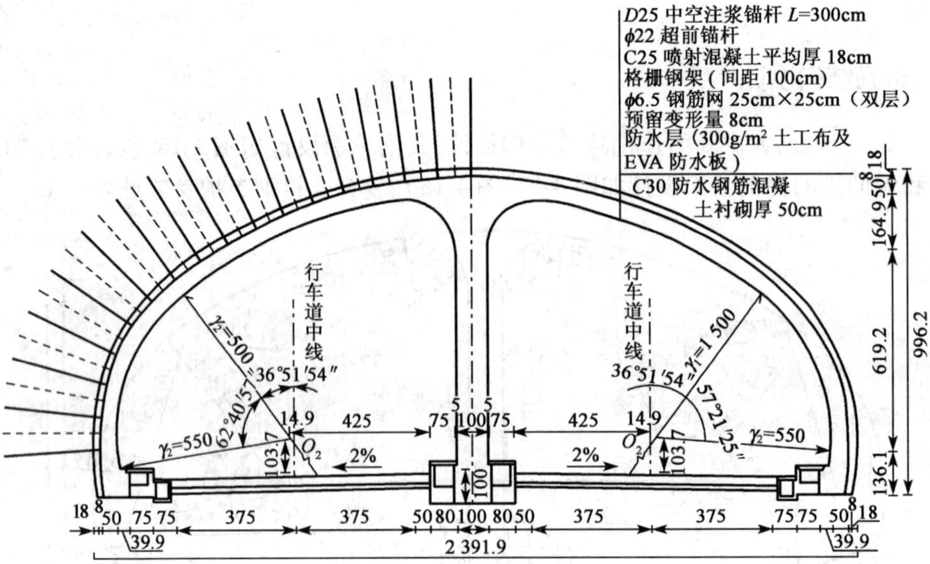

图 4-18 无仰拱的复合式衬砌断面(尺寸单位:cm)

大拱断面连拱隧道复合式衬砌支护参数 表 4-4

围岩级别	初期支护					二次衬砌	
	喷射混凝土(cm)	锚杆		钢筋网间距(cm)	钢架间距(cm)	拱墙(cm)	仰拱(cm)
		长度(cm)	间距(cm)				
V	25 ~ 30	3.5 ~ 4.0	60 ~ 80	15 × 15	60 ~ 80	钢筋混凝土 80 ~ 100	钢筋混凝土 80 ~ 100
IV	20 ~ 25	3.0 ~ 3.5	80 ~ 100	20 × 20	80 ~ 100	钢筋混凝土 60 ~ 80	钢筋混凝土 60 ~ 80
III	15 ~ 20	2.5 ~ 3.0	100 ~ 120	25 × 25	—	钢筋混凝土 50 ~ 60	钢筋混凝土 50 ~ 60
II	10 ~ 15	2.0 ~ 2.5	局部	局部	—	钢筋混凝土 40 ~ 50	—

二、结构计算

1)计算模型

仅介绍 V 级围岩计算断面形式和荷载分布形式(图 4-19),分析采用 ANSYS 程序,建模时将二次衬砌结构离散为 52 个有限元直梁单元(BEAM3)。弹性支撑采用弹性单元(COMBIN14)。ANSYS 程序建立的荷载结构模型及单元编号如图 4-20。

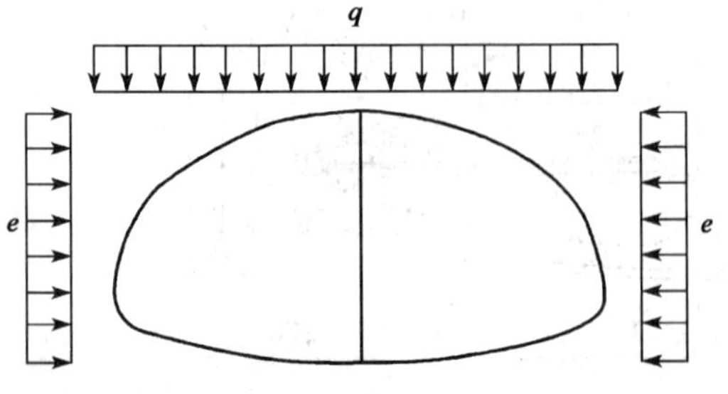

图 4-19 深埋隧道荷载形式

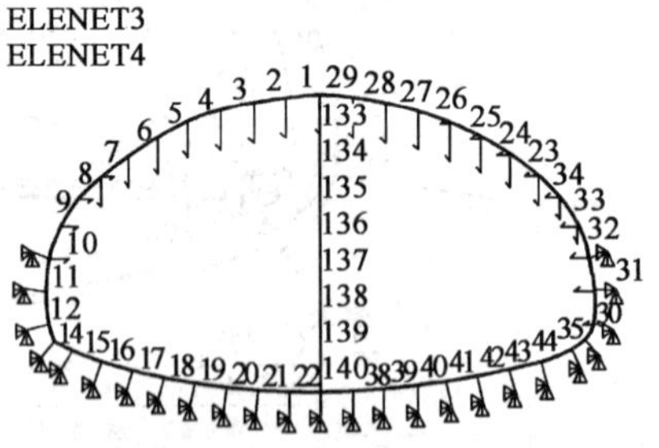

图 4-20 荷载结构形式及单元编号

2）结构变形及内力

结构的最大变形值为 18.47mm（图 4-21），发生在拱肩位置。中墙顶部和底部因应力集中，结构弯矩较大，最大弯距在中墙顶部，数值为 1.65MN·m；其它位置的弯距值多在 300～700kN·m，受力较为合理（图 4-22）。中墙最大受压轴力值为 1.65MN（图 4-23）。

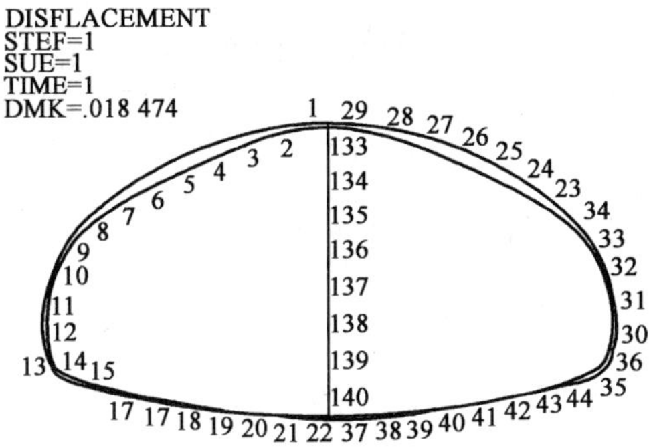

图 4-21　结构变形（最大变形量为 18.5mm）

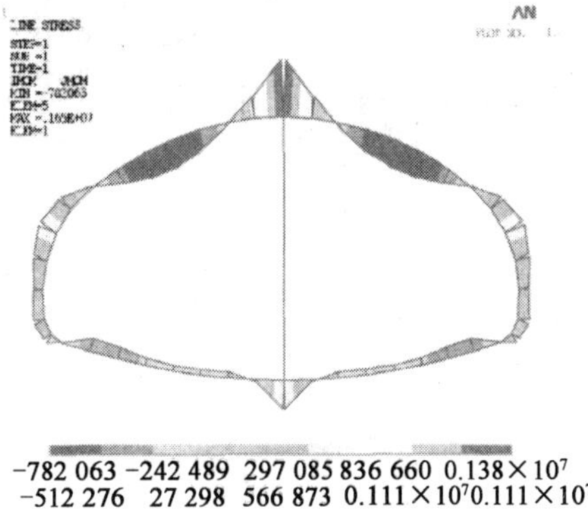

图 4-22　结构弯矩（单位：N·m）

据以上内力数据，结合规范公式，计算出全断面各单元的衬砌强度安全系数。结果表明，52 个单元的强度均能满足规范要求，衬砌的平均安全系数为 4.29，单元最小安全系数为 2.41，而规范中最小安全系数为 2.40，故可判断所提出的结构衬砌强度均能满足要求，结构安全可靠。

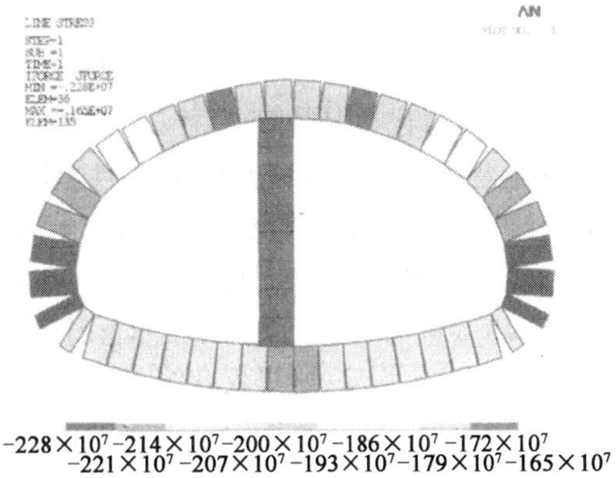

图 4-23　结构轴力（单位：N）

3）衬砌支护参数优化

（1）中墙参数优化。从已有连拱隧道中墙受力分析看，中墙设计主要由中墙底的应力、中墙底的宽度和施工过程中中墙的稳定性等条件控制。因此，中墙地基的承载力和中墙底的宽度设计，是中墙厚度设计的关键和控制点。

通过中墙厚度分别为 0.6m、0.8m、1.0m、1.2m、1.4m 的数值模拟时衬砌结构安全性及中墙底的地基反应力分析，研究最优的中墙厚度参数。这里介绍用 ANSYS 程序对 V 级围岩衬砌和各种中墙厚度的结构受力结果（表 4-5），以及中墙厚度与结构受力关系（图 4-24）。

中墙厚度与结构受力关系　　表 4-5

中墙厚度（m）	最大变形（mm）	平均轴力（MN）	平均弯矩（MN·m）	安全系数	基底反力（MPa）
0.6	18.58	1.982 4	0.318 4	4.911	0.667 4
0.8	18.514	1.978 0	0.319 4	5.319	0.502 2
1.0	18.474	1.976 9	0.320 0	5.732	0.402 5
1.2	18.447	1.975 5	0.320 4	6.417	0.335 8
1.4	18.428	1.974 5	0.320 7	6.562	0.288 1

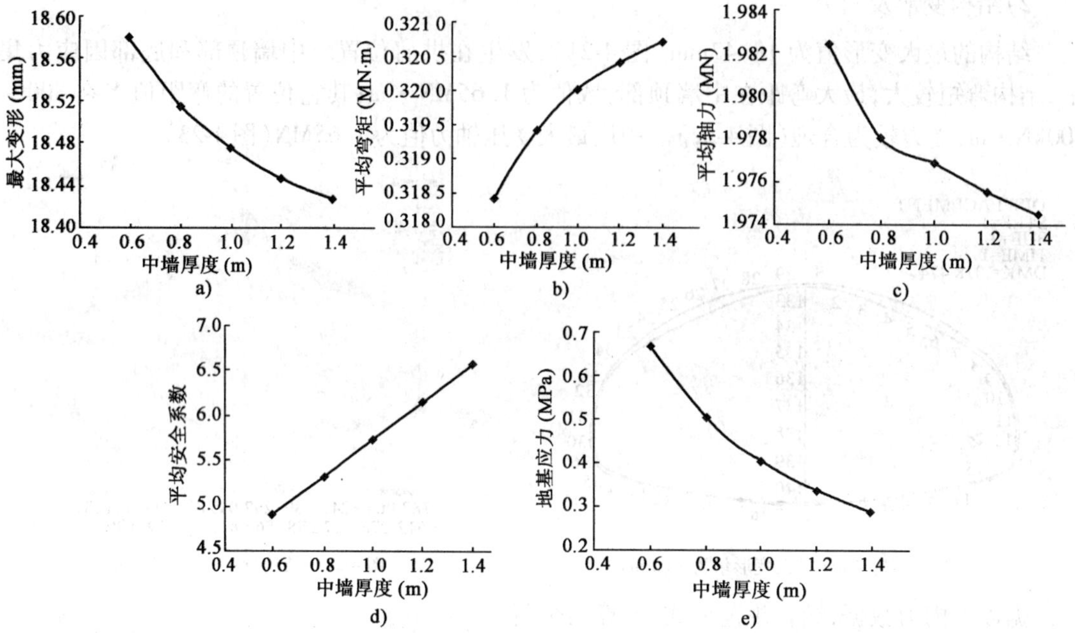

图 4-24 中墙厚度与结构受力关系

从计算看出，中墙厚度减小，结构最大变形、平均轴力、基底应力增大，而结构强度安全系数、平均弯矩减小。研究表明，在中墙厚度小于 1m 时，结构应力和安全性变化加剧，而中墙厚度为 1.0～1.2m 时结构受力、安全性和经济性为最优，故设计采用 1.0m 厚中墙。

（2）二次衬砌参数优化。通过数值模拟，分析衬砌厚度分别为 0.50m、0.55m、0.60m、0.65m、0.70m 时的结构变形、内力及衬砌强度安全系数，得出最优的衬砌厚度参数。数值模拟采用 ANSYS 程序，这里仅介绍 V 级围岩衬砌研究结果（表 4-6，图 4-25）。

衬砌厚度与结构受力关系　　表 4-6

衬砌厚度（m）	最大变形（mm）	平均安全系数	不安全单元比例	衬砌厚度（m）	最大变形（mm）	平均安全系数	不安全单元比例（%）
0.50	24.387	3.920	23.8	0.65	16.390	4.365	0
0.55	21.080	3.932	14.3	0.70	14.736	4.387	0
0.60	18.474	4.289	0				

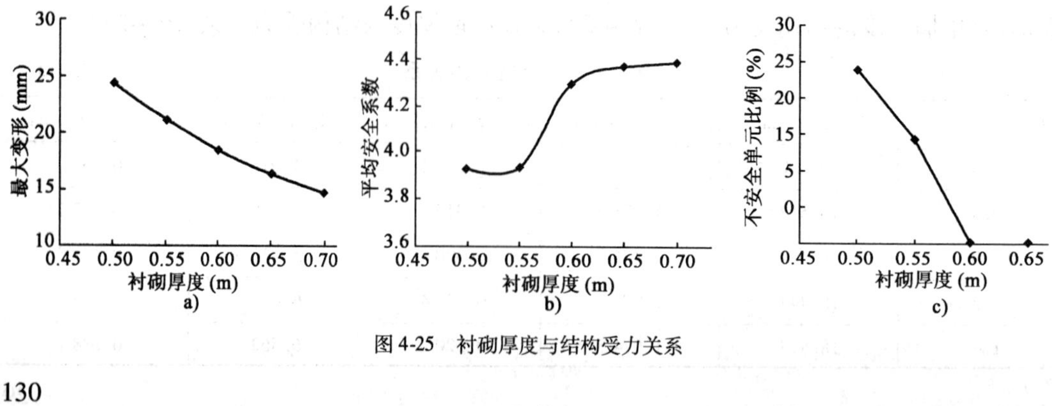

图 4-25 衬砌厚度与结构受力关系

从计算看出,衬砌厚度减小,结构最大变形增大,当衬砌厚度小于0.6m时,结构最大变形超过了2cm;随着衬砌厚度减小,结构强度安全系数也随之减小。当衬砌厚度不小于0.6m时,整环衬砌强度均能达到要求。通过比较分析得出,衬砌厚度为0.6m时最优。

三、施工工艺

大拱断面连拱隧道跨度大,施工工艺要求高。对Ⅱ、Ⅲ级围岩宜采用中导洞—全断面工艺,由于围岩较完整,且物理力学参数较高,可不采用辅助超前支护措施。对Ⅳ级围岩宜采用中导洞—上下台阶工艺,由于围岩较破碎,可采用4.5m长的ϕ22超前锚杆进行预加固;另外,因中墙受力较大,对中墙底部基础采取打设锚杆加固。对Ⅴ级围岩,宜采用"三导洞"工艺。当洞身覆盖层厚度超过2倍开挖宽度时,可采用5m长的ϕ42mm×2mm超前小导管加水泥浆液进行超前加固。洞口加强段及覆盖层厚度小于2倍开挖宽度时,可采用ϕ108mm×6mm大管棚加C.S浆液,管内设置4根ϕ22钢筋及充填M10水泥砂浆进行加固,同时对中墙底部进行注浆加固。

钱文斐等[112]对在浅埋偏压条件下大拱连拱隧道的合理开挖工序,通过二维有限元程序,模拟了大拱断面连拱隧道在不同开挖工序条件下的受力性状。

1)模拟基本前堤

①模拟偏压只考虑了地形偏压,采用的参数是中墙顶部覆盖层厚为16m,地形自然坡度为1:1.75;

②因浅埋偏压条件下,围岩较破碎,自稳性差,故模拟围岩条件为Ⅴ级;

③由于隧道断面大,模拟开挖方法采用"三导洞法"。

2)施工模拟的力学参数

按规范中提出的材料力学参数,并取其平均值,锚杆的作用通过其加固范围内围岩的c、ϕ值增大20%进行等效模拟。本构模型及单元形式见表4-7。

本构模型及单元形式 表4-7

材料名称	本构模型	单元形式	材料名称	本构模型	单元形式
Ⅴ级围岩	弹塑性	平面单元	二次衬砌	弹性	梁单元
初期支护	弹性	梁单元	中墙	弹性	平面单元

3)模型范围的确定

为减少边界条件取值范围对计算的影响,模型上边界取自由表面,下边界及左右边界取约$3D$(D为开挖洞室的宽度)。模型约束确定为左右边界侧加X轴方向约束,上表面自由边界无约束。模型精度确定为,单元允许最小边界长取0.5m(图4-26)。

4)施工工序

先开挖中导洞前堤下,由排列组合方式得出4种不同开挖工序(图4-27):

工序一:左导洞→右导洞→左正洞→右正洞;

工序二:左导洞→右导洞→右正洞→左正洞;

工序三:右导洞→左导洞→右正洞→左正洞;

工序四:右导洞→左导洞→右正洞→左正洞。

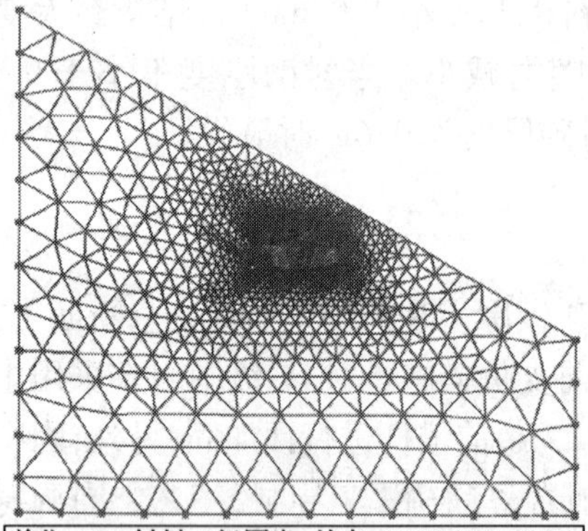

图 4-26　有限单元模型

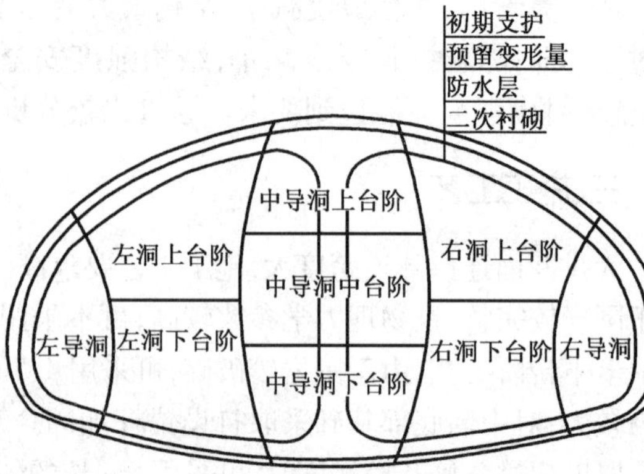

图 4-27　大拱连拱隧道工序位置

用增量步模拟施工中的开挖、支护、支撑拆除、中墙施作、二次衬砌等一系列过程。每种开挖工序由 24 个增量步组成。

5)计算结果

对于不同工序,随着施工步的推进,围岩受拉区呈逐渐增大的趋势。当正洞上台阶开挖支护及正洞拆除临时支撑时,围岩受拉区范围突然增大。为防止受拉区围岩发生坍塌,需要加强洞内收敛监控量测。最终受拉区主要分布在正洞、仰拱、与中墙中线约成 60°范围内。

对工序一及工序三,围岩最终受拉区扩展至地表,如不及时控制易造成围岩坍塌冒顶。可在开挖前进行地表超前压浆加固处理,及在地表布设测点观测地表位移值,并采取措施保证洞室稳定。对于工序二及工序四,围岩开挖深度约为 6m,尚未扩展至地表,可在受拉区范围内打设注浆导管加以控制,并加强洞内收敛监测(图 4-28)。从上所述可知,工序二及工序四,比工序一及工序三更有利于保证围岩稳定。

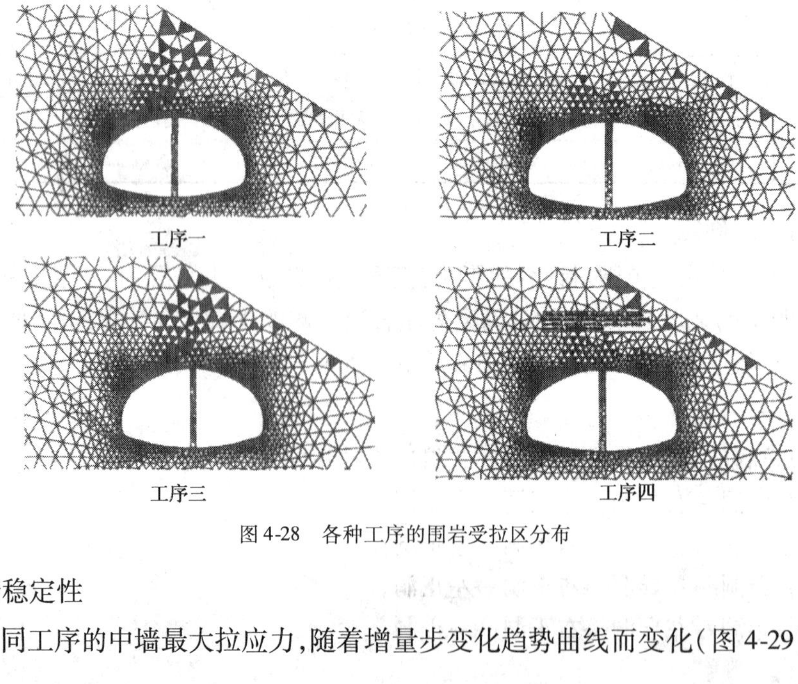

图 4-28　各种工序的围岩受拉区分布

6)中墙稳定性

上述不同工序的中墙最大拉应力,随着增量步变化趋势曲线而变化(图 4-29)。从图 4-29

工序一看出，左洞开挖支护、拆撑、二次衬砌中 13～18 增量步应力值呈现上升趋势，范围值为 31.842～151.26kPa；右洞下台阶开挖支护、拆撑、二衬的 20～24 增量步的应力值呈上升趋势，范围值为 119.48～227.96kPa。

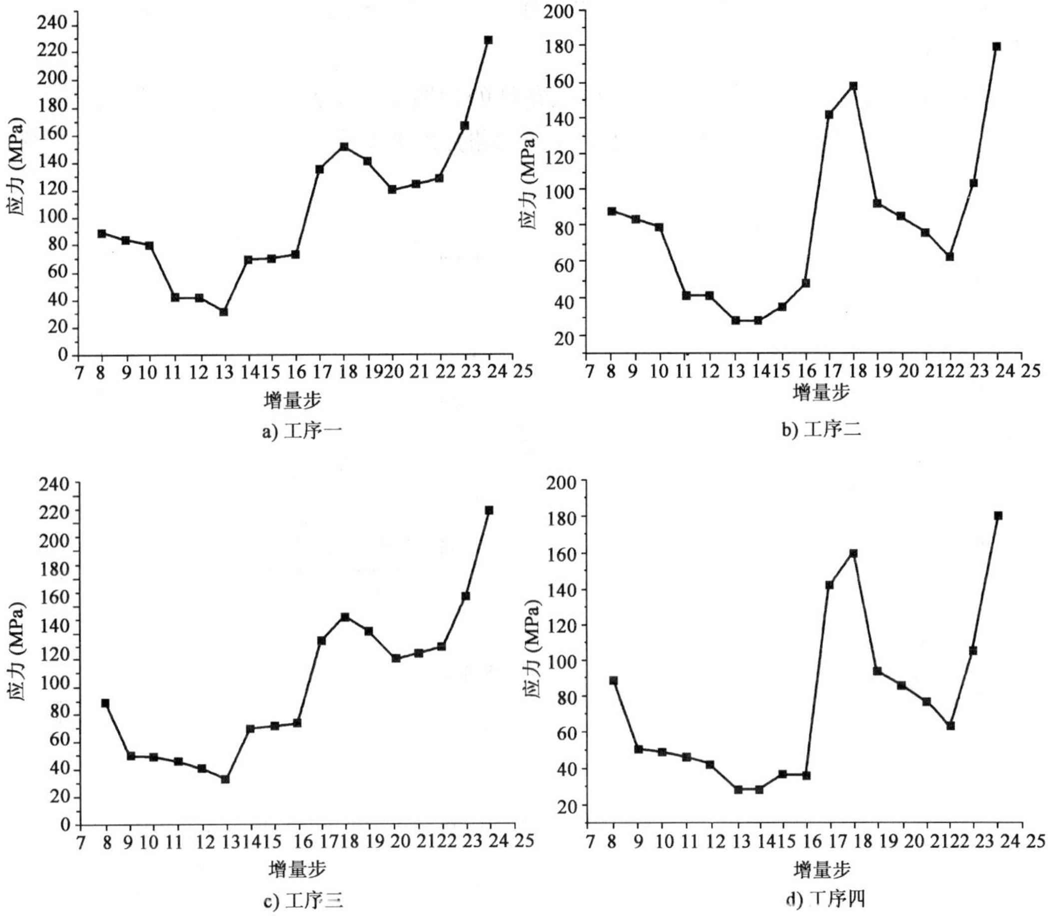

a) 工序一　b) 工序二　c) 工序三　d) 工序四

图 4-29　各工序的中墙最大拉应力随增量步变化的趋势曲线

从图 4-29 工序二看出，右洞开挖支护、拆撑、二次衬砌的 13～18 增量步应力值呈上升趋势，范围值为 27.514～158.08KPa；左洞拆撑、二次衬砌的 22～24 增量步应力值呈上升趋势，范围值为 63.171～179.33kPa。

从图 4-29 工序三看出，左洞开挖支护、拆撑、二次衬砌的 13～18 增量步应力值呈上升趋势，范围值为 119.5～227.82kPa；右洞下台阶开挖支护、拆撑、二衬的 20～24 增量步应力值呈上升趋势，范围值为 119.5～227.82kPa。

从图 4-29 工序四看出，右洞开挖支护、拆撑、二次衬砌的 13～18 增量步应力值呈上升趋势，其范围值为 28.174～158.72kPa；左洞拆撑、二次衬砌的 20～24 增量步应力值呈上升趋势，范围值为 62.984～179.73kPa。

综上所述，可得出下列结论：

（1）导洞开挖顺序对中墙安全可靠性影响不大；

（2）先施作正洞开挖支护、支撑、二衬及后施作正洞拆撑、二衬过程中，中墙最大拉应力值增加幅度较大，说明其安全可靠性逐渐降低，这时需加强对中墙内力的监测；

（3）序二、工序四的中墙最大拉应力值，在大多数增量步中小于工序一及工序三，且最大拉应力值约为工序一和工序三的79%，看出工序二和工序四的施工工序较为合理。

7）初期支护内力

模拟计算表明，在不同工序中均为左洞隅角处的初期支护受力最大，且弯矩值相对轴力值较小，其承载力由轴力值控制。不同工序中左洞隅角处的初期支护受力值，随增量步的变化曲线而变化（图4-30）。

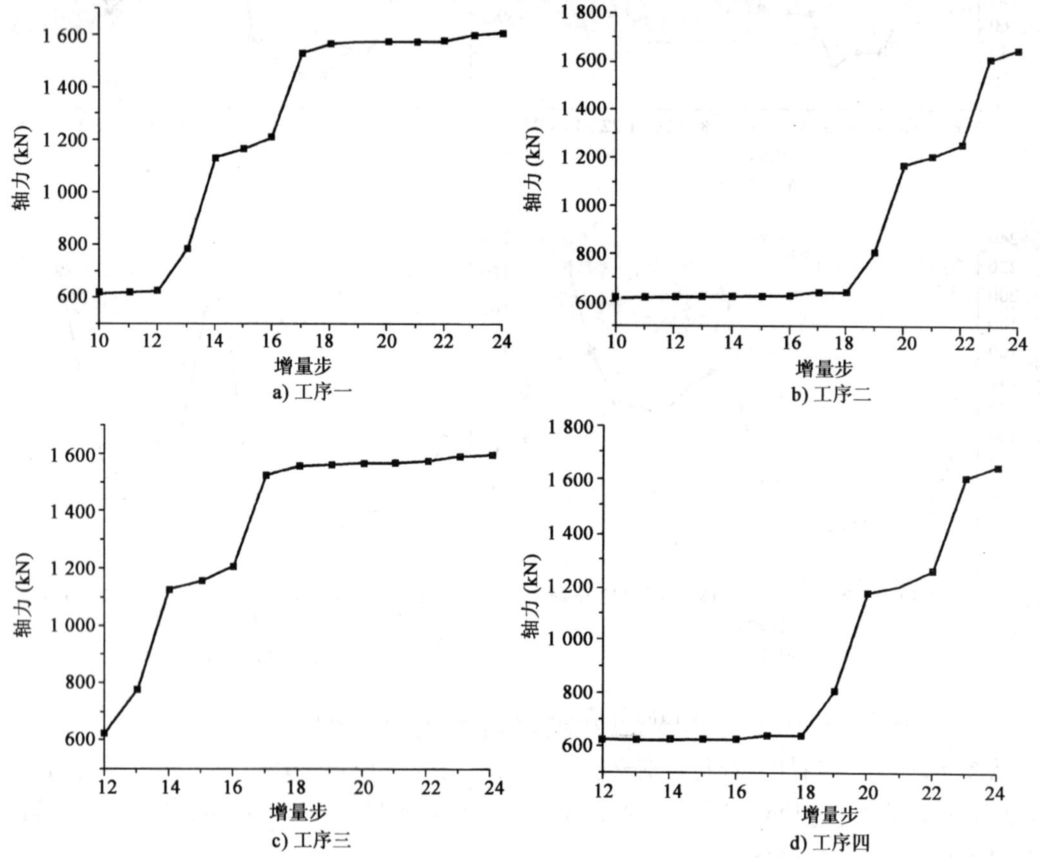

图4-30　各种工序的初期支护轴力随增量步变化的曲线

从图4-30 a）看出，轴力整体呈增大趋势，其中左洞上台阶开挖出支护、下台阶开挖出支护、临时支撑拆除的12～17增量步轴力值，由626. 03kN突变为1 583. 6kN，增长144%，最终轴力值为1 607kN。由图4-30 b）看出，轴力整体呈增大趋势，其中左洞上台阶开挖支护、下台阶开挖出支护、临时支撑拆除的18～23增量步轴力值，由650. 12kN突变为616. 9kN，增长148. 7%，最终轴力值为1 650. 4kN。由图4-30 c）看出，轴力整体呈增大趋势，其中左洞上台阶开挖出支护、下台阶开挖出支护、临时支撑的12～17增量步轴力值，由622. 17kN突变为

1 528.7kN,增长 145%,最终轴力值为 1 602.1kN。由图 4-30d)看出,轴力整体呈增大趋势,其中左洞上台阶开挖支护、下台阶开挖出支护、临时支护拆除的 18～23 增量步的轴力值,由 646.17kN 突变为 1 611.9kN,增长 149.5%,最终轴力值为 1 645.4kN。

综上所述,对于不同工序,左洞上台阶开挖支护、下台阶开挖出支护及拆撑过程,对左洞角隅相交处初期支护轴力影响很大,在以上施工过程中需加强对左洞隅交处初期支护的内力进行监测,必要时可进行初期支护补强措施。而右洞自开挖至二衬结束对其几乎无影响。不同工序最终初期支护轴力相差不大。

8)二次衬砌内力

通过模拟分析得出,工序一及工序三的二次衬砌最大轴力,出现在右洞拆除临时支撑的 23 增量步,其中工序一最大压力值为 257.3kN,位于左洞拱墙相交处;最大拉力值为 92.4kN,位于左洞口仰拱处。工序三最大压力值为 257.23kN,位于左洞口拱墙相交处;最大拉力值为 91.3kN,位于左洞仰拱处。工序二及工序四衬砌最大轴力,出现在左洞拆除临时支护的 23 增量步,其中工序二的最大压力值为 403.96kN,位于右洞拱墙相交处;最大拉力值为 342.89kN,位于右洞仰拱处。工序四最大压力值为 404kN,位于右洞拱墙相交处;最大拉力值为 301.94kN,位于右洞仰拱处。

从上得出,先开挖出一侧正洞所受内力较大,临时支撑拆除时二次衬砌内力最大,此时应加强对二衬的监测。工序一及工序三中的二次衬砌受力情况,相对于工序二及工序四有利。

综上所述,从不同工序的各部分结构内力分析可得出结论:结构内力分布情况几乎不受导洞开挖顺序的影响,而主要受正洞开挖顺序的影响。工序二及工序四的优点是:一方面可相对有效地控制对围岩的扰动,有利于进洞开挖,同时还可相对有效地控制中墙的安全稳定性。缺点是初期支护、二次衬砌施作过程中内力值相对较大。工序一及工序三则恰好相反。考虑到连拱隧道在浅埋偏压条件下,围岩及中墙的稳定性是施工和运营期最关键因素,采用工序二及工序四相对合理。而且工序二先开挖深埋侧导洞相对能提前揭示待开挖断面的地质情况,便于进行提前处理,故推荐工序二为合理开挖工序。

第四节　不对称连拱隧道

连拱隧道受力复杂多变,通常设计为左右洞对称,有利克服受力不平衡问题。但在特殊情况下需要设计不对称连拱隧道[114,115],如福建马宅顶隧道。

一、不对称连拱隧道特点

林志良、朱合华等[114]对马宅顶隧道进行了设计,并把不对称连拱隧道主要特点总结为:

(1)左洞和右洞围岩压应力在模拟施工步序结束时相差不大,但拱顶处围岩拉应力有显著的差异,右洞拱顶拉应力比左洞大 3～4 倍,并且左洞的拱顶拉应力不是在施工结束后达到最大值,而是在右洞开挖前达到最大值,然后随着右洞的开挖,左洞拱顶围岩拉应力将会降低。

(2)隧道右洞开挖时,左洞也会产生较大的围岩变形,这一阶段左洞的拱顶沉降量在总沉降量中的比重相当大。

(3)锚杆的受力特点是拱顶锚杆轴力较大,往两侧逐渐减小。二衬受力特点是在拱顶和拱腰的位置出现正弯矩,而在拱肩处出现负弯矩,并且拱顶正弯矩出现的位置向中墙的方向偏移。

(4)中墙在隧道施工过程中会出现偏压现象,但偏压主要不是由于隧道不对称产生的,而是由于左右洞的先后开挖而产生的。

(5)二维平面和三维空间有限元分析的结果基本一致。在围岩较好的情况下,平面上的施工步骤是隧道围岩变形和衬砌内力的主要影响因素,空间效应小。

(6)试验段中墙局部填充砂砾后,尽管中墙内部的应力分布发生了很大的改变,但是中墙的最大竖向应力和侧向偏移在数值上与非试验段相比并没有大的增加,因此,为适应新的防水工艺而采用新的中墙结构,并没有对中墙的安全造成影响。

二、马宅顶隧道实例

福建马宅顶隧道迄今为止仍为我国唯一的不对称连拱隧道(图4-31)。该隧道位于同三线福建罗源—长乐高速长乐县营前镇马宅顶互通区内,由于受地形限制,从福州机场往营前镇的A匝道的加速车道需插入到马宅顶隧道内,形成左右洞车道数不同,右洞为三车道,左洞为二车道。该隧道位于圆曲线段,故左右洞不等长,左洞长293.24m,右洞长290m,为不对称隧道。由于隧道几何结构特殊,导致成不对称的大小拱,拱脚位于同一高程上。此外,隧道中墙采用中间充填砂砾的栅格式排水结构。

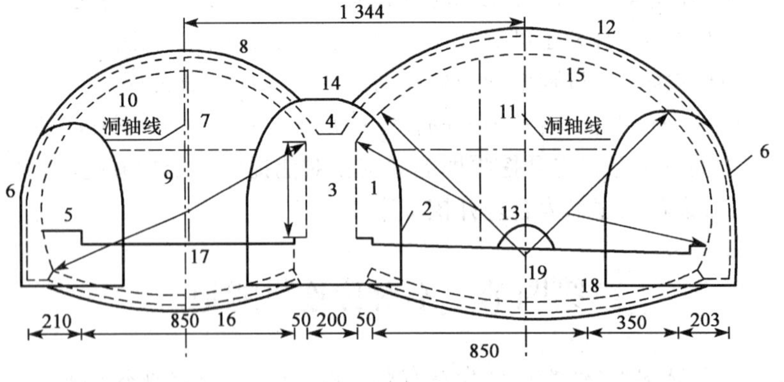

图4-31 马宅顶隧道设计断面与施工顺序(尺寸单位:cm)

1-中导洞开挖;2-中导洞锚喷支护;3-中墙施作;4-中墙顶部回填混凝土;5-左、右侧洞开挖;6-左右测洞锚喷支护;7-左正洞上半部开挖;8-左洞拱部初期支护;9-左洞下半部开挖;10-左洞二次衬砌;11-右洞上半部开挖;12-右洞拱部初期支护;13-右洞下半部开挖;14-中墙顶部再回填混凝土;15-右洞二次衬砌;16-左洞仰拱开挖;17-左部仰拱施作;18-右洞仰拱开挖;19-右洞仰拱施作

在马宅顶不对称隧道中还探讨了不同地表情况下的开挖顺序,在分析时采用3种不同的地表情况进行研究。研究表明,连拱隧道正洞开挖时,先开挖的一侧会多释放一些应力,这样最终拱顶沉降和拱顶拉应力较小。因此,当不对称隧道地表不平时,一般宜先开挖埋深较深的一侧。当不对称隧道地表平或顺倾斜时,则宜先开挖大洞。当不对称隧道地面逆

倾斜时，开挖顺序还与坡度有关，坡度较缓时宜先开挖大洞，坡度较陡时宜先开挖小洞（图4-32）。

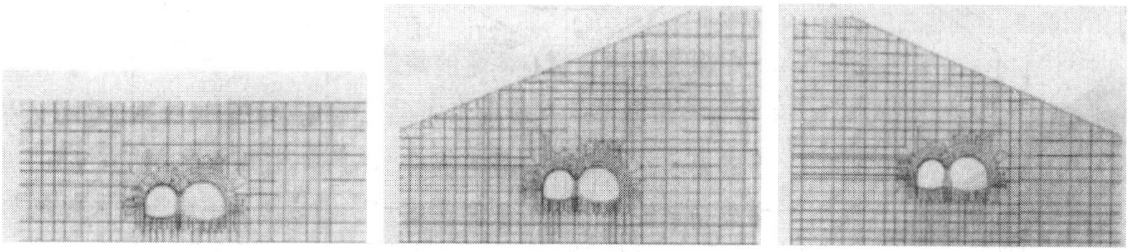

a) 地面平　　b) 地面顺倾斜　　c) 地面逆倾斜

图 4-32　不对称连拱隧道开挖与地面地形关系图

第五节　湖底连拱隧道

一、湖底连拱隧道概述

湖底连拱隧道的最大优点，是对环境影响小，适合于对景观要求较高的城市和地域。已建成的杭州西湖隧道、南京玄武湖隧道、苏州的独墅湖隧道等的共同特点，是能够最大限度地保持原有景观区的完整性，不占用地面空间。因而在我国南方一些城市湖区继杭州西湖连拱隧道之后，又兴建一批湖底连拱隧道，如南京九华山—玄武湖隧道，无锡蠡湖隧道，武昌东湖隧道，南昌青山湖隧道，南宁南湖隧道等。

由于我国湖底连拱隧道跨度大、隧道长、水体浅，故多采用明挖法施工。施工主要工序是先围堰排水，挖深坑，打基桩，模筑平顶箱涵或微拱箱涵，最后填埋于水底。这种隧道工艺较简单、造价低、便于安全施工，但施工场地要大，受周边建筑物的制约性大，对桩基和基坑设计和施工要求较高，基桩数量大，桩基础既要考虑隧道结构抗浮安全的要求，又要起到控制隧道沉降的作用，在人工岛段内还要考虑负摩擦力影响。一般还要对隧道高填土区基底沉降特性和填土材质进行分析研究。另外，湖底连拱隧道整洞处于水体中，因此，隧道防排水技术设施十分重要。再是，湖底连拱隧道通常较长，需要设计通风排尘设施，确保隧洞内空气清洁[116~120]。

二、南京九华山—玄武湖三连拱隧道

上海隧道工程轨道交通研究院[116]设计了九华山连拱隧道水底段。设计工艺原理是采用空心中墙，形成三连拱微拱箱涵式结构，其最大优点是充分利用隧道断面空间，中洞相当于空心中墙，用一横隔板把中洞分成上下两层，下层有横洞与左右正洞相通，可作人行逃生通道，上层作各种管道空间[4~18]（图4-33）。湖底段采用微拱箱涵结构明洞施工，方便、安全、快速（图4-34）。不足之处是中墙顶部的左右施工缝低于拱顶两侧，易于产生中墙渗漏水。

三、苏州独墅湖三连拱带左右匝道隧道

苏州独墅湖水底隧道，位于苏州独墅湖北缘，工程总长5 360m，隧道水底部分长3 460m，是目前我国最长水底连拱隧道，采用平顶式三连拱带左右匝道的结构形式，明挖法施工。

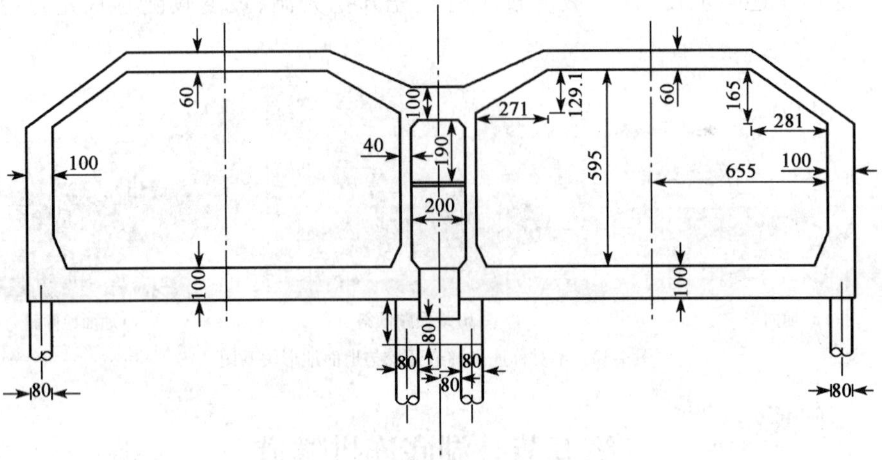

图 4-33　南京九华山隧道湖底段明洞衬砌结构图(尺寸单位:cm)

图 4-34　南京九华山隧道湖底段明洞衬砌后现场

1)隧道总体设计

沈祺[117]对苏州独墅湖隧道作了总体设计(图 4-35),认为该隧道的建成不仅可以缓解快速路周边交通压力,加强各区域的联系,改善市民出行条件,而且将直接促进沿线地区的经济发展。这条快速通道将穿越独墅湖 3 830m。

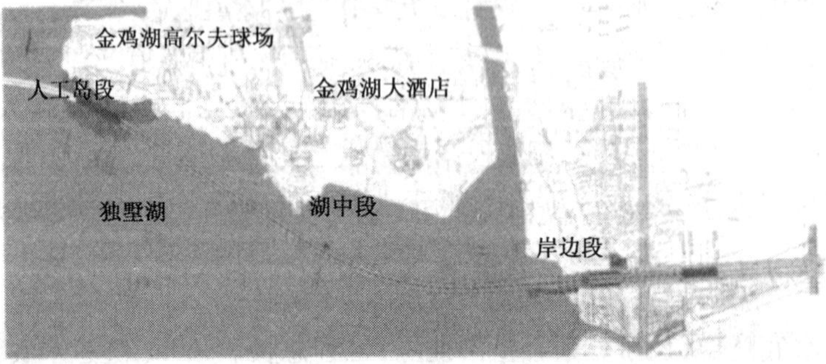

图 4-35　苏州独墅湖隧道工程总平面图

总体设计原则是：

(1)线路总体方案应结合苏州工业园区的总体规划，选择功能、风险、造价和工程条件之间最佳组合的方案；

(2)作为南环快速路东延工程的重要组成部分，隧道及其两岸接线道路的工程技术标准应服从于工程总体，以满足全线统一的规划要求，确保完整的交通功能；

(3)对使用土地矛盾小、充分考虑与周边环境景观和谐、与两岸路网连接顺畅、高效、便捷的方案进行优选与规划，以发挥工程最大的社会、环境、交通和经济效益；

(4)匝道布置力求紧凑、合理、高效，其设置位置应为区域路网提供良好的交通服务功能，以均衡路网交通整体运行效益，满足安全、畅通、集散方便的要求；

(5)隧道与两端的桥梁和接线道路应平顺过渡衔接，近远结合，减少废弃工程量和确保运行的安全；

(6)线路纵断面设计满足规划河床要求，在确保与重要管线、重要建筑安全距离前提下，采取有效的工程措施，尽可能浅埋(保证最小覆土≥0.5m)，以减小结构埋深、减少施工开挖量、降低造价和确保结构安全。

2)隧道基坑设计

邵可[118]对独墅湖隧道基坑进行了设计。隧道西侧起点通过填筑人工岛与桥梁工程衔接，东侧终点与新机场道路工程相接，全长3 460m。隧道横断面采用两洞一管廊的形式，每洞设单向三车道。在湖东星湖街交叉口处设置一对进出口匝道。结合场地周边环境实际情况，除放坡施工外其余基坑环境保护等级均为二级，即控制最大地面沉降量为0.2%H，围护结构最大水平位移为0.3%H(H为基坑开挖深度)。

(1)工程地质条件

独墅湖水域属湖泊地貌，工程穿越的湖底较平坦。陆域地貌属长江三角洲冲湖积平原，地面有一定起伏。工程场地高程 -69.47m 深度范围内由第四系全新统至中更新统沉积地层组成，按成因类型、土层结构及性状特征可划分为12层。自上而下依次为：①$_1$素填土、①$_2$淤泥、②褐黄色黏土、③灰黄色粉质黏土、⑤$_1$灰黄色~灰色粉土、⑤$_2$灰色粉砂、⑥$_1$灰色粉质黏土、⑥$_2$灰色粉土、⑥$_3$灰色粉质黏土夹粉土、⑦$_1$灰绿色粉质黏土、⑦$_2$灰绿色粉土、⑧灰色粉质黏土、⑨$_1$灰色粉质黏土夹粉土、⑨$_2$灰色粉砂、⑩灰绿色黏土、lv$_1$灰褐色粉质黏土、lv$_2$灰色粉质黏土、lw灰色粉细砂、lx灰色粉质黏土夹粉土等。

隧道基坑底主要位于⑤$_1$层粉土、⑤$_2$层粉砂和⑥$_1$层粉质黏土中，坑底土层渗透系数大，压缩性中等，工程性能为一般至中等。工程场地微承压水主要位于浅部粉土、粉砂层中，其富水性一般，稳定水位高程为1.41~1.48m。

(2)基坑设计

①总体布置。由于隧道跨越场地条件复杂、长度较长，施工时将整个基坑工程分为湖中段和陆域段。湖中段由于不受周边环境制约，故采用较为经济的放坡开挖方式。陆域段采用带支护的明挖顺做法。采用围堰挡水、放坡开挖施工。主线加匝道范围，采用放坡结合垂直支护开挖施工。

②井点降水。基坑开挖范围内存在⑤$_1$、⑤$_2$、⑥$_2$层粉土或砂土。此两层土的水平、垂直渗

透性均较好，在基坑开挖过程中遇到一定动水条件易产生流砂。场地内$⑤_1$、$⑤_2$层分布有微承压水，按最不利工况基坑底面存在发生突涌的危险性。拟在建隧道两侧打设搅拌桩止水帷幕，隔断场地内土层的水平渗透通道。在场地内设置一定数量的管井和轻型井点进行降水，通过这些手段保证基坑施工的安全。由于施工现场微承压水水位有一定幅度的变化，施工时根据实际观测水位进行不同程度的降水。又由于场地内局部地区微承压水压力较小，降水时土体中细小颗粒容易附着在滤水网片上，导致管井阻塞，也给施工带来了一些麻烦，通过改进滤水网片解决了这一问题。

③地基加固。地质勘察报告揭示，场地内$⑥_1$层粉质黏土具有明显触变及流变特性，在动力作用下土体结构极易破坏，使土体强度降低，增加变形。故设计陆域段坑底以下3m土体采用搅拌桩进行地基加固。加固范围沿隧道两侧5m以内，加固后土体无侧限抗压强度指标>1.0MPa。湖中段则通过加强管理，严格控制施工时对基坑底部土层的扰动。施工期间基坑监测报告显示，围护结构变形均在设计允许范围以内。

（3）基坑围护结构设计

湖西敞开段及湖中暗埋段，施工前采用围堰挡水，并在拟建隧道南北两侧建造两条施工便道。放坡开挖深度为0.98~11.55m。边坡根据开挖深度不同分为一级和二级放坡，坡度均为1:2.5。基坑开挖前，在坡顶、坡脚及平台处均设置管井和轻型井点等降水措施，防止流沙、管涌发生。放坡开挖基坑时坡脚设置土钉，并分别在坡脚平台、边坡平台设置纵向排水沟，平台至坡脚设置横向排水沟，同时在坑内每隔60m设置集水井，防止冲刷坡面、坑内积水。坡顶采用ϕ850mm搅拌桩作止水帷幕，以隔断坑外地下水，保证坡面的稳定性（图4-36）。

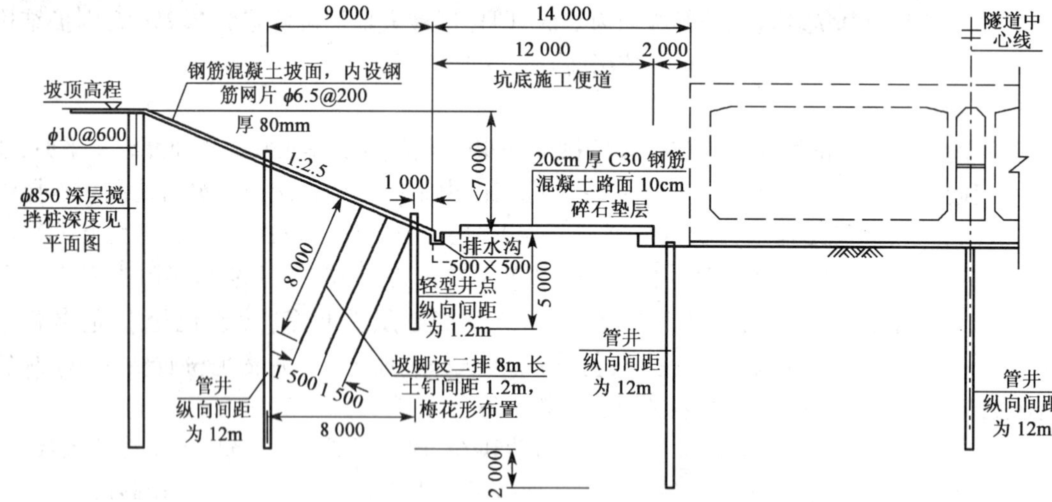

图4-36　湖中暗埋段一级放坡开挖横断面图（工程桩未示出）（尺寸单位：mm）

隧道湖中段结构形式为主线加匝道。在隧道穿越驳岸进入陆域段之后匝道逐渐出地面，主线继续向前穿越星湖街。由于匝道与主线结构逐渐脱离，主线相对匝道埋深较浅，故主线围护结构采用搅拌桩重力式挡墙，且墙顶随着匝道底板底面高程而变化。主线基坑坑底下采用5m宽裙边的搅拌桩加固。匝道部分与湖中段相同，仍采用放坡开挖施工。施工时先开挖至匝道底高程，然后施工围护挡墙，明挖隧道主线部分（图4-37）。从图4-37看出，隧道主线是三连拱平顶式结构，克服了空心式中墙高程偏低和容易产生渗漏水的不足。

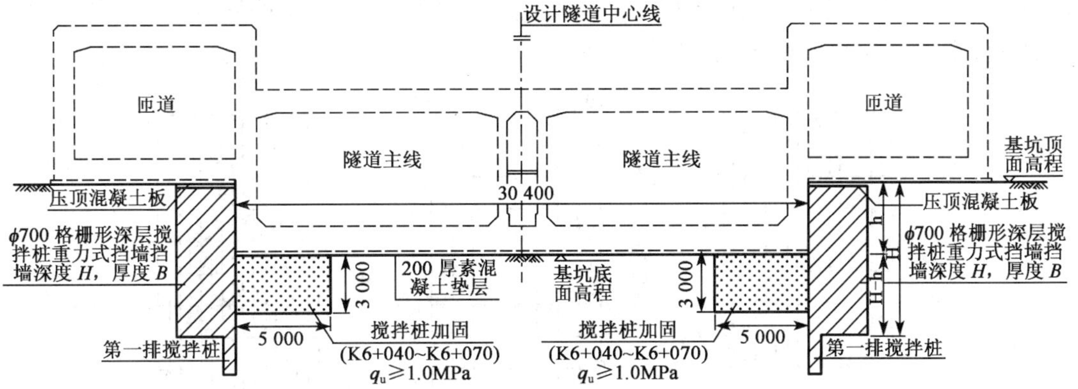

图4-37 K5 +950 ~ K6 +070 围护横断面图（工程桩未示出）（尺寸单位：mm）

陆域段结构为主线加匝道，主线相对埋深 3.66 ~ 9.40m，基坑开挖宽度 30.4m。围护结构采用 ϕ600mm、ϕ800mm，长 10.2 ~ 21m 不等的钻孔灌注桩，外侧设搅拌桩止水帷幕。钻孔灌注桩与侧墙连接，共同参与结构抗浮。主线基坑根据匝道的埋深变化分别设置 1 ~ 3 道 ϕ609mm 钢管支撑，基坑坑底下采用 5m 宽裙边的搅拌桩加固。匝道部分为放坡开挖施工（同湖中段），施工时先开挖至匝道底高程，然后施工围护结构，明挖隧道主线部分。

主线为暗埋段的基坑深度 20.39 ~ 9.81m，开挖宽度 29.2 ~ 34.7m。围护结构采用 0.6m、0.8m 厚，深 23 ~ 36.5m 不等的地下连续墙，既作为施工阶段的围护结构，又与以后浇筑侧墙内衬混凝土结合，成为永久结构一部分，承受隧道使用阶段的水土压力和其它荷载。根据深度的变化，基坑内分别设置 3 ~ 5 道支撑，其中第 1 道为钢筋混凝土支撑，其余为 ϕ609mm 钢管支撑。基坑坑底下采用 5m 宽裙边的搅拌桩加固。

在主线暗埋段、敞开段基坑深度 9.81 ~ 4.01m，开挖宽度 30.0 ~ 30.2m。围护结构采用 ϕ800mm、ϕ600mm 长 20.0 ~ 11.0m 不等的钻孔灌注桩，外侧设搅拌桩止水帷幕。钻孔灌注桩与侧墙连接，共同参与结构抗浮。基坑内根据深度变化分别设置 1 ~ 3 道 ϕ609mm 钢管支撑。由于隧道洞口跨越明浜，因此在一些范围内地基采用满堂旋喷加固，加固后土体无侧限抗压强度 > 1.2MPa。其余主线暗埋段部分基坑坑底下仍采用 5m 宽裙边的搅拌桩加固。

（4）基坑施工期间环境保护

独墅湖隧道湖中段长约 2km，采用明挖法施工，基坑施工势必对周围生态环境造成较大影响。主要采取严格控制施工现场道路扬尘、基坑施工用水排放前进行沉淀处理及严格控制施工期噪声排放量等环境保护措施。

（5）工程监测分析

工程实施过程中监测单位通过埋设测斜管、土压力计、孔隙水压力计以及钢支撑轴力计等仪器，对湖中段边坡以及垂直支护段基坑进行了实时监测。根据监测报告显示，在埋深 9m 处的水平位移速率最大，达 2.1mm/d，仍小于水平位移速率报警值 3mm/d。在埋深 11m 处的累计水平位移最大，达 11.9mm，仍小于水平位移报警值 33mm。基坑周围地表分层累计沉降量及支护结构顶部累计沉降量均未超过 5mm。对监测数据分析表明，基坑开挖初期，由于挖土与支撑配合不紧密，局部支撑未能及时架设到位，导致该范围内支撑轴力以及水平位移速率较大。经过施工单位及时采取措施后位移得到有效的控制。因此，围护结构最大水平位移仍然较小，满足环境安全控制要求（图4-38）。另外，施工期间对基坑周边的堆载进行了严格控制，故地表及支护结构顶部沉降也较小。

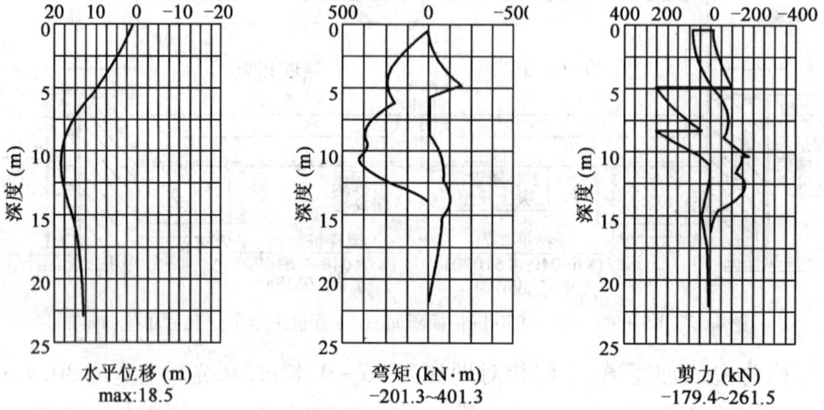

图4-38　K6 +660 断面围护结构内力图和变形图

计算分析：以里程K6 +660断面围护结构内力计算为例，对比理论计算和实际监测的水平位移之间的差异。

计算参数：①侧向土压力采用郎金主动土压力公式计算。基坑开挖范围内土层以砂土为主，且渗透性较好，故采用水土分算。②地面超载考虑施工期间材料的堆放以及大型车辆的行驶，取20kN/m^2。③土体水平基床系数根据地质勘察资料取值。④混凝土强度等级为C30，钢筋为HRB335级钢，ϕ609mm钢管支撑$t=16$mm。

计算结果：围护结构内力按照"先变形、后支撑"的原则，根据开挖工况，并按竖向弹性地基梁进行计算。经计算，围护结构在埋深11m处的水平位移最大，为18.5mm，而实际监测结果为11.9mm。经分析，主要是在施工期间基坑开挖基本上能按照设计要求，分层、分块开挖，支撑及时，充分体现"时空效应"规律。同时，由于基坑周边的堆载得到严格控制，地面超载<20kN/m^2，故实际水平位移较小。

3）隧道桩基础设计

陈柳娟、奚程磊[119]针对苏州独墅湖隧道基础要求，经过多方案比选，推荐大断面浅埋隧道结构桩基础，既满足了结构抗浮安全的要求，又可控制隧道沉降。此外，对人工筑岛段范围内的桩基础，采用考虑负摩阻力影响设计方法。

隧道主线暗埋段结构横断面采用双孔一管廊形式，结构内净高为5.95m；敞开段采用"U"形结构，内净宽为28.2m；变电所、排风机房等为箱形框架结构。人工岛段、湖中段隧道均采用围堰内降水后放坡开挖施工，岸边段采用围护明挖法施工。

（1）桩基础设计

按成桩方法可分为预制打入桩、钻孔灌注桩。预制打入桩桩身质量可靠，但预制桩桩身分段时各段之间的接头抗拉能力较弱，不利于抗拔。钻孔灌注桩单桩通长无接缝，不存在抗拉能力薄弱的接头，对抗拔较为有利。考虑本工程的桩基础主要用来抗浮，故采用钻孔灌注桩作为结构桩基础。

①桩基础布置的原则。是根据计算所得的桩数量，在敞开段沿底板均匀布置，在暗埋段尽可能地沿结构侧墙及中墙底部均匀布置。虽不同里程暗埋段所需的抗浮力不尽相同，但沿隧道纵向的桩间距尽可能按相同间距均匀布置，通过桩长的变化来调整各分段总抗浮力。标准暗埋段桩基横断面布置(图4-39)。不同里程中桩的使用功能不相同，湖中段和岸上段的桩基为竖向抗拔桩。人工岛段桩基则随着时间推移及负摩阻力的消失，从负摩擦力的竖向位移控制桩逐渐向竖向抗拔桩转变，最终成为竖向抗拔桩基础。

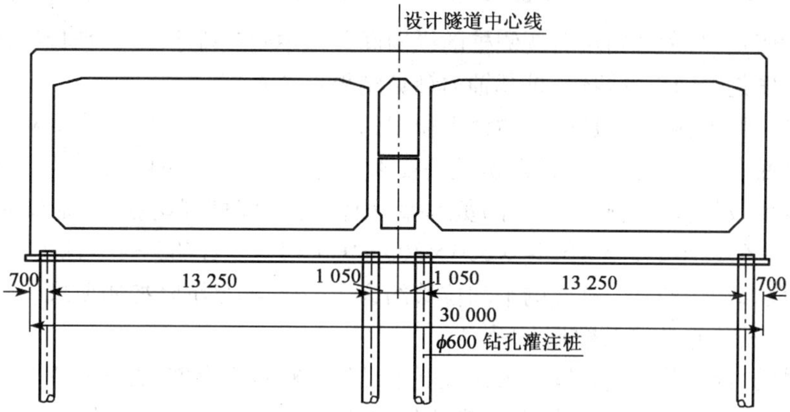

图4-39 暗埋段桩基横断面布置图(尺寸单位：mm)

②抗拔力的计算。结构竖向主要受到自重 G、上覆有效土压力 P、水浮力 F 等3种荷载作用。结构设计中横断面每延米所需抗拔力 N 计算如下：

$$N = 1.1F - G - P \tag{4-1}$$

根据结构设计中断面尺寸、结构形式以及埋设条件的不同，对抗拔桩分段进行满足抗浮安全所需的抗拔力计算。

③单桩承载力计算。据《建筑桩基技术规范》(JGJ 94—94)5.2.17的规定，抗拔桩应满足

$$\gamma_0 N' \leqslant U_k/\gamma_s + G_p \tag{4-2}$$

据每个结构分段范围内地质资料进行计算，并兼顾桩长合理过渡及沉降均匀性，确定了各结构分段范围内桩长及单桩抗拔承载力。

④负摩擦力竖向位移控制设计。由于人工岛段结构两侧回填土产生的边载非常大，从而使结构底部土体发生压缩性沉降。同时，鉴于桩的本身刚度较大，长度较长，桩身的沉降较小，导致上部地基土的下沉量大于桩身，从而产生负摩擦现象，直接降低了桩基础的垂直承载能力，并增大了桩基础的沉降量。分析负摩擦对桩基影响范围的关键是确定负摩擦中性点的位置。为此，可通过二维有限元模型的计算来求得。分析时以桩端沉降为主要控制指标，同时兼顾桩基础的承载力。考虑到浮力是有利于负摩擦工况的，所以分析负摩擦影响时暂不计结构自重及浮力的影响。结构抗浮工况可另行分析。

在K3 +430 ~ K3 +640里程范围内，结构的高程以及边载的大小都随里程而变。根据结构分段分别进行计算，现以敞开段最深断面K3 +575为例，桩底伸入⑩层灰绿色黏土层中，结构断面布置及桩基位移场如图4-40、图4-41。

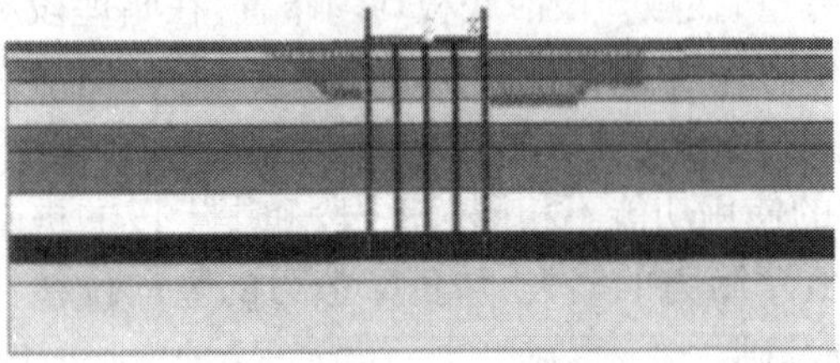

图 4-40　K3 + 575 结构横断面桩基计算模型图

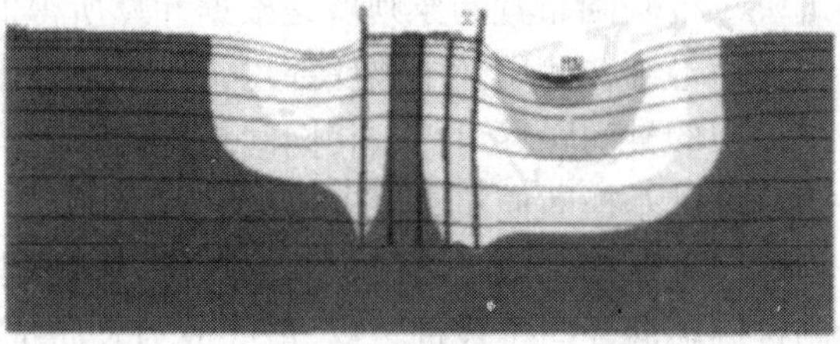

图 4-41　K3 + 575 结构横断面桩基位移场图

在模型的假定中，考虑到左右两侧桩的纵向间距比中间三排小一倍，所以平面有限元模型中两侧桩的刚度是中间桩的两倍，桩基轴力计算结果见图 4-42。

通过计算可看出，两侧桩负摩擦中性点位置约在桩底向上 1/3 桩处，中间桩的负摩擦中性点位置约在桩底向上 1/4 桩处，与《建筑桩基技术规范》(JGJ 94—94）所列的黏性土粉土的经验中性点位置比较相符。两侧桩承受的负摩擦力远大于中间桩，单桩最大轴力为：

$$683\text{kN} \leqslant 13.5 \times 3.14 \times 300 \times 300 \times 0.6 \times 10^{-3}/1.485 = 1541\text{kN}$$

满足桩身承载力的要求，桩底的平均位移约为 2.7cm，满足沉降控制要求。

(2）隧道结构变形监测及数据分析

①监测目的、依据及测点布置。为保证隧道结构 100 年安全期，必须建立一套结构监测系统，能定时定量提供准确的监测数据，真实评价隧道结构的健康状态，为维护保养提供依据和指导，使隧道始终处于可控状态。为此以《建筑变形测量规程》(JGJ/T 8—97）、《工程测量规范》(GB 50026—93）及《独墅湖隧道沉降测量技术设计书》为依据，在隧道每段结构变形缝两侧布置测点（同一断面内南北通行孔各布置两个测点），用以观测、记录。

②监测数据整理与分析。在 2007 年 5 月 23 日、6 月 2 日、6 月 26 日三次对隧道中墙全线进行测量，全线各里程的累计沉降量（共 34d）为 6.54 ~ 15.28mm。从沉降监测数据可知，工程结束恢复湖水一个月后沉降已趋收敛。日平均沉降量如图 4-43 所示。

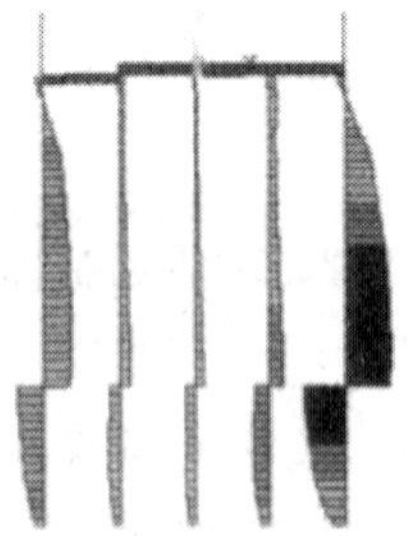

图 4-42　K3 + 575 结构横断面桩基轴力图

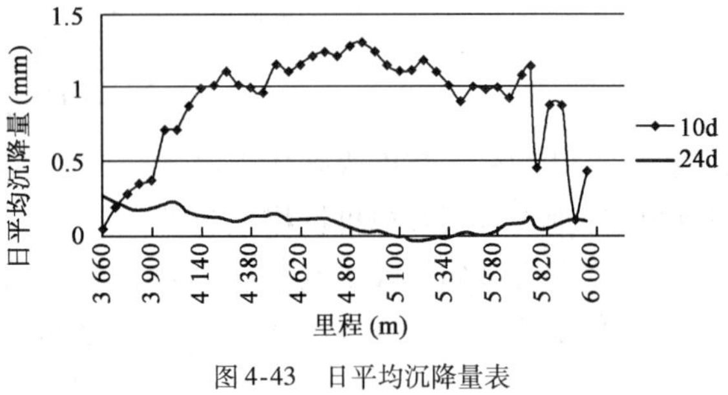

图 4-43　日平均沉降量表

四、南宁南湖拱顶透明隧道

唐宝珠、蒋中贵[5]在南宁市南湖水底隧道设计中有独特创新。该隧道的最大突出特点是采用拱顶透明水底连拱隧道，也是我国连拱隧道又一创新设计。

南湖隧道位于南宁市东南部南湖公园中心区，距南湖大桥南约 1.2km 处，是南宁市五象新区、青秀山区等进入市中心的重要通道，也是南宁市南北向的又一重要交通动脉。隧道下穿国家文化部颁布的全国首批“特色文化广场”的南湖广场。隧道湖底段 310m，南湖公园段

400m,全长710m。隧区地貌属南宁盆地邕江Ⅰ级阶地,揭露地层分5层,自上而下为第四纪杂填土层、淤泥层、硬塑黏土层、粉质黏土层和圆砾层。水深1.5~2.5m。

隧道设计采用远期为双向六车道连拱隧道,近期为双向四车道加二车道摩托车道。隧道湖底段利用湖水深仅1.5m的条件,采用超浅埋水下隧道,主体结构采用带趾板钢筋混凝土闭合箱形结构,拱顶应用PMMP压克力承压玻璃材料,拱顶下部为钢筋混凝土槽的组合结构形式,混凝土采用C30抗渗混凝土,抗渗等级为S8。两侧趾板为解决隧道上浮效应,采用回填压重方式,费用较低,还大大减少了水对结构侧墙的直接作用,更有利于结构防水。用于拱顶的压克力玻璃板材,为聚甲基丙烯酸甲酯,是MMA的均聚物,抗冲击力强,承压力大,耐酸碱性能好,自重轻,可塑性强,易清洁,耐火性稍差,透光率达95%,造价合理,因而,可打造为1.5m水头行车景观隧道(图4-44)。隧道施工采用明挖法,明挖临时边坡采用1∶1.5的坡率,待结构强度达到80%后方可回填。断面尺寸及圬工回填、砂土回填施工见图4-45。

图4-44　南宁市南湖隧道湖底段效果图

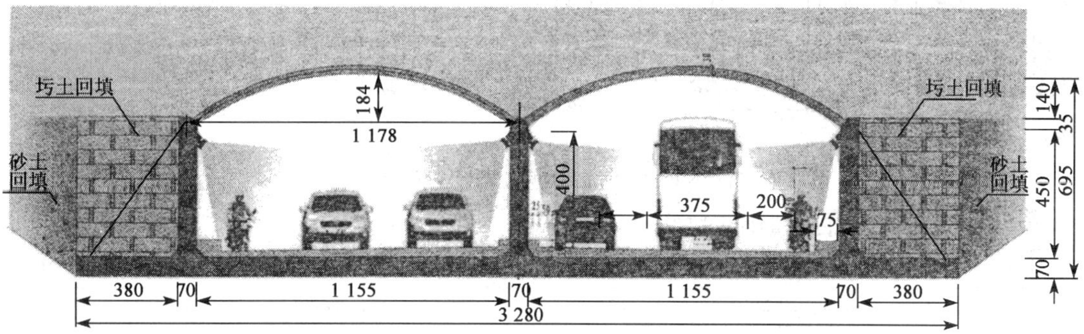

图4-45　湖底隧道断面及圬工和沙土回填图(尺寸单位:mm)

隧道公园段采用钢筋混凝土闭合箱形结构,中部采用连续天窗,增加隧道自然通风、照明,减少隧道消防费用。隧道通过开孔与南湖公园植物、天空联系,丰富隧道景观效果。

隧道防水定为一级,防水设计“以防为主,防排结合,多道防线,因地制宜,综合治理”的原则,引入了防排结合和可维护的思路。以结构自防水为根本,以接头防水为重点,并设置附加防水层的方法来保证结构防水。结构防水混凝土抗渗等级为S8。在隧道进出口位置设横截沟和排水暗沟,在两端明洞处各设雨水泵房,水底隧道段设三台潜水泵(两用一备)进行排水。

第六节　城底连拱隧道

随着城市交通事业的发展,近年在我国和日本一些城市出现城底连拱隧道,如我国厦门市梧村山双向六车道连拱隧道和日本大阪府寝屋川市四连拱隧道,前者将在第五章无中墙连拱隧道中论述。

一、日本寝屋川市四连拱隧道概况

日本田口敬介等[121]介绍了第二京阪高速公路大阪府寝屋川市四连拱隧道，隧道位于大阪府东北部淀川河左岸的寝川市内，全长220m，由拱式四连拱隧道和平顶式四连拱隧道两种结构组成。拱式四车道连拱隧道长140m，分成10节，有8节15m长的和2节10m长的两种不同节段。平顶式四车道连拱隧道总长65m。两种结构形式隧道的横断面外侧宽度均为58.9m，中间两主洞为三车道，供机动车专用，两侧左右洞为二车道，作一般道路用。这种四车道连拱隧道构造形式(图4-46)，是日本前所未有的特大断面连拱隧道。隧道采用的结构形式、主要工程量和设备如表4-8。

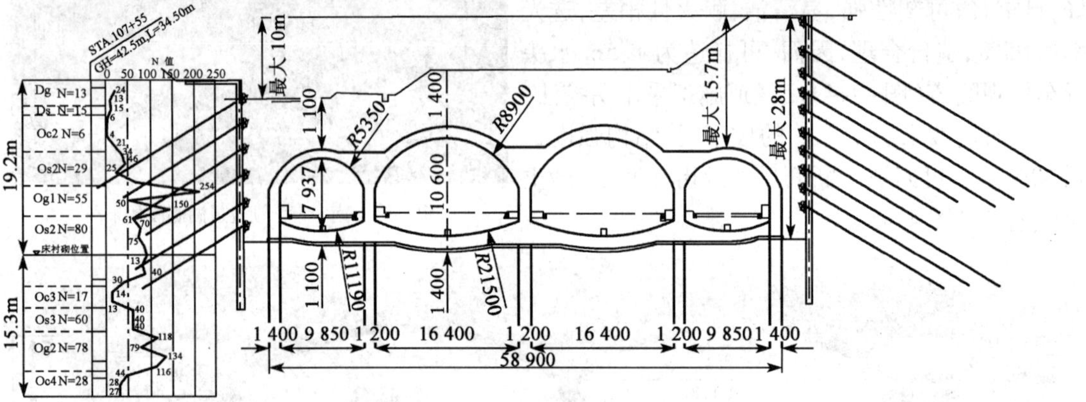

图4-46 寝屋川市拱式四连拱隧道结构形式图(尺寸单位:mm)

日本寝屋川市四连拱隧道结构形式、主要工程量和设备表 表4-8

项目	构造形式和施工方法	数量	项目	构造形式和施工方法	数量
连拱隧道结构形式	拱式四连拱隧道	140m	锚杆	非永久性，ϕ135、ϕ165	2 510根
	平顶式四连拱隧道	65m	混凝土	30-12-20N	54 544m^3
开挖	洪积层，砂砾和黏土层	306 000m^3	钢筋	SD345	11 702t
回填	回填土	93 700m^3	挖土机	侧壁、拱底、拱身等处	16台
侧墙支护	TRD，全旋回	15 819m^2	吊车	移动式、桥式	4台

四连拱隧道位于海拔35～48m的丘陵地带和城市居民区，地面表层是由洪积层覆盖，其下是大阪层的厚层砂砾和黏土层，支撑隧道结构的地基是$N=30\sim50$的砂层。地下水是地面以下7m的表层自然地下水和深层大阪层的砂层含水层。

拱式四连拱隧道适用于通过地形为不平的丘陵地段，右侧洞顶上覆着15m厚的洪积层，左右两侧洞存在10m高差的偏压，比采用平顶式四连拱隧道更为合理。因为拱式四连拱隧道的仰拱和拱顶都做成拱形，有利于承载拱顶的上覆负荷及拱底的地基反作用力，而且可采用比平顶式四连拱隧道更薄的支护和二次衬砌结构。但平顶式四连拱隧道延伸出露至地面时，可设置天然采光和通风开口。

二、分部位施工

四连拱隧道通过城市住宅区时，由于受作业时间的限制，采用分部位同时施工。即采用按仰拱、侧壁、拱结和拱顶四部分，依次同时施工（图 4-47），这样可大量节约各工序的工时，确保施工和居民住宅的安全。

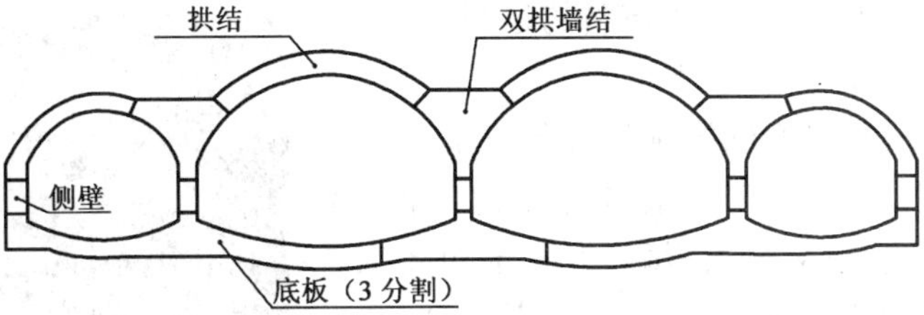

图 4-47　节段分割施工图

由于四连拱隧道钢筋密集，为确保混凝土浇筑密实，采用普通水泥，设计标准强度为 30MPa，混凝土的配料见表 4-9。此外，为防止混凝土因温度产生裂缝，在施工外壁和侧壁时采用膨胀混凝土。

30-12-20N 混凝土配料表　　表 4-9

W/C	*s/a*	单位量（kg/m^3）								水泥种类
		W	*C*	细集料		粗集料			混合剂	
				海砂	细砂	4 020	2 015	1 505	高机性能 AE 减水剂	
50	40.5	166	332	425	295	—	654	436	2.822	N

为缩短工期，在四连拱隧道侧壁、拱结和拱顶施工中，采用 16 台移动式吊车（图 4-48、图 4-49）。各工序施工采用工厂式流水作业进行，宏观看去，一眼看到从拱底到拱顶的连续施工。此外，还采用了两座大型栈桥进行立体施工，使拱底防水作业及钢筋作业不致受到影响（图 4-50）。

图 4-48　四连拱隧道施工全景

图 4-49　四连拱隧道施工设备配置

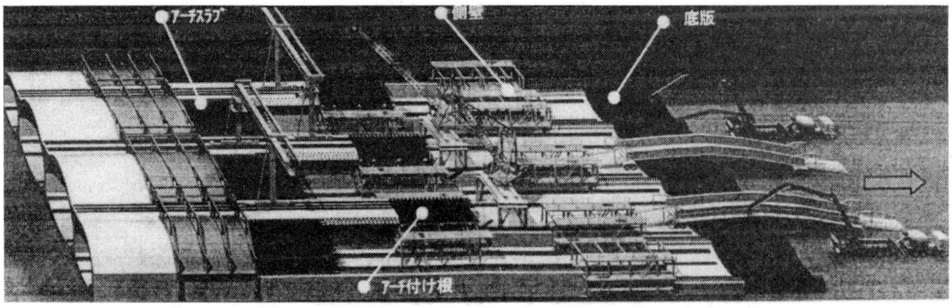

图 4-50　隧道施工设备配置图

在施工过程中,两座栈桥及已完工的拱底当作施工道路使用,并采用旋式起重机,在侧壁和拱结施工中把起重机的台架做成构架形式,使工程车辆能在起重机下运行。在拱顶施工时,为了不影响已经完工的拱结及拱底道路的运行,采用桥式吊车。

由于此隧道施工,从拱底到拱顶的各部位是同时进行,每个节段的工期就取决于工日最多的关键工序。拱底施工所需的钢筋等物资数量大,每天混凝土的浇筑量是有限的,只能完成30%的施工量。为了缩短拱底施工的工日,采取了在拱底部位埋设了韧性模板(图4-51),减少拆模等工时的等待时间,使拱底施工时间缩短了20%,最后使一个节段的施工日数变成了32天。

图4-51 拱底埋设框架模板

三、地基承载变形系数

根据设计时和现场试验修改的地基反作用力系数(图4-52),计算出断面受力并作比较。钢筋受力 $\sigma_s = 178\text{N/mm}^2$ 增加至 $\sigma_s = 192\text{N/mm}^2$,从而可看出地基承载力影响的反应是很敏感的。

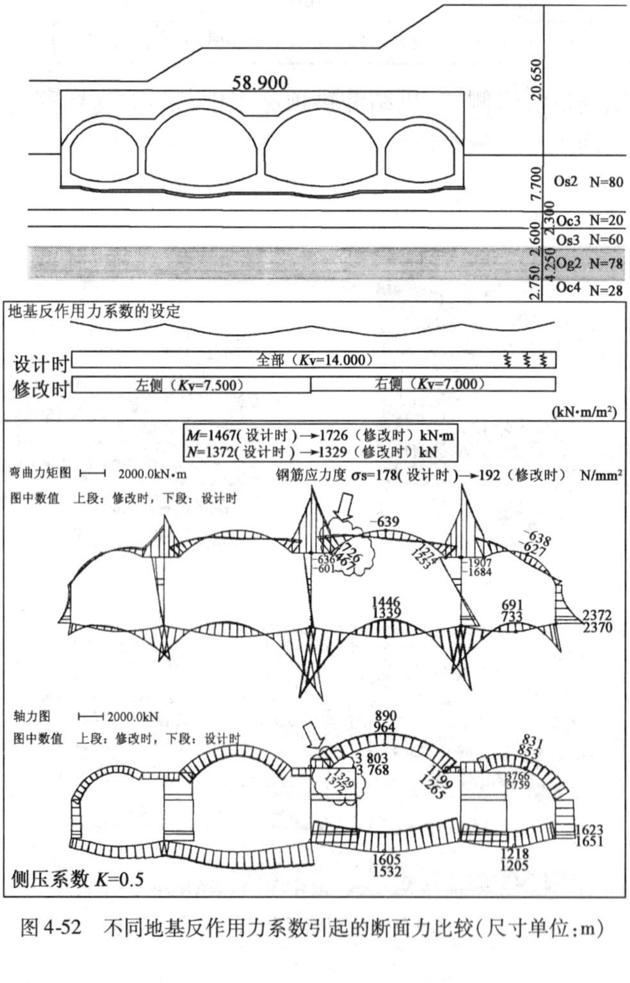

图4-52 不同地基反作用力系数引起的断面力比较(尺寸单位:m)

为确认地基承载变形系数及其在不同横断面上的差异，在节段内进行两处平板荷载试验。试验结果是当测得变形系数比设计值低时，将平板荷载试验结果作为表层地基变形系数。深度在 10m 范围内地基反作用力系数，是根据左右两处测定结果算出，并与构造物产生应力相对照。

为了解只在一个节段的两处进行平板荷载试验的变形系数，能否看作是所有节段的代表值，及节段总体地基变形系数的不均匀性过大问题，就在目测确认土层受力的同时，在每节段内进行了 27 处简易承载力试验，以此来了解变形系数的分布情况。简易承载力试验器，是利用重锤自由落体到地基上的冲击加速度测定内摩擦角的地基参数，使用轻便，操作简单。

地基变形系数不均匀程度容许值，用土质调查所得大阪层土层变形系数标准偏差值（图 4-53）。另外，如果在不均匀程度容许值内，就能确认构造物已满足容许的应力值。最后是处理混凝土裂缝的措施。因四连拱隧道内拱结和拱顶是承载外力中上覆土荷载的重要构造部分，当隧道建造完成后拱顶和拱结经常受到地下水的侵蚀，有必要重点预防初期缺陷，确保其耐久性。拱结的构造非常厚实，在混凝土硬化时水和热的作用下，会使混凝土的温度上升并产生裂缝，需要对其采取措施（图 4-54）。

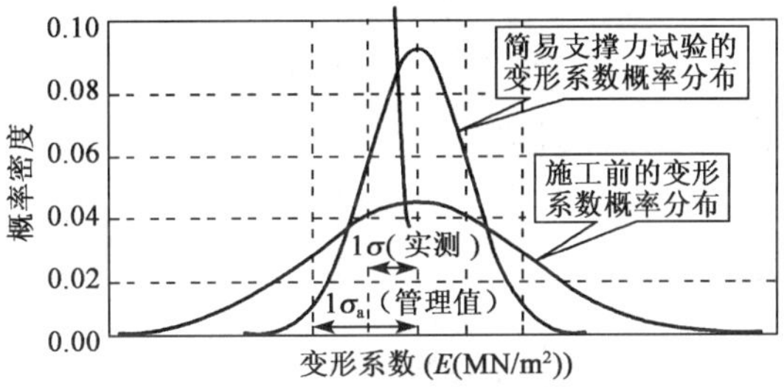

图 4-53　地基承载不均匀情况的评价方法

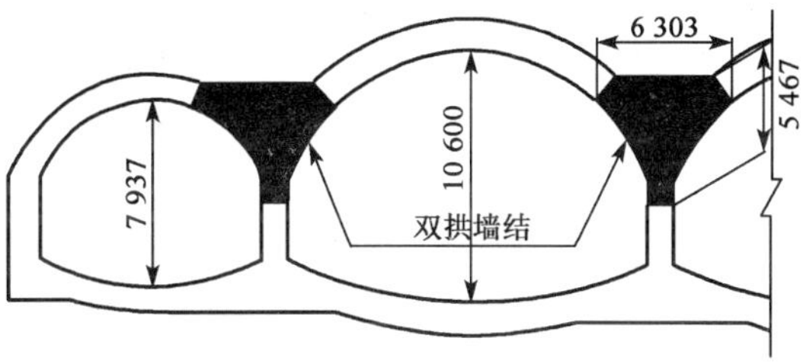

图 4-54　有温度裂缝危害的隧道拱结位置（尺寸单位：mm）

四、混凝土温度应力解析

在进行温度应力解析和实验时，采用了 3 次元 FEM 模型（图 4-55），解析中设定春夏秋冬四季情况。通过裂缝指数就可预测裂缝发生的概率，能将构造物产生的裂缝限定在 0.2mm 内的裂缝指数为 1.24 定为容许裂缝指数。裂缝宽度是据混凝土标准使用的钢筋比、裂缝指数及裂缝宽度之间的关系计算。当未采取处理裂缝措施时的解析结果（图 4-56），在夏季施工外部气温 27.3℃时，混凝土内部最高气温达到 70℃以上，这时内部和外部的温差超过 40℃，在中心部位和表面裂缝指数显著下降，因而无法达到容许裂缝指数值 1.24，必须采取措施。

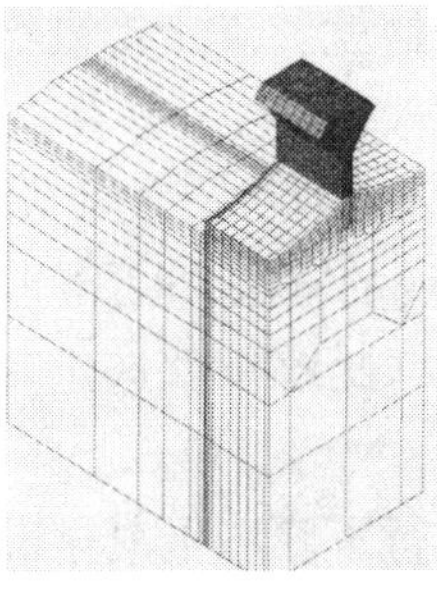

图 4-55　3 次元 FEM 模型

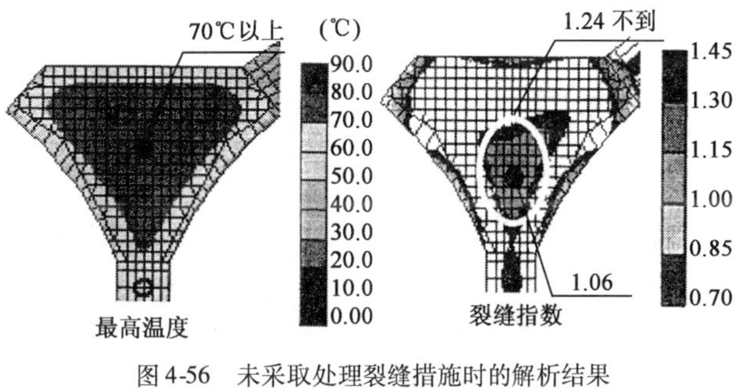

图 4-56　未采取处理裂缝措施时的解析结果

采取冷却管处理裂缝措施的结果(图4-57)。冷却管为2.7cm的SGP管,设定外部气温为-5℃时,膨胀混凝土外部线膨胀系数为8.3×10^{-6}(1/℃)。通常外部线膨胀系数使用7.0×10^{-6}(1/℃),但考虑到表面上受约束力小,无法达到充分的化学应力,故采用了实际试验值的平均值8.3×10^{-6}(1/℃)。

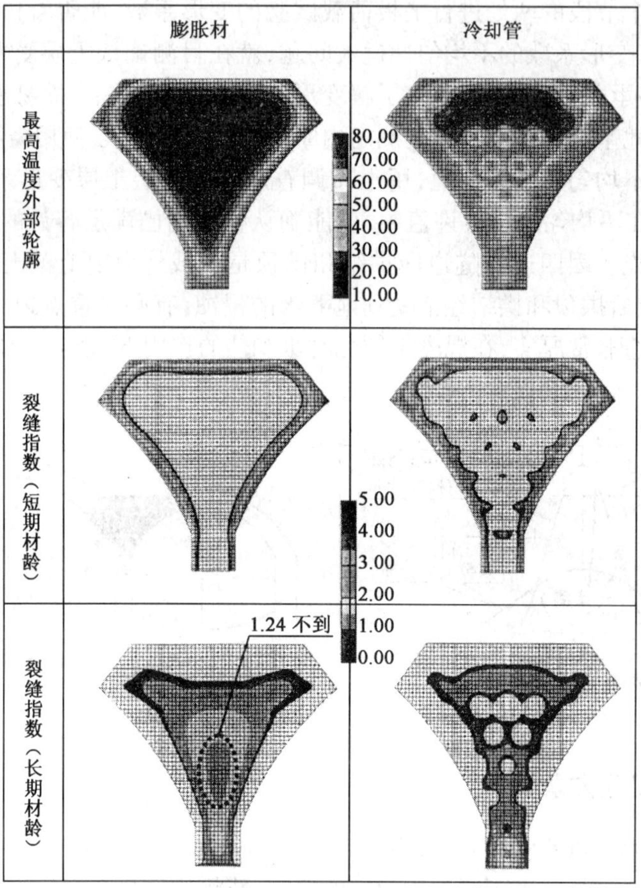

图4-57 采取处理裂缝措施的解析结果

膨胀混凝土的最高气温,同未采取降温措施的一样会达到70°C以上,在短时间内的表面裂缝指数下降为1.24,在长时间后中央部位也会下降到红线范围内的1.24值,从而看到预防温度裂缝的效果,同时还可看到预防发生贯通裂缝的情况。

采用冷却管措施解析中,拱结中心部位的温度达到60°C上下时,就能确定抑制温度的效果。在短时间内混凝土材料也显示裂缝指数的下降,但在长时间内裂缝指数大都在2.0以上,表明是可以控制内部裂缝的。上述结果表明,在拱结采用冷却管措施是一种有效的方法,只是在解析条件中的线膨胀系数等是假定值,而且把钢筋换算成裂缝宽度的方法,也是依据壁状构造物试验结果得出的,是与拱结构造物的形状不同,故而不能只依据此解析就选定其为降温措施。

为了最终选择控制裂缝的措施,在同样形状的侧壁和拱结处进行了膨胀混凝土和冷却管试验(图4-58),观测实际产生的裂缝宽度,确认裂缝的控制效果和采取的措施。

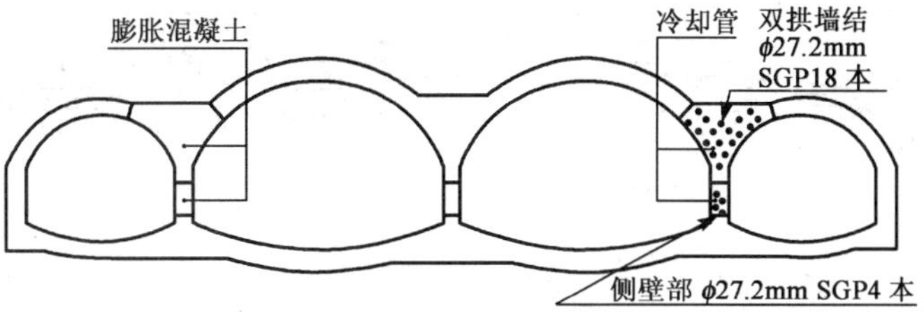

图 4-58　施工时试验的断面图

从试验效果看,在控制温度方面两种措施的解析值和实际测得值相一致。拱结膨胀混凝土内部的最高温度为75°C,而冷却管是55°C,达到了降低20°C的效果。在侧壁方面,可确定实际测量裂缝为解析值的1.6~1.9倍,两种措施的控制效果相同。在拱结使用膨胀混凝土材料时实际测得裂缝为解析值的1.2倍,使用冷却管时为0.5倍,可见采用冷却管的效果更好。因此,最终确定侧壁使用膨胀混凝土,而拱结使用冷却管。

第七节　海底江底连拱隧道

目前已知建成的海底连拱隧道有日本近年建成通车的东京湾临海隧道[122]。我国目前尚未建成海底连拱隧道,但对渤海海峡海底连拱隧道早已进入国家技术考虑方案之一,设计部门已进入讨论之中,有的提出单管双洞六车道海底伏贴式连拱隧道方案,也有海底沉管连拱隧道的设想[123,124]。江底连拱隧道在上海已建成并早已运营。下面介绍上述两个建成的实例。

一、日本海底沉管连拱隧道

肖颂鸿[122]介绍了日本东京湾临海公路沉埋四连拱隧道设计。该隧道位于东京羽田国际机场附近,属东京湾临海一级公路穿越第一航道段隧道,因受建筑物高度的限制,综合景观、环境、海浪、噪声及其对电波的干扰等诸因素,最终决定采用沉管隧道方案施工。隧道围岩很差,为淤泥为主的软弱冲积黏土层及洪积黏土层、洪积砂质土层,土层未经压实作用。

东京湾临海连拱隧道长1 328.825m,由海底航道的沉埋隧道、两侧换气塔和陆地明洞等三部分组成。沉埋隧道的横断面为四跨箱形框架结构,中间部分为车行道,两侧为人行道兼避难通道和共同管沟。沉埋隧道纵坡,在城南岛侧为3%,中间部分为0.3%,中央防坡堤侧为4%。为防止流水冲刷及航道清理、船舶抛锚等带来的影响,确保隧道安全,在隧道沉埋就位后,将对其进行回填,最小回填厚度为2.0m。

1)隧道断面

沉管隧道由11个长为120m,高10m,宽32.5m的钢筋混凝土管节及1个长5.328m的最终连接块组成。沉埋隧道平面图、纵断面图及标准断面示意图见图4-59~图4-61。为防止和减少管节纵向裂缝,在隧道轴线方向设置了纵向预应力钢索的柔性接头,并加设了100N/m^{2}的预应力。为确保箱体管节的水密性,在管节底板及两侧设置了8mm厚的防水钢板,在管节顶板铺设防水板及厚约15mm的防水混凝土。

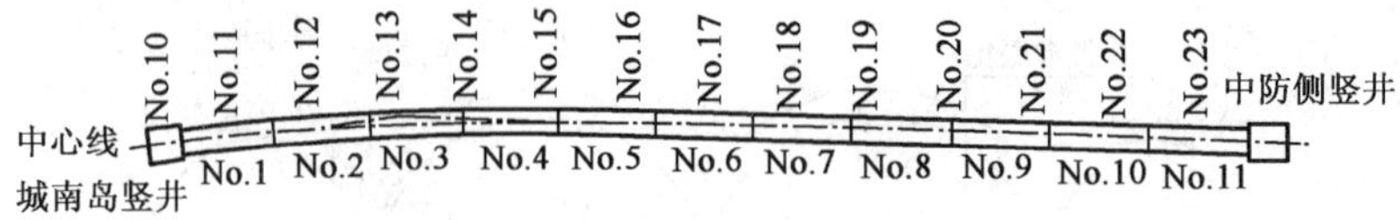

图 4-59　东京湾临海连拱隧道平面图

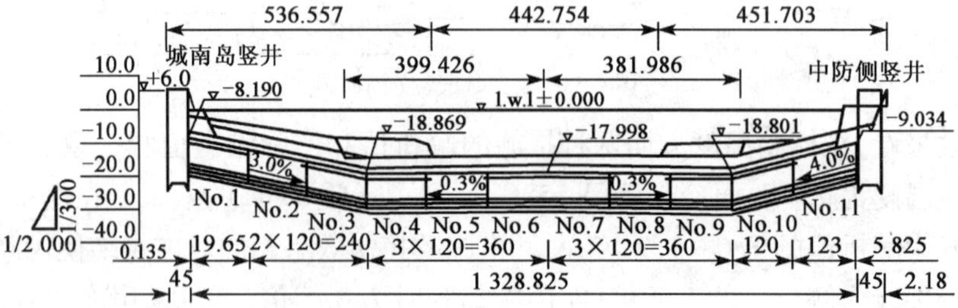

图 4-60　临海隧道纵断面图(尺寸单位:cm)

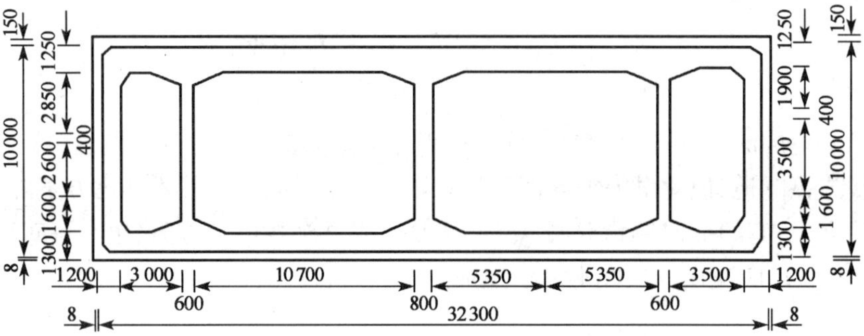

图 4-61　临海隧道标准断面示意图(尺寸单位:mm)

2)隧道施工

隧道承受包括施工中和完成后的各种荷载(表 4-10),隧道结构自重按防水钢筋混凝土重度为 25kN/m^3 计算,隧道路面及压重层按重度为 20kN/m^3 计算。海水压力按海水重度为 10.3kN/m^3,低水位时水位为 AP +0m,高水位时为 AP +2.1m,最高水位时为 AP +4.0m。土压力按土的浮重度 10kN/m^3 计算。温度荷载因隧道运营后通风换气作用,带入大量外部空气,对隧道温度有较大影响,在隧道横断面内外可按 ±10°C 的温度荷载考虑,在隧道轴线方向可按年温度差 ±5°C 考虑。灾害荷载包括爆炸荷载、沉船荷载及抛锚荷载等。地震荷载采用地震系数法按不同工况进行计算。施工荷载应考虑到浮运时的波压、牵引荷载及沉设时的沉设荷载。回填荷载对地基所产生压密沉降及隧道侧面产生的摩擦力等都应考虑。

管节横断面尺寸的确定,应综合考虑浮运时的干舷量、沉设后的抗浮安全率及结构断面应力等。通常浮运时的干舷量越大,其安全系数就越高。但为确保沉埋隧道沉设后的抗浮率,又必须加大隧道的加载空间,使隧道断面加大。因此,采用最低限度的干舷量,就成为决定断面是否经济合理的重要因素。该隧道的干舷量为 10cm。管节横断面除紧急停车带外,全部采用同一断面形状。隧道横断面形状,按假定结构截面尺寸、结构应力计算、验算结构应力、验算浮运时的干舷量(是否大于 10cm)、修正断面尺寸,重新计算结构内力和截面配筋的多次循环后确定。

海底隧道荷载组合及容许系数　　表 4-10

工　况	荷载组合情况	应力系数
完成时	1. 静荷载 + 侧土压 + 高水压 + 不等沉降	1.00
	2. 静荷载 + 侧土压 + 低水压 + 不等沉降	1.00
	3. 静荷载 + 侧土压 + 最高水压 + 不等沉降	1.30
	4. 组合 1 + 温度荷载	1.15
	5. 组合 1 + 地震荷载	1.50
	6. 组合 1 + 地震荷载 + 温度荷载	1.65
	7. 组合 1 + 灾害荷载	1.50
干坞时	8. 温度荷载，混凝土收缩荷载，局部沉降荷载	1.50
浮运时	9. 结构自重 + 防护混凝土 + 静水压 + 波压 + 扭曲力 + 牵引力	1.50
沉设时	10. 结构自重 + 防护混凝土 + 沉设荷载 + 水压	1.50

结构计算模型是按隧道横断面(图 4-61)中的荷载组合进行结构应力计算。由于隧道支承在以淤泥为主的软弱冲积黏土层上，经地质调查确定地基弹性抗力系数为 1 000kN/m^2。同时考虑到隧道不等沉降对结构内力的影响，主要是由沉埋隧道侧面基底的回填引起的。经研究，其影响区域一般在箱体两侧 3 ~4m。计算时取纵向单位长度 1.0m 的断面，按两侧不设弹性支座的平面闭合框架解析模型进行内力计算。隧道纵断面按弹性地基计算。隧道端部由于隧道支承在桩基的换气塔承台上，其支承条件发生了巨变，地基弹性抗力系数按三角形分布，由换气塔侧逐渐向隧道中央变化。计算荷载为结构自重力、土压力、水压力、护岸荷载及摩擦力等。

结构抗震计算，分别按横断面和纵断面进行。横断面采用 L—1 地震波设计，经应力位移法确定隧道顶部的位移值，通过有限元分析计算隧道地震时的应力值。经计算校核其应力值均在容许范围内。纵向抗地震设计按软弱地基上的弹性地基梁计算，沿隧道轴线方向按正弦波形，通过地基弹性支座，以强制变形的方式作用在隧道上，从而求出结构内力和变形值。

柔性接头的结构设计(图 4-62)。因沉埋隧道管节间是通过高强度的接头连接的，而接头一般分柔性接头和刚性接头两种，前者与管节相比其刚度大大降低，后者与管节刚度几乎相同。该隧道采用的柔性接头，考虑了基础下沉时所产生的应力变形、混凝土干燥收缩及温度变化所产生的应力和变形、结构的水密性、结构抗震性和可施工性等。柔性接头采用水压接法来形成初始密封，即采用橡胶密封止水带作为第一道防水层，然后在形成水密性的箱涵内安设第二道橡胶止水带。

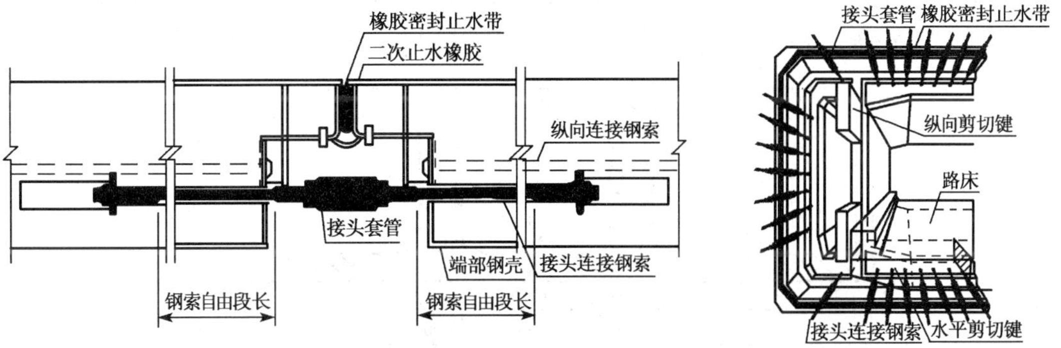

图 4-62　沉埋隧道管节柔性接头结构图

最终连接涵。是由于箱涵间存在着沉设富余量及水压结合移动量,就必然会在最后一个箱涵与到达竖井间留下间隙,此间隙就是最终连接涵位置。另外,沉埋隧道是在预先修筑好的竖井间进行沉设的,两侧竖井在隧道建成后将作为换气塔使用。箱涵的沉设是从竖井开始通过水压作用,依次进行沉设。

二、上海江底沉管连拱隧道

江底沉管连拱隧道,类似于平顶式连拱隧道,如上海外环越江沉管连拱隧道[125~127]。由于江底沉管隧道未曾作连拱隧道介绍过,故此列入本书范畴。朱家祥、陈彬等[125,126]介绍了隧道施工步序及干坞施工、管段制作、基槽浚挖和回填覆盖、岸壁保护工程、管段基础处理、管段接头和管段拖运沉放等一系列关键技术。

1)隧道断面

上海外环越江沉管隧道为双向八车道公路沉管连拱隧道,江面宽度为780m,隧道长2 883m,包括江中沉管段736m,由7节沉管组成:100m长的2节、104m的1节和108m的4节,并内含一段长为2.5m的最终接头。浦东设有隧道管理中心大楼,浦西设有风塔1座。全线设2座降压变电所、2座雨水泵房、2座消防泵房、2座江中泵房。

由于工程区段河床断面深潭位置紧逼浦西侧凹岸,所以隧道江中段最低点偏向西侧,江中线路设1个变坡点,竖曲线半径为3 000m。为减少结构埋深以及江中基槽浚挖、回填覆盖等工作量,隧道平面采用半径为1 200m的曲线,从深潭中心下游穿越过江,同时在河床断面深潭处将隧道顶抬高出河床底3.61m(图4-63)。

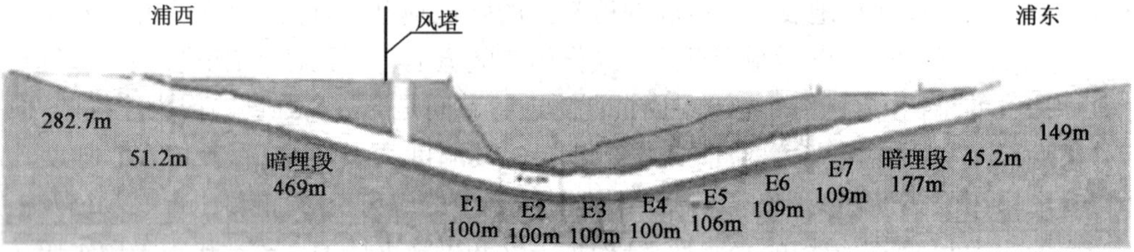

图4-63　隧道纵剖面图

管段断面宽43m、高9.55m(风机壁龛处高为10.15m),为3孔2管廊8车道形式,相当于5连拱的原理,结构底板厚1.5m,顶板厚1.45m,外侧墙厚1m,内隔墙厚0.55m(图4-64)。

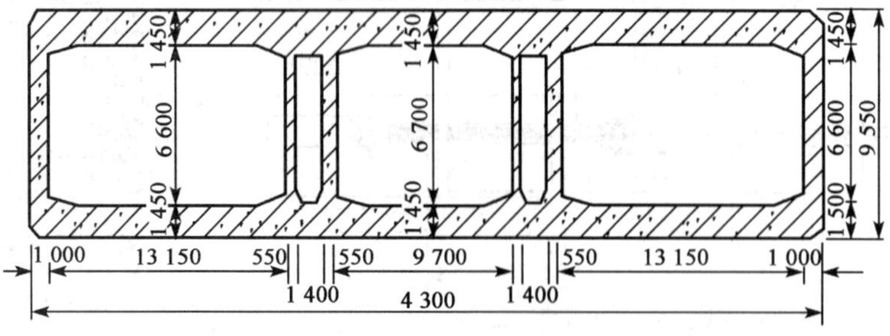

图4-64　管段横断面图(尺寸单位:mm)

2）工程地质和水文地质条件

浦西段隧道地层为①填土；②褐黄色、灰黄色粉质黏土；③灰色砂质粉土（易产生流砂）和灰色淤泥质粉质黏土；④灰色淤泥质黏土（含水量和孔隙比大，强度低）；⑤灰色黏土；⑥草黄色粉质黏土；⑦灰色砂质粉土。江中段隧道地层主要为土层，即③为灰色砂质粉土；⑥草黄色粉质黏土；⑦灰色砂质粉土。除④灰色淤泥质黏土和⑤灰色黏土层含水量高、孔隙比大、强度低外，其余土层为低含水量、孔隙比小，强度高。

浦东段隧道主要为土层，岩性是：①淤泥；②灰色砂质粉土；③灰色淤泥质粉质黏土；④灰色砂质粉土和灰色粉砂。其中灰色砂质粉土和灰色粉砂层渗透性大，极易产生流砂现象。

场区为多层孔隙含水层结构，浅部地下水位受黄浦江水位变化控制，含水介质为砂质粉土及粉细砂，水平方向渗透性较大，竖向渗透性小。浦西⑦层为区域承压含水层，实测承压水位高程为 -6.35m；浦东段⑤层实测承压水位高程为 -4.90m。

3）隧道施工

（1）干坞施工。干坞选址在浦东三岔港边的黄浦江滩地处。在隧道轴线两侧建造两个可同时制作所有（7 节）管段的干坞。A 坞占地面积为 4.9 万平方米，位于隧道南侧，可一次性制作 E7、E6 节管段。B 坞占地 8.1 万平方米，位于隧道北侧，可一次性制作 E1、E2、E3、E4、E5 节管段。两干坞总开挖土方量近 120 万立方米。干坞场区新老大堤间滩地高程平均为 +3.2m（吴淞高程），农田高程平均为 +4.5m，坞底高程平均为 -7.4m（图 4-65）。

干坞基坑的边坡稳定，内容包括：①干坞加固；②干坞开挖及边坡处理；③井点降水；④坡脚处理；⑤施工跟踪监测等。

干坞坞底处理，内容包括：①坞底处理方法；②坞底换填基础施工；③坞底排水。

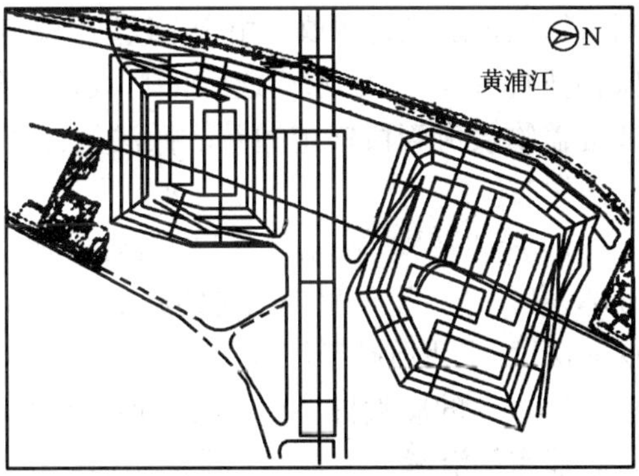

图 4-65　干坞平面图

（2）管段制作。江中段的混凝土管段采用本体防水结构，管段制作时的裂缝控制和干舷控制是关键。管段混凝土结构裂缝控制包括：①混凝土的配合比设计和生产；②管段施工流程；③支模体系优化；④混凝土冷却措施；⑤混凝土浇捣及养护；⑥后浇带施工。

（3）管段干舷控制。管段干舷控制的关键是保证管段制作的尺寸精度、管段混凝土的重度和均匀性。内容包括：①支模工艺；②混凝土重度控制。

（4）基槽浚挖和清淤。是管段沉放前的重要工作，其作业质量是沉放成功保证。首先是基槽浚挖：①高精度定位定深监控系统；②浚挖工艺；③基槽清淤技术。

（5）管段浮运与沉放、拉合。技术关键是管段水平和垂直控制的方法，以及管段水下沉放对接的姿态监控和管段沉放后的稳定。内容包括：①管段水平控制系统；②管段垂直控制；③管段浮运和沉放作业；④管段沉放后稳定；⑤管段沉放时的航道管理。由于管段需过江浮运到达沉放位置，管段浮运期间需实行 3 小时封航，而管段沉放作业时可保持航道通行。

（6）管段基础施工。管段基础施工的关键是管底灌砂基础的密实。管段沉放到位后，对管底约50cm的空隙进行灌砂。为了提高管段结构的水密性,底板下的灌砂孔通过隔墙从顶板引出。灌砂施工由潜水员将灌砂管接入设于顶板上的灌砂口,然后从停泊于江面上的灌砂船将砂压入管底。为防止灌砂基础的振动液化,灌砂料中掺入了5%的水泥熟料。根据试验,1:8~1:9砂水混合比的灌砂料在流量为$5m^3 \cdot s^{-1}$时的最大扩散半径可达到7.5m。据此,每节管段横向每排布置4个灌砂孔,孔间距为10.25~11m,排间距为10m。灌砂由压接端向自由端进行,每排先中孔、后边孔的顺序施工,每节管段都将最后一排孔留至下节管段沉放后灌注。

为了估算灌砂孔的灌砂量,需在管段沉放前测量基槽的深度,此外还在管段沉放之前,对管段的灌砂预留孔进行编号,并用塑料铭牌系于管面灌砂孔的法兰板上。管段沉放后灌砂施工前先进行灌砂设备试运转,以验证灌砂泵、输送带等整套灌砂系统的性能,取得灌砂作业的各种参数。灌砂过程中,对灌砂量、灌砂压力进行监测,并采取潜水员水下探摸和管内测量等手段,了解砂积盘的形成情况和管段抬升情况。

(7)沉管连接。管段间接头采用柔性接头形式,接头处还设置了水平和垂直剪切键。GINA止水带在管段制作后期、坞内灌水前完成。为了避免GINA止水带在浮运中碰撞受损,需在GINA带上部安装保护罩。OMEGA止水带安装在管段沉放后、管段接头处两道封墙拆除前完成。最后进行管段底板处水平剪切键的制作,中墙和外侧墙处垂直剪切键施工,待管段稳定后进行。最终接头结构浇筑完成后,再次拉紧接头拉索,使管段之间形成柔性连接。

(8)管段的回填与覆盖。管段沉放后需进行回填、覆盖固定和保护管段。回填和覆盖物的组成视管段所在位置而异。E1、E2、E3、E4、E5管段位于黄浦江主航道,其回填和覆盖物分别由管段锁定抛石回填。由于E1、E2、E3管段位于黄浦江自然凹深槽区,部分管段出露于河床,为防止管段两侧河床发生冲刷,设护底防冲结构。E6、E7管段位于浦东一侧浅水区,回填和覆盖物仅由管段锁定抛石。做法是:①管段锁定抛石;②一般基槽回填;③面层抛石覆盖;④防锚带。

(9)岸壁保护结构。在江中沉管基槽浚挖前,为了避免基槽开挖引起两岸防汛体系失稳破坏,必须进行岸壁保护结构的施工和沿江堤岸的加固工作。浦西岸壁保护结构根据基槽开挖的深度,采用阶梯形渐浅的格构形地下连续墙(墙厚1.0m,最深为46m,格构内设直径为小于1 400mm的旋喷桩)和重力式旋喷桩(深为15.5m,在基槽浚挖线位置8~10m不等)两种形式。浦东侧沿岸大堤采用4排深层搅拌桩加固。

第八节　岛上连拱隧道设计与施工

上海小洋山岛小洋山隧道,是我国第一座岛上修建的双向六道车道连拱隧道[128~130],是上海国际航运中心必经之隧道。隧道位于上海市东南的东海大桥西南端(图4-66),进出口均与东海大桥相连,这就是穿岛连拱隧道的突出特点。

一、小洋山连拱隧道设计

小洋山连拱隧道设计由中铁第四设计院王克金等设计[128],其Ⅲ级围岩工艺工序图(图4-67),要求每步开挖后应及时施作C25喷射混凝土厚15cm封闭岩面初期支护,并在施工中加强监控量测和反馈信息,以利指导施工。该隧道地质条件较好,围岩为坚硬花岗岩,归属Ⅲ

级岩，中壁未用钢架支撑。

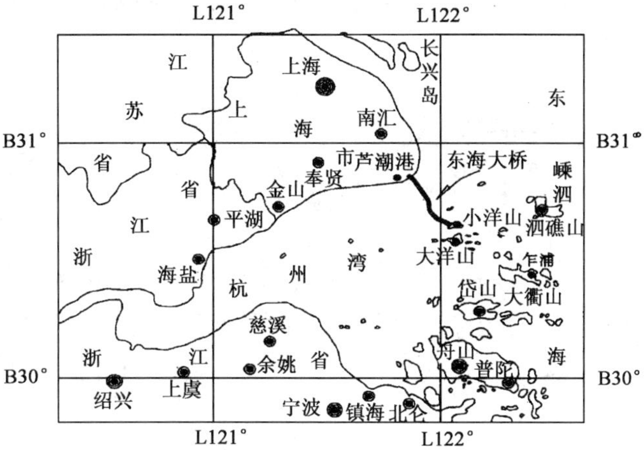

图 4-66 小洋山隧道位置图

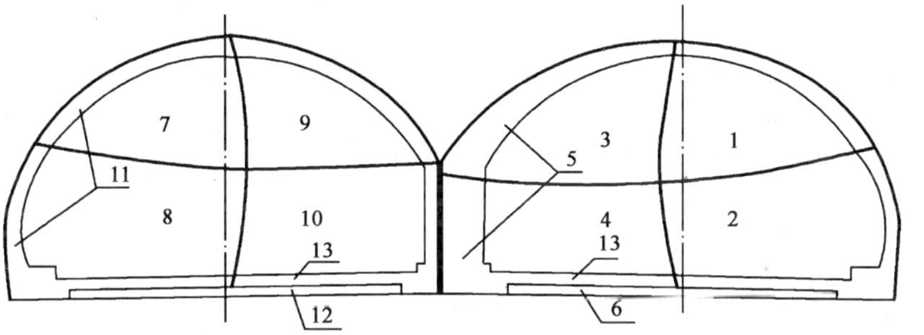

图 4-67 小洋山隧道Ⅲ级围岩施工工序图

1-右洞右侧上部开挖和初期支护；2-右侧下部开挖和初期支护；3-右洞左侧上部开挖和初期支护；4-右洞左侧下部开挖和初期支护；5-右洞拱墙二次衬砌；6-右洞线路铺底；7-左洞左侧上部开挖和初期支护；8-左洞左侧下部开挖和初期支护；9-左洞右侧上部开挖和初期支护；10-左洞右侧下部开挖和初期支护；11-左洞拱墙二次衬砌；12-左洞线路铺底；13-隧道路面及沟槽施工

当隧道围岩达Ⅱ级时，可采用简化的无导洞中壁工艺，即把右洞上下部开挖和初期支护合成一个工序，及左洞左侧上下部开挖和初期支护归并为一个工序，相当于左右洞有半个断面开挖和初期支护一次完成（图 4-68）。

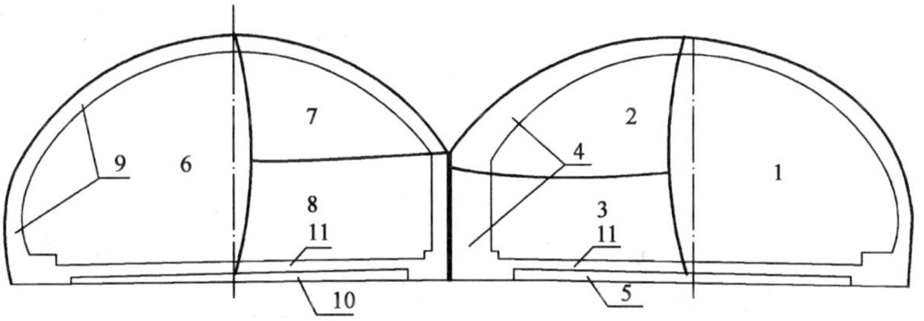

图 4-68 小洋山隧道Ⅱ级围岩施工工序图

1-右洞右侧半断面开挖和初期支护、临时支护；2-右洞左侧上部开挖和初期支护；3-右洞下部开挖和临时支护；4-右洞拱墙（含中墙）二次衬砌；5-右洞调平层；6-左洞左侧半断面开挖、初期支护和临时支护；7-左洞右侧上部开挖和初期支护；8-左洞右侧下部开挖和临时支护；9-左洞拱墙二次衬砌；10-左洞调平层；11-左右洞路面施工当小洋山隧道围岩略差，变为Ⅳ级时，除每步开挖后应及时施作初期支护和临时支护，尽早封闭围岩外，还采用I20b工字钢架作临时支护，钢架纵向间距0.8m，喷混凝土厚度23cm。初期支护施工工序见图4-69。

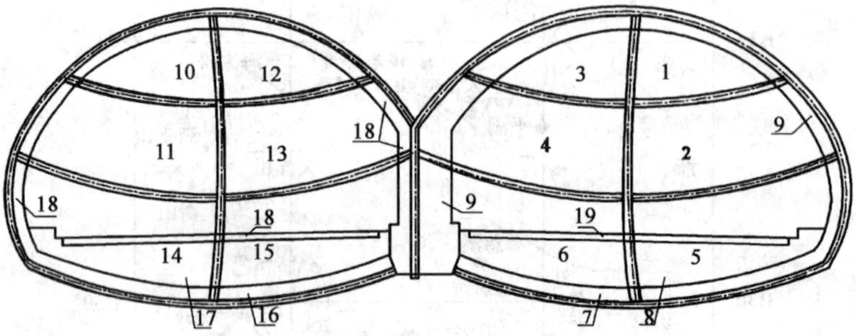

图4-69　小洋山隧道十字隔壁（CRD）施工工序图

1-右洞右侧上部开挖和初期支护及临时支护；2-右洞右侧中部开挖、初期支护和临时支护；3-右洞左侧开挖、初期支护和临时支护；4-右洞中部开挖、初期支护和临时支护；5-右洞右侧下部开挖、初期支护和临支护；6-右洞左侧开挖、初期支护和临时支护；7-右洞仰拱施工；8-右洞仰拱回填；9-右洞拱墙二次衬砌；10-左洞左侧上部开挖、初期支护和临时支护；11-左洞左侧中部开挖、初期支护和临时支护；12-左洞右侧上部开挖、初期支护和临时支护；13-左洞右侧中部开挖、初期支护和临时支护；14-左洞左侧开挖、初期支护和临时支护；15-左洞右侧开挖、初期支护和临时工时支护；16-左洞仰拱施工；17-左洞仰拱回填；18-左洞拱墙二次衬砌；19-左右洞路面及槽沟施工

二、小洋山连拱隧道施工

孙忠成[129,130]论述了小洋山隧道群的施工。该隧道群位于东海崎岖列岛上的小洋山岛，由一座连拱隧道（主隧道）、二座地面辅道单拱隧道及一座管线隧道组成。连拱隧道长270m，采用上下行隧道独立承载的叠合式中墙双连拱结构，隧道最大开挖跨度35.7m，按双向六车道加紧急停车带的高速公路标准设计。连拱隧道左线隧道与辅道右线隧道净距为9.14～9.34m，路面设计高差7.75m，因此，小洋山隧道群是一个结构极为复杂的群洞系统工程，小洋山隧道空间位置如图4-70。

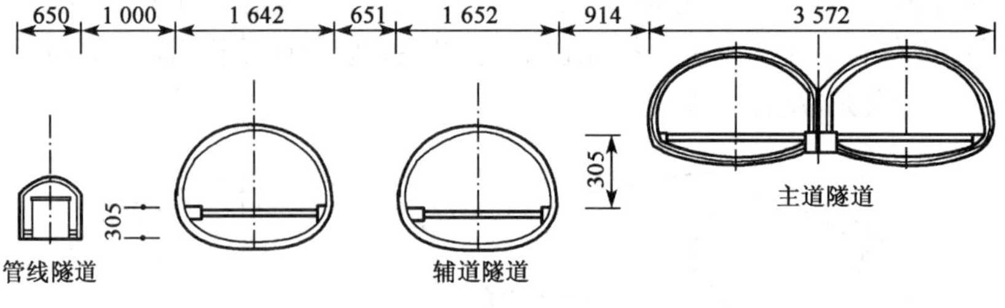

图4-70　小洋山隧道群横剖面布置（尺寸单位：cm）

隧区基岩岩性为花岗岩，地质围岩划分为Ⅱ、Ⅱ、Ⅳ级。主要不良地质为出口端存在一长约30m的浅埋堆积层及隧道中部有一横向贯穿隧道的断层裂隙带。

1）群洞隧道施工原则及要点

（1）群洞隧道施工原则。群洞隧道不是单洞隧道的简单叠加，在进行任何一条隧道施工时对其它相邻隧道都会产生影响。因此，群洞隧道施工的关键原则，是充分注意群洞间的相互影响,尽量避免或减少对相邻隧道的扰动和影响,以保证围岩的稳定和结构的安全。

(2)群洞隧道施工的关键技术问题。避免或减少群洞隧道间的相互影响,需要解决以下关键技术问题:①充分考虑相邻隧道施工对围岩的扰动和松弛的影响,通过采取有效的技术措施,保证群洞隧道间中夹岩体的稳定是群洞隧道成功修建的关键;②选择合理的群洞隧道施工顺序,相邻隧道的开挖步骤从时间和空间上尽量远离,减少对相邻隧道施工的影响;③按新奥法组织施工,利用现场量测进行施工反馈,实现信息化动态施工。同时利用模拟研究,优化施工方案并为施工提供决策。

(3)群洞隧道施工的一般原则。①施工中遵循"短进尺、弱爆破、强支护、早封闭"的原则,采用 CD 或 CRD 等分部开挖方法,充分考虑和合理利用群洞开挖过程中围岩的力学变化,弱化联动效应,加强洞间岩体的保护,确保围岩稳定;②施工过程中严格进行控制爆破,把后行施工隧道对先行隧道的振动影响减少到最小;③根据断面形状和地质条件,因地制宜地选择施工方案。

2)群洞隧道的总体施工顺序

(1)总体施工原则。合理的施工顺序是维护围岩稳定、减少相互间的影响、改善作业环境、加快施工进度的必要保证。小洋山群洞隧道总体施工原则,是采取一座隧道先行开挖,待完成初期支护或二次衬砌后再进行相邻隧道的开挖。小洋山群洞隧道的总体施工顺序如图4-71所示。

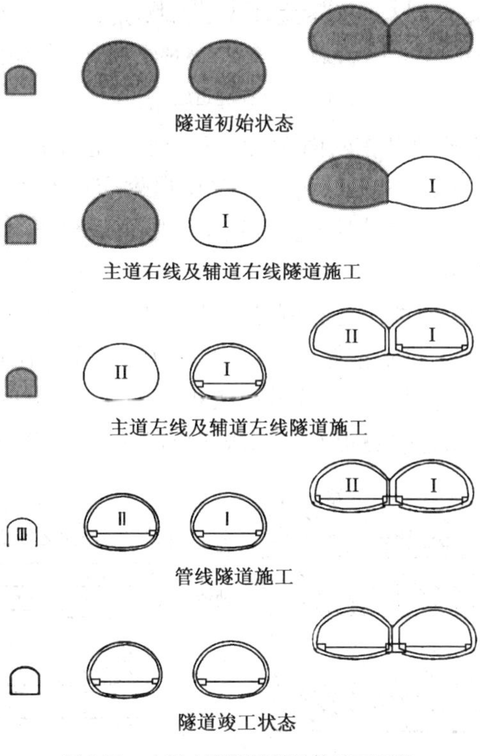

图 4-71 小洋山群洞隧道总体施工顺序

总体施工顺序的确定,主要基于以下几方面的考虑:①由于小洋山隧道兼有小净距、大跨度的特点,隧道施工采取间隔进行,避免隧道开挖过程中的相互影响;②相邻隧道的施工,原则上是在先行隧道初期支护或二次衬砌完成后进行。

连拱隧道设计采用叠合式中墙结构，由于隧道围岩为花岗岩，岩性条件较好，施工方法上改变传统整体式中墙的导洞法施工，将连拱隧道按两个独立的单洞分别考虑。单洞的施工方法相对成熟，这为连拱隧道的安全和质量提供了保证。同时施工顺序的选定，也是设计意图的充分体现。第一步做好右线隧道衬砌，承受开挖所引起的围岩压力及结构自重；第二步左线开挖及初期支护形成，承受部分围岩压力，右线隧道衬砌承受部分由于开挖左跨所引起的围岩压力及结构自重；第三步做好左线隧道衬砌，双跨共同承受整个开挖断面引起的围岩压力的增量及结构自重。

(2)具体施工顺序。在总体原则的基础上，将群洞隧道分为连拱隧道、辅道隧道及管线隧道两个施工部分。连拱隧道施工顺序见图4-72。

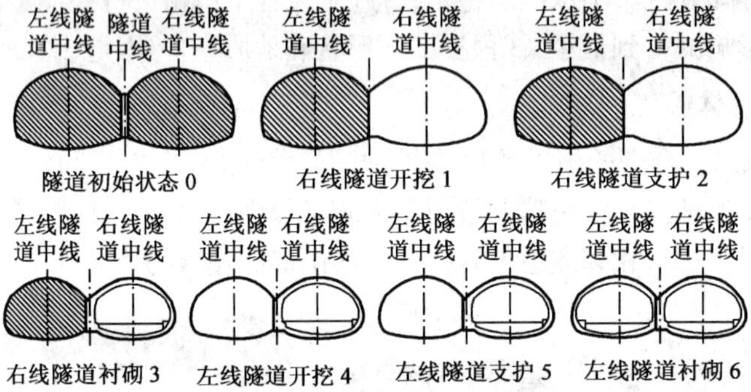

图4-72　连拱隧道施工顺序

(3)施工阶段。小洋山隧道开挖断面大、工序繁琐，每道工序间关联作用大。且应业主要求，在施工中需时刻保证一条道路畅通，为相邻单位提供交通便利。所以，合理的施工次序就显得尤为重要。通过认真分析及模拟研究，确定整个隧道群分三个阶段进行，施工方向采取两端相对掘进，并以进口端为主，出口端为辅。

第一阶段：主要进行辅道左线隧道右侧导洞及连拱隧道右线右侧导坑的开挖支护施工，同时进行各洞口的超前大管棚等支护措施的施工(图4-73)。第二阶段：主要以辅道右线及连拱隧道道右线二次衬砌施工及连拱隧道左线开挖支护施工为主(图4-74)。第三阶段：以辅道左线扩拱开挖支护、二衬施工及连拱隧道左线二次衬砌施工为主(图4-75)。

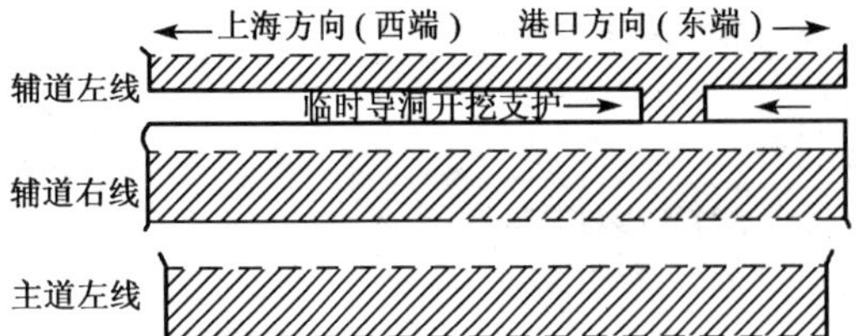

图4-73　第一阶段施工次序

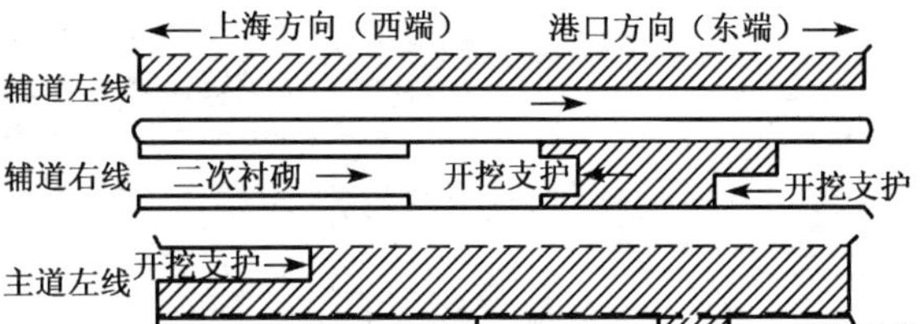

图4-74　第二阶段施工次序

3)连拱隧道降振爆破措施

(1)控制爆破循环进尺。采取合理的小循环进尺，减少总装药量。Ⅳ级围岩开挖采用短进尺，循环进尺控制在1.0～1.5m；Ⅱ、Ⅲ级围岩循环进尺一般在2.0～2.5m；连拱隧道左线右

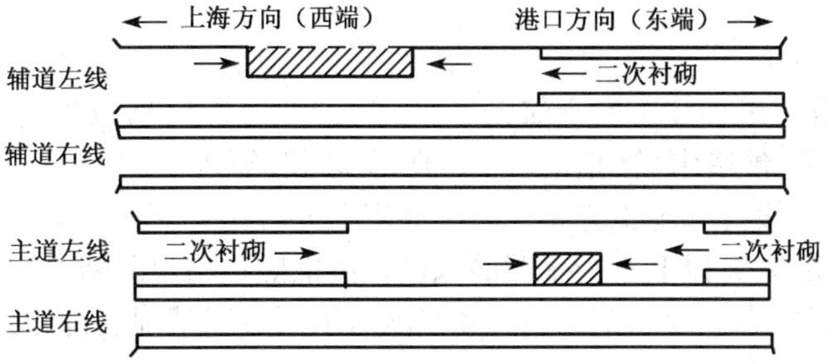

图 4-75　第三阶段施工次序

侧导坑爆破时考虑到对右线中墙混凝土的影响，爆破循环进尺控制在 0.5～1.0m，振动速度控制在 5cm/s 以下。

（2）采取临近中墙爆破减振措施。为进一步减轻爆破对已完右线隧道中墙混凝土的影响，在左线隧道开挖时，采取以下减振措施：①根据爆破试验及爆破振动监测数据，合理确定爆破参数。根据现场实际情况，考虑到振动信号的幅值范围和频率范围，选用成都中科动态仪器有限公司生产的速度传感器为 CDJ 型的 IDTS3850-3 型爆破振动记录仪，通过爆破监测数据，采用萨道夫斯基公式计算，本工程 $K=25.64$，$\alpha=1.18$。根据围岩特性参数，确定装药量等爆破参数。②严格按钻爆设计布孔，掌握好钻孔方向及深度，确保爆破效果。③在围岩和中墙混凝土结合部钻密集的减振孔，减振孔间距 20cm，孔径 50cm，以有效地反射爆破时产生的应力波和振动波。④降低单段最大装药量，采取微差分段起爆，段间隔时差不小于 50ms。

第九节　无中墙连拱隧道

一、梧村山无中墙连拱隧道概况

梧村山无中墙连拱隧道是厦门市机场路一期工程，全长 3 700m，由明挖隧道、连拱隧道、小净距隧道和分离式隧道组成，属分岔式隧道。下穿浦南段为分岔式连拱隧道，长 615m，是我国罕见的下穿密集建筑群的浅埋大跨度双向六车道连拱隧道，开挖跨度达 34m，隧道埋深 8.9～24.5m，属超浅埋连拱隧道，也是我国的城底连拱隧道典型代表。胡学兵、蒋树屏[4]对该隧道设计与施工进行了研究。

隧区地质条件差，地下水位较浅，围岩总体为 V～VI 级，主要穿越残积土、全风化和强风化的砂粒状花岗岩。围岩具泡水易软化、崩解、强度降低的特征，在较长时间的地下水作用下，易产生流泥、流沙等不良地质现象。隧道正上方和两侧地表有 20 世纪 90 年代兴建的 3～8 层民宅和军用建筑。在如此差的地质条件下开挖大跨度的双向六车道连拱隧道，既要确保隧道施工安全，又要保证地面建筑和地下管线不受破坏，是隧道施工的关键和难点。

无中墙连拱隧道相对于传统的连拱隧道结构，主要优势在于：①简化了施工步序，可加快施工进度；②更好地控制围岩的拱顶沉降，收敛时间较短，总体沉降量小；③取消了中导洞开挖和支护，总体造价会更省。但施工中仍存在一定风险，主要是后行洞靠中夹岩侧围岩稳定性差，初期支护的剪切应力较大，施工中应严格控制纵向施工长度，加强该部位的抗剪刚度。

二、隧道结构设计

隧道设计是在确保地表建筑安全前提下，结合当地实际条件，按安全、经济、合理、环保的原则设计，按“超探测、预堵水、管超前、强支护、弱爆破、短进尺、早封闭、勤监测、备预案”思想，制订下穿房屋段的设计和施工方案。由于隧道上方房屋受下穿隧道施工影响，易引起房屋不均匀沉降和房屋倾斜，尤以毛石为基础的该段房屋抵抗不均匀沉降的能力极低，房屋又是已建多年处于一般损坏状态。隧道施工前必须采取对地面房屋基础进行加固等一系列措施。

1）隧道结构形式及支护参数

梧村山隧道原设计采用复合式中墙连拱隧道结构（图4-76），由于中导洞断面小，不便施工，进度慢，且不能及时抑制围岩沉降，第一层二次衬砌闭合时间较晚，不能及时发挥作用，施工时优化为无中墙连拱隧道结构（图4-77）。即先施工一侧正洞的初期支护和二次衬砌，然后将另一正洞的初期支护与先行洞的初期支护的相邻侧墙体相连，代替原设计的中墙，因此，两洞初期支护搭接点位置的选择是关键。但先行洞的二次衬砌需采用防偏压结构，后行洞的超前支护必须加强。

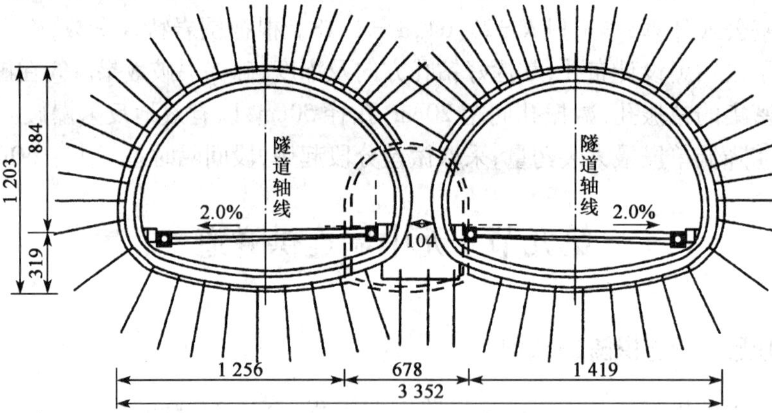

图4-76　复合式中墙连拱隧道断面结构（尺寸单位：cm）

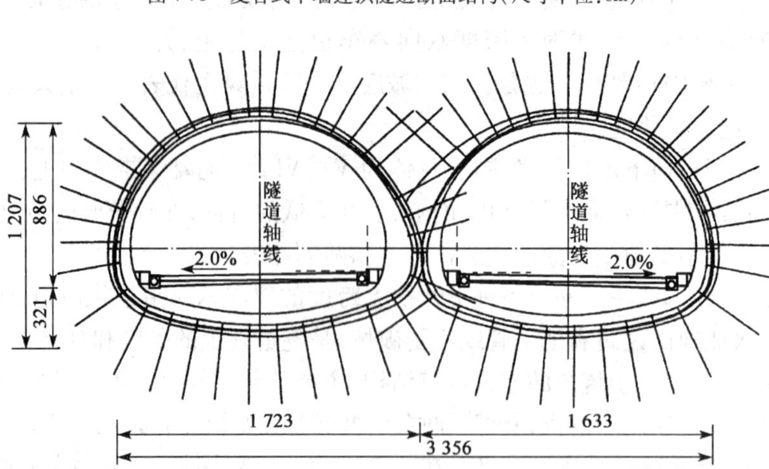

图4-77　无中墙连拱隧道断面结构（尺寸单位：cm）

施工中对原设计的支护参数作了必要的调整，即采用双层喷射混凝土结构，第一层喷射混凝土参数与原设计相同，即50cmC25钢格栅混凝土，第二层喷射混凝土为22cmC20钢格栅喷射混凝土，二次衬砌为单层60cm钢筋混凝土。

2）城市连拱隧道施工对房屋损害分析

谢锋、林志[131]对城市浅埋暗挖隧道施工导致地面房屋损害评价作了研究，认为城市浅埋暗挖连拱隧道施工，不可避免地会对上覆地层产生扰动，会在不同程度上对地面建筑引起影响，并对城市浅埋暗挖施工连拱隧道诱发地面房屋损害提出三阶段评价分析法。

（1）隧道施工房屋损坏评价标准

①国内建筑物评价标准。上海制订了上海软土地区盾构隧道施工建筑物评价暂行标准，对非软土地区和非盾构施工的标准尚需研究。煤炭工业部参考国外有关规定，制订了地下采矿地表建筑物等划分等级，将长度或变形缝区段长度小于20m的砖混结构房屋破坏分为4个等级。

②国外隧道施工房屋损坏评定标准。国外根据工程实际和试验，将房屋损坏评定标准分为3类：a.视觉损坏：当结构物出现大于1/250的偏斜时，视觉上就可察觉到，损坏评定等级属0～2级范围，通常可视作为容许性损坏；b.功能损坏：由于土体位移引发房屋功能损坏，属3～4级损坏；c.稳定性损坏：属于5级损坏（表4-11、表4-12）。

房屋损坏分级与极限拉应变关系　　表4-11

损坏分级	严重程度	极限拉应变（%）
0	可忽略	0～0.05
1	很轻微	0.05～0.075
2	轻微	0.075～0.15
3	中等	0.15～0.3
4～5	严重～很严重	>0.3

国外按地表变形划分破坏等级　　表4-12

破坏等级	建筑物破坏等级	地表变形值	
		倾斜（mm/m）	水平变形（mm/m）
1	建筑物不需要保护，允许墙上出现一些很小的无危害裂缝	2.5	1.5
2	建筑物需采取简单保护，允许墙上出现容易修理的较小裂缝	5.0	3.0
3	建筑物需要仔细保护，允许出现一些易修理的较大裂缝	10.0	6.0
4	建筑物需要仔细保护，允许出现一些易修理的破坏	15.0	9.0
5	不能建造建筑物，地表可能出现较大的裂缝塌陷坑	>15.0	>9.0

综上所述可知，为了确保房屋安全，可以将视觉损坏作为房屋的充许破坏，相应的破坏等级为2级。

（2）房屋损坏三阶段评价分析法

隧道施工对房屋破坏影响评价，采用三阶段评价分析法（图4-78），具体步骤是：

①第一阶段评价法（Greenfield模型法）。在此阶段评价法中，先不考虑建筑房屋的存在，

即设定为 Greenfield 的情况，按照 Rankin(1988)的论断进行判断，房屋的最大沉降值和最大斜率支配着房屋的潜在破坏，当最大斜率 $\theta<1/500$ 及最大沉降值 $\Delta<10\text{mm}$ 时，房屋的破坏是可以忽略的。因此，位于以上数值限定的沉降槽区域的房屋可以不予考虑。其地面沉降可用 Peek(1969)经验公式或数值计算进行确定。

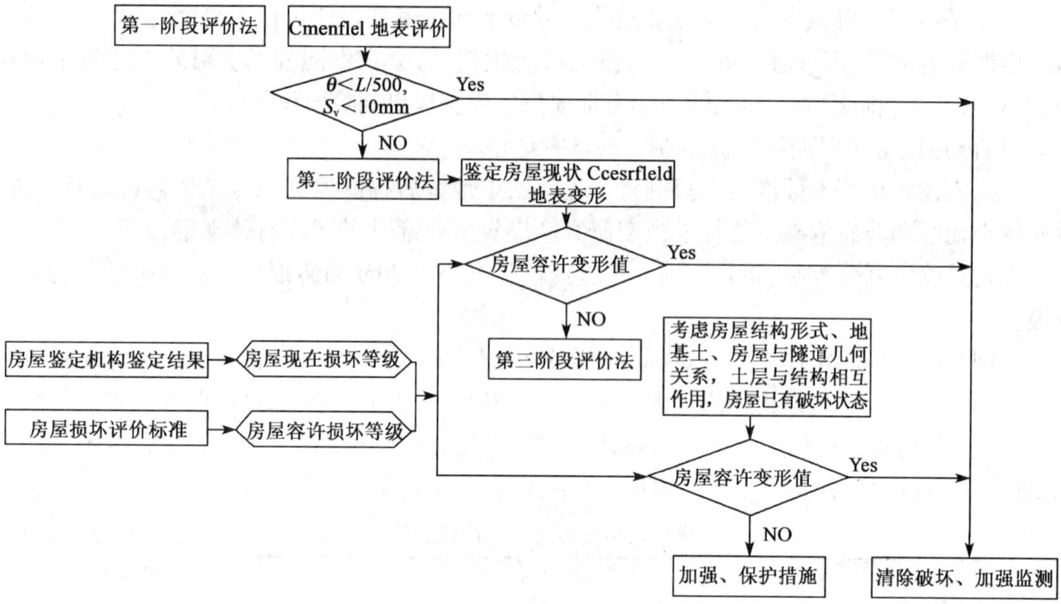

图 4-78　三阶段评价分析流程图

这种方法只考虑了原场地地面沉降，未考虑房屋建筑的变形，因而方法比较保守，但可减少不必要的计算。如果房屋所在区域的计算指标超过了以上极限值，应当进行第二阶段评价。

②第二阶段评价法(隔离法)。此阶段评价法是将房屋结构设定为弹性梁，其基础假定为柔性，完全顺从沉降曲线变形。这样可以得出处于建筑基础位置以下的沉降曲线，使基础顺从该部分线形曲线的变化。据此变形曲线可计算出梁的挠度比 DR(包括 hog 区及 sag 区)和最大水平应变 ε_h(包括压缩和拉伸)。由挠度比 DR 和水平应变 ε_h，可计算出梁的应变。根据应变的大小评价房屋结构的损坏程度。计算模型和方法如下：

计算模型中弹性梁宽度为 B，高度为 H。两种极端模式是由拉应变产生的弯曲裂缝和由对角拉应变所引起的对角裂缝(图 4-79)。

据此计算模型，对于中间受载量，其剪切变形和弯曲变形的挠度计算公式为：

$$\Delta = PB^3/48EI(1+18EI/B^2HG) \tag{4-3}$$

式中：Δ——梁的挠度；

E、G——弹性梁的弹性模量和剪切模量；

I——惯性矩；

P——梁的中必荷载；

B、H——梁的宽度和高度。

对于各向弹性材料，$E/G=2(1+v)$，假定泊松比 $v=0.3$，可得 $E/G=2.6$。对于实际的房屋结构，基础对其变形有明显的抑制作用，因此，中性轴位于梁内更接近实际。上式可将挠度

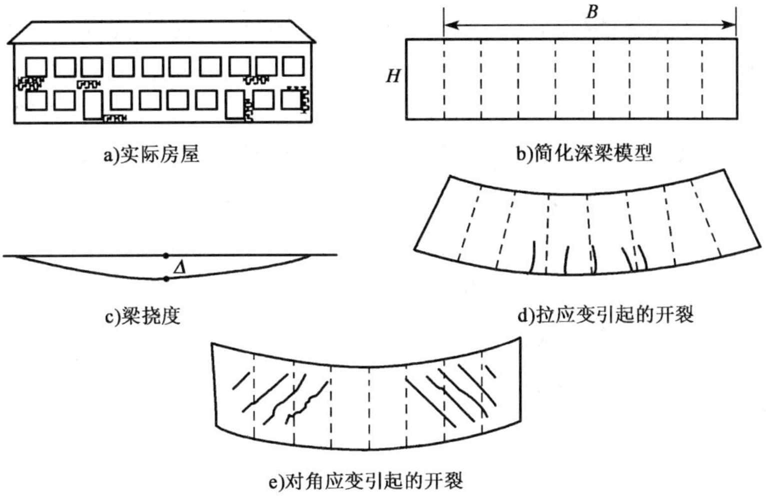

图 4-79　简化梁在不同变形模式下的开裂

比改写成关于极限纤维应变和最大对角应变的关系式：

$$\Delta/B = (0.083B/H + 1.3H/B)\varepsilon_{h,max} \tag{4-4}$$

$$\Delta/B = (0.064B^2/H^2 + 1)\varepsilon_{d,max} \tag{4-5}$$

由以上分析可知，将第一阶段所得的地表沉降代入式(4-4)和式(4-5)，可得出房屋的拉应变，再根据上述评判标准，得出房屋的容许拉应变，即可判定房屋是否安全。具体步骤流程如图 4-80。

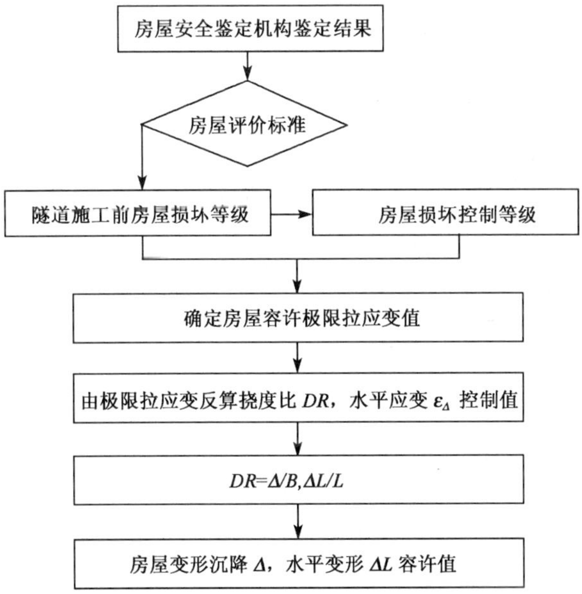

图 4-80　房屋允许应变值确定流程图

此阶段评价法在一定程度上考虑了房屋结构的影响，比第一阶段评价法精确。其不足之处在于假定基础顺从原场的地表变形，从而使计算结果较保守。如果用此阶段法计算出的破坏超过房屋的容许值,就必须进行更精确的第三阶段评价法计算。

③第三阶段评价法(整体分析法)。此阶段采用数值分析,从而实现地基和房屋的耦合。地基和房屋的耦合作用,是影响房屋刚度的重要因素之一,它将减小房屋结构的变形。隧道开挖引起的房屋变形曲线如图4-81所示,图中将原场沉降曲线和房屋结构的沉降曲线进行了对比。从中看出,相对原场,考虑房屋结构的影响,将使最大沉降值 $S_{v,max}$ 和斜率 θ 减小。同理,考虑房屋结构的影响,也会减小水平应变。

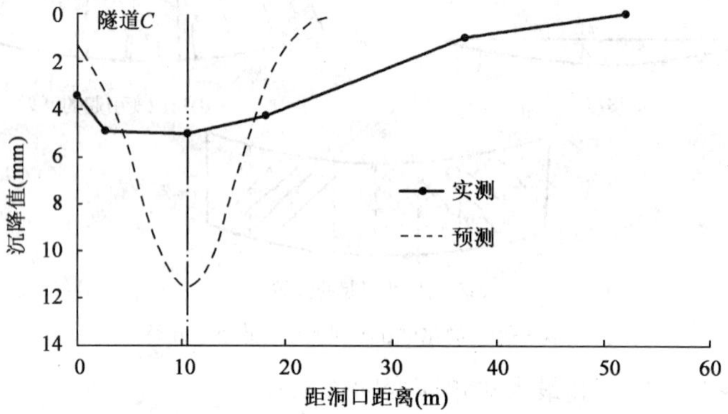

图4-81 隧道开挖引起的房屋沉降曲线

由于第二阶段法的保守评价,第三阶段所计算出的破坏指标,将小于前阶段所得的数值。如果第三阶段所算出的破坏指标,等于或大于房屋变形的容许值,则将对房屋结构采取必要的加固措施。

(3)梧村山隧道实例

隧道地面上有一栋控制性房屋,高18m,长53m,宽10m,位于隧道上方和一侧。经市房屋鉴定机构鉴定,该房屋属一般性破坏,在隧道施工前房屋属一级损坏。经勘察表明,房屋地基以下以黏土层和全风化花岗岩为主,隧道拟建在房屋以下19.6m,地下水面深度为2~3m,综合评价为Ⅵ级围岩,其力学参数见表4-13。

力学参数表 表4-13

类　别	密度(kg/m³)	弹性模量(MPa)	泊　松　比	内聚力(kPa)	内摩擦角(°)
坡积亚黏土	2 000	24.5	0.26	10	20
全风化花岗岩	2 000	57.7	0.31	15	20
C25喷射混凝土	2 300	2.5×10^4	0.2	—	—
钢筋混凝土	2 500	2.87×10^4	0.2	—	—
中空注浆锚杆	7 800	2.0×10^5	0.2	—	—
超前支护	2 050	2 030	0.2	15	20
房屋	310	1 000	0.2	1 000	100

①有限元计算模型。上述材料除锚杆以杆单元模拟以外,其余均以实体单元模拟。有限元模型如图4-82、图4-83。

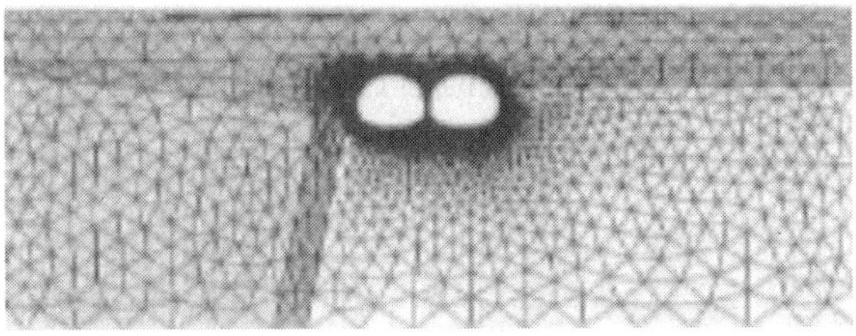

图 4-82 隧道 Greenfield 计算模型

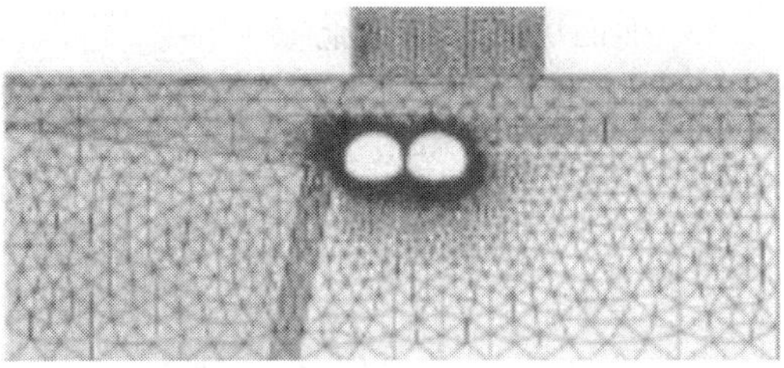

图 4-83 整体分析计算模型

为了确保房屋安全，经过鉴定，房屋在隧道施工前的损坏等级为一级，从表 4-11 和表 4-12 可得出该房屋的容许拉应变为 0.075%，容许倾斜 2.5mm/m，容许水平应变 1.5mm/m。

②用三阶段法对房屋进行评价。

第一阶段评价，不考虑房屋的存在，从数值计算结果（图 4-84）得知，隧道开挖引起房屋最大沉降量 $\Delta=35.6$mm 斜率 $\theta=3.13/486$，已超过第一阶段的控制指标最大沉降值 $\Delta<10$mm 和斜率 $\theta<1/500$。因此，必须进行第二阶段评价。

第二阶段评价，将房屋简化为高 18、长 10 的弹性梁。将第一阶段的地表沉降值 $\Delta=35.6$mm，将其代入式（4-2）和式（4-3），得出房屋的拉应变为 0.15%，大于房屋的容许拉应变 $\varepsilon=0.075\%$。因此，需要进行第三阶段评价。

第三阶段评价，该隧道的断面形式和力学参数，可建立图 4-84 的有限元模型。其计算模型为：土体采用 *D-P* 屈服准则；房屋采用实体单元模拟；锚杆采用杆单元模拟；围岩的支护应力释放率为 40%，支护承担 60% 的围岩应力释放，计算结果见图 4-85、图 4-86）。

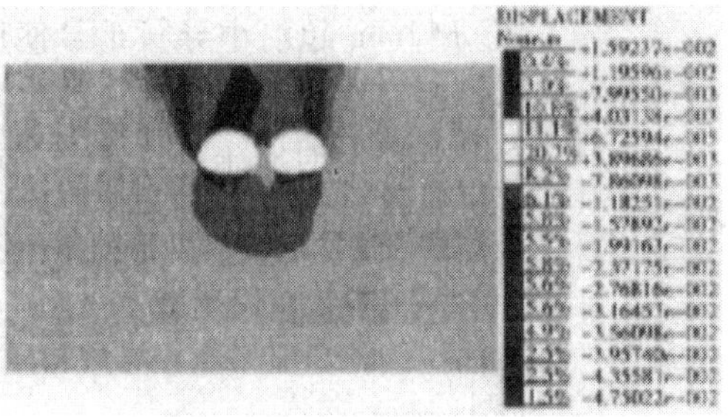

图 4-84 Greenfield 模型沉降图

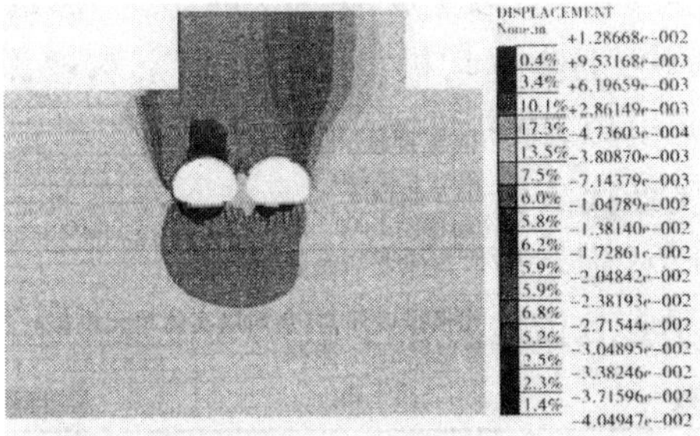

图 4-85 整体分析模型沉降图

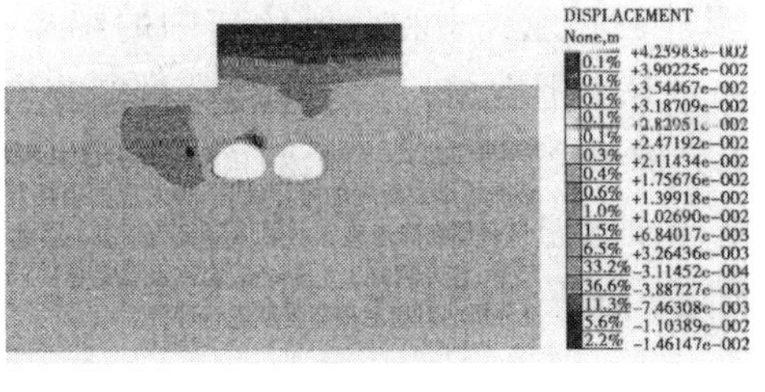

图 4-86 模型水平位移图

从以上计算图可知，隧道开挖引起房屋的沉降差为 22.8mm，水平位移差为 14.2mm。因此，由式（4-2）和式（4-3）可得房屋的拉应变为 0.094%，倾斜为 2.28mm/m，水平应变为 5.26mm/m。从房屋的容许变形控制指标可知，其计算变形指标除倾斜外均大于控制值，故应对该房屋采取必要的加固措施。

在该隧道施工中，对房屋采取旋喷桩和注浆加固，最后在隧道开挖过程中，房屋的变形值均在上述容许变形控制值内，隧道顺利通过该地面房屋。

3）地面房屋加固措施

由于隧道开挖跨度较大，房屋基础较差，房屋现状各异，故应对房屋进行预加固处理：①对于严重损坏的应当拆除；②隧道两侧的房屋，及洞顶无房屋地段，可设置隔离桩，桩顶设冠梁，冠梁间设水平横撑，防止围岩水平位移导致房屋不均匀沉降；③对隧道上方的房屋，对房屋基础多次注浆加固（图4-87）。

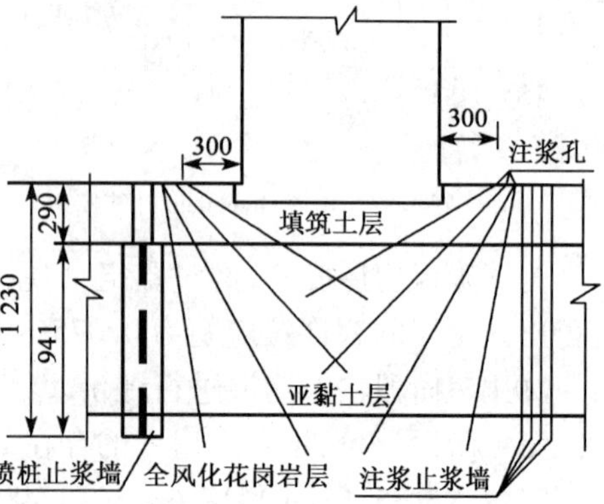

图4-87　房屋基础注浆加固图（尺寸单位：cm）

4）隧道施工辅助措施

施工中辅助措施主要是：①全断面帷幕注浆止水，封闭洞周围岩的水流通道，填充围岩空洞，加固围岩；②在地表无建筑物地段，施作管棚工作室，进行超前管棚施工，管棚长度为30m，环向间距为50cm，管棚间再设置超前小导管，小导管用5m长的ϕ42mm无缝钢管，环向间距为50cm，排间距1.2m；③在房屋密集地段采用超前小导管预支护，小导管用长12m的ϕ51mm自进式锚杆与5m长的ϕ42mm超前小导管组合使用，两者环向间距均为40cm，自进式锚杆的排间距为7.2m，ϕ42mm超前小导管排间距1.2m，在设置自进式锚杆的断面不再设置超前小导管；④根据现场监测结果，及时实施补充注浆措施，有效控制地表沉降；⑤加强隧道施工监测，除常规监测外，要补充地表沉降监测、围岩内部位移监测、地下水位监测等，确保隧道施工安全。

三、隧道结构计算分析

1）计算模型

按地层结构法进行分析，计算选取34号房屋所在断面。该断面岩性由泥质粗砂、残积亚黏土和全风化层组成，土体压缩性中等，渗透性为弱～中等，多呈松软～松散结构，稳定性极差，其中残积亚黏土和全风化岩中的细粒土呈流塑状，土体扰动极易变形。地下水埋深2～3m。计算中围岩、初期支护、二次衬砌按连续体单元模拟，锚杆按锚杆单元模拟，临时中壁按梁单元模拟，超前支护和全断面帷幕注浆通过等刚度迭代法折算，通过提高洞室周边围岩参数简化，初期支护中钢支撑作安全储备，未进行模拟分析，围岩应力释放率根据监测的位移完成量确定。计算软件用日本株式会社2D-σ软件。力学参数依地勘资料选取（表4-14）。

力学参数　表4-14

类别		密度（kg/m³）	弹性模量（MPa）	泊松比	内聚力（kPa）	内摩擦角（°）
全风化花岗岩		2 000	57.7	0.31	15	20
C20喷射混凝土		2 300	28 000	0.167	1 848	52.64
超前支护加固体		2 050	2 030	0.2	18	23
C30二次衬砌混凝土	实体单元	2 500	30 000	0.16	2 544	54.903
	梁单元	—	30 000	0.16	$I=1.08\times10^{-2}m^4$，$A=0.36m^2$	
中空注浆锚杆		—	200 000	$R=12.5mm$		
基底小导管		—	20 000	$R=21mm$		
临时中壁		—	28 000	0.16	$I=5.32\times10^{-4}m^4$，$A=0.132m^2$	

2)计算分析

主要对洞周围岩和地表位移量进行分析,分析模型如图4-88,左洞轴线处围岩的竖直位移如图4-89,拱顶围岩的竖直位移如图4-90。

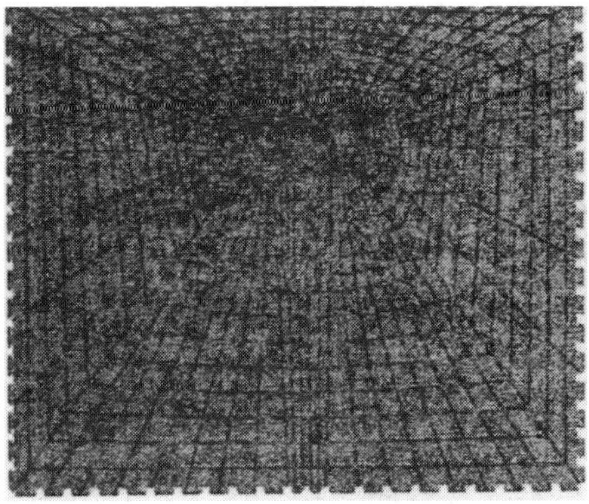

图4-88　有限元计算模型图

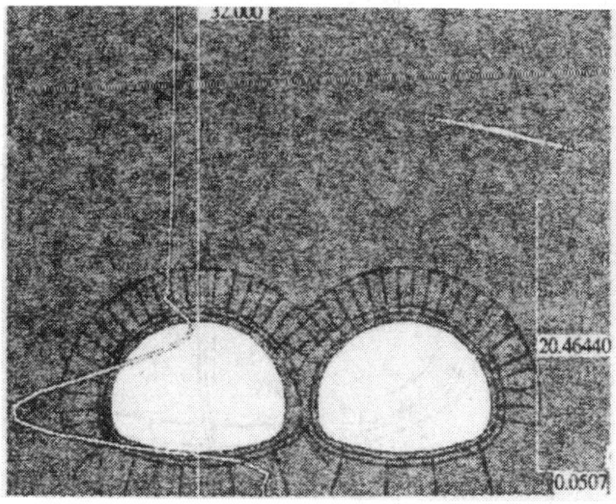

图4-89　左洞轴线处围岩的竖直位移(尺寸单位:mm)

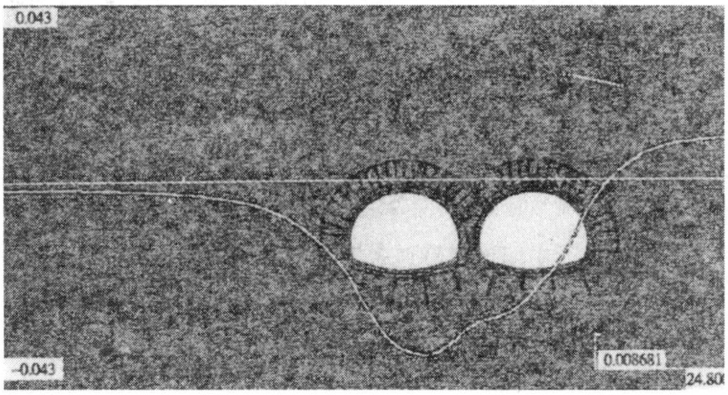

图4-90　拱顶围岩竖直位移(尺寸单位:mm)

从计算结果看,洞周围岩水平位移在导洞开挖过程中逐渐增大,最大水平位移达36.7mm,主要是洞室开挖高度增大,发生在左右洞临时中壁解除阶段,导致围岩变形剧增。右洞左侧导洞上台阶施工时,由于洞室跨度增大,围岩压力剧增,导致洞周围岩压力和变形增大。因此,增加左洞两侧边墙部位的抗力是必要的,可采用边墙锚杆和注浆加固措施。

从洞周围岩垂直位移分析,拱顶竖直位移是随施工步序的进行而不断增大,最大达43.6mm。从单步位移量分析,左洞右侧下台阶施工、左洞左侧导洞临时仰拱拆除、右洞右导洞下台阶施工、右洞临时中壁解除等阶段是拱顶位移量变化较大阶段,但对右洞左侧上台阶施工阶段变化不明显,对右洞左侧拱部围岩的沉降变化还是很大的。为此,应注意上台阶结构的锁脚处理,严格短进尺原则,左洞左侧临时仰拱拆除后,应立即做第二层支护。

从地表围岩位移分析,隧道施工对地表沉降影响较大的步序有左洞右导洞上、下台阶施工,左洞左导洞临时仰拱拆除及第二层支护施工,右洞右导洞下台阶施工,右洞临时中壁拆除及二次衬砌施工,最终围岩位移达31.9mm。上台阶施工应确保超前支护质量,下台阶施工应控制好锁脚锚杆施工质量,临时支护的拆除应保证短进尺及后续结构施工紧跟。

四、隧道施工方案

无中墙连拱隧道施工，将简化中导洞施工步序，类似于小净距隧道施工，但施工步序控制比小净距隧道严格，分成26个步序进行（图4-91）。施工过程中各工序步间距见表4-15。

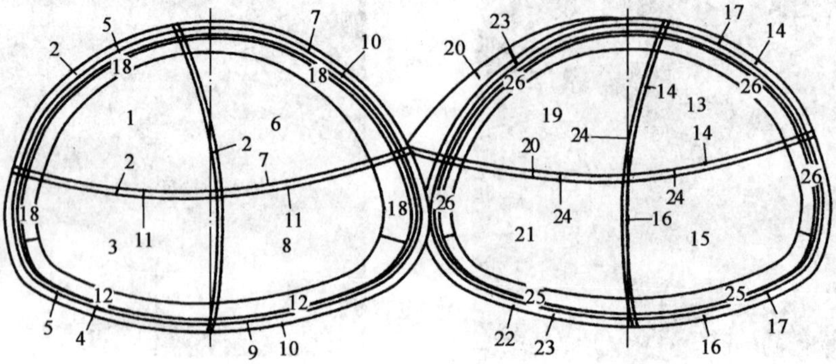

图4-91　无中墙连拱隧道施工步序图

1-左洞左侧上台阶开挖；2-左洞左侧上台阶第一层初期支护和临时支护；3-左洞左侧下台阶开挖；4-左洞左侧下台阶第一层初期支护和临时支护；5-左洞左侧第二层初期支护；6-左洞右侧上台阶开挖；7-左洞右侧上台阶第一层初期支护和临时仰拱；8-左洞右侧下台阶开挖；9-左洞右侧下台阶初期支护和临时支护；10-左洞右侧第二层初期支护；11-左洞中壁拆除；12-左洞仰拱二次衬砌；13-右洞右侧上台阶开挖；14-右洞右侧上台阶第一层初期支护和临时支护；15-右洞右侧下台阶开挖；16-右洞右侧下台阶第一层初期支护和临时支护；17-右洞右侧第二层初期支护；18-左洞拱墙二次衬砌；19-右洞左侧上台阶开挖；20-右洞左侧上台阶第一层初期支护和临时支护；21-右洞左侧下台阶开挖；22-右洞左侧仰拱第一层初期支护；23-右洞左侧第二层初期支护；24-右洞临时支撑拆除；25-右洞仰拱二次衬砌；26-右洞拱墙二次衬砌

无中墙连拱隧道各工序步纵向间距表　　表4-15

开 挖 步 序	纵向间距(m)	开 挖 步 序	纵向间距(m)
1,3,13,15	<10	10,11,23,24	<10
3,5,13,17	<6	11,18,24,26	<20
5,6,17,19	>8	5,13	>20
6,8,19,21	<10	18,19	>15
8,10,21,23	<6		

第五章

连拱隧道病害防治技术新进展

第一节 仰坡开裂处治

连拱隧道洞口常见病害较多,是因洞口围岩风化强烈,裂隙发育,且多为松散岩土,但对洞口病害处治已取得较多成功经验[132~136]。付黎龙、阳军生、黄大成[132]针对连拱隧道边仰坡开挖范围大、受多次开挖扰动易失稳,结合清水冲隧道节理岩质仰坡,在现场勘察及量测结果分析的基础上,运用离散元软件 UDEC 进行稳定性分析。数值模拟结果表明,岩层节理的发育情况,对仰坡的稳定性影响很大。从现场量测数据可看到,离散元法能很好地模拟岩质仰坡失稳过程,据此提出仰坡加固措施。

一、仰坡开裂概况

湖南清水冲隧道长 165m,进出洞口为 V 级强风化板岩,岩层产状 325°∠24°,中~厚层状,层厚 40~80cm,层间结合差,岩体中裂隙很发育,岩体破碎,呈碎石状松散结构。岩体中有三组节理发育,产状分别为 5°∠81°、130°∠61°、21°∠61°。

1)洞口边仰坡失稳情况

清水冲隧道中导洞施工刚进洞不久,右正洞顶部顺坡岩层沿坡面向下滑动,出现大掉块。整个洞顶沿右洞顶部靠右边坡 4~5m 处形成一个光滑面,致左洞左侧边坡绿泥岩带向下和向前坍塌,滑坡岩层厚约 60~80cm。整个坍塌面延伸至洞顶截水天沟外 7~8m 处,滑塌高度约 30m。滑坡残留面上可以清晰地看到岩层节理,而边坡并未发生滑坡失稳现象。由于仰坡滑塌面积较大,滑土体产生的压力远远超过了洞口支护承载能力,支护结构发生了严重的垮塌(图 5-1)。

2)现场监测数据分析

在清水冲隧道吉首端布置了 6 个断面进行监控量测。在 K108+450 断面的地表处布设了 10 个测点(图 5-2),从断面各测点地表沉降时间曲线(图 5-3)看出,K108+450 断面地表沉降已基本稳定。并对洞口塌方边缘处进行了复测,得出 K108+450 断面各测点累计沉降值(图 5-4)。从中看出,塌方范围边缘的点沉降量仍较小,Y3、Y4、Y5 三点沉降量分别为 0.45mm、0.36mm、0.18mm。此外,通过对 K108+452、K108+425、K108+400、K108+388、K108+355 共 5 个断面监控量测数据进行分析,可看到这 5 处断面拱顶沉降和周边收敛值也较小,隧道未出现塌方预兆。

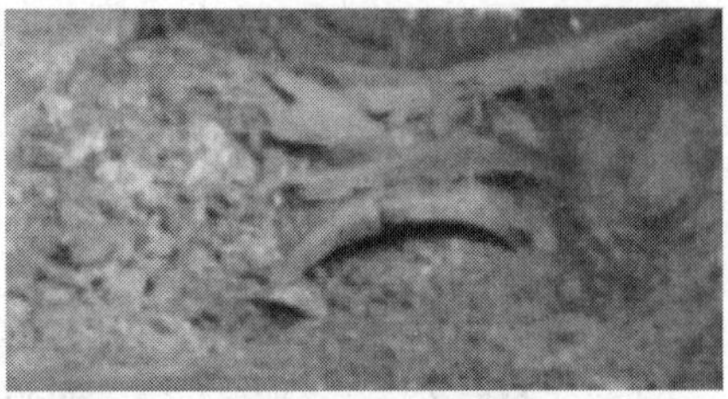

图 5-1　清水冲隧道洞口边仰坡坍塌

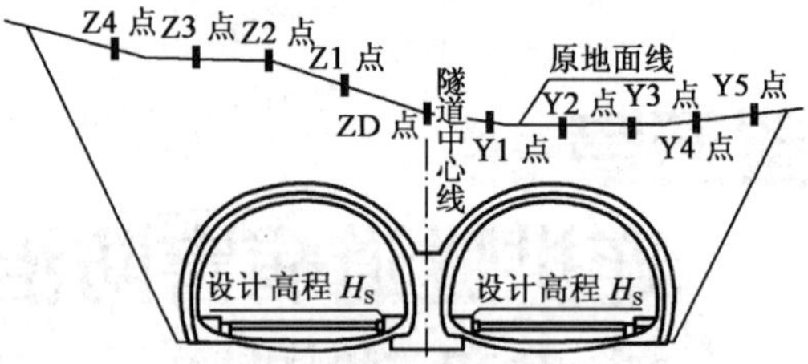

图 5-2　K108 +450 断面地表沉降布点示意图

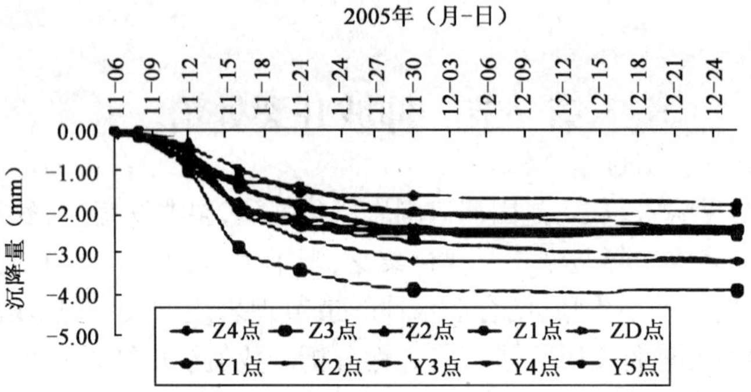

图 5-3　K108 +450 断面测点地表沉降时间曲线

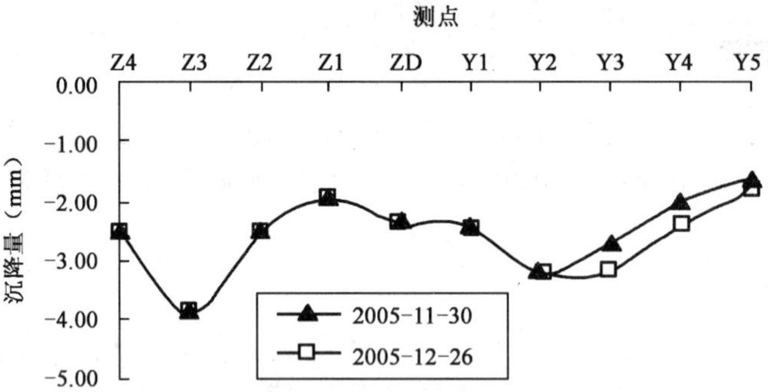

图 5-4　K108 +450 断面各测点累计沉降值

3）岩层节理调查

通过现场勘察发现，清水冲隧道轴线走向为 266°，隧区基岩产状为 325°∠24°，而仰坡面与隧区基岩走向相同。另在洞口右洞边墙附近发育一条走向为 130°∠61°节理，该节理上下切割较深，穿过多层岩层，节理面呈张性。隧道左洞左侧 2m 左右为板岩与灰白色变质砂岩的分界面，在走向为 40°∠61°的节理面和岩层界面的共同作用下，洞口洞顶围岩与两侧围岩各自分开，形成一块巨大的倾斜板块。洞口开挖后仰坡岩层呈二向自由状态，并沿岩层面向下滑动，导致洞口仰坡面发生坍塌，属于典型的岩质边坡平面滑动破坏。针对上述现场监测数据及勘察结果进行综合分析，认为清水冲隧道洞口仰坡滑塌应属受纵向节理影响而造成的突发性塌方。

二、数值模拟分析

由于岩体中有大量不同构造产状和不连续的层面节理、裂隙软弱夹层、岩脉和断层破碎带等结构面，当发生滑塌时产生较大变形。针对清水冲隧道仰坡实际情况，采用非连续体模拟的离散元软件 UDEC 进行数值模拟。

1）计算模型

考虑到清水冲隧道是在中导洞进洞施工时间不长产生仰坡滑塌，岩体是顺着节理面下滑并未向两侧倾斜，故沿隧道走向建立二维离散元模型进行模拟（图 5-5）。考虑到仰坡滑塌范围，纵向范围取竖向最大埋深至路基段。计算模型的左边界施加水平方向约束，而模型底部下边界施加水平方向和垂直方向约束。计算时在坡体表面和套拱顶部设置三个监测点，从而观测不同位置的垂直方向位移。由于洞内支护结构及套拱起加固稳定围岩的作用，故采用实体单元进行模拟。模型表面覆盖为第四纪薄层土层，下伏围岩为薄～中厚层状弱风化板岩、变质砂岩，层间接合较差，主要属Ⅲ级围岩。节理发育，有三组节理，岩体被切割成块状镶嵌结构。洞口仰坡为沿表面顺层节理发生滑移，故在模拟中仅考虑 130°∠61°组节理。围岩、护坡锚杆及支护结构的计算参数，从工程地质勘察报告进行选取（表 5-1、表 5-2）。

数值分析计算参数　　表 5-1

材料类型	密度（kg/m）	块体模量 K（GPa）	剪切模量 G（GPa）	内聚力 C（MPa）	内摩擦角 ϕ（°）
围岩	1 850	2.5	0.54	0.1	24
初支	2 200	13.9	10.42		
锚杆	7 800	1.5	0.5		

软弱结构面计算参数　　表 5-2

参　数	法向刚度 K_n（GPa）	切向刚度 K_s（GPa）	内聚力 C（MPa）	拉伸强度 σ_f（MPa）
软弱结构面	15	15	0.01	0.0

系统锚杆起加固围岩的作用，设置于在初期支护中。初期支护中的钢拱架仅作为安全储备。梅花形布置的砂浆锚杆，是为防止仰坡岩体在模型中发生失稳垮塌，起到加固稳定坡体作用。此外，考虑到喷浆对仰坡面仅起到护坡作用，对地表以下岩土体材料属性提高不大，故仅将其作为安全储备考虑。

2）计算结果分析

计算模拟过程按实际工序进行，先刷坡，再中导洞开挖，直至仰坡出现破坏。此后围岩发生垂向位移（图 5-6），明显看到仰坡沿一节理滑裂面向下滑移。图 5-7 给出了破坏前后计算

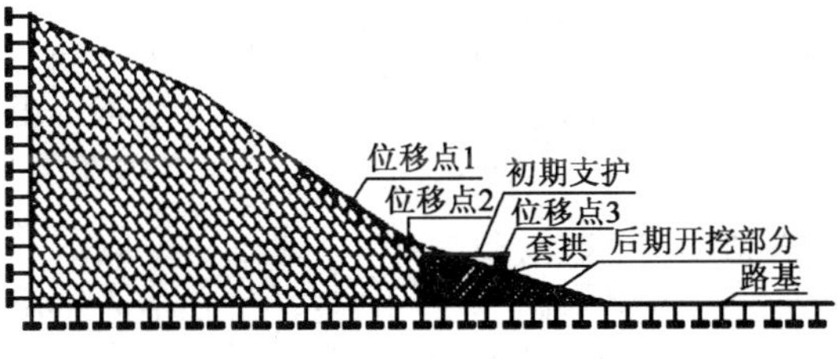

图 5-5　二维离散元模型

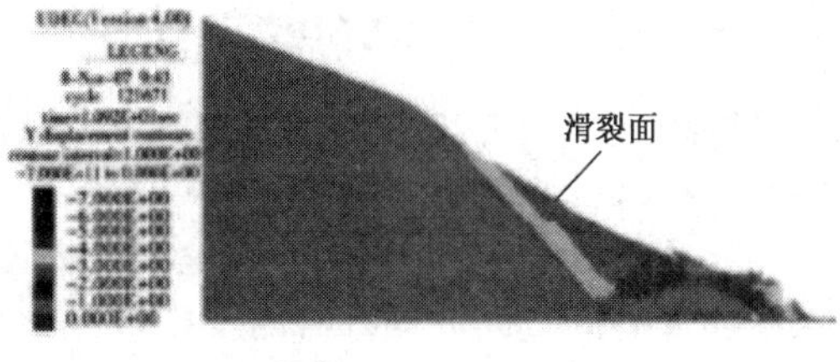

图 5-6　垂直方向位移云图

模型的速度矢量图。从图5-7可知，由于岩体节理发育，进洞前超前支护强度不够，随着中导洞开挖继续掘进，洞内顶部开始出现掉块现象，仰坡明显沿着节理面向下滑移（图5-7a）。由于岩层间有黏聚力作用，破坏范围之外的岩土体仍然保持稳定（图5-7b）。

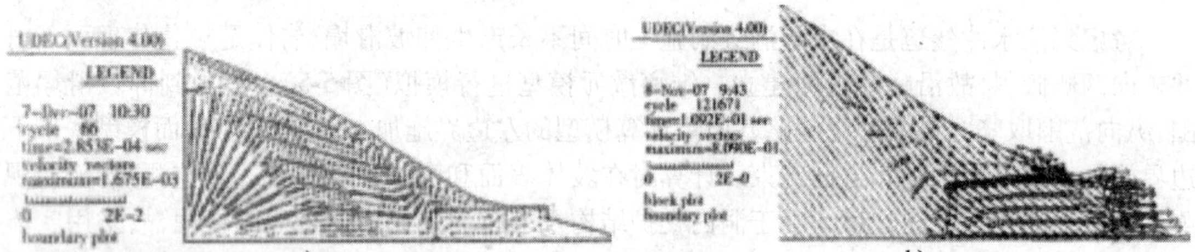

a) b)

图5-7 模型速度矢量图

洞口处设置三个位移监测点，监测点在垂直方向的位移随时间变化的曲线如图5-8所示。从图5-8可看出，在未进洞前刷坡时位于滑动体表面的位移监测点1、2、3都有明显的沉降发生，且沉降值基本相等。在进行中导洞施工时，监测点2、3在垂直方向位移变化不大，基本趋于稳定。而监测点1的沉降明显，到计算时间结束时垂直方向位移仍未趋于稳定，有继续增大的趋势。从计算结果结合现场勘察情况分析可知，清水冲隧道吉首端在中导洞施工时，由于围岩软弱复杂，进洞施工方案不合理，对围岩多次扰动。加之前期仰坡防护施工不到位，洞内前期超前支护强度不够，引起中导洞进洞施工不久，即发生仰坡坍塌。因此，对于顺层节理发育的围岩，进洞施工对仰坡稳定性影响要引起足够重视，以避免引起重大事故和损失。

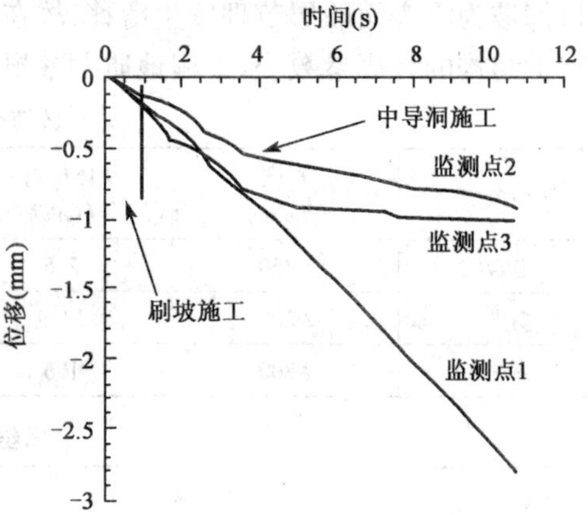

图5-8 监测点在垂直方向位移曲线图

三、仰坡开裂处治方案

根据清水冲隧道洞口坍塌情况，结合数值模拟结果，为保证清理坍塌体和下一步开挖的顺利和安全，对K108+400~K108+460段支护参数进行调整。

考虑到围岩松动较为严重，支护承担的围岩压力加大，在K108+410~K108+420段增设单层超前小导管，在K108+420~K108+457段增设双层超前小导管。考虑95°∠81°节理的影响，在K108+420~K108+457段右洞右侧增设5根水平方向6m长的超前小导管，对节理面进行注浆加固，起抗剪和锚杆的双重作用。调整初期支护所采用工字钢型号，减小其纵向间距。调整$\phi25$注浆锚杆及$\phi22$砂浆锚杆的布置间距，进行加密。在洞口坍塌面清理完后采用锚喷支护进行坡面防护。

在洞顶增设两排长管棚，用来防止坡体进一步坍塌（图5-9、图5-10）。通过对加固后的清水冲隧道洞口边仰坡进行监测及现场勘察分析，发现地表沉降速率较小，累计沉降值已经趋于稳定，表明边仰坡已经处于稳定状态，达到处治的目的，能满足安全进洞施工的要求。

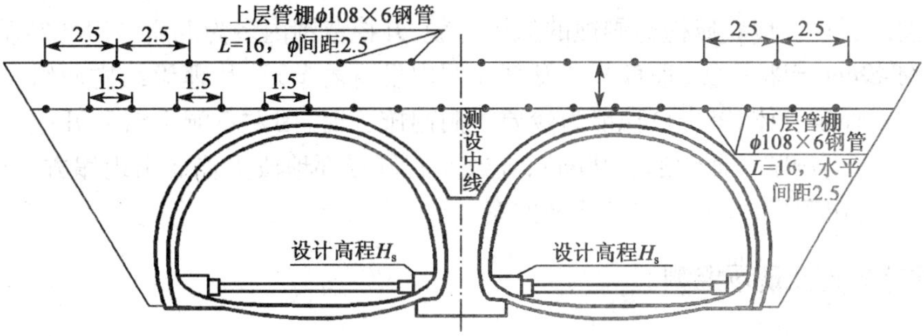

图 5-9 洞顶两排长管棚加固布置图（尺寸单位：m）

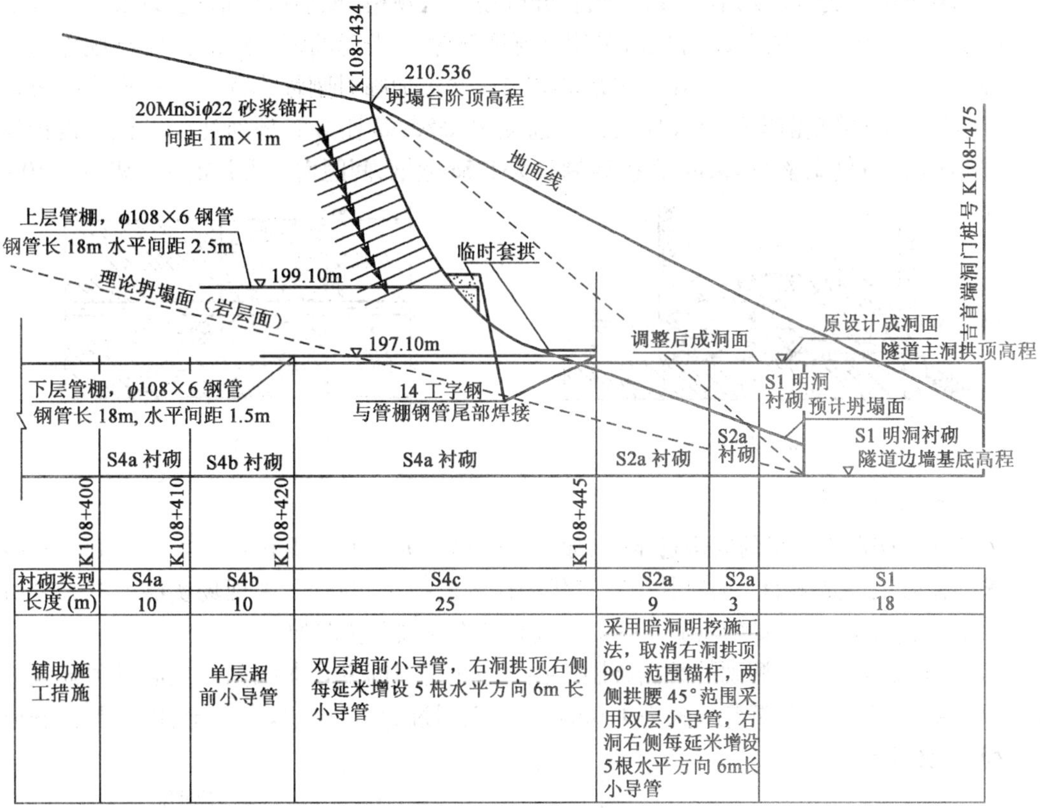

衬砌类型	S4a	S4b	S4c	S2a	S2a	S1
长度(m)	10	10	25	9	3	18
辅助施工措施		单层超前小导管	双层超前小导管，右洞拱顶右侧每延米增设5根水平方向6m长小导管	采用暗洞明挖施工法，取消右洞拱顶90°范围锚杆，两侧拱腰45°范围采用双层小导管，右洞右侧每延米增设5根水平方向6m长小导管		

图 5-10 洞口坍塌治理图

第二节 洞内塌方处治

公路连拱隧道洞内塌方，通常是由极坏的地质构造条件所引起，故在隧道开挖施工中应经常注意观察围岩的变化，了解围岩岩性及构造的变化规律。另外，连拱隧道一个正洞的塌方处治，必须注意另一正洞和中墙的施工及所处状态，防止发生次生事故。塌方段的衬砌结构应适当加强，与塌方段相邻地段的衬砌也应同时作加强处理。洞内塌方处治的施工单位要有较丰富的经验[137、138]。

何聪辉等[137] 在广东某双向六车道连拱隧道洞内塌方处治取得成功经验。该隧道长

205m，单洞最大开挖面积达 121m^2。隧道建于近水平产出的晚白垩世钙泥质砂岩层中，地质特征具有典型区域性。地貌属构造剥蚀的低山地貌，开挖范围内多为泥质砂岩与钙质泥岩互层，后者层厚约 40cm，产状平缓，垂直节理发育。洞内发育着节理、片理等结构面组合，易在拱顶及侧壁形成不稳定块体，围岩自稳能力较差。洞内施工时，因左右洞上台阶开挖过长，二次衬砌相距过远（左右洞掌子面均超过 90m），导致左右洞局部地段失稳而出现塌方。塌方空腔未到达地表，塌方出现后，及时采取了处理方案。

一、塌方处理及现场监测

1）塌方处理方案

考虑到该隧道为双向六车道隧道，结合分析塌方区规模、现场地质情况，以及洞内施工条件和施工情况（图 5-11、图 5-12），提出采用小导管注浆来进行处理。由于该段已施作初期支护，在此基础上，通过 ϕ50mm 小导管注浆加固围岩并增加临时刚性支撑。对正洞内塌方段岩体，采用双排小导管超前支护取代原设计超前支护，ϕ50mm 小导管环向注浆取代原设计系统锚杆，初期支护厚度调整为 30cm，钢拱架调整为 I25a 型钢，间距由原设计的 1m 调整为 50cm。

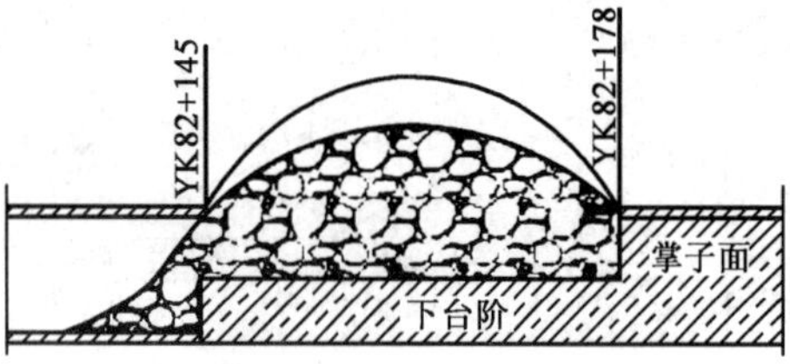

图 5-11　塌方区剖面

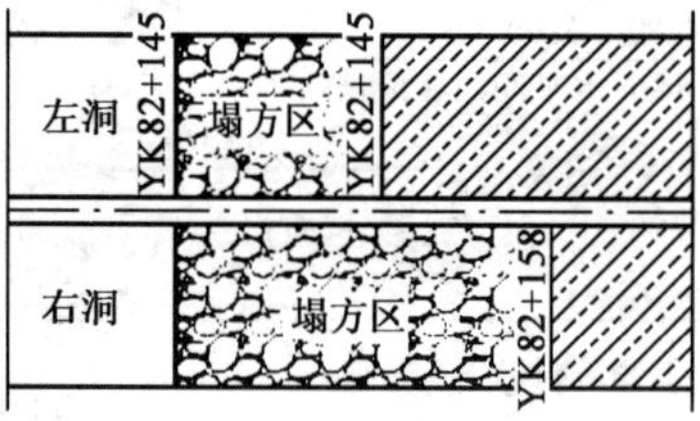

图 5-12　塌方区平面

2）现场监测

为全面了解洞内施工的安全稳定性，塌方处理期间进行了拱顶下沉和净空收敛量测，按规范要求加强监控量测频率。选取其中具有代表性的监控量测断面，由现场实测数据来分析预测洞内围岩变化，以指导安全施工。拱顶下沉和净空收敛布置图如图 5-13。

（1）拱顶下沉。由量测到的数据绘制成拱顶下沉随时间变化曲线图。左洞拱顶最大下沉量为 16.54mm，日平均下沉量最大为 1.02mm/d。3 周过后下沉量基本稳定，拱顶围岩变形已趋于稳定（图 5-14）。

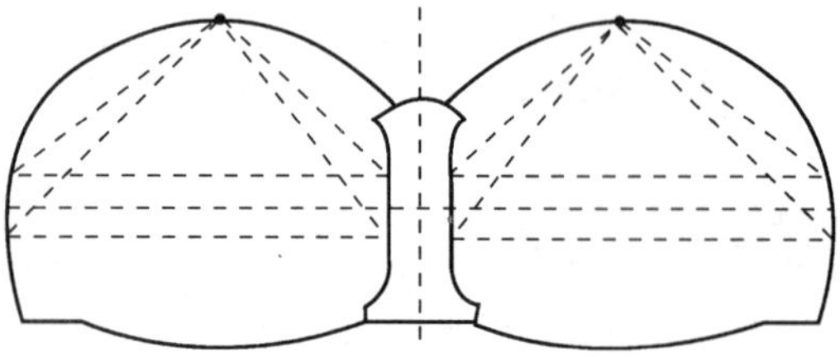

图 5-13　拱顶下沉和净空收敛测点布置

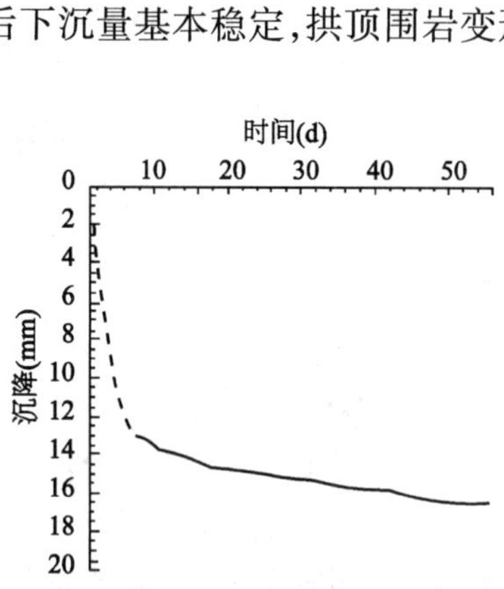

图 5-14　拱顶下沉位移—时间关系

(2)周边收敛。断面最终周边收敛值为 8.37mm,断面布置 2 周后已基本稳定,且水平收敛日趋渐缓(图 5-15)。收敛相对位移值均满足规范要求。

二、数值计算

1)离散元法简介

离散单元法属力学分析法中的一种,适用于节理发育岩体的应力分析。尤其是开挖区附近的破碎岩体具有明显的不连续性,很难用传统处理连续介质的力学方法,如有限单元法或边界单元法来处理,于是离散单元法作为一种处理节理岩体的数值方法就应运而生。离散单元法主要应用于地下岩体扰动过程中岩体节理、断层、沉积面等对岩体逐步破坏的影响评价,能够理想地分析研究破碎和不连续特征的潜在岩体破坏方式,及煤层开挖后顶板冒落、垮落、离层的过程,可以较准确地分析条带开采后上覆岩的移动和地表沉陷等。

2)计算模型建立

用离散元软件建模计算,模型取自开挖断面的剖面。考虑到洞室开挖后,3 ~5 倍洞径外围岩应力重新分布的影响较小,于是模型左右边界取 4 倍洞径宽度。模型上边界取至地表,下边界取 25m 埋深,左右边界约束水平方向位移,下边界约束竖直方向位移。划分好的网格模型见图 5-16。

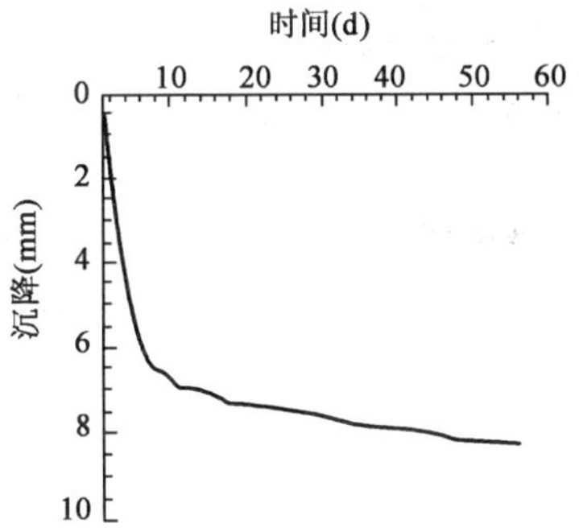

图 5-15 周边收敛—时间关系

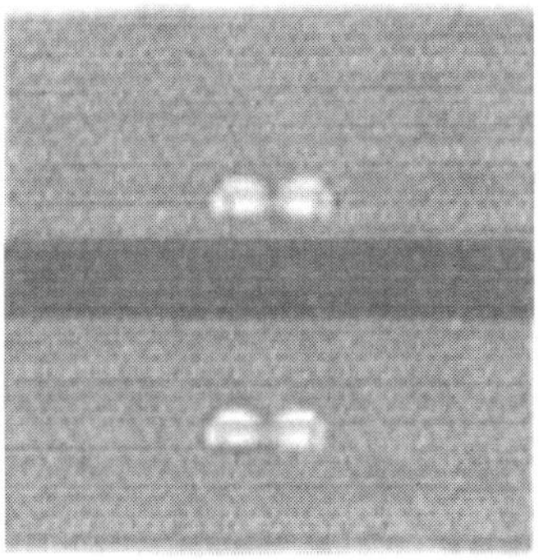

图 5-16 计算模型网格

隧道塌方区主要为弱风化二云石英片岩,节理裂隙、层理较发育,主要为 IV 级围岩,围岩及支护结构的计算参数见表 5-3。对于锚杆加固围岩的作用,考虑到空间效应,将其锚杆弹性模量、拉压屈服强度,以及浆体的黏聚力和刚度,均除以纵向间距。而初期支护中的钢拱架,二次衬砌中的配筋,均作为安全储备,以简化计算。

数值分析计算参数 表 5-3

材料类型	密度 ρ (kg/m^3)	块体模量 K(GPa)	剪切模量 G(GPa)	内聚力 c(MPa)	内摩擦角 φ(°)	剪胀角 Ψ(°)	软弱结构面				
							法向刚度 K_n(MPa)	切向刚度 K_s(MPa)	内聚力 c(MPa)	内摩擦角 φ(°)	拉伸强度 σ_t(MPa)
围岩	1 900	0.45	0.24	0.8	23	0					
初支	2 500	11.7	8.75	—	—	—	100	10	0.6	23	0.2
二衬	2 500	35.88	12.3	—	—	—					

3)计算结果

程序计算了选取的断面左洞拱顶下沉量和周边收敛值,模拟过程按照实际开挖施工步序进行,先开挖中导洞,然后正洞先行侧导洞,主断面上下台阶法开挖。该断面特征点的最终拱顶下沉量和相对位移值见表5-4。从表中看出,计算得出的左洞最终拱顶下沉量和相对位移值均比实测稍大,但均小于规范允许值。由现场实测数据和数值计算结果可知,隧道塌方区采取注浆小导管代替超前锚杆和系统锚杆进行注浆加固后,洞内变形满足规范要求,洞内围岩结构稳定,表明塌方处理方案取得了成功。

最终拱顶下沉量和相对位移值(单位:mm)　　表5-4

拱顶下沉		周边收敛	
实测值	计算值	实测值	计算值
16.64	17.13	8.37	9.12

第三节　二次衬砌开裂治理

一、二次衬砌开裂治理一般性措施

王建秀等[139]提出连拱隧道二次衬砌开裂,可采用以下措施防治。

(1)在隧道混凝土浇筑过程中,一定要严格按配合比施工,在施工中加强振捣,并采用永久伸缩缝或施工缝来释放温度应力。

(2)隧道地基在施工前应清理干净,由于隧道中墙是最重要的承力结构,对中墙地基不均匀部位,在施工前应进行加强和处理。若在隧道中墙施工后发现不均匀沉降裂缝,则应采用注浆及树根桩等方法进行加强和处理,以控制不均匀沉降的进一步发展。

(3)为防止隧道连拱中一拱封闭受力,在开挖另一侧正洞下台阶岩体时,由于侧壁支撑的岩体卸除及地基软弱或不均匀,而在平行隧道轴向产生不均匀沉降裂缝,此时应先封闭拱部二次衬砌,然后分步开挖下台阶或跳挖下台阶、跳做仰拱,使跳做部位形成连拱整体受力,防止施工诱发不均匀沉降裂缝的产生。

(4)对于偏压裂缝,应“治隧先治坡”、“治缝先补强”,及时采用合理的支挡结构,稳定隧道边坡,减小隧道所承受的偏压荷载。对于隧道内基本稳定的裂缝,可以进行表面修补和局部补强。而对于仍在变动和发展的裂缝,特别是处于中墙上的水平裂缝和贯穿性大裂缝,应采用预应力锚杆(索)等方法来平衡偏压,控制裂缝的继续发展及新裂缝的出现。

(5)在围岩类别较低、岩体破碎的部位,中墙施工后,在后施工的中导洞侧壁一定要做好支撑,回填密实,以防先施工一侧拱脚和中墙结合部位由于中墙移动而发生变形和开裂。在另一侧的施工中,一定要短进尺,弱爆破,二衬紧跟,开挖一段,衬砌一段。必要时可跳做仰拱,使双连拱隧道的拱圈和中墙尽快封闭,整体受力,以防隧道结构发生破坏。

(6)对隧道地表岩土暴露部位,应采用喷射混凝土封闭,以防地表水大量渗入,恶化隧道围岩的物理力学性质。在隧道埋深不大的部位,可以采用地表注浆方法,加固破碎围岩。

(7)在复杂地形地质条件下施工连拱隧道,必须加强监控量测工作,切实以监控量测数据作为隧道施工及加固抢险工作的依据,以实现隧道开挖信息的快速反馈,用反馈信息及时地指导隧道施工。

众多隧道专家学者[139~143]指出,随着我国高速公路建设事业的飞速发展,连拱隧道得到了广泛的应用。但在其修建过程中也出现了一系列的问题,特别是衬砌的裂缝问题,导致隧道建成后产生渗(漏)水、衬砌钢筋发生锈蚀、双连拱结构不能整体受力等,严重时甚至导致衬砌局部掉落和结构的整体性破坏等。现以云南三公箐隧道为例进行剖析[139]。

二、云南三公箐隧道实例

三公箐连拱隧道位于云南元(江)磨(黑)高速公路,全长255m,隧道结构为带中墙的整体式双跨连拱结构。单跨采用单心圆,边墙侧为曲线,中墙为直线,隧道最大埋深为63m。隧道地表层为第四系残坡积灰色、灰褐色碎石土或亚黏土,围岩为上三叠统灰黄色、黄褐色砂岩,节理裂隙发育(表5-5)。隧道进出口端围岩为II类,中部为III类。隧道元江口左侧为两个大滑坡,坡度为50°~60°,在隧道施工过程中出现过3次滑动,曾经推倒施工完毕的中墙。隧道磨黑口左侧相对高差300多米,坡度达70°。2002年12月底,隧道上、下行线已经贯通,下行线二次衬砌已经施工完毕,但隧道裂缝问题仍较严重。

云南三公箐隧道围岩地质简况　　表5-5

编号	地层代号	地质状况描述
1	Q	红褐色,黄褐色亚黏土,硬型,容许承载力200~300kN/m^2,建议值250kN/m^2
2	Q	黄褐色夹灰褐色碎石土,松散~中密,成分为细砂岩,粉砂岩,亚黏土充填,容许承载力为300~400kN/m^2,建议值350kN/m^2
3	T	浅黄褐色中~厚层状细砂岩夹粉砂岩薄层,强风化,局部弱风化,容许承载力600~800kN/m^2,建议值700kN/m^2

鉴于三公菁隧道下行线二次衬砌完工后出现了大量裂缝,自2002年8月23日以来开始对隧道进行监测,先后布置了27个裂缝测点(图5-17),记录各监测点位置、裂缝宽度、形态和产状及其变化等特征。

衬砌结构裂缝的成因通常主要有三种:①由外荷载作用的直接应力引起的裂缝,即按常规计算的主要应力引起的裂缝;②由外荷载作用、结构应力引起的裂缝;③由变形变化引起的裂缝,即结构由温度、收缩和膨胀、不均匀沉降引起的结构裂缝。据调查,由变形引起的裂缝占80%,而由荷载引起的裂缝占20%。连拱隧道二次衬砌的裂缝最常见的有下列五种。

1)大体积混凝土浇筑产生的温度裂缝

一般现浇的地下结构物可归结为"大体积混凝土结构",容易出现由温度收缩应力引起的变形裂缝。由于浇筑混凝土衬砌的干缩、热胀冷缩,加之外侧围岩对衬砌自由胀缩的限制,在衬砌内部会产生温度应力。混凝土是抗拉强度远远低于抗压强度的材料,一般混凝土所能承受的降温只有7~10℃,降温时产生的拉应力可能在隧道衬砌内产生环向和纵向裂缝。三公箐隧道很大一部分近于直立的裂缝均属于此类。该类裂缝比较稳定,产生后宽度变化不大(图5-18)。

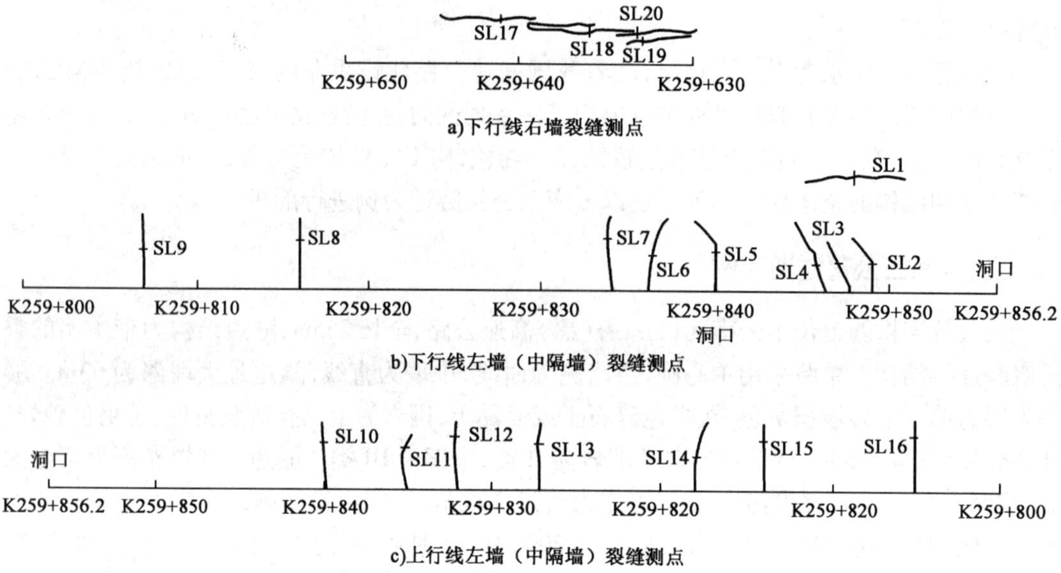

图 5-17　三公箐隧道裂缝测点布置图

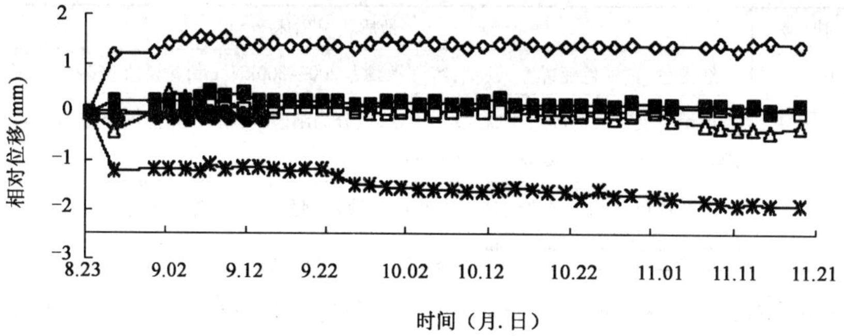

图 5-18　大体积浇筑混凝土所产生的变形裂缝相对位移的变化

2）地基不均匀沉降裂缝

当连拱隧道的地基不均匀或处于不同类别围岩交界处时，在隧道仰拱或填充混凝土施工完毕后，由于地基受力后产生不均匀沉降，在隧道的仰拱、边墙、隔墙底部出现下宽上窄的裂缝，甚至逐渐贯穿整个中墙，并发展到拱顶，或只发展到边墙的一定高度，且在达到沉降的极限后，趋于稳定而停止发展。对三公箐隧道而言，2002 年 9 月 6 日，现场监测发现隧道磨黑口下行线 K259 + 816.5 处仰拱出现横向裂缝，9 月 10 日发现上行线对应部位中墙亦出现较大裂缝，并有向下发展的趋势。同时在中墙下行线侧底部还有新的裂缝出现。该裂缝特征如下：

（1）上、下行线出现的裂缝，属同一条较大的贯穿裂缝，主要出现在下行线拱顶左侧至仰拱部位，并贯穿了中墙。

（2）裂缝走向与隧道轴线近于垂直，在左边墙和中墙基座裂缝的倾角为 45°左右，而在仰拱、边墙和中墙的倾角接近 90°。

（3）下行线左边墙斜裂缝张开较小，由仰拱到中墙张开度逐渐增大，至中墙达到最大。由上行线侧观察，在中墙基座部位，该裂缝向下又由近于直立转为倾斜，并逐渐消失。

（4）除上行线中墙基座部位外，张开度有从上至下逐渐加大的趋势。根据设计资料，裂缝位于II、III类围岩交界处附近，主要为浅黄色中～厚层状细砂岩夹粉砂岩薄层，强风化，局部弱风化，容许承载力为600～800kPa，可能存在的局部地基软硬不均所产生的不均匀沉降和变形是该裂缝的主要成因。11月20日，在下行线K259+705.3、K259+713仰拱部位发现裂缝：K259+705.3仰拱裂缝近于直立，宽3.88～5.78mm，已达拱顶。K259+713仰拱裂缝（图5-19a）近于直立，宽4.39～5.71mm，自仰拱起算高度在2.5m左右，尚未发展到拱顶，亦属于不均匀沉降裂缝。

3）施工诱发不均匀沉降裂缝

由于连拱隧道施工工序比较复杂，隧道围岩要经受多次施工扰动，连拱中一拱封闭受力，开挖另一侧正洞下台阶岩体时，由于侧壁岩体支撑的卸除及地基软弱或不均匀，在平行隧道轴向产生不均匀沉降裂缝。对三公箐隧道2002年12月3日的现场观察，发现下行线K259+696～723约27m范围内中墙基座与水沟交界位置出现纵向裂缝（图5-19b）。在K259+696～723的中墙上也出现了3条裂缝，与此对应的上行线K259+700、K259+706位置附近出现两组由中墙基座向上发展的斜裂缝。由于下行K259+696～723中墙基座与水沟平行的裂缝长达27m，且在上行线侧有外鼓的现象，推断与上行线下台阶开挖及地基的横向不均匀沉降有关；12月29日，下行线K259+713.3处裂缝，已横向贯穿了整个仰拱并延伸到中墙上。在上行线K259+705.2布置的裂缝测点组显示，在该里程元江侧裂缝宽度变化速率要小于磨黑侧，存在着速率差，推断与地基的纵向不均匀沉降有关。

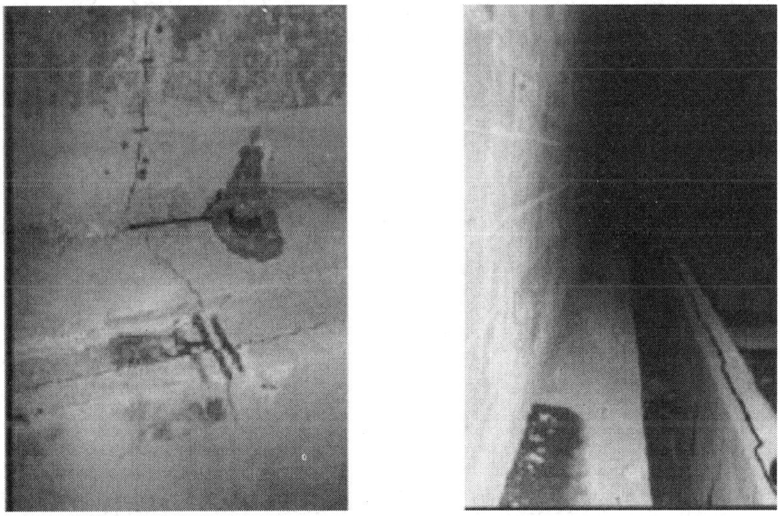

a）下行线K259+713.5仰拱横向不均匀沉降裂缝贯穿了中墙基座　　b）上行线K259+696～723中墙与水沟交界位置的纵向施工诱发不均匀沉降裂缝

图5-19　三公箐隧道施工诱发不均匀沉降裂缝

由此推断，若隧道裂缝完全由不均匀沉降所诱发，则在隧道下行线二衬做好后，中墙受力后就应立即出现不均匀沉降裂缝。而此段裂缝却是在下行线二次衬砌完工后，上行线开挖施工过程中出现的,这就表明裂缝为地基不均匀沉降及上行线下台阶围岩卸除,导致中墙变形所共同诱发的变形裂缝。即在上行线下台阶的开挖中,卸除了下台阶岩土对中墙的支撑作用,地基的横向不均匀沉降产生了纵向裂缝,而地基的纵向不均匀沉降产生了横向裂缝,地基纵向不均匀沉降的最软弱点应该就在 K259 +713.3 附近。

4)偏压荷载裂缝

主要是由隧道不均匀荷载及偏压荷载引起的裂缝,其性质属剪切裂缝、拉裂缝,或弯压(拉)裂缝。剪切裂缝主要出现在拱腰和中墙等部位。当隧道拱圈承受非偏压荷载时,在理想的情况下不考虑偏心,隧道衬砌纵截面为双向受压,此时最大主应力垂直于拱圈截面,中间主应力或最小主应力平行于隧道轴向。由于一般混凝土的抗压性能优于其抗剪性能,当拱腰处衬砌的混凝土不足以抵抗剪应力时,会出现剪切裂缝。裂缝呈纵向、斜向或 *X* 形交叉分布,甚至会出现错位现象。剪切裂缝也可能由偏压、围岩的承压力不足、纵向沉降差,以及其它因素引起。拉或压裂缝主要出现在隧道的拱顶、拱腰及隧道拱脚与中墙接合部位。当围岩侧压力较大时,由于衬砌两侧受压,拱顶上升,衬砌内侧受压产生劈裂破坏,外侧受拉力产生"V"字形裂缝。在隧道洞口段、滑坡段和地质突变段,存在由边坡移动、不对称的地质和地形条件、衬背回填不密实等所引起的偏压现象时,偏压作用部位衬砌的内侧弯曲受拉,同样可以产生弯拉(或压)裂缝。弯拉裂缝的走向一般和偏压作用力平面垂直。

三公箐隧道存在着明显的偏压作用(图 5-20),隧道元江口左侧为两个大滑坡,在隧道施工过程出现的滑动曾经推倒已完工的中墙,隧道磨黑口附近也是正在施工的高边坡,弯拉或弯压裂缝的出现与边坡移动、变形造成的衬砌偏压和不均匀受力有关,衬砌和超前支护强度不够,也是产生裂缝的原因之一。在隧道元江口上行线洞口至洞内 K259 +685 的初期支护上,钢拱架明显向洞外倾斜。由于洞口边坡较高且土体松散,导致边坡变形造成的偏压作用,表现为地表边坡向坡外方向的位移。

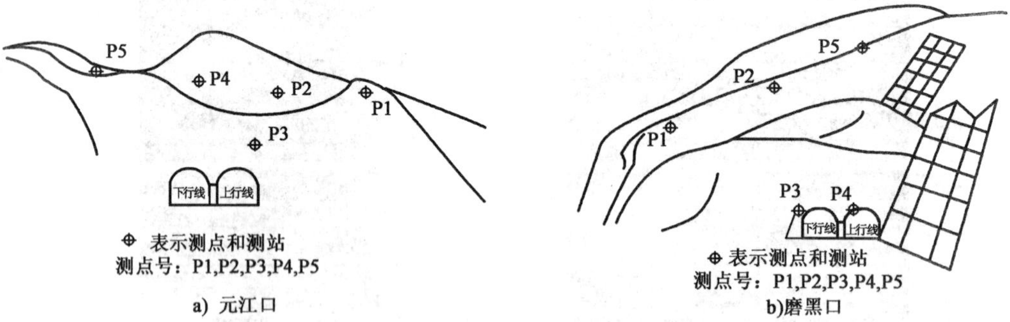

图 5-20 隧道洞口边坡及边坡位移测点示意图

SL1、SL17 ~ SL20、SL25 测点裂缝即为弯拉或弯压裂缝。其中,SL1 测点位于隧道磨黑洞口下行线右拱腰,SL21、SL22 测点为剪切裂缝,走向与隧道走向斜交。在上行线二次衬砌完工后,SL22 测点监测数据开始向上攀升(图 5-21),估计和隧道结构整体受力后荷载在早已建好的下行线二次衬砌之间重新分配有关。SL25 测点位于元江洞口下行线左拱腰,由于附近边坡正在施工,工程机械的活载以及刷坡堆积在洞口附近土方的偏压,是测试数据在大幅波动中攀升的主要原因。

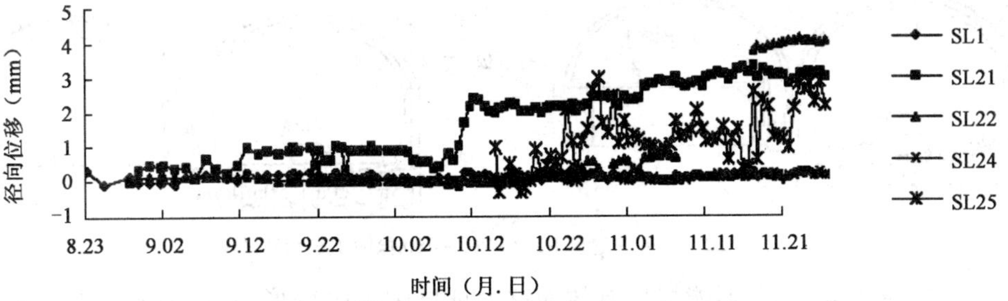

图 5-21　三公箐隧道衬砌裂缝收敛径向位移—时间曲线

5)施工工序不当诱发的裂缝

连拱隧道的施工工序远较分离式隧道复杂，若在施工中出现了和隧道施工力学原理相悖的情况，在隧道变形及荷载的共同作用下，则可能导致裂缝的产生，严重时甚至会导致隧道建筑结构的整体破坏或倾覆。三公箐隧道中墙施工完毕，下行线二次衬砌完成后，部分里程的中墙和拱脚接合部出现了衬砌混凝土被压碎、掉落，混凝土块外鼓并悬空，衬砌钢筋扭曲外露，临时支护的工字钢拱架发生移动和变形等现象。随着隧道上行线下台阶的掘进，下行线已做好二次衬砌的拱脚与中墙接合部位的衬砌混凝土进一步发生片帮、起鼓，随后发生两次混凝土掉块现象。根据现场分析，隧道下行线侧裂缝和衬砌混凝土破坏处主要出现在中墙一侧，而对面的边墙没有出现大规模的裂缝，估计此时隧道偏压不是主要因素。由于隧道围岩风化破碎，物理力学性质较差，中导洞施工后上行线侧对中墙的支撑刚度不够，回填不够密实，致使下行线二次衬砌拱圈将其承受的部分围岩压力传递给中墙后，中墙顶向上行线回填中导洞侧倾斜。导致拱脚和中墙的接合部弯曲受压，超过混凝土的极限抗压强度后，衬砌混凝土被压碎、掉落，拱脚和中墙接合部钢筋受压向洞内弯曲。在此不利情况下，隧道上行线在二次衬砌没有跟上，全断面开挖下台阶 30 余米，使该 30m 范围内平衡中墙顶部侧向推力的堆渣和支撑被全部卸除，致使该段中墙类似悬臂受力，除导致拱脚和中墙接合部衬砌钢筋发生进一步弯曲外，还导致隧道 K259 + 780 布置的 SL21 测点裂缝收敛计测量数据大幅上扬。在布置下行线 K259 + 780 拱脚和中隔墙接合部拱脚以上的 SL21 测点，裂缝收敛计读数大幅增加，并不断在上扬。据此立即报告指挥部领导，监测人员从上午 9 时 30 分开始，每半小时测读一次 SL21 测点及附近的 SL22 测点读数。由于 SL21 测点靠近中墙，监测数据不断攀升，而此时位于拱顶附近的 SL22 测点变化不大，进一步推断隧道中墙悬臂受力后，除受前方掌子面下台阶约束的部分外，在受力最不利的 K259 + 780 附近的中墙，确实向上行线方向移动和变形。为此，决定在模板台车上用 20 号工字钢横向支撑架设于中墙顶和上行线初期支护边墙之间(图 5-22)。工字钢间距 1m，同时在中墙悬臂受力部位架设工字钢拱架，以平衡中墙的侧向移动。架设工字钢支撑和拱架之前，监测数据一直在增加，至下午 4 时 30 分，增加趋势变缓并有所回落。下午 6 时在中墙和初期支护边墙之间第一道钢支撑支好后，隧道裂缝收敛计监测数据明显回落，在第二天支撑全部做好后，监测数据继续回落，估计是应力重新分布后，中墙悬臂受力状况得到改善所致。此后，该点监测数据虽有所增加，但无大的异常波动。

由此分析，隧道在施工中采用的是先墙后拱的三导坑法，由于要先开挖中导洞，施工中墙，在中墙施工完毕，右洞二次衬砌完工后，拱圈开始传力，中墙受力后要向后开挖回填一侧变形。

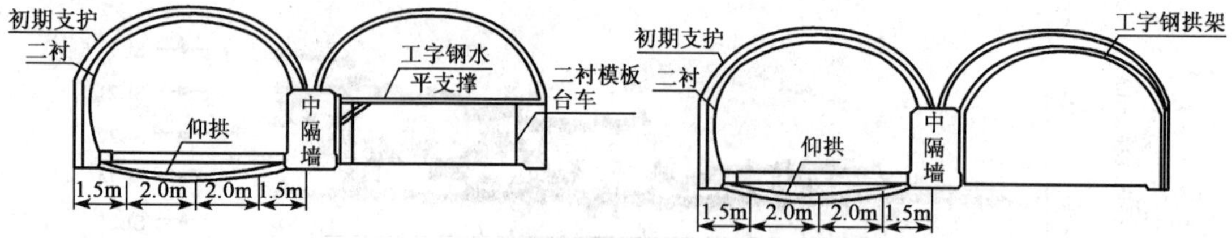

图 5-22　三公箐隧道 K259 +760 ~780 抢险支护示意图

若回填不实，支撑刚度不够，不能提供有效的抗力抵抗中墙的变形，只能靠附近衬砌和中墙的基础来约束其变形的发展。此时，中墙类似悬臂受力，力的作用点在拱脚和中墙接合部位附近。中墙顶受力外倾，右洞拱脚和中墙之间夹角变小，内侧二次衬砌及中墙钢筋受压弯曲，而衬砌混凝土则在超过其抗压强度后被压碎，产生起鼓和掉落。

三、飞鱼泽隧道实例

白国权等[141]以云南飞鱼泽隧道为背景，详述了对隧道裂缝处治的措施，提出了下列裂缝处治方法。

1）裂缝情况展开图描绘

据现场裂缝实际的分布情况，将其沿纵横向分别展开并绘于图上，纵向即为隧道纵向（每5m一格），横向为与纵向垂直的方向（分别以上下行线的拱顶为零点，沿隧道周向每5m一格）。通过裂缝展布图（图5-23）可看出，裂缝集中分布的区域为隧道上行线拱顶到中墙之间的拱脚位置（图5-24），另在隧道下行线中墙上还分布着一条纵向裂缝，裂缝分布横断面图见图5-25。

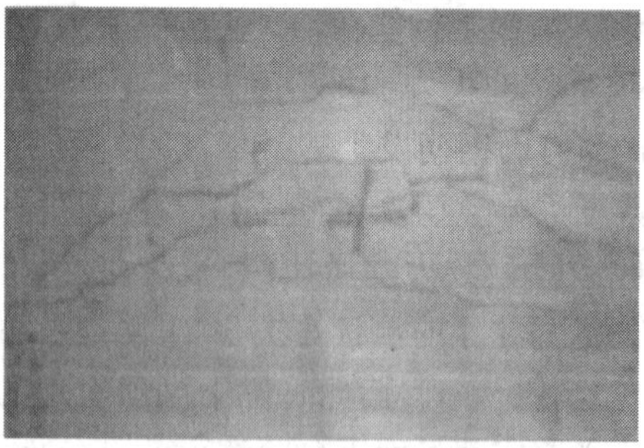

图 5-23　二次衬砌裂缝分布

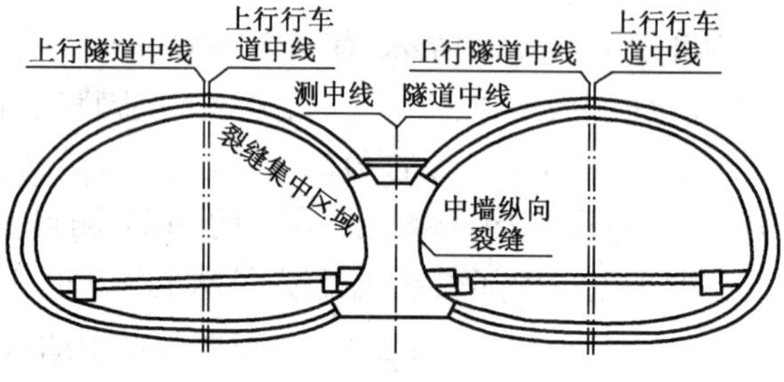

图 5-24　裂缝集中区域

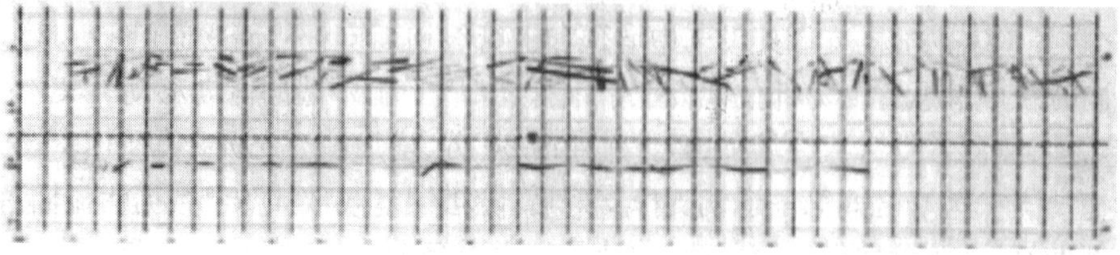

图 5-25　裂缝展布图

2）裂缝处理施工程序

根据裂缝展布图，以及检测单位的检测资料，制订了裂缝处治的方法及施工程序。按施工过程先后顺序为:①检测单位再次对整个隧道(尤其是对中墙顶、裂缝集中区域)进行全面检测。②对支护脱空、积水及空洞区域进行回填注浆,对裂缝集中及中墙顶等围岩松动区域的围岩进行注浆固结。③渗水处理。在注浆结束后查清渗水点,打孔引导并凿槽埋设Ω形管,按半边盲沟的形式将渗水引排至边沟。④裂缝修补。对宽而深的裂缝进行环氧树脂浆液灌注处理,对于细而浅的裂纹采用环氧树脂浆液进行表面封闭处理。⑤防水系统处理设计。对防水层被破坏和已发现渗漏的区域,刷水泥基渗透结晶型防水涂料作为内防水层。⑥二次衬砌混凝土加强处理。对影响结构承载力的主要裂缝区域(尤其是拱部)混凝土,采用粘贴碳纤维布等加固措施,以增强结构强度,提高结构承载力。

3)注浆治理

结合历次检测、检查情况,对支护脱空、积水、空洞及裂缝集中区域、中墙顶等围岩松动区域增设42mm×4mm小导管,注浆固结,处理到位,以改善围岩性能和隧道受力,提高结构整体稳定性。注浆结束后,对小导管端头作适当处理,作为永久支护的一部分。注浆材料采用水灰比为0.5:1~1:1的水泥浆,注浆压力为0.2~0.5MPa。注浆小导管长度:支护脱空部位根据具体位置选择长度(图5-26);裂缝集中区域选用长度为4.0m,按间隔1.0m梅花形布置(图5-27)。另外,在注浆过程中及注浆后,检测单位需加强对二次衬砌混凝土裂缝进行观测。

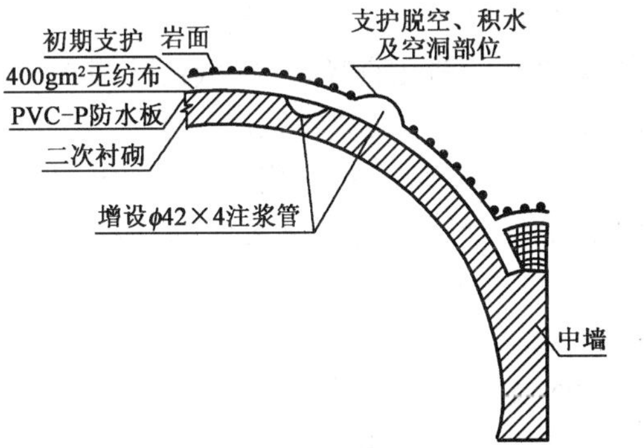

图5-26 空洞区域注浆

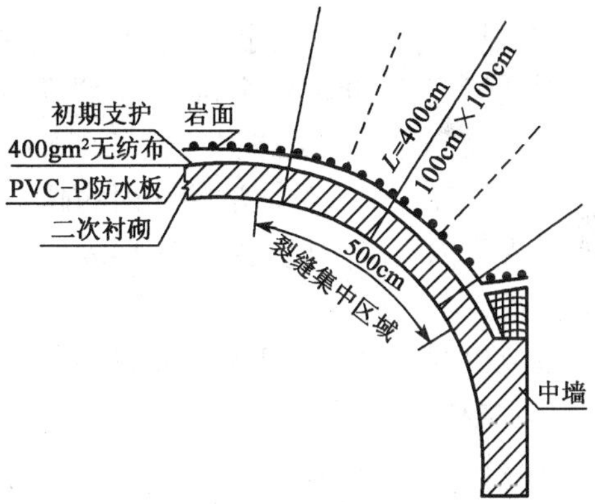

图5-27 裂缝集中区域注浆

4)渗水处理

渗水处理是在注浆结束后进行的。首先查清渗水点,打孔引导并凿槽埋设Ω形排水管,按半边盲沟的形式将渗水引排至边沟;最后抹砂浆将凿槽填平(图5-28)。同时,做好排水管位置的准确标识和记录,以便今后维护、疏通。引水孔的深度不宜过大,可选为8~10cm。埋设Ω形排水管用5cm长钢钉固定,钉距0.8m。

5)裂缝灌浆修补处理

对中墙、拱部等部位的裂缝进行修补,恢复混凝土结构耐久性、稳定性和使用功能。处理坚持如下原则:对宽而深的裂缝进行环氧树脂浆液灌注处理;对于细而浅的裂纹采用环氧树脂浆液进行表面封闭处理。灌浆工艺流程:裂缝处理→埋设注浆嘴、盒、管→封缝→密封检查→

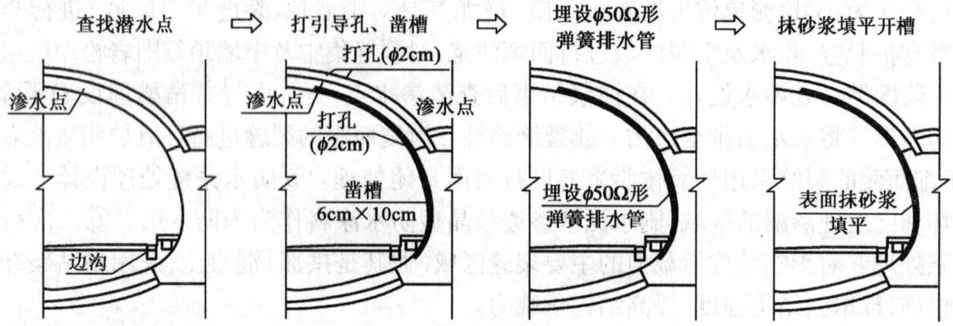

图5-28　渗水处理施工流程

配制浆液→注浆→封口结束→检查。

灌浆前应对裂缝进行处理,有三种主要方法:

(1)表面处理法。对于混凝土构件上较细的裂缝(小于0.3mm),用钢丝刷等工具,清除裂缝表面的灰尘、白灰、浮渣及松散层等污物,然后用毛刷蘸甲苯、酒精等有机溶液,把沿裂缝两侧20~30mm处擦洗干净并保持干燥。

(2)凿槽法。对于混凝土构件上较宽的裂缝(大于0.3mm),沿裂缝用钢钎或风镐凿成"V"形槽,槽宽与槽深可根据裂缝深度和有利于封缝来确定。凿槽时先沿裂缝打开,再向两侧加宽,凿完后用钢丝刷及压缩空气将混凝土碎屑粉尘清除干净。

(3)钻孔法。对于大体积混凝土或大型结构上的深裂缝,可在裂缝上进行钻孔;对于走向不规则的裂缝,除骑缝钻孔外,需加钻斜孔,扩大灌浆通路。钻孔直径,一般风钻孔为56mm,机钻孔应选最小孔径。裂缝宽度大于0.5mm时,孔距可为2~3m;裂缝宽度小于0.5mm时,可适当缩小距离。钻孔后应清除孔内的碎屑粉尘,孔径大于10mm时,可用粒径小于孔径的干净卵石填入孔内以减少耗浆量。采用表面灌浆处理的裂缝,可用灌浆盒或灌浆嘴,凿"V"形槽裂缝宜用灌浆嘴,钻孔内宜用灌浆管。

封缝应根据不同裂缝情况及灌浆要求确定,其封缝方法分为:

(1)环氧树脂胶泥封缝。对不凿槽的裂缝可用环氧树脂胶泥封闭。先在裂缝两侧(宽20~30mm)涂一层环氧树脂基液,后抹一层厚1mm左右、宽20~30mm的环氧树脂胶泥。抹胶泥时应防止产生小孔和气泡,要刮平整,保证封闭可靠。

(2)粘贴玻璃丝布封缝。先在裂缝两侧(宽80~100mm)涂一层环氧树脂基液,后将已除去润滑剂的玻璃丝布沿缝从一端开始粘贴密实,不得有鼓泡和皱纹。玻璃丝布可粘贴1~3层。

灌浆是施工关键工序之一。为确保灌浆质量,采取下列措施:

(1)灌浆机具、器具及管子在灌浆前应进行检查,运行正常时方可使用。接通管路,打开所有灌浆嘴上的阀门,用压缩空气将孔道裂缝吹干净。

(2)根据裂缝区域大小,可采用单孔灌浆或分区群孔灌浆。在一条裂缝上灌浆可由一端到另一端。

(3)灌浆时应待下一个排气嘴出浆时立即关闭转芯阀,如此顺序进行。化学浆液的灌浆压力常用0.2MPa,水泥浆液的灌浆压力为0.4~0.8MPa。压力应逐渐升高,防止骤然加压。达到规定压力后,应保持压力稳定,以满足灌浆要求。

(4)灌浆停止的标志为吸浆率小于0.1L/min,再继续压注几分钟即可停止灌浆,关掉进浆嘴上的转芯阀门。

(5)灌浆结束后,应立即拆除管道,并洗干净。化学灌浆还应用丙酮冲洗管道和设备。灌浆结束后,应检查补强效果和质量,发现缺陷应及时补救,确保工程质量。

6)防水系统处理

对防水层被破坏和已发现渗漏的区域刷水泥基渗透结晶型防水涂料作为内防水层。防水系统处理(内防水层)设置的区域为:原防水层被破坏和已发现渗漏的区域,而该隧道由于经过围岩注浆处理,原防水层已经被破坏,所以隧道的内防水层设计范围是沿上行隧道纵向(长215m)拱顶右侧约6m范围考虑(图5-29)。内防水层的涂刷范围应超出围岩注浆处理范围两侧各0.5m。内防水层材料选用的是水泥基渗透结晶型防水材料,其技术指标应满足相应规范要求。

7)二次衬砌混凝土粘贴碳纤维布加强处理

请看本章第三节之四段专述。

8)隧道健康诊断监测系统设计

裂缝处理完成后,还应建立一个隧道健康诊断监测系统,分析隧道受力及安全状况。本设计监测系统是采用光纤光栅表面粘贴式应变传感器(即应变片),根据裂缝的分布情况进行布设(上行线10m布设一个断面,下行线50m布设一个断面),应变片与与之配套的仪器和配件共同组成一个应变数据采集系统,根据实时采集的应变数据分析隧道的应力变化和隧道的实际受力状态,对隧道的安全(健康)状况作出准确判定。应变片的布置如图5-30。该健康诊断系统是在裂缝处理完成后设置的,数据的采集频率:建议通车前每周一次,通车后根据数据分析情况再确定。

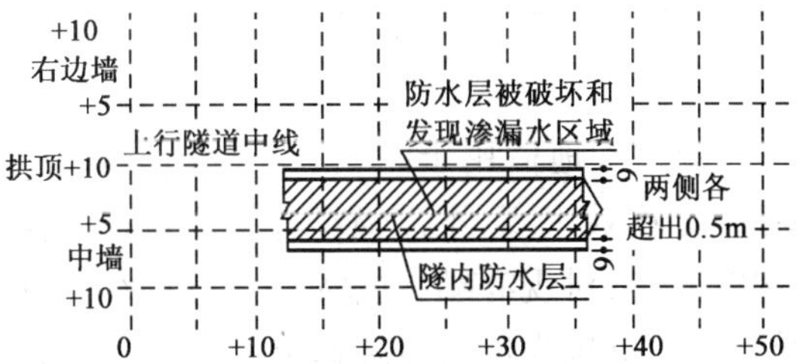

图5-29　内防水层设置区域

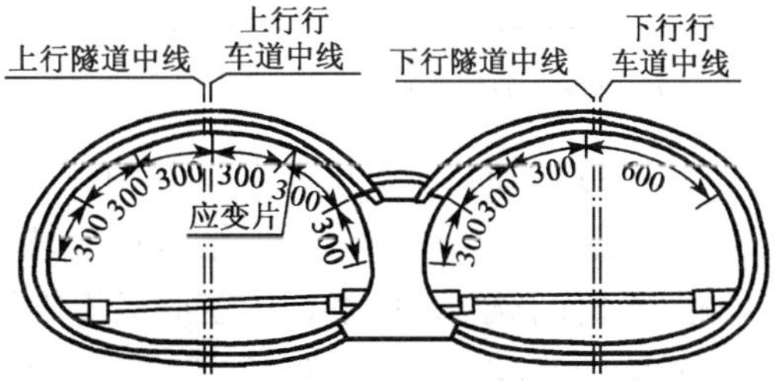

图5-30　应变片布置示意(尺寸单位:cm)

四、碳纤维布在衬砌裂缝处治中的应用

目前对隧道衬砌裂缝病害的处理通常采用粘钢法、二次浇筑混凝土法、体外预应力法、双液注浆及其它加固方法等。各种加固方法均有各自的优缺点和适用范围。吴启勇、蔡叶澜[144]在墩山连拱隧道主体完工后,发现二次衬砌出现了不同程度的裂缝和渗漏水等病害,通过对衬砌裂缝特征、产生原因的分析,并根据裂缝的开裂程度与发展规律,采用碳纤维布对二次衬砌裂缝进行了局部修复和整体加固补强。墩山隧道长615m,暗洞550m,明洞65m,纵坡度为0.685%。该隧道衬砌施工过程中隧道洞门封闭,洞内温度不低于5℃,隧道喷涂防火材

料时没有发现裂缝病害，但在隧道气温为 –28℃时，衬砌开始出现裂纹。通过碳纤维加固，裂纹减少，效果显著。模拟和监测表明，衬砌裂缝得到了有效控制，支护受力处于安全状态。由于在施工过程中严格控制施工工艺和施工质量，达到了预期效果。

1）碳纤维布的使用条件

碳纤维加固混凝土结构的加固机理，是通过环氧树脂黏结剂，将碳纤维粘贴在结构的受拉区，与混凝土一起共同抵抗外力产生的拉力，从而起到增强配筋的作用。碳纤维的作用是抵抗荷载产生的拉应力。而环氧树脂的作用，是将部分原由结构承担的拉应力传递到碳纤维上去。这样，碳纤维上存在着一个黏结长度。在这个长度内，环氧树脂通过剪切变形将拉应力传递给碳纤维。碳纤维布只承受剪力不承受弯矩，即只发生剪切变形，而不发生弯曲变形。

碳纤维布主要应用于土木工程的修复、补强。补强主要分为受弯、受剪和抗震补强。隧道衬砌存在质量不足、厚度不足和应力集中或偏压的情况下，碳纤维对其加固效果比较明显。但在隧道衬砌出现空洞的情况下，其加固效果不明显。因此，衬砌背后出现空洞时，不宜使用碳纤维加固。碳纤维布及配套树脂类黏结材料主要性能指标如表 5-6。

碳纤维布物理力学性能指标 表 5-6

性　能	碳纤维布	底层树脂	浸渍粘贴树脂
质量（g/m^2）	≥300		
抗拉强度（MPa）	≥3 400		≥30
弹性模量（MPa）	$\geq 23 \times 10^5$		
抗剪强度（MPa）		≥9.8	≥9.8
黏结强度（MPa）		≥2.5	

2）碳纤维加固的特点

碳纤维适用面广，不仅具有良好的可塑性，而且能很好地适用于曲面和不规则形状结构物；重量轻、密度小，基本不增加结构自重，施工便捷、工作效率高、不需大型施工机械；具有极强的耐腐蚀性和耐久性；加固施工时无需螺栓和铆钉固定，对现有结构扰动小，不会影响现有结构整体性；而且防水性能强，综合造价相对较低。轴向抗拉强度比普通碳素钢大十几倍，在修补混凝土结构中可充分利用其高强度、高弹性模量的特点，来提高混凝土结构强度和构件承载力及延性，改善其受力性能，达到高效加固修补目的。因此，碳纤维材料在大型土木工程结构加固中得到了广泛应用。

3）碳纤维加固施工工艺

碳纤维布粘贴施工工艺流程如图 5-31。施工要点及质量要求有：

（1）施工准备。施工前，要考虑加固结构物的状态、环境等，然后制订施工计划，做必要准备工作。

（2）底面层处理及温度要求。用砂轮机或磨光机将混凝土表面劣化层除去，并清除粉尘和松动物质，确保其充分干燥。表面平整度要达到 $5mm/m^2$。凸角部位需磨成半径大于 2cm

以上的圆弧角,以免造成应力集中而降低补强效果;凹角部位需使用环氧树脂砂浆修整,使其凹面成曲线平滑状。有裂缝时,应先以适当方法进行密封和灌缝。现场施工温度要大于5℃。打磨基层清理干净后,方可进行下一道工序。

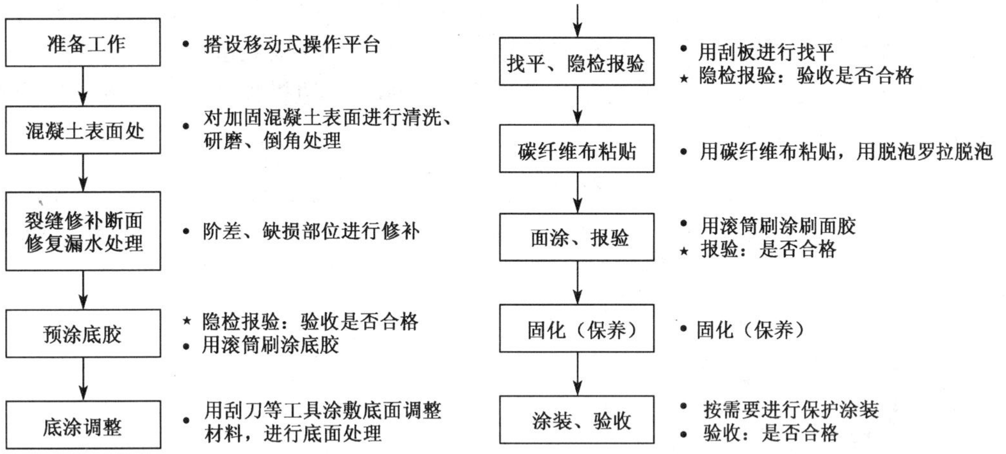

图5-31 碳纤维布粘贴施工工艺流程

(3)预涂底胶。预涂底胶可提高混凝土表面强度,提高混凝土主体和环氧树脂黏结性能。用滚筒刷将底层树脂均匀涂抹于衬砌表层,厚度不超过0.4mm,不得流淌或漏刷,待约3~12h,树脂表面指触感觉干燥时,即可进行下一工序施工。

(4)找平处理。混凝土及砌体表面凹陷部位用找平材料填补平整,且不应有棱角,转角处应用找平胶将其修补成光滑的圆弧($R=20$mm)。如果粘贴施工面产生气泡时,待树脂(干燥)固化后,用砂皮或电动砂轮等工具将气泡部分去掉,并整平。

(5)粘贴碳纤维。按设计要求的尺寸裁剪碳纤维布,要保持纤维布干净,且不能随意弯折。涂刷黏结胶前必须用手指确认底胶已干。用滚筒毛刷把黏结胶均匀地涂在碳纤维布上,应避免黏结胶过多,导致纤维滑移以及扭曲,或黏结胶不足降低碳纤维粘贴性。碳纤维布沿纤维方向的搭接长度不得小于100mm,配制浸渍树脂并用滚筒刷均匀涂抹所要粘贴的部位,粘贴上碳纤维布以后,用特制光滑滚子沿同一方向反复滚压至胶料渗出碳纤维布表面,以除去气泡,使碳纤维布浸透胶料。

(6)养护。碳纤维布粘贴后,需要自然养护24h以上至初期固化,养护期间应严禁对碳纤维片进行挤压。完工的碳纤维表面初期固化后刷防火漆。

(7)质量要求。工程验收时必须有碳纤维布和配套胶生产厂家所提供的材料检验证明。每一道工序结束,均应按工艺要求进行检查,并做好相关的验收记录。如出现质量问题,应立即返工。施工结束后,现场验收应以评定碳纤维布和混凝土之间的粘贴质量为主,用小锤等工具轻轻敲击碳纤维布表面,以回音判断黏结效果。如出现空鼓等粘贴不密实的现象,应采用针管注胶的方法进行修补。黏结面积如少于90%,则判定黏结无效,必须重新施工。严格控制施工现场的温度和湿度,施工温度在5~35℃范围内,相对湿度不大于70%。

4)碳纤维加固仿真模拟

采用商业大型有限元分析程序(ANSYS)提供的组合式钢筋混凝土有限元模型,钢筋和混凝土采用各自独立的本构关系。隧道衬砌采用3-D混凝土实体单元(SOLID65),该单元中引入一些基本特征,如混凝土拉应力超过抗拉强度后会开裂、压应力超过抗压强度后会压碎等。而且它能处理材料非线性问题,可以在三个正交方向上开裂,还具有压碎、塑性变形和蠕变等特征。CFRP聚合材料采用41个壳单元,由正交各向异性碳纤维布与环氧树脂组成的复合材料是一种脆、弹性材料,没有屈服强度,仅有极限强度。当复合材料某层应力达到极限抗拉强度时,即丧失任何刚度和强度。材料力学参数见表5-7,隧道右边拱顶和拱肩处的碳纤维布加固模型如图5-32、图5-33。

碳纤维材料力学参数 表5-7

参数 位置	弹性模量(MPa)	泊松比	黏聚力 c(MPa)	内摩擦角 ϕ(°)	ϕ_f(°)	单轴抗拉强度(MPa)	单轴抗压强度(MPa)	厚度(mm)	抗剪强度(MPa)
衬砌	28 500	0.166 7	4	55	0	1.55	13.5	500	
中隔墙	31 000	0.166 7	6	60	0	2.10	21.0	2 000	
碳纤维布	230 000	0.3				2 350		0.15	18

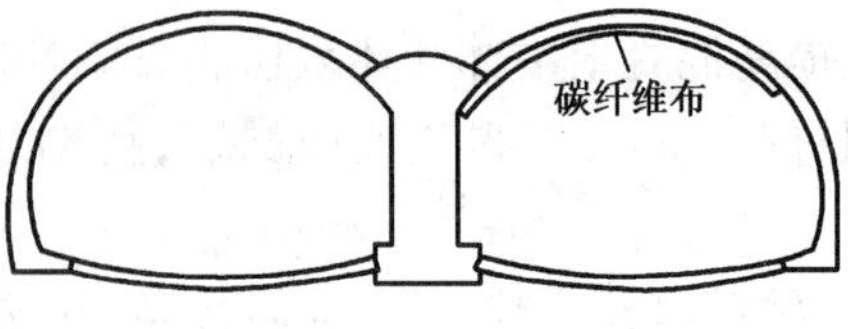

图5-32 碳纤维加固模型

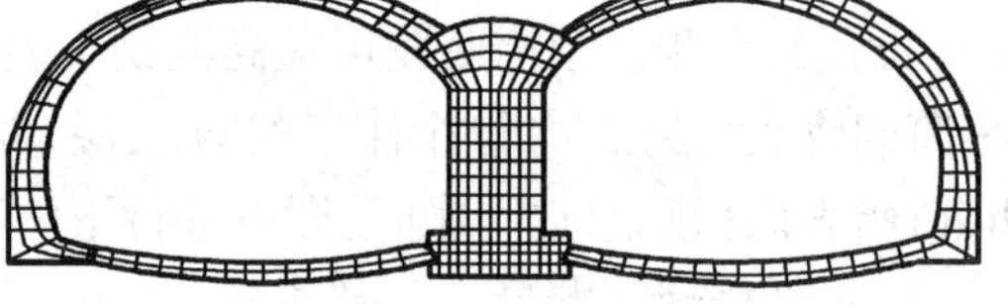
图5-33 碳纤维建摸模型

考虑到混凝土材料的非线性,衬砌裂缝仿真模拟分析前先简化和假定:①考虑到混凝土材料的非线性,裂缝模拟所采用的混凝土材料,使用德鲁克—普拉格屈服准则来判定。②碳纤维材料按线性材料考虑。③不考虑混凝土与碳纤维之间的黏结滑移。④后面分析中以椭圆表示拉裂缝,八面体表示压碎裂缝。⑤在每个将出现裂缝的节点均有 x、y、z 三个正交方向的变化。⑥假设在某个节点有裂缝产生,那么这个裂缝模型将自动修改材料特性,使得这个裂缝点附近是一个连续的裂缝带而不是一个不连续的裂缝。⑦裂缝模拟所采用的混凝土材料假定是各向同性的。⑧以拱肩衬砌厚度不足为研究对象。

5)衬砌裂缝病害调查分析

要对裂缝严重程度和发展状况有一个全面了解,就要进行现场实地调查。调查过程分两个阶段进行:第一阶段是资料收集,内容包括:①隧道地理位置;②隧道修建年代;③工程地质资料;④隧道设计资料;⑤衬砌施工和验收资料。第二阶段是现场调查:采用钢卷尺、罗盘或量角器、裂缝深度丝等仪器,分别测量裂缝所在部位、裂缝倾角、裂缝长度及裂缝宽度,并记录裂缝的形态和渗漏水状态。对裂缝较多或裂缝形态较复杂的部位进行拍照,在拍照前要将裂缝编码写于贴在裂缝附近的纸条上,以便以后分辨。

在隧道裂缝的调查中,裂缝测量按伸缩缝进行分段,每段为10m。量测顺序由东向西(从入口向出口依次进行),每段测3个点,总共分为55段,对裂缝进行统计。通过详细的现场裂缝调查，获得了裂缝种类、裂缝部位以及裂缝宽度和裂缝程度级别的统计结果（表5-8~表5-10）。

裂缝种类统计 表5-8

顺　序	裂缝类型	占裂缝总数的比例(%)
1	纵向裂缝(张裂)	94
2	斜向裂缝(张裂)	5
3	环向裂缝(张裂)	1

裂缝部位统计 表5-9

顺　序	裂缝所在部位	占裂缝总数的比例(%)
1	中墙(张裂)	5
2	拱部(张裂)	85
3	边墙(压溃)	10

裂缝宽度和裂缝级别统计 表5-10

裂缝宽度 W(mm)	裂缝级别	左洞段数	右洞段数
$W<0.2$	D	17	9
$0.2\leqslant W<0.3$	C	8	13
$0.3\leqslant W<0.5$	B	23	20
$W\geqslant 0.5$	A	7	13

该隧道衬砌裂缝的力学性质为张裂，主要分为三大类：

（1）纵向裂缝。主要表现形态是沿隧道纵轴展开，基本呈水平状，主要有：平直（基本成一直线）、起伏（基本直线，细部有弯曲起伏）、弧形（呈弧形弯曲）与分叉等几种展布状况。隧道衬砌在拱肩两侧沿纵向出现较长裂缝，裂缝遍布隧道全长，有的裂缝从衬砌外部向衬砌内层倾斜延伸。

（2）环向裂缝。主要表现为垂直于隧道轴线、沿隧道衬砌环向展开的裂缝形态，它的展布状态同纵向裂缝。本次调查中大部分的裂缝形状是弧形，部分属于起伏形。隧道衬砌沿中隔墙施工缝出现环向裂缝；中隔墙沿施工缝出现竖向裂缝。

（3）斜向裂缝。主要表现形态是和隧道纵轴以及隧道横截面均有一定角度，展布形态同纵向裂缝。在洞口段的拱腰处出现两条斜向裂缝，并有线形渗水。

6）对比分析结果

有碳纤维加固情况与无碳纤维加固情况模拟结果比较，及从碳纤维应力变化时程曲线、碳纤维与混凝土之间接触力时程曲线，表明用碳纤维加固具有较好的作用。

无碳纤维加固情况下右洞拱顶和拱肩均产生裂缝。有碳纤维加固情况下，拱肩衬砌厚度不足处出现裂缝，衬砌应力与位移变化都较均匀平缓，所产生的最大位移是无碳纤维加固时位移的50%左右。由于拱顶受挤压,衬砌外缘处拉应力过大而出现了一些微小裂缝,可见在衬砌厚度不足情况下进行碳纤维加固效果明显。测试结果表明,碳纤维加固后,围岩压力和二次衬砌受力趋于稳定,隧道结构体系处于安全状态,与模拟结果相一致。

第四节 连拱隧道衬砌冻胀防治

芮勇勤等[145]针对目前我国中原以北地区,公路连拱隧道在运行中越来越突出的衬砌冻胀破坏问题,根据隧道在冻胀条件下温度和结构的相应作用,探讨了冻胀力的计算方法,并运用ANSYS有限元分析方法,模拟在冰冻环境温度作用下隧道的冻胀过程,及持续低温和冻胀作用对隧道衬砌结构的影响,提出了连拱隧道衬砌抗冻、防冻措施。

寒冷地区的连拱隧道,如果围岩含地下水就会产生隧道冻害。冻害的循环发生,使衬砌混凝土产生开裂、变形,导致衬砌承载力降低。同时在春、夏季冻害部位开始解冻,此时被冻结的冰融化成水,水就会"寻找"通路,致使衬砌产生渗漏水。在含有侵蚀性地下水的围岩中,地下水的侵蚀将造成衬砌混凝土的疏松、剥落(图5-34),导致衬砌裂损、承载力降低。此外,渗漏的地下水通过衬砌混凝土裂缝逐渐渗出,在渗点出口处受低温影响积成冰柱,尤其在施工接缝处渗水点多,结冰明显,累积十至几十厘米厚的冰溜子(又称为挂冰,图5-35),而拱部渗漏逐渐形成冰柱子(又称为冰葫芦)。

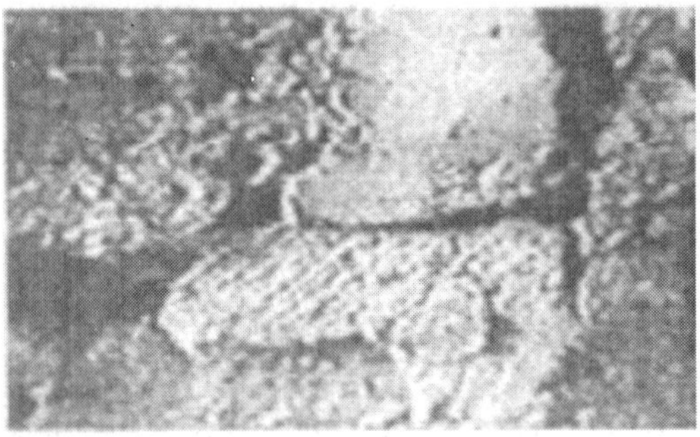

图5-34 隧道衬砌的疏松、剥落

图5-35 隧道衬砌挂冰

在我国寒冷地区,隧道冻胀破坏是较为普遍的现象。其表现为冬季气温降至零度以下后,结构尺寸不仅不随温度降低而缩小,反而出现膨胀。隧道冻胀是围岩内地下水结冰过程中体积膨胀的宏观表现。由于冻胀作用破坏了局部材料内部微观构造,因此,变形在温度再次升高到正温时一般不能恢复到零,即存在残余冻胀。残余冻胀是衬砌混凝土微观损伤的宏观表现。故隧道在荷载及环境因素作用下,呈复杂的变形与受力状态。兼有冻胀作用后,变形和受力状态变得极为复杂。

一、冻胀力计算

据日本冻胀科研报告,由于冻胀一般发生在边墙,而拱顶冻胀微小,故可用侧压力 q 代替冻胀力的作用(图5-36)。计算时认为衬砌在外侧压力 q 作用下,将发生净空缩小的位移,而拱顶则上拱,因此,在拱顶4m范围布置径向弹簧连杆,以代替地层抗力。设隧道为双车道公路隧道，二次衬砌厚40cm，其边墙中部点 A 的水平位移为 ΔA（该处水平位移较大），用ANSYS程序计算不同 q 产生的 ΔA，并绘成 q-ΔA 曲线（图5-37）。

从图5-37可知，在侧压力 q 作用下，边墙位移 ΔA 与 q 呈正比关系，说明是弹性位移。经计算，当 $q = 100\text{kPa}$ 时，$\Delta A = 1.33\text{mm}$。用侧压力 q（即冻胀力）除以变位 ΔA，可求出该隧道衬砌的当量弹性系数 $K_1 = 100\text{kPa}/1.33\text{mm} = 75.2\text{kPa/mm}$。另外，设衬砌背后冻胀层（含水的岩石风化层及饱水土工布）厚度为 δ，冻胀层的弹性模量，考虑有岩石颗粒存在取为冰的2倍，冰的弹性模量约为3GPa，则冻胀层的弹性模量 $E_2 = 6\text{GPa}$。此弹性模量值相当于Ⅲ类围岩，根据《公路隧道设计规范》各类围岩参数表，Ⅲ类围岩的弹性抗力系数 $K_2 = 200 \sim 500\text{MPa/m}$，取其平均值，可得冻胀层的弹性抗力系数 $K_2 = 350\text{MPa/m}$。比较 K_1（衬砌）和 K_2（冰冻层）可知，K_2 是 K_1 的4.7倍，可见与冻胀层相比，衬砌较软，更容易变形。现用弹簧来代替冻胀层及衬砌这两个弹性体（图5-38），其中节点 M 为两种弹簧的联结点。设冻胀层厚 δ，冻胀率为 α，先将 M 点锁定为固定不动，则因冻胀层膨胀 M 点承受的膨胀力 P（分布力）$= \delta\alpha K_2$。

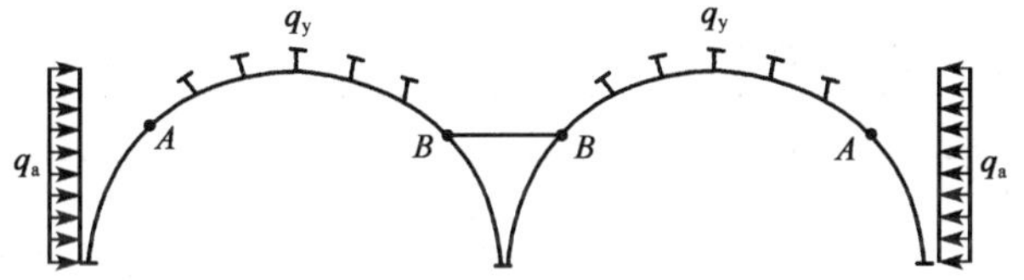

图5-36　计算冻胀力的衬砌简图

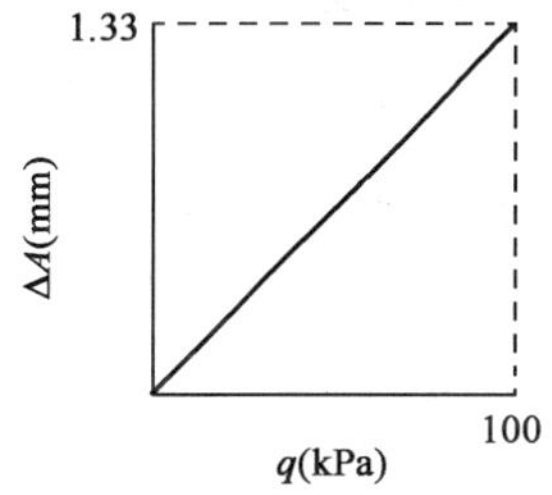

图5-37　衬砌 q-ΔA 曲线

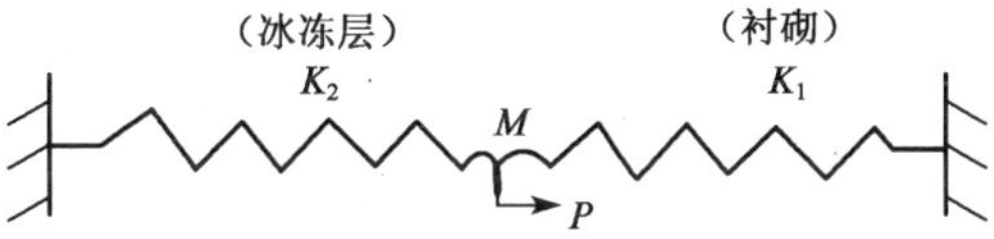

图5-38　冻胀力计算模式

将原锁定的 M 点释放，则在 P 的作用下，M 点的位移

$$\Delta = P/(K_1 + K_2) = \delta\alpha K_2/(K_1 + K_2)$$

衬砌承受的冻胀力

$$q = K_1\Delta = \delta\alpha K_1 K_2/(K_1 + K_2) = \delta\alpha K_2/(K_2/K_1 + 1)$$

分析上式可知，当 K_2 为常数，而 K_1 变大时，q 值变大。这说明冻胀地段的衬砌刚度宜设计得小一些（衬砌薄需要加钢筋或钢纤维），这样 K_1 值将减小，从而降低冻胀力。根据以往经验，1.0MPa已经是非常大的荷载了。考虑到衬砌已采取防寒措施，冻害较轻，建议设计中冻胀层厚度 δ 的计算值取为50mm，洞口段冻胀力取为0.9MPa，洞内取为0.6MPa。

二、围岩低温冻胀变形结构力学分析

曲墙仰拱连拱隧道低温冻胀变形分析结果如图5-39。分别分析了4种情况，其关键点及最大变形值见表5-11。由表可知，情况3的水平位移最大，情况4引发的沉降最大，变形最大的是情况4，其次是情况2。通过计算分析，可初步认为已发生低温冻胀情况。

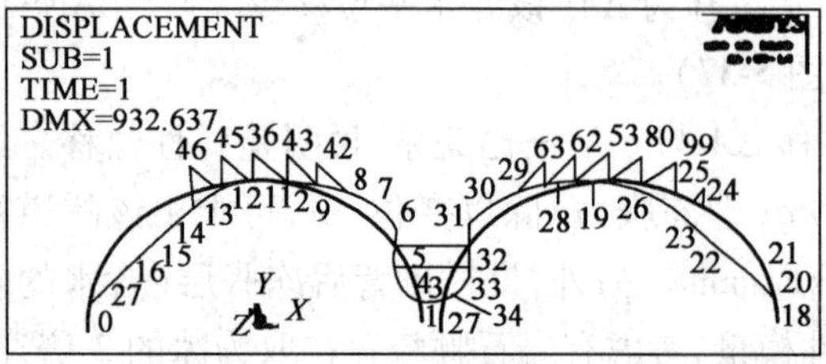

情况1(曲墙仰拱连拱隧道边中墙脚力、矩固定)

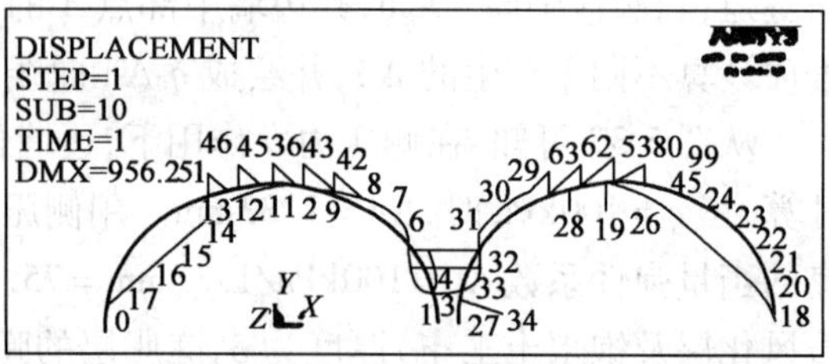

情况3(曲墙仰拱连拱隧道中墙脚力固定、矩自由)

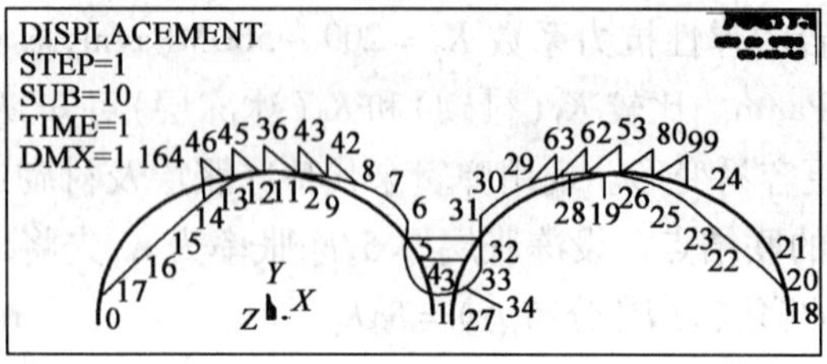

情况2(曲墙仰拱连拱隧道右洞边墙脚力固定、矩自由)

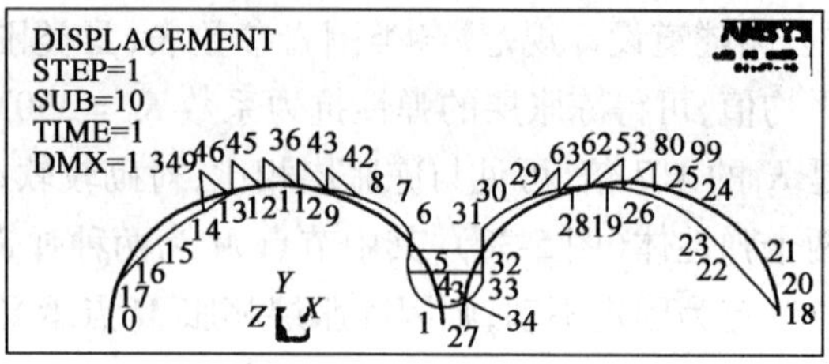

情况4(曲墙仰拱连拱隧道中墙、右洞边墙脚力固定、矩自由)

图 5-39　曲墙仰拱连拱隧道的冻胀变形(尺寸单位:m)

关键点及最大变形值(cm)　　表 5-11

关键点	变形值(cm)											
	情况 1			情况 2			情况 3			情况 4		
	位移 X	沉降 Y	最大变形 U	位移 X	沉降 Y	最大变形 U	位移 X	沉降 Y	最大变形 U	位移 X	沉降 Y	最大变形 U
$A_{左}$	8.37	2.22		6.96	1.85		8.57	2.28		5.85	1.55	
$A_{右}$	0.00	7.69		1.82	8.27		0.00	8.29		3.45	9.17	
$B_{左}$	0.00	7.69	9.32	1.83	7.30	11.64	0.00	8.29	9.56	2.01	7.66	13.49
$B_{右}$	8.37	2.22		11.38	2.49		8.57	2.28		13.18	2.88	

三、抗冻防冻措施

对寒冷区连拱隧道影响最大的是洞口位置的年平均气温、年冻结指数、年最大冻深等。由于公路连拱隧道绝大多数为非多年冻土隧道,在距隧道进出口范围内,因为外界冷空气的侵入,出现季节性冻融而引发冻害。在隧道中部,由于受天然地温的影响,一般气温较高,衬砌背后不会冻结。连拱隧道为发生冰冻病害最多且最严重的一类隧道。

公路连拱隧道的抗冻防冻措施,主要是提高隧道结构自身的抗冻害能力,避免冻胀力产生的破坏。在对中原以北地区隧道防冻措施进行分析的基础上,针对公路连拱隧道的特点,提出以下抗冻、防冻综合措施:

(1)通过围岩的预注浆和衬砌背后的二次注浆尽可能减少局部积水空间。

(2)在隧道进、出口安装防寒门或设置隔热保温层等。

(3)二次衬砌可采用抗冻混凝土、钢筋混凝土以及增大衬砌厚度,中墙可采用抗冻混凝土、钢筋混凝土等。

(4)隧道路面可采用沥青路面,表面铺设隔热材料等。

(5)电缆沟、水沟可以采用加电热器或燃煤锅炉暖气供热防冻。

(6)采取合适的防排水系统,尤其是在洞口段,应采用深埋水或防寒水沟,防止洞内排出的水在洞口段因无法排出隧道而造成漫流导致路面结冰。

第五节　偏压连拱隧道偏压防治

偏压连拱隧道的偏压处治，引起了连拱隧道界的高度重视。首先应从设计源头和施工过程中进行防偏压，因而一度在各种有关隧道杂志发表了大量论文[15~25]，尤其是对先开挖山体内侧洞还是先开挖外侧洞等问题进行了热烈的讨论。

一、神土偏压连拱隧道设计与施工

苟明中[146]对神土偏压连拱隧道设计与施工进行了研究。该隧道长248m，属丘陵区，地表植被茂盛，地面坡度20°~40°。隧道进口路线与等高线约成45°斜交进洞，偏压严重。由于地表覆盖为第四纪坡残积黏土，下伏为早古生代变质砂岩、印支期花岗闪长岩，两者在隧道中部呈不整合接触。隧道洞身主要属于Ⅳ、Ⅴ级围岩。隧道洞身纵向地质剖面如图5-40。

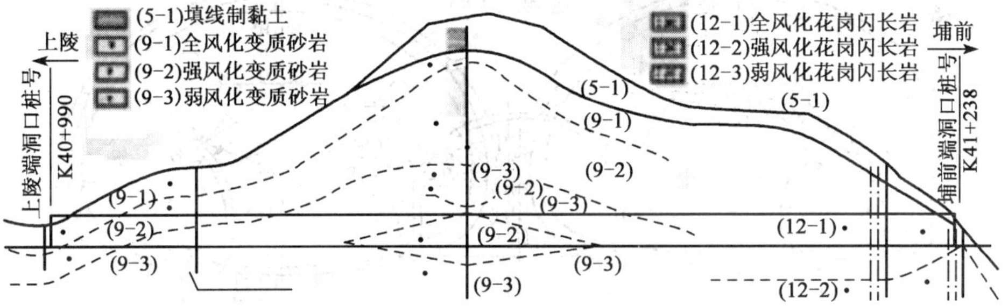

图5-40　隧道洞身纵断面

1）隧道洞口的选择及偏压处理措施

根据洞口段的地形及地质情况，采用台阶式洞门，洞口设置20m长明洞。为保证暗挖隧道的施工安全，设置30.0m长ϕ108mm大管棚。由于暗挖进洞时偏压严重，地面横坡约40°，部分段隧道拱部外露，为减小偏压，保证洞口的施工安全和顺利进洞，在隧道洞口段除设置大管棚外，还设置了反压护拱。护拱为30cm厚C20网喷混凝土加水泥土，并在护拱下设置5.0m长的钢花管注浆加固隧道拱部土体（图5-41）。

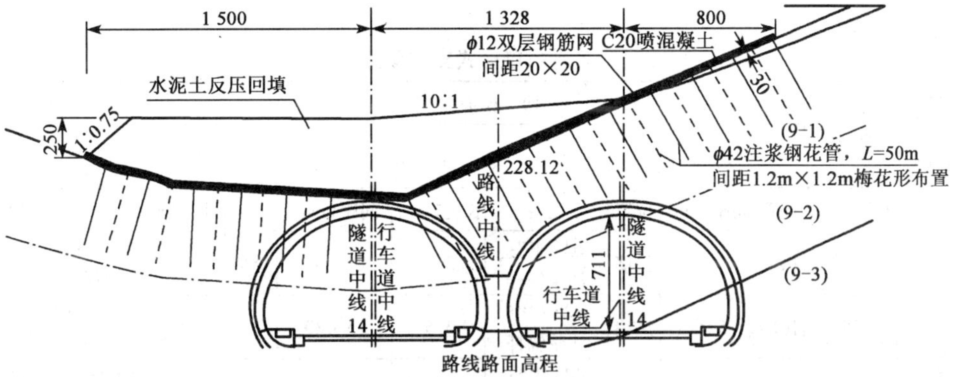

图5-41　隧道上陵端洞口偏压护拱图（尺寸单位：cm）

偏压段处理的总体施工顺序是：

(1)施工洞口管棚导向墙及大管棚。

(2)在清除地表松散覆土后，施工注浆钢花管，钢管外露地面35～40cm，口部用麻筋封堵。

(3)先喷8cm厚混凝土，铺第一层钢筋网并与钢花管外露部分焊接，再喷17cm厚混凝土，铺第二层钢筋网，最后喷混凝土至设计厚度。

(4)通过钢花管向地层注浆。

(5)注浆完成后，在喷混凝土护拱上回填水泥土，水泥土回填厚度一般为4.0～6.0m，要求水泥土无侧限抗压强度不小于0.3MPa，水泥用量为50～75kg/m^3。土与水泥应搅拌均匀，当厚度不同时水泥土表面应平顺过渡，不能有错台。

(6)施工隧道及洞门等附属工程。

(7)隧道施工完成后，在护拱及水泥土表面回填0.5m厚的耕植土并种植草皮绿化。V级围岩隧道施工步序见图5-42。

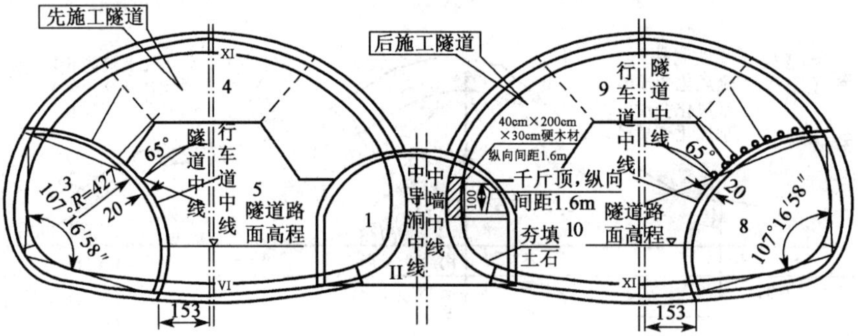

图5-42 V级围岩隧道施工步序(尺寸单位：cm)

1、2、3、4等-表示开挖和支护顺序；I、II、III等-表示二次衬砌顺序

2)复合式衬砌及处理措施

由于隧道地质条件较差，工期紧，通过技术经济比较，决定采用复合式中墙，可较好地保证施工安全、施工工期、隧道的运营安全，并可减少养护费用。隧道采用复合式衬砌(图5-43)，根据埋深、工程地质及水文地质条件、围岩级别和隧道特点，共设计了三种衬砌类型，均为曲墙有仰拱形式。隧道衬砌支护参数，依工程类比并结合数值分析计算确定(表5-12)。V级围岩加强衬砌用于洞口和洞身偏压段，V级复合式衬砌用于一般V级围岩段，IV级复合式衬砌用于IV级围岩段。

各种衬砌形式支护参数 表5-12

项目 / 衬砌类型	初期支护									二次衬砌	
	C20喷混凝土	ϕ钢筋网		锚杆				钢架		混凝土	
	厚度(cm)	位置	间距(cm)	位置	规格	长度(cm)	间距(cm)	位置	间距(cm)	规格	厚度(cm)
V级围岩复合式衬砌	25	拱墙	15×15	拱墙	ϕ25中空注浆锚杆	3.5	75×80	全环	75	C25钢筋混凝土	50
V级围岩加强衬砌	25	拱墙	15×15	拱墙	ϕ25中空注浆锚杆	3.5	75×80	全环	75	C25钢筋混凝土	55
IV级围岩复合式衬砌	22	拱墙	20×20	拱墙	ϕ25中空注浆锚杆	3.0	100×100	拱墙	100	C25钢筋混凝土	40

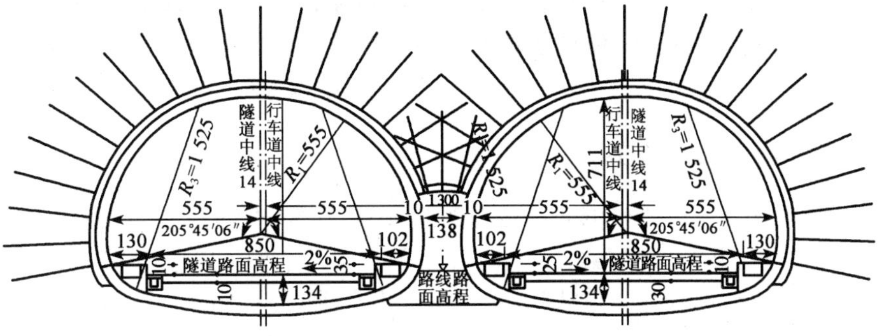

图 5-43　连拱隧道衬砌断面(尺寸单位:cm)

3)中导洞及中墙处理措施

(1)中导洞的尺寸及位置。由于采用曲中墙,要求中导洞的开挖宽度较直中墙要大。中墙施工后应在先施工隧道侧留出 1.0m 左右宽度的空间。根据机械设备及中墙宽度,中导洞开挖宽度为 5.5m。由于中墙在施工过程中要承受偏压荷载,满足防偏压的要求,中墙中线相对于中导洞中线应向后开挖侧隧道偏移,以便中墙在承受偏压荷载时中导洞拱部能给中墙顶提供阻力,防止中墙顶偏转。

(2)钢架连接。由于采用复合式中墙,正洞的钢架要与中墙顶连接,当地质条件变化引起正洞钢架间距变化时,往往造成钢架与预留钢板不在同一断面上,从而无法连接。故在中墙顶预埋贯通槽钢,槽钢通过锚筋锚于中墙内,钢架与槽钢两翼通过焊接连接,无论钢架间距如何变化,正洞钢架与中墙顶都有较好的连接,从而保证了施工安全和方便施工。

(3)中墙顶的处理。为了使中墙顶与中墙顶部的围岩有较好的连接,使之形成一个有效的受力整体结构,保证后期两侧主线隧道施工及运营中的安全,中导洞顶部锚杆埋入中墙顶不应小于 30cm,并且在中墙混凝土施工前,在其顶部纵向预埋 ϕ42mm 注浆花管,在混凝土施工完成后对中墙顶按 1.5 ~ 2.0MPa 压力压注水泥砂浆,以保证中墙顶与中导洞支护之间的密实性,从而使中墙与地层形成一个较有效的受力整体。

(4)施工方法。复合式中墙的连拱隧道,通常是采用先施工中导洞及浇筑中墙,然后根据不同的围岩级别,在两侧正洞采用不同的施工方法。V 级围岩段采用“三导洞”法施工,中导洞开挖及施工超前 50m 后,进行埋深较浅的左侧隧道侧导洞开挖及支护,并超前 30m,最后进行右侧导洞的开挖及支护。在中导洞开挖贯通后,再浇筑中墙。在中墙超前达 30m 的安全距离后,再进行左侧主线隧道的施工。在左线隧道的二次衬砌超前 30m 后,才可进行右线隧道的施工。IV 级围岩段采用中导洞超前开挖,及先浇筑中墙,然后采用环形短台阶法开挖施工正洞一侧隧道,在该侧隧道二次衬砌施工完成,并拉开不小于 30m 的安全距离后,再采用环形短台阶法施工另一侧正洞隧道。隧道开挖采用光面、微振爆破等控制。爆破尽量减少对围岩的扰动,严格控制其爆破振动速度,并加强对爆破振动速度的监测。

4)隧道二次衬砌

隧道二次衬砌采用从仰拱开始,墙、拱部采用衬砌模板台车全断面法施工。实际施工中,由于是先施工埋深浅的左侧隧道,且中墙浇筑超前两侧隧道开挖的长度大于 100m、错开时间在 2 个月以上，且未设置千斤顶，而是在后施工的右侧隧道内设置了两道 15cm × 15cm 的硬质木撑，纵向间距 60cm。根据监测信息及数据，中墙在两侧隧道施工中未发生可测位移和裂缝，说明中墙顶部地层给中墙顶提供了较大的阻力，防止了中墙偏移。

二、偏压连拱隧道进洞顺序

偏压连拱隧道先开挖山体内侧洞还是外侧洞，许多专家学者存在多种不同看法。归纳起来主要有三种：一是先开挖内侧洞，二是先开挖外侧洞，三是要根据地形地质条件和所采用施工工艺等来确定。三种看法都一致认为，对于偏压连拱隧道，合理的进洞开挖方式对减少围岩变形、地表沉降，以及边坡稳定性具有重要意义。

1）先开挖内侧洞，后开挖外侧洞

蒋树屏、刘元雪、赵尚毅等[147]结合离石黄土连拱隧道先山体内侧施工方案和先山体外侧施工方案的对比，得出对于偏压黄土连拱隧道，应采用先开挖靠山一侧的侧导洞法施工。

离石隧道采用的施工工艺如下：①中导洞开挖及支护；②中墙衬砌；③一侧洞开挖、初期支护；④一侧洞二次衬砌施工；⑤另一侧洞开挖及初期支护；⑥另一侧洞二次衬砌。

该施工方案还有两个问题需进一步研究：①单侧正洞施工方案研究，包括对正台阶法与侧导洞法进行比较；②施工次序先左洞方案和先右洞方案的对比。

ANSYS 程序中提供的岩土本构模型为德鲁克—普拉格理想弹塑性模型，程序中采用的屈服准则为摩尔—库仑外接圆 *D-P* 屈服准则。研究表明，采用该外接圆 *D-P* 屈服准则与传统摩尔-库仑屈服准则的计算结果有较大误差，在实际工程中如果采用该准则进行工程设计是偏于不安全的。试验和工程实践已证实，摩尔-库仑屈服准则能较好地描述土壤、岩石等材料的破坏行为，在岩土工程领域得到了广泛的应用，土力学中边坡稳定、土压力和地基承载力这三大经典问题都直接或间接地借助了这一准则。对于研究的二维平面应变问题，围岩和混凝土衬砌结构采用平面应变条件下与摩尔-库仑准确匹配的 *D-P* 准则。锚杆采用线弹性模型，各种材料的力学参数见表 5-13。

材料力学参数 表 5-13

材料	弹性模量（MPa）	泊松比	密度（kg/m^3）	黏聚力（KPa）	内摩擦角（°）
喷射混凝土	23 000	0.167	2 400	1 500	52
钢筋混凝土	29 000	0.167	2 400	2 000	55
锚杆	210 000	0.3	7 850		
黄土	136	0.3	1 710	76	23

计算采用大型有限元计算软件 ANSYS。黄土连拱隧道正台阶法与侧导洞法开挖的比较研究、先左洞施工方案和先右洞施工方案的数值模拟对比，均采用平面应变弹塑性数值模拟。围岩（黄土）采用 6 节点三角形单元 PLANE2 模拟，初次支护喷射的 25cm 混凝土采用梁单元模拟，其厚度在实常数中输入，二次衬砌结构采用三角形平面单元 PLANE2 模拟，中墙采用三角形平面单元 PLANE2 模拟，锚杆单元采用梁单元模拟。由于锚杆纵向间距为 1m，而平面应

变模型在纵向正好为 1m。采用 ANSYS 程序提供的荷载功能模拟隧道的开挖施工过程。隧道开挖采用“杀死”单元来模拟，衬砌结构施工采用“激活”单元方法来模拟。所谓单元“杀死”，是将单元刚度矩阵乘以一个很小的因子（比如 10^{-6}），死单元的荷载将为 0，从而不对荷载向量生效。死单元的质量也设置为 0，单元的应变在“杀死”同时也将设为 0。与上面的过程相似，单元的“出生”，并不是将其加到模型中，而是重新激活它们，其刚度、质量、单元荷载等将恢复其原始的数值。重新激活的单元没有应变记录，所有单元需要事先划分好。侧导洞方案有限元数值模拟，计算断面是隧道自拱顶埋深 26m，单洞净宽 10.7m，喷射混凝土初期支护 0.25m，二次衬砌 0.45m，中墙包括二次衬砌总厚为 3.32m。有限元模型见图 5-44。

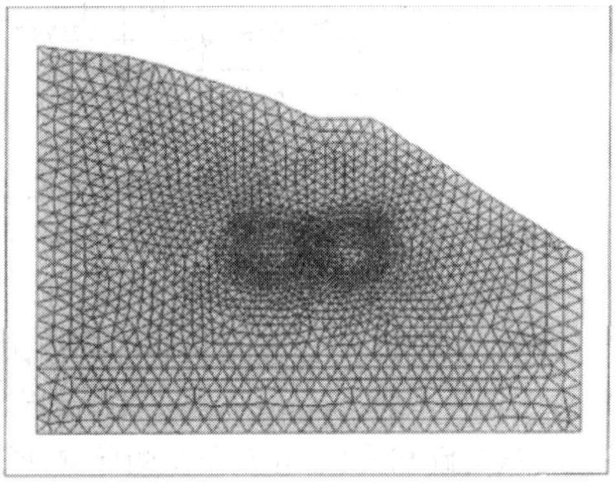

图 5-44　黄土连拱隧道的有限元模型

（1）方案 1。先山体内侧洞后外侧洞方案的施工计算工序：①隧道未开挖，模拟原始地应力状态；②中导坑开挖，施作临时支护，喷射 C25 混凝土；③浇筑连拱隧道中隔墙，从中墙的塑性区分布看出，中墙没有塑性区，还处于弹性状态；④左洞左侧导洞开挖，进行初期支护，此时中墙受力不对称；⑤左洞上半断面开挖，施作左洞上半断面初期支护，此时中墙右侧出现塑性区，另外，左下脚处由于应力集中，也出现塑性区；⑥左洞下半断面开挖，由锚杆的轴力分布可以看出，左洞左下侧锚杆受力较大（拉为正，压为负），第⑥步引起的位移变化不大，但由于左侧隧道的开挖，引起中墙发生偏转（图 5-45）；⑦左洞施作二次衬砌和仰拱，左侧隧洞二次衬砌施工后，中墙的塑性区大大减小；⑧右洞右侧导洞开挖，进行初期支护；⑨右洞上半断面开挖，施作右洞上半断面初期支护；⑩右洞下半断面开挖；⑪施作右洞二次衬砌和仰拱。随着左右隧洞二次衬砌的实施，中墙受力状况得到改善，塑性区基本消失（图 5-46）。

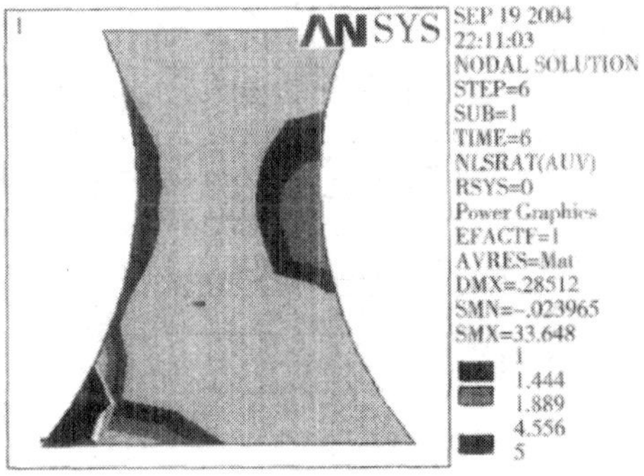

图 5-45　第⑥步后中隔墙的塑性区（深色部分）

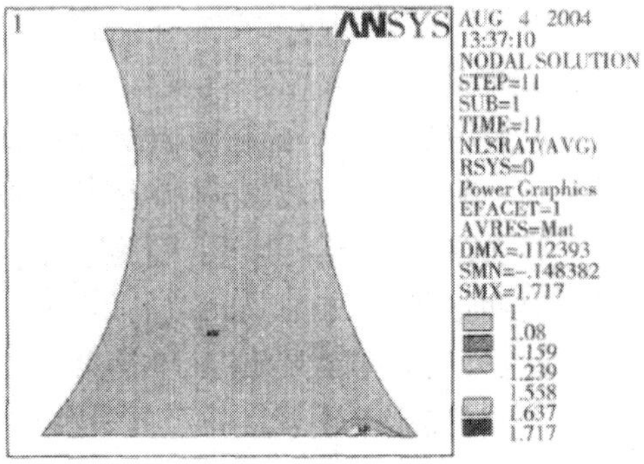

图 5-46　施工完成后中隔墙的塑性区分布

观察左洞拱顶（47 号节点）、右洞拱顶（39 号节点）、中隔墙顶部（674 号节点）在各个施工步的位移变化情况。计算表明：引起上述节点水平与竖向位移变化较大的施工步骤都是第⑤步（左洞上半断面开挖）和第⑨步（右洞上半断面开挖）。竖向位移变化见图 5-47。总而言之，施工中影响最大的步骤是左右洞上半断面的开挖，这两步施工时，一方面要加强监测，另一方面要加强防护。图中数据包含第①步（即土体开挖前的变形）数值。计算结果还表明：隧道开挖过程中，如果初期支护没有及时跟上，隧道不稳定，产生很大塑性应变，且计算不收敛(图5-48)。

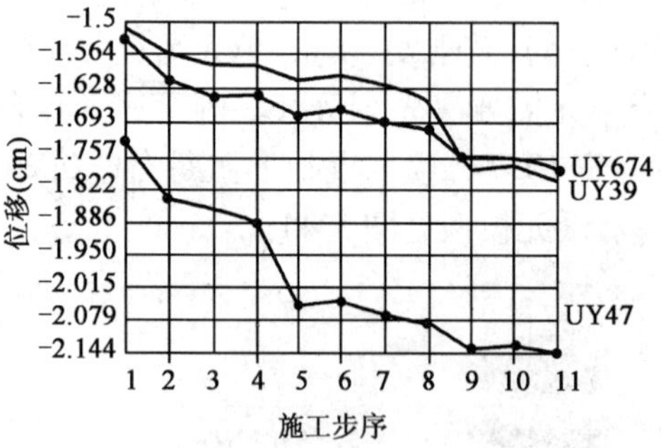

图 5-47 代表性节点的竖向位移与施工步的变化曲线(先左洞后右洞)

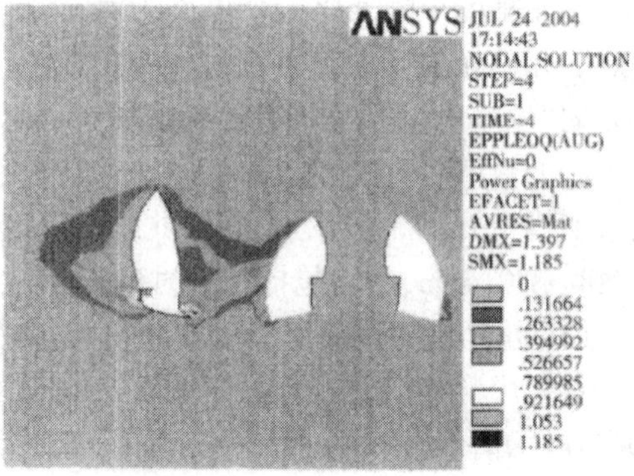

图 5-48 左侧导洞开挖后不支护时的等效塑性应变分布

(2)方案 2。先开挖山体外侧洞后内侧洞方案的计算工序：①隧道未开挖，模拟原始地应力状态；②中导坑开挖，并施作临时支护，喷射 250mm 的混凝土；③浇筑中墙；④右洞右侧导洞开挖，并进行初期支护；⑤右洞上半断面开挖，并进行初期支护；⑥右洞下半断面开挖；⑦施作右洞二次衬砌和仰拱；⑧左洞左侧导洞开挖，并进行初期支护；⑨左洞上半断面开挖，施作初期支护；⑩下半左洞断面开挖；⑪施作左洞二次衬砌和仰拱。

从计算各步序看，两方案的规律性是一致的。两方案施工过程中中墙受力最不利的工况都是第⑥步：一侧洞开挖完毕，此时二次衬砌尚未施工，另一侧洞也没有开挖。这种不对称开挖，使中墙受力不平衡，引起中墙发生偏转。当施工结束，两洞二次衬砌浇筑完成后，中墙受力状态大为改善，塑性区基本消失。计算还表明，左右洞侧壁处的单元产生了一定的塑性变形，此处的锚杆轴力也相对较大。因此，此处需要加强初期支护。引起围岩变形或地表沉降最大的施工步骤，也是两洞上半断面开挖。47、39、674 号节点的位移，随施工步序变化的规律与前一施工方案是相似的(图5-49)。引起节点位移变化较大的施工步是第⑤步和第⑨步，左洞拱顶 47 号节点的竖向位移最大。同样，先右洞后左洞的侧壁导洞法影响最大的施工步骤，也是左右两洞上半断面的开挖。

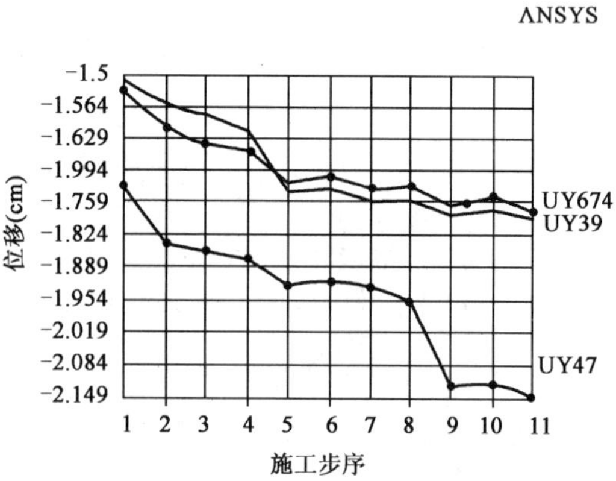

图 5-49 代表性节点的竖向位移随施工步的变化曲线(先右洞后左洞)

(3)两种方案计算结果对比分析。

①从两方案各步的开挖过程计算对比(表 5-14)，二者的规律性是相似的。从表 5-14 看出：方案 1(先左洞后右洞)引起的拱顶最大下沉量、地表最大下沉量、最大等效塑性应变、中墙位移，以及锚杆轴应力，都与方案 2 比较接近。方案 1 稍小一点。

两种开挖方案计算对比　　表5-14

施工方案	方案1(先左洞后右洞)	方案2(先右洞后左洞)
拱顶最大下沉量(mm)	42.6	43.3
地表最大下沉(mm)	31.5	32.2
最大等效塑性应变	0.084	0.089
中隔墙最大竖向位移(mm)	18.5	19
中隔墙最大位移矢量(mm)	19.7	20.1
最大锚杆轴力(kN)	54.58	66.39

注:因为计算中锚杆采用的是线弹性模型,故计算的最大锚杆轴力超过了锚杆承载力极限而没有出现破坏。

因此,先左洞后右洞的侧壁导洞法开挖方案,优于先右洞后左洞的施工方案。

②两方案施工过程中中墙受力最不利的工况是第⑤步:一侧洞开挖完毕,此时二次衬砌尚未施工,另一侧洞也没有开挖。这种不对称开挖,使中墙受力不平衡,引起中墙发生偏转,其位移在方案1达到19mm,方案2达到20mm。这种由于左右两侧隧道开挖不同步,再加上偏压的存在,施工中极易使中墙受偏压而倾斜开裂,务必引起重视。可采用中导洞回填或钢支撑。当施工结束,两洞二次衬砌浇筑完成后,中墙受力状态大为改善,塑性区基本消失。

③计算还表明:由于黄土的强度较低,弹性模量相对较小,隧道开挖后,如果初次支护不及时,隧道是不稳定的,因此,隧道初次支护,甚至包括底部的反鼓支护(仰拱)一定要及时跟上。因为计算表明,开挖除引起较大的拱顶下沉外,还引起较大的低鼓(包括中导洞)。

④引起围岩变形或地表沉降最大的工序是两洞上半断面开挖。这两步施工时,一方面要加强监测,另一方面要加强防护。

(4)先山体内侧洞后外侧洞的方案施工数值模拟采用9道工序:①隧道未开挖,模拟原始地应力状态;②中导洞开挖并临时支护和初期支护;③施作中墙;④左洞上半断面开挖并初期支护;⑤左洞下半断面开挖并初期支护;⑥左洞二次衬砌和仰拱;⑦右洞上半断面开挖并初期支护;⑧右洞下半断面开挖并初期支护;⑨右洞施作二次衬砌和仰拱,施工结束。

(5)先山体外侧洞后内侧洞的方案施工数值模拟也是9道工序:①隧道未开挖,模拟原始地应力状态;②中导洞开挖并进行临时支护和初期支护;③施作中墙;④右洞上半断面开挖并初期支护;⑤右洞下半断面开挖并初期支护;⑥右洞施作二次衬砌和仰拱;⑦左洞上半断面开挖并初期支护;⑧左洞下半断面开挖并初期支护;⑨左洞施作二次衬砌和仰拱。

从计算各步来看,两方案的规律性是相似的(表5-15)。两方案施工过程中中墙受力最不利的工况都是第⑤步:一侧洞开挖完毕,二次衬砌尚未施工,另一侧洞也没有开挖。这种不对称开挖,使中墙受力不平衡,偏压引起中墙发生偏转。

从两方案计算结果比较可以得出结论:

(1)从计算各步来看,两方案的规律性是一致的。在上下台阶法中,先左洞后右洞的施工方案,引起的最大竖向位移、最大锚杆轴力、最大等效塑性应变,要比先右洞后左洞方案稍小,即先左洞后右洞的施工方案,优于先右洞后左洞的方案。这一点与侧壁导洞法结论一致。

(2)两方案施工过程中中墙受力最不利的工况是第⑤步:一侧洞开挖完毕,此时二次衬砌尚未施工,另一侧洞也没有开挖。这种不对称开挖,引起中墙发生偏转,其位移方案1达到21.8mm,方案2达到23.5mm。当施工结束,两洞二次衬砌浇筑完成后,结构的受力状态大大改善,基本不出现应力屈服状态。

(3)计算还表明:左右洞侧壁处的单元产生了一定的塑性变形,此处的锚杆轴力也相对较大。因此,此处在初期支护时需要加强。

(4)计算还表明:正洞采用上下台阶法施工,引起的拱顶最大下沉量、地表最大下沉量、最大等效塑性应变、中墙位移,以及锚杆轴应力,都要比侧导洞法大,说明对于黄土连拱隧道,侧导洞法明显优越于上下台阶法。

两种方案计算结果对比 表 5-15

施工方案	方案1(先左洞后右洞)	方案2(先右洞后左洞)
拱顶最大下沉量(mm)	50.3	51.3
地表最大下沉(mm)	38.2	38.6
最大等效塑性应变	0.104	0.116
中隔墙最大竖向位移(mm)	20.3	22.4
中隔墙最大位移矢量(mm)	21.8	23.5
右洞拱顶52号节点竖向位移(mm)	46.0	49.6
最大锚杆轴力(kN)	202.4	220.9

注:因为计算中锚杆采用的是线弹性模型,故计算的最大锚杆轴力超过了锚杆承载力极限而没有出现破坏。

李长德[148]在总结柳州桐油山偏压连拱隧道左右洞施工顺序时认为:由于隧道进口端属浅埋偏压隧道,F_2 断层沿隧道纵向延伸,最近处间距只有30m,在此复杂条件下,左右洞开挖顺序应慎重考虑。并认为,连拱隧道左右洞相连,采用何种施工顺序,其出发点主要是为了尽可能地降低后施工隧道的开挖对已施工隧道衬砌的扰动,围岩就越稳定,其抵抗二次扰动的能力就越强。根据桐油山隧道进口左侧山体厚,岩性较完整,右侧山体薄,且节理发育,风化严重,最终采取先施工靠山侧的左洞方案。为确保左右洞隧道施工扰动降低到最低限度,严格执行左洞衬砌超前右洞开挖,右洞开挖时左洞已形成稳固的全封闭衬砌结构。按此先施工内侧洞,顺利地通过了浅埋偏压段,未出现二次衬砌开裂破坏现象。

2)先开挖外侧洞,后开挖内侧洞

高世军[16]较早提出先开挖外侧洞,理由是:①外侧洞浅埋,成洞较困难,而内侧洞开挖,安全较有保障;②先内侧洞时,开挖外侧洞时易引起塌方和偏压,并引起内侧洞变形和开裂;③从模拟实验研究证明,先开挖外侧洞的影响范围较小,围岩位移和塑性区明显较小,对后续工序施工有利。在外侧正洞二次衬砌后,再开挖内侧正洞。

周玉宏、赵燕明、程崇国[149]根据云南桥头隧道采用的围岩物理力学参数(表5-16),对先内侧洞和先外侧洞及左右洞同时开挖三种方案,进行了二维有限元计算模型研究。从中墙与内侧洞初衬拱脚59个节点、中墙与外侧洞初衬拱脚905个节点及内外侧洞拱腰位移得出:两侧洞同时开挖的应力,明显大于前两种方案;前两种开挖方案中,X 向最大应力为 -4.635MPa,出现在先内侧洞开挖方案,Y 向最大应力为 -6.182MPa,出现在先外侧洞开挖方案,而 X 向的位移是先内侧洞方案小于先外侧洞方案;③三种方案的最大竖向位移均出现在左洞拱顶,其中两侧同时开挖时位移值最大,达12.46mm,先内侧后外侧洞开挖位移最小,为10.738mm,且内侧洞位移比外侧洞大。

有限元物理力学参数 表 5-16

围岩类型	弹性模量 E(GPa)	泊松比 υ	重度 γ(kN/m³)	内摩擦角 ϕ(°)	黏聚力 c(kPa)
III 类	1.1	0.33	25	35	120.0
C25	28.0	0.15	25		

从监控量测资料分析，左洞断面（图 5-50）收敛表现负值缩小，拱腰最终收敛值为 9.571mm，边墙最终收敛值为 1.521mm。右洞断面（图 5-51）收敛表现为正值扩大，拱腰最终收敛值为 16.863mm，边墙最终收敛值为 0.963mm。上述结果表明左右洞断面受力均为偏压状态，左洞受力大，右洞受力小。两洞同时开挖时，左洞受压力达 400kPa，右洞达 500kPa，比先开挖一个洞受力大得多，故不宜两洞同时开挖。先内侧或先外侧洞开挖对围岩影响及其产生的位移、应力等结果是各有利弊。从主应力对应的塑性应变（图 5-52、图 5-53）看出，先内侧洞开挖工序的塑性应变值小于其它两种工序，故综合塑性区范围看，先外侧洞开挖比先内侧洞开挖更合理些。

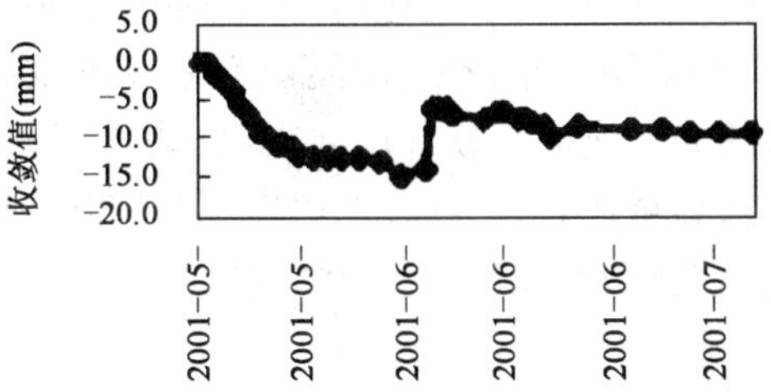

图 5-50 XK342 + 402 断面周边收敛

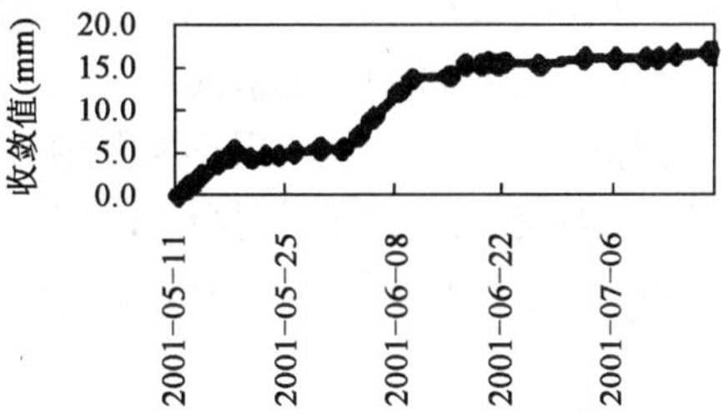

图 5-51 SK342 + 403 断面周边收敛

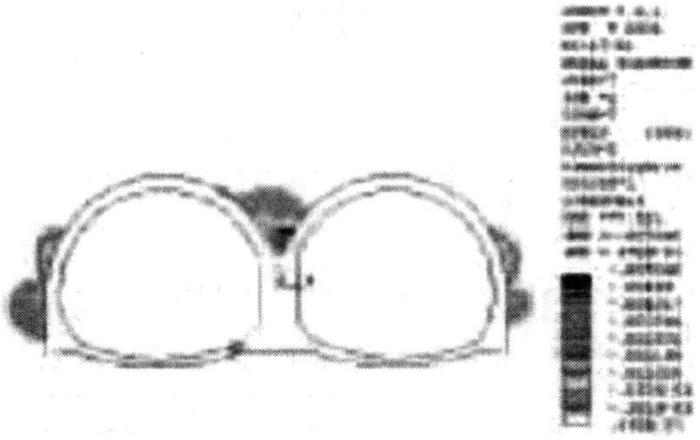

图 5-52 先左洞后右洞开挖塑性应变

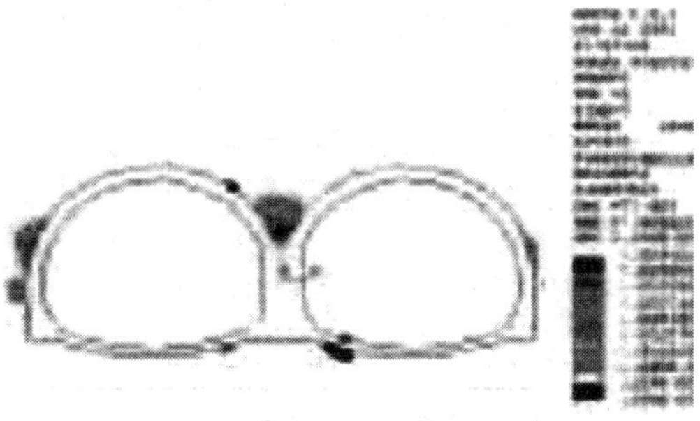

图 5-53 先右洞后左洞开挖塑性应变

刘庭金、朱合华[150]根据云南某偏压连拱隧道先开挖内侧正洞（上有断裂带），还是先开挖外侧正洞（上无断裂带）的有限元模拟计算研究得出：①先开挖外侧洞所产生的围岩塑性区范围小 2 倍左右；②内侧洞起拱处（断裂带位置）承受较大弯矩，并获得隧道监控量测资料的验证；③二次衬砌结构受力状态明显优于先开挖内侧洞。原因是内侧洞上部有断裂带分布，导致围岩稳定性差，存在高水压，而外侧洞上部围岩较好，受断裂破坏影响小，有利隧道围岩稳定。如果先开挖内侧洞，则在开挖外侧洞时对内侧洞上部围岩二次扰动较大，导致内侧洞上部围岩稳定性更差。

朱正国[151]认为，对于浅埋偏压连拱隧道，侧导洞应该先开挖深埋侧，而正洞应该先开挖浅埋侧。

3）根据地形地质条件和工艺而定

邝宏柱、何燕云[152]以江西洪家坞偏压连拱隧道为依托，对偏压连拱隧道进洞方式作了二维有限元分析，模拟了4种不同进洞开挖方式，并与实际资料进行比较。采用平面应变理想弹性本构模型进行分析，屈服准则为德鲁克—普拉格屈服准则。隧道浅埋、围岩、二次衬砌均采用三角形实体单元模拟，初期支护采用梁单元模拟，获得了偏压连拱隧道在采用不同开挖顺序施工时各阶段围岩的应力应变状态、地表沉降及隧道支护结构的内力变化情况。通过分析和优化施工方案，得到了偏压连拱隧道合理的进洞方式。

洪家坞隧道长748m，左、右线隧道进出口属Ⅰ类围岩，为蠕动松散结构的第四纪残坡积层碎石土，平均厚度3m。岩层强风化，以碎块、片状为主，手捏易破碎，风化节理裂隙发育，岩石多切割成碎石～碎块状，岩石软，锤击易碎散。隧道上部岩体是一斜坡，使隧道处于严重的偏压状态（图5-54）。

（1）计算模型与计算参数。采用平面应变理想弹塑性本构模型进行分析，屈服准则为德鲁克—普拉格屈服准则。隧道浅埋，围岩、二次衬砌均采用三角形实体单元模拟，初期支护用梁单元模拟。围岩弹性模量根据实测值，应用同济曙光反演分析软件反演得出（表5-17）。按隧道开挖影响范围的大小，计算模型边界范围为上边界至地表自由面，下边界至开挖洞底距离为5倍洞高，左右边界距洞口距离分别为3倍隧道跨度（图5-55）。

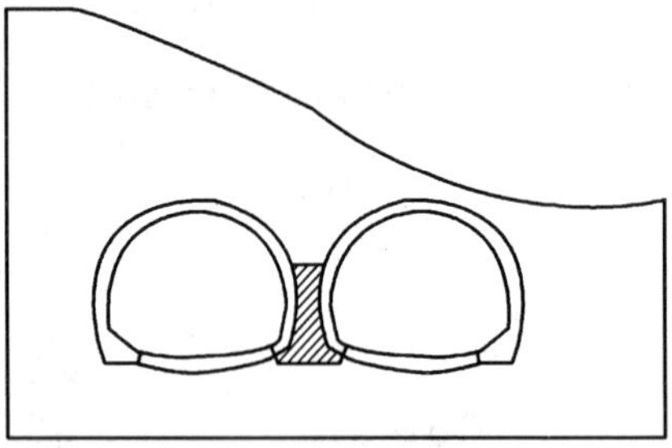

图5-54　洪家坞隧道进口断面

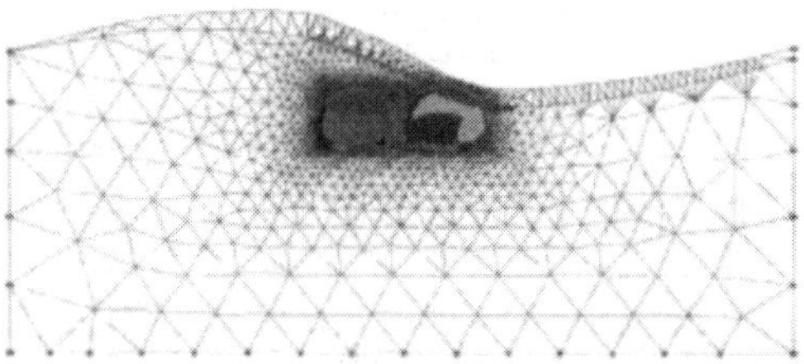

图5-55　计算模型与网格划分

材 料 参 数　　表5-17

材料类型	弹性模量（GPa）	泊松比 v	重度 γ（kN/m^3）	黏聚力 c（kPa）	内摩擦角 ϕ（°）	面积 A（m^2）	惯性矩 I（m^4）
松散层	0.14	0.4	16		30		
围岩	0.3	0.25	23	1 000	60		
初衬	21		23			0.25	0.001 549
二衬	29.5	0.17	23	12 000	18	1 330	
中隔墙	29.5	0.17	23	12 000	18	1 330	

(2)隧道施工顺序的动态数值模拟。根据隧道施工过程进行动态数值模拟,分析了4种不同工况,在开挖前采用施作管棚加固围岩。工况1、工况2为先开挖中导洞,正洞采用上下台阶法开挖。工况3、工况4为"三导洞"开挖。工况1、工况3模拟中导洞开挖、临时支护、浇筑中墙后先开挖隧道左洞,左洞施作初期支护后再开挖右洞。工况2、工况4模拟中导洞开挖、临时支护、浇筑中墙后先开挖隧道右洞进行初期支护,然后再开挖左洞。左(右)洞开挖后施作左(右)导洞的仰拱,左、右导洞开挖完成后,整体施作左、右洞的二次衬砌(图5-56)。

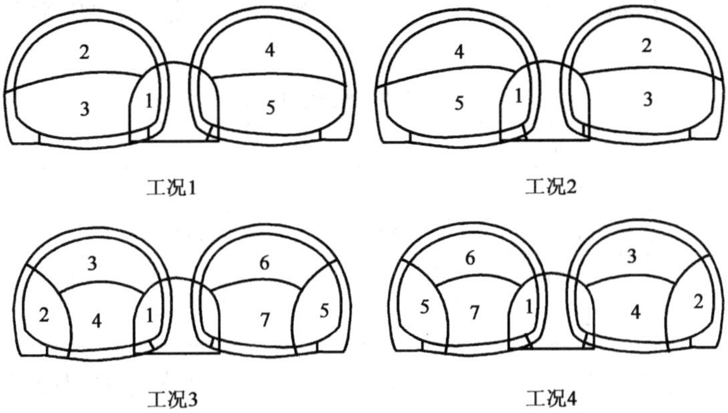

图5-56　各工况开挖工序

(3)计算结果与监测数据的对比。隧道采用的是工况1施工工序,在施工过程中,对洞口边坡和正洞拱顶下沉、净空收敛变形进行了全过程监测。计算参数通过反演得到,测点布置如图5-57。计算值与实测值如表5-18,用此参数进行其它3个工况的计算。围岩和支护结构变形数值模拟结果与实测结果变形趋势是一致的,实测值稍稍偏大一些。可从以下几方面来解释实测值与模拟值之间的误差。实测点的位移为变形总位移,是一个三维的矢量值。而数值模拟是平面变形值;数值模拟是保证一定精度范围对实际施工的简化,其计算参数的选取与真实值存在误差。现场的量测也会存在仪器误差和人为误差,所以数值模拟结果与实测值不可能完全吻合。

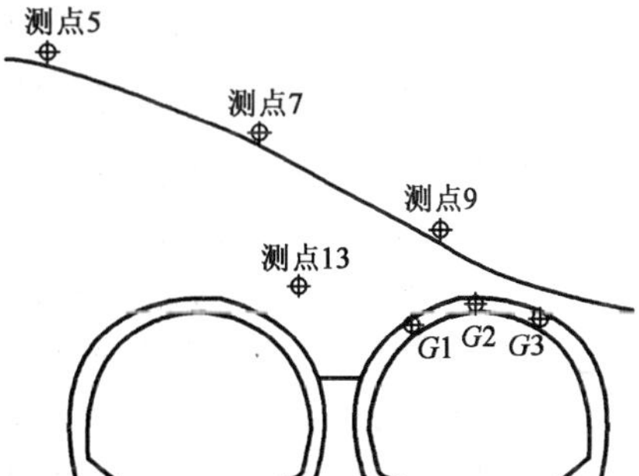

图5-57　测点布置

数值模拟与实测位移值(mm)　　表5-18

项　目	测点5	测点7	测点9	测点13	G1	G2	G3
实测值(总位移)	-6.1	-5.0	10.4	-5.3	8.7	10.3	12.7
X向计算值	3.72	1.18	5.64	2.53	6.84	6.26	6.62
Y向计算值	-3.76	3.74	7.25	-4.31	4.36	7.3	9.86
位移矢量和绝对值	5.29	3.92	9.19	5.0	8.1	9.6	11.9

(4)4 种工况计算结果对比分析。偏压连拱隧道的中墙作为支护结构的重要部分,是应力最为集中的地方,其变形与应力直接影响隧道的安全与洞口边坡的稳定。通过 4 种开挖工况的有限元计算,对中墙的应力应变、支护结构的内力和边坡的变形作一些对比分析。

①中墙应力与位移分析。二次衬砌施作完成后,中墙的最大主应力、最大剪应力由小到大依次为工况 4、工况 3、工况 1、工况 2。最大主应力值如表 5-19 所列。工况 1、工况 2 的最大主应力集中在右洞左下脚处,工况 3、工况 4 最大主应力集中在中墙中部,工况 4 与工况 2 最大主应力相差 36.5%。从中隔墙的受力来看,工况 3、工况 4 的开挖方案要优于工况 1、工况 2 的开挖方案。

中墙主应力、顶部位移值 表 5-19

项　　目	工况 1	工况 2	工况 3	工况 4
最大主应力(kPa)	3 910.2	4 786.6	3 587.8	3 040.4
最大剪应力(kPa)	1 664.6	2 118.6	1 650.9	1 402.2
X 向位移(mm)	7.0	6.4	4.44	2.47
Y 向位移(mm)	2.82	3.13	4.18	4.42

在二次衬砌施作之前右洞左下脚最为薄弱,在施工时要加强支护,及时浇筑仰拱。“三导洞”开挖法随着施工步骤的推进,应力释放比较缓和;上下台阶开挖法在施工时应力释放比较大,支护不及时很容易导致围岩变形较大,甚至失稳。从中墙受力来看,上下台阶开挖方案是先开挖左洞要优于先开挖右洞,“三导洞”开挖法先开挖右洞优于先开挖左洞。

从 4 种工况中墙顶部位移值可看出,X 向的位移:工况 3、工况 4 比工况 1、工况 2 小 50% 左右,这对中墙稳定是很有利的。即“三导洞”的开挖工序对中墙的变形影响要小一些。“三导洞”的施工方式相对上下台阶法工序较为复杂。

②支护结构内力与边坡变形分析。对比初期支护的轴压力,轴压力最大位置都在左洞管棚右下端,4 种工况依次为 1727KPa、1631KPa、1087KPa、1113KPa。可看出“三导洞”开挖工序要比上下台阶开挖工序结构受力小 36% 左右。对比 4 种工况边坡的变形,先开挖左洞要比先开挖右洞对边坡围岩的最终变形影响大,即工况 1 比工况 2 变形量大,工况 3 比工况 4 变形量大。不管是采用“三导洞”施工,还是采用上下台阶施工,对围岩变形都有很大的影响。现以工况 1(图 5-58)和工况 3(图 5-59)为例说明。由位移矢量图可以看出,工况 1 的开挖方式较工况 3 的开挖方式对边坡的扰动要大,工况 1 右洞右上角的变形量较大,中墙上方围岩的变形量也较大,工况 3 仅在右洞右侧的变形量较大。对比两种施工方式,工况 3 的施工方式对边坡变形影响较小。围岩变形总趋势是,从工况 1 到工况 4 逐渐减弱。

最终认为,偏压连拱隧道先开挖浅埋段隧洞,还是先开挖深埋段隧洞,应根据其对围岩、边坡变形的影响,以及对中墙的位移、应力等分析,结果是各有利弊的。上下台阶开挖法先开挖深埋段较为合理,“三导洞”法则先开挖浅埋段较为合理。由计算结果可知,偏压浅埋的连拱隧道,处于浅埋位置的隧道右上角变形比较大,在施工过程中要加强监测,防止围岩变形过大导致边坡失稳或者塌方。

林志良[18]的研究也表明,偏压连拱隧道不论采用何种方案开挖,围岩受力最不利位置在中墙顶、覆盖层较薄一侧的拱顶及拱腰位置，且覆盖较薄一侧的拱肩处位移较大。至于先开挖浅埋洞还是深埋洞，应从对围岩、边坡变形的影响，以及对中墙的位移、应力的影响等方面考虑，结果是各有利弊。采用中导洞—台阶法工艺时，先开挖深埋洞较为合理；采用“三导洞”—台阶法工艺时，则先开挖浅埋洞较为合理。在洞口浅埋段大多采用先开挖覆盖层较薄一侧，而其它段大多采用先开挖覆盖较厚一侧。

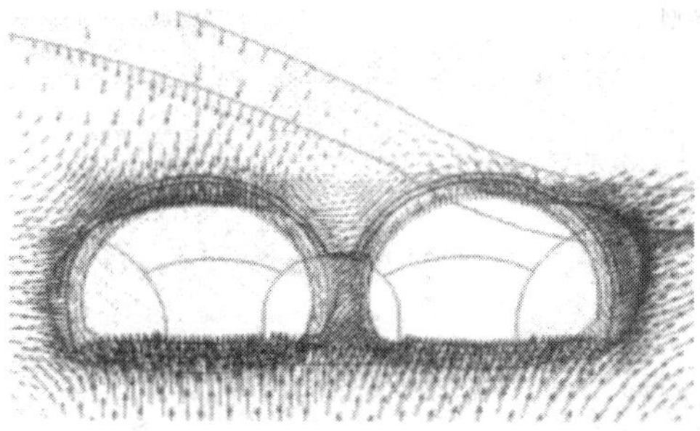

图 5-58　工况 1 位移矢量

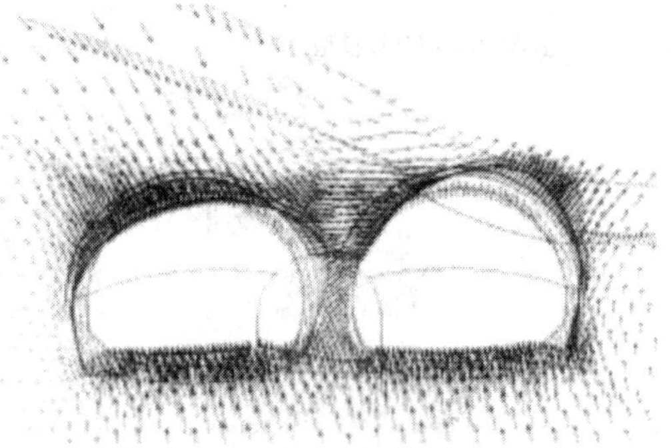

图 5-59　工况 3 位移矢量

赵丹、朱向前、彭立敏[153]研究了偏压连拱隧道的施工顺序，按地面地形坡度角不同，分为 6 种工况，即：

第 1 种工况为 5°，先开挖内侧洞时叫 1 - 1 工况，先开挖外侧洞叫 1 - 2 工况；

第 2 种工况为 10°，先开挖内侧洞时叫 2 - 1 工况，先开挖外侧洞叫 2 - 2 工况；

第 3 种工况为 15°，先开挖内侧洞时叫 3 - 1 工况，先开挖外侧洞叫 3 - 2 工况；

第 4 种工况为 20°，先开挖内侧洞时叫 4 - 1 工况，先开挖外侧洞叫 4 - 2 工况；

第 5 种工况为 25°，先开挖内侧洞时叫 5 - 1 工况，先开挖外侧洞叫 5 - 2 工况；

第 6 种工况为 30°，先开挖内侧洞时叫 6 - 1 工况，先开挖外侧洞叫 6 - 2 工况。

各种工况均采用中导洞工艺，步序是先开挖中导洞及初期支护→浇筑中墙→先行洞上台阶开挖及初期支护→先洞下台阶开挖及初期支护→先行洞拱墙二次衬砌及仰拱施工→后行洞上台阶开挖及初期支护→后行洞下台阶开挖及初期支护→后行洞二次衬砌及仰拱施工。数值计算模型如图 5-60，边界范围取值是各方向均取大于 3 倍的洞跨。计算域在水平方向取 150m，竖直方向向下取 50m，向上取至地表面。外侧洞埋深平均为 16m。

计算中设定场内无构造活动的影响，原岩应力为大地静力场型，岩层内部为连续介质，并为整合接触，连拱隧道各方向为同性体。模型中未考虑地下水影响，二次衬砌和中墙采用梁单元和平面四边形单元模拟，只考虑轴力及弯矩，计算时采用弹塑性 Druck—Prager 准则。二次衬砌内力取值部位见图 5-61。

通过二次衬砌的内力计算得出，先开挖洞的衬砌结构受力均大于后开挖洞，各弯矩最大值出现部位相同，故只对各开挖部墙脚、左右拱腰处的弯矩值进行比较。从比较结果看出：①隧道为浅埋，且开挖方式相同时，地表坡角变化对二次衬砌弯矩影响不明显；②开挖过程中，完成先行洞时偏压最为严重，二次衬砌内力基本上达到最大值，拱脚部位内力变化最明显，在开挖完先行洞后应在相应部位适时采取防护措施；③当地表坡角为 5° ~ 10°时，先开挖内侧洞的二次衬砌左拱腰和拱脚弯矩，比先开挖外侧洞大 8% ~ 10%；当坡角为 15° ~ 20°时，其值升

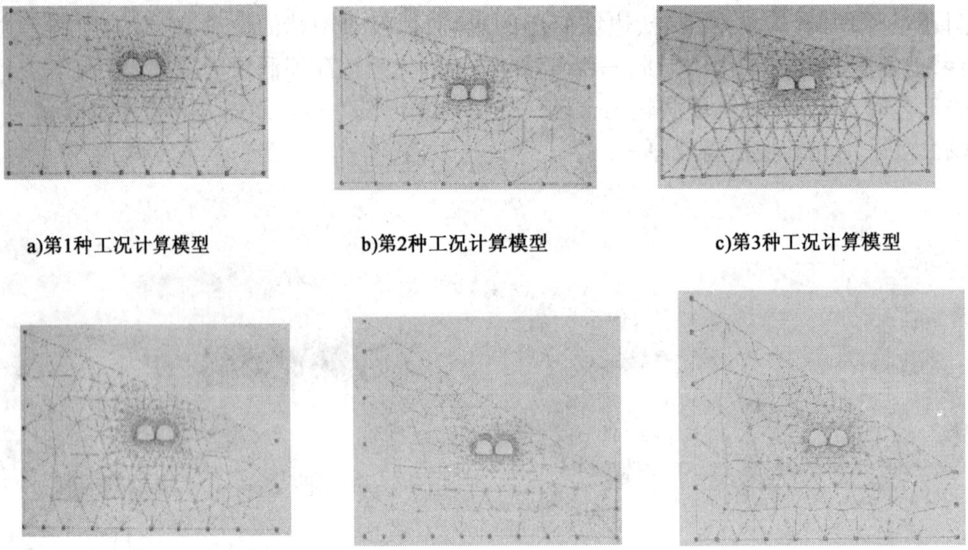

a)第1种工况计算模型　b)第2种工况计算模型　c)第3种工况计算模型

d)第4种工况计算模型　e)第5种工况计算模型　f)第6种工况计算模型

图5-60　6种不同地面坡角的工况计算模型

20%～35%；当坡角为25°～30°时，其值升80%～120%；随着坡角继续增大，其值随之增大。因此，从二次衬砌受力角度比较，先开挖外侧洞优于先开挖内侧洞。

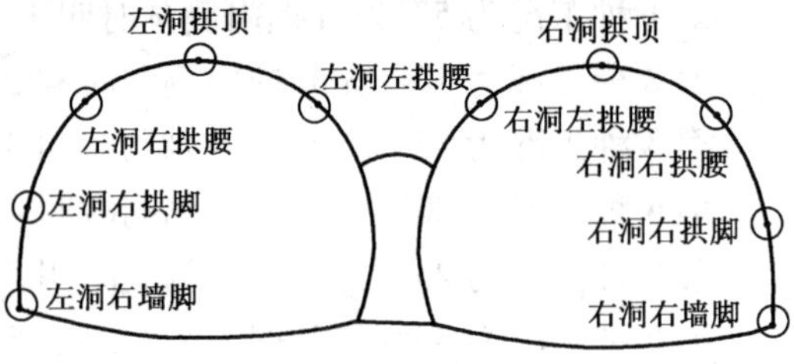

图5-61　二次衬砌取值部位示意图

从洞室二次衬砌安全系数对比看出：①外侧洞外拱脚在施工过程中最易遭到破坏的部位，其安全系数在各种工况中都很小，但先开挖外侧洞的安全系数要比先开挖内侧洞的大；②地面坡角为5°～20°时，先开挖内侧洞或先开挖外侧洞，二次衬砌的安全系数都相差不明显；当地面坡角为25°～30°时，先开挖内侧洞的安全系数明显小于先开挖外侧洞。因此，从二次衬砌安全系数角度比较，先开挖外侧洞为好，尤其是偏压明显时，安全性能更高。

随着正洞开挖过程，中墙左右侧竖向应力及其差值发生变化（图5-62）。从中墙稳定情况分析看出：当地面坡角为5°～10°时，先开挖外侧洞对中墙产生的偏压小于先开挖内侧洞，故应先开挖外侧洞；当地面坡角为15°～30°时，先开挖出内侧洞对中墙产生的偏压小于先开挖外侧洞，故宜先开挖内侧洞；当地面坡角继续加大，先开挖外侧洞对中墙产生的偏压相应加大，竖向应力差值约为1～1.5MPa。

从中墙塑性区分析看出：当地面坡角为5°～10°时，先开挖外侧洞所产生的塑性屈服区面积明显小于先开挖出外侧洞，先开挖外侧洞优于先开挖内侧洞；当地面坡角为20°和30°时先开挖内侧洞，中墙未出现屈服，受拉面积略小于先开挖内侧洞，先开挖内侧洞略好于先开挖外侧洞。综上所述，偏压连拱隧道左右正洞进洞顺序与地面地形坡角有关（表5-20），最终选择应结合当地地质条件和隧道设计参数而定。

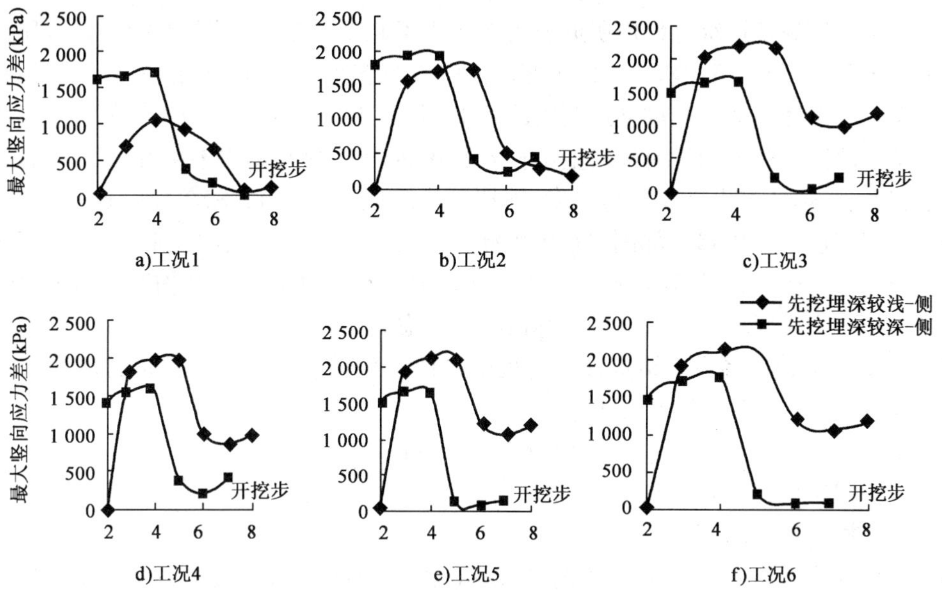

图5-62　不同工况两种开挖方式下中墙竖向应力差

偏压连拱隧道左右洞开挖顺序综合分析　　表5-20

项　　目	地面坡角 5°～15°	地面坡角 15°～30°
二次衬砌受力	宜先开挖外侧洞	
二次衬砌安全系数	宜先开挖外侧洞	
中墙稳定性	宜先开挖外侧洞	宜先开挖内侧洞
中墙塑性区	宜先开挖外侧洞	宜先开挖内侧洞

三、浅埋偏压隧道压力计算

王道远、袁金秀[154]指出，对于连拱隧道压力计算相关问题目前国内尚无明确的定义，主要是参考单拱隧道衬砌荷载力学分析的结果，并结合具体的工程实际进行。因此，有必要对连拱隧道的荷载计算方法进行探索和研究。在浅埋偏压连拱隧道围岩压力计算方法研究中，看到连拱隧道与单拱隧道在跨度、施工方法等方面的区别，认为连拱隧道采用经验法，或沿用单拱隧道的荷载计算方法是不合理的。通过对连拱隧道开挖平衡拱影响范围的分析，对连拱隧道深浅埋分界深度的判别基准作了初步探讨，并对连拱隧道荷载计算方法进行分析，建立连拱隧道围岩压力荷载较合理的计算方法。

1）三塌落拱假定的双连拱隧道深浅埋判定标准

连拱隧道埋深不同，确定围岩压力的计算方法也不同，有必要分清深埋与浅埋隧道的界限。连拱隧道与单拱隧道不同之处在于中导洞开挖后即施作了中墙，对中间围岩提供了一个反向支撑力，并且左右正洞先后施工过程中存在力系的转换问题。若按整个开挖跨度计算的垂直压力，明显与实际的连拱隧道垂直压力不符合。设某一双连拱隧道开挖跨度为 $2B$，将其视为跨度为 $2B$ 的单拱隧道，隧道开挖后形成的平衡拱形状及范围如图 5-63 中 $ABDHC$，如果分开单独考虑左右洞的平衡拱形状及范围（图 5-63 中 *AQFC*（左）、*BQED*（右）），考虑双连拱隧道左右洞及中导洞开挖综合作用所形成的平衡拱形状及范围应为图中 *ABDGC* 范围。从图中可以清楚地看出：若中墙在墙顶未发生变形前就进行支护，且和围岩密贴，那么隧道计算松动压力的宽度应选择一般的连拱隧道宽度的一半，即按开挖跨度为 *B* 的单拱隧道来考虑。若施工时中墙顶部围岩在中墙浇筑前发生了较大的变形，且中墙与围岩不接触，那么隧道计算松动压力的宽度，应选择连拱隧道全跨宽度，即按开挖跨度为 2*B* 的大跨单拱隧道来考虑（图 5-64）。然而实际施工时，中墙顶部围岩在中墙浇筑前已经发生了一定的变形，中墙施工也不可能做到和围岩十分密贴，所以隧道松动压力的计算值应在连拱隧道半结构宽度与整个开挖宽度相应的松动压力之间取值。下面分三种情况来考虑。

（1）情况一：取连拱隧道半结构计算的塌落拱曲线为最有利的理想情形，按《公路隧道设计规范》（2004）确定其等效荷载高度为：

$$h_q' = 0.45 \times 2^{5-1}[1 + i(B - 5)] \tag{5-1}$$

式中：S——围岩级别，如 III 级围岩，$S = 3$；

B——连拱隧道半跨宽度（m）；

i——B 每增加 1m 时，围岩压力的增减率（以 $B = 5\text{m}$ 为基准），当 $B < 5\text{m}$ 时取 $i = 0.2$；$B > 5\text{m}$时，取 $i = 0.1$。

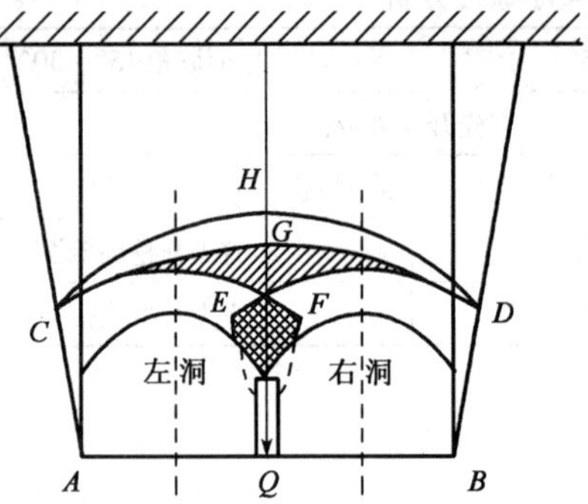

图 5-63　双连拱隧道平衡拱影响范围图

（阴影部分为左右洞开挖相互影响范围）

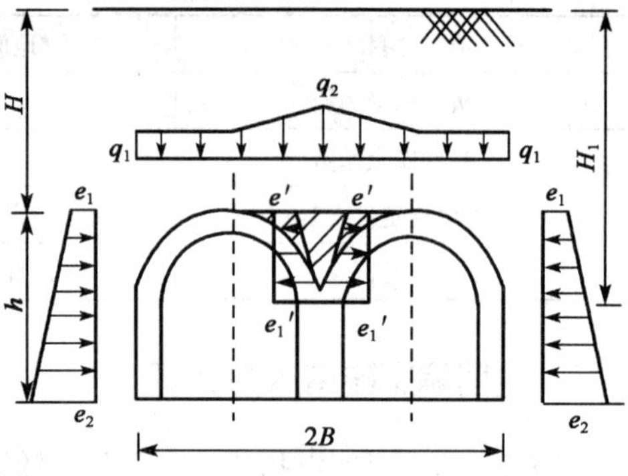

图 5-64　深埋双连拱隧道荷载分布

（2）情况二：不考虑中墙支护作用，以整个连拱隧道开挖宽度作为毛洞跨度的塌落拱曲线为最不利情形，其等效荷载高度为：

$$h_q'' = 0.45 \times 2^{5-1}[1 + i(2B - 5)] \tag{5-2}$$

式中各参量定义同前。

（3）情况三：综合考虑左右正洞、中导洞相互影响所形成塌落拱曲线，同时兼顾中墙顶部回填的及时性及密实性的前提下，提出双连拱隧道等效荷载高度公式为：

$$h_q = h_q' + h_q''' + \xi(h_q'' - h_q') \tag{5-3}$$

式中：h_q——中导洞开挖形成的等效荷载高度（m），$h_q = 0.45 \times 2S - 1[1 + i(B_1 - 5)]$，$B_1$ 为中导洞开挖宽度（m）；

ξ——等效高度修正系数，中墙顶部回填及时且中墙顶部下沉小，与中墙密切接触取$\xi = 0.2 \sim 0.4$，反之取 $\xi = 1$，一般情况取 $\xi = 0.5 \sim 0.7$。

综上分析，对双连拱隧道浅埋和深埋隧道的分界，主要参照规范，按等效荷载高度值，并结合地质条件、施工方法等因素综合确定。按等效荷载高度的判定公式为：

$$H_p = (2 \sim 2.5)h_q \tag{5-4}$$

式中：H_p——深浅埋隧道分界深度（m）；

h_q——按式（5-3）计算。

2）连拱隧道围岩压力确定

（1）深埋连拱隧道围岩压力计算

由于双连拱隧道为深埋，可知中导洞肯定也为深埋隧道，因而双连拱隧道荷载分布如图5-64。连拱隧道顶部垂直压力为：

$$q_1 = \gamma h_q' \tag{5-5}$$

$$q_2 = \gamma[(h_q' + h_q''') + \xi(h_q'' - h_q')] \tag{5-6}$$

式中：q_1——隧道顶部垂直均布压力（kN/m^2），按连拱隧道半跨单拱隧道计算；

q_2——中墙顶垂直围岩压力（kN/m^2）；

γ——围岩重度（kN/m^3）；

其它参数意义同式（5-1）～式（5-3）。

作用在隧道衬砌两侧及中墙顶衬砌两侧的水平围岩压力，按朗肯主动土压力理论计算求得。

（2）浅埋连拱隧道围岩压力计算

当埋深 $H \leqslant h_q$ 时，连拱隧道围岩压力计算，因隧道埋深小不能形成塌落拱，为安全计，忽略滑动面上的阻力，故视作用在衬砌上的垂直压力等于上覆土柱的全部重力：

$$q = \gamma H \tag{5-7}$$

当埋深 $h_q < H < H_q$ 时，连拱隧道的跨度大约为单拱隧道的2倍，但其围岩压力并不是单拱隧道跨径2倍时的围岩压力，由于连拱隧道中墙的支撑作用，使连拱隧道的围岩压力介于单拱跨径1～2倍时计算值之间。根据连拱隧道受力特性，对连拱隧道围岩压力进行分解（图5-65），一部分为连拱隧道全跨的单拱围岩压力，此大跨单拱圆弧与连拱隧道两侧拱腰相切；另一部分为中导洞形成的围岩压力，即连拱隧道左右洞中心线之间部分的围岩压力，可以等效为两个单拱隧道围岩压力的叠加。由于连拱隧道受力特性，对连拱隧道围岩压力进行分解，一为连拱隧道全跨单拱围岩压力，大跨单拱圆弧与连拱隧道两侧拱腰相切如图5-65b）；二为中导洞形成的围岩压力如图5-65c）。

因而双连拱隧道围岩压力可以等效为两个单拱隧道围岩压力的叠加。当中导洞为深埋时，双连拱隧道垂直围岩压力为：

$$q = \gamma H\left(1 - \frac{H}{2B}\lambda\tan\theta\right) - \gamma h_q''' \tag{5-8}$$

式中：H——双连拱隧道全跨单拱的埋深（m），即隧道顶部至地面的距离；

λ——侧压力系数；其它参数意义同式（5-3）和式（5-5）。

当中导洞为浅埋时，双连拱隧道垂直围岩压力为：

$$q = \gamma H(1 - \frac{H}{2B}\lambda\tan\theta) - \gamma H_1(1 - \frac{H_1}{B_1}\lambda\tan\theta) \tag{5-9}$$

式中参数含义同式(5-3)、式(5-5)和式(5-8)。

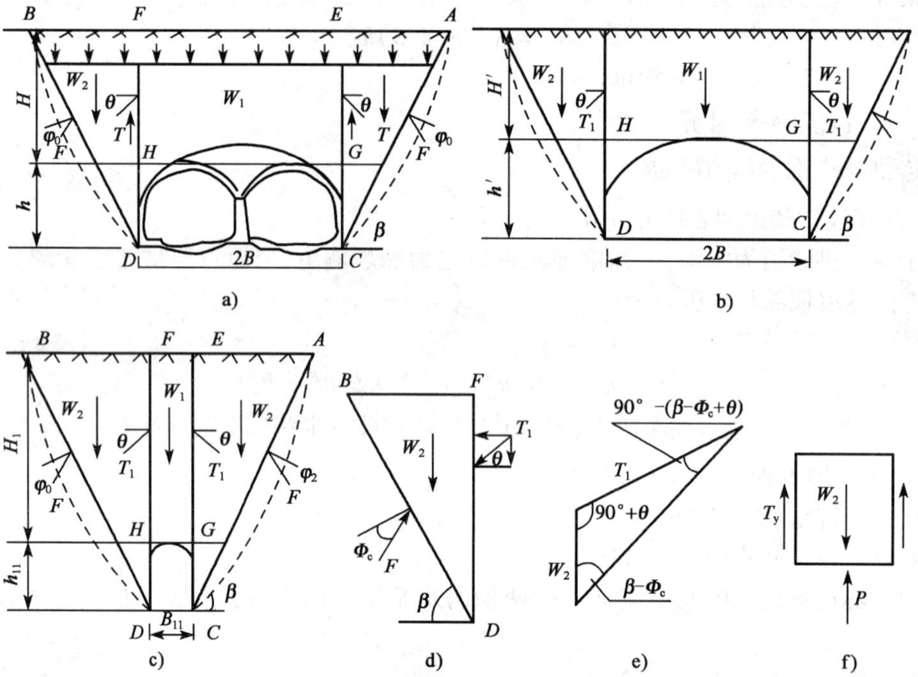

图 5-65　浅埋双连拱隧道滑动体受力分析图

(3)浅埋偏压双连拱隧道围岩压力计算

对于傍山隧道,由于受有偏压,更易发生山体变形及滑动。当山体基岩稳定时,开挖隧道不至于发生滑动或坍塌,但会引起山体的沉陷变形。对于地面坡度陡斜的浅埋隧道,围岩松动压力的计算公式与地表水平时的原则相同。但应注意,由于地表的倾斜,隧道两侧土体破裂面倾角将为β'和β。则与之相对应的λ'和λ、T'和T也分别不同(图 5-66)。

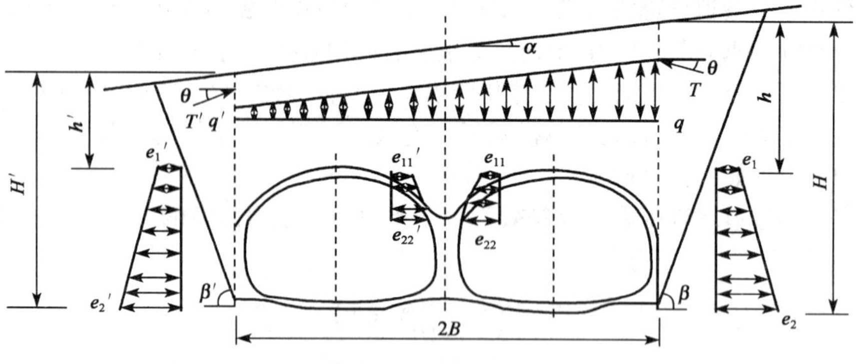

图 5-66　浅埋偏压双连拱隧道荷载分布示意图

①当中导洞为深埋时,浅埋偏压连拱隧道垂直围岩压力为:

$$q_i = \left\{1 - \frac{\frac{1}{2}\gamma\tan\theta\left[h^2\lambda + (h')^2\lambda'\right]}{W_1}\right\}\gamma h_i - \gamma h_q''' \tag{5-10}$$

式中：q_i——讨论点围岩垂直压力（kN/m^2）；

h_i——讨论点隧道洞顶高度（m）；

h——内侧拱顶至地表面距离（m）；

h'——外侧拱顶至地表面距离（m）；

W_1——纵向每延米隧道洞顶岩体重力（kN/m^2），$W_1 = \gamma Bh + h'$。

$$\lambda = \frac{1}{\tan\beta - \tan\alpha} \times \frac{\tan\beta - \tan\phi_0}{1 + \tan\beta(\tan\phi_0 - \tan\theta) + \tan\phi_0\tan\theta}$$

$$\lambda' = \frac{1}{\tan\beta' - \tan\alpha} \times \frac{\tan\beta' - \tan\phi_0}{1 + \tan\beta'(\tan\phi_0 - \tan\theta) + \tan\phi_0\tan\theta}$$

$$\tan\beta = \tan\phi_0 + \sqrt{\frac{(\tan^2\phi_0 + 1)(\tan\phi_0 - \tan\alpha)}{\tan\phi_0 - \tan\theta}}$$

$$\tan\beta' = \tan\phi_0 + \sqrt{\frac{(\tan^2\phi_0 + 1)(\tan\phi_0 + \tan\alpha)}{\tan\phi_0 - \tan\theta}}$$

式中：ϕ_o——围岩计算摩擦角（°）；

θ——滑面的摩擦角（°）；

α——地面坡角（°）；

λ——深埋侧侧压力系数；

λ'——浅埋侧侧压力系数；

β——深埋侧破裂角（°）；

β'——浅埋侧破裂角（°）。

②当中导洞为浅埋时，浅埋偏压双连拱隧道垂直围岩压力为：

$$q_i = \left\{1 - \frac{\frac{1}{2}\gamma\tan\theta[h^2\lambda + (h')^2\lambda']}{W_1}\right\}\gamma h_i - \gamma H_1\left(1 - \frac{H_1}{B_1}\lambda\tan\theta\right) \tag{5-11}$$

式中字母含义同式（5-9）、式（5-10）。

3）隧道围岩压力计算实例

（1）工程概况及参数选定

在张（家口）—石（家庄）高速岔道一号连拱隧道Ⅳ级围岩中选取断面，取地表面近似与水平面成20°角，其双跨净宽31m，高10.33m，左洞拱顶埋深25.72m，右洞拱顶埋深为19.38m，内侧拱顶至地表面高度为28.39m，外侧拱顶至地表面高度为17.04m，中导洞埋深26.25m。利用Ansys有限元分析软件，采用荷载—结构模式进行分析。衬砌（厚50cm）采用梁单元Beam3进行模拟，中墙采用平面Plane42，隧道结构和围岩间的接触关系采用弹簧单元Combin39，其它边界条件均相同。按《公路隧道设计规范》（2004），取围岩弹性抗力系数K = 20MPa/m，二次衬砌与中墙具体物理力学参数见表5-21。

结构荷载法计算参数表 表 5-21

结　构	弹性模量(GPa)	泊松比μ	重度($kN\cdot m^{-3}$)	黏聚力(kPa)	内摩擦角(°)
中墙	29	0.2	25	1 000	60
二衬	29	0.2	25	1 000	55
围岩	4	0.3	21	200	37.5

(2)不同围岩压力计算方法对比分析

①按照单拱半跨为15.5m计算结构内力,当隧道跨度B为15.5m,IV围岩取$\phi_0=37.5°$,按式(5-1)计算其为深埋隧道,根据深埋隧道围岩松动压力计算公式,得深浅埋侧垂直压力均为$q=154.98kN/m^2$。

②按照单拱全跨($2B$)为31m计算结构内力,IV围岩取$\phi_0=37.5°$,$\theta=0.8\times\phi_o=30°$。按常规方法判定为浅埋隧道,其深埋侧竖向压力$q=485.07kN/m^2$,浅埋侧竖向压力$q'=291.14kN/m^2$。

③按照比尔鲍曼公式计算结构内力,在IV级浅埋围岩的连拱隧道中,根据比尔鲍曼公式,可以知道围岩压力为:

$$q=\frac{Q}{2a_1}=\gamma H-\frac{\gamma H^2}{2a_1}\tan^2(45°-\frac{\phi_f}{2})\tan\phi_f=206.78kN/m^2$$

④按照文中推荐方法计算结构内力,计算断面为IV级围岩,隧道跨度$2B$为31m,中导洞毛洞跨度H_1为6m,中墙宽1.8m,按式(5-3)计算等效荷载高度:

$$h_q=h_q'+h_q'''+\xi(h_q''-h_q')=7.38+3.96+0.6\times(12.96-7.38)=14.69m$$

$$H_p=2.5\times14.69=36.72m$$

可知$h_q<$隧道埋深H_p,为浅埋隧道。同理计算可判定中导洞为深埋。IV围岩取$\phi_o=37.5°$,$\theta=0.8\times\phi_o=30°$,由式(5-10)计算竖向围岩压力:深埋侧竖向压力$q=401.91kN/m^2$,浅埋侧竖向压力$q'=207.98kN/m^2$。据前人浅埋洞室围岩压力分配比例研究,将荷载的65%施加于隧道计算模型中,计算后选取隧道左、右洞关键部位进行重点分析,各荷载结构法的隧道内力计算结果见表5-22、表5-23。

左洞关键部位内力表 表 5-22

工　法	左拱脚		左拱腰		拱顶		右拱腰	
	弯矩(kN·m)	轴力(kN)	弯矩(kN·m)	轴力(kN)	弯矩(kN·m)	轴力(kN)	弯矩(kN·m)	轴力(kN)
半跨单拱	129	618	117	892	141	699	191	971
全跨单拱	159	1 832	350	2 236	420	1 856	335	2 519
比尔鲍曼	391	642	193	906	201	1 077	211	1 348
推荐公式	158	1 613	280	1 910	267	1 664	263	1 908

右洞关键部位内力表 表5-23

工法	左拱腰		拱顶		右拱腰		右拱脚	
	弯矩(kN·m)	轴力(kN)	弯矩(kN·m)	轴力(kN)	弯矩(kN·m)	轴力(kN)	弯矩(kN·m)	轴力(kN)
半跨单拱	192	964	141	693	117	859	129	609
全跨单拱	328	2 592	44.9	1 952	69.2	2 012	157	1 345
比尔鲍曼	227	1 509	17.7	1 253	25.4	858	106	612
推荐公式	247	2 137	28.4	1 869	28.9	1 784	137	1 088

四、地形偏压临界覆土厚度

朱正国等[155]根据公路隧道设计规范附录中给出的偏压隧道衬砌荷载计算方法，借鉴铁路隧道设计规范的经验，应用比尔鲍曼理论求得塌落拱曲线方程，然后用作图法在连拱隧道外侧作一切线与以地形坡度求出的塌落拱曲线方程的切线相平行，两平行线的距离即为连拱隧道地形偏压临界覆盖厚度。

1）地形偏压临界覆土厚度

总的研究思路是，先确定比尔鲍曼理论的塌落拱曲线，然后求解偏压隧道外侧拱肩山体最大覆盖厚度（地形偏压临界覆盖厚度），最后计算确定偏压连拱隧道外侧拱肩山体最大覆盖厚度（地形偏压临界覆盖厚度）。

比尔鲍曼塌落拱理论适合于大跨度、松散软弱围岩隧道的实际围岩压力计算。当隧道埋置一定深度后，隧道开挖后在其上方将形成塌落拱，仅仅塌落拱内的围岩松散体对支护结构施加压力，而塌落拱外的围岩压力将由塌落拱承担。普罗托吉雅柯诺夫运用理论推导和根据模型试验，都证明了塌落拱曲线是二次抛物线。应用比尔鲍曼理论确定的塌落拱高度和普氏塌落拱理论推导连拱隧道塌落拱曲线方程。根据松散体理论，隧道围岩崩塌（或趋势）只可能是从墙脚至地表与垂直线成（$45° - \phi/2$）的斜面（图5-67）。由图可得：

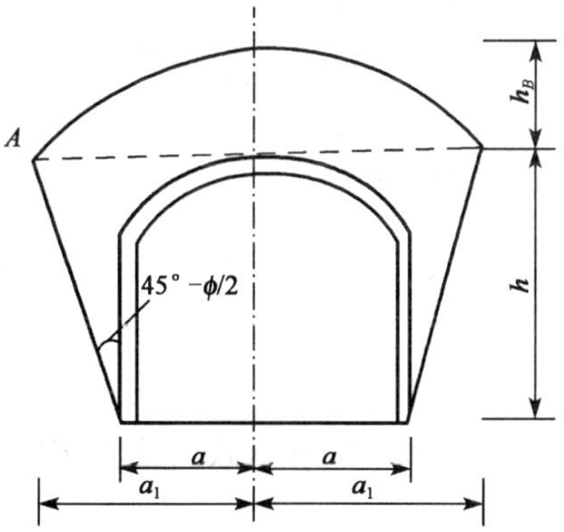

图5-67 塌落拱示意

$$a_1 = a + h\tan(45° - \phi/2) \tag{5-12}$$

式中：a——隧道半跨（m）；

h——隧道高度（m）；

a_1——塌落拱半跨（m）。

由比尔鲍曼理论知塌落拱高度应为：

$$h_B = H_{分界}\left[1 - \frac{H_{分界}}{2a_1}K_1 - \frac{c}{a_1\gamma}(1 - 2K_2)\right] \tag{5-13}$$

式中：$H_{分界} = H_{max} = \dfrac{a_1}{K_1}\left[1 - \dfrac{c}{\gamma a_1}(1 - 2K_2)\right]$

$K_1 = \tan\phi\tan^2(45° - \phi/2)$

$K_2 = \tan\phi\tan(45° - \phi/2)$

c——土层的黏聚力(Pa)；

ϕ——土层的内摩擦角(°)；

γ——围岩重度(kN/m^3)；

h_B——比尔鲍曼理论的塌落拱高度(m)。

为了确定偏压连拱隧道外侧拱肩山体需加固的覆盖层厚度极限值，根据《公路隧道设计规范》(2004)，各级围岩的计算摩擦角取下限(表5-24)。

各级围岩的计算摩擦角标准值　　表5-24

围岩级别	III	IV	V	VI
计算摩擦角(°)	60	50	40	30

为了决定塌落拱的曲线性质与拱高 h_B，取脱离体如图5-68。用 H_0 代替拱右边去掉部分的作用力，考虑塌落拱中的力矩应等于零，并假设作用在上方的荷载 P 为等于岩石柱重力的垂直均布荷载。当隧道埋深较大时，由于拱圈各点上的高度差相当小，荷载 P 是可以当作均布的。岩石材料不能承受拉力，并由此假设塌落拱截面的力矩 M 应处处为零，则有

$$M = H_0\gamma - \frac{Px^2}{2} = 0 \tag{5-14}$$

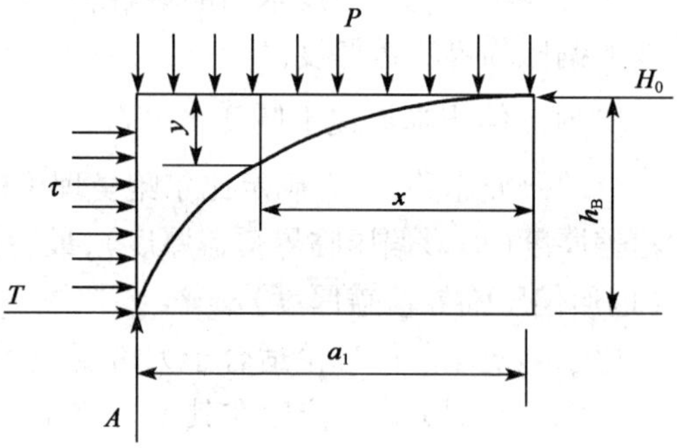

图5-68　塌落拱分析示意

由此可得

$$\gamma = \frac{P}{2H_0}x^2 \tag{5-15}$$

由公式(5-15)可看出塌落拱的曲线是二次抛物线。推力 H_0 必须满足下面条件：

$$H_0h_B - \frac{Pa_1^{\ 2}}{2} = 0 \tag{5-16}$$

将式(5-16)代入式(5-15)，得塌落拱曲线的方程为：

$$\gamma = \frac{hg}{a_1^{\ 2}}x^2 \tag{5-17}$$

由公式(5-17)可知，只要知道了围岩的计算摩擦角、隧道的几何尺寸及塌落拱高度，就可以确定塌落拱曲线方程。

2)外侧拱肩山体最大覆盖层厚度

求解偏压连拱隧道外侧拱肩山体最大覆盖层厚度，是应用比尔鲍曼理论求得塌落拱曲线方程，然后用作图法在连拱隧道外侧作一个切线与依地形的坡度求出的塌落拱曲线方程的切线相平行，两平行线的距离即为地形偏压临界覆盖厚度。此法基本假定是：①塌落拱形状为二次抛物线形；②仅塌落拱内的围岩松散体对支护结构施加压力，而塌落拱外围岩压力将由塌落拱承担。求解偏压隧道外侧拱肩地形偏压临界覆盖厚度的程序是：第一，据

比尔鲍曼理论计算出塌落拱高度 h_B 和塌落拱半跨度 a_1，将得出的塌落拱高度 h_B 和塌落拱的半跨度 a_2 代入式(5-17)，得到塌落拱曲线方程(图5-69)。第二，以地形坡度求出塌落拱曲线方程的切线方程，即设斜坡的坡度为 1∶m，则可设塌落拱曲线方程的切线方程。第三，求出塌落拱曲线方程的切线方程，用作图法在连拱隧道外侧作一个切线，与依地形坡度求出的塌落拱曲线方程的切线相平行，两平行线的距离即为偏压连拱隧道外侧拱肩山体最大覆盖厚度 t。

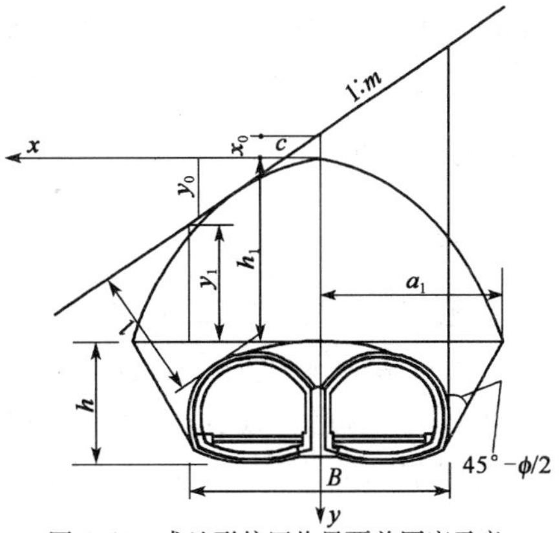

图 5-69 求地形偏压临界覆盖厚度示意

3)最大覆盖厚度计算实例

用上述偏压隧道外侧拱肩山体最大覆盖厚度确定方法，计算出不同地形坡度、不同围岩条件下双向四车道偏压连拱隧道(其中 $B = 24.57$m，$h = 11.00$m)地形偏压临界覆盖厚度如表5-25 所列。

地形偏压临界覆盖厚度 *t*(m) 表 5-25

地面坡度	围岩级别			
	III	IV	V	VI
1∶0.75	37.98	46.04	65.31	83.69
1∶1.00	34.11	41.23	58.27	74.52
1∶1.25	30.52	36.80	51.86	66.21
1∶1.50	27.39	32.98	46.34	59.09
1∶1.75	24.72	29.71	41.67	53.07
1∶2.00	22.28	26.72	37.36	47.38
1∶2.25	20.55	24.64	34.42	43.76
1∶2.50	18.92	22.65	31.61	40.14

注：III、IV 级围岩的 t 值应扣除表面风化破碎层和坡积层厚度。

第六节 连拱隧道在桩基影响下的地震响应分析

焦长洲等[156]基于某既有浅埋连拱隧道邻近施工建筑物桩基的工程实例，采用 FLAC3D 程序对地震荷载作用下桩基础及隧道工程的动力响应进行计算，分析桩基施工前后对隧道衬砌结构轴力、弯矩分布等产生的影响及施工桩基后隧道的抗震薄弱环节等。

既有公路连拱隧道，洞身结构设计为复合衬砌。隧道围岩为侏罗纪沙溪岩组的泥岩夹砂岩，洞口及坡顶为第四纪薄层松散积物。隧道轴线与桩基排列方向斜交，桩基与既有连拱隧道外轮廓线距离最小为5.5m。隧区地震基本烈度Ⅶ度,设计基本地震加速度值为0.10g,场地设计特征周期值为0.25s。

一、数值模型

1)分析模型

计算范围为:横向取120m,纵向取80m,竖向上部取至地表面,下部取至隧道仰拱以下40m。计算中用实体单元模拟围岩、二次初期支护、二次衬砌,用壳单元模拟中导洞临时支护,用桩单元模拟邻近建筑物桩基础。桩基最大埋深15m,桩径为ϕ1.0m;隧道初衬和二衬厚度分别为0.4m和0.6m;中导洞临时支护厚度为0.2m;锚杆长度为3.5m。模型按照动力数值分析尺寸要求进行离散。连拱隧道支护结构离散模型见图5-70。

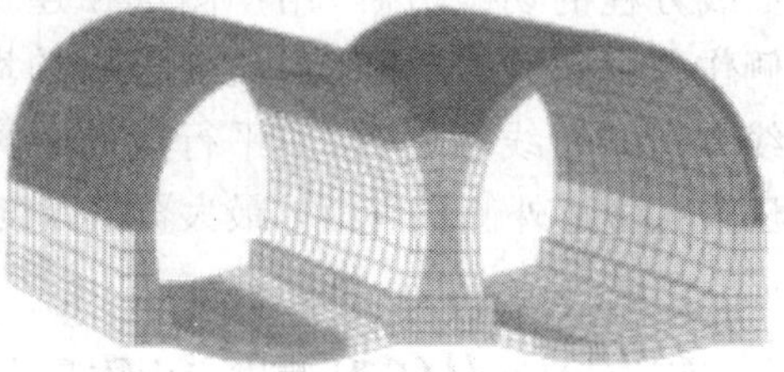

图5-70 连拱隧道支护结构离散模型

2)计算参数

分析中采用的计算参数,根据地质勘测资料及实际工程情况选取,超前小导管与系统锚杆通过提高所处围岩物理力学指标进行等效。岩体及支护结构计算参数见表5-26。

材料计算参数表 表5-26

材　料	E(GPa)	μ	ρ(kg·m^{-3})	c(MPa)	ϕ(°)
上层围岩	1.0	0.45	2 000	0.1	20
下层围岩	1.8	0.42	2 200	0.2	30
初期支护	21.0	0.20	2 400		
二次衬砌	29.5	0.20	2 400		
桩基	29.5	0.20	2 400		

桩基所承受的上部建筑物荷载等效施加在桩顶,桩基长度、承受荷载大小与至隧道的距离等均不相同,形成了复杂的空间受力关系。计算选取与隧道相邻近的12根桩基进行计算,各桩基所承受的等效荷载见表5-27。

等效桩基荷载表 表5-27

桩　号	等效荷载(kN)	桩　号	等效荷载(kN)	桩　号	等效荷载(kN)
1	2 253	5	3 101	9	3 101
2	3 657	6	3 277	10	3 277
3	4 079	7	3 277	11	3 277
4	3 657	8	3 277	12	3 277

3)人工边界条件及输入地振动

为了消除地震作用下模型截断边界对外行波传播的影响,计算过程中模型底部采用黏性人工边界条件,侧向采用自由场边界,以保证外行散射波能进入外部无限域。根据实际工程所处场地情况，模拟输入地振动选取迁安波3个方向加速度时程记录（其加速度南北分量记录）见图5-71，并按照抗震设防要求将其归一化后，按照地震烈度为Ⅶ度作为基岩输入地振动。计算中，假定地震波从模型底部垂直向上传播。将地振波动输入等效为波源问题，即将输入地震动转化为直接作用在人工边界上的等效荷载来实现。在黏性边界中，施加在人工边界上的剪应力 σ_s 和正应力 σ_n 分别为：

$$\begin{aligned} \sigma_s &= 2\rho c_s V_s \\ \sigma_n &= 2\rho c_p V_n \end{aligned} \tag{5-18}$$

式中：ρ——岩体介质密度；

c_s、c_p——分别为岩体介质中横波与纵波传播速度；

V_s、V_n——分别为人工边界处介质质点振动速度的切向与法向分量。

对于加速度时程记录，首先通过积分转化为速度时程，然后按照式（5-18）计算输入应力波。动力计算中，视围岩体为理想弹塑性材料，服从 Mohr-Coulomb 屈服准则，桩基和支护结构采用弹性模型，介质阻尼采用 Rayleigh 阻尼，阻尼比取为0.05。

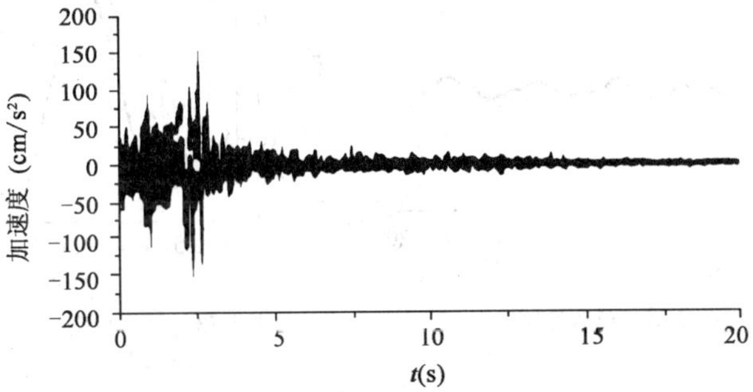

图5-71　迁安波南北加速度时程记录

4）模拟过程

动力分析是在静力分析平衡的基础上进行的。隧道所处场地岩体受构造作用不明显，初始应力场主要由岩体介质自重应力产生。计算过程分为：初应力场生成、连拱隧道中导洞开挖、中墙施工、左右隧道的开挖及支护、建筑物桩基施工、地震荷载作用下桩基施工前隧道结构的动力响应，及桩基施工后隧道结构的动力响应。

二、计算结果分析

1）隧道衬砌结构动力响应特征

计算中分别对隧道横截面拱顶、仰拱底、拱腰及边墙等点进行监测，对其动力响应进行了研究。施工桩基后隧道拱顶横向位移时程曲线见图5-72，施工桩基前的位移时程变化趋势与此相似。从图中看出，在地振动作用下，隧道结构的位移动力响应在开始阶段前5s变化比较激烈，随后逐渐平稳，其动力响应特征与地振动特征及场地性质密切相关。隧道结构的位移，是周围岩体在地振动作用下产生形变累积的结果，其位移差将导致衬砌结构产生附加轴力及弯矩，进而引起隧道结构的破坏。在地震作用下，桩基施工对隧道衬砌轴力及弯矩分布均产生了影响。初次衬砌轴力改变幅度较小，为3%～6%，衬砌结构基本上呈现受压状态，仅在仰拱部位出现拉力。隧道初次衬砌弯矩在地震荷载作用下有减小趋势。二次衬砌轴力明显增大，受拉作用范围扩大，其变化幅度为15% ~30%。邻近桩基侧隧道二次衬砌拱腰处轴力时程变化图见图5-73。从图中可看出，在地震作用过程中，尤其是在地振动作用的最初阶段，衬砌的受力状态表现出拉压交替现象。隧道二次衬砌在地振动作用3s时的弯矩分布曲线如图5-74。从图可知，弯矩在拱顶和仰拱底处最小，在拱腰及边墙脚处最大，桩基的施工导致右侧隧道（邻近桩基侧）总体的动力响应大于左侧隧道。

2）连拱隧道中墙动力响应特征

桩基的施工对周围岩体产生了扰动，尤其在地振动荷载作用下，桩基、围岩和隧道三者之间产生了动态相互作用，改变了围岩的应力场分布形态，邻近桩基侧隧道结构承受一定的偏压力，进而导致中墙左右受力不对称（图5-75）。横向水平位移响应最不利，位置出现在中墙顶部，最大值5.35mm。从图可知，在地震作用下，右侧隧道初次衬砌轴力较左侧隧道大，其轴力差致使中墙上产生随时间变化的附加弯矩，弯矩及动应力最大值出现在中墙底部。

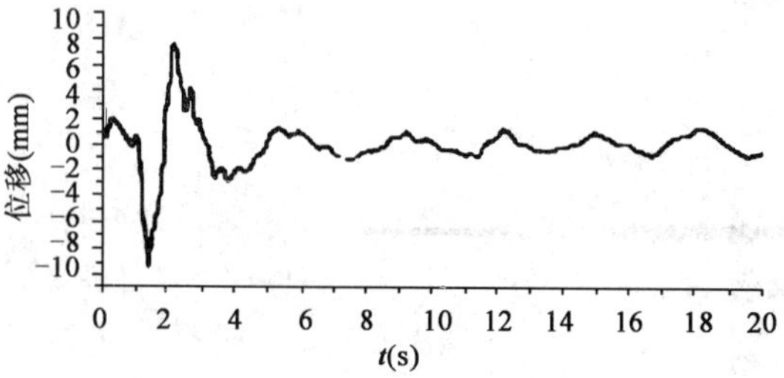

图5-72 拱顶横向位移时程曲线图

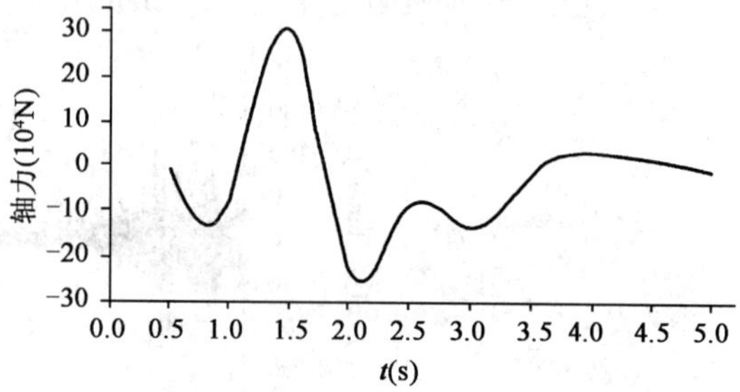

图5-73 二次衬砌拱腰处轴力变化时程曲线图

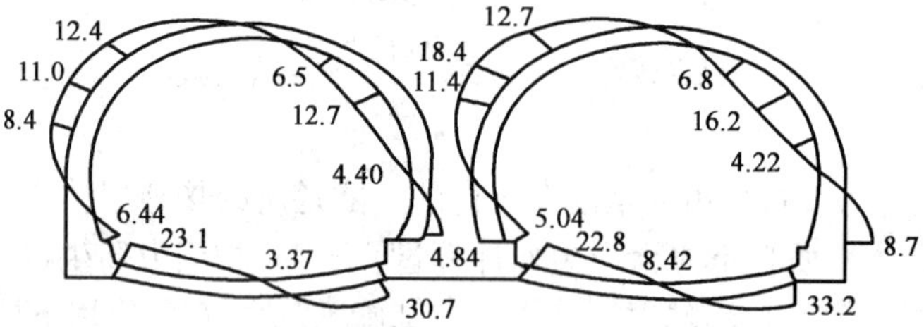

图5-74 二次衬砌在地震荷载作用3s时弯矩曲线图（单位：kN·m）

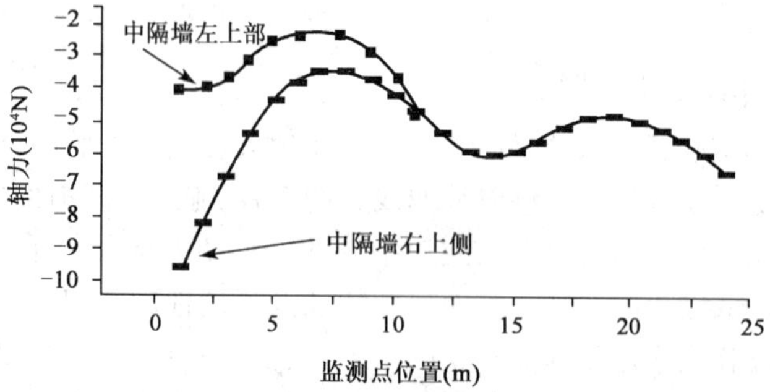

图5-75 左右侧隧道初次衬砌轴力沿环向分布图

综上所述看出：

(1)桩基与周围岩体的相互作用，改变了隧道近场的应力分布，左右侧隧道衬砌结构所承受的动偏压应力致使在中墙上产生附加弯矩，对中墙稳定性产生不利影响。

(2)地震过程中，动应力及弯矩集中发生在拱腰与边墙脚部位，即与竖向夹角为45°的两条对角线附近，衬砌结构内侧分别受拉及受压，近桩基侧隧道动态响应较大。

(3)中墙右上部及右侧隧道拱腰至边墙脚部位的地振动响应强于左侧隧道结构，为抗震薄弱环节，后期施工应对其进行加固，以提高抗震性能。

第六章 连拱隧道监控量测技术新进展

第一节 光纤监测技术应用

王霆、周正康、徐玉桂[157]在南京九华山隧道主体结构变形监测中,详细地介绍了光纤监测技术在连拱隧道中的应用。九华山隧道暗挖段地质条件较差,且周围环境复杂。在隧道运营阶段由于强降水等因素,容易发生围岩失稳,导致隧道结构的损伤。同时,在明挖段超长混凝土结构中,由于混凝土材料收缩、徐变、温差以及地基的不均匀沉降等因素,可能造成局部混混凝土开裂,导致隧道出现渗漏,影响其正常的运营。为此,南京城建隧桥经营管理有限公司采用光纤光栅分布式传感技术,建立了隧道主体结构变形监测系统,对运营期主体结构的“健康”状态进行离线监测,为隧道的维护管养提供必要的科学依据。

1)FBG 测量原理

FBG 分布在光纤纤芯的一小段范围内,其折射率沿光纤轴线发生周期性变化(图 6-1),纤芯的明暗变化代表了折射率的周期变化。光纤入射光波的波长在 FBG 所在位置满足布喇格衍射条件:

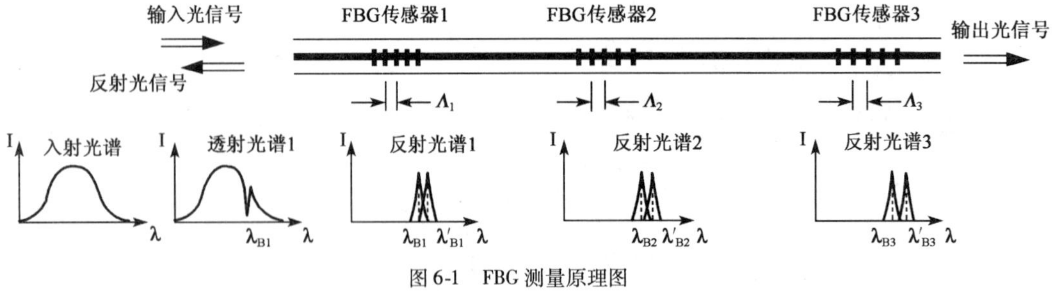

图 6-1　FBG 测量原理图

$$\lambda_B = 2n_{eff} \cdot \Lambda \qquad (6\text{-}1)$$

式中:λ_B——布喇格波长;

n_{eff}——有效纤芯的折射率;

Λ——布喇格传感器光栅的栅距。

满足布喇格衍射条件的光波将沿来路发生反射,该反射光就是布喇格反射光。当使用一个宽带光源从 FBG 一端入射,则满足上式波长的光波就会发生布喇格反射,而其余波长的光波仍然照常传播。FBG 所处的光纤产生轴向应变 ε 或温度变化时,将引起 FBG 栅距 Λ 的变化，并最终导致布喇格波长 λ_B 产生移动 $\Delta\lambda$。同时考虑应变 ε 与温度变化 ΔT 时所引起的波长移动 $\Delta\lambda$ 存在如下关系：

$$\Delta\lambda/\lambda_B = (1 - P_e) \cdot \varepsilon + (\alpha + \zeta) \cdot \Delta T \tag{6-2}$$

式中：P_e——有效光弹系数；

α——光纤的热膨胀系数；

ζ——光纤的热光系数。

用于结构健康状态监测时，FBG 传感器的最大优势是它可以实现多传感器的级联复用，即可以将具有不同栅距 Λ 的布喇格光栅间隔地制作在同一根光纤上，同时实现应力与温度的准分布式测量。

2）监测方案

（1）监测断面。主体结构“健康”状态监测包括混凝土应变监测与变形缝位移监测两部分。根据山体段地质条件，选取两个控制断面作为混凝土应变监测断面，分别为山体断层下 K5 +478 断面与山体段中部 K5 +506 断面；选取两个控制断面作为山体段变形缝位移监测断面，分别为山体段与湖底段交界 K5 +748 断面与山体段中部 K5 +493 断面。根据湖底段钢筋混凝土折板拱结构受力分析成果，选取 1 个控制断面作为湖底段混凝土应变监测断面，即 8 车道最大截面弯矩所在的 K7 +200 断面；选取两个标准控制断面作为湖底段变形缝位移监测断面，分别为 K7 +195 断面以及 K6 +420 断面。

（2）传感器布设。在电缆通道的顶板内侧与侧墙的内侧布设传感器。以 K5 +748 断面为例，绘出了山体段变形缝监测断面 FBG 传感器布设示意图（图 6-2）。山体段 K5 +748 断面共设置 3 个 FBG 位移计和 3 个 FBG 温度计，依次布设在两侧行车洞室以及中间电缆通道的顶板内侧，位移计垂直于变形缝跨越其两侧，固定于混凝土表面。K5 +493 断面共设置两个 FBG 位移计和两个 FBG 温度计，分别布置在电缆通道的顶板内侧与侧墙的内侧。以 K5 +748 断面为例，绘出了山体段变形缝监测断面 FBG 传感器布设示意图（图 6-3）。

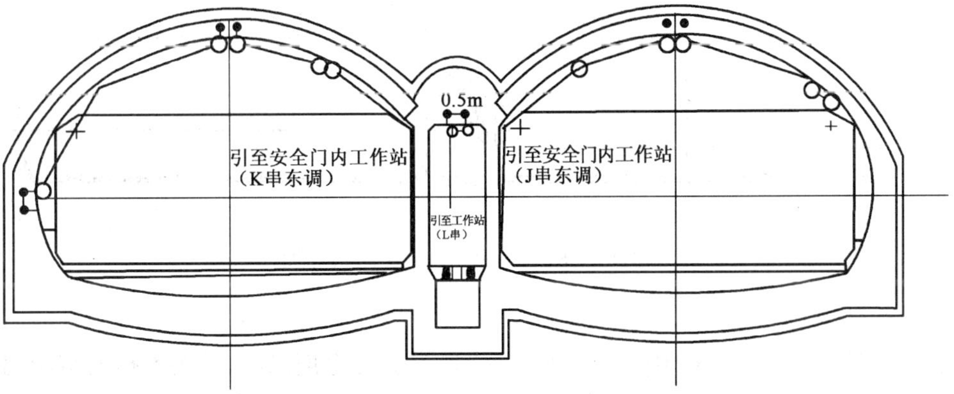

图 6-2　K5 +478 山体段混凝土断面传感器布设示意

湖底段折板拱混凝土应力监测断面 K7 +195 共设置 9 个 FBG 表面安装式应变传感器和 6 个 FBG 温度计，分别布置在两侧洞室顶板及电缆通道顶板内侧，其中 FBG 应变传感器沿截面主应力方向布设（图 6-4）。湖底段变形缝监测断面 K7 +200 与 K6 +420 分别设置两个 FBG

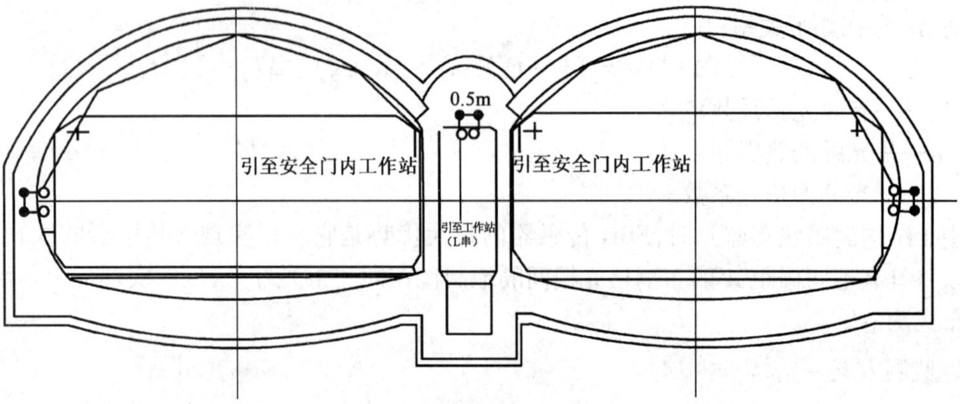

图 6-3　K5 +748 山体段变形监测断面传感器布设示意

位移计与两个 FBG 温度计，均布设在中间电缆通道顶板和侧墙内侧，并跨越变形缝两侧。以 K7 +200 断面为例，绘出了该监测断面的传感器布设示意图（图 6-5）。各监测断面上的 FBG 传感器依次级联并就近引至消防通道内，可以实现数据采集以及对隧道主体结构控制断面"健康"状态的监测。

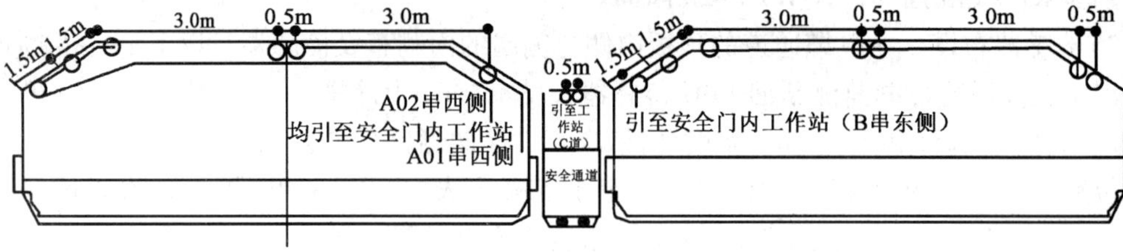

图 6-4　K7 +195 断面传感器布设示意图

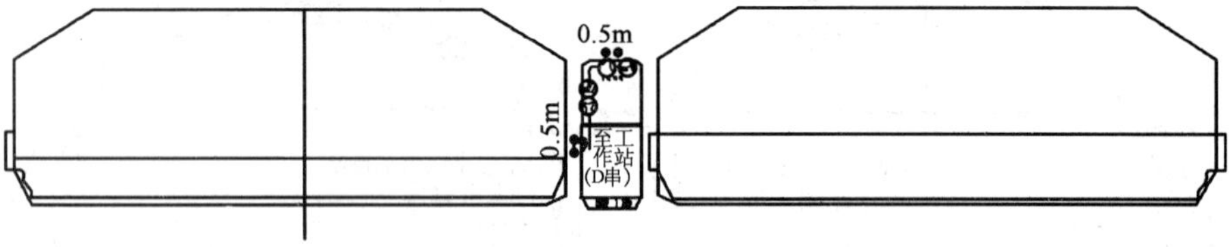

图 6-5　K7 +200 断面传感器布设示意图

3）监测结果

九华山隧道主管单位对主体结构健康状态数据进行定期采集，检测数据为结构初始状态和试运行期一年内隧道主体结构混凝土应变及变形缝位移的检测数据。图 6-6 ~ 图 6-9 反映了 4 个断面的监测结果，图中监测数据均在安全阈值内。K5 +478 断面东洞混凝土衬砌应变增量变化规律如图 6-6。

由图可见，该断面混凝土衬砌的应力增量在监测期内表现出规律性波动变化，且于 2006 年 11 月趋近于零，表明山体段衬砌混凝土应力主要受环境温度、降水等因素影响。

山体段 K5 +748 断面伸缩缝变形规律如图 6-7 所示,图中可见伸缩缝变形在监测期内周期性波动,且于 2006 年 11 月 27 日基本复零。这显示出山体段轴向变形相对稳定,受环境温度变化影响较小。

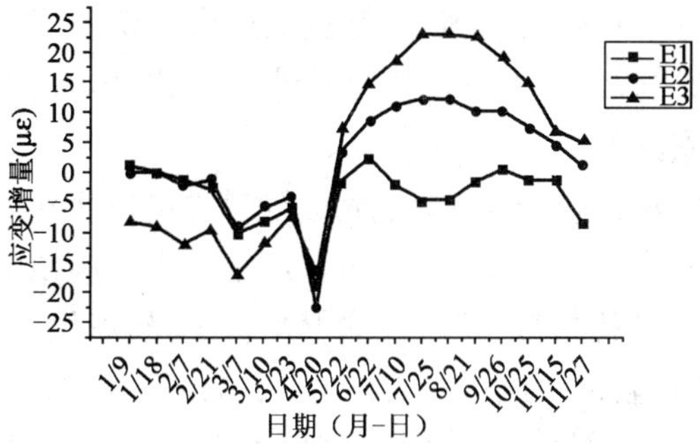

图 6-6　山体 K5 +748 断面东洞混凝土衬砌应变增量

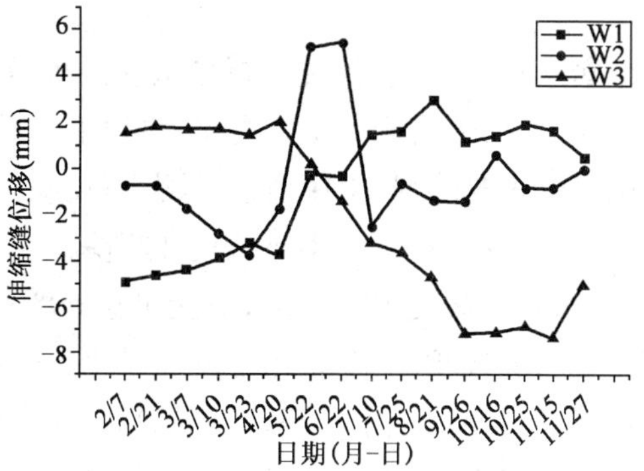

图 6-7　K5 +748 断面伸缩缝位移

湖底段 K7 +195 断面混凝土折板拱东洞应变增量变化规律如图 6-8 所示,断面混凝土顶板的应力增量在监测期内同样表现出规律性的波动变化,其变化规律与 K5 +478 类似。但 2006 年 11 月 27 日应变增量与 K5 +478 相比绝对值较大,表明湖底段受环境温度影响更加明显。

湖底段 K7 +200 断面伸缩缝变形规律如图 6-9 所示。由图可见,自 2005 年 12 月 ~2006 年 9 月期间相对位移始终处于收缩状态,2006 年 9 月 ~12 月期间伸缩缝收缩持续减小,但最终没有复零。这表明两侧折板拱段混凝土的收缩较明显。

光纤应变分析仪进行高精度监控量测,具有分布式、长距离、实时监控等优点。但是,双向六车道公路连拱隧道跨度大,埋深浅,岩性风化破碎,多属软弱围岩条件,受力结构多次转换,施工难度较大,其施工工艺远不及分离式隧道和双向四车道连拱隧道成熟。

此外,左昌群、陈建平[158]采用光弹性单向应变计,对连拱隧道边墙和中墙混凝土的应力与应变进行了量测,并用有限元软件对结构受力状态进行了模拟,与监测结果吻合较好。

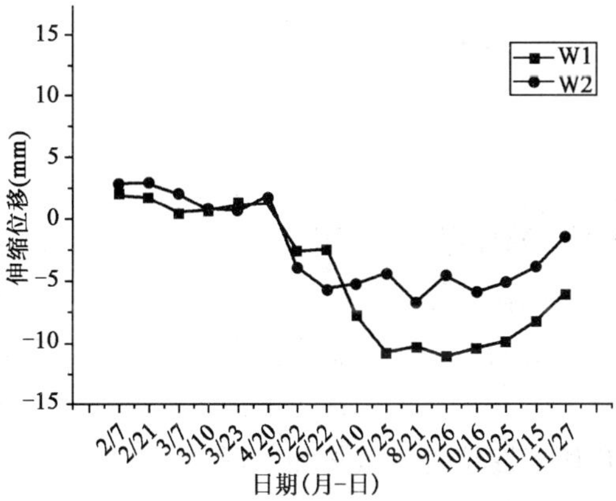

图 6-8　K7 +195 断面东洞混凝土折板拱应变增量

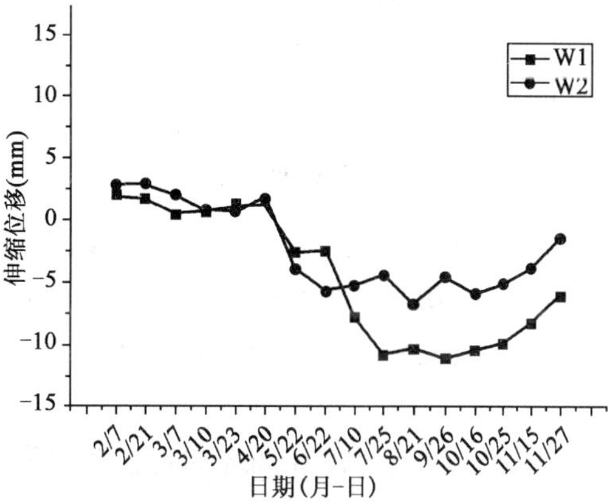

图 6-9　K7 +200 断面伸缩缝位移

陈尧中利用全站仪进行隧道三维变形非接触监测的 5 种方法(电子经纬仪进行的三维解析测量、全站仪的自由三维工作站、三维近景摄影测量、无线遥感技术、利用光纤检测技术)进行隧道三维变形的量测;宋治等介绍了运用全站仪自由设站进行隧道三维净空测量技术及在广州白云隧道三维变形中的成功应用,取得了很高的量测精度。

第二节 监控量测指导施工

黄新春[159]用监控量测指导黄沙浅埋双连拱隧道开挖支护施工,对浅埋连拱隧道施工时开挖跨度大、容易产生拱顶坍塌、拱顶下沉过大、两边收敛过大等较多的不利变形,以及由此带来的一些安全隐患,采用监控量测手段,确保施工安全。

黄沙连拱隧道长124m,处于构造剥蚀中低山地貌,隧区地形起伏较大,隧道进出口两端地形较陡,自然坡度30°~45°,最陡可达60°。隧道进出口沟谷发育,两侧有常年流水。洞顶上部主要为坡残积土,全风化岩及强风化二长花岗岩,结构松散,顶板及侧壁不稳定,易坍塌,雨季施工出现涌水现象。洞口主要为坡残积土、全风化岩及强风化二长花岗岩,结构松散。洞身为强风化花岗岩,裂隙极发育,岩石十分破碎,呈土状或半岩石半土状,层厚1.6~25.2m。其中部分为弱~微风化层花岗岩,岩石较坚硬,裂隙较发育,岩性较破碎。围岩波速400~700m/s。V级浅埋处洞顶围岩为强风化花岗岩,中粗粒结构,块状构造,岩石较坚硬,地下水和节理裂隙都较发育。岩性指标 $RQD=13\%$,围岩波速为1 100~1 650m/s。裂隙较发育处岩石较破碎,侧壁及顶板不稳定,无支护时易坍塌,开挖时出现线流水现象。

一、开挖支护方法

隧道施工顺序,先开挖中导洞,中导洞贯通后再浇筑中墙。中导洞进洞采用超前小导管,小导管直径为 Φ50mm,长度为4.5m,环向间距40cm。在中导洞洞口处设置1~2m类似于套拱的小棚架,利用格栅拱架加喷射混凝土与超前小导管连接,形成棚架体系,提高进洞的安全性。初期支护采用 ϕ25mm 中空注浆锚杆,环向间距0.75m,纵向间距1m,格栅拱架间距1m,挂网喷射混凝土,厚度为20cm,采用锚垫板加固。V级浅埋围岩采用超前长管棚,长度20m,环向间距40cm,管棚直径 Φ89mm。

二、隧道监控量测

1)洞内测点布设原则

(1)量测点安设应保证初读数在爆破后24h和下一循环爆破前完成。

(2)测点安设在距开挖面2m范围内,且不大于一个循环进尺。

(3)各项位移量测的测点需布置在同一断面内,测点测设结果能相互印证,协同分析与应用。

(4)锚杆轴力量测在局部加强锚杆地段,要在有代表性位置设置量测锚杆。

(5)精心保护测点,不受施工及爆破影响。

在预设测点的断面,隧道开挖爆破后2d内,沿隧道周边、拱顶、拱腰和边墙部位分别埋设测桩,测桩深度30cm,钻孔直径 ϕ42mm,并用快硬水泥或早强剂固定。测桩应保证能外露在喷射混凝土之外。

2）拱顶下沉量测

拱顶下沉与周边位移测点布置在同一断面。在拱顶固定一带倒三角环的测桩，然后用水准仪进行量测。量测间距一般为Ⅴ级围岩浅埋段20m，Ⅴ级围岩深埋段50m，洞口附近及施工初期的间距应适当缩短到10～20m，逐渐增长至要求间距。在量测断面设置量测元件，应尽量靠近开挖面2m范围内，以便量取初始数值。一般要求在开挖后12h内，尽早安好元件，量得初始值，在迫不得已时也要在24h内，并在下一次爆破前进行。经过分析决定采用6基线法观测，但有一个点会设置在中墙上，影响到观测结果，故在底板上增加一个观测点，可系统分析所获得的数据。洞口段采用8基线法，其余浅埋段采用6基线法。周边位移、拱顶下沉监控量测，采用6条基线法（图6-10）和8条基线法（图6-11）。

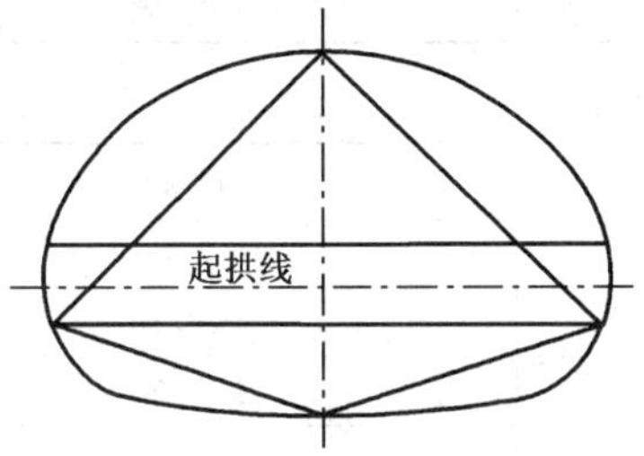

图6-10　6条基线测量法

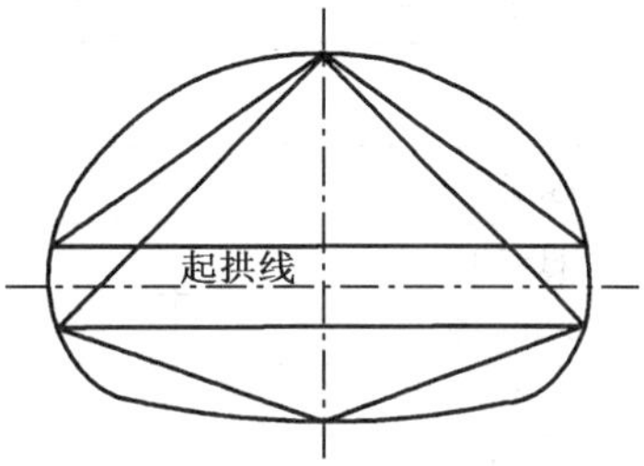

图6-11　8条基线测量法

3）锚杆内力测定

沿隧道周边分别在拱顶、拱腰及拱脚打5个钻孔，孔径ϕ60mm。钻孔深度视围岩类别不等，Ⅳ、Ⅴ级围岩3.0m。每个钻孔内安装1根测力锚杆，每个锚杆上设置4个钢筋计。安装完毕用频率计测定，并记录下每个钢筋计的读数作为初值。锚杆拉拔，将锚杆外端挖出，采用强度焊条将相同直径的锚杆（要求伸出40cm）对焊，露头部分穿过中空油缸，用夹具夹住锚杆头，并使锚具紧贴中空活塞，摇动油泵手柄，观测压力指示器读数。

4）洞内观察

洞内观察主要包括爆破后工作面的岩性，结构面发育程度、产状、涌水情况，锚杆有无拉断，已喷层有无裂缝、剥离或剪切破坏，钢拱架有无明显压扭变形，以及特殊地质（如断层、溶洞、暗河）等情况进行定性描述和记录，用数码相机拍照并进行分析。每次爆破后都进行观测，地质无明显变化时可每天进行1次。观测后做好记录，并整理保存。

5）钢支撑受力

将钢筋计焊接在型钢钢拱架靠近围岩侧，若是格栅钢拱架则直接将钢筋计焊接在截断的主筋上。钢支撑安装完毕后即可测取读数。测点布置同喷射混凝土轴向应力测点布置相同，量测采用频率计进行。

6）浅埋段地表下沉

浅埋段地表下沉测点纵向间距布置如表6-1。周边位移、拱顶下沉及围岩内部位移的量测频率，除按量测项目及要求的测设时间执行外，施工中还应参照量测频率（表6-2）的要求执行，并根据量测成果不断地修改量测频率。测取的读数录入原始记录，采集数据频率要求如表6-3。

地表下沉量测点纵向间距 表 6-1

埋深 h 与隧道开挖宽度 B	测点间距(m)
$B<h<2B$	10~20
$h<B$	5~10

量 测 频 率 表 6-2

位移速度(mm/s)	距工作面距离(m)	量 测 频 率
>10	0~12	1~2 次/d
=10~5	12~24	1 次/d
=5~1	24~60	1 次/d
<1	>60	1 次/周

净空位移和拱顶下沉量测频率 表 6-3

位移速度(mm/s)	距工作面距离(m)	量 测 频 率
>10	0~1B	1~2 次/d
=10~50	1B~2B	1 次/1d
=5~1	2B~5B	1 次/2d
<1	5B 以上	1 次/1 周

注:B 为隧道开挖的断面宽度。

原始数据还不能直观反映围岩动态和支护结构工作状态的力、应力和位移等情况,需对数据预处理,依此进行各种情况的分析和处理。锚杆轴向应力安全系数 K 值一般不能小于 1。若 K 小于 1,应改用高强度钢材加工锚杆,或加粗锚杆或加密锚杆。用量测数据绘制围岩压力分布曲线。对于地表下沉量过大,或出现增加的趋势,则应加强支护并调整施工措施,可考虑适当加强初期支护和缩短开挖循环进尺。若出现横向地表位移,则应加强量测分析。

三、数据整理与分析应用

(1)整理围岩岩性、结构面产状、裂缝、地下水情况及支护裂缝检查报告。对监控量测数据做好记录,及时绘制各种相关曲线和图表。

(2)据周边位移和拱顶下沉监测数据,绘制位移—时间和位移—距开挖面距离关系曲线。

(3)据地表下沉监测数据,绘制地表下沉位移—时间和位移—距开挖面距离关系曲线。

(4)据围岩内部位移监测数据,绘制孔内各测点—时间和不同时间—深度的关系曲线。

(5)根据锚杆轴力监测数据,绘制各测点轴力(应力)—时间和不同时间锚杆轴力(应力)—深度的关系曲线。

(6)及时分析研究量测数据,根据观测所掌握的地面和围岩运动情况,采取相应措施,指导施工和设计。

(7)根据应力—位移曲线变化情况与趋势,判定围岩的稳定性,及时预报险情,确定施工时应采取的措施,为设计单位修改设计参数提供依据。

(8)当初期支护表面任何部位的实测收敛值达到规范规定的 70% 且其速率无明显下降时,应及时根据实测值建立回归方程,绘出回归曲线,预测位移终值。若终值接近或超过规范要求的允许相对位移值时,应及时采取补强措施,并改变支护设计参数。

(9)当周边位移及围岩内部位移收敛的速率明显下降,收敛量已达总收敛量的80%以上,且水平收敛速度或拱顶位移速度小于0.1mm/d时,即认为围岩基本达到稳定状态,可进行二次衬砌施工。

此外还有,郭汉超对河南槐树坪双向六车道连拱隧道爆破振动监测与控制技术[169],王运金、彭爱红、涂久根[161]对江西一隧道地表沉降监测等的一些指导施工的成功经验。

第三节　浅埋偏压连拱隧道监测

浅埋偏压连拱隧道监控量测,是一项极其重要的工作,已引起连拱隧道设计和施工界的高度重视,并取得了许多重要成果和经验[162~169]。偏压连拱隧道不仅围岩本身应力分布不均匀,而且由于工序的复杂性,使得隧道围岩变形更加难以掌握和控制,在很大程度上增加了隧道施工难度。为了使施工顺利进行,在施工过程中的监控量测必不可少。科学、有效、及时、准确地施工监测,能够获得围岩变形信息,根据监控量测结果进行动态设计和信息反馈,是指导安全施工的有力保证。

杨峥[162]在偏压双连拱隧道施工力学行为研究中,以洞口塘连拱隧道工程为背景,结合现场监控量测成果,研究支护结构的受力特征和变形情况等问题。结果表明,在地形和施工偏压双重作用下,连拱隧道左右洞变形具有不对称性,即施工结束后中墙仍然要承受一定的弯矩,在施工过程中连拱隧道左右洞具有非常大的相互作用。

洞口塘连拱隧道长235m,隧区属低山地貌,自然边坡高陡,坡脚45°~85°。隧道围岩以II、III、IV级为主,岩性为志留纪板岩、石英岩夹变质砂岩及第四系残坡积土。除进出口段软弱围岩采用台阶法开挖外,其余地段围岩情况较好,采用中导洞—正洞全断面开挖方法,施工工序见图6-12。右洞先开挖支护近50m后,左洞开始施工。初期支护均采用I20b型钢钢架,间距0.75m,网喷C25混凝土,中墙厚1.6m。二次衬砌为模筑50cm厚钢筋混凝土。

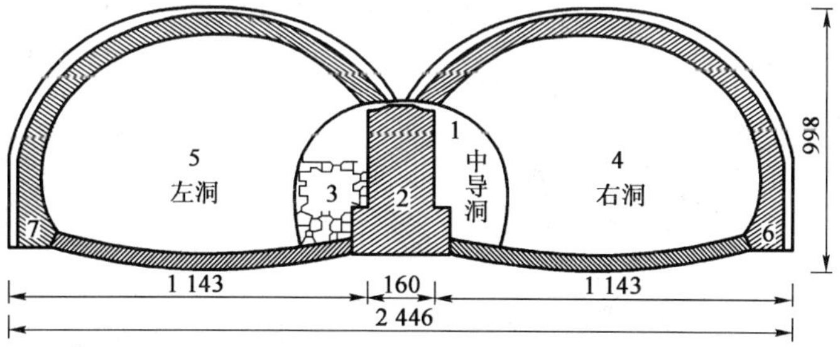

图6-12　洞口塘隧道II级围岩施工工序(尺寸单位:cm)

1-导洞断面开挖;2-浇筑中墙;3-导洞一侧回填;4-右洞正洞全断面开挖施作初期支护;5-左洞正洞全断面开挖施作初期支护;6-右洞拆除中墙支护施做二次衬砌;7-左洞拆除中墙支护施作二次衬砌

一、现场监控量测

1)周边收敛和拱顶沉降

测量基线布设如图6-13。右洞基线变形和拱顶沉降大致可分为两个阶段:第一阶段是由右洞开挖引起初期变形和沉降,此部分沉降主要是在隧道开挖初期大致半个月内的变形和沉降。第二阶段是由左洞开挖引起右洞的变形和沉降和右洞正洞开挖的后期沉降组成。但由于施工时间相隔紧密,所以在第二阶段内量化二者的比例很难。右洞两个阶段中基线变形和沉降之比大致为3:7,左洞拱顶的沉降为1 011mm,右洞拱顶沉降为718mm,左洞沉降大于右洞,隧道整体的变形出现不对称现象。由于右洞开挖后,左洞所依附岩体的变形很难实测,但右洞的开挖必然引起左洞所依附岩体的变形,所以左洞岩体的实际变形肯定大于实测值,偏压现象比实测结果更为显著,观测基线收敛时态曲线如图6-14、图6-15。

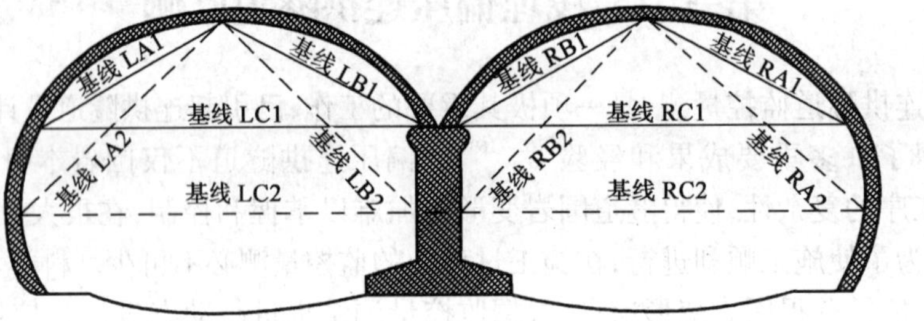

图6-13　洞周位移测点及测线布设示意

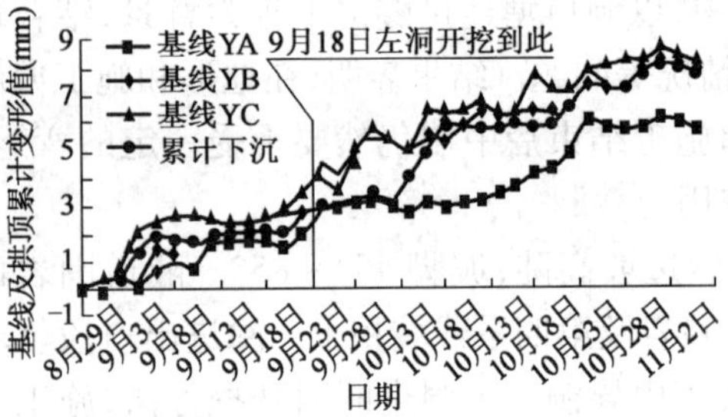

图6-14　右洞YK74+885断面基线收敛时态曲线

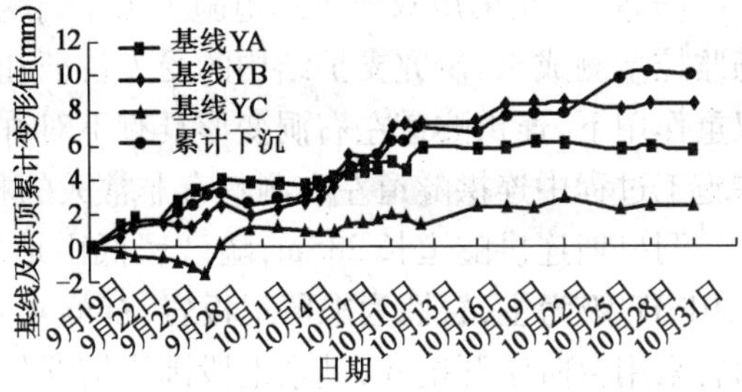

图6-15　左洞ZK74+896断面基线收敛时态曲线

2)中墙弯矩轴力

中墙数据分析分4个阶段,各阶段中墙弯矩、轴力时态曲线如图6-16、图6-17。

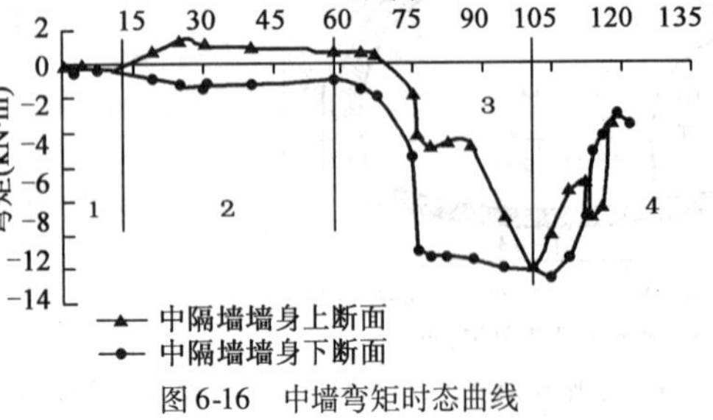

图6-16　中墙弯矩时态曲线

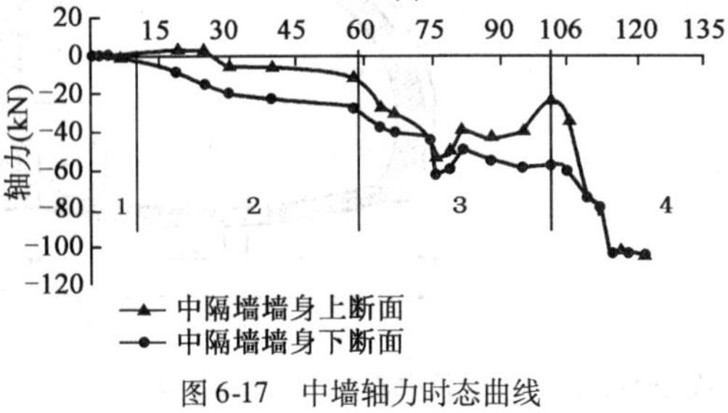

图6-17　中墙轴力时态曲线

第1阶段,钢筋计埋入中墙,中墙浇筑好后,钢筋计开始承受压力,但初期压力很小,两条时态曲线基本上重合。这表明,中墙在开始阶段只是承受竖向荷载,即中墙本身重力。

第2阶段,中墙一侧和中墙墙顶回填,中墙的轴力和弯矩有了一定的变化,上部轴力和下部轴力都有增加,但上部轴力明显小于下部轴力。从弯矩图上看,中墙上部和下部出现弯矩反号现象,但弯矩差值不大,对中墙影响不大,一直到中导洞全部贯通。

第3阶段,隧道右洞开挖,中墙上部和下部弯矩和轴力开始出现了剧烈的变化,中墙上部弯矩增加到 8kN · m，中墙下部弯矩增加到 14kN · m，中墙轴力几乎同步增加，中墙上部和中墙下部弯矩差值达到 6kN · m。右洞钢支撑压在中墙上，致使中墙向一侧受压，而中墙另一侧回填土并没有回填至中墙顶，上述两种原因使得中墙上部和下部出现弯矩差值现象。

第 4 阶段，隧道左洞开挖，中墙上部和下部弯矩开始反方向变化，弯矩开始减小，但是中墙上部和下部轴力依旧增加。由于左洞开挖，左侧岩体荷载施加于中墙上，致使中墙轴力增加，但左侧荷载施加于中墙上时，中墙弯矩减小。

3）工程措施

采用的辅助施工措施有超前长管棚、超前小导管、注浆加固。进出口段为Ⅴ级围岩，洞口两端均设 28m 超前长管棚。为了保证钻孔方向，在明洞衬砌外设 80cm 厚 C25 钢架混凝土套拱，套拱纵向长 2m。在进出口段无长管棚支护的 Ⅳ ~ Ⅴ 级围岩地段采用超前小导管，外径 ϕ42mm、壁厚 315mm、长 350cm 的热轧无缝钢管，在钢管距尾端 1m 范围外钻 ϕ6mm 压浆孔。钢管环向间距 40cm，外插角为 10° ~ 15°，每排小导管纵向搭接 1m。

加固注浆分为管棚注浆和周边加固注浆，主要用于 Ⅳ ~ Ⅴ 级围岩地段及 Ⅱ 级围岩中局部围岩较为破碎地段。长管棚注浆是利用洞口长管棚先行敷设的钢花管进行，周边注浆是利用 WTD25 型系统锚杆及超前小导管的方式进行加固，注浆采用单液浆的形式。

二、云南某隧道抗滑桩防偏压监测实例

曲海峰等[163]通过对云南某浅埋偏压双连拱隧道的研究，做了各施工阶段的拱顶下沉、水平收敛、地表沉降和边坡位移，以及洞内三维裂缝等现场监控量测项目，分析软弱浅埋偏压条件下连拱隧道变形特征，给出量测结果的内在规律和联系，为连拱隧道监控量测的方案设计、分析方法和隧道安全施工提供参考。

云南某连拱隧道全长 225m，最大埋深 22.93m。中墙为整体式曲中墙，边墙为曲墙单心圆结构，隧道净宽 23.4m。隧道所处的地质条件较差，围岩属强风化岩石，局部为全风化岩，纵波波速 800 ~ 1 800m/s。进口段处存在明显偏压，且边坡陡峭，坡度 1:1，坡高 30m。局部地表仅为 4.5 ~ 7.5m 碎石土覆盖，稳定性差，为Ⅴ级围岩。为防止因偏压而产生工程滑坡，在进口边坡外侧设置截面 5m × 5m、埋深 20 ~ 40m 抗滑桩 11 根（图 6-18）。

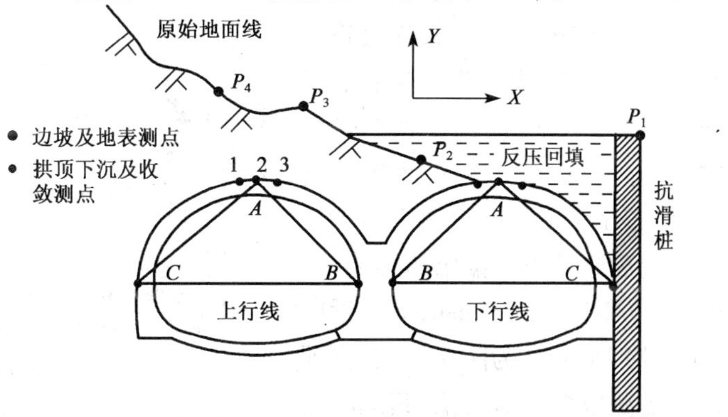

图 6-18　隧道进口立面图

1)监测项目

量测项目做如下约定:从隧道拱顶向洞内的沉降量、洞室向洞内方向收敛量、地表沉降或边坡位移、裂缝收缩、抗滑桩的位移与规定的正方向相反。洞内拱顶下沉测点,从左到右的编号为1~3。地表下沉、边坡位移和抗滑桩位移的y正方向为由隧道进口指向出口,且与隧道轴线方向平行;x方向与轴线垂直,且由上行线指向下行线:z方向垂直向上。

地层偏压可能会引起围岩应力释放的不均衡,从而导致围岩出现破坏状况。为了准确获得地层及隧道周边围岩的变形情况,该连拱隧道左右线各取一般性断面13个,代表性断面6个,隧道进出口取4个地表沉降观测断面,进口处布设4个三维裂缝量测断面。量测断面及内容见表6-4。

隧道量测项目 表6-4

项目	量测仪器	断面布置情况	量测目的	备注
拱顶下沉	全站仪	左、右线各13个断面	了解隧道变形情况,判断拱顶稳定性	拱顶埋设3个测点
洞周收敛	电子收敛计	左、右线各13个断面	判断周边围岩体的稳定性	洞内设置测线3条
地表沉降及边坡位移	全站仪	进出口共4个断面	掌握边坡位移,判定开挖对地表的影响	进口边坡地表为重点观测
三维裂缝	自制测缝计	进口共4个断面	了解裂缝的变形情况	二次衬砌裂缝(由偏压引起)
抗滑桩位移	全站仪	进口共3个测点	判断偏压情况下的隧道整体位移情况	进口右线设置11根抗滑桩

根据现场跟踪量测,地表沉降、边坡位移、抗滑桩位移、拱顶下沉、洞周收敛和三维裂缝更能够反映地层及隧道的整体变形情况,因此,给出上述量测项目在偏压下的测值特征。

(1)拱顶下沉监测

在通常情况下,隧道开挖后围岩向洞内发生位移,拱顶沉降的测值均表现为负值。但在偏压情况下,拱顶沉降出现了异常变化,尤其连拱隧道更加明显。对于该隧道,下行线处于偏压边坡的外侧,上行线处于内侧,在边坡和隧道施工顺序的影响下,后行的上行线隧道拱顶有上抬趋势,且洞外地表横向位移明显,该特征在SK4+177断面体现最为明显。SK4+177断面初期支护的拱顶下沉测点始布于9月1日,9月5日从该隧道进口端开挖,开挖后3日内在偏压的影响下,靠近山体内侧的1号点累计下沉80mm,而靠近山体外侧的3号点则上抬26mm。为防止滑坡,立即停止开挖作业,随后监测数据立即平稳,其沉降监测曲线如图6-19。

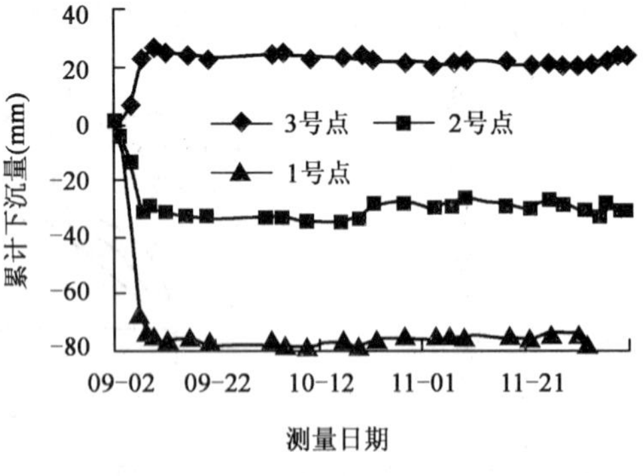

图6-19 SK4+177断面初期支护拱顶下沉曲线

（2）周边收敛监测

在偏压的影响下，两个隧洞收敛测线均表现出一致的规律性，即上行线 *AB*、下行线 *AC* 表现为向洞内收缩；而另外两条测线则表现为向洞外扩张。结合地表沉降、边坡位移和抗滑桩位移的量测结果分析，表明上述现象为两个隧洞中的 *A* 点均发生顺坡方向的水平位移所致。上行线 SK4 + 187 初期支护收敛曲线（图 6-20）表明，*AB* 测线向洞内累计收敛 12.5mm，*BC* 测线向洞外累计扩张 13.25mm，*AC* 测线累计扩张 5.25mm。下行线 XK4 +208 二次衬砌收敛曲线（图 6-21）表明，*AC* 测线向洞内累计收敛 17.5mm，*AB* 测线向洞外累计扩张 10.25mm，*BC* 测线累计扩张 5.05mm。

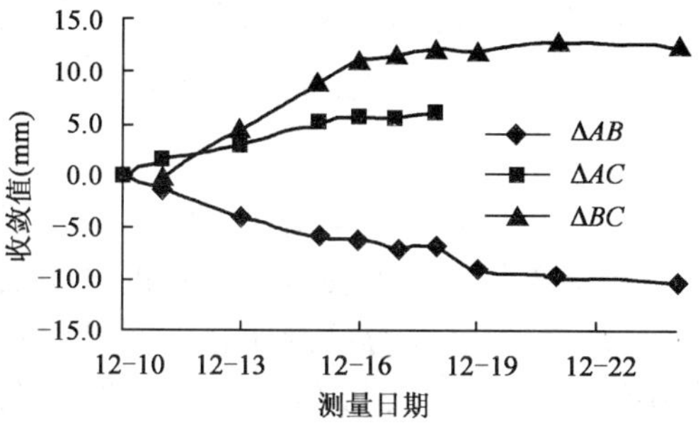

图 6-20　上行线 SK4 +187 断面初期支护收敛曲线

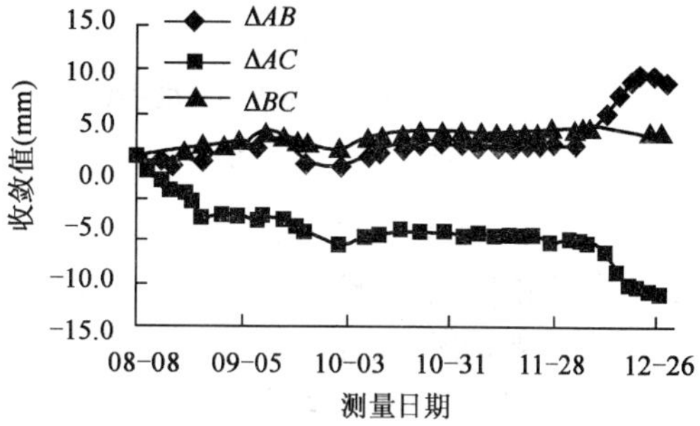

图 6-21　下行线 XK4 +208 断面二次衬砌收敛曲线

（3）地表沉降、边坡位移和抗滑桩位移监测

地表沉降、边坡位移和抗滑桩位移，结合洞内项目的量测结果，能够准确地判断边坡整体位移方向和大小，以及判断隧道的整体稳定性。该隧道进口端累计布设边坡测点 10 个和地表测点 21 个，抗滑桩上布设测点 3 个，有效地掌控了抗滑桩随着隧道施工进程的变形情况。边坡各测点起始布设日期为 5 月 25 日，此后一直监测到次年 1 月 30 日。尽管有部分测点相继发生损坏，但随后进行了补点或加测。边坡 P_2、P_3、P_4 点安装于 8 月 22 日，始测阶段测值变化不大，但是在 9 月 15 日由于洞口上行线的开挖，边坡测点的测值发生异常变化，P_2、P_3 等各测点的测值突然增加了 10 ~ 15mm/d，且位移主要发生在顺坡方向 x 方向。结合洞内量测情况和综合分析，认为进口边坡发生了浅层滑移。随后停止了开挖，在边坡设置锚锁加固，加固完成后再开始洞内开挖。12 月 14 日，从进口端进行缓慢开挖，尽管进口地表 P_2、P_3、P_4 测点的 x、y、z 三个方向测值的矢量和总位移值急剧增加，但此时位移主要发生在下沉的竖直方向；x 方向位移相对较小，仅为竖向位移的 1/5（2 ~ 3mm/d），表明加固措施起到了作用。次年 1 月 9 日后曲线趋向平稳，这时隧道已经快要贯通，且掌子面逐渐远离偏压区，隧道变形已基本稳定。边坡测点中 x 方向最大位移为 P_2 测点的 32.85mm，垂直方向最大位移为 P_2 测点的 140.25mm。几个典型的边坡测点的总位移曲线（图 6-22）表明，边坡测点能够及时、有效地反映地层偏压的影响。在量测结果的分析过程中，应该准确掌握测点在量测坐标系中各个方向的变形和位移，清楚坐标系的实际方向。

抗滑桩位移监测与边坡位移量测目的相同，即以此判断偏压影响下隧道的位移和变形。8 月 22 日分别在 1、6、11 号抗滑桩处布设 P_8、P_9、P_{10}测点，抗滑桩位移主要表现为顺坡方向 x 方向和由隧道出口指向进口 $-y$ 方向，位移最大值为 P_{10}位于第 11 根抗滑桩，其中 x 方向55.39.50mm，y 方向 −49.75mm，z 方向仅为 −7.5mm。通过抗滑桩位移的大小和方向，可看到边坡滑移仍是影响隧道稳定性的主要因素，P_8 ~ P_{10}测点 x、y、z 矢量和总位移曲线见图 6-23。

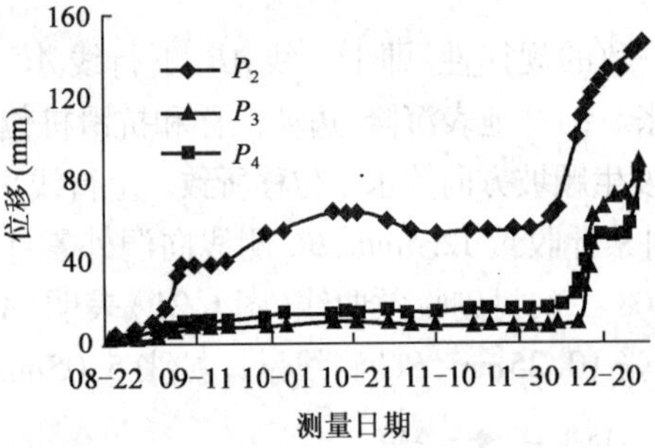

图 6-22 隧道进口地表测点总位移曲线

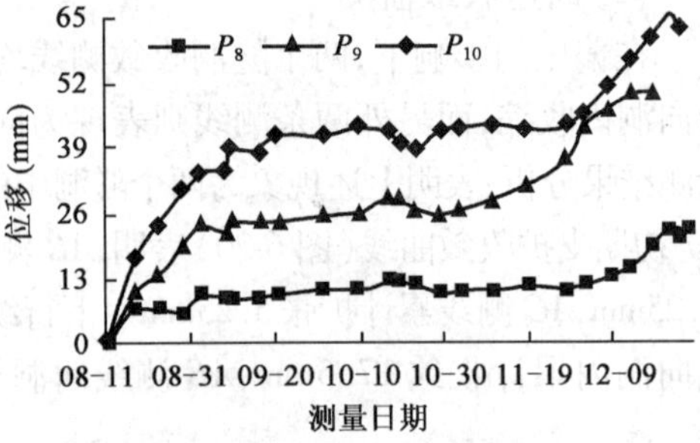

图 6-23 抗滑桩测点总位移曲线

(4)三维裂缝监测

在偏压影响下,三维裂缝主要表现为径向错动,且呈波纹状斜向发育。该连拱隧道下行线进口端的二次衬砌上发现 3 条斜向裂缝,但当时裂缝发育很不明显。随着进口端上行线的开挖,裂缝逐渐有扩展现象,后期一共发现 6 条裂缝,并且发育已经明显。通过对裂缝进行现场调查及安装的 4 套三维测缝计显示(表 6-5、图 6-24),表明围岩径向错动、斜向裂缝,为隧道受到地层的偏压所致。另外,地表冲沟的横向裂缝,也表明山体存在一定程度滑移。

三维裂缝测点布置　　表 6-5

测缝计编号	位　置	径向错动(mm)	缝宽(mm)	裂 缝 特 征
SL 1	XK4 + 182 中墙侧拱腰:裂缝①	不明显	0.90 ~ 1.0	波纹状,走向与隧道轴线近平行
SL 2	XK4 + 195 拱顶:裂缝②	不明显	2.0 ~ 2.7	羽状,与隧道进口端轴线呈 72° ~ 75°
SL 3	XK4 + 196 中墙及拱腰:裂缝④	0.5 ~ 0.8	1.2 ~ 1.8	波纹状环向发育
SL 4	XK4 + 209 拱顶:裂缝⑥	0.1 ~ 0.3	1.4 ~ 1.6	波纹状斜向发育

注:表中裂缝号见图 6-24。

通过上述浅埋偏压连拱隧道的量测结果的分析,看出如下特点:①洞内拱顶下沉和洞周收敛数据异常,即个别拱顶测点上抬、收敛测线扩张;②洞内裂缝多呈斜向波纹状,且手触有明显错抬感觉,通过千分尺可以准确量得径向的错动距离;③地表沉降、边坡位移、抗滑桩位移的方向性明显,主要体现为顺坡方向;④这些量测结果之间互相影响、互相验证、互相关联;⑤与洞内量测项目比较,洞外位移更加显著。

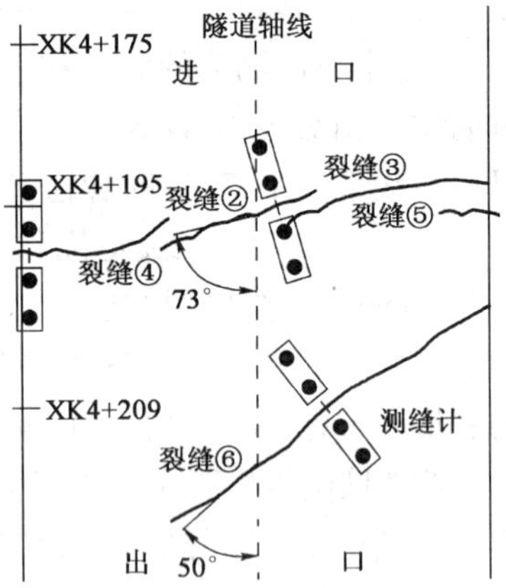

图 6-24 隧道洞顶裂缝分布平面示意

上述特征也是准确判明隧道受偏压地层影响的重要手段和方法。尽管浅埋偏压特性多发生在洞口处,但由于地层条件的复杂性,以及施工方法的影响,洞身段仍可能发生偏压现象。因此,根据这些特征可以判断偏压的存在,为采取措施提供依据。对于浅埋偏压隧道的数据分析过程,任何一项量测结果都具有一定的偶然性,通过综合分析可以排除偶然性的影响。另外，洞外测点 x、y、z 三个方向的位移值，对准确判明隧道的整体变形提供了有利帮助。

综上所述，对于浅埋偏压连拱隧道量测结果具有典型的偏压特征。上述量测项目之间存在着必然的联系，它们互相验证、互相影响。浅埋偏压隧道的现场监控量测工作应该从宏观入手，同时做到洞内量测与洞外量测综合分析。因此，①应重点量测两端洞口边坡、仰坡及整个外侧山体的稳定性及变形情况；②将洞外量测结果与洞内其它量测结果相互对比，从而发现潜在危险或存在的隐患，预防可能的工程塌方事故发生。

三、四川鞋底坡隧道防偏压监测实例[164,165]

董文德等[164]对鞋底坡偏压连拱隧道进行了现场监测与分析研究，获得了隧道各施工阶段的地表沉降、拱顶下沉和周边收敛数据资料，成功地对隧道洞口段的地质灾害进行动态预测、预报，有效地控制了隧道围岩变形，避免了重大事故进一步发展。

鞋底坡连拱隧道，隧道轴向近南北方向，长 445m，隧道最大埋深 63m。隧区地层是第四纪坡残积棕红色亚砂土、亚黏土，和中侏罗世棕红色粉砂质泥岩、泥质粉砂岩和细砂岩的不等厚互层。隧道轴线左侧有 4 个水塘，距隧道开挖线水平距离分别为 64m、12m、60m、112m，水塘底至隧道洞底的垂直距离为 22 ~ 26m。进口段下穿公路。隧区位于宜宾背斜南端马蹄形收敛部，走向与隧道轴线几乎平行。岩层单斜，宜宾端产状为 316°∠16°，隧道中部为 310°∠13° ~ 17°，水富端为 303°∠15°。区内主要发育三组节理。地下水主要有基岩风化带裂隙水、松散层上层滞水。地下水为重碳酸 · 硫酸钙型，pH 值为 6.0，对混凝土具弱腐蚀性。鞋底坡双连拱隧道用中导洞半断面法施工，隧道横断面与施工顺序见图 6-25。

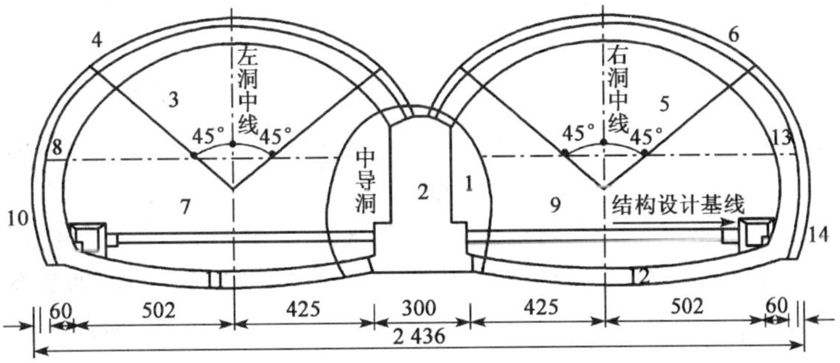

图 6-25　鞋底坡双连拱隧道设计断面与施工顺序（尺寸单位：cm）

1-中导洞开挖；2-浇筑中墙；3-左洞上台阶施工；4-左洞上台阶初期支护；5-右洞上台阶施工；6-右洞上台阶初期支护；7-左洞下台阶施工；8-左洞下台阶初期支护；9-右洞下台阶施工；10-右洞下台阶初期支护；11-左洞仰拱施工；12-右洞仰拱施工；13-左洞二次衬砌；14-右洞二次衬砌

1）监控量测

为确保隧道施工顺利进行，为准确地掌握施工过程中围岩的稳定状态，检测各项支护手段的效果，对鞋底坡双连拱隧道进行了监控量测。现场主要量测断面测线布置见图 6-26，量测监控项目见表 6-6。

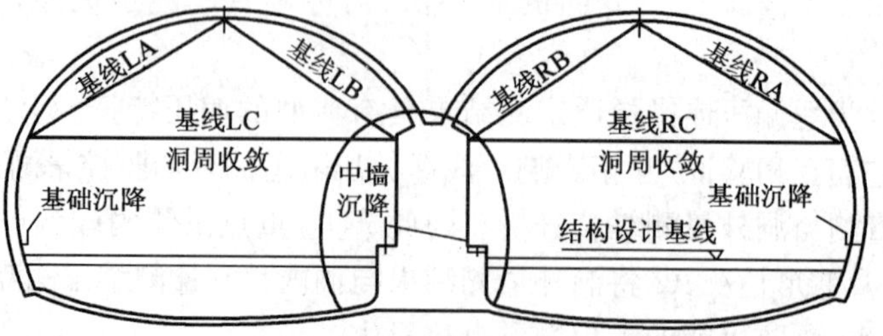

图 6-26 监控量测断面测点及测线布设

现场监控量测项目及方法表

表 6-6

序号	量测项目	量测要求	量测工具	布置	备注
1	地质及支护状态	岩性、岩层产状、结构面、溶洞、断层描述、支护结构裂缝观察等	地质罗盘及规尺	开挖后、初期支护后进行	每次爆破后进行
2	周边收敛	量测隧道围岩周边位移、了解收敛状况、断面变形状态，判断隧道的稳定性	收敛计	断面布置见图 6-26，围岩每隔 20m 一个断面	初次衬砌结束后布设，根据开挖面及围岩变形收敛情况而定
3	拱顶下沉	监视隧道拱顶下沉，了解断面的变形状态，判断隧道拱顶的稳定性	收敛计		
4	地表沉降	根据地表下沉位移量判定隧道开挖对地表下沉的影响，以确定隧道支护结构的稳定性	水平仪、水准尺	进出口设点	根据埋设断面与左右洞掌子面之间的距离而定

2）监控量测结果及分析

（1）地质和支护状况观察。由于隧道的岩层产状的影响，导致隧道左右洞的围岩变化出现不一致，在隧道右洞掌子面（出口端约 150m 范围内）出现了较大范围的软弱夹层，其中隧道拱顶处软弱围岩夹层对隧道施工造成极大困难。在隧道施工过程中，监测人员认真分析其地质条件的变化，对每一循环作业的地质情况做了详细记录，并分析对掌子面附近的节理的变化情况，为下一循环的施工提供翔实的第一手资料。而隧道左洞围岩工程地质条件较好，并未出现软弱夹层，施工较顺利。

隧道大部分区段围岩地质情况较好，只是在个别地段出现因围岩保护不力而导致围岩破坏失稳的情况。尤其在隧道的右洞 K107 +580 ~ +730 区间内，围岩的变化较为复杂，在隧道断面上部砂质泥岩中出现厚度不均的软弱夹层，对隧道的爆破施工提出了较高的要求。

（2）拱顶下沉量测分析。隧道 IV 级围岩量测断面拱顶变化是较特殊的，在断面测线埋设后，在拱顶部位是向围岩方向变化（3.0mm）。出现这种情况，是由于在拱顶部位的初期支护与围岩之间不密实所致，在隧道拱腰处受到围岩压力后，初期支护向隧道中心变形，而在隧道拱顶处初期支护受到挤压作用，背向隧道中心变形。随着围岩应力的释放，在隧道拱顶的围岩压力逐渐开始作用于初期支护上，于是初期支护又向隧道中心变形。由此可见，如果在隧道拱顶部位衬砌支护与围岩间存在不密实带，可能会影响隧道整体结构的稳定，因此必要时可以对初期支护背后进行压浆处理。

该量测断面一共测试 299 天（图 6-27），根据隧道施工工序的变化，在此期间拱顶累积下沉时态曲线可以分为四个阶段：第一阶段是 2003 年 7 月 16 日，隧道左洞测点埋设后，时态曲线趋于收敛，收敛值为 1.7mm 左右；第二阶段是 2003 年 9 月中上旬，右洞上台阶工序和左洞下台阶落底工序对此量测断面的影响，时态曲线收敛于 3.7mm 左右；第三阶段是 2003 年 11 月中旬，右洞下台阶落底工序对此量测断面的影响，时态曲线收敛于 8.1mm 左右；第四阶段是 2004 年 1 月上旬，对左洞拱顶不密实带进行处理，此工序对初期支护提出了相当高的要求，并在注浆过程中初期支护变形较为明显，时态曲线最终收敛趋于 12.5mm。

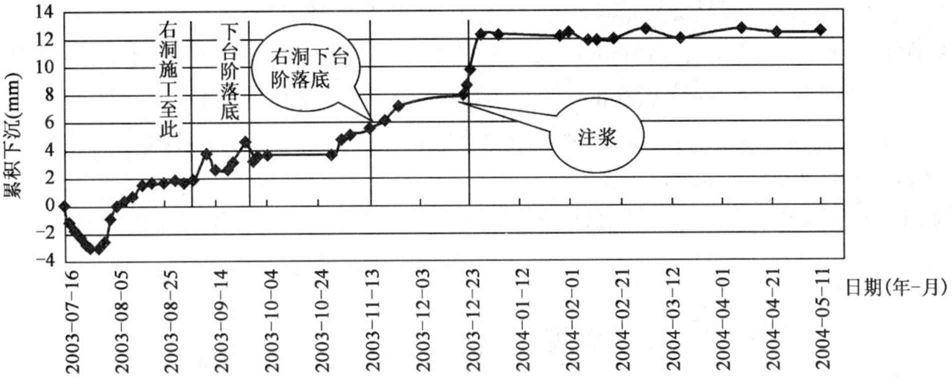

图 6-27　隧道左洞 K107 +600 量测断面拱顶下沉时态曲线

（3）周边位移量测分析。隧道周边位移收敛时态曲线（图 6-28）与拱顶下沉时态曲线是相互对应的。隧道右洞的施工对围岩周边位移影响不大，但左洞下台阶落底施工将会直接影响初期支护的稳定性。由于隧道初期支护背后存在混凝土不密实现象，因此压浆密实处理效果明显，但对初期支护变形影响较大。因此，如果隧道施工中出现一些由地质原因引起的施工质量问题，在采取一些补救措施时，务必注意隧道整体结构的稳定性，否则在整治过程中极有可能会发生隧道结构失稳现象。从图 6-28 可看出，在施工过程中周边位移变形较小，施工结束时最大周边位移小于 5.0mm。在隧道贯通后，对初期支护背后不密实带进行压浆时，隧道周边位移增大了 4.0mm 左右，最终时态曲线收敛于 8.850mm。说明隧道初期支护背后进行的压浆处理工序，对隧道支护结构变形产生了较大影响，可能会影响隧道整体结构的稳定性，在隧道施工中应尽量避免此类工序。

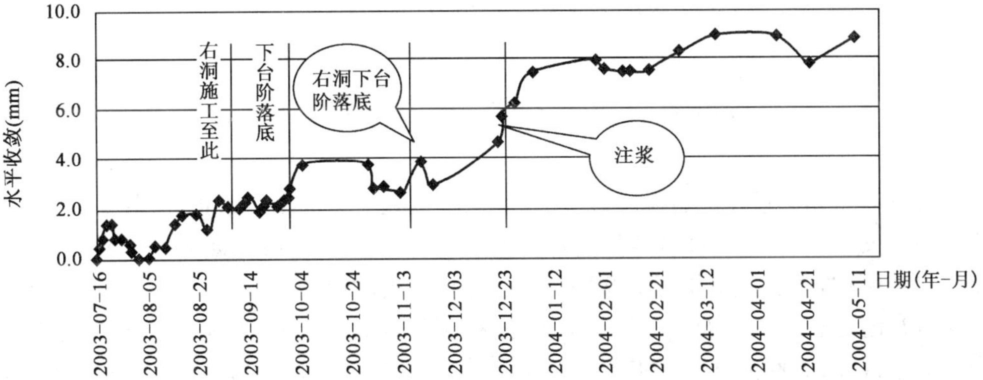

图 6-28　隧道左洞 K107 +600 量测断面周边位移收敛时态曲线

(4)地表沉降观测。隧道地表观测中,共设4个量测断面,其测试数据对指导隧道不同阶段施工发挥了重要作用。第I断面累积最大沉降量为388mm(边坡开始滑动),第II断面累积最大沉降量为52mm,第III断面累积最大沉降量18mm,最大沉降量均出现在右洞偏中墙一点。

隧道出口端量测断面IV(K107+735)进行分析,隧道地表各测点位置如图6-29,对应图6-29中各测点的沉降量见图6-30,断面测设日期是2003年4月12日。在隧道右洞出口端实施进洞施工时,监控量测人员发现地表沉降有明显的加快趋势,2003年4月26日以前地表下沉的速率约为1mm/d,但从2003年4月27日起地表下沉速率突然增至9mm/d,累积最大沉降量是在右洞上方的第4点(17mm)。2003年4月28日地表第4测点下沉速率突然增至19mm/d,累积最大沉降量增至35mm。由于随着开挖的加快和地质情况变化,直接反应是在地表上方的排水沟底部内侧开始出现裂缝,缝宽为0.1~4.0mm,沿着截水沟方向的长度约15m。2003年4月29日在隧道右洞出口端洞口发生了坍塌事故。由于此次事故监控量测数据准确、信息反馈及时,施工单位及时做好了准备,没有造成人员伤亡,使财产损失降至最低限度。

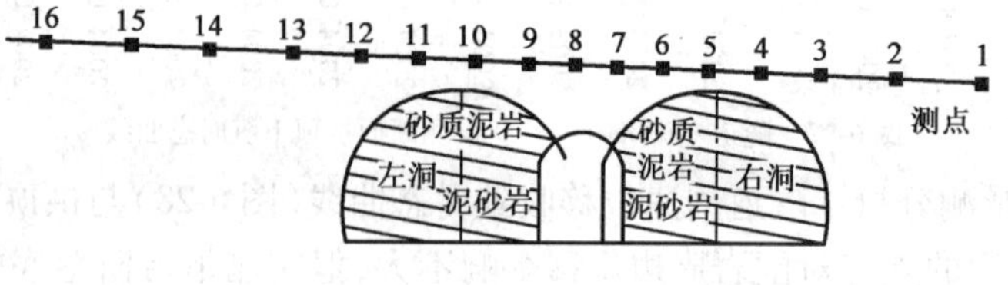

图6-29 断面IV地表沉降量测测点布设示意

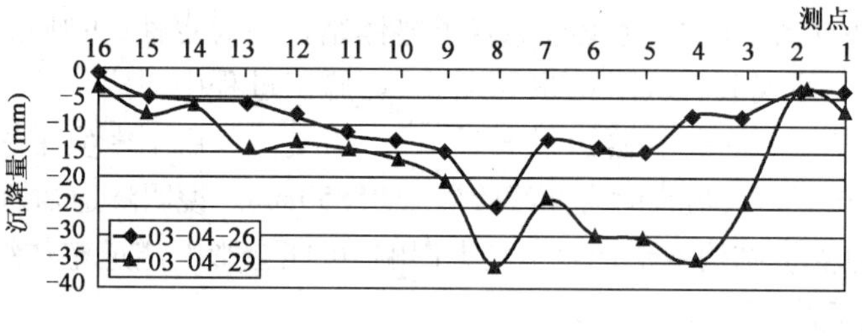

图6-30 断面IV地表各测点沉降时态曲线

第四节 下穿公路连拱隧道监控量测

下穿既有公路的连拱隧道施工,比正常连拱隧道施工增加了双重难度,既要确保已有公路正常运营的安全,又要保证在建连拱隧道的安全施工,因而其监控量测尤为重要。下面介绍钟放平[170]在土江冲连拱隧道下穿319国道施工监控量测的成功实例。

土江冲隧道长410m,进口下穿319国道,相交长度15m,拱顶距国道路面只有4.5m。进口段围岩条件差,岩性为含碎石褐黄色亚黏土的公路路基填土,其下为V级围岩遇水易软化的强风化褐红色泥质板岩(图6-31)。

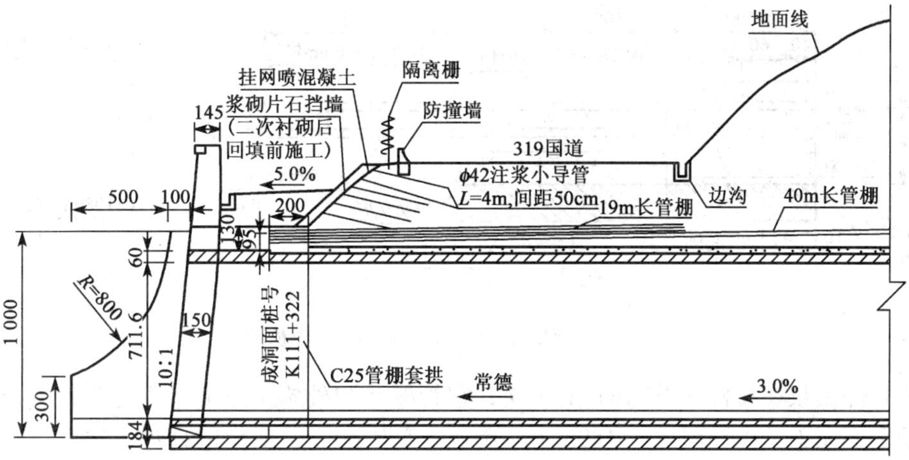

图 6-31　洞口纵断面示意(尺寸单位:cm)

1)洞口超前支护

为了下穿连拱隧道施工安全进洞,并有效控制公路路面的沉降量,减少上部交通荷载对隧道结构及施工安全的影响,在隧道进口段采用双层管棚加固方案。管棚钢管采用 ϕ108mm,壁厚 6mm,节长 6m 和 3m 的无缝钢管。内层管棚在起拱线以上长度为 40m,起拱线以下长度为 19m,钢管环向间距 40cm。外层管棚长 19m,钢管环向间距 42cm。管棚仰角为 1°,外层钢管呈梅花形布设(图 6-32)。为了增加管棚刚度和强度,在钢管内设置 3 根 ϕ22 钢筋,钢筋之间每 20cm 间距用 1cm 长的 ϕ42mm × 3.5mm 钢管连接。灌注水泥浆与水玻璃的混合液,浓度为 35 波美度,初压力为 0.5 ~ 1.0MPa,终压力为 2MPa。注浆结束后及时清除管内浆液,并用 M30 水泥砂浆充填,增强管棚的刚度和强度。

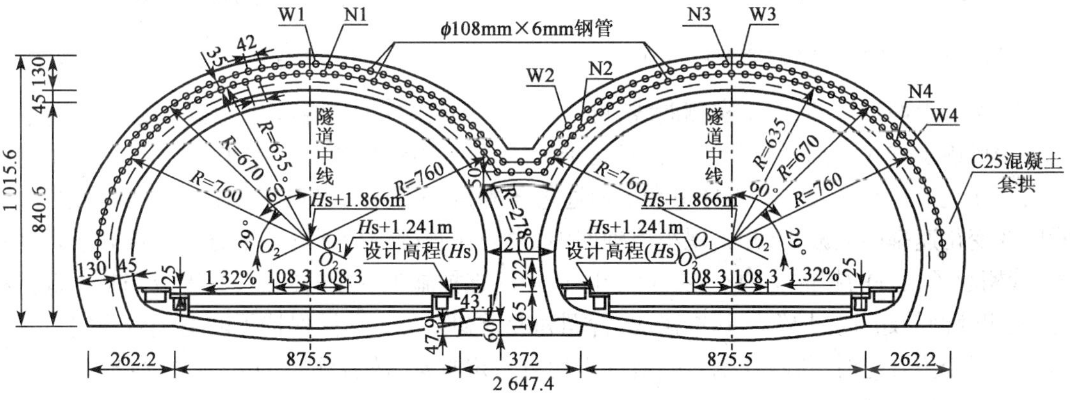

图 6-32　隧道横断面示意(尺寸单位:cm)

2)管棚监测

为分析整个隧道施工中管棚的变形和内力变化,在拱顶、拱腰位置的内外侧钢管内安设了 JMZX-212 型智能弦式应变计。测试钢管编号分别为 W1、W2、W3、W4、N1、N2、N3、N4。为使每根钢管有两个应变计处于 319 国道下,外层钢管应变计布设在距洞口 8m、13m 处,内层钢管布设在距洞口 8m、13m、20m 处。元件测线从钢管内部穿出,直至管口(图 6-33)。

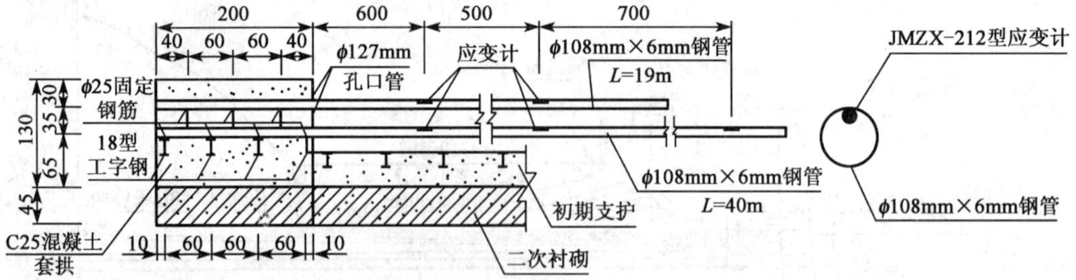

图 6-33 双层管棚构造及应变计布置(尺寸单位:cm)

监测元件读数在元件埋设初期,由于受其它管棚及洞外施工影响呈现无规律的波动。当洞口管棚全部完工及中导洞进入 180m 后,管棚应变计读数呈现稳定趋势。选出具代表性的 N1、N3 钢管的应变来分析主洞开挖对管棚的影响。将第一天的应变读数为 ε_0作为基准值,以后测得的读数为 ε_i减去基准值 ε_0即得 $\Delta\varepsilon_i$,N1 和 N3 钢管的实测应变值 $\Delta\varepsilon_i$与时间 t 的关系曲线如图 6-34、图 6-35。

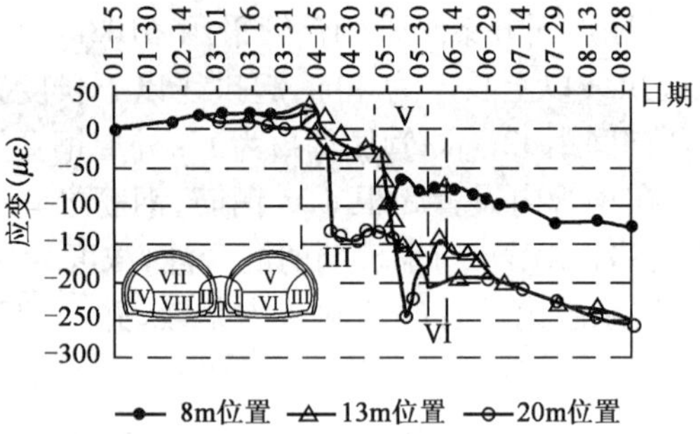

图 6-34 N3 钢管应变 $\Delta\varepsilon_i$与时间 t 关系曲线

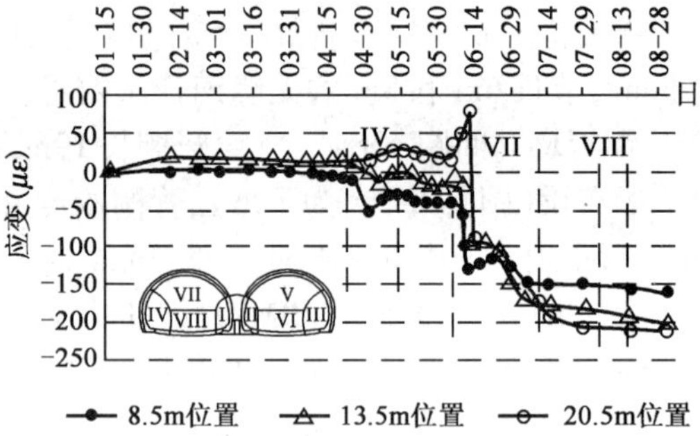

图 6-35 N1 钢管应变 $\Delta\varepsilon_i$与时间 t 关系曲线

根据图上两钢管的 $\Delta\varepsilon_i$-t 实测曲线,可以得出下列规律:①当隧道开挖逐步接近各测点时,钢管变形逐步增大。当开挖掌子面正好处于量测元件位置时,各元件应变值达到最大,即管棚的内力和变形达到最大。②当隧道掌子面通过各测点一定距离及隧道初期支护施工之后,钢管应变变化速率明显减小,并出现小范围回弹,说明在管棚保护下隧道围岩及管棚处于弹性状态,管棚起了很好的超前支护作用。③当隧道初期支护施工一段时间后,钢管应变基本保持稳定,说明管棚的超前支护作用基本完成,管棚和隧道初期支护共同保持了隧道围岩稳定。④当隧道采用分步开挖时,每步开挖对隧道围岩均有一定扰动,故各测点的 $\Delta\varepsilon_i$-t 曲线出现明显的波动,其中以上台阶开挖时对管棚变形影响最大。

在隧道开挖过程中,假定套拱为管棚的刚性固定端,固定在套拱内的钢管不发生纵向变形,根据各测点的 $\Delta\varepsilon_i$-t 曲线与隧道开挖进度的关系,可整理出上台阶开挖时 N1、N3 管在不同开挖位置的纵向应变曲线(图 6-36、图 6-37)。从上两图可得出下列规律:①在隧道开挖过程中,管棚纵向变形总体上呈凹槽形分布,随掌子面不断向前推进,曲线凹槽不断向前和向下移动,当掌子面位于测点位置时该测点应变最大。②在隧道上台阶开始开挖时,管棚的应变曲线比较平缓。当隧道开挖至测点 1 时($x=8$m),该测点的应变最大,相应的应力也最大。在测点

2($x=13$m)时的应变变化率呈增大趋势,并随开挖面逐步接近测点 2 而增大。测点 3($x=20$m)的应变也出现一定变化,但变化幅度值很小,说明开挖至测点 1 位置时对测点 3 的影响较小。隧道开挖纵向影响范围约为 12m。

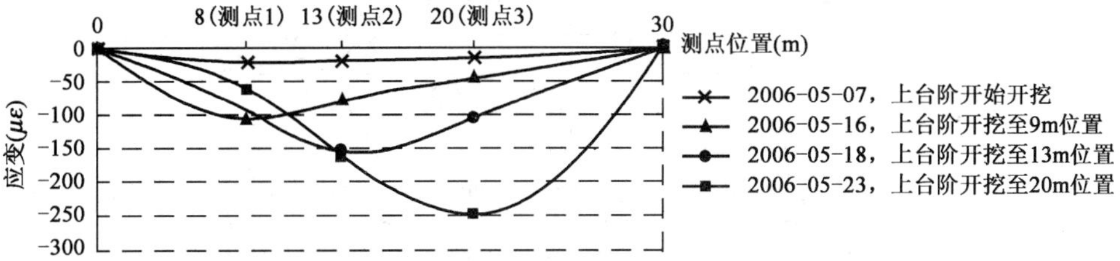

图 6-36　右洞上台阶开挖时 N3 钢管各测点应变与测点位置关系曲线

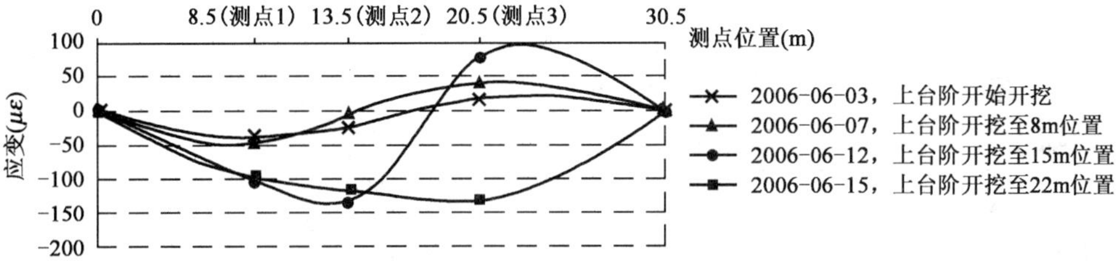

图 6-37　左洞上台阶开挖时 N1 钢管各测点应变与测点位置关系曲线

3)地面沉降等量测结果分析

下穿隧道地表沉降测点布置(图 6-38)和各测点地表累计沉降曲线(图 6-39),是 K111 + 325 断面在管棚未施工前的布设测点。图内日期是:2005-11-17 为中导洞开挖前,2005-11-30 为中导洞开挖至 35m 时,2006-04-09 为右侧导洞开始开挖,2006-05-07 左侧导洞开挖至 12m,并开始上台阶开挖,2006-06-03 左侧导洞开挖至 25m,及右导洞下台阶开挖至 18m 时累计沉降曲线。2006-06-16 左洞开挖至 24m,2006-07-08 右洞上台阶开挖至 52m 时地表沉降曲线。2006-09-10 左右洞二次衬砌均施工到 18m 后的最终沉降曲线。量测结果表明:K111 + 325 断面 Y3 和 Y4 点地表沉降值较大,分别为 47.38mm、49.91mm,其余各点地表沉降均在 30mm 以内,表明长管棚施工起到了很好的超前支护和控制地表沉降的作用。

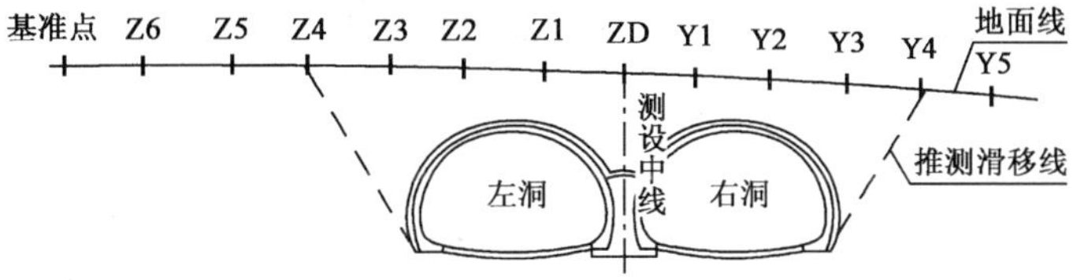

图 6-38　K111 + 325 断面地表沉降测点布置

主洞进口段拱顶下沉和周边收敛的测点布置(图 6-40、图 6-41)在同一断面上,每 10m 选取一个断面。从 YK111 + 325 断面拱顶下沉和周边收敛时态曲线看出,最大下沉值为 18.43mm,其余各断面均小于 15.00mm,隧道周边收敛值也不大,为 4.0 ~ 7.0mm,稳定时间在 20 ~ 30 天内,均在规范的允许值内。

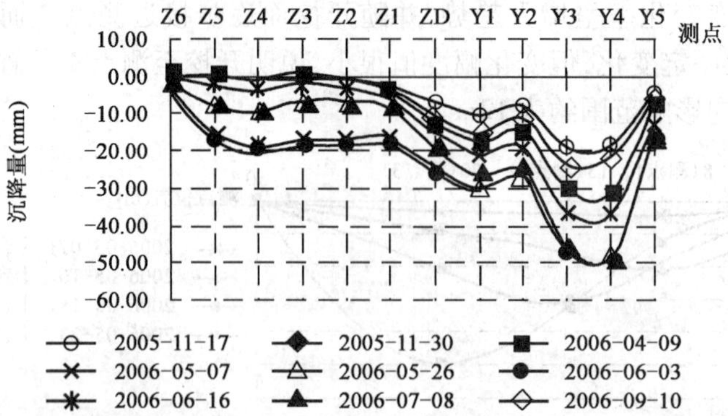

图 6-39　K111 + 325 断面各测点地表累计沉降曲线

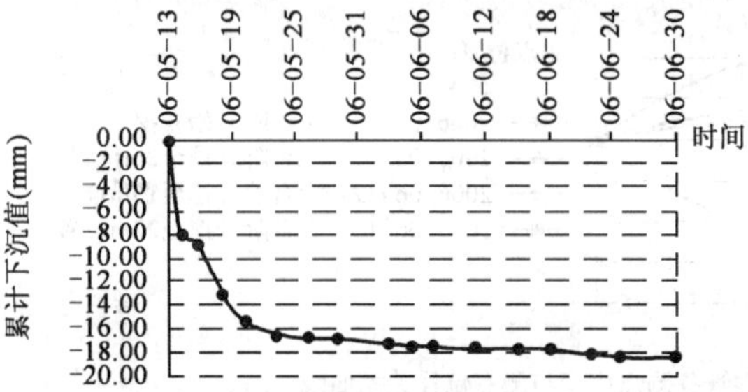

图 6-40　YK111 + 325 断面拱顶下沉时态曲线

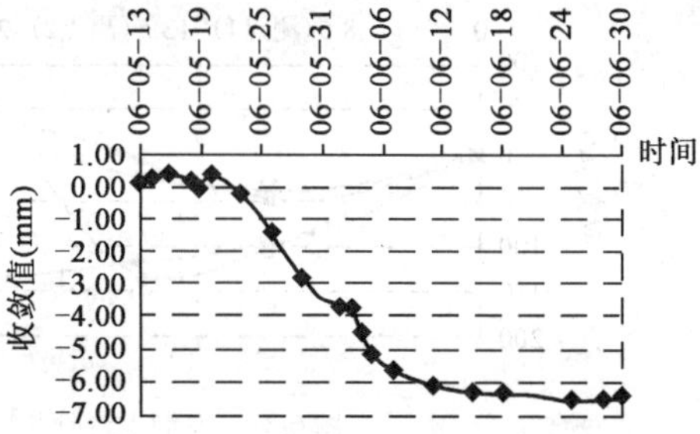

图 6-41　YK111 + 325 断面周边收敛时态曲线

第五节　双向六车道连拱隧道监控量测

双向六车道连拱隧道监控量测[171,172]，因隧道跨度大，埋深浅，围岩强度低(多为 IV、V 级围岩)，穿越的围岩类别多、变化大，加上山区地质勘探的密度有限，施工时隧道实际围岩与设计有较大出入。为了在围岩和支护安全的前提下，充分发挥围岩的自承能力，特别需要在施工中通过现场监控量测，分析调整设计参数，实现动态设计，信息化施工，以在经济合理的支护条件下，保证隧道施工的安全和正常使用。隧道需进行监控量测项目较多，精度要求也高。现介绍宋心林等[171]于监控量测中的量测方法、数据处理和分析方面的经验。

一、监控量测目的

双向六车道高速公路连拱隧道，按照设计图纸及技术交底要求，现场监控量测的主要目的是：①掌握围岩在施工中的动态，控制围岩变形；②了解支护结构在不同情况时的受力状态，及时采取措施，安全施工；③掌握围岩力学形态的变化和规律，对围岩稳定性作出实际评价；④通过监控量测信息反馈，优化施工组织设计，指导现场施工，确保隧道既稳定又经济；⑤提供二次衬砌支护的合理时间，以便在安全的前提下充分发挥围岩的自承能力；⑥评价支护结构、施工方法的合理性，并为优化设计参数、调整施工工艺提供依据，为连拱隧道施工积累资料和经验；⑦监视险情，在保证施工安全的前提下加快施工进度。

二、监控量测内容和方法

根据设计文件,施工监测通常分为必测项目和选测项目。必测项目包括围岩地质和支护状况描述、周边收敛量测、拱顶下沉量测、锚杆轴力量测,选测项目包括围岩内部位移量测、地表沉降观测、围岩与喷射混凝土间接触压力量测、喷射混凝土与二次衬砌间接触压力量测、喷射混凝土内应力量测、二次衬砌内应力量测、钢支撑内力量测等。

1)地质及支护状况观测

由于隧道所处山区,地质条件复杂,开挖前的地质勘探工作很难提供非常准确的地质资料,故施工过程中应当对开挖工作面附近的工程地质与水文地质进行观察和描述,判断围岩稳定性和预测开挖前方的地质条件。对所有观察内容都要填写记录,特殊部位绘出地质素描图或拍照。因此,①在隧道开挖工作面爆破后,应立即进行工程地质状况与水文地质状况描述,核对围岩级别,内容是工作面附近围岩岩性,断层破碎带、褶皱变质带及岩石种类的观察;节理发育程度、接触面充填物的性质、开挖面稳定状态的观察;开挖面有无松散坍塌剥落现象;测定地下涌水、渗水量及其腐朽性能等观察;②初期支护完成后,对初期支护的状况进行观察,如支护锚杆是否被拉曲、喷层是否产生裂缝、剥离和剪切破坏,钢支撑有无被压曲现象等;③对洞口地表地表沉陷、边坡及仰坡的稳定情况,以及地表水渗透等,进行洞外观察;④通过断面测量作实际断面与设计断面对比图。

2)周边位移及拱顶沉降量测

根据量测结果判定周边围岩及拱顶的稳定性、初期支护及施工的合理性、浇筑二次衬砌的时间等。按照相关规范要求,确定观测断面,在预设断面埋设测点。各项位移的测点,一般布置在同一断面,测点统一在一起,测设结果能互相印证,协同分析和应用。测点应安设在距开挖工作面2m 范围内,且不大于一个循环进尺,并应细心保护,不受下一循环施工的破坏,且易于识别。周边位移的测点,应埋设带挂钩的预埋件作为测桩,埋放前先用小型钻机在埋点部位成孔,然后将测桩放入,用速凝水泥或者早强锚固剂固定。测桩头需要设置保护罩,以免松动。

拱顶下沉监测,在拱顶中轴线设置吊环,将带挂钩标尺吊于吊环上,同时在洞内不动位置设置标尺,用水准仪从两标尺上读数,比较前后两次读数的差值,据此计算该点在两次测量之间发生的位移。

中、侧导洞施工的周边位移量测及拱顶下沉测点布置如图 6-42a);中墙施作完成后,主洞开挖的周边位移量测及拱顶下沉测点布置如图 6-42b)。图中 0 点为拱顶下沉量测点,其余为周边位移量测点。对于隧道埋深小于 30m 的浅埋地段,量测断面间距取 5m;埋深大于 30m 时,断面间距取 10m;在地质条件较好地段,断面间距可放宽至 30m。

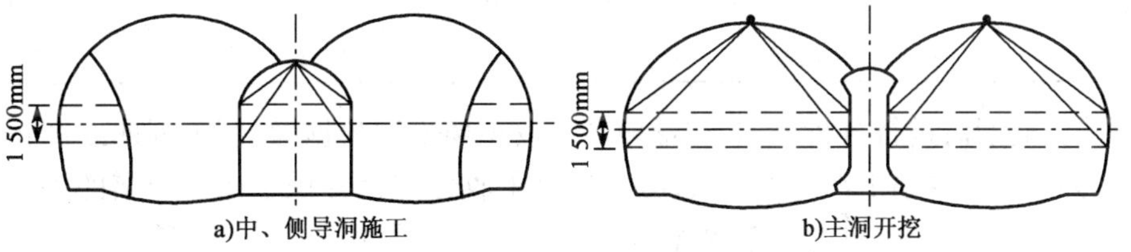

图 6-42　拱顶下沉及周边位移量测点布置

3）地表下沉量测

在隧道左右线沿轴线的方向设3个量测断面，断面间距10～15m。测点应埋设水泥桩，用精密水准仪测量。隧道开挖距测点前30m处开始量测，隧道开挖超过测点20m，直到沉降量稳定以后才停止量测。典型断面布置示意如图6-43。

4）锚杆抗拔试验

锚杆抗拔力的大小直接影响着锚杆的支护效果。如抗拔力不足，会使锚杆起不到与初期支护共同受力锚固围岩的作用，所以锚杆抗拔力的量测是检测锚杆质量的一项基本内容。采用拉拔计检测，每断面至少测3根，抗拔力不小于50kN。

5）选测项目量测元件的布置

选测项目量测是必测项目的拓展和补充，对特殊地段或有代表性的地段进行量测，以便更深入地掌握围岩稳定状态与支护效果。典型断面围岩内部位移量测、锚杆轴力量测、围岩与喷射混凝土间接触压力量测、喷射混凝土与二次衬砌间接触压力量测、喷射混凝土内应力量测、二次衬砌内应力量测、钢支撑内力量测等的测点布置示意如图6-44。

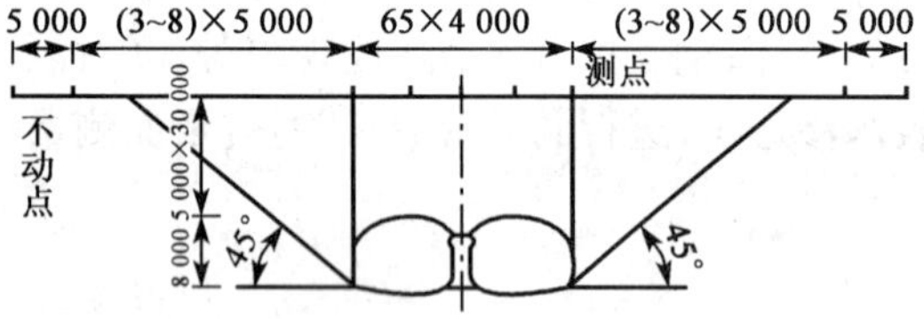

图6-43 地表下沉测点布置示意图（尺寸单位：mm）

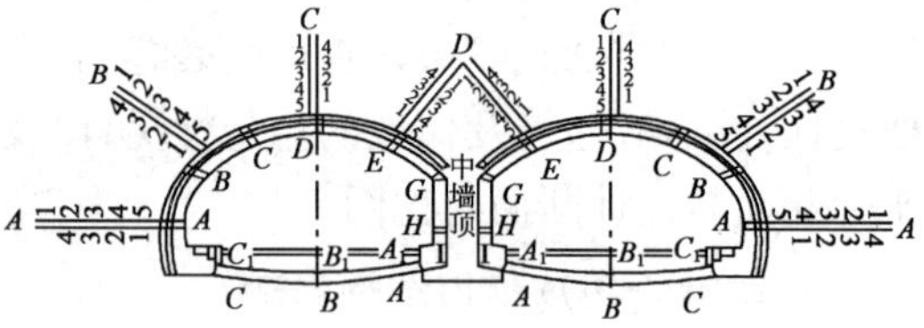

图6-44 隧道选测项目测点埋设布置

三、监控量测数据采集和处理

按施工开挖监控量测设计图要求，及为满足数据分析的需要，浙江南峰和善岭隧道采用的测量读数频率小于规范要求（表6-7）。

监控量测数据采集频率 表6-7

项目名称	量测间距时间			
地质和支护观察	每次爆破后进行			
水平净空收敛及拱顶下沉量	爆破后24小时内进行			
	0～18m	18～36m	36～90m	>90m
	1～2次/d	1次/d	1次/2d	1次/周
地表下沉	仰拱开挖后12小时内进行			
	0～15d	16d～1个月	1～3个月	>3个月
	1次/d	1次/2d	1～2次/周	1～3次/月

数据采集后及时进行分析处理，在量测当天按现场量测数据，绘制下列曲线图：①净空水平收敛时态曲线；②拱顶下沉时态曲线；③净空水平收敛与距开挖工作面距离的关系图；④拱顶下沉与距开挖工作面距离的关系图等。

为了真实、及时、准确地反映施工现场信息，提出数据历经以下过程[6-8]：测点埋设→数据采集→数据收集→数据输入→绘制曲线→输入计机→生成图表→信息反馈。根据量测资料可绘制位移量、位移速度随时间变化的曲线、位移量与开挖面距离关系曲线，找出位移—时间回归曲线，求出最终净空位移量。将同一断面的各种量测数据相互印证、分析，测得数据尽可能在现场整理分析，以确认量测结果的可靠性。对位移等物理量随时间变化的动态曲线进行回归分析，确定围岩变形的空间分布规律及对位移围岩的稳定性特征。一般情况会出现如图 6-45两种时间—位移特征曲线。图 6-45a）为正常曲线，表示绝对位移值逐渐减小，支护结构趋于稳定，可施作二次衬砌；图 6-45b）为反常曲线，表示位移变化异常，出现反弯点，喷锚支护出现严重变形，这时该段支护要采取加强措施，以保证施工安全及工程质量。

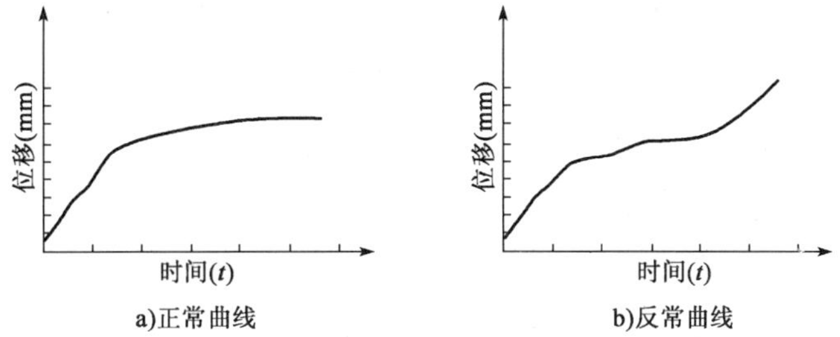

图 6-45　位移—时间特征曲线

当隧道净收敛值的速度明显下降，已产生的各项位移已达到预计总位移量的 80% ~ 90%，周边收敛速度小于 0.15mm/d，拱顶位移速度小于 0.1mm/d 时，一般可认为围岩已基本稳定，此时可施作二次衬砌。在监测过程中，若发现净空位移量过大，或收敛速度无稳定趋势时，对隧道结构应采取如下补强措施：①增加喷射混凝土厚度，或加长加密锚杆，或加挂更密更粗的钢筋网；②提前施作二次衬砌，要求通过反分析校核二次衬砌强度；③提前施作仰拱。

若发现净空位移收敛速度具有稳定趋势时，应据此求出隧道结构初期支护及二次衬砌上的最终荷载，以便对隧道结构的安全度作出正确判断。若通过对各种量测数据联合反分析后，发现初期支护或二次衬砌结构安全系数较大，经设计人员同意后，可对下一段与地质条件相近似的支护参数作适当调整，即进行支护数型变更。特别强调，对围岩类别的变更及支护参数的调整，均必须有相应量测数据，并得到设计院同意。

四、监控量测的组织管理

隧道监控量测是隧道施工管理中的一个重要环节，是施工安全和质量的保障措施之一，因此，需安排专职量测技术人员和量测工人。专职现场量测技术人员主要负责量测计划安排、量测资料的整理，及时向施工负责人汇报隧道洞内围岩的稳定状态，并定期提出围岩稳定性和支护可靠性的书面报告。量测工人在量测技术人员的指导下，负责测点的埋设和日常的量测工作，并负责量测元件的准备、零件加工和量测仪器的保养工作。由于现场地质条件和施工条件的复杂与多变性，量测需要注意如下事项：

（1）测试前检查仪表设备是否完好，如发现问题及时修理或更换，检查测点是否松动或人为损坏，确认测点状态良好时方可进行测试工作。

(2)量测点的安设应能保证初读数在刚开挖后2～4h内和下一循环开挖前完成,并测取初读数。每测点一般测读3次,3次读数相差不大时,取算术平均值作为观测值,若读数相差过大时应检查仪器、仪表安装是否正确,测点是否松动,当确认无误时再进行测试。

(3)施工过程中对地质变化进行监测,看实际地质情况是否与设计相符。

(4)及时监控围岩的变形,及时分析数据结果,及时提交量测成果。

第六节　二次衬砌裂缝三维监控量测

由于大跨度连拱隧道在受力分析上有许多不利因素,加之受地形和本身施工过程的限制,很多连拱隧道都属偏压隧道,造成许多已建和在建的连拱隧道都不同程度上存在衬砌开裂变形、渗漏水等问题[173,174]。下面介绍叶飞等[173]对连拱隧道衬砌裂缝三维监测的研究。

一、二次衬砌裂缝分类

1)依裂缝与隧道轴向关系分类

(1)纵向裂缝。裂缝走向基本平行于隧道轴线,在拱部及边墙均会发生,一般因荷载过大或衬砌承载力不足导致。这种裂缝危害最大,严重时会导致整个隧道被废弃。

(2)环向裂缝。裂缝走向基本沿环向,多发生在三缝(施工缝、工作缝、沉降缝)处,或发生在洞口、不良地质地带与完整岩石地层的交接处。在偏压隧道中也时有发生。环向裂缝危害性相对不大。

(3)斜向裂缝。裂缝与隧道轴线呈斜交趋势,常在局部不均匀受力或偏压作用下发生。在拱部、边墙处都可能发生,其危害性较大。

(4)网状裂缝。此种裂缝较为少见,一般在衬砌强度严重不足且受较大集中力时可能发生,如在注浆加固或注浆止水施工过程中,裂缝呈网状辐射。

2)依据裂缝发生部位分类

(1)拱部裂缝。拱部裂缝主要发生在隧道衬砌拱顶及其附近位置,在不充分发育时因距离较远不易被肉眼发现,如在某两连拱隧道的两条拱部裂缝(图6-46)。

(2)边墙裂缝。边墙裂缝,即发生在隧道边墙上的裂缝,如某连拱隧道的一纵向裂缝和一环向裂缝(图6-47)。

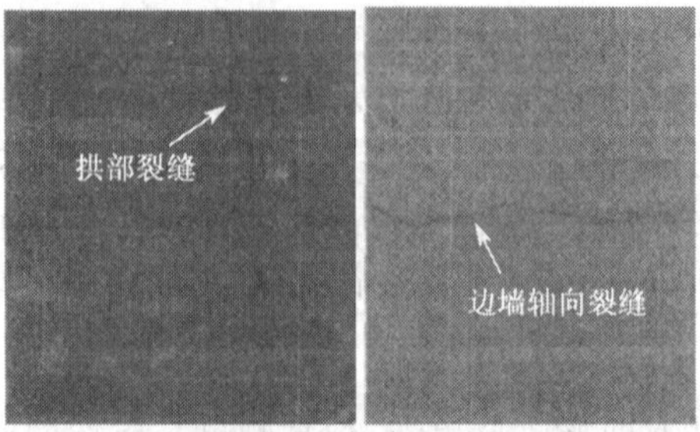

图6-46　连拱隧道拱部裂缝

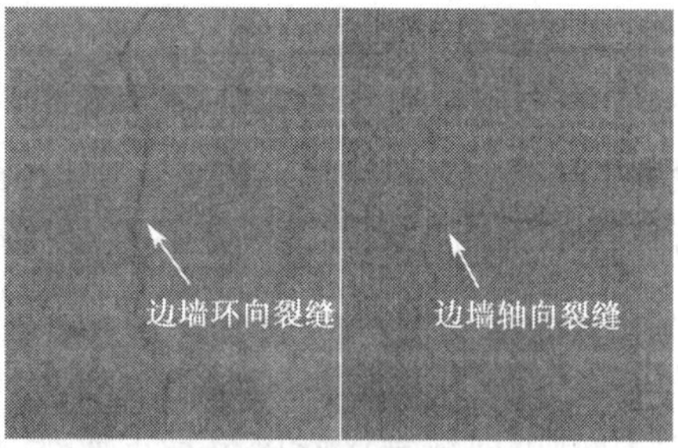

图6-47　连拱隧道边墙裂缝

(3)中墙裂缝。发生在连拱隧道的中墙上,一般多为垂直方向。作为连拱隧道的受力中枢,中墙一旦出现纵向裂缝将会非常危险(图6-48)。

3)依据裂缝宽度分类

根据裂缝宽度δ,按大小分为四级:毛裂缝(发丝裂缝),$\delta \leqslant 0.3\text{mm}$;小裂缝,$0.3\text{mm} < \delta \leqslant 2\text{mm}$;中裂缝,$2\text{mm} < \delta \leqslant 20\text{mm}$;大裂缝,$\delta > 20\text{mm}$。

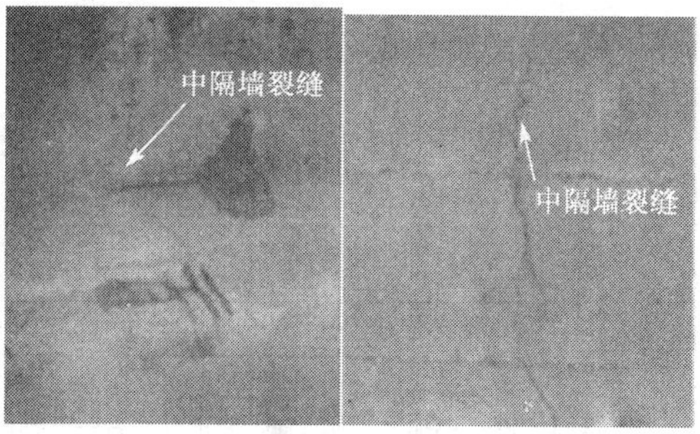

图6-48　连拱隧道中墙裂缝

4)依裂缝形成机理分类

(1)温度裂缝。连续浇筑二次衬砌混凝土的干缩、热胀冷缩加之外侧围岩对衬砌自由胀缩的限制,在衬砌内部会产生温度应力,混凝土是抗拉强度远远低于抗压强度的材料,降温时产生的拉应力可能在隧道衬砌内产生环向和纵向裂缝。

(2)沉降裂缝。沉降裂缝的产生是因结构地基土质不匀、松软,回填土不实、浸水而造成不均匀沉降所致;或者因为台车模板刚度不足,模板支撑间距过大或支撑底部松动等导致;特别是在冬季,模板支撑在冻土上,冻土化冻后产生不均匀沉降,致使混凝土结构产生裂缝。

(3)施工裂缝。施工原因引起裂缝是连拱隧道常遇到的一类裂缝,如爆破引起左右洞的相互扰动产生裂缝,施工工序、施工方法选择不当导致衬砌裂缝,注浆或回填压力过大导致裂缝,混凝土强度不够引起裂缝等。

(4)偏压荷载裂缝。隧道产生偏压的原因很多,如浅埋傍山隧道的地形偏压、岩体结构及地质构造产生的地质构造偏压、对称结构由不对称向对称转化过程中产生的偏压、隧—坡耦合作用下边坡移动造成的偏压等引起的衬砌裂缝。

(5)地质原因引起裂缝。如暴雨、山体滑坡等地质灾害引起的裂缝,围岩的构造应力释放引起的裂缝,隧道穿越断层带或断层带后期错动位移引起的裂缝等。

二、衬砌裂缝监测

隧道衬砌裂缝监测方法有多种,常见的有油漆法、石膏条法以及裂缝两边钉钉配合游标卡尺量测法等。油漆法类似于石膏条法,是较为粗略的量测方法,能判断裂缝是否在持续发展;钉钉配合游标卡尺量测法属一维量测,只能判断裂缝宽度发展,测值相对精确。此外,还有专门的测缝仪进行量测。国内已经有三维测缝仪,主要用于混凝土大坝等结构的裂缝监测。隧道衬砌裂缝监测可用该仪器,不过量测费用较高。此处介绍叶飞等[174]在连拱隧道监测中用自制测缝仪进行三维裂缝监测的方法和实例。

所谓三维裂缝监测,即监测已有裂缝三个方向上的位移发展情况,从而判断裂缝两侧的移动和错动情况。对隧道工程来说,三个方向即轴向、径向及断面切向(图6-49)。

若只对图6-49中所示三个方向的任一方向进行量测则为一维量测,进行两个方向量测则为二维量测,三个方向都量测则为三维量测。现实工程中的裂缝量测,可在裂缝两边设法固定测杆和测片,一维量测只需两边各一测杆用游标卡尺量测即可,二维和三维量测则需补充另外两方向的平行测片。

三、二次衬砌裂缝监控量测实例

以某连拱隧道中墙一环向裂缝为例，介绍三维缝情裂况及量测结果(图 6-50)。

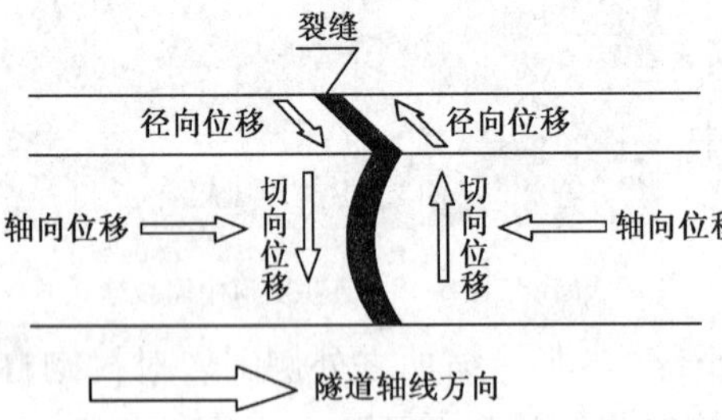

图 6-49　裂缝三维监测示意

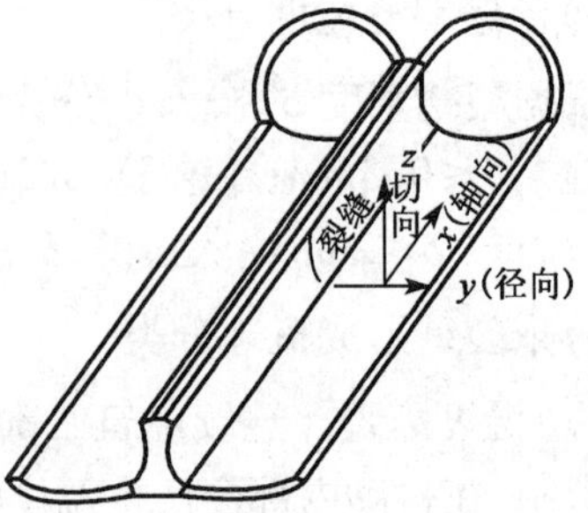

图 6-50　中墙裂缝监测三维方向示意

(1)量测方法。采用自制的简单三维测缝仪进行三维裂缝监测。用游标卡尺可量测测缝仪上三个方向的测片距离，将其与前次量测结果相减，即为本段时间裂缝沿各方向的发展值。

游标卡尺的量测精度较高，量测中要注意每次对准测片的同一位置，可在测片上做“十”字细画线等标记，并注意量测力度，最好是固定一人来量测。

(2)量测结果。裂缝三维量测曲线如图 6-51 ~ 图 6-53，从图看出被测裂缝在三个方向均发生了不同程度的位移和错动，在同一量测时间内还表现出较为一致的变化规律。在 2004 年 11 月 13 日开始量测日到 12 月 23 日期间裂缝发展较快，总体上仍然是沿裂缝宽度方向轴向位移增长较迅速。作为监测方及时将该量测结果，以书面形式通报有关各方，提出了注意左右洞掌子面间距和仰拱紧跟等处理措施。自 12 月 28 日后测值渐趋平稳。

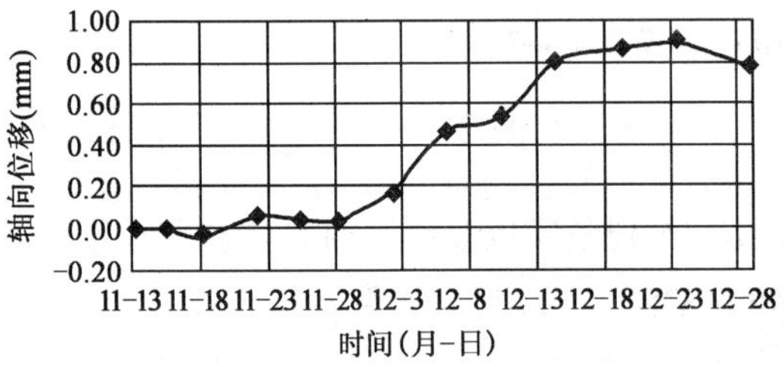

图 6-51　x 方向位移与时间关系曲线

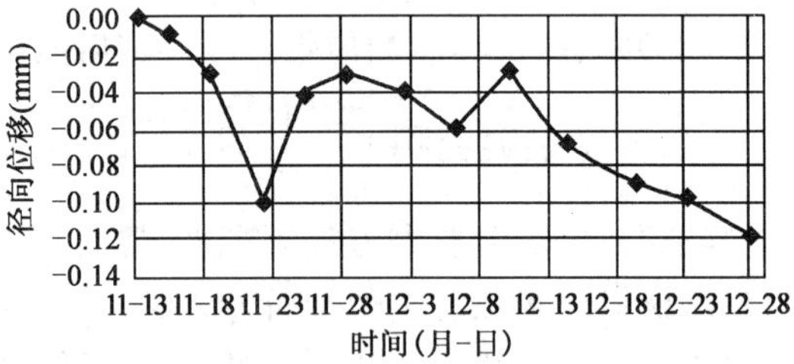

图 6-52　y 方向位移与时间关系曲线

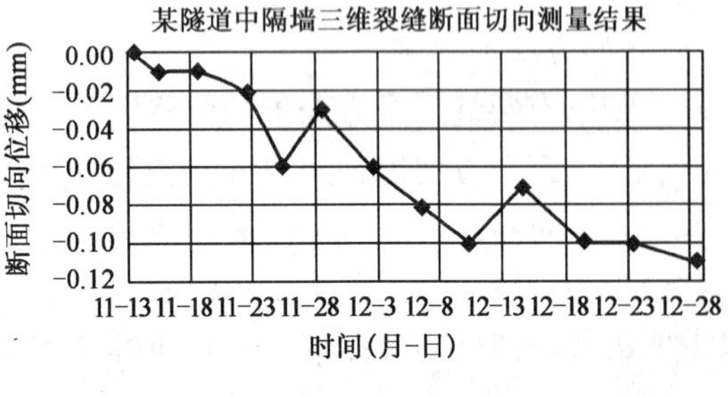

图 6-53　z 方向位移与时间关系曲线

第七节　湖底连拱隧道监控量测

王霆等[175]在独墅湖隧道主体结构受力及变形规律分析中,对湖底连拱隧道进行了监控量测。该隧道主体结构荷载等级为城—A 级,抗震按 6 度设防。设计常水位黄海高程 +1.12m,百年一遇设计高水位 +2.92m。结构设计使用年限为 100 年,所处的环境类别为二(a)类,工程防洪标准设计重现期 100 年。隧道结构每 60m 设一道变形缝,以适应纵向变形要求,两条变形缝间设三条施工缝。在地层、结构刚度、地形突变处适当增设变形缝。隧道采用跳仓施工,以降低混凝土早期干缩的不利影响。隧道的防水等级采用略高于二级标准,局部机电设备集中区域防水等级为一级。现浇混凝土结构应满足自防水要求。隧道暗埋段采用两洞一管箱涵结构,底板下设置钻孔灌注桩,保证结构的抗浮与整体稳定,桩长为 18 ~25m。敞开段采用 U 形结构,底部设抗拔桩抗浮。隧道暗埋段主体结构标准断面如图 6-54。

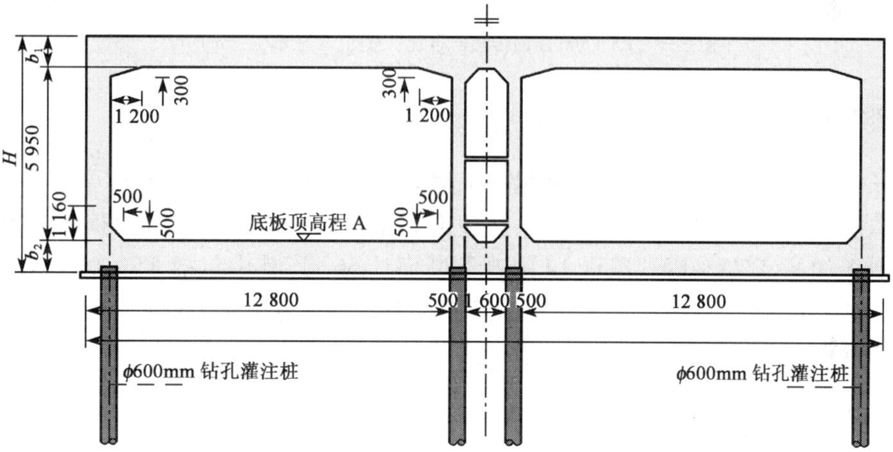

图 6-54　隧道暗埋段主体结构标准断面示意图(尺寸单位:mm)

勘察报告显示,隧道沿线陆域土层中赋含地下水,其类型为潜水。近 3 ~5 年最高潜水位约 2.50m。经观测表明,微承压水水位为 1.41 ~1.48m。尽管明挖隧道采用现浇钢筋混凝土结构形式,结构的完整性与工程质量相比地下暗挖隧道更易于控制,并且现浇混凝土通常具有自防水功能,但渗漏仍然是这类工程最主要的顽疾之一。因此,需通过现场实测与理论研究比较,确定隧道主体在水、土压力荷载、不均匀沉降等因素作用下的结构状态,确定结构受力和变形规律,找出存在隧道渗漏隐患的薄弱环节,为隧道的维护和保养提供依据。

一、测试方案

传感器布设,选择 K5 +860、K5 +570、K5 +060 等三处典型结构断面,分别为跨度最大截面、标准截面与隧道低点位置所在截面。每断面上对称布置光纤光栅钢筋计和光纤光栅温度计各 8 只,即每侧 4 支钢筋计、4 支温度计,一支钢筋计与一支温度计布置在一起。所有钢筋两端焊接在主筋内侧表面,温度传感器均绑扎固定在钢筋上,一起穿入预留金属线管内,伸出混凝土后,进入管廊上半部。8 支传感器的两端共 16 根光纤彼此首尾相连,接入通讯光缆中光纤的芯端。通讯光缆被引至湖东变电所。

以 K5 +860 断面,绘出了传感器布置图(图 6-55)。K5 +570 和 K5 +060 的传感器布置方式与 K5 +860 相同。浇筑混凝土前测量各传感器初值,浇筑完成达到一定龄期后,测量各传感器读数,均为自重荷载作用下结构的响应。回土、回水后测量各传感器读数,均为结构在土、水压力、自重荷载工况共同作用下的响应。

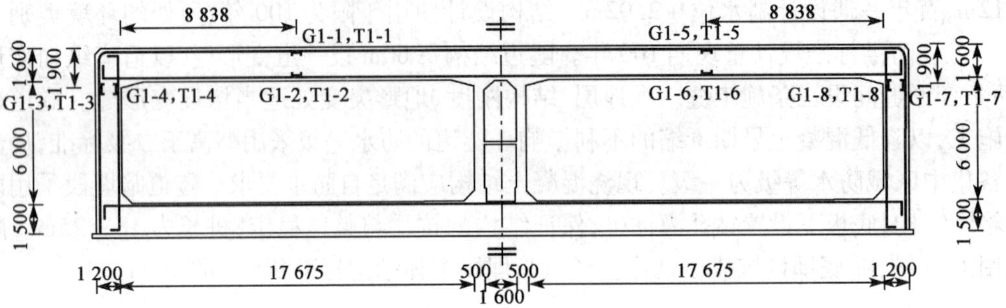

图 6-55　K5 +860 断面传感器布置示意图(尺寸单位:mm)

二、沉降观测

隧道长达 3460m,填土荷载较大,跨越的工程地质条件较复杂,主体结构可能产生不均匀沉降,需要在分析沉降观测数据的基础上,从理论上确定不均匀沉降对结构的附加作用。沉降观测测点布置如下:穿越独墅湖段设 14 个观测断面计 56 点,其中包括 K5 +060、K5 +860 与 K5 +570 等三个断面;出地面段设 4 个观测断面计 16 点;匝道设 4 个观测断面计 16 点;雨水泵房设 8 个观测点。各测点的安装采用螺栓式永久标志。

三、有限元分析

对三个监测断面所在的 K5 +030 ~ K5 +090、K5 +519 ~ K5 +579、K5 +830 ~ K5 +890 节段,在荷载与沉降作用下的结构响应进行三维有限元分析。以 K5 +030 ~ 090 段为例,其结构单元划分 88 328 个 solid45 单元 106 994 个节点(图 6-56)。结构上荷载包含自重力、水土重力、土压力、水浮力、不均匀沉降等作用,其结构计算简图如图 6-57。其中不均匀沉降作用通过在结构约束位置直接施加节点位移实现。分析中钢筋混凝土结构按弹性均质材料考虑,忽略混凝土裂缝开展对结构应力分布的影响。

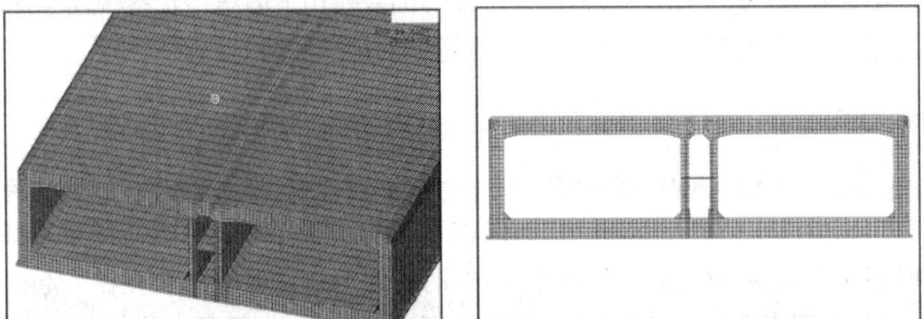

图 6-56　K5 +030 ~ 090 节段有限单元划分

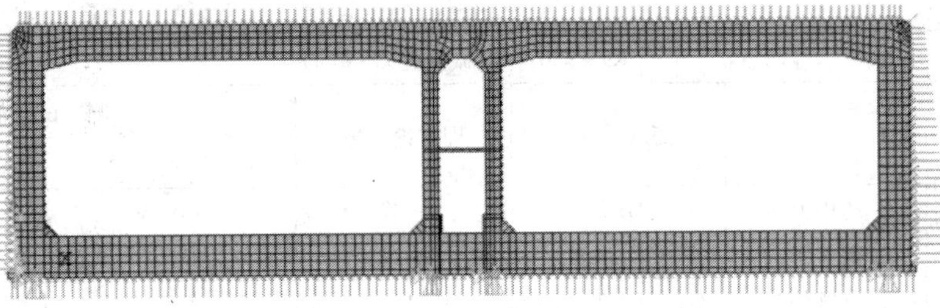

图 6-57　结构计算简图

四、测试结果和分析

K5 +030 ~090 节段三维有限元分析结果如图 6-58，图中底部应力轴右侧部分所对应的主拉应力已超过 C30 混凝土抗拉强度，因此，顶板跨中底部、顶板横隔墙顶部、侧墙顶部以及底部跨中位置结构带裂缝工作。以 K5 +860 断面（表 6-8）为例，对隧道回水与回土后跨中与支座截面理论与实测受力与变形规律进行了比较。从表 6-8 看出，测试值与理论值总体上接近，未出现明显异常应力增量。其次，2007 年 6 月 15 日与 9 月 14 日两次实测值略有变化，这主要是由于环境温度变化、湖面水位变化以及隧道收缩、徐变发展所引起的。如传感器工作正常，该里程断面北侧隧道顶板支座内、外应力明显偏小，说明该截面可能已经出现裂缝而造成应力重分布，应对该截面位置加强观测，防止渗漏通路的出现。K5 +519 ~ K5 +579 与 K5 +830 ~ K5 +890 等两个节段的受力及变形规律与 K5 +030 ~ K5 +090 类似。

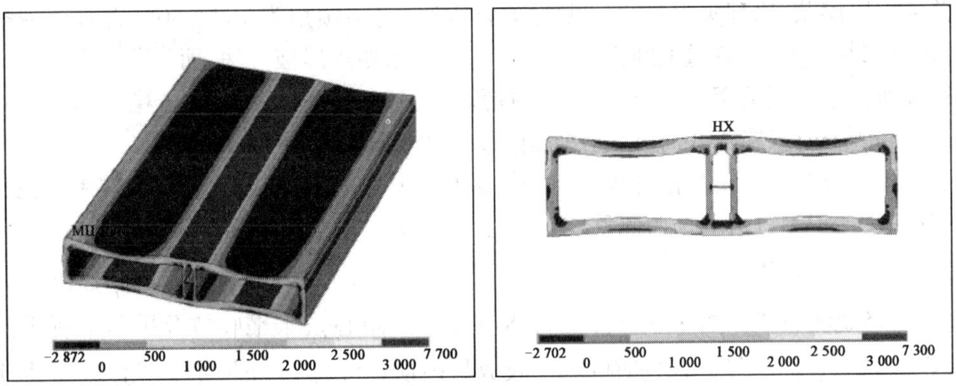

图 6-58　K5 +030 ~ K5 +090 节段三维有限元分析结果

理论值与实测值比较　　表 6-8

K5 +980：标准截面应力（MPa）					
位　置		编　号	理 论 值	测 试 值	
				2007 年 6 月 15 日	2007 年 9 月 14 日
南侧（左）	跨中上	G1-1	-28.8	-24.25	-13.70
	跨中下	G1-2	24.1	16.29	19.52
	支座外	G1-3	24.5	18.2	24.6
	支座内	G1-4	-30.9	-61.26	-53.86

续上表

K5 +980：标准截面应力(MPa)					
位　置		编　号	理 论 值	测 试 值	
				2007 年 6 月 15 日	2007 年 9 月 14 日
北侧(左)	跨中上	G1-5	-29	-19.30	-28.99
	跨中下	G1-6	24.3	21.97	15.67
	支座外	G1-7	24.2	5.61	6.18
	支座内	G1-8	-30.8	-1.05	-2.88

第八节　分岔式连拱隧道监控量测

分岔连拱隧道监控量测，由于与桥相连有较大的优越性，施工方便，且有明显的经济效益，近五年来有很大进展，成果很多[103,108,176~179]。

一、大拱段开挖爆破监测

张庆松、李术才、李利平[176]对沪蓉西高速庙垭分岔连拱隧道大拱段开挖爆破时围岩稳定性监控与爆破振动效应作了研究。庙垭分岔隧道地处构造侵蚀峰丛槽谷山区，以岩溶槽谷、峰丛地貌为特征。隧道分岔段长为 144.2m。其中四车道大拱段长 57m，最大开挖跨度 23.9m，开挖高度 11.9m，洞口段最小埋深仅 3m。围岩以 III、IV 级为主，隧区多分布微晶灰岩夹薄层页岩，薄~中厚层状，局部夹泥。岩层多为单斜构造，岩层倾角为 10°~30°，岩石节理裂隙发育。采用分部开挖方法，隧道上断面采用矩形直眼掏槽掘进爆破方法，而下断面采用水平孔拉槽爆破，预留核心土则采用松动爆破法最后挖除。为确保浅埋大跨段山体稳定，采用 20 号工字钢拱架，间距 1m，双层 ϕ18mm 钢筋网加喷 C20 混凝土 25cm 厚，ϕ25mm 预应力锚杆、ϕ22mm 钢筋径向锚杆长短结合布置，锚杆尾端与钢拱架连成整体，以增强联合支护的效果。施工过程中围岩开挖及支护参数按现场监测反馈进行适当调整。

1）地表沉降与围岩变形监测

地表沉降观测布置如图 6-59（o_1，o_2 为隧道三心拱圆心）；水平收敛及拱顶下沉观测布置如图 6-60。首先监测中导洞开挖时的水平收敛与拱顶下沉，待上下断面开挖时再分别实施其它监测。

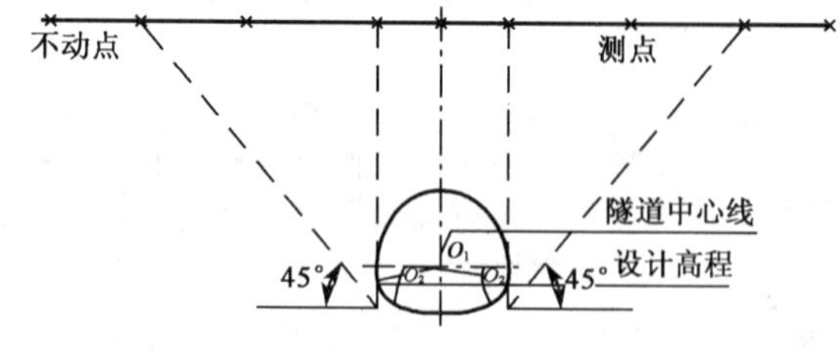

图 6-59　地表沉降观测布置图

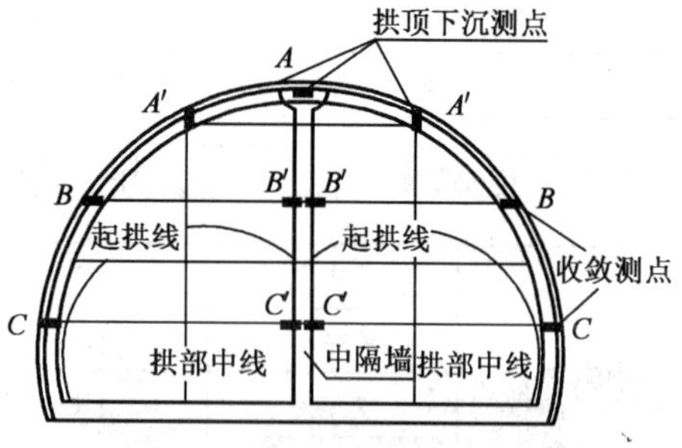

图 6-60　水平收敛与拱顶下沉观测布置图

2）支护体系应力监测

由于浅埋大跨段施工采用分部开挖方法，后续连拱加剧了该段支护体系力学状态的复杂性，主要表现在锚杆、钢支撑和衬砌的应力变化上。因此，在钢拱架内外侧及衬砌上布置有大量 GGBJ 型振弦式钢结构应变计和 GH 型振弦式压力盒，通过 GSJ-2A 型便携式多功能电脑检测仪将力学性态数字化。支护体系测点主要布置在锚杆、钢拱架的初期支护及二次衬砌上，量测支护体系随开挖掘进的受力变化（图 6-61）。

3）浅埋地表爆破振动监测

庙垭分岔隧道浅埋大跨段，最大开挖跨度 26m，开挖高度 13m，其中洞口段埋深仅 3m。浅埋覆岩比较完整，可爆性较好。地表存在一定厚度的碎石积土，由于成洞区改变了隧道上覆岩石结构，使得开挖爆破时浅埋地表的振动速度进一步被放大。隧道上断面采用矩形直眼掏槽的掘进爆破方法，下断面则采用水平孔拉槽爆破，以降低爆破对上断面混凝土衬砌及地表的危害。为控制爆破振害，了解浅埋地表的爆破动力特性，以成洞区及掌子面正上方附近振速为监测重点。现场测试以爆破掌子面为交叉中心，在地表沿隧道轴线及其垂直方向布置测点 9 个，点间距 3m，布置形式如图 6-62。

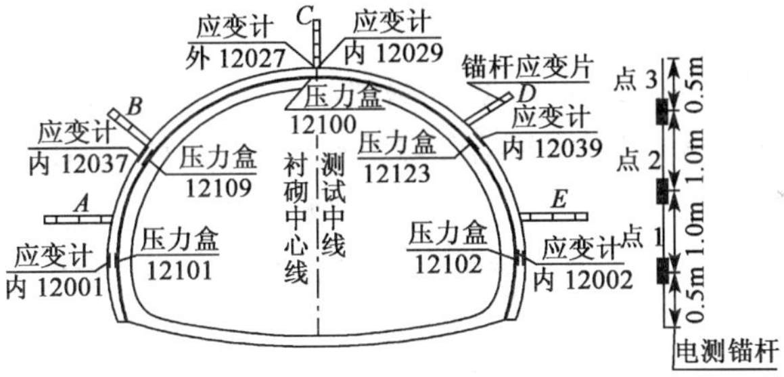

图 6-61　支护体系测点布置图

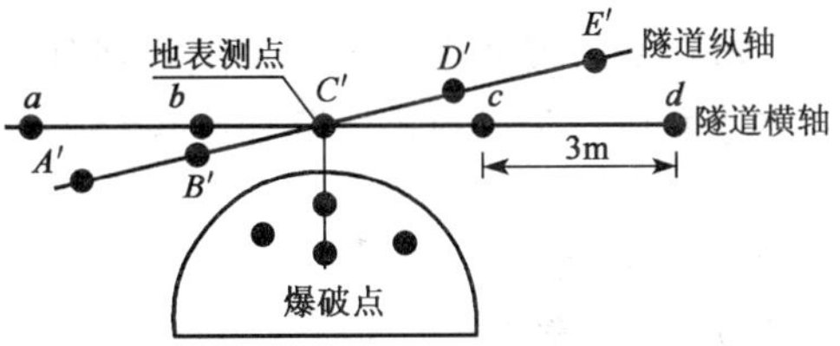

图 6-62　地表振速测点布置图

4）围岩变形监测分析

洞口浅埋段 K120 + 730 断面为典型断面，其围岩变形受地质条件、施工爆破等多方面影响因素制约，其中受施工工序干扰最大。围岩变形时态曲线如图 6-63，围岩变形进尺影响效应曲线如图 6-64。通过对监测结果分析可看出：

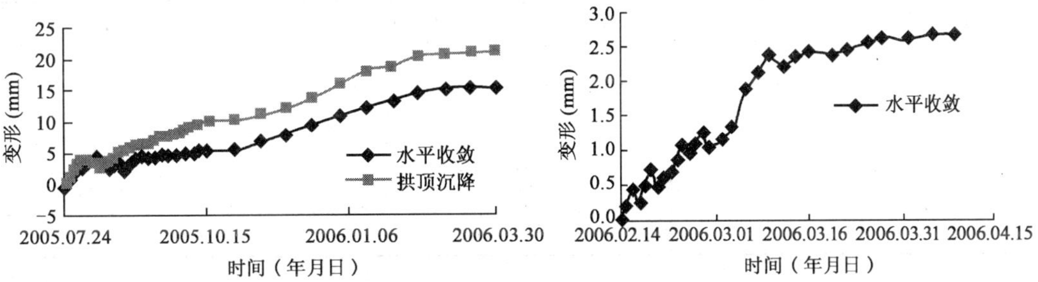

a) 上断面　　b) 下断面

图 6-63　围岩变形时态曲线

(1)在上断面开挖过程中，由于中导洞先行开挖，其余部分进行扩挖时多次爆破使得围岩不断处在自身应力状态调整过程中，收敛及拱顶沉降曲线均波动较大。变形以沉降为主，大约30d后掌子面出现夹泥、渗水等不良地质现象，围岩变形速率变大，随后呈现加剧趋势(图6-63a)。发出紧急警告后暂停施工，全面加强初期支护措施，及时施作长6mϕ25mm预应力锚杆，杆体抗拉强度约为170kN，适时注浆并进行二次张拉，有效抑制了围岩变形，从而保证了上断面的稳定开挖。

(2)随着掌子面的掘进，支护时机滞后、支护强度不够导致围岩变形进一步加剧。变形仍以沉降为主，体现了显著的浅埋特征。随后对横洞与大拱交叉断面密布工字钢强行支护。大约80d后围岩变形减缓，此时变形量约为总变形量50%，暂停施工，直至量测值比较稳定后，才开始下断面的施工开挖。

(3)随着下断面持续开挖，收敛和沉降值急剧增大，其开挖面进尺影响效应曲线一致(图6-64)，稳定期则较长(图6-63b)。下断面开挖对上断面围岩变形影响比较显著，表现为变形值突升，图6-63曲线中部变化特征是下断面围岩变形相对平稳。故下断面开挖时减小了循环进尺，控制在1m以内，随掘随支，并尽早使初期支护封闭成环，以发挥支护体系的整体稳定作用。大拱段围岩最终收敛值较小，洞口段水平收敛15.4mm，拱顶沉降20.2mm。

5)地表下沉监测分析

洞口浅埋段共设2个地表沉降观测断面，其中K120+730断面最终沉降列于表6-9，地表测点横断面各阶段地表沉降如图6-65所示。分析监测数据并结合现场施工可得出如下结论：

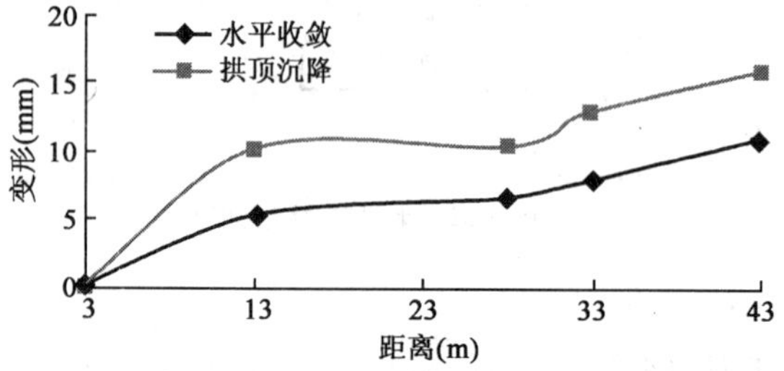

图6-64　围岩变形进尺影响效应曲线

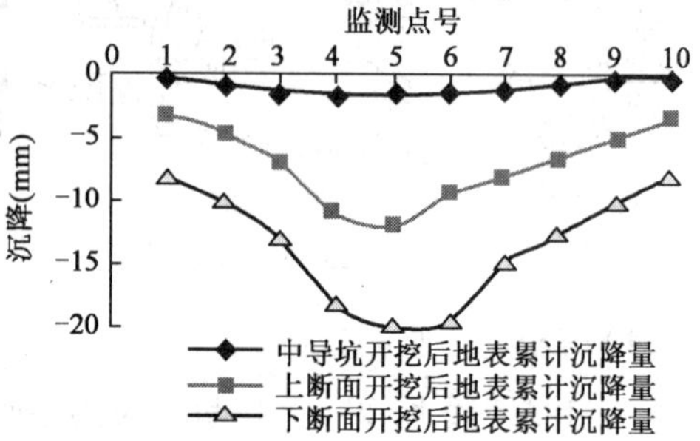

图6-65　典型施工步目标面地表沉降

测点最终沉降表　　表6-9

监测点号	S(mm)	监测点号	S(mm)
1	-8.01	6	-20.73
2	-10.28	7	-18.20
3	-12.60	8	-12.95
4	-14.53	9	-10.28
5	-19.35	10	-8.18

(1)中导坑开挖时，洞口上方地表下沉比较小，上覆岩体较稳定。由于中导坑随挖随支，并采用纵向间距1m的14号工字钢及锚喷联合支护，围岩变形稳定后即可进行上断面扩挖。

(2)上断面开挖引起地表急剧沉降。围岩自承能力薄弱，地表沉降量约为总沉降量的

50%。这是由于初期支护无法封闭成环,开挖过程中存在着较大水平应力和位移,但整体而言,上断面开挖对两侧的影响小于对拱顶的影响。

(3)下断面开挖引起地表第二次较大沉降。洞室大面积开挖打破了原有应力场,但由于时值雨季施工,雨水及施工爆破振动的影响,也是地表产生沉降的重要因素。

(4)施工各阶段洞口上方地表沉降始终呈现一漏斗状曲线,由中心逐渐向两边扩散,沉降主要集中于隧道正上方,与 Peck 曲线描述基本一致。

6)围岩压力分析

在围岩和喷射混凝土之间埋设压力盒,以量测初期支护与围岩之间的接触应力,得出围岩应力变化曲线(图 6-66)和最终围岩应力分布(图 6-67),从中看出:

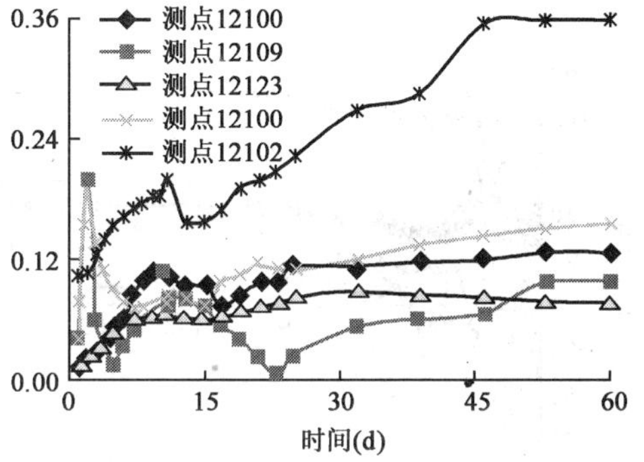

图 6-66 围岩应力变化曲线

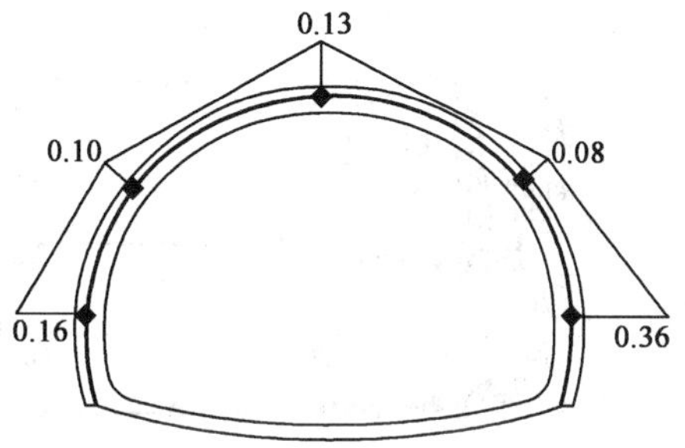

图 6-67 最终围岩应力分布图(单位:MPa)

(1)围岩压力随施工工序进展而不断调整,其变化具有普遍性。由于连拱开挖的分载作用,隧道围岩整体上呈现“卸荷”现象,但时间较短。随着开挖的深入及拱顶围岩的持续沉降,初期支护结构开始承载,围岩压力大部分时间呈稳步增长趋势。

(2)大约 30d 后围岩应力变化进入平缓期,但右边墙测点 12100 应力则急剧上升,最大值达到 0.36MPa。虽岩质较好的浅埋隧道仍具有一定的“承载拱”能力,但由于洞室群大面积开挖,其自承能力进一步降低。

(3)从接触应力分布图来看,浅埋山体的荷载基本由初期支护结构来承担。初期支护边墙部位应力值最大,拱部次之,整体上分布具有一定的对称性。

7)锚杆轴力分析

每根锚杆粘贴应变片 3 个,分别位于锚杆中点及距两端 0.5m 位置。对不同位置的量测锚杆,分别取靠近洞壁的点比较其应力变化曲线(图 6-68),从中看出:

(1)由于浅埋段开挖跨度较大,裂隙发育,拱顶局部平直,开挖后应力应变调整剧烈,拱顶围岩沉降较大,锚杆的悬吊作用较明显,拉应力 δ_1 最大值约为 43MPa。

(2)大约 30d 后曲线开始下降,表明随时间的推移拉应力有所缓和,这是应力、应变重新分布后,围岩逐渐调整至新的稳定状态的特征。对于左侧拱腰 B_1 处,应变片埋设不久后变形上升至无法读数,表明开挖造成了缝隙开裂,而应变片恰好位于缝隙部位,曲线急剧上升反映了裂隙突然张开,造成贴片失效。

(3)埋设于拱脚的锚杆应力值均较小,与钢支撑下部承载较小相吻合。左侧拱脚 A_1 处始终处于受压状态,表明由于工字钢与锚喷的联合支护作用,使得支护锚杆抑制了围岩径向变形,相应增加了围岩的稳定参数,使围岩具有成拱作用,同时也反映了浅埋段以自重应力为主、无构造应力的特点。右侧拱脚 E_1 处的应力与 A_1 处的应力变化均较平滑,反映了岩体应力、应变调整比较缓慢,逐渐接近某个极限值,从而岩体趋于稳定。整体而言,埋设在拱顶的锚杆应力变化最为复杂,拱腰和拱脚的则比较平缓,趋稳时间也相对较短,约为 30d,与钢支撑应力趋稳时间相吻合。

8)钢支撑内力分析

隧道开挖后,初期支护为主要承载组合,其力学状态随围岩变形起伏不定,尤其在大拱与连拱过渡段附近,支护效果对浅埋山体的整体稳定具有决定性意义。钢拱架应力变化曲线如图 6-69 所示,从中可看出:

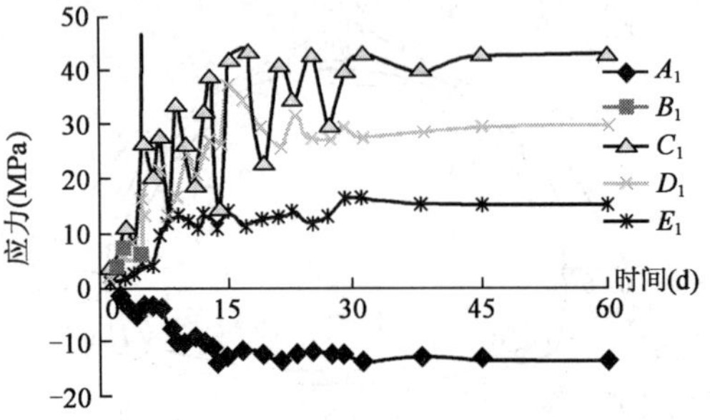

图 6-68　锚杆应力变化曲线

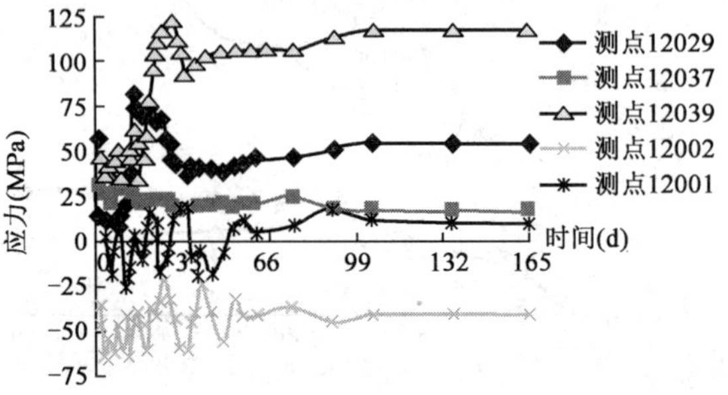

图 6-69　钢拱架应力变化曲线

(1)由于大跨度开挖,围岩承载圈较难形成,初期支护结构受力明显,除右侧墙角外,钢拱架均处于受压状态。图中测点 12039 反映了右侧拱腰的应力变化。右侧拱腰应力直线上升,而左侧拱腰受力较小,测点 12037 示值仅为 22.93MPa。由于初期支护结构尚未封闭成环,下断面开挖使得拱顶和右侧拱腰受力有所升高,约增加 10.00MPa,而左侧拱腰受力有所缓和,最后稳定值仅为 16.22MPa。

(2)开挖过程中,下断面右侧墙角始终处于受拉状态,左侧墙角测点 12001 则拉压交替变化。比较而言,上断面钢支撑承载比例约占总支护抗力的 70%,始终处于受压状态,说明钢支撑在联合锚喷作用下形成了压力拱结构。总体来说,从支护体系的整体受力状态来看,浅埋大跨段的支护参数比较合理,能保持大跨度开挖时山体的稳定性。由于连拱空间结构的影响,浅埋大跨段右侧支护体系力学状态较左侧复杂,初期支护为浅埋山体的主要承载体,结构上半部受力较大。初期支护应及早封闭成环以分担荷载,洞口段钢支撑间距可适当放大。

9)爆破振速监测分析

浅埋地表振速测试共采集到有效数据 37 组,同一测点中尤其是爆破掌子面正上方的地表附近部位,通常垂向振速最大,并且地表振速沿隧道纵、横轴以点 C 为中心呈现一定规律性变化(图 6-70、图 6-71)。测试中 1 ~ 3 代表沿掌子面不同推进距离时的 3 次试验结果。隧道掌子面爆破时,爆破冲击荷载作用下的波阵面波头压力极高,其到达隧道正上方地表测点的路程最短,地表附近振速短时间内上升到极大值,但由于岩体及表土层的作用又迅速衰减。而隧道开挖使得地表架空,地震波在浅埋结构中的传播路径发生改变,导致成洞区地表振速通常大于未开挖部分的地表振速。因此,3 次测试地表最大振速均出现在点 B_1,隧道纵轴向测点振速则体现了其浅埋特征,自成洞区向未开挖区过渡呈现递减趋势。同时从图 6-71 可以看出,以爆破掌子面正上方为中心,隧道横断面上方地表测点的振速基本对称分布,但地表右半部振速相对左半部略大,为左半部覆土相对较厚能量吸收略大所致。

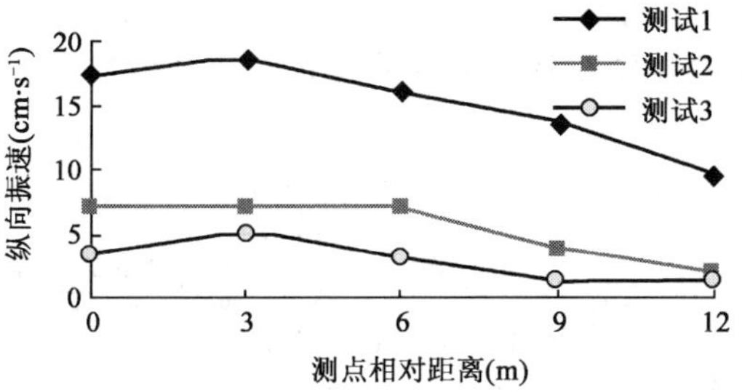

图 6-70　地表纵向振速变化曲线

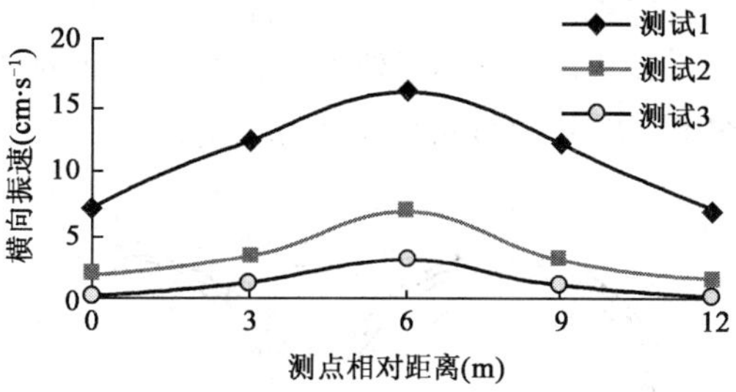

图 6-71　地表横向振速变化曲线

10)掏槽结构地震效应分析

由于隧道上断面分 4 次爆破成形,不同掏槽结构的地震效应相差较大。对各类型爆破孔进行爆破性能分析,是控制爆破的关键所在。不同掏槽结构地震效应影响图如图 6-72。不同类型爆破孔爆破时,由于掏槽孔与爆破自由面的夹角较大,槽内岩块在较大夹制作用下被强抛掷出,夹制爆破导致更多的爆炸波能向岩体内部传播,造成地表的强烈振动,因而掏槽爆破产生的地表地震效应最大,但并不随其装药量的增加成正比增长。扩槽眼和周边眼由于药量、抵抗线等影响因素,其地震效应相应较弱,周边眼爆破振速峰值不到掏槽眼爆破振速峰值的1/5。因此,地表振害控制主要是降低掏槽眼爆破药量。

二、锚杆监控量测

周峰等[177]对分岔式连拱隧道锚杆轴力进行了量测(图 6-73),采用的仪器是 JTM-V1000B 型振弦式锚杆测力计,其有关参数见表 6-10。

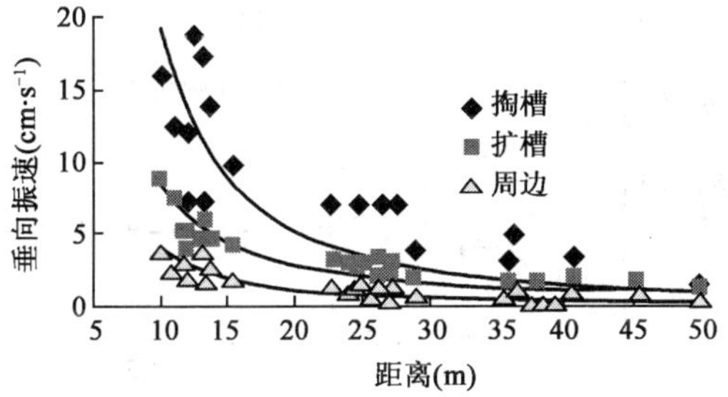

图 6-72　不同掏槽结构地震效应影响图

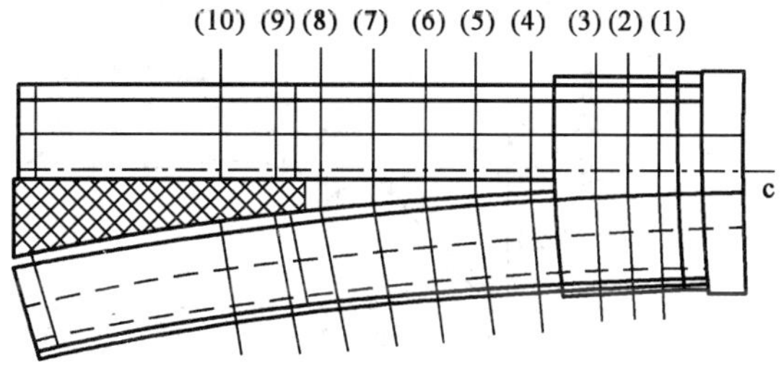

图 6-73　分岔连拱隧道 4 ~ 8 量测剖面位置

锚杆测力计有关参数　　表 6-10

名称	型号	仪器长(m)	规格	分辨力	综合误差	最大压应力	最大拉应力	工作温度
测力计	JTM-V1000B	3.0 3.5	ϕ22	≤0.05%F.S	≤2.0%F.S	100MPa	200MPa	-25℃ ~60℃

锚杆测力计各个测点位置分别距孔口 1m，采用 $\phi22$ 早强药卷锚杆，长度为 3.0m、3.5m，间距 120cm×100cm，梅花形布置。于掌子面爆破、喷混凝土、挂钢筋网后布置锚杆测力计。监测频率为每天 1 次。针对分岔连拱隧道结构特点、施工工艺以及地质情况，沿隧道轴线在剖面 4～8 布设锚杆测力计。各监测项目布置方式如图 6-74（五角星为锚杆内力测点位置）。

分岔式连拱隧道锚杆杆体与岩层倾向位置关系见图 6-75。分岔式连拱隧道各点锚杆轴力在不同时间的监测结果及分析见图 6-76、图 6-77。

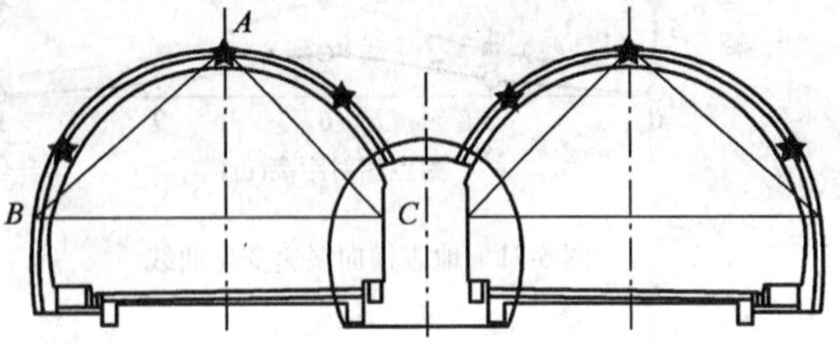

图 6-74　分岔连拱段监控量测测点布设

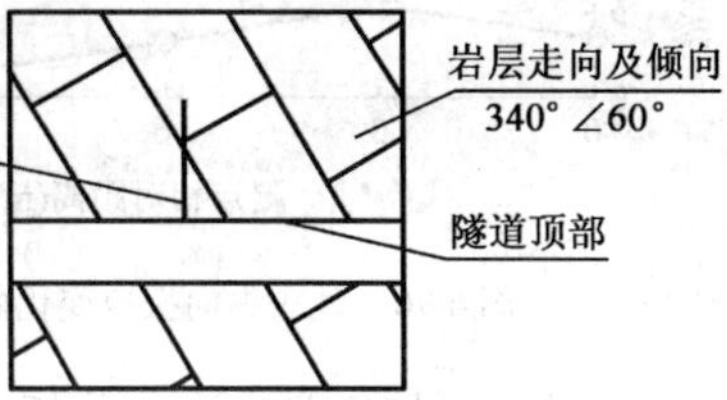

图 6-75　锚杆杆体与岩层位置关系

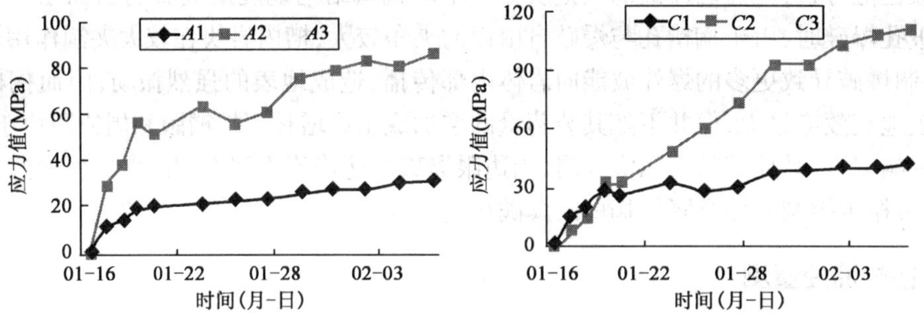

图 6-76　断面 6 左洞 A、C 点位置锚杆内力变化曲线

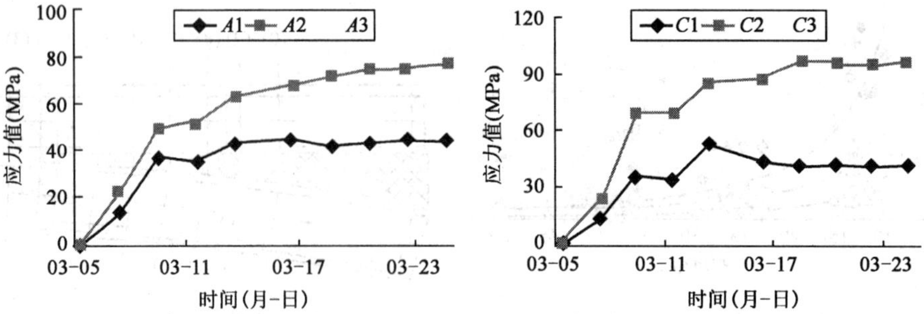

图 6-77　断面 6 右洞 A、C 点位置锚杆内力变化曲线

分岔式连拱隧道各个断面不同部位锚杆最大应力见表 6-11。从实测数据来看，锚杆受力具有以下特点：

（1）锚杆受力最大值在 110MPa，远小于允许值，因此，整体来说设计较为合理，支护措施得当。

(2)从变化曲线来看,变化过程较为复杂,说明该段围岩受力状态复杂,且有明显波动出现,应力调整的过程比较明显。

(3)从监测结果看,中墙一侧的锚杆受力较大,说明中墙上方岩体稳定性较差,分岔式连拱隧道较为薄弱。

锚杆最大应力值(单位:MPa)　　表 6-11

断面		*A*	*B*	*C*
4	左	35.66	43.20	71.51
	右	54.82	56.50	85.33
6	左	86.37	103.55	112.30
	右	76.31	102.34	96.34
8	左	86.64	85.33	96.89
	右	87.66	86.35	103.28

三、隧道变形监测

王者超等[178]对分岔连拱隧道变形进行了监测。采用的变形观测频率是:在隧道开挖完毕或支护后的半个月内,每天观测 1 ~2 次;半个月到一个月内,或是工作面推进到距观测断面大于 2 倍洞径的距离后,每两天观测 1 次;随后每周观测 1 ~2 次。在实施过程中要求根据实际情况和设计要求作出适当调整。

1)隧道纵向变形特征

八字岭分岔隧道的纵向变形曲线如图 6-78,横轴表示断面隧道至出口的距离,因此,曲线综合反映隧道在空间上的稳定状况。图中收敛曲线选择隧道右线的 BC 测线作为典型曲线,各个断面收敛值和拱顶下沉值均取最终稳定值。从图可看出:位移收敛曲线和拱顶下沉曲线趋势基本一致。位移收敛和拱顶下沉曲线在隧道连拱段和小净距段交界处(图 6-78 的断面 8 和断面 10)值较大,说明在当前支护和施工方案条件下,该部位是整个隧道稳定性的薄弱部位。相邻部位受薄弱部位影响稳定值也较大,但影响范围有限。隧道整体稳定性较好,即便是在断面 9,位移收敛和拱顶下沉的稳定值分别只有 5.864mm 和 9.27mm,远小于规范要求。

2)开挖面空间效应

隧道开挖过程中,开挖面具有空间效应,表现为开挖面对洞周变形的约束作用。在此约束作用下,开挖面附近一定范围内在无支护情况下得以保持一定时间的相对稳定。由于开挖面的空间约束作用,隧道开挖完后围岩的应力释放不是在瞬间完成,而是逐步释放,直到开挖面的空间约束效应完全消失,围岩应力才能得以全部释放。

典型断面拱顶下沉随开挖面推进关系曲线如图 6-79。从该图看出开挖面的空间效应明显,分岔连拱隧道断面 4 左洞(先行侧)在工作面推进距离超过 4*D*(洞径),小净距段断面 9 右洞(先行侧)在工作面推进距离超过 5*D* 后趋于稳定。但与单洞隧道开挖面影响范围 3*D* 相比,分岔连拱隧道和小净距隧道开挖面影响范围明显增加。因此,左右开挖面空间效应的相互影响不可忽视。

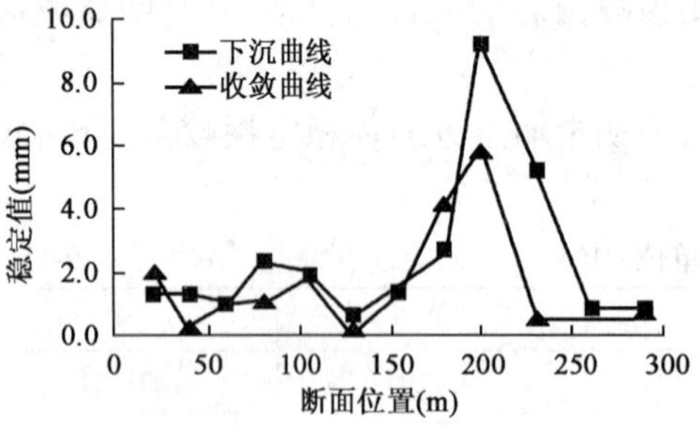

图 6-78　隧道纵向变形曲线

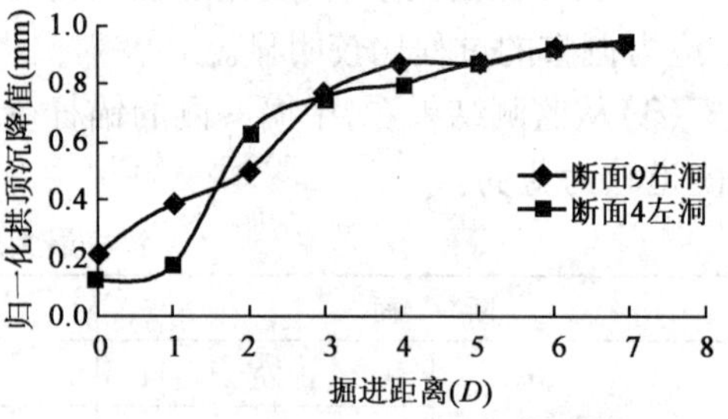

图 6-79　典型断面拱顶下沉随开挖面推进关系曲线

3)施工对策

在当前的支护及施工方案条件下,根据八字岭分岔式连拱隧道变形监测结果及其分析,建议今后设计和施工中应注意下列问题:

(1)针对连拱隧道两正洞开挖面间存在时空效应,实际施工过程中,应根据监控量测结果,使两侧隧道开挖面错开一定距离,距开挖面最少 5 倍洞径可认为开挖面的空间效应已经完全消失。更合理的距离有待于进一步验证。

(2)尽量减少施工对于隧道稳定的影响。隧道施工开挖总体上要求拱部采用光面爆破,边墙采用预裂爆破,要多打控制眼,少装药。开挖进尺据现场情况尽量减少超、欠挖量,及时施作初期支护。二次衬砌的施作严格按照监测结果进行。

第九节　连拱隧道综合监控系统

李炜[183]指出,为适应现代城市隧道集约化、人性化管理的需求,城市隧道监控系统已由分散独立监控的控制模式,逐步向一体化综合监控的模式发展,并提出隧道集约化监控管理要求。又以苏州独墅湖隧道和无锡蠡湖连拱隧道工程为例,详细介绍了隧道综合监控的设计功能及相关系统的优化。

综合监控系统是一个集计算机、通信、传输、图像处理及光纤网络等高科技于一体的综合系统,主要包括硬件和软件两个方面。硬件部分侧重于整个综合监控系统的搭建和实施,软件部分侧重于用户需求、关键工艺的流程及控制策略设计等。若按功能区分,该系统由监控、电视监视、通信、火灾报警、电源和管理中心中央控制室等六个分系统组成。其中监控分系统作为综合监控系统的核心部分,将各个分系统设备的控制及状态信息集成在统一的操作平台上,并通过与火灾报警分系统互联,完成与之相关的联动操作。

一、系统功能

1)监控分系统

负责实现监控中心对隧道现场的监视和控制功能。它由中央计算机信息、设备监控和交通监控三个子系统组成。

(1)中央计算机信息子系统。是隧道智能管理的中枢,集数据管理、处理协调、通信控制、图文显示为一体的综合信息应用系统，能在各种情况下准确、可靠、迅捷地作出反应，辅助决策，并协调各分系统工作，达到实时、合理监控的目的。同时系统负责提供综合监控各分/子系统的信息交流和共享，为隧道智能管理提供软硬件支持，为对外通信提供服务平台。

(2)设备监控子系统。主要负责维持隧道符合标准的行车条件和供电系统的正常运转，同时兼顾隧道运营环保、节能的要求。系统通过智能化测控模块对隧道电力系统进行遥控、遥信和遥测(SCADA)工作，实现隧道变电所无人值班和全隧道电力调度的自动化。系统还以通风专业提出的要求为依据，根据有关控制理论，按一定数学模型计算决定正常运营工况下的通风运行模式，通过现场设备实现自动控制风机开启的数量，达到环保、节能的目的。系统还可按正常和异常(如火灾)两种工况提供自动、半自动和手动三种控制手段，并能在异常情况得到控制后，自动恢复到正常的营运状态。

(3)交通监控子系统。使隧道行车通顺，减少延误，并在隧道发生事故时提出应急预案，是实现隧道交通监控策略的重要环节。它利用电视监视分系统提供的视频信号，对隧道全断面进行车辆状况分析与检测，实现对隧道各种意外情况或交通事故的主动报警以及事故前、后一段时间内的信息记录和分析。系统还预设了不同的交通预案供隧道管理人员参考使用，能在隧道事故情况下辅以预先设定的交通组织预案，经分析处理后提出控制决策，减轻管理人员的工作并可降低人为误操作的概率。

2)电视监视分系统

实现对隧道全范围、全断面连续监视，并对视频内容进行数字化存储，为交通监控子系统以及公安、市政、交警等部门提供优质的视频信号。系统的控制信息与中央计算机子系统集成，参与交通监控子系统、有线电话子系统和火灾报分警(FA)系统等的联动，可自动发出指令，启动系统主机将相应的摄像机图像切换至大屏幕或详情监视器上，使管理人员及时了解现场的灾害和人员疏散情况。

3)通信分系统

负责实现管理中心与隧道现场的通信功能。它由有线电话、无线通信及广播等三个子系统组成。

(1)有线电话子系统。服务于隧道对内、对外的电话联系，尤其是隧道现场的告警、抢险救灾及各种特殊情况下的通信联络。系统与闭路电视监视系统实施联动，自动将隧道内使用紧急电话区段的视频切换至监视器上，使隧道管理人员直观地了解该区域现场的情况。

(2)无线通信子系统。为隧道管理人员与其它工作人员手机之间提供内部通信，同时为隧道内车辆上的收音机提供信号源，对驾驶员进行调频广播，并在必要情况下对驾驶员插播通知和命令。系统还满足公安和消防单位在隧道内的通信要求。

(3)广播子系统。服务于隧道内紧急情况下的人员疏散广播，兼顾日常工作及服务使用。尤其在火灾情况下系统与火灾报警分系统联动，能自动对相关区域进行消防疏散广播。

4)火灾报警分系统

通过接受隧道内专用火灾探测器、手动报警按钮等设备的报警信号，第一时间通知隧道监控人员采取火灾预案，疏散相关人员，避免或减少伤亡，对消防设备进行直接控制或联动控制。系统设置在中央控制室内报警主机和火灾图形工作站，能显示报警点及消防设备的工作状态，并与中央计算机信息子系统进行通信，自动切换相应监视画面，将报警点的火情实况自动显示在投影屏上，将广播系统强切为消防广播使用。

5）电源分系统

为隧道综合监控系统设备提供电源，并对系统设备进行接地、防雷及过电压保护。

6）管理中心中央控制室

突出“以人为本”以及集中控制的设计思想，能将隧道现场情况以多种方式有机结合并显示出来，起到隧道运作、管理大脑和操作核心的作用。

二、系统优化

综合监控系统采用“统一监控、集中管理”的模式，实现多专业、多功能集成，多系统信息互通，资源共享，达到了“监控全面，使用方便，安全稳定”的效果。为使系统具有高度的冗余性和可靠性，以满足其它功能要求，在设计上做了如下优化。

1）三层网络结构设计

作为综合监控系统核心部分的监控分系统，采用了三层网络结构的设计，即上层是基于同一操作平台之上的智能操作及管理信息层，中间层是基于现场冗余光环网的控制层，下层是基于总线式和传统I/O方式的数据采集、监测、控制执行层。由此形成一个集散型三级网络实时监控系统，并在必要时实现信息层至控制层、控制层至执行层的降级控制操作。

2）一体化监控平台

基于同一操作平台之上的智能操作及管理信息层采用一体化监控平台的人机界面，淡化各分/子系统之间的界限。在信息层的任一台操作站上，可监控各分系统的工作状态并发出相应控制指令，便于管理人员高效地完成监视、控制、管理和维护等工作，提高对突发事件的反应速度。同时，信息层各个客户终端之间均为冗余配置关系，实现 $N+1$ 的冗余设置，大大提高了系统的可靠性。

3）容错服务器

采用容错服务器取代原有主备服务器的方式，服务器硬盘（包括操作系统、应用软件和静态数据等）采用镜像RAD1方式保护。服务器还具有内存动态数据的镜像保护，保证实时数据的安全性。冗余部件在同一时钟周期内按“Lock-Step”方式同步运行，当部件出现故障时，能实现微秒级切换，提高核心设备的安全系数。

4）I/O服务器

系统引入容错服务器（I/O服务器），用于分布式监控管理，主要负责现场控制设备I/O数据的交换及预处理，减轻数据库服务器的负荷，从而提高信息层的安全性。I/O服务器设置的位置有两种，一是将I/O服务器设置在信息层上，信息层网络和现场控制层通过以太网直接相连（图6-80）；二是将I/O服务器设置在信息层与控制层之间，通过I/O服务器连接信息层与控制层（图6-81）。

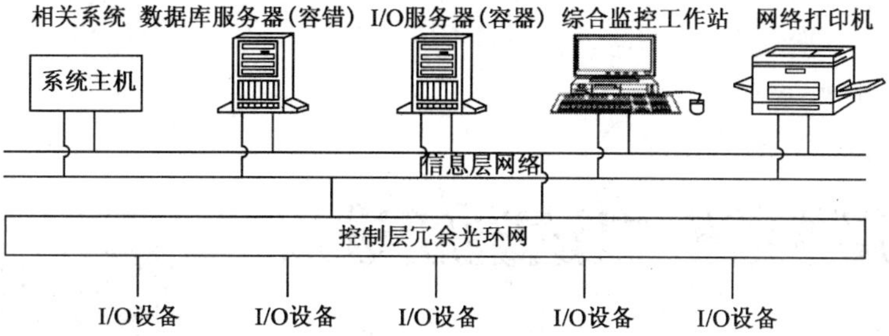

图 6-80　I/O 服务器设置在信息层上

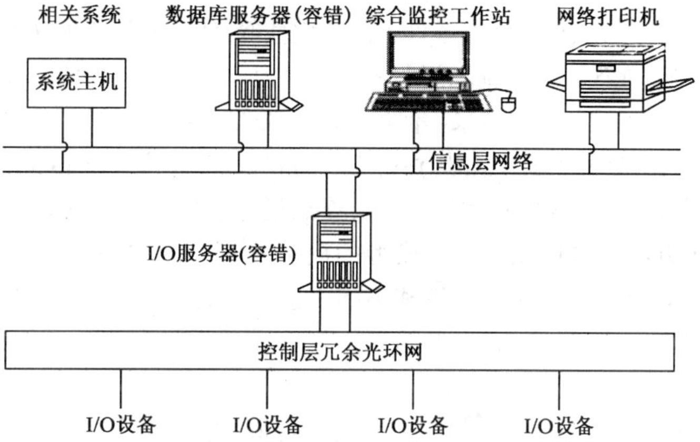

图 6-81　I/O 服务器设置在信息层与控制层之间

从 I/O 服务器的性能和作用考虑,为使设置信息层与控制层之间能更好地发挥作用(图 6-81),I/O 服务器能将信息层与控制层在物理上隔断的同时,在逻辑上仍将它们设置成一个 IP 网段,解决了信息层操作工作站对控制层相关设备的远程编程及控制功能;当信息层发生故障时,设置在信息层与控制层之间的 I/O 服务器仍能接受信息,保障控制层仍然是一个闭环的冗余环网,增加系统的冗余性及可靠性。

第七章

连拱隧道模拟试验新进展

连拱隧道施工的复杂性及相同围岩条件下的离散性等,使数学解析方法遭遇到无法克服的困难,这一客观现实促进了在连拱隧道施工问题的数值模拟和模型试验研究。众多学者曾要在这方面做了大量研究工作,并取得了重要成果。何川等以浙江金丽温高速二期20座连拱隧道为依托,对隧道数值模拟、室内模型试验、主要工艺步序及施工全过程数值模拟等作了多方面的研究。

数值模拟近五年研究进展显著[7,182~193],有连拱隧道各施工工序的数值模拟、施工全过程数值模拟、不同施工方法的数值模拟等。模型的模拟[194~197],主要是用于观察隧道变形过程。通过相似模型试验,对隧道各种围岩条件和不同工艺选择进行优化,对采用新方法、新材料施工进行试验,确保提出安全、经济、合理的施工方案。

第一节　工艺数值模拟研究

胡学兵、程崇国[182]以云南元磨高速公路老苍破五号隧道为依托,根据连拱隧道不同施工工艺开挖后围岩、初期支护及二次衬砌体非线性力学行为的地应力场、位移场,确定适用于公路连拱隧道"三导洞"—先墙后拱工艺及和中导洞台阶工艺的施工方案。

一、"三导洞"—先墙后拱工艺数值模拟

"三导洞"—先墙后拱工艺围岩及支护材料的物理力学参数(表7-1)、有限元网络划分与优化的计算模型边界取值是:左右边界分别取至隧道中心水平距离 $3D$(D 为连拱隧道两拱边距),下边界取至隧道中心垂直距离 $3D$ 的位置,顶部取至地面。约束条件是:左右边界设置为水平结束,底部为垂直约束,顶部为自由面。计算中假设隧道施工是均匀推进,没有考虑开挖面附近围岩的流变效应,只考虑开挖面的空间效应。有限元计算结果、最终围岩和支护结构主轴力 σ_1、σ_2(图7-1、图7-2),具体分析如下:

力学模型材料参数　　表7-1

项　目	弹性模量 E (GPa)	泊松比 μ	纵向厚度 (m)	重度 γ (kN/m^3)	黏聚力 c (MPa)	内摩擦角 ϕ (°)
围岩	5	0.25	1	21	0.3	45
C25 喷射混凝土	28.5	0.167	1	26	2.235	53.526
二次衬砌	28.5	0.167	1	26	2.235	53.526
锚杆	弹性模量 E=210GPa		长度=3.5m		半径 r=0.0125m	

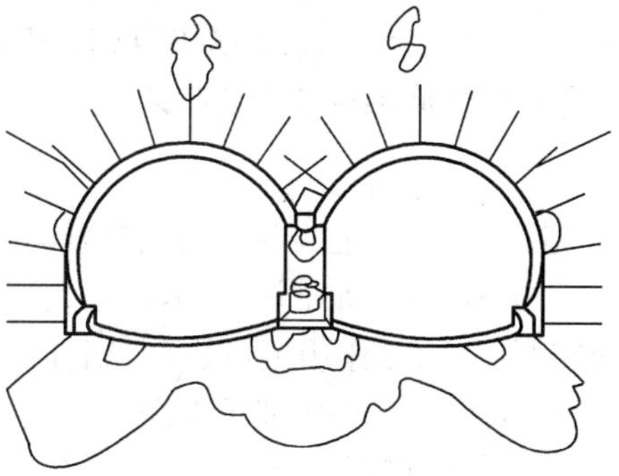

图 7-1　最大主应力 σ_1 分布

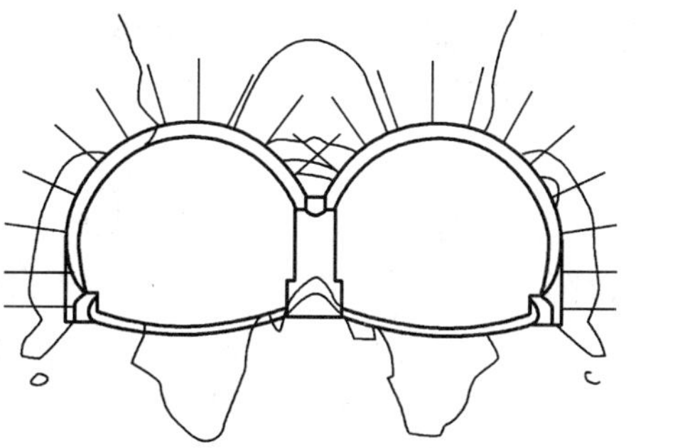

图 7-2　最大主应力 σ_2 分布

1）围岩位移

洞顶围岩先后经历了三次较大的位移，第一次是中导洞开挖，导致中墙顶部围岩产生了0.08cm 的竖向位移，第二次是左洞上半断面开挖，导致左洞顶围岩位移达 0.17cm，第三次是右洞上半断面开挖，右洞顶围岩发生 0.21cm 的竖向位移。侧导洞及左右洞下半断面开挖对洞顶围岩位移很小，主要是左右洞上半断面开挖对洞顶围岩位移影响最大，因而控制上半断面施工是保证整个隧道结构安全的关键。

2）中墙应力

中墙受力都在容许范围以内，其应力值随着施工进程逐渐增大。当右洞下半断面施工后，对中墙应力会有所缓解。上半断面施工对中墙应力影响，远比下半断面大，后开挖的右洞施工对中墙应力的影响又比先先开挖的左洞影响明显。中墙最大拉应力主要分布在右洞初期支护下部 0.4m 和中墙下部扩大基础部位，最大压应力主要集中在右洞初支护拱脚外侧和中墙下部扩大基础的角部，并从中墙顶部到中墙左侧扩大基础的上部形成一条高压应力带。

3）围岩应力

围岩应力值变化不大，除了中墙顶部外，其余部位围岩应力分布都较均匀，表明支护措施得力。在右洞上半断面施工时，围岩应力发生了很大的改变，洞底围岩压力较小，而中墙顶部围岩压力较大。

4）初期支护内部应力

喷射混凝土层内部应力有逐渐加大的趋势，上半断面施工对喷射混凝土层内部应力影响较大，左洞上半断面施工后喷射混凝土层的内部应力增加了近一倍，右洞口上半断面施工时喷射混凝土层的内部应力又增加了近一倍。而左右洞下半断面施工对喷射混凝土层的内部应力影响相对小得多。因此，“三导洞”先墙后拱工艺施工时，控制上半断面的施工，尤其是后开挖洞的上半断面施工，是保证整个隧道结构安全的关键。喷层最大应力主要集中在中墙顶部 1m 范围内，因此，对喷层与中墙相接触部位应适当加强支护，并保证中墙顶部回填密实，是确保隧道施工安全的重要措施。

5）二次衬砌内部应力

左右洞上半断面施工对二次衬砌内部应力的影响较大，而下半断面施工对仰拱应力的调整有很大好处。整个主拱圈二次衬砌基本上受压,最大压力达3MPa;在主拱圈与中墙相交的局部地方可能出现拉应力;而仰拱主要是受拉应力,其拉应力值不大,约为0.4MPa,只是在局部地方出现应力集中,可能引起破坏,因此,仰拱回填对抵抗仰拱拉应力是行之有效的措施。

6)锚杆轴力

按"三导洞"—先墙后拱工艺施工,左右洞边墙施工较早,故边墙部位的锚杆轴力很小,且大部分承受压力荷载,基本上是受压力作用。先开挖的左洞靠中墙部位的锚杆也大多是受压力作用。后开挖的右洞拱顶锚杆轴力,比先开挖的左洞要大,且作用范围更深,锚杆最大轴力值达5.9kN。左洞靠中墙壁部位的锚杆主要受压,是因右洞施工使中墙顶部围岩发生松弛,但由于左洞二次衬砌的刚性约束作用,导致围岩发生挤压,导致锚杆受压。

总之,在给定围岩参数和支护参数前提下,按"三导洞"—先墙后拱工艺施工,能保证整个隧道的安全和稳定。在施工过程中随着施工进展,围岩位移、中墙及隧道初期支护和二次衬砌的内力都会逐渐增加,尤其是左右洞上半断面施工对各种应力和位移都要会发生很大影响,下半断面施工的影响却小得多。中墙顶部在施工队过程中,会逐渐形成一个4m宽范围的卸荷区,这部分围岩以松散荷载的形式作用于中墙及其支护和衬砌之上,因而对这部分围岩加固是很重要的。

二、中导洞—正洞台阶工艺数值模拟

中导洞—正洞台阶工艺采用的工艺步序,及采用的围岩力学参数及支护措施,与"三导洞"—先墙后拱工艺相同,因此,只进行数值模拟结果分析和评价。按计算结果最终围岩及支护结构主应力 σ_1、σ_2分布(图7-3、图7-4)具体分析如下:

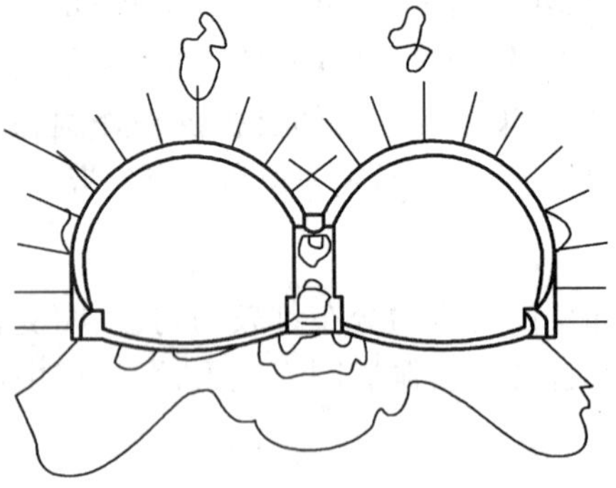

图7-3 最大主应力 σ_1分布

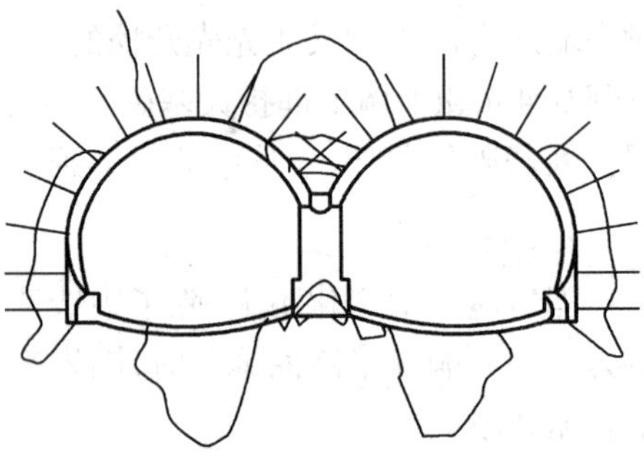

图7-4 最大主应力 σ_2分布

1)围岩应力

除了局部地方围岩由于应力集中产生较大应力外,大部分区域压应力不大,隧道顶部围岩出现的拉应力值也较小,因此在施工过程中拱部围岩为稳定的。而底部围岩由于受底压作用,基本上都出现拉应力,故仰拱回填将改善仰拱围岩受力。随着施工进程中墙顶部的松散荷载越来越大,最大围岩压应力达4.67MPa。

2)中墙应力

中墙应力随着施工进程逐渐增大,尤其是在左右洞上台阶施工时,中墙应力会明显加大。而左右洞下台阶施工时对中墙的应力影响相对较小,其中右洞下台阶施工可缓解中墙受力。中墙拉应力主要集中在中墙顶端偏下0.5m的区域，而中墙压应力主要集中在中墙与仰拱及初期支护相连的角部，并从中墙顶部与右洞初期支护接触处到左侧扩大基础部位形成一条高压应力带。

3）初期支护内部应力

整个施工过程中初期支护是安全的，喷射混凝土层内部应力随着施工进程逐步增大，最大值达8.02MPa，主要表现在喷射混凝土层与中墙交接的刚性接触部位。上台阶施工时喷射混凝土层内部应力会迅速增加，而下台阶的施工对喷射混凝土层的内力影响不大。

4）二次衬砌内部受力

二次衬砌整体受力不大，除仰拱受拉外，其它部位基本上都是受压，压力值一般在0.8MPa左右。上台阶施工过程中，二次衬砌受力变化明显，而下台阶施工对二次衬砌的影响相对较小。

5）锚杆轴力

锚杆轴力较大，先施工的左洞锚杆轴力值随着施工进程而逐渐增大，锚杆最大轴力达6.99kN。后施工的右洞施作后，由于围岩应力重新分配，左洞锚杆轴力值发生很大变化，越靠近中墙围岩受到的影响越大，锚杆轴力值变化也很明显，靠近中墙的三根锚杆由原来受拉状态转变为受压状态，最大压力值达14.43kN。右洞拱部锚杆都受拉，最大拉力为8.0kN。两侧边墙下端两根锚杆受到的拉力很小，其作用效果不甚明显。

总之，在给定围岩参数和支护参数前提下，按中导洞—正洞台阶工艺施工，能保证整个隧道结构的稳定和施工安全。要特别指出的是，中墙壁顶部随着施工进程，会逐渐形成一个6m宽范围的卸荷区，这部分围岩以松散荷载形式作用于中墙及其附近的二次衬砌上，因此，对这部分围岩加固是重要的。中墙受很大荷载作用，在中墙底部和顶部与二次衬砌相接位置以下0.5m区域会出现很大拉应力，而从中墙顶与右边初期支护相接处到左侧扩大基础的上部，会出现一条压力带。

三、两种工艺数值模拟对比

上述"三导洞"—先墙后拱工艺和中导洞—正洞台阶工艺的数值模拟计算对比见表7-2。从表中数值看出：采用"三导洞"工艺施工围岩应力和位移都较小，各项支护参数也较小，更能保证隧道施工安全。但在选择隧道工艺时必须全面考虑各种因素，如安全、环保、造价、工期等，综合多种因素优化选定。

"三导洞"—先墙后拱工艺与中导洞—正洞台阶工艺数值模拟对比　　表7-2

对比项目	"三导洞"—先墙后拱工艺	中导洞—正洞台阶工艺
锚杆轴力	小	大
侧边墙锚杆受力	小，但先行洞顶部中墙附近锚杆最终受力较大	
拱顶围岩最大位移(cm)	0.21，有利控制围岩变形	0.30
围岩最大压应力(MPa)	-3.69	-4.6
围岩最大拉应力(MPa)	0.35	0.84
中墙最大压应力(MPa)	-7.58	9.45
中墙最大拉应力(MPa)	0.96	1.19
初期支护最大压应力(MPa)	-6.06	-8.02
初期支护最大拉应力(MPa)	0.21	0.58
二次衬砌最大压应力(MPa)	-7.50	-10.0
二次衬砌最大拉应力(MPa)	1.67	1.54

不论是“三导洞”工艺，还是中导洞工艺，上半断面施工对各种应力和位移指标都有较大影响，而下半断面施工的影响却小得多。在先行洞上半断面施工后，先行洞顶部靠中墙侧的锚杆基本上处于受压，在中墙顶部的围岩因受多次扰动，会在中墙顶部6m宽的范围形成应力松弛区，这部分围岩可能以松散荷兰载形式作用于二次衬砌结构之上，故必须对中墙顶部围岩进行加固。由此可见，连拱隧道左右洞上半断面的施工，是保证隧道施工安全的关键。

第二节　连拱隧道施工过程数值模拟

一、施工过程的三维数值模拟

空间计算模型不但可较为真实地模拟初期支护，尤其锚杆与拱架格栅的物理力学参数与它们在实际隧道中的位置，而且可模拟真正的开挖过程，体现施工各工序在空间上的安排，分析在不同施工过程中隧道围岩与支护结构的应力、应变的变化规律。何川、胡庆安、陆先明等[183~185]作了系统研究。

胡庆安、夏永旭、王文正[184]以西汉高速某连拱隧道为背景进行三维线弹性分析，考察连拱隧道施工过程开挖面的空间效应、左右洞施工的相互影响，以及中墙的变形和稳定性，得出右洞开挖对左洞围岩位移的影响范围约为开挖面前后为3倍单洞开挖跨度。右洞施工时开挖面后方的中墙产生整体向左的偏转，墙身中部向左侧鼓出，基部右趾向上抬起。中墙侧的回填有效地抑制了中墙的变形，所以施工时中墙侧必须回填密实。为了控制中墙的变形，两开挖面间距应小于2.5~3倍单洞开挖跨度。

1)空间计算模型建立及施工工序简化

计算模型取为各向同性线性弹性；岩体初始应力场不考虑构造应力，仅考虑其自重应力；锚杆和拱架看作对围岩因施工爆破而松弛的补强；初期支护和二次衬砌同时施作，不考虑其施作的时间差的影响。计算参数按照孙钧、侯学渊《地下结构》中选取。有限元模型计算范围在水平方向取距隧道中心2.5B，下边界取为3倍洞高，上边界可取隧道的实际埋深，纵深方向取5B(B为单洞开挖跨度)即60m。在模型的底面加固定支座，在平行隧道走向的两侧加滑动支座，只约束X方向的自由度，而释放Y方向上的自由度，垂直于隧道走向的两侧加Z方向的约束。

根据实际施工计算工序简化为：第1步，自重应力场计算；第2步，三导洞全线开挖贯通，并浇筑中墙和边墙二次衬砌；第3步至第11步，开挖右洞剩余岩体，施作衬砌，每次开挖进尺0.5B，共开挖9次，即到4.5B处；第12步至第20步，开挖左洞剩余岩体，施作衬砌，每次开挖进尺0.5B，共开挖9次，与右洞齐平；第3步开始右洞开挖时，先对中墙顶进行回填，同时为了考察中墙在施工中的偏转状况，对中墙左侧进行回填与不回填两种分析。

2)计算结果与分析

(1)开挖面空间效应。“三导洞法”开挖连拱隧道时，导洞开挖引起的群洞效应以及中墙的支撑作用，使得开挖面在纵断面和横断面上的约束作用与一般单洞有所不同。在距初始开挖面2.5B处，右洞拱顶位置选取特征点A。右洞开挖时，A点沉降随开挖面推进的变化曲线如图 7-5。可以看出，三导洞开挖时 *A* 点已产生一部分的先期沉降；在开挖面距 *A* 点 1.5*B* 时，*A* 点沉降开始加速，表明此时右洞开挖引起的卸载已经开始；当开挖面到达 *A* 点时，*A* 点垂直位移释放系数约为 65%（计入导洞开挖时产生的先期沉降）；当开挖面经过 *A* 点后 1*B* 的范围内，其沉降增大加剧，位移释放系数达到 98.7%。若不计及导洞产生的先期沉降，仅考察右洞开挖面的影响，则开挖面自距 *A* 点 1.5*B* 处推进到 *A* 点时产生的位移释放系数为 36.6%；开挖面经过 *A* 点 1*B* 后位移释放系数为 97.7%。由此可见，受开挖面影响较大的围岩区域为开挖面前方 1.5*B*（未开挖）和后方 1*B*，对于本节建立的模型就是前方 18m 和后方 12m。

（2）左右洞施工的相互影响。连拱隧道施工中，由于先行洞造成的临空面，使后行洞产生较大变形。先行洞由于后行洞施工而再次卸载，从而增大作用在支护上的荷载。选择距初始开挖面 0.5*B*、2.5*B* 和 4.5*B* 处的左洞拱顶位置的 *B*、*C*、*D* 三点，由于受模型长度的限制，特选取 *B*、*D* 两点来分别考察右洞开挖面通过前和通过后，左洞沉降变化规律。左洞 *B*、*D* 点随右洞开挖面推进的变形曲线如图 7-6。右洞在开挖的过程中，其开挖面的空间效应不仅影响到右洞开挖面前后围岩位移，而且影响到左洞的围岩变形。其对左洞围岩位移的影响范围约为开挖面前后 3*B*。左洞开挖时右洞 *A* 点的主应力随开挖面推进的变化曲线如图 7-7、图 7-8。

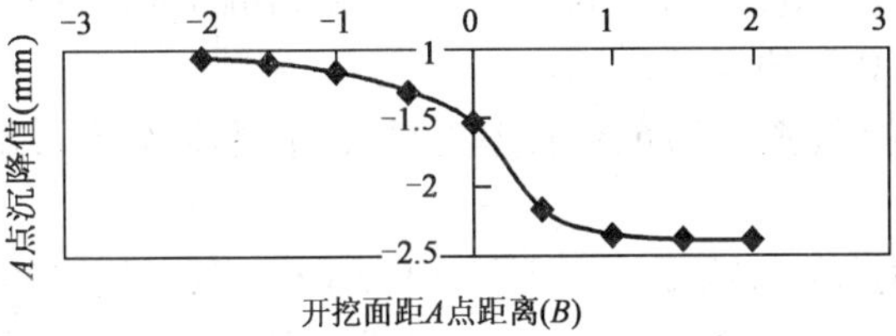

图 7-5　A 点沉降随开挖面推进变化曲线

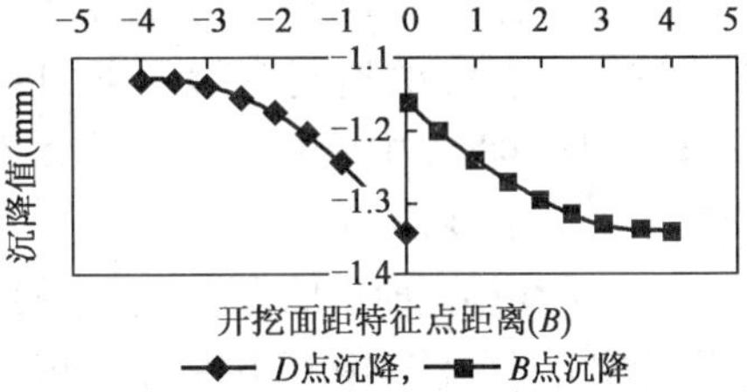

图 7-6　右洞开挖对左洞沉降的变形曲线

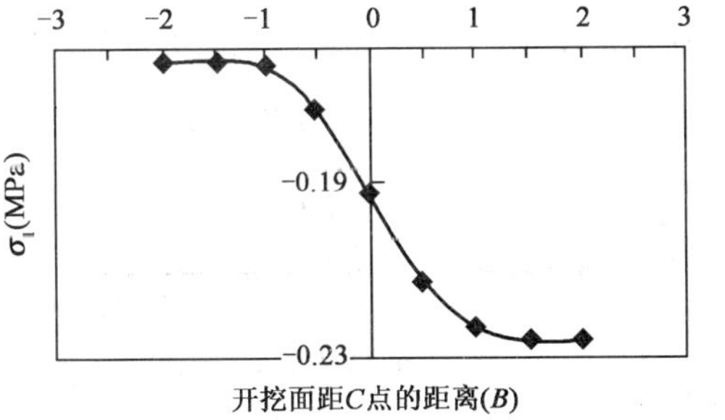

图 7-7　左洞开挖对 *A* 点 σ_1 的影响

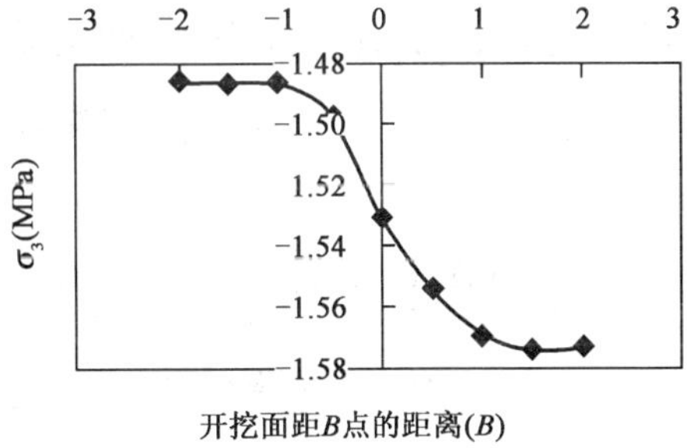

图 7-8　左洞开挖对 *A* 点 σ_3 的影响

从上两图看出，开挖面推进到距 *A* 点 1*B* 时，*A* 点的 σ_1 和 σ_3 开始增加；当开挖面通过 *A* 点 1.5*B* 后，A 点的 σ_1 和 σ_3 值基本稳定。说明左洞开挖对右洞的影响约在开挖面前 1*B* 和开挖面后 1.5*B* 的范围。所以施工时左洞开挖面和右洞尚未达到强度要求的二次衬砌之间应保证留有至少 1*B* 的间距。

3）中墙变形及稳定性分析

连拱隧道施工过程中，中墙的变形是复杂的，不仅有横断面上的变形，而且纵断面上亦存在弯曲扭转的变形。为了便于比较，考察中墙的稳定性，对施工时中墙左侧不回填的情况也进行了分析。中墙左侧回填时,随右洞开挖面的向前推进,开挖面后方的中墙产生整体向左的偏转,墙身中部向左侧鼓出,基部右趾向上抬起。同时在纵断面方向,开挖面后方中墙向左侧凸出,产生纵向的弯曲。左洞开挖后,随其开挖面的推进,中墙整体向左的偏转得到纠正,墙身向左的鼓出大有收敛,基脚右趾的上抬得到抑制。纵向弯曲随左洞的施工逐渐恢复。同时发现,由于左洞衬砌的回推作用,中墙向左偏转恢复的同时略偏向右侧,而左洞开挖面前方未作衬砌段,中墙向左的偏转加重,由此中墙在纵向上产生扭曲。中墙左侧未回填时,随右洞的施工,中墙的变形特征明显大于回填时的情况。尤其是当左洞施工时,左洞衬砌的回推作用使得中墙在纵向上的扭曲变形更为显著。

由此可见,中墙左侧的回填不仅在先进坑道施工时,对于限制横向上中墙的偏转以及纵向上中墙的弯曲是有效的,更重要的是,回填可以在后进坑道施工时限制中墙在纵向的扭曲变形,从而保证先行洞支护结构的稳定性,避免中墙施工时因留有变形缝而出现错台现象。因此,连拱隧道施工时,必须对中墙侧及时回填或进行其它的支挡处理。

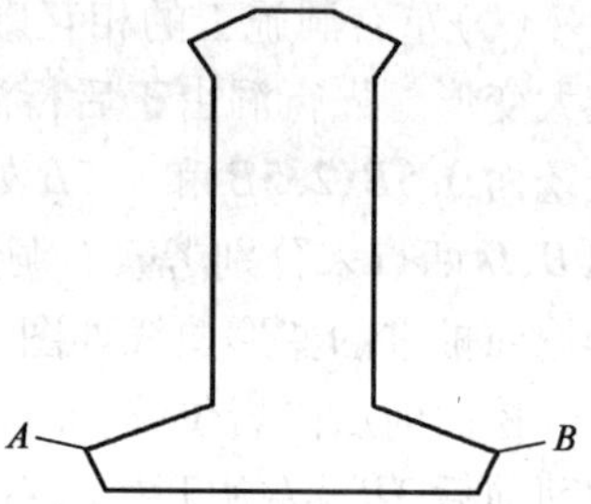

图 7-9　中墙左右趾 A、B 点位置图

从以上分析中看出,中墙的变形不是简单的整体偏转,同时中墙基脚右趾的抬起变形显著,也是中墙变形的反映。因此,以下我们将以中墙基部左右趾 A、B 两点位置(图 7-9)的位移差为参数,来具体考察中墙在施工中的变形规律。

(1)右洞施工时中墙变形。由于模型长度的限制,特取距初始开挖面 $0.5B$ 和 $4.5B$ 两个断面来分别考察开挖面前方和后方中墙的变形情况。中墙随右洞开挖面推进的变形曲线如图 7-10。从图 7-10 可看出,右洞开挖对中墙的影响约在开挖面前后 $1.5B$ 的范围。开挖面通过 $1.5B$ 后,中墙的变形达到最大。同时通过回填和不回填两种情况的比较看出,中墙左侧不回填时中墙的变形大于左侧回填时的情况。因此,中墙侧的回填有效地抑制了中墙的变形,是施工中必须及时完成的内容。

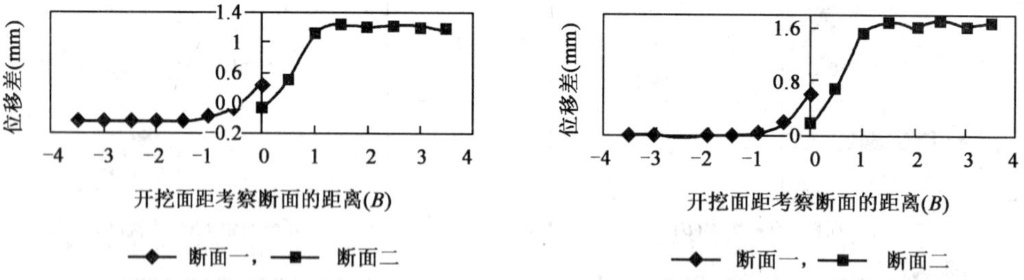

图 7-10　中墙随右洞开挖面推进的变形曲线(左)回填时(右)不回填时的比较

(2)左洞施工时中墙变形。中墙左侧回填时各断面随左洞开挖面推进的位移变化曲线如图 7-11。图中每条曲线表示两开挖面间距为某一值时中墙上各断面的变形值。从图中可以看出,当两开挖面间距为 $4.0B$ 时,开挖面间中墙有长度大约为 $2B$ 的部分变形相同,保持在最大值(整个施工中的最大值)。当开挖面间距减小为 $3.5B$ 时,开挖面间中墙的变形保持为最大值的部分减小为 $1 \sim 1.5B$。当开挖面间距为 $2.5 \sim 3B$ 时,开挖面间中墙的变形开始低于最大值,说明两开挖面对中墙的影响范围开始交叠。当两开挖面间距为零时,中墙变形达到最小。由此可见,当两开挖面间距大于 $2.5 \sim 3B$ 时,开挖面间中墙总有部分变形达到最大值。因此,

从控制中墙变形的角度讲,两开挖面间距应小于2.5～3B。

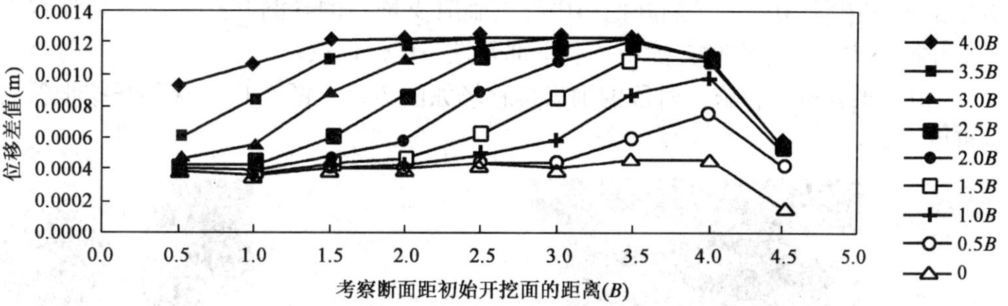

图7-11　中墙各断面位移随左洞开挖面推进的变化曲线

二、双向六车道连拱隧道施工引起围岩位移变化分析

朱艳峰等[101]、刘金松等[186]、谢卓雄[187]对双向六车道连拱隧道施工作了数值模拟分析。刘金松采用有限差分法对某高速公路双向六车道连拱隧道施工进行实态建模,分析其施工过程对围岩位移的影响,得到了双向六车道连拱隧道开挖过程中周围地层位移的发展规律,结果表明:隧道拱顶、仰拱中部位移和上部地层沉降,均主要发生在正洞上部开挖阶段,找到了隧道周围地层及地表的沉降规律。

1)有限差分法原理

三维显示有限差分法采用了混合离散方法,它可以准确地模拟材料的屈服塑性流动软化直至大变形,尤其在材料的弹塑性分析、大变形分析及模拟施工过程等领域有其独到的优点。计算区域被划分为常应变六面体单元的集合体,在计算过程中程序内部又将每个六面体分为以六面体角点为角点的常应变四面体的集合体,变量均在四面体(图7-12)上进行计算。四面体单元的应力、应变取值,为其内四面体体积的加权平均。四面体节点编号为1～4。

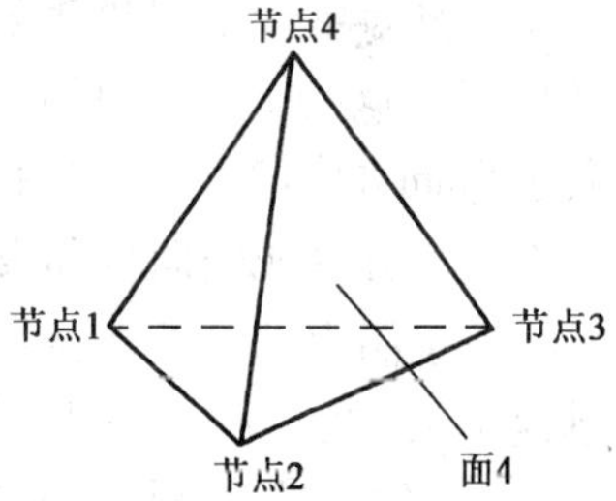

图7-12　四面体图

2)数值模拟分析

(1)模型的建立。某双向六车道连拱隧道,周围为低山重丘区,隧道最大埋深为40m,最大开挖宽度为32.5m,最大开挖高度为10.98m。隧道围岩为Ⅳ级、Ⅴ级。该隧道具有浅埋、大跨度、软弱岩层等特点。文中计算部分隧道围岩为Ⅳ级。根据工程地质勘察报告中岩土体的物理力学特性,数值模拟计算采用的计算参数如表7-3。

围岩的各种参数值表　　表7-3

围岩级别	Ⅳ	Ⅴ	混凝土
弹性模量(GPa)	1.6	1.2	29.5
密度(kg·m^{-3})	2 100	1 800	2 600
黏聚力(MPa)	0.30	0.10	2.00
摩擦角(°)	28	22	45
泊松比μ	0.32	0.36	0.20

(2)施工工序。采用隧道开挖等效释放荷载的概念进行隧道施工全过程三维数值模拟。具体步骤如下:初始平衡→中导洞开挖→中导洞临时支护→侧导洞开挖→侧导洞临时支护→主洞上部开挖→主洞上部临时支护→主洞下部开挖→施作仰拱。

(3)模拟结果分析。各施工阶段的围岩位移场如图7-13~图7-15。从各开挖步骤的竖向位移图可以得知:

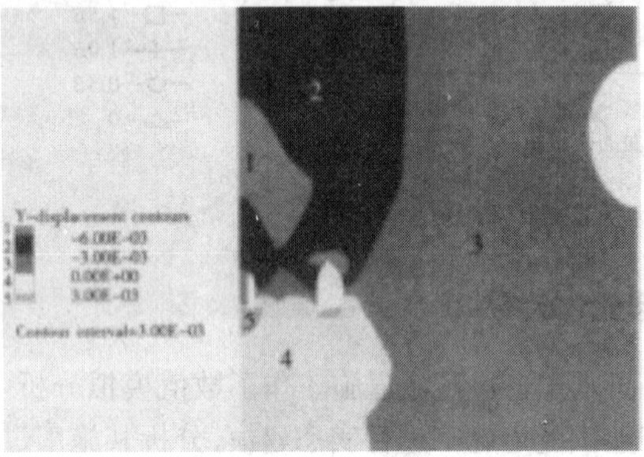

图7-13 侧导洞支护后围岩竖向位移图(单位:m)

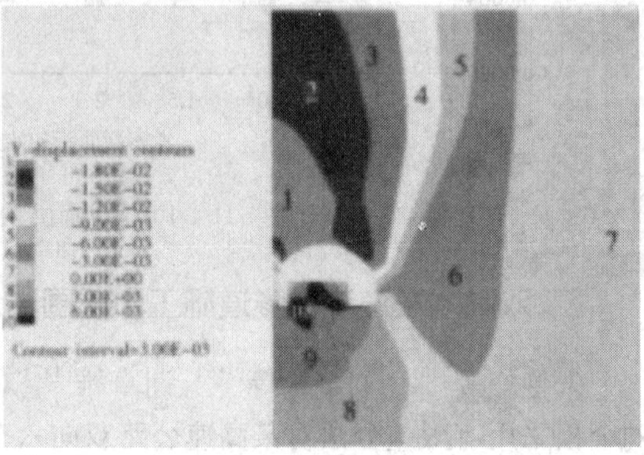

图7-14 侧导洞上部支护后围岩竖向位移图(单位:m)

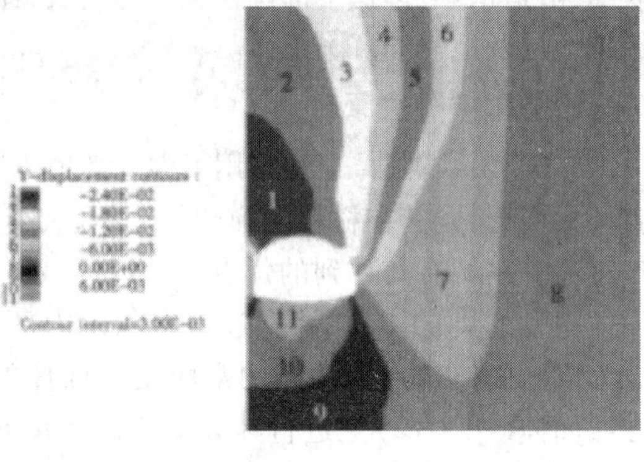

图7-15 侧导洞下部支护后围岩位移图

①中导坑的开挖在其顶部一定范围内形成一个竖向位移为3~6mm的塌落拱,在拱腰处小部分区域产生0~3mm水平位移,是由于开挖卸荷造成,完全符合小断面隧道开挖规律。

②右侧导坑开挖对周围岩体也产生卸荷作用,使得在侧导洞和中导洞上方产生一个竖向位移大于6mm的塌落区,但因中墙的支撑作用,中墙上方一部分区域竖向位移没有增大。

③右主洞上部开挖,使隧道上部围岩竖向位移迅速增大,在主洞上方形成一个竖向位移达18mm以上的区域,中墙上方小区域内由于中墙的支撑作用,位移稍小,约为15~18mm。中墙正上方地表位移也达到15mm以上。主洞下方围岩发生隆起,向上位移达3mm以上,部分地方达6mm以上。

④右主洞下部的开挖使隧道上部围岩的竖向位移继续增大,在主洞上方区域竖向位移达21mm以上,中墙上方小区域内位移也增大到18mm以上。地表位移也达到18mm以上。主洞下方围岩发生隆起范围增大,向上位移达6mm以上,部分地方达9mm以上。

三、双向六车道连拱隧道施工引起地层位移的仿真分析

彭思甜[188]在双向六车道连拱隧道施工引起地层位移的仿真分析中,为研究施工对连拱隧道周围地层位移的影响,对双向六车道连拱隧道施工进行实态建模,得出隧道开挖过程中周围地层位移发展规律,并提出了施工时要注重监控量测工作,随时根据位移的发展情况采取相应加固措施。

1)数值模拟

(1)计算模型。某双向六车道连拱隧道,属低山重丘区,最大埋深为40m,最大开挖宽度为32.5m,最大开挖高度为10.98m,围岩为Ⅳ、Ⅴ级围岩。计算部分隧道围岩为Ⅱ级,根据工程地质勘察报告中岩土体的物理力学参数的特性,数值模拟计算所采用的计算参数见表7-4。

围岩的各种参数值　　表7-4

围岩级别	弹性模量(GPa)	密度(kg/m^3)	黏聚力(MPa)	摩擦角(°)	泊松比 μ
Ⅳ	1.6	2 100	0.30	28	0.32
Ⅴ	1.2	1 800	0.10	22	0.36
混凝土	29.5	2 600	2.0	45	0.2

有限元计算模型的水平宽度取120m,考虑到隧道的跨度比较大,垂直高度(从计算模型的地表至下部边界)取65m,隧道顶部以上覆盖层厚度为35m,隧道仰拱以下厚度为20m。围岩单元、中墙单元采用六面体单元,衬砌单元均为壳单元,隧道开挖过程中的临时支护及初期支护均采用梁单元。根据锚杆在低级别围岩中的作用原理,用提高加固区围岩 c,ϕ 值的方法对锚杆进行等效处理。模型边界条件均采用位移边界条件,上边界为自由面,两侧及底边均受法向约束。

(2)施工工序。采用隧道开挖等效释放荷载概念,进行隧道施工全过程三维数值模拟的步骤如下:初始平衡→中导洞开挖→中导洞临时支护→侧导洞开挖→侧导洞临时支护→主洞上部开挖→主洞上部临时支护→主洞下部开挖→施作仰拱。考察点及施工平面布置见图7-16。

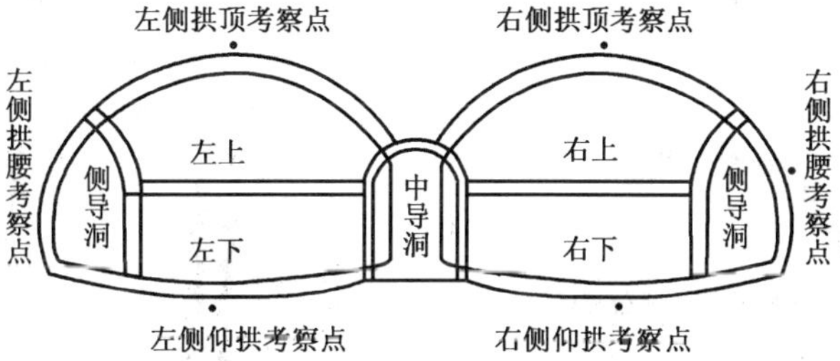

图7-16　考察点和施工平面布置图

2)数值模拟结果

应用FLAC3D对各施工工序进行模拟分析,得出各工况下隧道周围地层的位移,将相关数据导出后,整理得出隧道周围地层随隧道施工的位移变化趋势图。

(1)隧道周边位移。隧道拱顶、仰拱中部、拱腰处围岩随施工过程的位移变化情况如图7-17~图7-19所示,拱腰水平位移方向在隧道内侧,仰拱竖向位移方向向上。从图7-17和图7-18可知,拱顶沉降随隧道的施工而增大,但仰拱中部隆起值在这两步工序中却是先减小后增大。中导洞和侧导洞施工完成后,拱顶沉降为0.4cm,仰拱中部隆起值0.1cm。但当正洞上部开挖后拱顶沉降已达到2.0cm,仰拱中部隆起值也达到0.7cm,都达到了总值的80%多。这说明正洞上部开挖对隧道上部和下部围岩变形影响最大。因此,在此工序施工时要特别注意尽早封闭开挖面,及时进行初期支护,减少围岩变形量。拱腰处水平位移随时步变化曲线如

图 7-19,从图可看出:中导洞的开挖对此处围岩基本没有影响,侧导洞和正洞上部的开挖对拱腰水平位移的影响最大,正洞上部开挖完成后,拱腰水平位移达到最大值 0.3cm。正洞下部开挖完成后,拱腰水平位移略有减小,为 0.24cm。这是由于下部开挖,使得拱腰处产生较大的应力集中,衬砌后面围岩受到挤压变得更为密实。根据这 3 条曲线,可以得出现场监控量测应以拱顶沉降为基准,施工时要特别注意正洞上部开挖时各点的监测量控工作,通过及时有效的支护来减小拱顶围岩沉降值,确保隧道的顺利施工。

(2)拱顶上方地层沉降。正洞拱顶地层在不同开挖阶段的沉降情况如图 7-20 所示。从图中看出由于中导洞和侧导洞开挖面积较小,且施工过程中及时施加了初期支护,中导洞和侧导洞开挖完成后正洞拱顶地层随深度的增加并没有很大的变化。但在主洞上部开挖后,拱顶地层沉降迅速增大,地表达到 1.5cm,拱顶处达到 1.8cm,均达到最终沉降值的 85%,地层中间各点基本呈线性分布。正洞下部开挖完成后,地表达到 1.8cm,拱顶处达到 2.2cm,中间各点也基本成线性分布,地层沉降基本稳定。由此可知,地层沉降也主要发生在正洞上部开挖阶段,此阶段在施工时应重点关注,注意做好拱顶上部围岩的预加固工作。

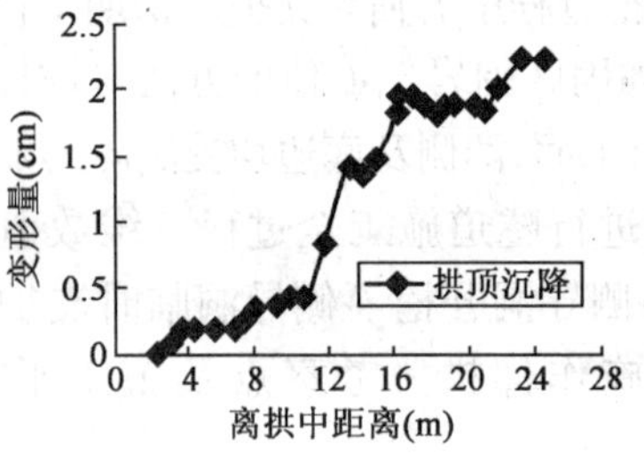

图 7-17 拱顶随施工过程的下沉曲线

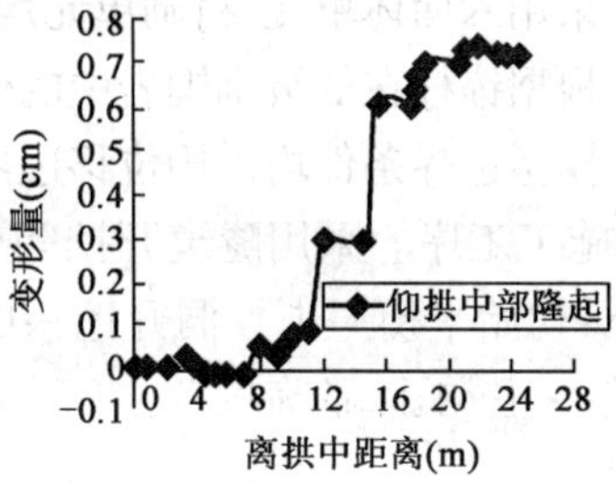

图 7-18 仰拱中部随施工过程的位移曲线

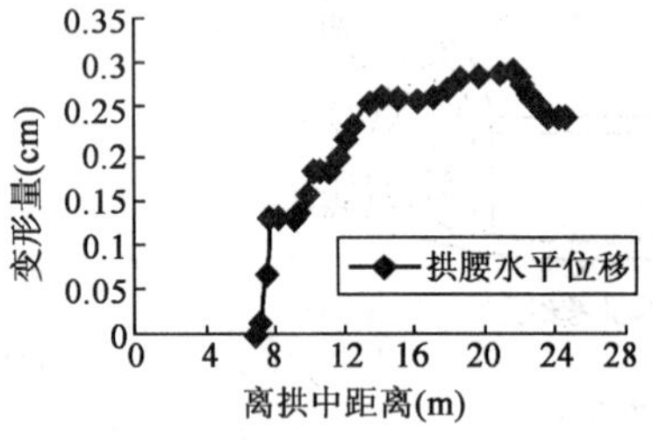

图 7-19 拱腰随施工过程的水平位移曲线

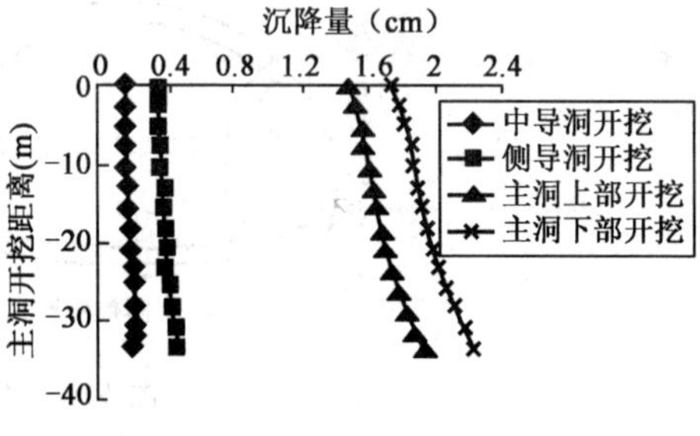

图 7-20 不同施工阶段的地层沉降曲线

(3)地表沉降。地表沉降在不同施工阶段的变化曲线如图 7-21 所示。由图可以看出,地表沉降槽曲线呈以中墙为对称轴的抛物线状,隧道开挖的影响范围为中墙左、右两侧各 50m,且只对两侧 30m 范围内影响比较大。中导洞和侧导洞施工完成后地表沉降最大值为 0.4cm,占总沉降量 20%。主洞上部施工完成后地表沉降最大值为 1.6cm,占总沉降量的 89%。主洞下部开挖主要影响中墙两侧 30m 的范围,中墙顶部地表最终沉降值最大,为

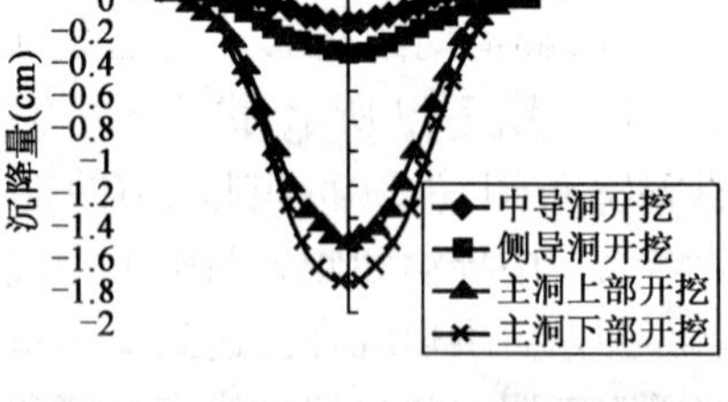

图 7-21 不同施工阶段的地表沉降曲线

1.8cm。由于主洞上部开挖面积比较大,且开挖后拱顶围岩失去了竖向支撑,故此施工阶段地表沉降变化比较大,应关注此阶段地表沉降的监测。

3)监测结果及对比分析

比较图7-17和图7-21~图7-23可以看出,实际拱顶沉降和地表沉降都要比模拟计算结果稍大,拱顶沉降最大值达到2.7cm,地表沉降最大值为1.9cm,且出现在中墙右侧。但整个施工过程数值模拟和实际监测结果具有相同的变化规律,量值的偏差也不是很大。因此,三维数值模拟与实际监测结果具有良好的一致性,数值模拟可以作为预测施工中将要面临的困难的手段加以应用。

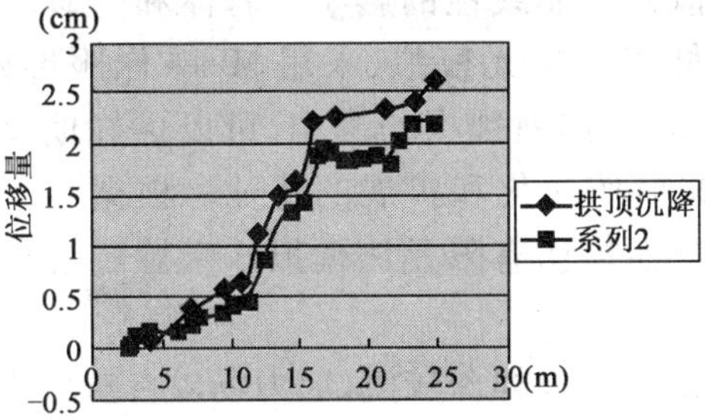

图7-22　位移分布特征

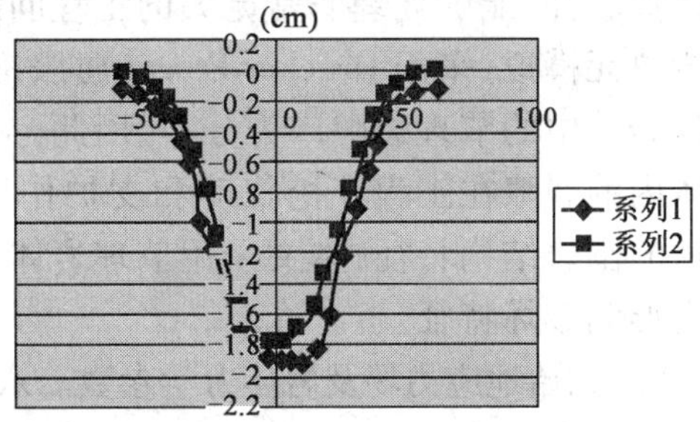

图7-23　地表沉陷特征

四、分岔式连拱隧道施工三维数值仿真模拟

胡剑兵等[189]对沪蓉西高速八字岭隧道进行了施工三维数值仿真模拟,指出分岔隧道的结构形式一般分为大跨衬砌段、双连拱衬砌段、加强衬砌段和一般衬砌段4种断面形式。基于连续介质模型,通过大型有限元软件ABAQUS,对施工过程进行数值仿真模拟,着重分析研究大拱与连拱过渡段和连拱以及小净距过渡段施工过程中的围岩变形和破坏特性,为设计施工提供参考依据。

1)模型及参数

(1)计算模型。八字岭分岔隧道结构复杂,研究相邻隧道施工过程、控制爆破等对围岩稳定性的影响显得尤为重要。隧道大拱段长58.6m,属Ⅳ级围岩,开挖采用正台阶法与多部开挖法相结合,分4步进行开挖。连拱段长120.7m,属Ⅳ级围岩,用中导洞全断面开挖法。小净距段长174.9m,属Ⅲ级围岩,用台阶法开挖。数值计算以大拱隧道中心线为Z轴,竖向为Y轴,水平向为X轴。计算范围为:X向160m,Y向自地表至隧道底板下方80m,Z向400m。隧道的三维结构模型和不同部位的剖面见图7-24。

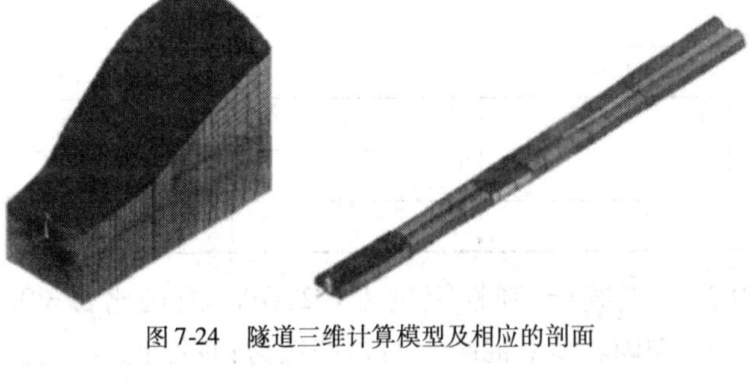

图7-24　隧道三维计算模型及相应的剖面

数值计算时，考虑3组对隧道开挖扰动和稳定性影响较大的节理组：L_1（50°~60°∠32°~65°）、L_3（175°~210°∠48°~82°）、L_4（252°~270°∠33°~85°）。L_1发育较密集、规模较小，发育密度为3~7条/m，延伸长度一般为210~410m，部分大于8m，竖向切深15~110m；L_3发育密集、部分细小，发育密度为6~10条/m，延伸长度一般为0.5~6.0m，竖向切深15~215m；L_4发育较密集、规模较小，发育密度为4~6条/m，延伸长度一般为0.5~1.0m，竖向切深0.5~2.0m。围岩稳定性和衬砌结构的受力分析，采用通用有限元程序ABAQUS。该软件是美国HKS公司开发的适用于计算固体力学的大型工程计算软件，能够处理非常庞大的工程问题和模拟材料非线性的影响。岩体和衬砌均用实体单元模拟，采用Drucker-Prager屈服准则；锚杆以杆单元模拟，采用Mises屈服准则。工程岩体中的节理裂隙广为分布，因此，应用多裂隙岩体断裂损伤模型，可以更好地反映岩体内的裂隙在工程开挖扰动和支护作用下裂隙损伤演化和扩展的特征。根据八字岭隧道的围岩结构特征，本文采用节理岩体三维弹塑性损伤有限元法模拟八字岭隧道围岩的变形和破坏特征。

(2)初始地应力场及岩体力学参数。八字岭分岔隧道口埋深较浅，应力场以自重应力场为主。在数值计算时，竖向为γh，隧道轴向和垂直隧道边墙方向为$\frac{\mu}{1-\mu}\gamma h$（重力引起的静止侧压力，$\gamma$为山体下伏岩石重度，$\mu$为山体下伏岩石泊松比）。对于隧道围岩锚固区，采用等效强度的方式提高抗剪强度指标c，应用以下经验公式：

$$\Delta c = \eta \frac{\tau s}{ab} \tag{7-1}$$

式中：c——黏聚力；

τ——锚杆材料的抗剪强度；

s——锚杆的截面面积；

a、b——锚杆横向、纵向的分布间距。

根据现场岩体力学试验结果和国内重大岩土工程灰岩的试验结果，在对八字岭隧道的开挖、支护进行数值仿真计算时，工程岩体、软弱层面的参数见表7-5。

八字岭隧道岩体力学参数

表7-5

围岩分布	岩体力学参数			
	变形模量E(GPa)	泊松比μ	内摩擦系数	黏聚力c(MPa)
全强风化灰岩	3~4	0.30	0.3~0.5	0.5~0.7
弱风化灰岩	5~6	0.27	0.7~0.9	1.0~1.2
微新灰岩	9~11	0.25	1.1~1.3	1.3~1.5
软弱层理面			0.4~0.5	0.03~0.04
弱风化层节理面			0.3~0.4	0.02~0.03
微新层节理面			0.4~0.5	0.04~0.05

初期支护为C20喷射混凝土，弹性模量$E=28$GPa，泊松比$\mu=0.2$，轴心抗压强度为10.0MPa，抗拉强度为1.1MPa。喷射混凝土的容许应力：轴心抗压强度为7.8MPa，抗拉强度

为 0.41MPa。二次衬砌为 C25 混凝土，弹性模量 $E=29.5\text{GPa}$，泊松比 $\mu=0.2$，轴心抗压强度设计值为 12.5MPa，抗拉强度为 1.33MPa。混凝土的容许应力：轴心抗压强度为 9.6MPa，抗拉强度为 0.50MPa。

2）计算结果

（1）大拱与连拱过渡段仿真计算结果。连拱段隧道中导洞开挖后，最大压应力出现在中导洞两脚点处，达 6MPa，中墙顶部角点处压应力值也较大，达 3MPa。随着左侧上半断面以及外侧导洞的开挖，中墙的左下部位压应力明显集中，最大压应力达 8.82MPa，在左洞脚点和中墙底部、顶部也出现压应力集中，左洞脚点和中墙角点处的压应力值分别为 4.22MPa、4.95MPa和 4.52MPa。左洞开挖结束后，压应力值进一步增大，最大压应力值依然出现在中墙左下部压应力集中区，为 8.93MPa，其余部位压应力集中规律变化不大，量值略有增大。右洞上半断面及侧导洞开挖后，连拱角点处和中墙顶部都出现压应力集中，且压应力值进一步增大，最大压应力依然出现在中墙左侧下部靠近大拱段隧道一端，其值为 12.49MPa。右洞开挖结束后，应力集中规律变化不大，应力集中值稍有增大，中墙中最大压应力为 12.55MPa。大拱隧道顶部的拉应力值，随着大拱和连拱隧道的开挖而减小，而大拱底板的最大拉应力则随着开挖的进行在增大。如第一组关键点 1（即 1 剖面关键点，下同）在大拱第一步开挖结束时的拉应力为 0.17MPa，大拱开挖结束后降为0.14MPa，连拱开挖结束后则降为 0.12MPa。大拱内部（第二组关键点）拱顶拉应力的变化规律有所不同，大拱开挖时先从 0.05MPa 增至 0.10MPa，连拱开挖结束后降为 0.05MPa。大拱底板部位拉应力最大，且随着连拱的开挖进一步增大，如第一组关键点 5 从 0.36MPa 增至 0.53MPa，第二组关键点 5 从 0.09MPa 增至 0.39MPa，这反映了大拱底板随着连拱的开挖而上抬。大拱脚点处的最大压应力值也随着连拱开挖而增大。大拱开挖结束时，第一组关键点 4 和 6 的压应力值为 2.68MPa、2.96MPa，随着连拱的开挖，量值逐渐增大，连拱开挖结束后，其值增加到 3.19MPa、3.48MPa；第二组关键点 4 和 6 显示了同样的规律，量值稍小。连拱隧道内第三组关键点和第四组关键点的应力变化差别不大。大拱到连拱过渡段及关键点（图 7-25 ~ 图 7-27），围岩应力分布如图 7-28 ~ 图 7-31 所示。

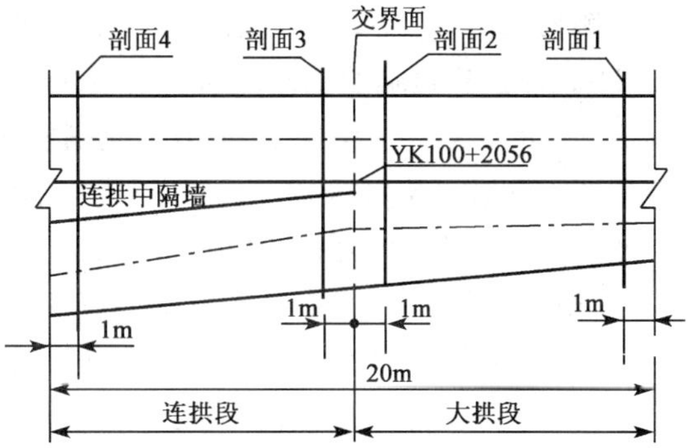

图 7-25　大拱到连拱过渡段示意

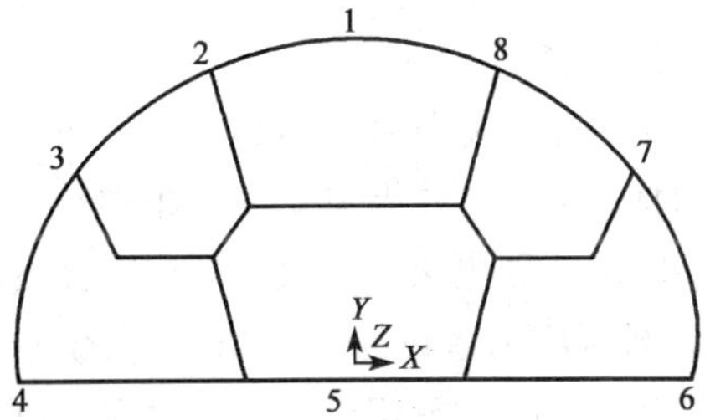

图 7-26　大拱段关键点示意

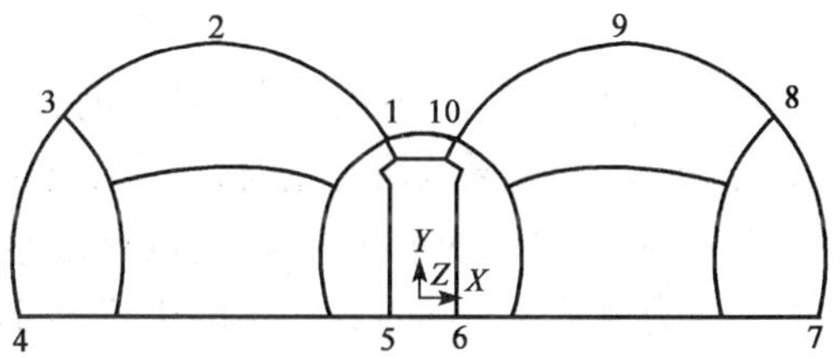

图 7-27　连拱段关键点示意

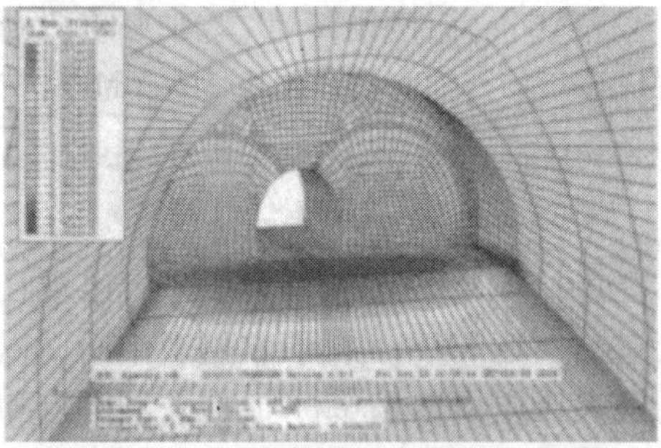

图 7-28　中导洞开挖后围岩最大主应力分布

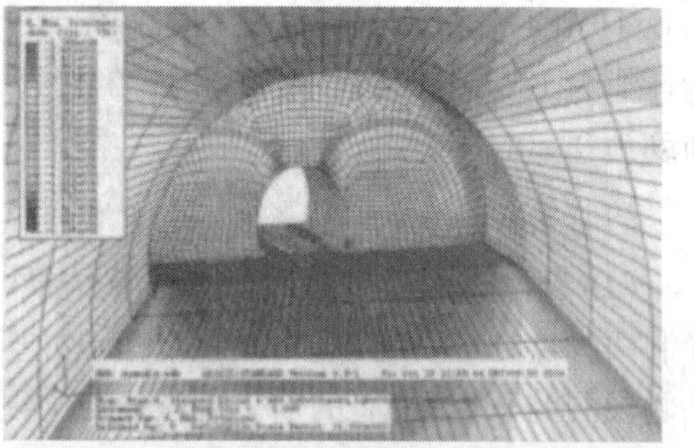

图 7-29　中导洞开挖后围岩最小主应力分布

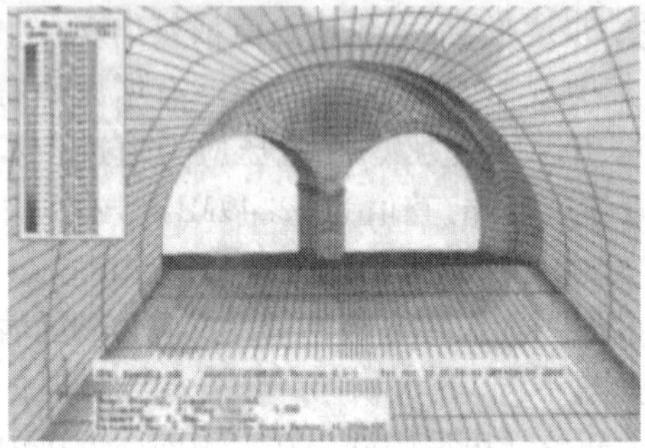

图 7-30　连拱段开挖结束后围岩最大主应力分布

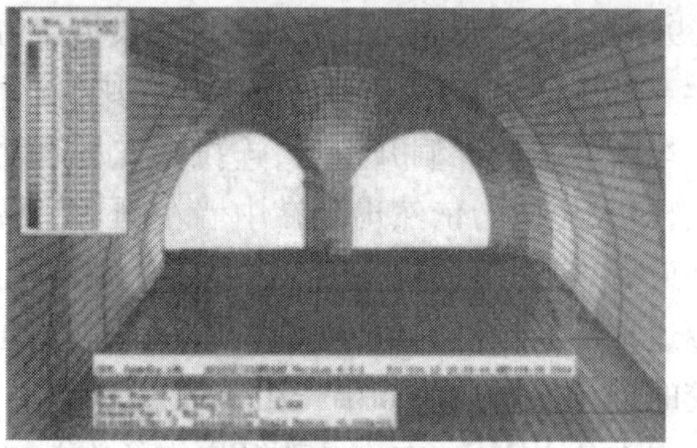

图 7-31　连拱段开挖结束后围岩最小主应力分布

(2)连拱与小净距过渡段仿真计算结果。连拱隧道开挖结束后,拱底上抬,拱顶下沉,曲中墙两侧形成压应力集中区域,且压应力集中程度较高,曲中墙右侧上端的压应力达12.31MPa,靠近连接端的围岩位移量稍小,应力集中程度也稍小,这是由于小净距隧道尚未开挖形成约束的原因。曲中墙上、下方两侧围岩、隧道肩部和脚点处局部岩体都进入塑性,最大等效塑性应变值为 8.85×10^{-3},且靠近连接端的围岩塑性区域稍小,塑性变形也稍小。

随着小净距隧道的开挖,拱顶下沉,拱底上抬,岩柱受压,岩柱两侧进入塑性,小净距右洞开挖后,塑性区形成贯通,最大等效塑性应变出现于岩柱侧部,其值为 3.8×10^{-2}。小净距隧道的开挖,使得连拱段曲中墙所受压应力进一步加剧,且靠近连接端处的曲中墙应力增大幅度大于远离连接端部分。复合式(夹心式)曲中墙连拱段围岩位移也有同样的变化规律。这是由于小净距隧道开挖后,岩柱的支护强度低于曲中墙,使得靠近连接端部位的夹心连拱段围岩应力集中更大,围岩位移更大。同样,靠近连接端的小净距围岩则受到曲中墙强支护的影响,相对于远离连接端部分,靠近连接端的小净距围岩应力集中大、位移小、塑性区域以及塑性变形小。随着小净距隧道的开挖,复合式曲中墙底部压应力越来越大,连拱小净距隧道过渡段的剖面位置及关键点如图 7-32 ~ 图 7-34 所示,剖面 1 关键点 8 的压应力,由小净距开挖前的7.22MPa增大到开挖结束时的9.31MPa。另外,可以看出远离连接端部分的压应力值高于靠近连接端部分,到了小净距段开挖结束前,靠近连接端部位的压应力值要稍高。原因可能是小净距段隧道右洞侧导洞没开挖时,约束了连接端附近岩体,所以应力集中要小。小净距隧道开挖结束后,岩柱强度低于曲中墙,所以靠近连接端的曲中墙承受更大的压力,造成连接端附近曲中墙应力值稍高。随着开挖步的进行,小净距岩柱下部压应力逐渐增大,剖面 3 关键点 8 的压应力由隧道开挖初期的 3.29MPa,增大到隧道开挖结束后的 8.06MPa。另外,可以看到靠近连接端部位岩柱下部的压应力,要稍高于远离连接端部位的岩柱,原因可能为小净距隧道岩柱受到复合式曲中墙的刚性约束造成。连拱和小净距夹心连拱关键点 8 最大压应力随开挖过程而变化(图 7-35、图 7-36)。过渡段开挖结束后,沿着轴线方向曲中墙、岩柱底部、中部和上部的压应力变化趋势见图 7-37。整体上看,小净距拱段岩柱承受的压应力小于复合式曲中墙承受的压应力,曲中墙、岩柱中是上部压应力小于中部,中部小于底部,但在连接端面周围,曲中墙、岩柱中部压应力变化幅度较大。随着开挖步的进行,连拱隧道右洞洞顶的位移不断增大,第一剖面关键点 12 的位移由小间距开挖前的 3.16mm 增大到开挖结束后的 4.40mm。另外,可以看出远离连接端部位的位移大于靠近连接端部位的位移,到了小间距开挖结束前,靠近连接端部位的位移稍大。连拱段关键点的位移,随开挖过程的变化规律见图 7-36、图 7-37。

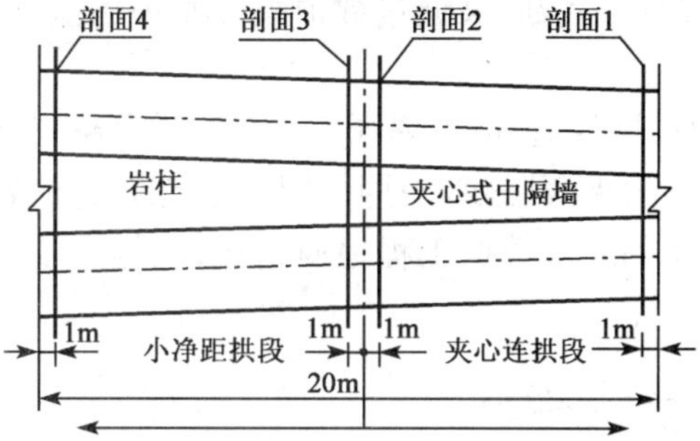

图 7-32　连拱、小净距过渡段断面示意

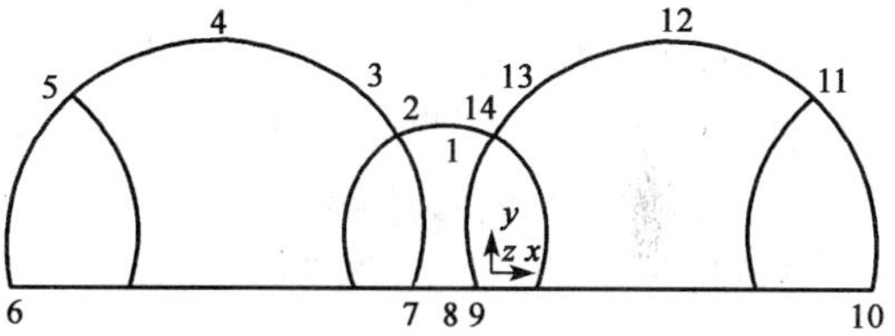

图 7-33　复合式中墙隧道洞周关键点示意

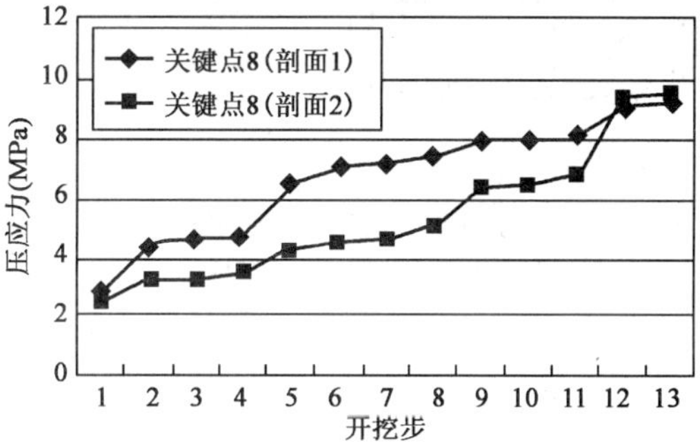

图 7-34　连拱段剖面 1、2 关键点 8 最大压应力随开挖步的变化

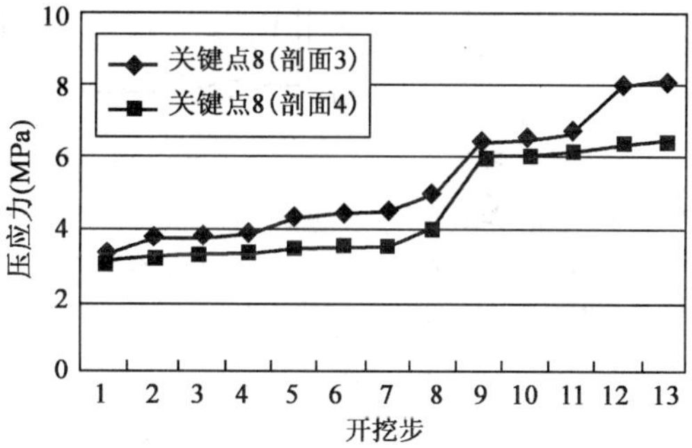

图 7-35　小净距拱段剖面 3、4 关键点 8 的最大压应力随开挖步的变化

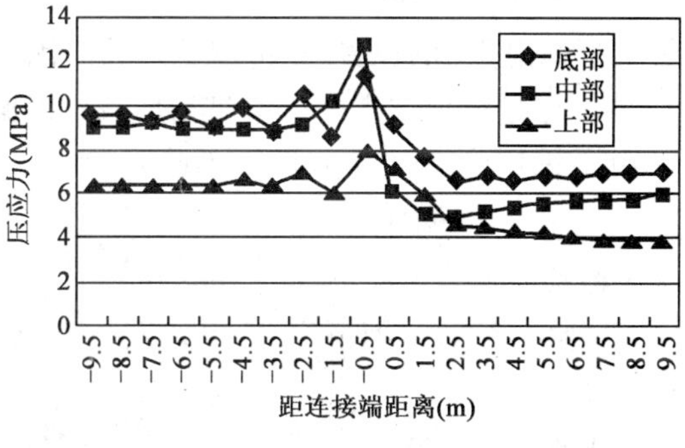

图 7-36　连拱段曲中墙、小净距拱段岩柱压应力分布

注:距离 0 处为连接端面,距离为负数的一端是复合式中墙连拱段距离为正数的一端是小净距拱段

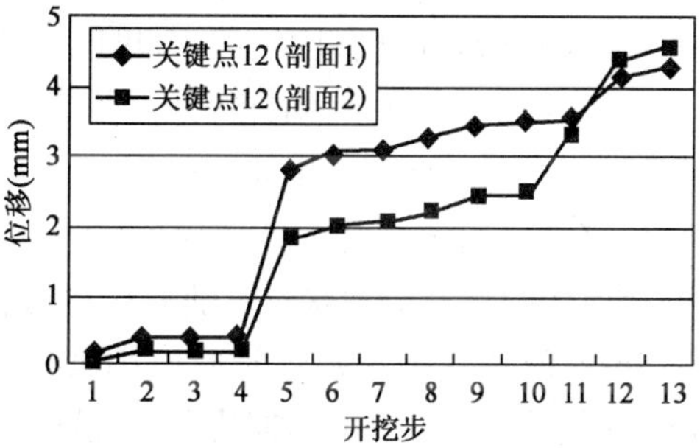

图 7-37　复合式中墙段剖面 1、2 关键点 12 的位移随开挖步的变化

第三节 施工动态稳定性数值模拟

连拱隧道施工动态稳定性数值模拟,众多专家学者从不同角度对一些隧道进行了剖析[190~194],下面介绍云南老苍坡隧道和贵州八仙岩分岔隧道经验。

一、云南老苍坡隧道实例

胡壮志、蒋树屏、胡学兵[192]结合老苍坡5号连拱隧道,SK300+003、XK300+003断面的有限元结构计算和现场监控量测,对其围岩稳定性进行了判断,又通过数值模拟和现场监测,判断围岩稳定性的可信程度。

老苍坡5号隧道长315m,是一座整体式中墙的连拱隧道,最大埋深55m。隧道穿越三叠系路马组,围岩以紫灰、紫红色泥岩、粉砂岩、泥质粉砂岩夹薄层砂岩为主。进口为紫灰色泥岩夹砂岩,中部为紫红色泥岩夹泥质粉砂岩,属II、III类围岩。根据工程地质情况,该隧道施工采用中导洞—台阶法施工(图7-38)。

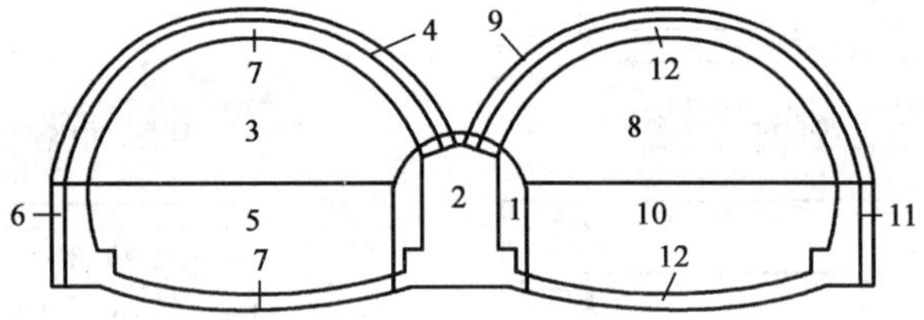

图7-38 中导洞—台阶法施工工序示意

1-中导洞开挖;2-砌筑中墙;3-左洞上台阶开挖;4-左洞上台阶施作初期支护;5-左洞下台阶开挖;6-左洞下台阶施作初期支护;7-左洞二次衬砌及仰拱支护;8-右洞上台阶开挖;9-右洞上台阶施作初期支护;10-右洞下台阶开挖;11-右洞下台阶施作初期支护;12-右洞二次衬砌及仰拱支护

1)结构计算及分析

根据围岩、支护、施工工序,采用结构有限元分析软件$2D-\sigma$,仿真K300+003断面隧道施工的全过程。围岩与支护结构的力学参数按《公路隧道设计规范》中III类围岩的物理力学指标取值(表7-6)。分析范围选取以洞轴线为基准,左、右边界分别取至距隧道中心水平距离$3D$(D为连拱隧道两拱边距),下边界取至隧道中心垂直距离$3D$的位置,顶部取至地面。围岩体、初期支护、二次衬砌、锚杆等的结构自重,计算中的程序可以根据重度γ值自动加载。根据结构情况,采用平面应变单元、弹性模型进行计算(由于采用弹塑性模型计算不收敛,而2种模型计算结果相差不大)。计算中的第1步是模拟在隧道未开挖时的原始地应力状态。随着计算过程的发展(模拟围岩开挖,施作支护等),逐步减去围岩体单元,加入锚杆单元、混凝土单元(模拟初期支护)、梁单元(模拟二次衬砌)。计算模型的围岩约束条件为:左右边界设置为水平约束,底部为竖直约束,顶部为自由面有限元,计算模型见图7-39。

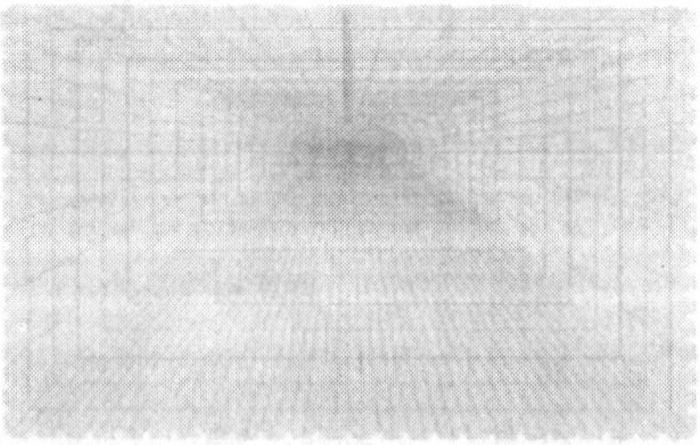

图7-39 连拱隧道有限元计算模型

力学模型材料参数　　表 7-6

参　数		弹性模量 E（GPa）	泊松比 μ	纵向厚度（m）	长度（m）	半径（m）	重度 γ（kN/m^3）	黏聚力 c（MPa）	内摩擦角 ϕ（°）
材料	围岩	5	0.25	I	—	—	21	0.3	45
	C25 喷射混凝土	28.5	0.167	I	—	—	26	2.235	53.526
	二次衬砌	28.5	0.167	I	—	—	26	2.235	53.526
	锚杆	210	—		3.5	0.012 5	—	—	—

2)计算结果分析

(1)围岩应力。中导洞开挖后，由于洞室较小，围岩没有出现拉应力，最大压应力 3.04MPa，出现在中导洞下端两个角部。中墙施作后，围岩应力进一步释放，在中导洞左侧没有回填的中墙中部开始出现小许拉应力，压应力也继续增大，在下端两个角部压应力最大，达到 3.21MPa。左洞上台阶施作后，围岩在大洞室周围进行应力调整。在左洞上台阶角部围岩，由于应力集中效应，而出现最大压应力 3.16MPa。洞顶围岩基本上没有出现拉应力，而在底部围岩出现部分拉应力，最大拉应力值 0.44MPa。左洞下台阶施作后，洞顶围岩也基本上没有出现拉应力。而仰拱下部围岩基本上都受拉，最大拉应力 0.25MPa。围岩压应力变化也不大，最大压应力 3.20MPa，主要出现在边墙和中墙的两个角部。右洞上台阶施作后，围岩应力发生很大变化，在中墙顶部 3m 的范围出现一个低应力区，围岩将以松散荷载的形式作用在支护结构上。左洞围岩基本上都受压，而右洞顶部局部地方出现拉应力。围岩最大拉压应力 0.84MPa，出现在右洞底部围岩。最大压应力 4.59MPa，出现在右洞初期支护与中墙交接处上部围岩。右洞下台阶施作后，围岩内部应力变化不很明显。中墙顶部围岩的低应力区发展到 6m 左右的范围，右洞顶部围岩拉应力很小，范围也不大。围岩最大压应力 4.67MPa，其出现位置与上阶段相近。最终阶段围岩应力分布如图 7-40、图 7-41。

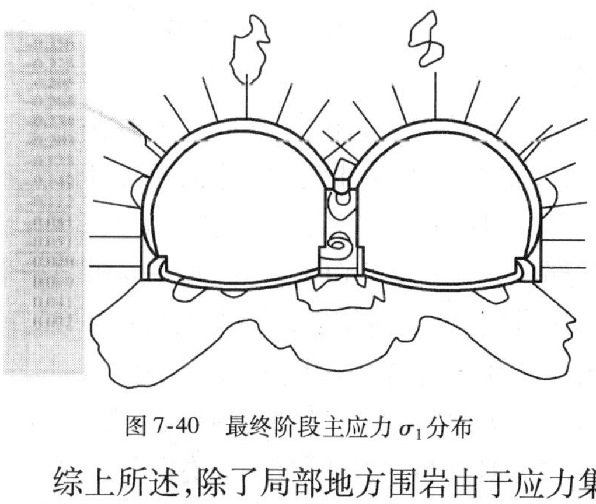

图 7-40　最终阶段主应力 σ_1 分布

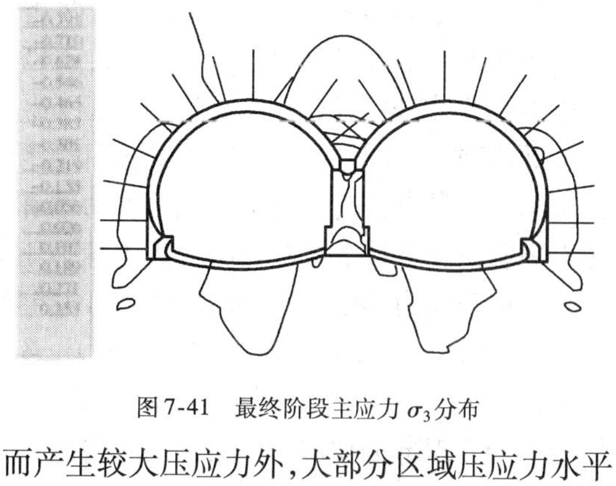

图 7-41　最终阶段主应力 σ_3 分布

综上所述，除了局部地方围岩由于应力集中而产生较大压应力外，大部分区域压应力水平不高。隧道顶部围岩出现的拉应力值很小。因此，在施工期间拱部围岩是稳定的，而底部围岩由于底压作用，基本上都出现拉应力。因此，仰拱回填将改善仰拱围岩的受力。随着施工的推进，中墙顶部的松散荷载也越来越大，最大围岩压力达到 4.67MPa。

(2)中墙应力。中墙施作后在墙顶左部出现 0.02MPa 拉应力，在中墙与下端扩大基础部位，由于应力集中而出现最大压应力 1.01MPa。左洞上台阶施作后在初期支护与中墙接触部位下端，由于劈裂作用出现最大拉应力0.53MPa。在左洞仰拱与扩大基础交接部位，由于应力集中出现最大压应力4.86MPa。左洞下台阶施作后中墙应力改变不大，其应力分布状态也与上一阶段类似。墙底与仰拱相接部位压应力较集中，墙顶与衬砌相连处偏下0.5m左右，由于劈裂作用拉应力较大。右洞上台阶施作后，中墙应力增加很快，最大拉应力达到1.74MPa，主要出现在中墙下部扩大基础底部。最大压应力也增加近一倍达到9.45MPa，主要出现在中墙顶部与右洞初期支护相接部位。右洞下台阶施作后，中墙应力有所减小，最大拉应力减小到0.95MPa，主要出现在中墙底部。最大压应力减小到8.86MPa，主要出现在顶部与右洞初期支护相连处。

综上所述，随着施工的推进，中墙应力逐渐增大。尤其是在左、右洞上断面施作时，中墙应力会显著增加。而下台阶底施作对中墙应力影响相对较小，其中右洞下台阶的施作可以缓解中墙受力。中墙拉应力主要集中在顶端偏下0.5m的区域，而压应力主要集中在中墙与仰拱和初期支护相连的角部，且从中墙顶部与右洞初期支护接触处到左侧扩大基础部形成一条高压应力带。

(3)初期支护内部应力。左洞上台阶施作初期支护后，喷射混凝土内部应力很大，最大拉应力0.33MPa，出现在上台阶左端偏上喷层外侧。最大压应力4.7MPa，出现在上台阶左端部喷层底端与围岩相交处。喷层在此阶段除了两端应力集中外，其余部位应力分布都较均匀。左洞下台阶施作后，喷层内部应力有所变化，最大拉应力0.57MPa，出现在边墙顶部靠围岩侧。最大压应力4.72MPa，出现在边墙下端的持力点。右洞上台阶施作后，喷层内部应力增加较多，最大拉应力0.35MPa，出现在右洞喷层右下部。最大压应力增加近1倍，达到8.02MPa，出现在左洞初期支护与中墙相连处。初期支护顶部基本上没有出现拉应力，可以保证施工期间隧道结构的安全。右洞下台阶施作后，初期支护内部应力有所减小，最大拉应力减小到0.21MPa，最大压应力减小到7.71MPa。综上所述，在整个施工过程中初期支护是安全的。喷层内部应力随着施工的进展而逐步增大，最大达到8.02MPa，主要出现在喷层与中墙交接的刚性接触部位。下台阶的施作对喷层内力的影响不大，而上台阶施作时喷层内部应力会迅速增加。

(4)二次衬砌内部应力。中墙左右两边仰拱二次衬砌修筑后，在左洞二衬洞内侧出现最大0.26MPa的拉应力，围岩侧出现最大0.88MPa的压应力。左洞上断面施作后，由于下部围岩应力释放，围岩向洞内变形，导致左侧仰拱端部出现2.25MPa的拉应力。而在仰拱与中墙相接处出现7.15MPa的压应力。左洞下台阶施作后，二次衬砌内部应力变化不大，拱部二次衬砌基本上没有出现拉应力。只是在边墙和仰拱部位出现部分拉应力，最大拉应力0.35MPa，比上一阶段降低许多。二次衬砌内部应力不大，拱部压应力在0.7MPa左右，而在仰拱与中墙交接处由于应力集中，最大压应力达到7.44MPa。右洞上台阶施作后，二衬内部应力增加较快，在左洞仰拱与中墙交界处二次衬砌内部应力最大，在洞内方向压应力最大，为9.67MPa。而在该位置靠围岩侧二衬拉应力最大，为1.54MPa。二次衬砌与中墙顶部交界的位置，靠洞内部分也会出现部分拉应力。右洞下台阶施作后，二次衬砌内部应力变化不大，右洞仰拱与中墙交界部位出现很大应力。靠洞内侧出现很大压应力，最大达到10.04MPa，而围岩侧出现较大拉应力，最大0.73MPa。除仰拱外，其它部位基本上没有出现拉应力。综上所述，二次衬砌整体受力不大，除仰拱受拉外，其它部位基本上都是受压，压力值一般在0.8MPa左右。上台阶施作过程中，二次衬砌受力变化较明显，而下台阶的施作对二次衬砌的影响相对较小。

(5)锚杆轴力。由于左洞先施作，锚杆轴力值随着施工的进展而逐渐增大，左洞锚杆最大轴力 6.99kN。右洞施作后，由于围岩应力的重分配，左洞锚杆轴力值发生很大变化。越靠近中墙，围岩受到的影响越大，锚杆轴力的变化值也越明显。靠近中墙的 3 根锚杆由原来的受拉状态转变为受压状态，最大压力值达到 14.43kN。右洞拱部锚杆都是受拉，最大拉力 8.0kN。而两边墙下端 2 根锚杆受到的拉力很小，其作用效果不是很明显。最终阶段锚杆轴力分布如图 7-42。总的来说，在给定围岩参数和支护参数条件下，按照中导洞方法施工，能保证整个隧道结构的稳定。在中导洞施工过程中，随着施工的进展，围岩的位移、中墙、初期支护和二次衬砌的内力都会逐渐增加，并且左、右洞上台阶的施作对各项应力和位移值都将产生很大影响，而下台阶的施作对各项考察对象的影响程度小得多。中墙顶部会随着施工的进展，而逐渐形成一个 6m 范围的卸荷区。这部分围岩将以松散荷载的形式，作用在中墙及其附近衬砌上，因此，对该部分围岩进行加固是很重要的。边墙下部的锚杆受力很小，而左洞（先施作）靠中墙部位的锚杆也大多受压力作用。中墙承受很大的荷载作用，中墙底部和顶部与衬砌相接位置下部 0.5m 区域会出现很大拉应力，而从墙顶与右边初期支护相接处到左侧扩大基础上部会形成一条压力带。

（6）围岩位移。中导洞开挖后，由于隧洞跨度小，围岩发生的位移也小，水平位移0.01cm，顶部位移 0.06cm。中墙施作后，围岩应力进一步释放，但围岩位移增加并不明显，最大水平位移和竖直位移都只增加了 0.01cm 左右。左洞上台阶施作后，由于跨度增大，围岩位移增加较快。水平最大位移 0.04cm，发生在左洞上台阶底端，围岩有向隧洞外空扩展的趋势。最大竖直位移增大到 0.22cm，出现在拱顶右侧部位。左洞下台阶施作后，隧洞跨度没变，但洞身高度增大，导致隧道顶部围岩竖向位移变化很小。而边墙部位的围岩向隧道内空收敛，但其值不是很大，只有 0.03cm 左右。右洞上台阶施作后，围岩位移又有所发展。右洞上台阶底端围岩水平位移 0.06cm，向隧洞外空移动。右洞拱顶围岩数值位移最大，达到 0.29cm，而且右洞的施作对左洞围岩位移也有一定影响，左洞顶部围岩竖向位移增加了近 0.02cm。右洞下台阶施作时，由于隧洞跨度没变，只是洞身高度增加，因此拱顶围岩位移增加较少，而边墙部位围岩都是向洞内空收敛变形。最终阶段围岩位移如图 7-43 所示。

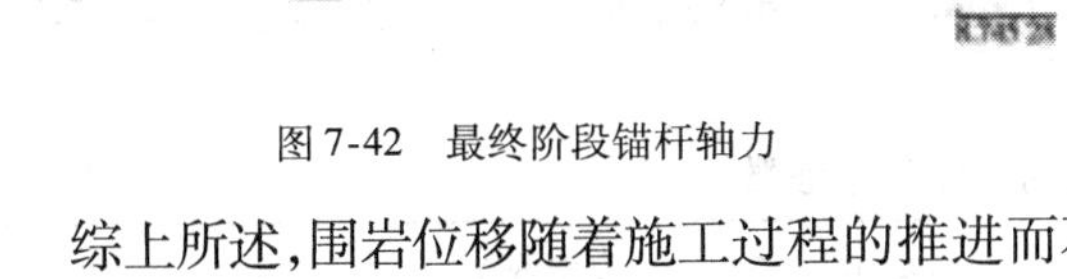

图 7-42　最终阶段锚杆轴力

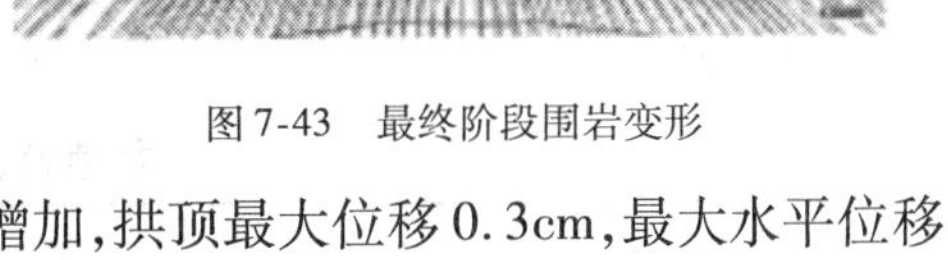

图 7-43　最终阶段围岩变形

综上所述，围岩位移随着施工过程的推进而不断增加，拱顶最大位移 0.3cm，最大水平位移 0.06cm。上台阶的施作对围岩竖向位移影响较大，而下台阶的施作对水平位移收敛影响较大，对拱顶位移基本上不产生影响。右洞（后施作）洞周位移较左洞（先施作）洞周围岩位移更大一些。

3）现场监控量测

老苍坡 5 号隧道围岩的受力变形情况，比一般的隧道要复杂很多。因此，准确监测每一开挖过程对围岩的影响是特别重要的。根据监测数据采取相应工程措施，以便将围岩变形维持在弹性或弹塑性范围内，而且可对支护参数进行反馈。根据隧道开挖情况，在 SK300 +003、XK300 +003 断面设置了拱顶下沉监测点、周边收敛测量点，并埋设了多点位移计测量围岩内部位移。应变计和钢筋计测量喷射混凝土内部应力和锚杆轴力，压力盒测量围岩与喷射混凝土间接触压力等。从现场采集的数据分析，围岩和支护结构在整个施工过程中都是安全的，左右两洞施工过程的影响主要反映在钢支撑内力和二次衬砌应力上。即在后施作洞室的施工过程中，先施作洞室的钢支撑内力和二次衬砌应力明显增加，而对其它支护参数影响较小，这主要是刚度不同产生的影响也不同。

二、八仙岩分岔式连拱隧道实例

张晓燕[107]认为国内外对分岔隧道的设计，还处于总结和积累经验阶段。对八仙岩双向四车道分岔连拱隧道，重点论述了不同隧段的围岩应力分布特点、围岩支护形式与支护参数。

根据隧道地表钻探揭露，上覆土层为硬塑亚黏土层，厚度 0.6 ~3.0m。下伏基岩为清水江组薄 ~中厚层状板岩，产状为 300°∠50°。右边坡岩层倾向山内，视倾角 41°。左边坡开挖后为顺向坡，右边坡开挖后为逆向坡。左右边坡覆盖层为全风化土质边坡、强风化 IV 类岩质边坡，厚度 10 ~21m。边坡稳定性主要受岩体结构面控制，边坡开挖后稳定性极差。强风化岩体节理裂隙发育，岩体破碎，一组节理产状 281°∠80°与另组节理产状 116°∠66°组合，对右边坡稳定有较大影响。节理面多有泥化现象，地表见岩体被切割成 2 ~20cm 碎块石，围岩为 III 级。过渡段为弱风化 ~新鲜板岩，中 ~薄层状，裂隙较发育，岩体完整性差，围岩为 II 级和 III 级。

在隧道围岩支护设计时，为了保证设计参数的科学性和隧道安全性，首先采用有限元程序分析分岔隧道开挖过程中不同段的围岩应力和变形分布特点，然后在此基础上提出分岔隧洞的支护设计。

1)分岔连拱隧道开挖模拟分析

为分析隧道开挖过程中围岩的变形和应力演化过程，需建立数值计算模型(图 7-44)。采用 ABAQUS 模拟隧洞开挖支护过程，其数值计算的力学参数见表 7-7。由于该分岔隧道出口埋深较浅，属自重为主的地应力场，故在数值计算垂向应力 γh，隧道轴向和垂直隧道边墙方向应力为 $(\mu_1 - \mu)\gamma h$。

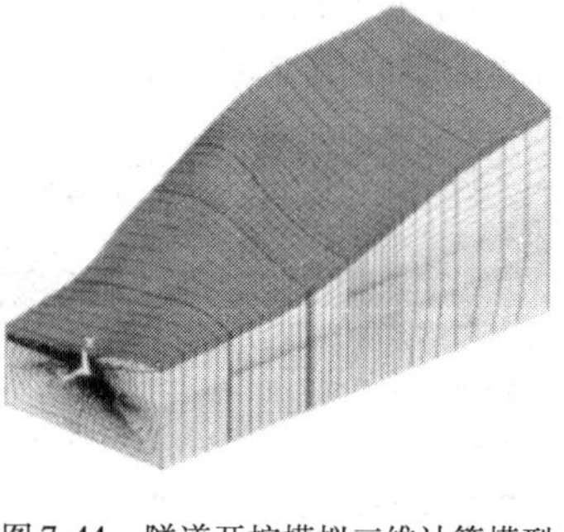

图 7-44 隧道开挖模拟三维计算模型

计算表明，隧道分部开挖过程中，围岩应力场和变形场演化过程是动态变化的，而且不同洞段的围岩应力和变形都具有不同的特点：

数值计算采用的岩体力学参数　　表 7-7

岩 体 项 目	弹性模量 E(GPa)	泊松比 μ	黏聚力 c(MPa)	内摩擦角 ϕ(°)	抗拉强度 σ(MPa)
III 级围岩	8.5	0.25	0.8	45	0.8
中隔墙	25	0.22	2.6	50	1.8
支护结构	13	0.25	1.8	40	1.3

（1）大拱段连拱隧道

①当隧道开挖完成后，在拱脚处产生一定的应力集中现象，最大集中应力约－4.0MPa。受中隔墙作用，在拱顶处也存在一定程度应力集中，最大集中应力约－1.8MPa。而隧洞两侧拱出现一定的应力松弛，最大拉应力约0.1MPa（图7-45）。

②隧道开挖后，拱顶组合位移约4.0mm。隧道侧拱变形相对较大，约8～9mm，底板回弹变形约5mm。

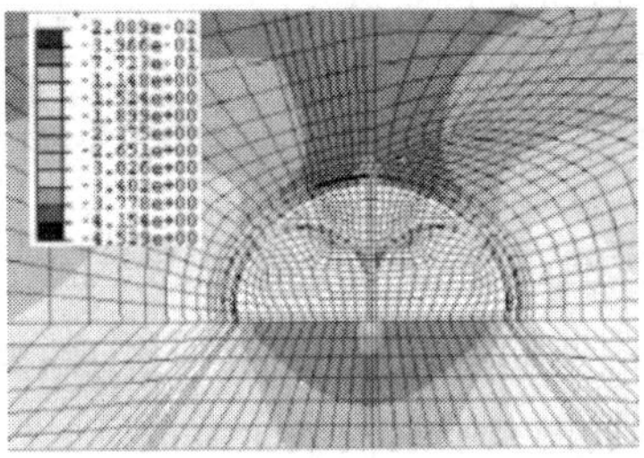

a)最大主应力

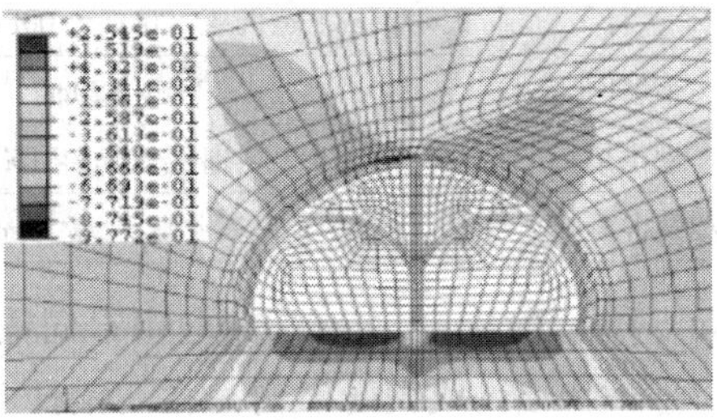

b)最小主应力

图7-45　大拱连拱隧道段开挖后围岩应力场（单位：MPa）

（2）分岔段连拱隧道

①当隧道开挖完成后中墙应力集中明显，最大集中应力约10MPa。而隧道拱顶和底板应力松弛相对明显，最小主应力约0.12～0.5MPa（图7-46）。

②隧道开挖后，拱顶变形约7.0～8.0mm。侧拱变形约5～6mm，中墙变形约4mm，底板回弹变形约4～5mm。

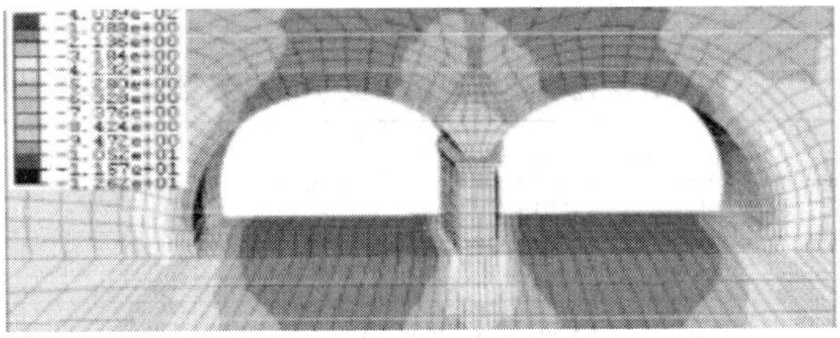

a)最大主应力

b)最小主应力

图7-46　分岔连拱隧道段开挖后围岩应力场（单位：MPa）

2)分岔式连拱隧道围岩支护

分岔连拱隧道分为大拱段和分岔段。大拱段连拱隧道围岩支护设计分为初期支护、二次衬砌和三次衬砌等三个阶段(表7-8)。

大拱段围岩支护设计参数 表7-8

围岩分级		III 级	II 级
初期支护	喷射混凝土	C20 厚 15cm	C20 厚 8cm
	锚杆	$L=2.5$m、5m,间距 100cm×100cm,交错布置	$L=3.0$m,间距 120cm×120cm,拱部布置
	钢筋网	ϕ8,20cm×20cm	ϕ8,20cm×20cm
	钢拱架	16 工字钢拱架,间距 100cm	—
二次衬砌	模筑混凝土	C25 素混凝土,厚 50cm	C25 素混凝土,厚 40cm

(1)初期支护。对II、III级围岩地段由径向锚杆、钢筋网及喷射混凝土组成;对于IV、V级围岩地段由工字钢拱架(或钢筋格栅)、径向锚杆、钢筋网及喷射混凝土组成。

(2)二次衬砌。对于二层衬砌方案的二次衬砌仅承担少量围岩变形荷载;对于三层衬砌方案的二次衬砌是对初期支护的补充加强,与初期支护共同组成主要承载结构。二次衬砌可采用型钢拱架混凝土或钢筋拱架混凝土结构。

(3)三次衬砌。一般情况下可采用素混凝土结构。当围岩荷载压力较大需要第三层衬砌承担部分荷载时采用钢筋混凝土结构,其合理施作时间应严格按照监控量测数据进行,应尽可能发挥初期支护与二次衬砌的承载能力。

分岔段连拱隧道的支护(表7-9),由于左右洞室之间的距离逐渐加大,起初为整体式中墙连拱隧道,随着两洞室距离加大,中墙厚度也相应增加,当中墙增加到一定厚度时,则将整体式中墙变为复合式中墙。

分岔连拱隧道段围岩支护设计参数 表7-9

围岩分级		III 级	II 级
初期支护	喷射混凝土	C20 厚 12cm	C20 厚 8cm
	锚杆	$L=3$m,间距 1.2m×1.2m,交错布置	局部设置
	钢筋网	ϕ6,20cm×20cm	局部设置
	钢拱架	—	—
二次衬砌	模筑混凝土	C25 素混凝土,厚 35~40cm	C25 素混凝土,厚 30~35cm

第四节 分岔连拱隧道稳定性模型试验

李术才、王汉鹏、郑学芬[194]以八字岭分岔连拱隧道为例,采用地质力学模型试验和弹塑性损伤有限元模拟分岔连拱隧道施工全过程,给出围岩关键点位移和应力随施工过程的变化曲线,及围岩损伤区和塑性区的分布,提出分岔连拱隧道施工过程的优化措施。研究爆破施工对隧道稳定性的影响,提出不同中墙宽度、不同围岩情况下装药量多少及施工措施。

一、中墙稳定性

连拱隧道中墙所承受的荷载并不是“全覆土自重”荷载。一些学者采用模型试验、数值计算和现场监测的方法研究连拱隧道的中墙受力，但这些方法费用高，周期长，过程复杂。因此，有必要研究中墙承载模型和稳定性。即设定连拱隧道中墙承受的荷载 P 与左、右两隧洞中线之间上覆岩体所受重力相关图（图7-47）及计算公式。

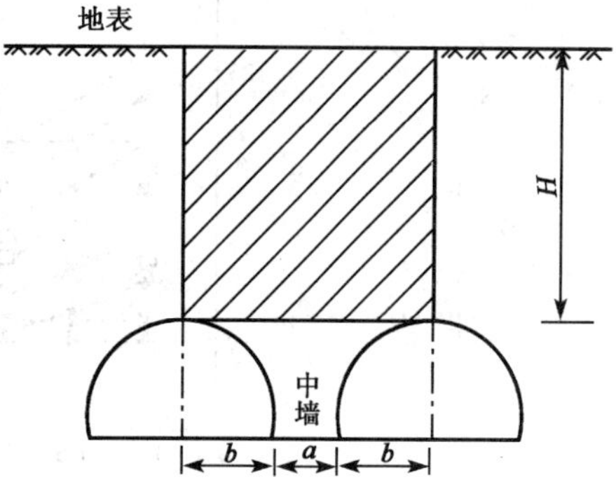

图7-47 中墙受力模型

$$P = \gamma H(a + 2b)L \tag{7-2}$$

式中：γ——上覆岩层的平均重度（MN/m^3）；

H——上覆岩层厚度；

a——中墙宽度；

b——一侧隧洞中线至中墙的距离；

L——中墙长度。

则得出中墙所受应力 σ 为

$$\sigma = K\frac{\gamma H(a + 2b)L}{aL} = K\gamma HA \tag{7-3}$$

$$A = \frac{a + 2b}{a}$$

式中：K——中墙应力修正系数。

应用数值方法分别计算不同上覆岩层厚度 H、不同中墙宽度 a 时的中墙应力值，与 $HA\gamma$ 的比值即为应力集中系数。通过多项式回归得到中墙应力修正系数 K 与 A 的关系如下：

$$K = -0.2768\ln A + 1.0791 \tag{7-4}$$

由式（7-3）和式（7-4）即可确定作用在隧道中墙上的最大应力。根据经典的岩体强度理论中的最大正应力理论，当下式成立时，结构稳定，否则结构失稳：

$$\sigma < [\sigma] \tag{7-5}$$

式中：$[\sigma]$——极限强度。

将连拱隧道混凝土中墙简化为一个上下加载的单轴试件，即以混凝土极限强度 R_b 作为极限强度 $[\sigma]$。将式（7-3）代入式（7-5），则混凝土中墙的稳定性判据为：

$$K\gamma HA < R_b \tag{7-6}$$

二、中墙合理厚度

以八字岭分岔隧道连拱段说明式（7-6）的应用。隧道单洞的开挖宽度均为11.35m，侧压系数取0.5；隧道围岩密度为2 780kg/m^3，黏聚力 c 为1.3MPa，内摩擦角 ϕ 为43°。连拱隧道中墙采用 C30 混凝土，极限强度 R_b 为 21MPa。根据稳定性判据计算的不同埋深、不同中墙宽度下中墙内应力与相应的极限强度如图 7-48。

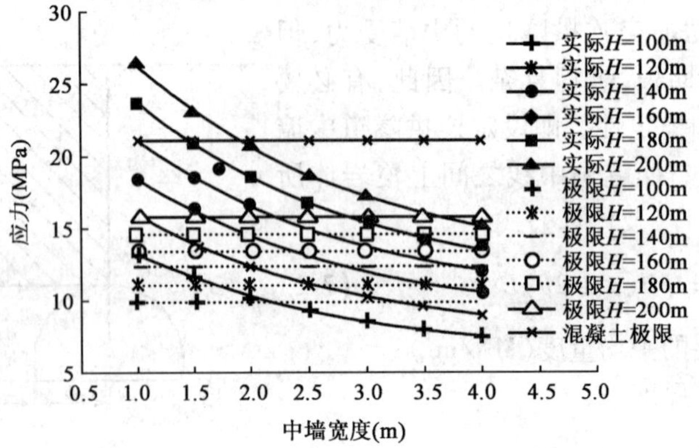

图 7-48　不同埋深、不同中墙宽度下中墙内应力与相应的极限强度

由图 4-7 可知，对于连拱隧道，当中墙宽度为 2.5m 时，埋深 200m 以下都可以保持稳定。而隧道实际埋深分别为 120m 和 140m，说明隧道中墙设计合理，能够保持稳定。

三、施工过程模型试验

八字岭分岔隧道由于地形条件的限制，出口处两条分离隧道逐渐靠近，经过小净距段、连拱段合并成大拱段，最终成为一条隧道，与四渡河特大桥相连。隧道地表为高低不平的山地。大拱段隧道净宽 24.3m，高 11m；直中墙连拱段左、右隧道宽度都为 10.73m，高 8.15m；曲中墙连拱段宽为 11.35m，高 11.89m。中墙的宽度由连拱段至小净距段逐渐变宽。隧道设计开挖步骤及支护措施如图 7-49 所示。

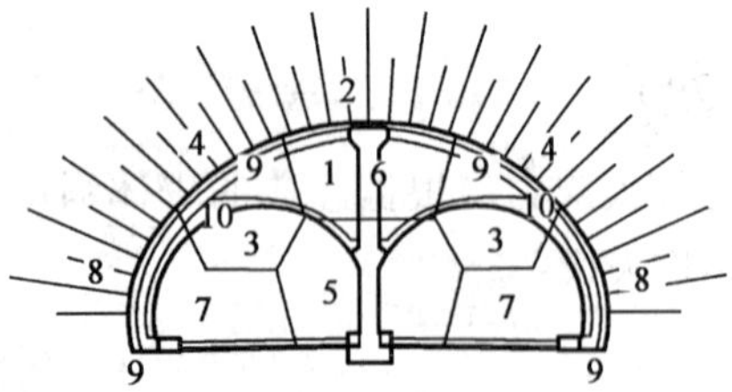

a) 大拱断面连拱隧道段

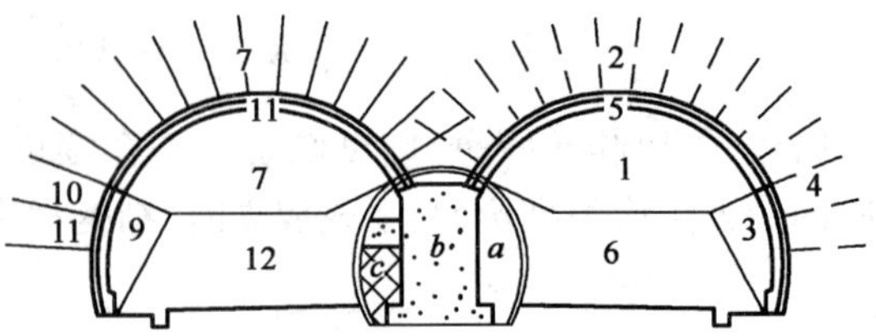

b) 直中墙连拱隧道段

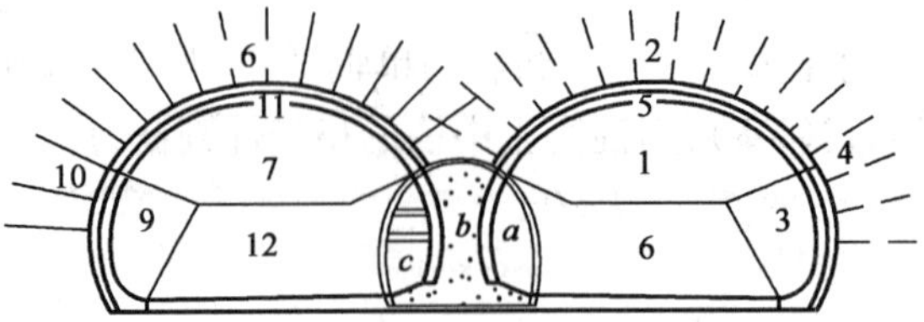

c) 曲中墙连拱隧道段

图 7-49　隧道设计开挖步骤及支护措施

模型试验选择的模拟范围如图 7-50 所示。

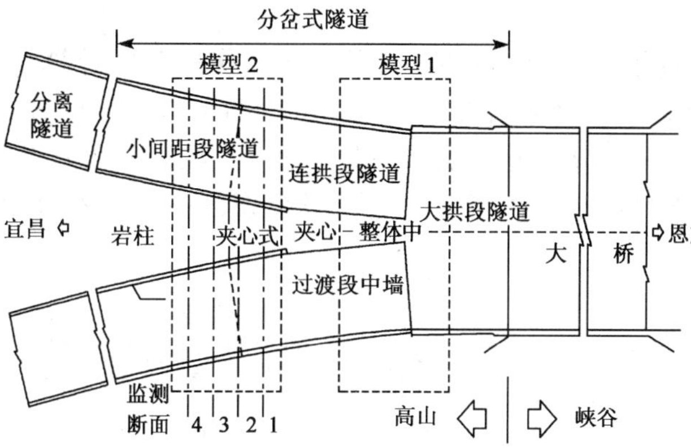

图 7-50 分岔式隧道模拟范围

试验设备采用设计的三维模型试验装置，采用分体式设计，主要由底盘、箱体、加载系统组成。加载系统采用液压伺服加载系统，保压效果非常好。该装置具有刚度大、可自由拼装的特点。应变测量采用电阻应变片和光栅，位移测量则采用微型多点位移计和摄影测量。相似材料是模型试验的关键，根据选择的相似比 1/50，确定原型及模型材料参数见表 7-10。锚杆采用 ϕ2.0mm 的铝丝来模拟，中墙和衬砌均采用混凝土材料来模拟。

原型及模型材料参数 表 7-10

材料	重度 γ ($kN \cdot m^{-3}$)		变形模量 E (MPa)		黏聚力 c (MPa)		摩擦角 ϕ (°)		抗拉强度 (MPa)		泊松比 μ	
	原型	模型	原型	模型	原型	模型	原型	模型	原型	模型	原型	模型
岩体	27.8	27.8	8 000	160	1.3	0.026	33	33	0.6	0.012	0.22	0.22
混凝土	25.0	25.0	30 000	600	1.5	0.030	45	45	1.4	0.028	0.20	0.20

根据选定的相似比设计模型尺寸，按照材料配比配制材料，然后制作模型，并在相应部位埋设测试仪器。模型干燥后施加侧压系数为 0.5 的侧压，采用人工钻凿方式开挖，配备内窥系统实时监控洞内开挖过程。分岔隧道大拱连拱段采用上下台阶法开挖，分岔连拱段左、右主洞采用上下台阶法交替进行开挖，沿隧道轴向循环开挖进尺为 8cm（相当于原型 4m），且左洞超前右洞 40cm。

建立了分岔隧道的仿真三维大型模型，共划分单元 20 710 个，节点 22 280 个（图 7-51）。采用节点六面体等参单元，模型底部和前后滑动约束，左、右施加侧压系数为 0.5 的侧压，上部自由。采用编制的弹塑性损伤软化有限元 D-FEM 计算。文中的塑性屈服准则采用 Mohr-Coulomb 模型来模拟。计算力学参数见表 7-11。围岩分级为 II 级。分岔连拱段中墙采用 C30 强度等级混凝土，衬砌采用 C25 强度等级混凝土。锚杆支护采用等效弹性模量法，将支护范围围岩的强度和弹性模量提高 20%。

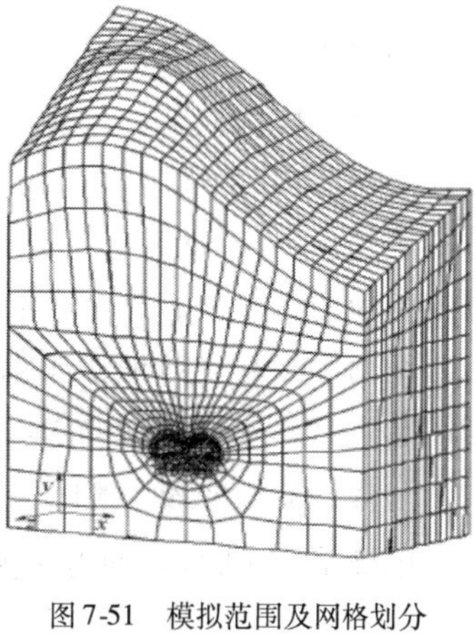

图 7-51 模拟范围及网格划分

四、施工过程稳定性分析

数值模拟的施工过程与模型试验相同,下面是损伤屈服区计算结果分析。连拱隧道断面围岩的塑性区和损伤区分布见图7-52。连拱段的围岩塑性区分布面积不大,围岩主要发生剪切破坏,且主要分布在隧道拱腰、拱肩、拱角,在底板处产生拉破坏。由于隧道上部围岩支护,损伤区主要分布在底板。连拱段损伤区主要分布在拱腰,中墙部位分布不大。

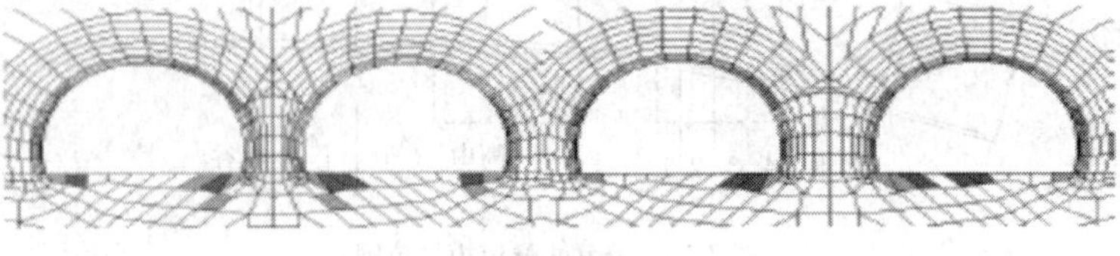

a) 塑性区

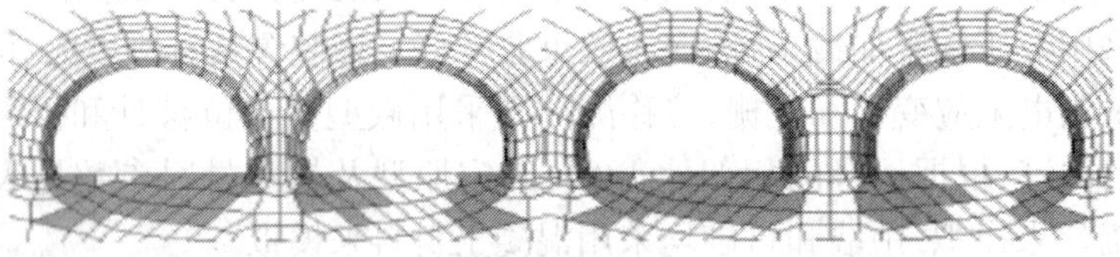

b) 损伤区

图7-52　隧道断面塑性区和损伤区分布

五、施工过程优化

1)左、右两洞开挖面合理间距

一侧洞开挖完后再开挖另一侧隧洞,随着另一侧隧洞的开挖推进,先开挖隧洞拱顶也逐渐下降(图7-53)。从图7-53看出,后开挖隧洞开挖面距离先开挖隧洞监测断面的距离越长,先开挖隧洞监测断面的位移受先开挖隧洞的影响越小,距离后开挖隧洞掌子面前方32m的先开挖隧洞的变形基本稳定。因此,左、右洞开挖面的合理间距最小应为32m。

2)施工工序确定

分岔连拱段中墙中部和上部的水平位移随施工步序而变化见图7-54。由于左侧水平应力较右侧大,中墙的水平位移都朝向右洞。中墙上部和中部产生的最终水平位移都是左洞超前比右洞超前要小,两种开挖方式下中墙内的损伤区及屈服区分布如图7-55,左洞超前32m,中墙内的损伤区及屈服区较右洞超前32m时略小。

根据位移和中墙损伤屈服区的分析,最终确定先开挖左洞利于隧道稳定。因此,分岔隧道最优施工方案应该为左洞超前最少32m和左、右洞同步开挖的施工方案。

3)爆破施工振动影响

爆破采用$FLAC_{3D}$动力学模型计算,计算中采用考虑炸药量的统计分析的爆破荷载模型进

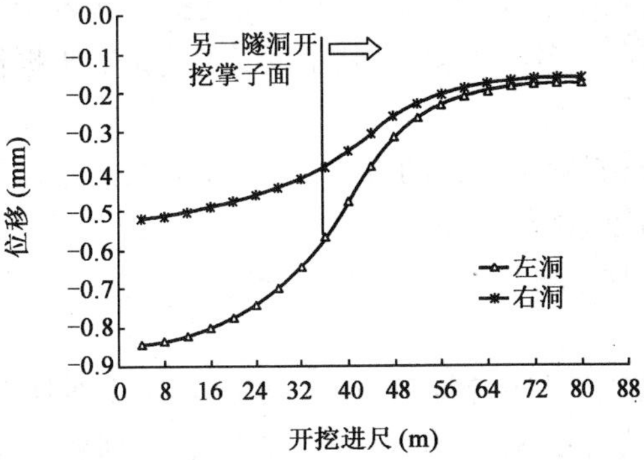

图7-53 后开挖隧洞对先开挖隧洞的影响

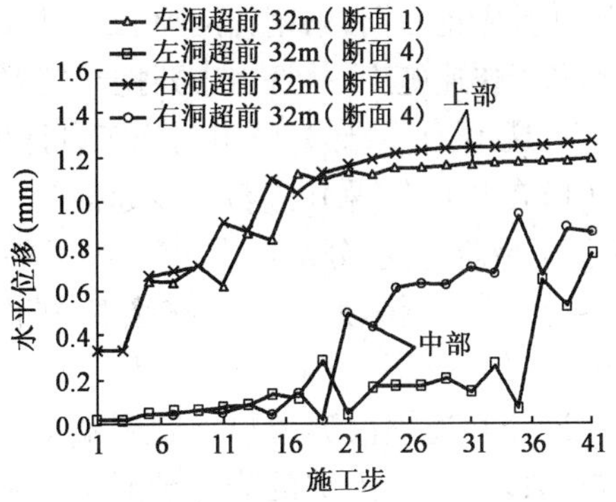

图7-54 隧道中墙水平位移随施工步的变化

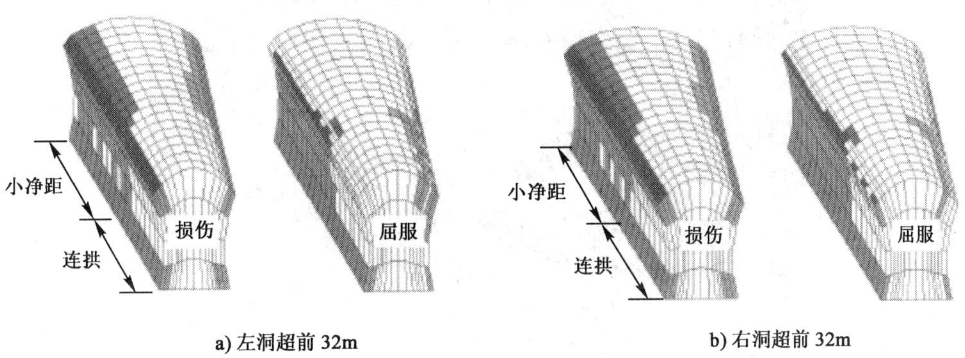

图7-55 两种工况下中墙内损伤区及屈服区分布

行数值计算。爆炸压力衰减规律为

$$P_{\max} = \frac{139.97}{Z} + \frac{844.81}{Z^2} + \frac{2\,154}{Z^3} - 0.803\,4 \tag{7-7}$$

$$P(t) = \begin{cases} P_0 e^{-\alpha t} & (t \geqslant 0) \\ 0 & (t < 0) \end{cases} \tag{7-8}$$

式中：Z——比例距离，$Z = R/Q^{1/3}$；

Q——炮眼装药量(kg)；

R——药卷中心至荷载作用面的距离(m)；

α——应力波传播的衰减系数，$\alpha = 2 - \mu/(1-\mu)$；

μ——岩石泊松比。

根据FLAC动态计算的特点，模拟同时起爆药量最大段的炮孔布置，然后把计算所得的动荷载以等效应力的方式加载于模拟炮孔上进行计算。

4)施工优化

八字岭分岔连拱隧道原来施工设计的开挖支护方式为：大拱连拱段设计开挖方式采用多步开挖，锚网喷支护，并施作二次衬砌和中墙；分岔连拱段设计中采用了上下台阶留核心土法开挖，并且先挖右洞，采用锚网喷、二次衬砌和混凝土中墙支护。设计的开挖支护方式过于繁琐，不利于快速施工，并且由于开挖步较多，对围岩造成多次扰动，不利于围岩的稳定。根据模型试验和数值计算结果，隧道的施工设计可进行如下优化：

(1)在轴向上，采用左洞最少超前32m，左、右隧洞同步开挖的方式；在断面上大拱连拱段采用上下台阶开挖，分岔连拱段采用左、右隧洞上下台阶或全断面开挖。

(2)大拱连拱段支护措施去掉施作中墙工序(图7-56)，节省了投资，加快了施工速度。

(3)分岔连拱段隧道拱肩最易破坏，应重点加强肩部的锚杆支护，可适当减少拱腰处的锚杆数量；中墙上部的岩体要重点支护，特别是直中墙上部和底部、曲中墙上部要加强配筋。

图7-56　大拱连拱隧道施工现场照片

5)模拟结果

隧道开挖面远离测试面时，隧道测试位移基本无变化，当开挖面接近测试断面时，位移稍有变化，只有开挖到测试断面时，位移才产生明显的变化，且随着开挖步逐渐下降，直到某一固定值时趋于稳定。

第五节　二次衬砌结构破坏模型试验

吴兰亭、林刚、何川[196]以浙江金丽温高速二期的20座II类围岩条件下的连拱隧道为试验原型，进行了二次衬砌结构破坏模型试验研究。

一、围岩参数值

围岩参数按《公路隧道设计规范》(JTJ 026—90)并参照《铁路隧道新奥法指南》偏低范围取值，具体取值为：凝聚力0.18MPa、内摩擦角28°、弹性模量1.4GPa、重度17.9kN/m^3。结构原型支护参数见图7-57。将自重应力场作为试验的原始地应力场。采用1/20相似模型试验，对II类围岩条件下双向四车道连拱隧道二次衬砌结构破坏的力学行为进行了研究。

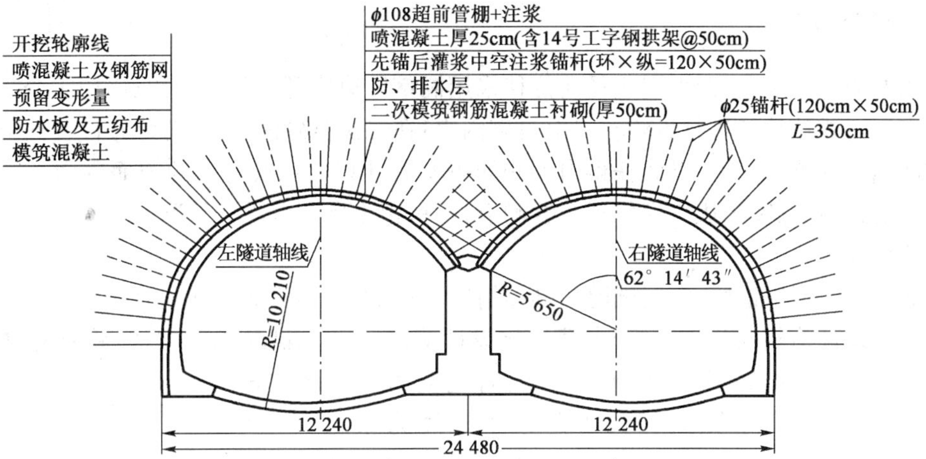

图 7-57　结构原型支护参数图

二、试验材料

以几何相似比 $C_L = 20$ 和重度相似比 $C_\gamma = 1$ 为基础相似比，根据相似理论推得各物理力学参数原型值与模型值的相似比。围岩材料采用特定比例的重晶石粉、石英砂、松香和凡士林的热融混合物模拟。这种混合材料在化学反应结束后，基本不受温度和湿度的影响，以高压方法加压成型；二次衬砌采用水膏比为 1∶1.15 的特种石膏材料，通过预制加工现场安装的方法模拟，其力学指标以试验值为准；二次衬砌钢筋采用 ϕ4mm 铁质材料通过原型与模型在拱部和边墙部等效抗弯刚度 EI 和中墙部等效抗拉刚度 EA 完全相似的方法进行模拟。

三、试验装置

全部在专门制作的台架式钢板试验模型槽内进行。试验模型槽用两组 180 工字钢对模型槽前后进行约束，使试体处于平面应变状态，模型尺寸为 4.3m × 3.7m × 0.48m，试体尺寸为 1.25m × 0.60m × 0.48m。试验装置及试体的概要见图 7-58。

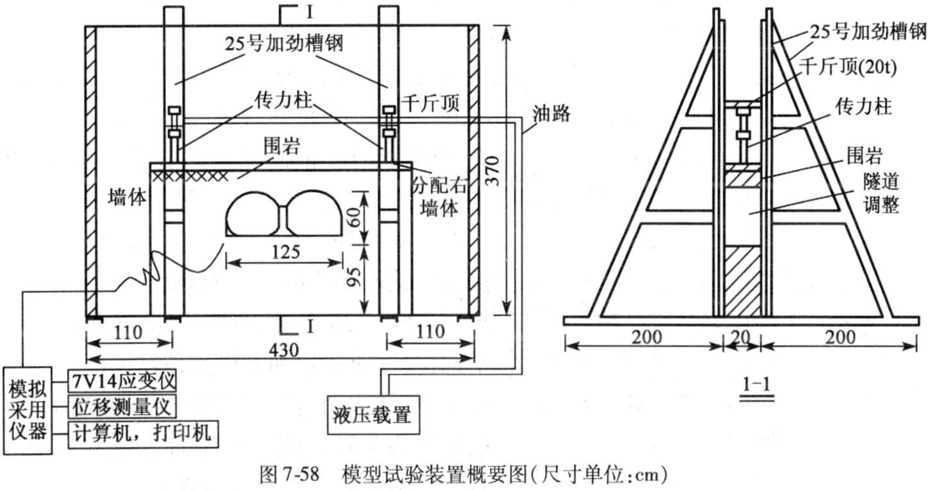

图 7-58　模型试验装置概要图(尺寸单位：cm)

四、测量系统

采用的测量系统是，洞室周边径向位移采用洞室周边典型位置布置测点，用千分之一精度的差动变压器式位移计进行量测。二次衬砌内力：在二次衬砌内、外侧对称布设环向电阻应变片方式测读内外侧应变值，以此获得内外侧的应变后计算出二次衬砌的截面内力。围岩与支护间接触压力：在洞室周边典型位置布置测点，用精密土压力盒进行量测。各次试验的测点布置见图 7-59。

先后共做了三组试验，每组试验的具体情况为：二次衬砌主筋量比设计值少 30%；二次衬砌主筋量与设计值相同；二次衬砌主筋量比设计值多 30%。试验加载方法：将预先加工好并布置了量测系统的二次衬砌模型埋入横向宽度为 2.8m的地层相似材料中，结构的上部覆土深度为 20cm，下部深度为 95cm，然后在地层相似材料的上面加上底部宽度为 20cm 的承载梁，承载梁的长度为 2.8m。在承载梁的上面使用两个千斤顶，通过传力柱用精密稳压台进行分级加载，荷载从 0m 自重土柱高开始，每级荷载在前一级荷载的基础上增加相当于原型 10m 自重土柱高的荷载增量。每级荷载加上以后，观测试验管片的位移、变形和破坏情况，并做好记录。当管片的位移趋于稳定以后，整个量测系统采集一次数据，作为该级荷载下管片的量测结果，然后再增加一级荷载，整个过程一直持续到试验管片出现肉眼能见到的较大裂缝（大约 1mm），结构完全破坏为止。

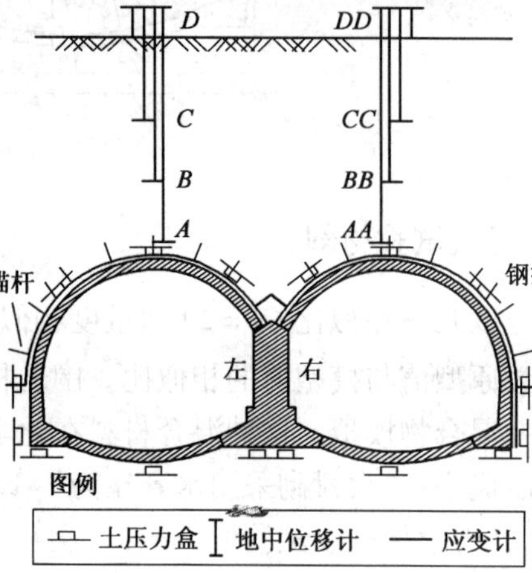

图 7-59　试验测点布置图

五、试验结果与分析

1）内力变化规律

二次衬砌的内力（弯矩和轴力）随着荷载的增加而增加。在弹性阶段，二次衬砌的内力随荷载的增加基本呈线性增加趋势，但在刚开始的几级荷载内，每级荷载二次衬砌的内力增加值较后几级每级荷载的大，在相同的条件下，二次衬砌结构的配筋率越大，其内力值也越大，但从量值上考察，由配筋率的不同产生的内力差异（最大主筋配筋率与最小主筋配筋率情况相比）在 30% 以内。根据以上的试验现象，可以得出在加载过程中承受荷载的不只是二次衬砌本身，除了二次衬砌以外，围岩也分担一部分荷载，其分担比例随结构配筋率的增大而减小，但其变化范围不会超出 30%。结构的最大弯矩出现在拱顶和仰拱两个部位，同时拱顶和仰拱部位结构的轴力值又相对较小，对结构而言拱顶和仰拱应为最不利位置，在设计和施工时，应作为控制面。试验 2 中二次衬砌右洞拱顶和仰拱内力随荷载的变化情况如图 7-60、

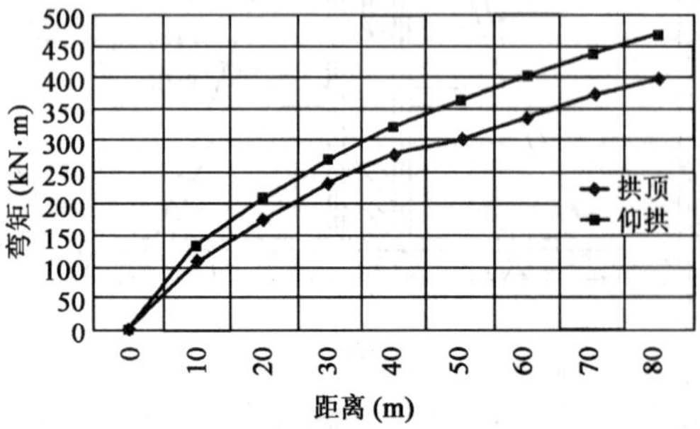

图 7-60　右洞拱顶和仰拱弯矩变化图

图 7-61；三组试验等效土柱为 80m 的荷载时结构的内力值如图 7-62、图 7-63 所示。

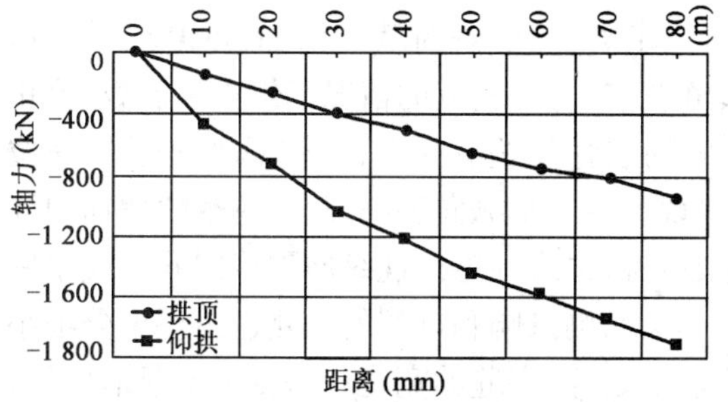

图 7-61　右洞拱顶和仰拱轴力变化图

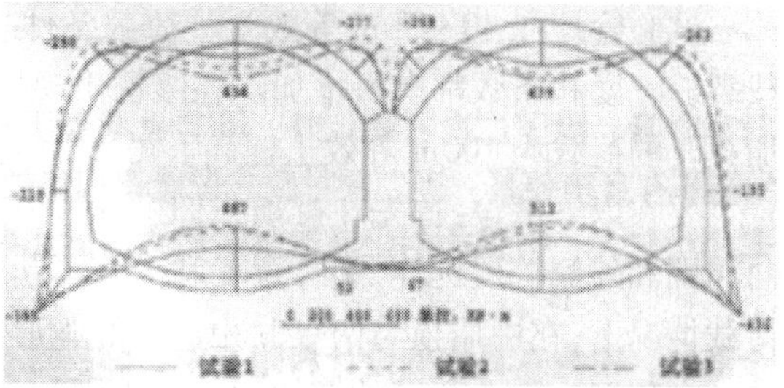

图 7-62　80m 土柱荷载时的弯矩图(单位:kN · m)

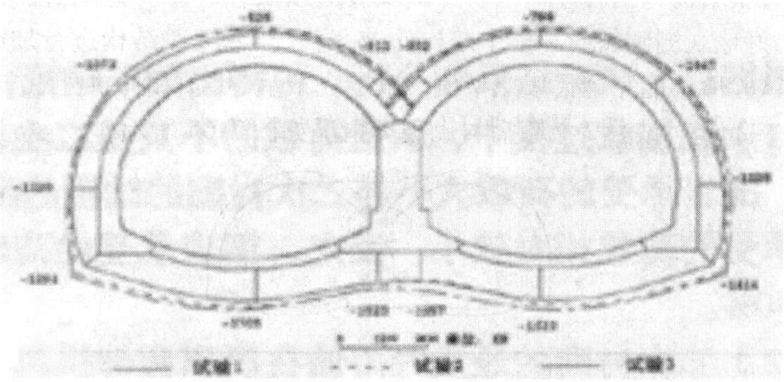

图 7-63　80m 土柱荷载时的轴力图(单位:kN)

2)位移变化规律

二次衬砌的位移随着荷载的增加而增加，在结构处于弹性阶段的二次衬砌位移随荷载的增加基本呈线性增加。相同的荷载条件下，二次衬砌的刚度越大其位移值越小。三组试验在等效土柱为 80m 荷载时结构的位移值如图 7-64 所示。结构的最大位移值出现在拱顶和仰拱两个部位，故在设计和施工中，拱顶和仰拱的位移应作为控制位移面，现场的收敛标准应以拱顶和仰拱的收敛为依据。

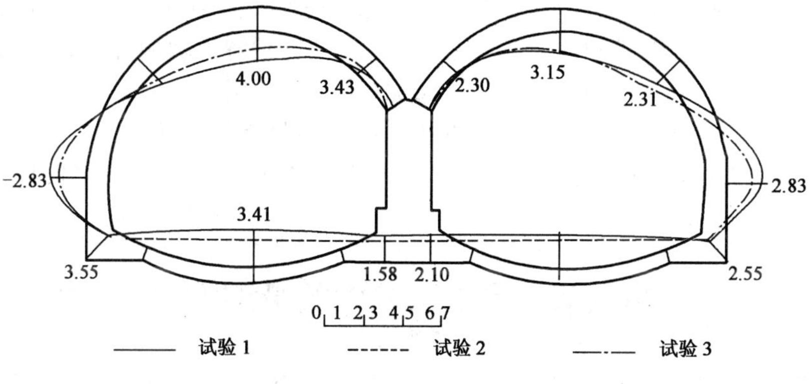

图 7-64　80m 土柱荷载时的位移图(单位:cm)

六、破坏状态描述

试验管片在40～50m等效土柱荷载条件下出现了裂缝，随着荷载的增加，每增加一级荷载裂缝宽度和条数都有所增加。在结构出现的裂缝较多、宽度较宽的情况下停止了加载，停止加载时的荷载为100m等效土柱高。虽然每次试验的裂缝位置有所不同，但总的来说裂缝位置主要在以下部位：首先在拱顶或仰拱部位内侧出现十分细小纵向裂缝，随着荷载的增加裂缝向周围和外侧扩展延伸，裂缝宽度和深度不断增加；在拱顶或仰拱出现纵向裂缝的同时或稍后荷载情况下，在中墙顶与两正洞相连接的雁形部内侧、两侧拱脚和拱腰的外侧也出现十分细小的纵向裂缝。随着荷载的增加裂缝向周围和外侧扩展延伸，裂缝的宽度和深度也不断地增加，再加上1～2级荷载，结构的其它位置也出现纵向裂缝，并且裂缝很快地向周围和纵深扩展，宽度也急剧增加，直至结构完全破坏。当管片出现裂缝以后，结构的内力和位移都出现了突变。在试验中为了更好地观测到裂缝和整个结构的破坏状况，继续对结构进行加载。在后面的加载过程中，各项试验值不能完全代表原型值。试验完成后，拱顶和仰拱处纵向裂缝完全贯通，最大裂缝宽度1～2mm。试验2结束后衬砌破坏情况如图7-65所示。

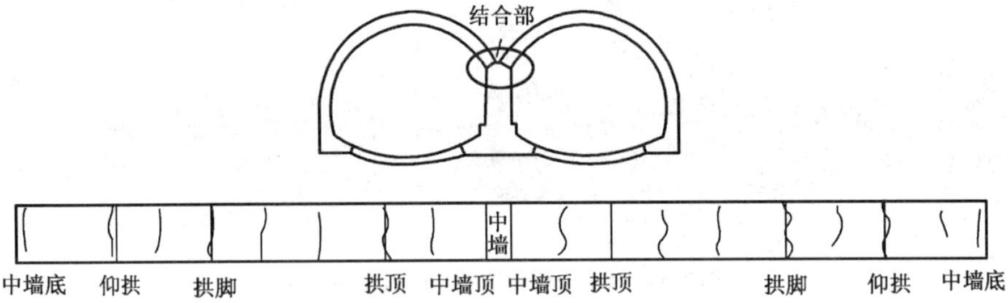

图7-65　试验结束后二次衬砌结构破坏图

根据以上试验结果和分析，得出如下结论：

(1)在加载过程中，承受荷载的不只是二次衬砌本身，除了二次衬砌以外，围岩也承受了一部分荷载。围岩承受的荷载与二次衬砌的结构的配筋率有直接关系，当二次衬砌的配筋率相对较大时，围岩承受的荷载相对较小。反之，围岩承受的荷载相对较大，但结构的配筋率对结构内力的影响不会超过30%。

(2)二次衬砌的最大内力值在拱顶和仰拱两个部位，因为在具体的设计和施工中，仰拱施作完后还要回填并施作路面系统等，仰拱的细小裂缝不会对结构产生太大的影响，在设计和施工中，应将拱顶的内力作为控制面。二次衬砌从出现裂缝到隧道坍塌，需要一定的荷载增量，故在隧道初期出现裂缝时，结构还有一定的承载能力。

(3)二次衬砌的最大竖向位移值出现在拱顶和仰拱两个部位，最大水平位移出现在拱腰部位，拱顶和仰拱的位移应作为控制位移面。现场的收敛标准应以拱顶和仰拱的竖向收敛和拱腰的水平收敛为依据。

第六节　模型试验中的量测方法

刘涛等[197]以云南省元磨高速公路的连拱隧道作为背景，按弹性阶段相似原则进行连拱隧道室内模型试验。模拟连拱隧道的施工工况，采用压力盒、数码摄像分析系统、自制沉降板等仪器，量测施工过程中隧道围岩应力、应变和位移分布，得出施工过程中隧道围岩位移、应力、应变和塑性区分布规律。

模型观测的主要内容为应力、应变、位移、裂缝和破坏形态，测量的主要方法有电阻应变片和应变仪、位移传感器、激光散斑、云纹、数码图像分析等。由于地质力学模型材料变形模量比较低，只有在修正刚化影响的基础上才能计算应力，所以变形是主要测量内容。

一、模型试验概况

模型试验主要模拟Ⅱ、Ⅲ类围岩连拱隧道施工工况，目的在于探明隧道围岩与结构的力学转换机制，了解开挖后围岩变形和应力分布状态，解决设计与施工中的技术难点。根据地质勘察资料及以往的试验经验，模型介质材料选定：清洁河砂、重晶石粉、水及少量石膏，以一定的配比搅拌均匀。试验在上海同济大学岩土工程重点实验室内进行。

在完成相似材料制备、浇筑及安装量测仪器后，进行连拱隧道模拟开挖。先模拟隧道中导洞开挖，每开挖5cm拍摄一次数码照片，中导洞贯通后，将中墙放入中导洞。后模拟连拱隧道左右洞全断面开挖，每开挖5cm拍摄一次照片，直至贯通。隧道全断面贯通后，每隔5min拍摄一张照片，直至隧道稳定。模拟偏压试验是在模型材料浇注时参考实际地质资料在隧道上方浇捣了一个接近45°的边坡。试验将预制的隧道衬砌埋设到指定位置，然后进行模型材料的浇捣。试验除了将衬砌预埋在指定位置上外，也在地表浇捣一个近45°的边坡。

二、模型试验量测系统

数据采集使用YE2539高速静态应变仪与计算机各一台，当量测设备与静态应变仪连接后，通过计算机每隔30s自动采集1次数据，并在试验结束后直接保存到Windows Excel表格中。应变仪的分辨率为单位微应变με。

应力量测试验采用压力盒来测量围岩的应力，压力盒量程分1.5MPa与1.0MPa两种，精度分别为0.018MPa与0.011MPa。浇筑模型材料时，将12个直径1.5cm的密封压力盒按指定的位置预埋在开挖面附近，测量时直接按全桥方式将压力盒连到静态应变仪上。

为防止在制作模型时压力盒位置发生变化，将压力盒预先埋在模型材料制成的块体中，然后再放置在模型台架内的预定位置。通过压力盒量测得出围岩压力。

变形量测，先采用百分表测量表面沉降，即采用5个百分表按一定间距布置在模型顶面，以测量试验中的地表沉降。测量时按全桥方式将土压力盒连接到静态应变仪上。

采用沉降板和数码图像分析技术量测分析隧道开挖产生的变形场。直接用数码相机在试验各阶段拍摄照片，利用像素之间的相关性对不同照片进行对比分析，从中获得各照片中点与点的相互关系，进而得出模型试验的变形场分布。

为了同数码图像分析技术所得的变形相互校核，分别在左右拱顶及中墙上方设置了3个深层沉降板，同时还布设2个地表沉降监测点，以测定相应位置的沉降值。将沉降板沉降值的量测结果绘制成曲线图。

三、变形场的监测

高分辨率数码相机的出现为模型试验变形场非接触量测法的研究，开发了一条简便经济实用的途径,使不用嵌入标点和描画网络,直接量测模型试验的变形场成为可能。作者尝试将数码相机应用于模型试验中对变形的测量,并与百分表测定平行使用,相互校验。

模型试验采用同济大学李元海研究的一种新的数码图像分析技术,即 BTIE 法,由像素块的追踪算法完成模型试验中点的位移计算,借用 FEM 常用的四边形等参单元的方法进行应变的计算,并将其应用于拱隧道模型试验的变形场量测。

图像分析变形量测的关键是量测精度和图像分析速度。量测时直接利用图像匹配技术追踪模型上点的位移,借用 FEM 四边形等参单元进行图像校准和应变计算,采用双线性插值技术可实现微小变形量测。

为与模型试验中埋设的深层沉降板所测得数据相比较,数码图像分析选取拱顶部分进行变形分析。从整个开挖过程分析,数码摄像测得的位移值基本上都比模型中微型沉降板测得的位移小。从中导洞开挖贯通、左右洞室开挖贯通到最后围岩稳定,数码图像分析技术测得的变形逐渐增大。当围岩稳定后由于变形叠加,浅部围岩变形小,深部围岩变形较大,而且在非偏压情况下 2 种方法量测的左右两侧拱顶的位移比较接近,这个规律与实测数据相佐证。

采用深层沉降板和数码图像分析技术测得的隧道全贯通时与围岩稳定时拱顶变形仅相差 5% ~11% 左右,因此可以认为这 2 种方法所测得的变形是准确的。中导洞贯通时 2 种方法测得的变形相差较大,这是由于中导洞开挖是隧道开挖的起始阶段,对围岩的扰动较大,所以量测结果存在较大变异性。

偏压试验中,用 2 种方法所测得的变形量在左侧拱顶非常接近,全贯通时仅相差 7%,围岩稳定后仅相差 1.6%。由于偏压的原因,隧道右侧拱顶岩体的应力和变形在隧道贯通时仍处于较为剧烈调整阶段,故右侧拱顶变形在全贯通时相差较大。待围岩稳定后,2 种方法测得的右侧拱顶变形量仅相差 10%。

预埋结构试验是在先前试验的基础上预埋衬砌结构,从试验的结果看,拱顶的变形量明显小于先前试验结果。由于衬砌结构作用,从隧道贯通到最终围岩稳定,围岩的变形不大。

偏压 + 预埋结构试验是在先前试验基础上预埋了衬砌结构。深层沉降板和数码图像分析技术量测的隧道左侧拱顶变形量在全贯通时相差 11%,围岩稳定后仅相差 7%。但右侧拱顶变形量在全贯通时相差较大,原因是隧道贯通时右左拱顶围岩仍处于较剧烈的调整阶段。待围岩稳定后 2 种方法测得的右侧拱顶变形量仅相差 8%。

上述分析中,看出数码图像分析技术测量中存在着局部变形变异现象,这种现象是模型制作过程中存在气泡而造成的。中墙顶部沉降板的沉降值和数码图像分析技术量测的变形量相差较大,是由于在试验方案设计上 2 种方法测量的位置相差 7cm 所致。

第八章

连拱隧道发展和研究方向

交通部“十一五”科技发展规划指出：公路交通是资金密集型行业，一次性投入大，运营时间长，在规划、设计、施工、运营、管理等各个环节都有很大的节约潜力。要树立全寿命周期成本理念，需要在上述各个环节进行技术创新。我国区域差异性大，根据气候、地质、地理等自然条件，对因地制宜进行设计和施工创新提出了新要求[6]。

第一节　连拱隧道设计施工中存在的问题

近年来，由于连拱隧道拥有较多优点，被越来越多地采用。但是，连拱隧道整体跨度大、结构复杂、施工难度大、造价高，存在的问题也较多。随着连拱隧道工程的增多，新问题也不断涌现。吴祥松等[198]从公路连拱隧道的现场施工监测、支护荷载、岩土工程反分析的应用、室内试验和数值模拟方法的作用等方面，指出了连拱隧道设计与施工存在的问题。因此，当前公路连拱隧道急需研究和完善的问题，主要有以下一些。

1）支护强度不尽合理

目前国内已建和在建的连拱隧道施工方法较单一，总体支护体系重点不够突出，有些地方普遍过强，但局部位置又相对较弱，锁脚锚杆普遍力度不足，有的出现支护失效，引起塌方和冒顶现象，导致隧道安全和质量事故问题。部分已建隧道二次衬砌出现大面积裂缝及接头处严重漏水，隧道进出口浅埋段及低级别围岩段工程造价过高等。

2）施工工序较多

连拱隧道施工工序多达20道以上，隧道开挖、支护、防水层敷设、二次衬砌等工序，在平、纵断面上交织进行。初期支护和二次衬砌交互受力，结构体系应力转换多次，受力变化复杂。除中导洞先开挖和中墙先浇筑外，正洞开挖视围岩类别不同有多种施工工艺，如全断面法、上下台阶法、侧导洞法等。后开挖隧洞对先开挖隧洞造成偏压影响，使既有结构发生偏转和变形，从而对隧道衬砌产生不良后果。如何降低后开挖隧洞的爆破振动对先开挖隧洞的围岩和支护产生的不良影响；如何确保中墙顶部密实，保证隧道施工期中墙具有足够的承载力和稳定性，而不至于受到破坏；如何做好中墙和正洞拱墙二次衬砌的防排水，以及如何减少隧道施工工序等等，都尚有待研究。

3）围岩稳定性与动态施工控制有待加强

通常连拱隧道开挖范围比较大，而且结构较复杂，特别是在浅埋偏压条件下荷载估计偏差较大,引起连拱隧道施工难度较大。近年来,在连拱隧道围岩稳定性与动态施工控制等方面,国内外专家学者作了些积极的探索,但尚需进一步加强和完善。

4)设计理论和方法有待完善

由于连拱隧道跨度大、形状扁平、结构复杂,现行设计规范有关条款显得相对滞后。例如,针对不同的围岩类别,如何确定连拱隧道设计荷载,其中包括对称荷载和非对称荷载、垂直荷载和水平荷载,如何确定断面形状与几何参数,如何确定中墙厚度和高度,以及二次衬砌厚度和配筋等,都是规范未曾涉及的问题。此外,如何考虑衬砌结构与围岩相互作用的设计方法,如何考虑不同工序阶段支护结构受力状态及围岩稳定性的设计方法等,都有待完善。

第二节　不断提高设计施工水平,降低工程造价

在公路连拱隧道现有成果基础上,继续不断创新,研究、运用和推广新理念、新技术、新材料、新工艺、新设备。连拱隧道洞内造价较分离式隧道高,但洞外造价大减,主要体现在少占用土地,少拆迁民房,洞外防排水工程量大为减少,有利保护自然环境等。因此,总造价有竞争力。降低隧道洞内工程造价,仍有潜力可挖掘,这不仅涉及业主部门、设计院所,还与施工单位均有密切关系。降低隧道工程造价,主要措施有下列几个方面:

1)推广隧道建设新理念

包括科学发展观理念,以人为本理念,零开挖进洞、绿色环保进洞等理念,减少对隧区环境破坏,并安全洞进洞和安全施工,加强隧区环境保护和环境景观评价研究等。

2)加强地质勘察和超前地质预报

加强地质勘察工作,详细分析已获得的地质资料。在隧道选址中应重视地质选线,尽量避开不良地质情况,并依据地形、地质条件及施工条件合理确定隧址。尽量做到地质条件好,隧道进出口处轴线与等高线垂直或接近垂直通过,减少洞口浅埋和偏压等[199]。做好纵向剖面图,准确划分围岩级别,做好超前地质预报,以减少和防止隧道开挖塌方事故。设计单位要根据中导洞开挖后获得的新地质资料,修改和补充隧道纵向地质剖面图,进一步完善隧道施工设计图。

隧道施工过程中要有专业地质人员进行日常地质观察和编录,充分利用中导洞或先行正洞开挖和超前支护施工所得地质资料,及时做好超前地质预报,配合监控量测,指导隧道施工,确保施工人员和工程安全。

3)不断提高连拱隧道设计施工水平

我国连拱隧道设计已达到相当高的水平,许多领域甚至是处于世界领先地位。许多连拱隧道参数,如中墙厚度、工序时空步距等,不仅用分析对比法,还用试验定量分析法确定,隧道设计和研究向深细化发展。

但是,隧道设计创新和优化是无止境的。设计是隧道成败的关键,合理选择隧道结构形

式、长度和各种参数，优化结构断面及衬砌横断面，做好洞口与洞外连接线的选择，优化洞口和洞门设计，实现既环保又艺术美进洞方式，合理设计工艺步序等等仍有潜力可挖。隧道设计组织形式宜以设计院所为主，但要实行设计、业主和施工单位三结合。在人员上要以工程技术人员为主，实行领导、工程技术人员、工人三结合形式进行设计，目的是广泛征求不同群体的建设性意见，使设计更接近于实际。

另外，当连拱隧道埋深较大或围岩强度较高、节理发育的地质条件时，可试用挪威法设计和施工[200]，以求减少工序，提高效率，降低造价。

4）优化工艺和减少工艺步序

现用的传统钻爆工艺和设备，工效低，劳动强度大，劳动保护条件差，要优化和研究运用不同地质、人文和地理环境条件下的高效、低耗、安全的隧道新工艺。如尽可能减少或不设侧导洞，可减少好几个工艺步序，能减少工程造价10%～30%。在安徽龙山隧道、武汉马鞍山隧道等，用中导洞工艺代替“三导洞”工艺，各节约投资数百万元。推广在隧道水泥混凝土路面上加铺沥青混凝土路面的抗滑阻燃的复合式路面，提高行驶舒适性，克服水泥混凝土路面噪声大、尘埃多、抗滑性能差、雨天及车速较快时易发生交通事故的弊端；沥青混凝土层内添加适量的阻燃剂，防止火灾时火苗的蔓延，减少交通事故等等。

5）做好隧道防排水

采用、推广和改进复合式中墙，或复合式衬砌结构，是隧道防排水的发展方向，从而根本上解决中墙渗漏水难题。隧道防排水原则，按照规范要求采取“防、截、排、堵相结合，因地制宜，综合治理”的原则。过去大多数隧道是按“以排为主”进行设计与施工，但大量排水引起隧区地表枯水、影响农业生产和生态环境等情况时，需要按“以堵为主”进行设计与施工。另外，曲中墙偏压作用较大，造价较高，有必要在技术上进一步对其研究。采用加宽中墙厚度，将中墙掏空用作直接的排水通道，彻底消除中墙渗漏水，或采用自防水二次衬砌混凝土技术进行防排水等。

又如采用4m宽幅复合防水卷材，可减少纵向拼接缝数50%，使因防水板接缝不严而引性能隧道渗漏水的几率大为减小。采用背贴式分区防水止水带，不仅能防止二次衬砌施工缝渗水，还能根据二次衬砌段的长度，对隧道防水进行分区。从构造上使穿越了防水层的渗水不能在相邻分区间里窜流这种分区防水，能在一定程度上降低隧道渗漏水的可能性，并在隧道出现渗漏水时，将其范围和程度尽可能缩小。采用防水层钢筋吊挂铺设工艺，在喷射混凝土内埋设钢筋弯钩，通过与土工布连接的吊带，将防水层吊挂在钢筋钩上，既保证了防水层的牢固吊挂，又避免了以往的射钉尾端可能刺破防水层等[201]的危险。

6）加强监控量测研究，指导隧道施工

监控量测在连拱隧道设计和施工中，有着举足轻重的地位。由于连拱隧道结构类型复杂多样，施工工序较多，加上一些临时工序，隧道围岩受到多次扰动，给监控量测工作带来一些困难，对监测数据造成某些偏差。虽然近年研究取得喜人成果，但还需在方法和仪器设备方面加强研究，达到指导施工目的，还为类似工程设计积累数据，供设计部门参考。

7）加大连拱隧道研究，制定有关设计和施工规范

虽然我国已建和在建超出600座连拱隧道，积累了大量设计、施工和科研方面的技术资

料，取得了成套的丰富经验。但由于我国公路建设和城市建设事业快速发展，对双向六车道和八车道公路连拱隧道设计和施工的经验还不多，尤其是双向八车道连拱隧道国内外尚无现成资料可参考。因此，对隧道结构形式、工艺步序模拟试验、支护参数的模拟计算等方面的研究有待加强，如加强对各种施工事故的处治措施研究，加强强偏压连拱隧道防偏压及复合式中墙防偏压措施研究等等。

公路连拱隧道设计和施工方面需要优化和研究的内容还很多，建议根据地理、地质环境的不同及隧道本身结构的差异，研究如何选择较为合理的计算参数。如中墙高度、厚度，初期支护和二次衬砌厚度，隧道合理荷载计算，左右洞进洞先后顺序，隧道总工序数量和顺序，有关施工步序的时空间距等等，都应继续不断创新，探索新的结构形式和工艺。如无中墙结构、无中导洞工艺的连拱隧道，如何减少工序，缩短工期，降低成本，有关设计院及高等学府或主管部门，宜抽调技术力量专门研究，充分总结现有隧道设计和施工成果，拟定连拱隧道设计和施工规范。

第三节　公路连拱隧道发展的若干设想

1）严格质量管理和加强施工监理

管理出效益人人皆知。建议在隧道施工开工前采取业主、设计、施工、监理四结合形式确定隧道施工方案，施工过程中加强从施工测量、爆破开挖、初期支护和二次衬砌等方面的质量管理和监理工作[202]。隧道完工后采用设计、施工和监理单位共同认真总结经验，为国家拟定规范，为隧道设计提供不同地质和环境条件下的有关参考参数。

2）隧道施工设备机械化和自动化

隧道施工按我国国情既是资金密集行业、劳动密集行业，更是技术密集行业。施工全过程涉及的专业技术人员和劳动力众多，从以人为本和改善劳动条件及提高劳动生产率角度，要加强施工设备机械化和自动化研究，运用和推广新设备，如研究大口径挖掘机或用盾构开挖中长连拱隧道，用硬岩盾构或其它掘进机开挖山岭连拱隧道；采用安全和节能机电设备，降低运营成本的设备；运用新设备，降低隧道工人劳动强度，确保施工人员和工程安全；研究、参考和引进日本、荷兰等国外的一些经验和设备，并使其国产化。

3）优化隧道通风排尘，改善劳动条件

由于连拱隧道多属短隧道，通风排尘问题未引起有关设计和施工部门的重视。尤其是在中导洞贯通之前，往往缺乏自然通风或采用其它设备通风，中导洞断面小，空气污染强烈。正洞开挖时，断面大，还可利用中导洞自然通风，施工条件有所改善，但总体缺少通风排尘设备和措施，建议加大和优化通风排尘研究，研究轻便通风排尘设备，改善施工条件，确保施工安全。

4）兴建城底连拱隧道，克服交通堵塞

随着我国城市化速度加快，大中城市人口和车辆急剧增加，在城市繁华路段十字路口及城市与城外高速公路交接路段，以及高速公路穿越城市路段，常出现交通不畅和车辆堵塞问题，于是产生了在城市路段下兴建连拱隧道的创举。如南京九华山隧道二期工程使龙蟠路下穿中山路和珠江路、武昌火车站站前路等多处交叉路口段下兴建连拱隧道，日本第二京阪高速公路穿越大阪府寝屋川市的四连拱隧道，对克服交通堵塞起着重要作用。

5）改革现有体制，实现设计施工一体化

现有体制是设计与施工分离，难免在设计与施工单位之间产生一些体制上的毛病。从连拱隧道线路地质勘察，到隧道施工技术交底、设计变更审批办理、工程造价定位等诸多方面均存在一些有待改进之处。如勘察设计的隧道围岩级别与施工揭露的实际围岩级别常有较大差异，但难以实现及时变更。克服这些不足的根本出路，可能就是设计与施工一体化，实行总承包。

参考文献

[1] 姚振凯,黄运平,彭立敏.连拱隧道工程技术.北京:人民交通出版社,2006.

[2] 韩长领.双连拱整体式隧道结构设计.公路,2000,(11):79~81.

[3] 何川,林刚,汪会帮.公路双连拱隧道.北京:人民交通出版社,2006.

[4] 胡学兵,蒋树屏.梧树村无中墙连拱隧道段的设计与施工技术研究.2009年全国公路隧道学术会议论文集.重庆:重庆大学出版社,2009:224~231.

[5] 唐宝珠,蒋中贵.南宁市南湖水底隧道创新设计.2009年全国公路隧道学术会议论文集.重庆:重庆大学出版社,2009:160~167.

[6] 中华人民共和国交通部.公路交通部"十一五"科技发展规划.2006,2.

[7] 付鹤林,等.大跨连拱隧道施工力学动态数值模拟与施工方法比选和大跨隧道施工力学行为及衬砌裂缝产生机理.北京:科学出版社,2009:87~154.

[8] 蒋树屏主编.中国公路隧道建设成就画册.重庆:重庆大学出版社,2009:78~84.

[9] 荷兰水利、交通和公共工程部.公路沉管连拱隧道.汪易森等译.北京:中国水利水电出版社,2009:13~60.

[10] 陈卫忠,等.ABAQUSD在隧道中的应用.北京:中国水利水电出版社,2010.

[11] 王梦恕.隧道设计的基本原则和理念.2006年第三届公路科技创新高层论坛上的报告.

[12] 钱文斐,等.山岭区连拱隧道研究现状.隧道建设,2007,3:31~34.

[13] 王亚琼,等.连拱隧道在我国的发展与现状.公路,2008,6:216~219.

[14] 李志厚,雷华,陈树汪.云南高速公路隧道设计.2005年全国公路隧道学术会议论文集.北京:人民交通出版社,2005:216~222.

[15] 李志厚,雷华,陈树汪,谢永利.云南省公路连拱隧道的技术进步.公路,2008,(5):220~226.

[16] 高世军.连拱隧道结构选型与设计.2005年全国公路隧道学术会议论文集.北京:人民交通出版社,2005:247~252.

[17] 高翔,王文星,郑国平.浙江省公路连拱隊道设计的几点经验.岩石力学与工程学报,2005,24,增刊2,5527~5530.

[18] 林志良.福建连拱隧道的发展.公路,2006,(10):207~211.

[19] 中交第一公路工程局有限公司编.公路工程施工标准.北京:人民交通出版社,2007.

[20] 陈秋南主编.隧道工程.北京:机械工业出版社,2007.

[21] 周志伟,陈素丽.高等级公路双连拱隧道施工工法(建设部编国家级工法).2006.

[22] 黄小军.生态公路建设的理念与实践.公路,2006,(7):209~211.

[23] 黄小军,蔡国辉.用新理念指导建设渝湛高速公路.公路,2006,(7):212~214.

[24] 姚振凯,等.中导洞—核心土工艺施工三车道连拱隧道成功探索.公路,2006,(5):219~223.

[25] 韩常领.论公路隧道进洞方式.2007年全国公路隧道学术会议论文集.重庆:重庆大学出版社,2007:341~344.

[26] 易震宇,钟放平. 浅谈隧道环保进洞新理念在常吉高速公路的设计应用. 公路工程,2008,33(6):79~81.
[27] 韩常领,赵永国. 中法隧道设计理念对比分析. 公路,2008,(9):167~173.
[28] 叶飞,何川,王士民等. 公路隧道洞口景观的构造与分析. 现代隧道技术,2009,46(2):15~21.
[29] 易震宇,熊建军. 殿会坪连拱隧道错开式洞门设计. 公路工程,2008,33(6):72~78.
[30] 熊建军,易震宇,胡海波. 殿会坪连拱隧道半路半隧结构分析研究. 公路工程,2008,33(6):82~85.
[31] 李玉文,田尚志,陈贵红. 连拱隧道的中墙设计. 公路,2004,10:180~183.
[32] 夏永旭,鲁彪. 双连拱隧道中隔墙结构优化研究. 公路,2005,8:167~169.
[33] 王超峰. 连拱隧道结构型式及施工关键技术的探讨. 公路,2006,(7):189~192.
[34] 时亚昕,王明年,李强. 深埋连拱隧道两种中墙的施工力学行为分析. 现代隧道技术,2006,43,(3):1~5.
[35] 胡绍东. 连拱隧道曲中墙施工技术. 公路,2007,2:165~167.
[36] 许人平,叶勇,马健俊,等. 连拱隧道中墙施工要点. 西部探矿工程,2006,(12):171~172.
[37] 陈贵红,李玉文,赵玉光. 连拱隧道中墙受力研究. 中国铁道科学,2005,26(1):20~24.
[38] 何雨微,王新华,李耘宇,等. 联拱隧道施工中中隔墙应力分析. 交通科技,2007,3:46~49.
[39] 林刚,何川. 连拱隧道实体中墙设计荷载研究. 现代隧道技术,2006,43(5):60~65.
[40] 高攀科,徐林生. 公路连拱隧道中墙的若干技术问题. 重庆交通大学学报(自然科学版),2008,27(3):396~399.
[41] 刘元雪,蒋树屏. 黄土浅埋偏压连拱隧道合理中隔墙厚度研究. 2005 年全国公路隧道学术会议论文集. 北京:人民交通出版社,2005:9~14.
[42] 阎志雄. 浅谈黄土连拱隧道中墙的选择及施工. 山西交通科技,2005,(2):66~67.
[43] 董文德,高波,申玉生. 中墙侧边回填对连拱隧道中墙受力的影响. 现代隧道技术,2007,44(1):65~69.
[44] 伍毅敏,吕康成. 连拱隧道整体式中墙凿薄安全性分析. 公路,2008,(5):205~210.
[45] 王瑞峰. 连拱隧道断面形式选型及中墙构型优劣研究. 北方交通,2007,(1):79~83.
[46] 吴梦军,等. 大跨扁平连拱隧道复合式中墙优化研究. 公路交通科技,2010,27(2):85~89.
[47] 聂非,等. 连拱隧道中隔墙设计优化探讨. 公路交通科技,2008,25(2):120~122.
[48] 夏永旭,等. 公路双连拱隧道施工过程中中隔墙的变形及稳定性. 中国公路学报,2007,20(5):83~88.
[49] 娄霜,等. 连拱隧道中墙防排水设计施工优化比选. 公路标准化,2006,6:94~97.
[50] 陈宇,刘小兵,刘久利. 双跨连拱隧道中墙防排水设计与施工. 中南公路工程,2007,32(2):117~120.
[51] 王飞. 富溪偏压连拱隧道中隔墙受力与接顶时机研究. 2007 年全国公路隧道学术会议论

文集,重庆:重庆大学出版社,2007:83 ~ 87.
[52] 郭晓魁. 连拱隧道中墙的爆破动力学响应分析. 山西交通科技,2007,1:54 ~ 56.
[53] 吴从师,丁祖德,叶勇. 大跨公路连拱隧道安全控制爆破研究. 长沙交通学院学报,2008,24(1):12 ~ 18.
[54] 许人平,吴继敏,周宏. 高速公路连拱隧道超挖统计特征. 公路交通技术,2006(1):100 ~ 102.
[55] 杨峰,等. 水平产状岩体连拱隧道施工数值模拟与现场实测. 公路工程,2008,33(6):20 ~ 24.
[56] 申玉生,赵玉光. 基于连拱隧道中墙内力的两洞开挖面合理间距研究. 2005 年全国公路隧道学术会议论文集. 北京:人民交通出版社,2005:9 ~ 13.
[57] 丁文其,等. 连拱隧道设计荷载的确定方法. 中国公路学报,2007,20(5):78 ~ 82.
[58] 陈卫忠,等. 公路分岔隧道循环风相互影响及其对策研究. 岩石力学与工程学报,2008,27(6):1137 ~ 1147.
[59] 奚峰,蒋卫艇. 苏州独墅湖隧道通风设计. 地下工程与隧道,2007,(4):46 ~ 48.
[60] 姚振凯,等. 我国公路连拱隧道施工工艺述评. 交通科技,2006,(2):35 ~ 40.
[61] 王万平,王亚琼,赖金星. 连拱隧道结构设计的改进. 2007 年全国公路隧道学术会议论文集. 重庆:重庆大学出版社,2007:261 ~ 265.
[62] 谢笛. 矮寨 III 号隧道设计与施工方案. 2009 年全国公路隧道学术会议论文集. 重庆:重庆大学出版社,2009:326 ~ 332.
[63] 李俊,李泳伸,王志杰等. 双连拱隧道开挖技术探讨. 现代隧道技术,2003,40(4):20 ~ 24.
[64] 姚振凯,等. 公路三车道连拱隧道施工工艺. 公路,2008,(1):220 ~ 226.
[65] 朱向前,彭立敏,邱业建. 连拱隧道不同结构形式的力学特性比较. 西部探矿工程,2005,(11):129 ~ 131.
[66] 胡红卫. 连拱隧道施工工艺. 隧道建设,2006,(3):36 ~ 39.
[67] 刘仁阳. 单洞法施工双连拱隧道的探索. 公路,2007,(2):177 ~ 181.
[68] 蒋胜波,刘刚. 吉茶高速公路坡头隧道设计方案比选. 中外公路,2007,27(3):156 ~ 159.
[69] 李军,陈勇,李俭全. 双连拱隧道开挖施工技术. 西部交通科技,2009,24(6):112 ~ 115.
[70] 汤海岩. 双连拱隧道施工方案探讨. 山西交通科技,2005,(6):52 ~ 53.
[71] 李长德. 桐油山连拱隧道施工技术. 公路,2005,(11):217 ~ 224.
[72] 林兴镨,张士杰. 单导洞方案在骨塘连体隧道的应用. 公路,2005,(10):218 ~ 220.
[73] 蒋胜波,刘刚. 吉茶高速公路坡头隧道设计方案比选. 中外公路,2007,(3):156 ~ 159.
[74] 石曲. 六尖山双连拱隧道施工方案探讨. 现代隧道技术,2005,42(6):63 ~ 66.
[75] 苏臣宏. 吴家庄六车道连拱隧道结构设计和施工方案探讨. 2005 年全国公路隧道学术会议论文集. 北京:人民交通出版社,2005:233 ~ 237.
[76] 余禹,李围. 双向六车道复合式曲中墙双连拱蕨菜坡隧道初步设计. 2009 年全国公路隧道学术会议论文集. 重庆:重庆大学出版社,2009:232 ~ 237.

[77] 陆先明,黄海伦. 广贺高速公路连拱隧道设计技术. 公路交通技术,2006,(4):124 ~ 126.
[78] 王耀明,王飞. 龙山浅埋大跨连拱隧道设计与结构分析. 公路标准化,2007,(6):230 ~ 233.
[79] 丁文其,等. 龙山浅埋大跨度连拱隧道施工方案优化分析. 岩石力学与工程学报,2005,24(22):4042 ~ 4047.
[80] 刘汉红. 浅谈六车道大跨连拱隧道的施工技术. 公路,2007,(12):195 ~ 198.
[81] 刘继国,郭小红,梁巍. 三车道连拱隧道桥隧相连斜交进洞方案比选. 2009 年全国公路隧道学术会议论文集. 重庆:重庆大学出版社,2009:238 ~ 243.
[82] 韩永宏. 龙山大跨连拱隧道设计与施工. 山西交通科技,2009,(6):36 ~ 38.
[83] 张成林,张宏伟,戴文斌,等. 浅埋大跨径双连拱隧道施工特点分析. 交通科技,2007,(3):50 ~ 52.
[84] 王兵. 大断面连拱隧道施工方案研究. 公路,2007,(1):188 ~ 200.
[85] 唐颖. 金鸡山特大跨度连拱隧道设计. 公路,2007,(8):216 ~ 200.
[86] 苏江川. 罗汉山双向八车道连拱隧道结构设计研究. 现代隧道技术,2009,46(1):22 ~ 28.
[87] 许崇帮,夏才初,朱合华. 双向八车道连拱隧道施工方案优化分析. 岩石力学与工程学报,2009,28(1):66 ~ 73.
[88] 赖锦兴. 特大跨径(2 × 4 车道)"半明半暗"双连拱隧道设计. 现代隧道技术,2007,44(5):30 ~ 35.
[89] 缪圆冰. 特大跨度连拱隧道仰拱设置效应研究. 福建交通科技,2008,(1):63 ~ 67.
[90] 刘义虎,易震宇,熊建军. 半明半暗连拱隧道设计施工技术研究. 中南公路工程,2006,31(1):123 ~ 125.
[91] 张忠,彭立敏,杨伟超. 半明半暗连拱隧道两种施工方案比选. 湖南交通科技,2008,34(2):128 ~ 130.
[92] 曹学强. 离石黄土连拱隧道设计. 公路,2006,(10):212 ~ 215.
[93] 张家新,孙辉. 黄土连拱隧道施工技术研究. 公路,2006,(3):176 ~ 180.
[94] 曹学强,秦志军. 离石黄土连拱隧道设计. 山西交通科技,2005,增刊 1,114 ~ 116.
[95] 刘元雪,蒋树屏,等. 黄土连拱隧道两主洞开挖面合理距间研究. 现代隧道技术,2006,43(3):6 ~ 11.
[96] 夏伟云. 黄土连拱隧道施工技术要点分析. 中铁十一局,网上资料.
[97] 杭州余杭区政府门户网站. 临平邱山隧道改扩建方案公示. 2009,02,25.
[98] 杭州邱山隧道施工图设计. 2008.
[99] 李学军,等. 九华山隧道暗挖段土建工程施工图设施计. 成都,铁道部第二勘察院,2004.
[100] 王霆,周正康,徐玉桂. 南京九华山隧道主体结构变形分布式光纤监测技术应用. 地下工程与隧道,2008,(3):43 ~ 48.
[101] 朱艳峰,李文英,甄宝山. 大跨度双连拱隧道穿越破碎山体施工方法数学模拟方法研究. 铁道建筑,2009,6:59 ~ 62.
[102] 高世军. 八仙岩公路隧道设计. 2003 年全国公路隧道学术会议论文集. 北京:人民交通

出版社,2003:148～153.

[103] 秦之富. 八仙岩特殊结构形式隧道围岩施工监控量测及数据分析. 2007 年全国公路隧道学术会议论文集. 重庆:重庆大学出版社,2007:395～401.

[104] 崔建新. 八字岭分岔式隧道连拱段施工方案优化及过程控制. 铁道建筑,2007,(6):32～34.

[105] 周有江. 燕尾式隧道设计及施工探讨. 隧道建设,2009,29(3):367～370.

[106] 孙玉国,白继承. 高速公路中硬岩分岔式隧道施工技术. 现代隧道技术,2005,42(3):65～69.

[107] 张晓燕. 分岔隧道围岩支护设计研究. 公路工程,2009,34(3):83～85.

[108] 王汉鹏,张庆松,李术才. 八字岭分岔隧道设计施工优化与现场监测研究. 2008 年全国隧道监控量测与反分析专题讨论会文集. 重庆:重庆大学出版社,2008:106～110.

[109] 李勇,丁浩,李晓春,等. 月泉湖分叉式特长隧道设计. 2005 年全国公路隧道学术会议论文集. 北京:人民交通出版社,2005:182～188.

[110] 丁浩,李勇,程崇国,等. 拍盘分岔式特长隧道土建工程设计. 公路交通技术,2009,(6):102～105.

[111] 王勇,钱文斐,孙彩红. 大拱断面连拱隧道结构设计与优化. 公路,2007,(3):188～194.

[112] 钱文斐,王勇,刘洪洲,等. 对浅埋偏压条件下大拱连拱隧道合理开挖工序的探讨. 公路,2007,(5):222～226.

[113] 王兵. 大断面连拱隧道施工方案研究. 公路,2007,(1):188～191.

[114] 林志良,朱合华,等. 扁平大跨度不对称连拱隧道设计与施工技术研究. 福建省交通规划院等科研成果报告. 2003.

[115] 王军,夏才初,朱合华. 不对称连拱隧道现场监测与分析研究. 岩石力学与工程学报,2004,23(2):267～271.

[116] 上海市隧道工程轨道交通设计研究院. 九华山隧道工程湖中段施工图设计. 2004.

[117] 沈祺. 独墅湖隧道设计方案浅析. 地下工程与隧道,2006,(3):54～56.

[118] 邵可. 苏州独墅湖隧道基坑工程设计概述. 地下工程与隧道,2008,(3):60～63.

[119] 陈柳娟,奚程磊. 苏州独墅湖隧道桩基础设计对策. 地下工程与隧道,2008,(2):32～34.

[120] 邓安泰,欧阳锦. 南昌市青山湖隧道工程结构设计简述. 地下工程与隧道,2008,(2):32～34.

[121] 田口敬介,等. 日本寝屋川市大断面四连拱隧道施工. 隧道与地下工程(日文原版),2008,39(8):15～24.

[122] 肖颂鸿. 东京湾临海公路沉埋隧道设计. 铁道标准设计,2006,(6):57～59.

[123] 本书课题组. 伏贴式海底隧道方案. 渤海海峡跨海通道研究. 中国计划出版社,2003,129～135.

[124] 宋克志,张广东,李传明. 渤海海峡跨海通道可视化仿真建模研究. 公路交通科技,2008,25(7):107～112.

[125] 朱家祥,陈彬,刘千伟,等. 上海外环沉管隧道关键施工技术概述. 岩土工程界,2003,6

(8):1 ~ 5.
[126] 朱家祥,陈彬,刘千伟,等. 上海外环沉管隧道关键施工技术概述. 岩土工程界,2003,6(9):7 ~ 10.
[127] 上海市建设和管理委员会,上海城建集团公司. 外环沉管隧道工程. 2005 年工程研讨会文集. 上海:同济大学出版社,2005:6 ~ 7;91 ~ 98.
[128] 王克金,等. 上海小洋山隧道工程设计施工图. 中铁第四勘察设计院,2004.
[129] 孙忠成. 叠合式中墙双连拱隧道施工技术. 隧道建设,2008,25(4):460 ~ 464.
[130] 孙忠成. 小洋山小净距群洞隧道施工技术. 铁道标准设计,2006,(12):66 ~ 69.
[131] 谢锋,林志. 城市浅埋暗挖隧道施工对地面房屋的损坏评价分析. 2007 年全国公路隧道学术会议论文集. 重庆:重庆大学出版社,2007:518 ~ 525.
[132] 付黎龙、阳军生、黄大成. 连拱隧道施工导致的节理岩质边仰坡失稳分析与处治. 公路工程,2008,(6):50 ~ 54.
[133] 张纯刚,弓明. 青山冲隧道洞口施工技术. 2007 年全国公路隧道学术会议论文集. 重庆:重庆大学出版社,2007:345 ~ 348.
[134] 申玉生,赵玉光. 连拱隧道洞口段地表沉降量测预报及坍方治理. 现代隧道技术,2005,42(2):60 ~ 64.
[135] 毕俊丽,王伟锋,刘昌林. 浅埋双连拱隧道洞口管棚预支护参数分析. 隧道建设,2008,28(4):438 ~ 444.
[136] 谢苗. 石灰粉桩在界牌坳隧道洞口浅埋软土地段的应用技术. 2007 年全国公路隧道学术会议论文集. 重庆:重庆大学出版社,2007:359 ~ 362.
[137] 何聪辉,林辉. 广东某隧道围岩坍塌处理及分析. 公路交通技术,2008,(5):103 ~ 105.
[138] 任会,赵明华,张进华,等. 土地坳隧道塌方段注浆方案综述. 中南公路工程,2006,31(1):40 ~ 42.
[139] 王建秀,等. 双连拱公路隧道裂缝成因及防治措施. 岩石力学与工程报,2005,24(2):195 ~ 202.
[140] 刘庭金,朱合华,夏才初. 云南连拱隧道衬砌开裂和渗漏水调查结果分析. 中国公路学报,2005,(2):59 ~ 63.
[141] 白国权,李德宏,雷华. 飞鱼泽隧道裂缝处治设计. 现代隧道技术,2009,46(3):53 ~ 59.
[142] 高晓春. 连拱隧道衬砌裂缝分析. 山西交通科技,2005,增刊 2,59 ~ 60.
[143] 刘庭金,朱合华. 云南省连拱隧道衬砌开裂和渗漏水调查结果及分析. 中国公路学报,2004,17(2):64 ~ 67.
[144] 吴启勇,蔡叶澜. 碳纤维布在连拱隧道衬砌裂缝病害治理. 现代隧道技术,2006,43(6):70 ~ 75.
[145] 芮勇勤,简辉,王颍. 公路连拱隧道冻胀结构力学分析与防冻措施. 公路与汽运,2009,(1):148 ~ 151.
[146] 荀明中. 神土连拱隧道设计与施工关键技术. 现代隧道技术,2007,44(1):10 ~ 14.
[147] 蒋树屏,刘元雪,赵尚毅,等. 浅埋偏压黄土连拱隧道施工方案有限元数值模拟. 公路交通技术,2006,2(1):95 ~ 100.

[148] 李长德. 桐油山连拱隧道施工技术. 公路,2005,(11):217~224.
[149] 周玉宏,赵燕明,程崇国. 偏压连拱隧道合理开挖方案的分析. 2005,5,17. 谷歌网.
[150] 刘庭金、朱合华. 偏压连拱隧道病病害分析及治理措施. 中国公路学报,2005,18(4):72~77.
[151] 朱正国,张志刚,孙明磊. 连拱隧道地形偏压临界覆土厚度的研究. 铁道建设,2009,(4):49~51.
[152] 邝宏柱,何燕云. 偏压连拱隧道合理进洞方式研究. 公路,2005,(11):225~227.
[153] 赵丹、朱向前、彭立敏. 偏压连拱隧道施工工序分析. 西部探矿工程,2006,(3):141~144.
[154] 王道远,袁金秀. 浅埋偏压连拱隧道围岩压力计算方法研究. 中外公路,2009,(2):172~176.
[155] 焦长洲,高波,张洋. 既有连拱隧道在桩基影响下的地震响应分析. 路基工程,2008,(5):10~12.
[156] 王霆,周正康,徐玉桂. 南京九华山隧道主体结构变形分布式光纤监测技术应用. 地下工程与隧道,2008,(3):45~48.
[157] 左昌群,陈建平. 中隔墙应力—应变监测在双连拱隧道的应用研究. 公路交通科技,2008,25(6):99~103.
[158] 黄新春. 用监控量测指导黄沙浅埋双连拱隧道开挖支护技术. 公路交通技术. 2008,(4):97~99.
[159] 郭汉超. 槐树坪隧道爆破振动监测与控制技术. 隧道建设,2006,(5):47~49.
[160] 王运金,彭爱红,涂久根. 某隧道地表沉降监控量测实例分析. 2008 年全国隧道监控量测与反分析专题讨论会文集. 重庆:重庆大学出版社,2008:100~106.
[161] 杨峥. 偏压双连拱隧道施工力学行为研究. 铁道标准设计,2008,(9):79~83.
[162] 曲海峰,刘丰军,叶飞. 浅埋偏压连拱隧道监控量测特征分析. 现代隧道技术,2007,44(1):52~55.
[163] 董文德,高波,申玉生. 高速公路双连拱隧道施工监控量测及分析. 现代隧道技术,2006,43(6):40~44.
[164] 祁家全,赵玉光,申玉生. 鞋底坡双连拱隧道施工监控测及分析. 西南公路,2005,(3):50~53.
[165] 曹光伦,徐千成,段海澎,等. 富溪双连拱隧道偏压段管棚效应分析. 隧道建设,2007,27(2):24~27.
[166] 马光瑞. 鸡雄山连拱隧道施工技术. 广东公路交通,2005,(2):64~66.
[167] 金文良,李品利. 浅埋偏压连拱隧道施工过程有限元分析. 隧道建设,2008,(2):55~58.
[168] 申玉生,赵玉光. 偏压连拱隧道围岩变形的现场监测与分析研究. 公路,2005,(4):194~198.
[169] 钟放平. 下穿既有公路的土江冲隧道双层管棚设计及监测分析. 现代隧道技术,2007,44(43):36~40.

[170] 宋心林,吴国芝,曾水泉. 南峰隧道和善岭隧道现场监控量测技术. 2009 年全国公路隧道学术会议论文集. 重庆:重庆大学出版社,2009:527 ~ 533.

[171] 徐世东. 大跨度连拱隧道围岩监控量测在宛坪高速公路施工中的应用. 施工技术,2008,(12)增刊:260 ~ 262.

[172] 叶飞,等. 连拱隧道衬砌裂缝的三维监测研究. 现代隧道技术,2006,43(3):30 ~ 33.

[173] 高晓春. 连拱隧道衬砌裂缝的分析. 山西交通科技,2005,增刊 2,59 ~ 60.

[174] 王霆,周正康,徐玉桂,等. 独墅湖隧道主体结构受力及变形规律分析. 地下工程与隧道,2008,(4):24 ~ 28.

[175] 张庆松,李术才,李利平. 分岔隧道大拱段围岩稳定性监测与爆破振动效应分析. 岩石力学与工程学报,2008,27(7):1462 ~ 1468.

[176] 周峰,郭小红,刘继国. 八字岭分岔隧道锚杆轴力现场监控量测与分析. 2008 年全国隧道监控量测与反分析专题讨论会文集. 重庆:重庆大学出版社,2008:152 ~ 161.

[177] 王者超,李术才,陈卫忠. 分岔隧道变形监测与施工对策研究. 岩土力学,2007,28(4):85 ~ 89.

[178] 王汉鹏,李术才,郑学芬. 高速公路分岔隧道施工过程稳定性分析与监测研究. 公路交通科技,2008,25(2):106 ~ 112.

[179] 徐有樟,管正良,李焱. 连拱隧道安全监测技术方案设计. 西部探矿工程,2007,(4):120 ~ 123.

[180] 李炜. 在综合监控系统在城市隧道建设中的运用. 地下工程与隧道,2008,(3):49 ~ 51.

[181] 胡学兵,程崇国. 连拱隧道施工方法数值模拟研究. 2005 年全国公路隧道学术会议论文集. 北京:人民交通出版社,2005:19 ~ 26.

[182] 何川,李永林,林刚. 连拱隧道施工全过程三维有限元分析. 中国铁道科学,2005,26(2):34 ~ 38.

[183] 胡庆安、夏永旭、王文正. 双连拱隧道施工过程的三维数值模拟分析. 长安大学学报,2005,25(1):48 ~ 50.

[184] 陆先明,吴梦军,胡学兵. 三车道连拱隧道施工围岩受力特性数值模拟研究. 公路交通技术,2007,(4):87 ~ 90.

[185] 刘金松,郭建峰. 双向六车道连拱隧道施工引起围岩位移变化分析. 路基工程,2008,(2):18 ~ 22.

[186] 谢卓雄. 大路连拱隧道安全性分析. 广东公路勘察设计,2007,(2):32 ~ 36.

[187] 彭思甜. 三车道连拱隧道施工引起地层位移的仿真分析. 企业技术开发,2006,25(8):45 ~ 47.

[188] 胡剑兵,褚以敦,乔春江,等. 分岔隧道施工三维数值仿真模拟研究. 公路,2009(3):193 ~ 199.

[189] 胡壮志,蒋树屏,胡学兵. 公路连拱隧道施工动态稳定性分析. 公路交通技术,2006,(1):103 ~ 107.

[190] 王东耀,曹可勇,庞琪. 公路双联拱隧道施工新方法的围岩稳定性研究. 2007 年全国公路隧道学术会议论文集. 重庆:重庆大学出版社,2007:88 ~ 99.

[191] 夏永旭、王文正、胡庆安. 公路双连拱隧道施工过程中中隔墙的变形及稳定性. 中国公路学报,2007,20(5):83 ~ 87.

[192] 熊齐成,冯升,伍毅敏. 某连拱隧道穿越坡积层数值模拟分析. 2009 年全国公路隧道学术会议论文集. 重庆:重庆大学出版社,2009:159 ~ 167.

[193] 李术才,王汉鹏,郑学芬. 分岔隧道稳定性分析及施工优化研究. 岩石力学及工程学报,2008,27(3):447 ~ 457.

[194] 朱维申,等. 分岔式隧道施工过程数值模拟和模型试验研究. 隧道、地下工程及岩石破碎学术研讨会论文集. 大连:大连理工大学出版社,2007:10 ~ 14.

[195] 吴兰婷,林刚,何川,等. 连拱隧道二次衬砌结构破坏实验研究. 地下铁道新技术文集. 2003,575 ~ 579.

[196] 刘涛,沈明荣,袁勇,等. 连拱隧道模型试验中的量测方法应用研究. 中国铁道科学,2007,(2):44 ~ 48.

[197] 吴祥松,李海蕾,金玉,等. 高速公路连拱隧道建设的应用与发展. 嘉兴学院学报,2009,21(3):88 ~ 93.

[198] 梁淦波. 欧洲公路考察. 广东公路勘察设计,2007,(2):43 ~ 45.

[199] 卓国平,陈寿根. 挪威隧道施工方法浅析. 2008 年全国隧道监控量测与反分析专题讨论会文集. 重庆:重庆大学出版社,2008:294 ~ 300.

[200] 邹正明. 隧道施工质量检测与监控量测综合管理. 公路,2006,(10):222 ~ 226.

[201] 雷序周,卜放明,陈秋南. 浅埋偏压的水冲隧道施工监理. 湖南交通科技,2006,32(4):149 ~ 151.